Monumento Nacional a Cabrillo

Desde este monumento se puede ver la bahía de San Diego. El monumento fue construido en 1913 para conmemorar el viaje en el que Juan Rodríguez Cabrillo descubrió Alta California en 1542. Investiga más sobre Juan Rodríguez Cabrillo en: www.harcourtschool.com/hss

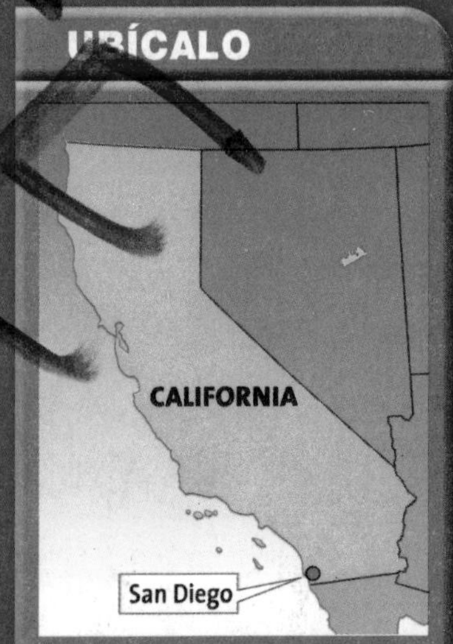

Reflexiones

California:
UN ESTADO CAMBIANTE

Orlando Austin New York San Diego Toronto London
¡Visita *The Learning Site!* www.harcourtschool.com

MAPQUEST. TIME FOR KIDS

HARCOURT SCHOOL PUBLISHERS 

Reflexiones

California: Un estado cambiante

Senior Author

Dr. Priscilla H. Porter
Professor Emeritus
School of Education
California State University, Dominguez Hills
Center for History–Social Science Education
Carson, California

Series Authors

Dr. Michael J. Berson
Associate Professor
Social Science Education
University of South Florida
Tampa, Florida

Dr. Margaret Hill
History–Social Science Coordinator
San Bernardino County Superintendent of Schools
Director, Schools of California Online Resources for Education: History–Social Science
San Bernardino, California

Dr. Tyrone C. Howard
Assistant Professor
UCLA Graduate School of Education & Information Studies
University of California at Los Angeles
Los Angeles, California

Dr. Bruce E. Larson
Associate Professor
Social Science Education/Secondary Education
Woodring College of Education
Western Washington University
Bellingham, Washington

Dr. Julio Moreno
Assistant Professor
Department of History
University of San Francisco
San Francisco, California

Series Consultants

Martha Berner
Consulting Teacher
Cajon Valley Union School District
San Diego County, California

Dr. James Charkins
Professor of Economics
California State University
Executive Director of California Council on Economic Education
San Bernardino, California

Rhoda Coleman
K–12 Reading Consultant Lecturer
California State University, Dominguez Hills
Carson, California

Dr. Robert Kumamoto
Professor
History Department
San Jose State University
San Jose, California

Carlos Lossada
Co-Director Professional Development Specialist
UCLA History–Geography Project
University of California, Los Angeles
Regional Coordinator, California Geographic Alliance
Los Angeles, California

Dr. Tanis Thorne
Director of Native Studies
Lecturer in History
Department of History
University of California, Irvine
Irvine, California

Rebecca Valbuena
Los Angeles County Teacher of the Year—2004–05
Language Development Specialist
Stanton Elementary School
Glendora Unified School District
Glendora, California

Dr. Phillip VanFossen
Associate Professor, Social Studies Education
Associate Director, Purdue Center for Economic Education
Department of Curriculum
Purdue University
West Lafayette, Indiana

Grade-Level Author

Dr. Iris H.W. Engstrand
Professor of History
University of San Diego
San Diego, California

Content Reviewers

Gordon Morris Bakken
Professor of History
California State University, Fullerton
Fullerton, California

Ramon D. Chacon
Professor of History and Ethnic Studies
Santa Clara University
Santa Clara, California

Kimberly M. Johnson
San Gabriel Band of Mission Indians
Claremont, California

Michelle Jolly
Associate Professor of History
Sonoma State University
Rohnert Park, California

Beverly R. Ortiz
Ethnographic Consultant
Walnut Creek, California

Dr. Stanley J. Underdal
Professor of History
San Jose State University
San Jose, California

Classroom Reviewers and Contributors

Paige Johnson
Teacher
Azaveda Elementary School
Fremont, California

Ruth M. Landmann, M.A.
Teacher
Rio del Mar Elementary School
Aptos, California

Spanish Edition Reviewers

Isabel Almeida
John H. Niemes Elementary School
Artesia, California

Cristina Britt
Educational Consultant

Jazmín Calvo
César E. Chávez Elementary School
Bell Gardens, California

Mayra A. Lozano
Venn W. Furgeson Elementary School
Hawaiian Gardens, California

Allyson Sternberg
Boone Elementary School
San Diego, California

Maps
researched and prepared by

Readers
written and designed by

Acknowledgments appear in the back of this book.

Printed in the United States of America

ISBN-13: 978-0-15-341668-2
ISBN-10: 0-15-341668-8

6 7 8 9 10 2266 16
4500604506

Unidad 1

Los primeros habitantes

NORMAS DE CALIFORNIA HSS 4.1, 4.2

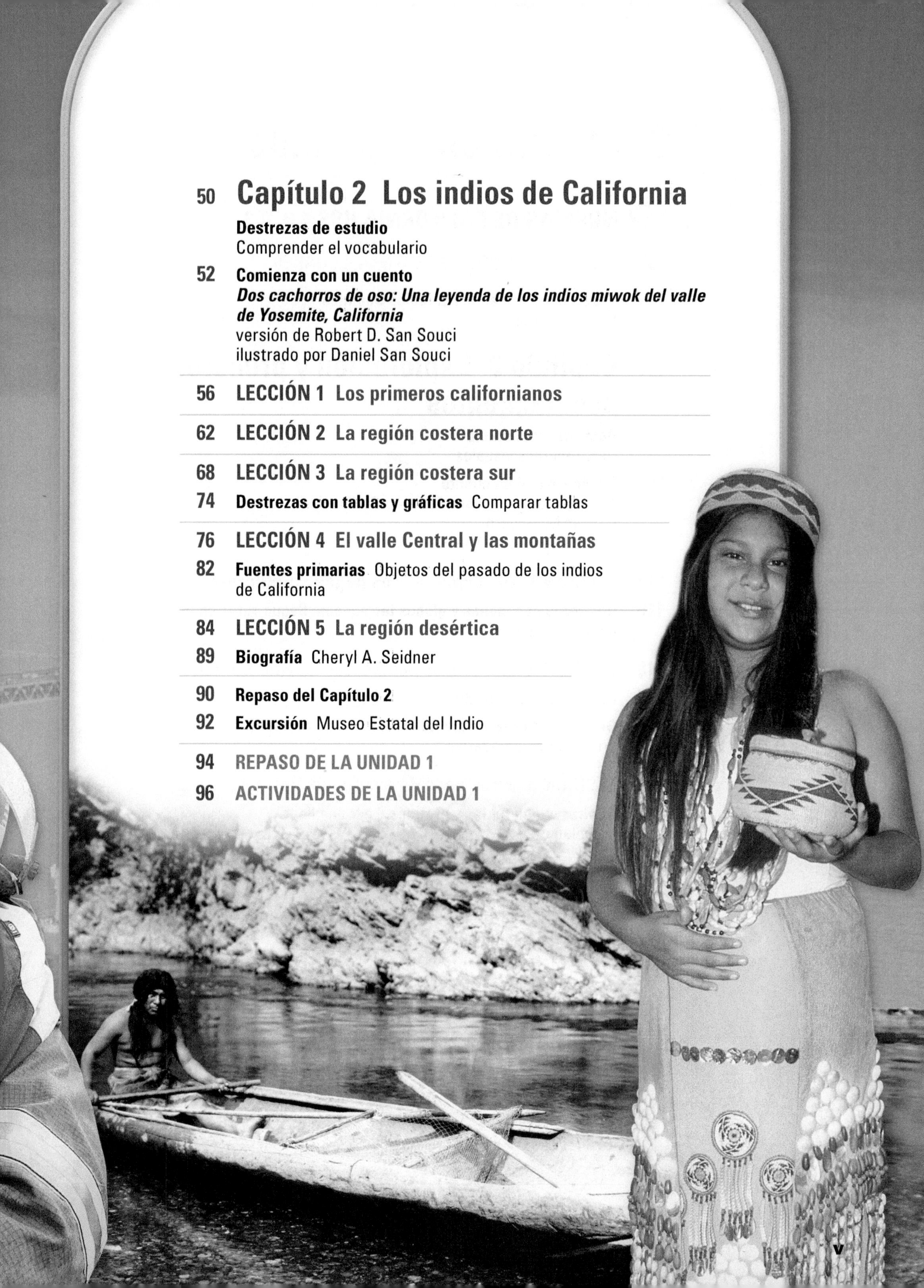

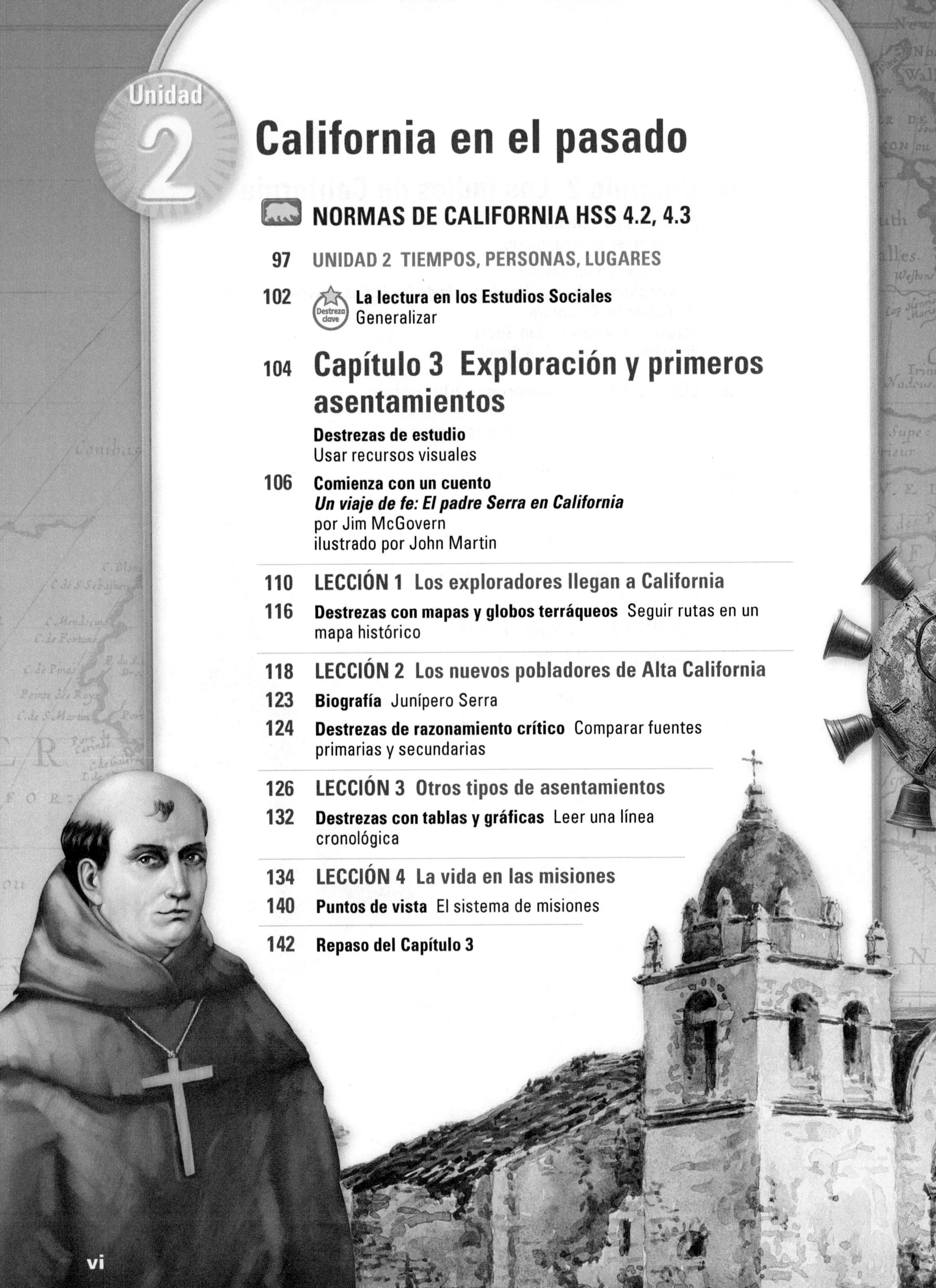

Unidad 2

California en el pasado

NORMAS DE CALIFORNIA HSS 4.2, 4.3

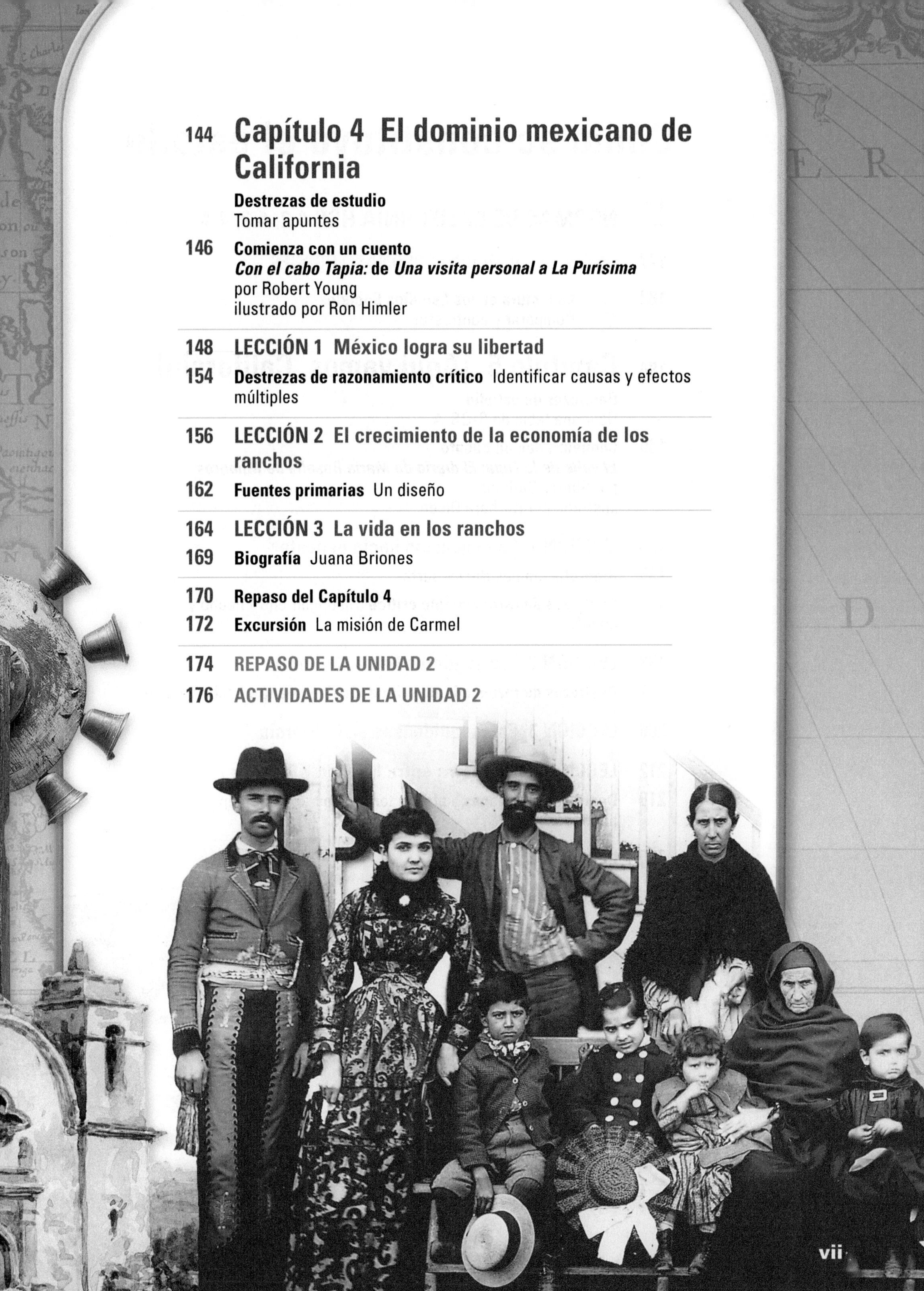

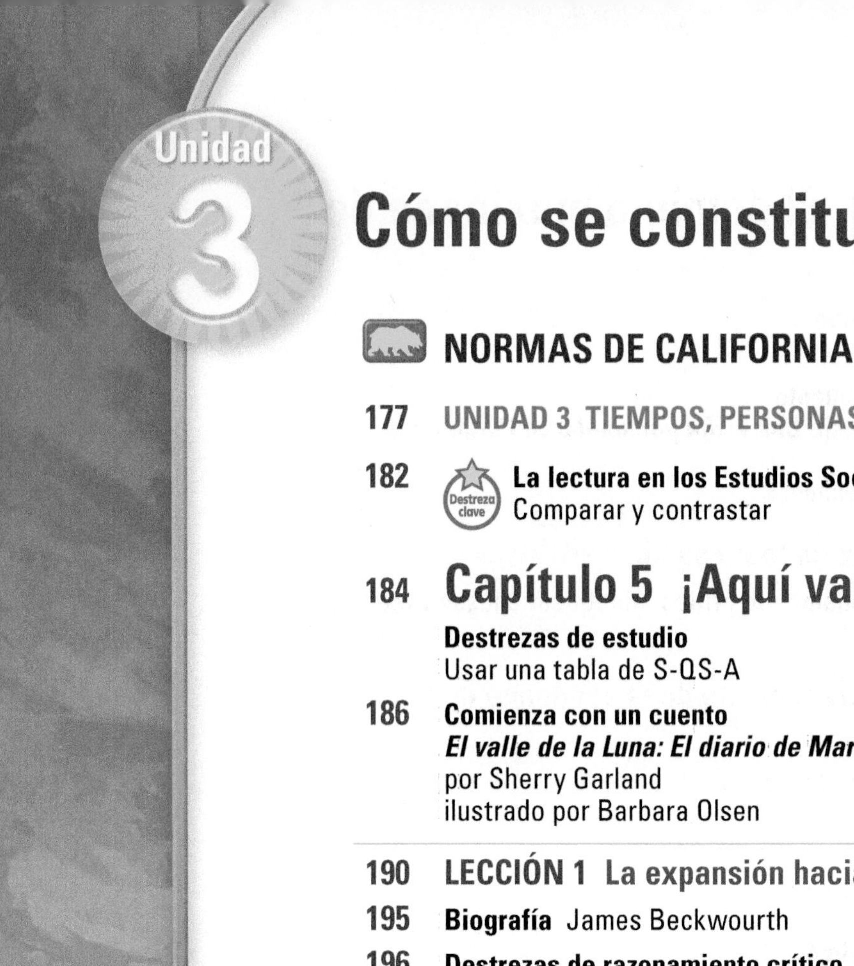

Cómo se constituyó el estado

NORMAS DE CALIFORNIA HSS 4.2, 4.3, 4.4

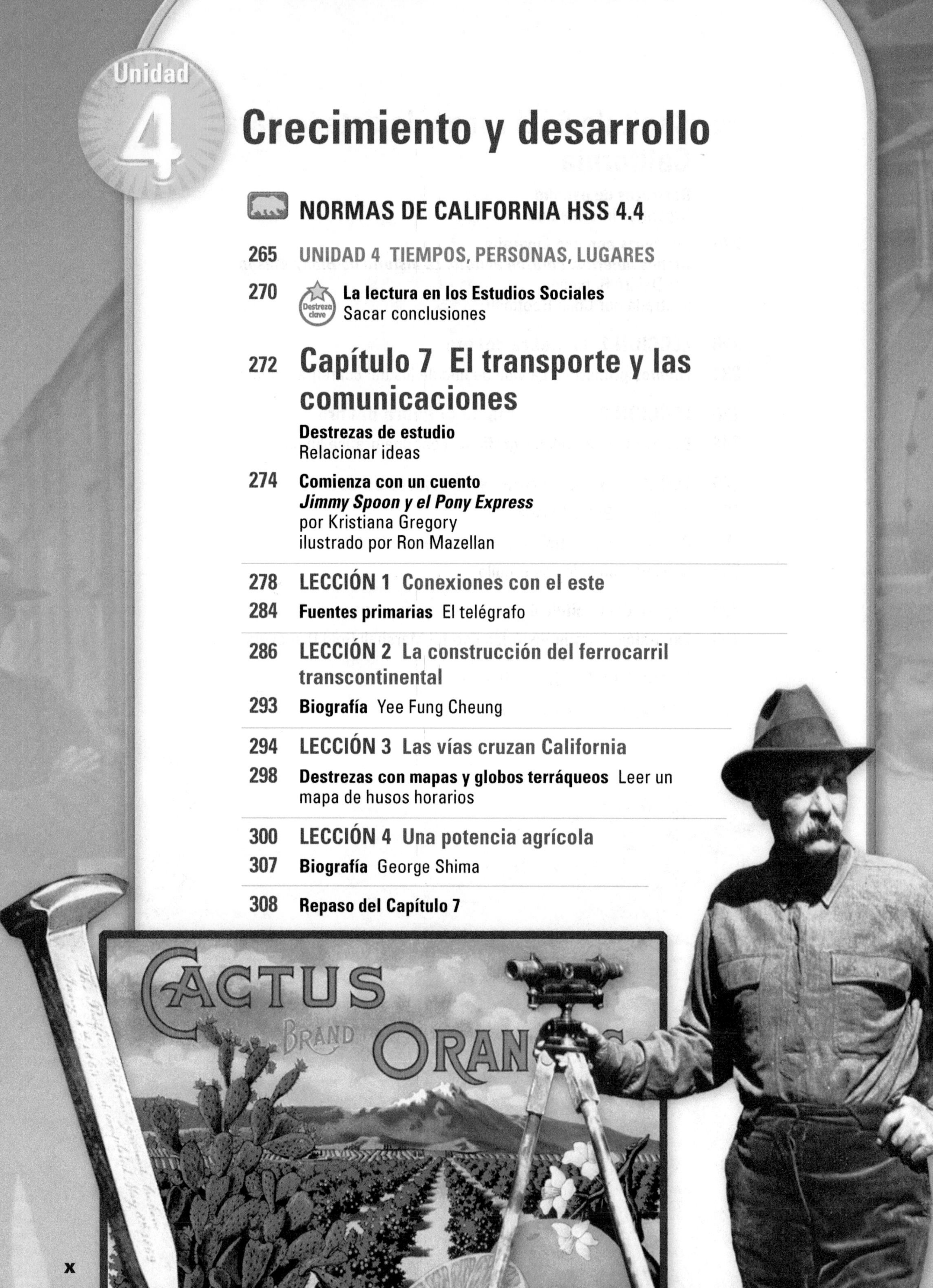

Crecimiento y desarrollo

NORMAS DE CALIFORNIA HSS 4.4

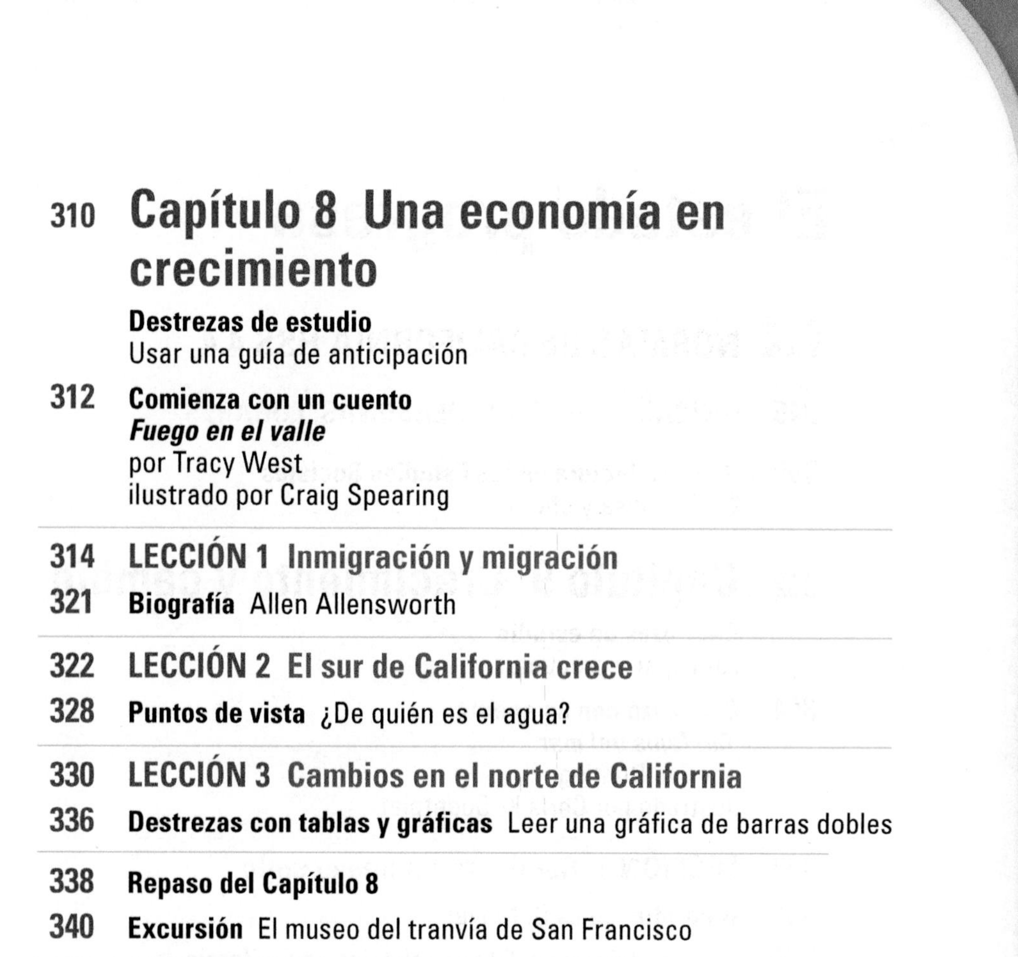

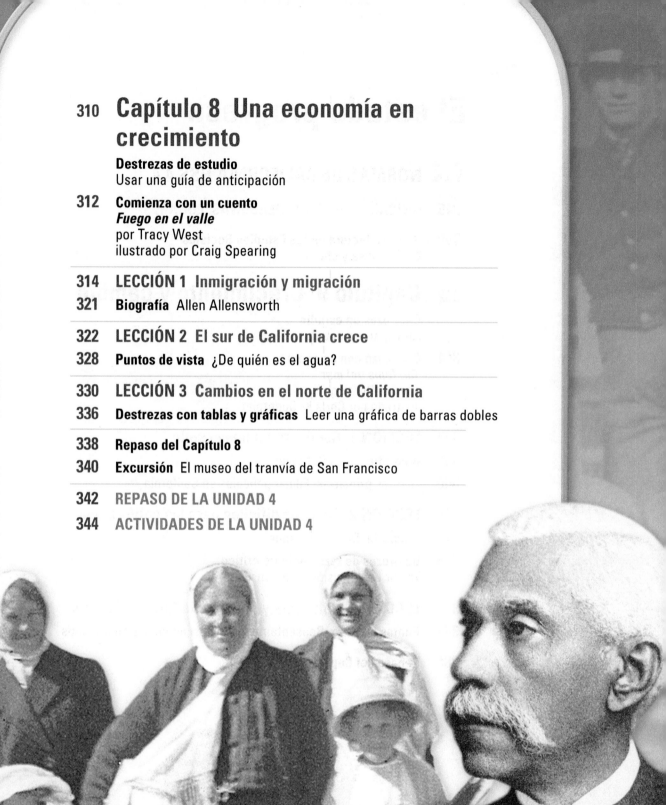

El estado progresa

NORMAS DE CALIFORNIA HSS 4.4

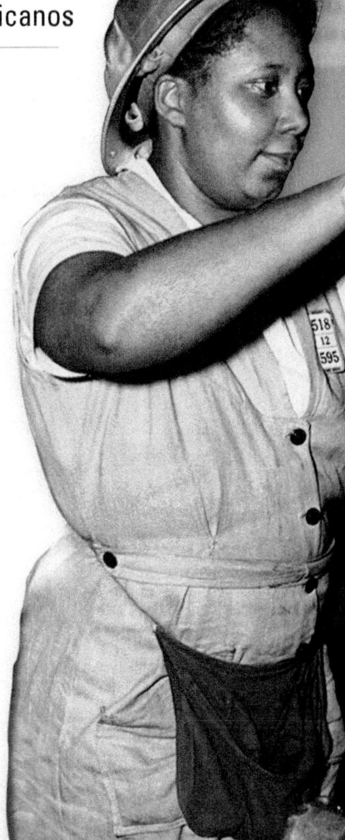

HUELGA

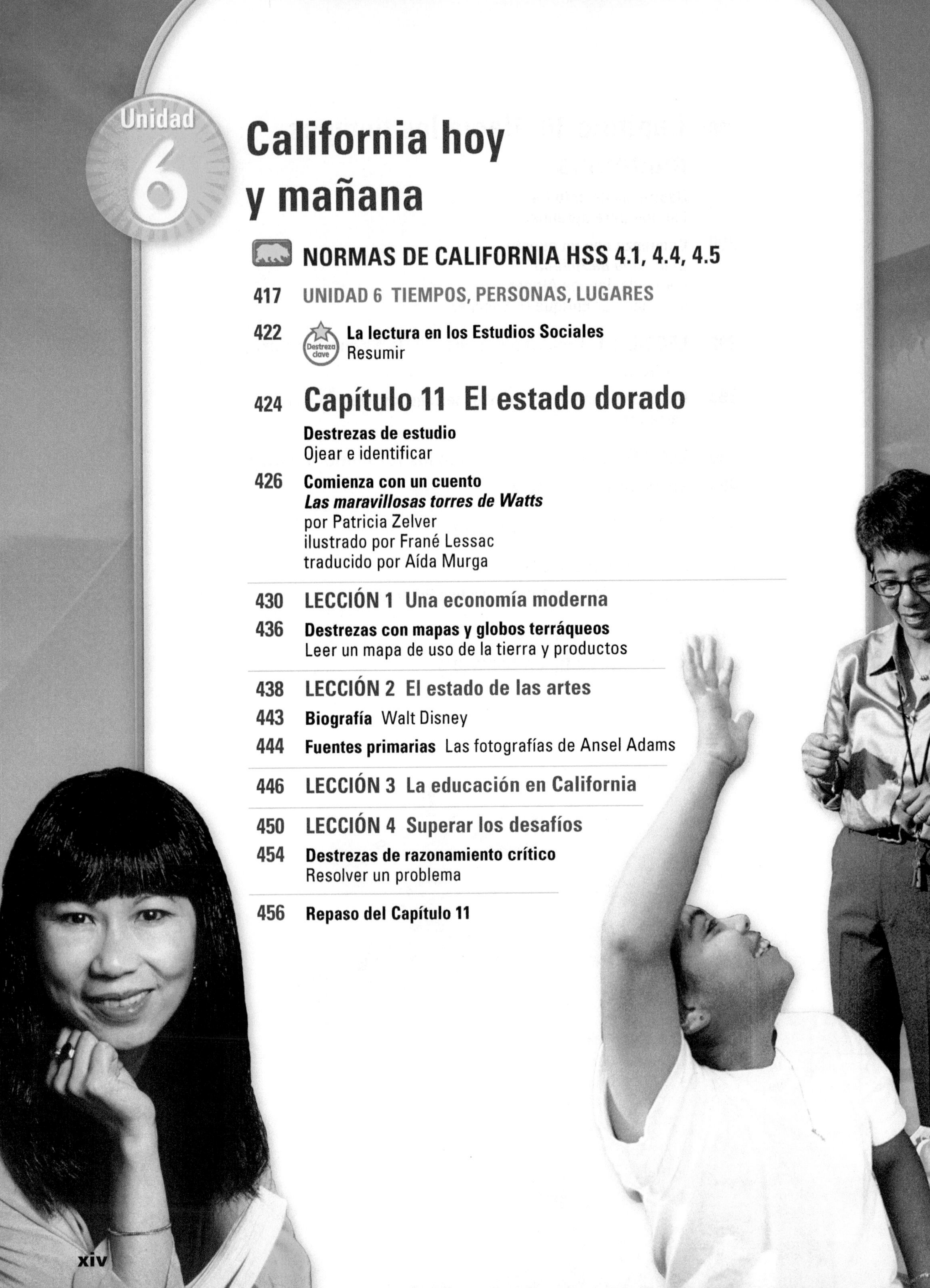

Unidad 6

California hoy y mañana

NORMAS DE CALIFORNIA HSS 4.1, 4.4, 4.5

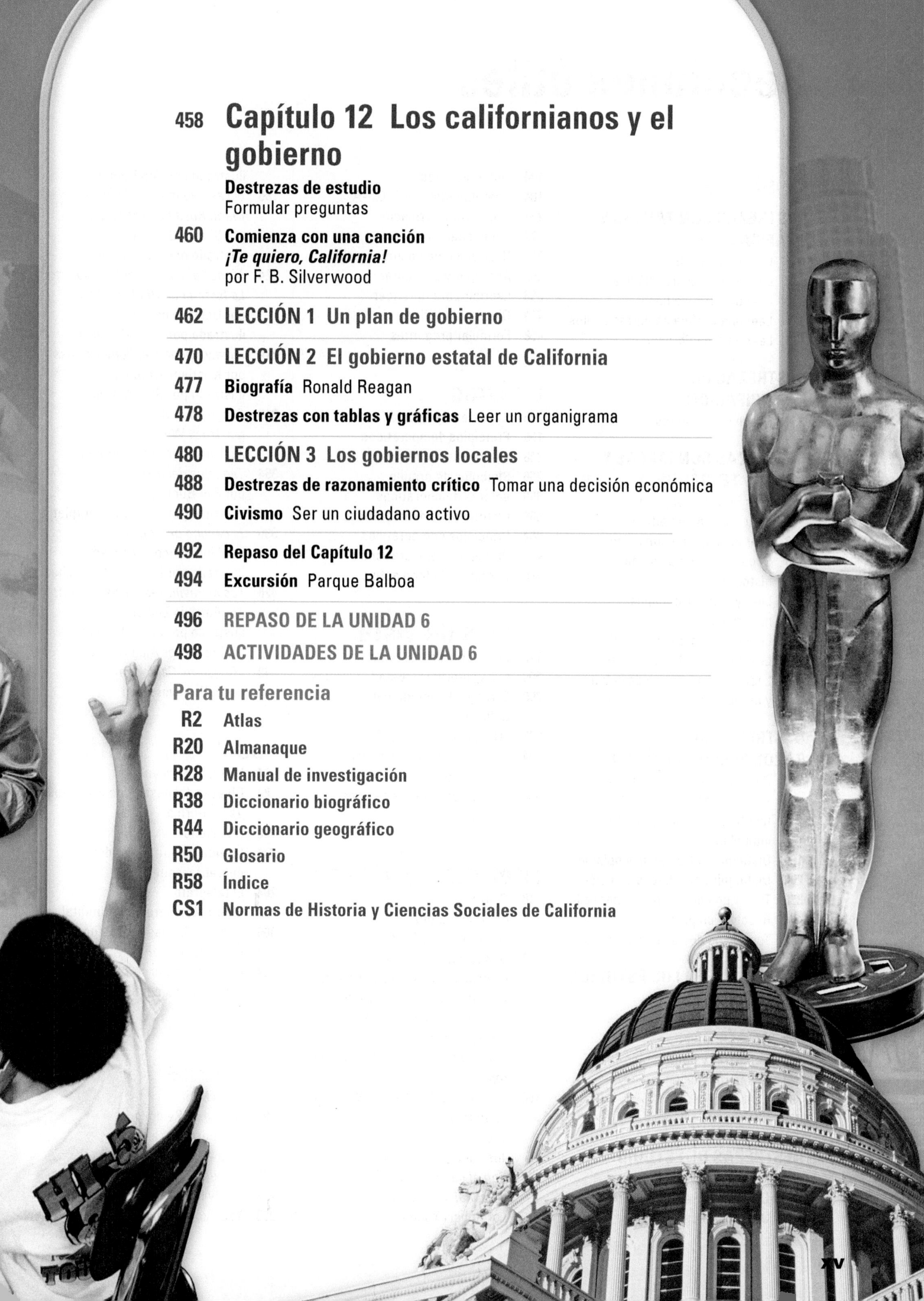

Para tu referencia

Secciones útiles

Destrezas

DESTREZAS CON TABLAS Y GRÁFICAS

DESTREZAS DE PARTICIPACIÓN

DESTREZAS CON MAPAS Y GLOBOS TERRÁQUEOS

DESTREZAS DE RAZONAMIENTO CRÍTICO

LA LECTURA EN LOS ESTUDIOS SOCIALES

DESTREZAS DE ESTUDIO

Civismo

Puntos de vista

Literatura y música

Fuentes primarias

Biografía

Geografía

Patrimonio cultural

Los niños en la historia

Míralo en detalle

Excursión

Tablas, gráficas y diagramas

Mapas

Líneas cronológicas

Una historia bien contada

"El prometedor futuro de California es nada menos que el prometedor futuro de Estados Unidos."*

—Kevin Starr, bibliotecario estatal emérito de California

¿Alguna vez te has preguntado cómo se formó California y de qué manera su pasado influye en tu vida? Este año lo sabrás. Estudiarás la geografía y la historia de California. Leerás sobre cómo era vivir en los **tiempos** en que se produjeron los acontecimientos más importantes para el desarrollo de nuestro estado. También conocerás a algunas de las **personas** que participaron en estos acontecimientos y los **lugares** donde ocurrieron. Lee ahora la historia de *California: Un estado cambiante.*

*Kevin Starr. "California-The Dream, The Challenge". Biblioteca estatal de California.

California:

UN ESTADO CAMBIANTE

Estudiar historia te ayudará a comprender cómo se relacionan el pasado y el presente, y a identificar sus semejanzas y sus diferencias. También te ayudará a comprender que, aunque algunas cosas cambian a través del tiempo, otras permanecen iguales. A medida que aprendas a reconocer estas relaciones, comenzarás a pensar como un historiador. Un historiador es una persona que estudia el pasado.

Los historiadores **investigan**, o estudian en profundidad, los tiempos en que se produjeron los acontecimientos. Buscan pistas en los objetos y documentos de quienes vivieron en el pasado. Los historiadores leen diarios personales, cartas, artículos periodísticos y otros textos que fueron escritos por las personas que participaron en los acontecimientos.

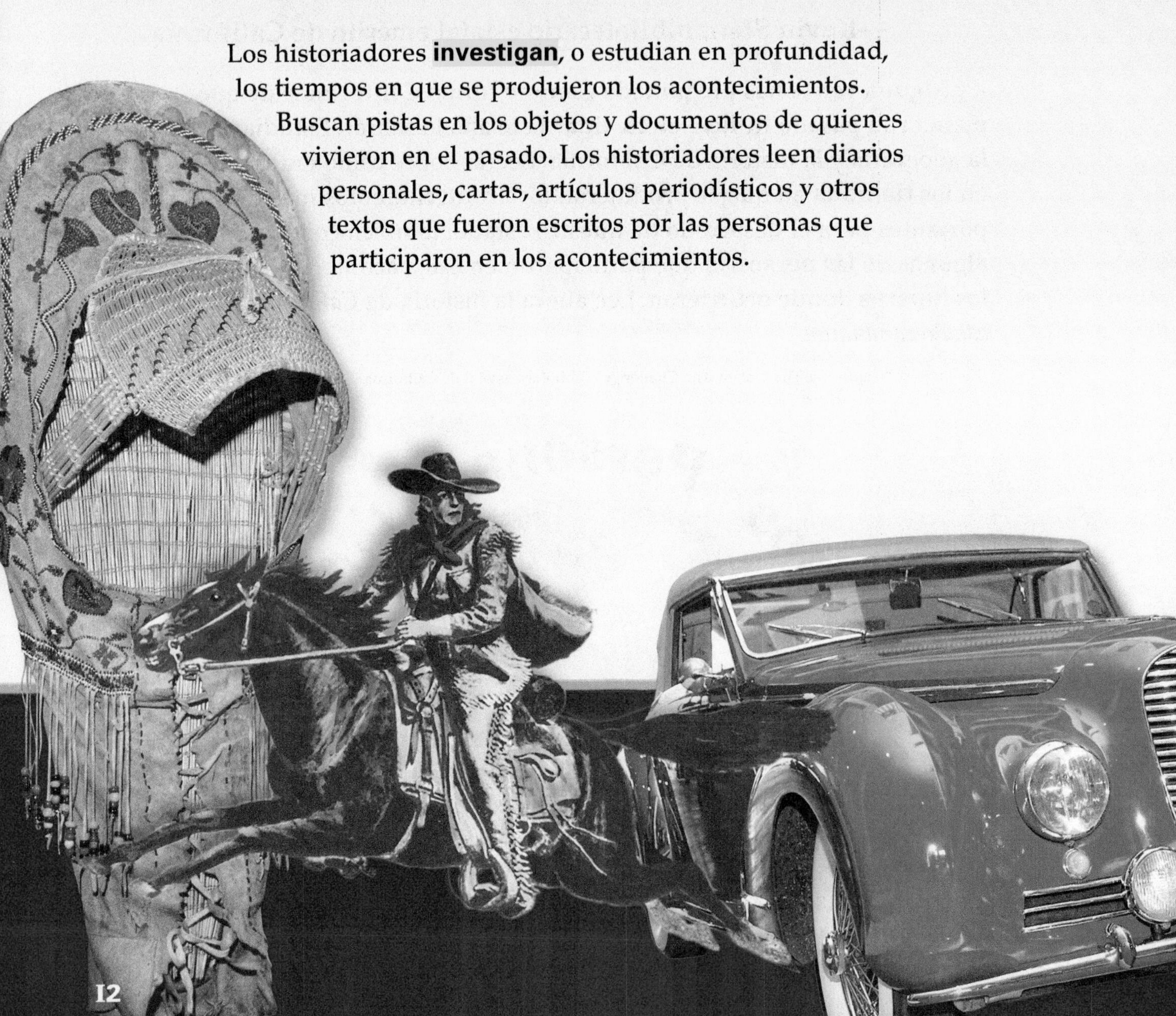

También observan fotografías, películas y obras de arte. Además, prestan atención a la historia oral, es decir, a los relatos contados por personas de esa época. Estudiando cuidadosamente estas **evidencias**, o pruebas, los historiadores pueden reconstruir el contexto histórico de cada evento, o sea, cómo era el mundo cuando ese evento ocurrió. El contexto ayuda a los historiadores a **interpretar**, o explicar, el pasado.

Los historiadores deben prestar mucha atención al modo en que están relacionados los acontecimientos. Para ver más claramente estas relaciones, pueden estudiar la **cronología**, o sea, el orden por fechas, en que sucedieron los eventos. Una manera de hacerlo es usando líneas cronológicas. Una línea cronológica muestra los eventos clave del período. En ella también puede observarse cómo un evento puede haber llevado a que ocurriera otro.

Las  en la historia de California

Los historiadores estudian acerca de las personas que vivieron en diferentes épocas. A partir de las evidencias que reúnen, los historiadores tratan de imaginar cómo era la vida de esas personas. Tratan de comprender por qué actuaban de cierta forma y cómo los distintos acontecimientos afectaban sus sentimientos y creencias.

Los historiadores también estudian los puntos de vista de las personas. El **punto de vista** de una persona es la forma en que percibe las cosas, ese punto de vista está moldeado por el origen y las experiencias de esa persona. Cambia según su condición o estado: joven o vieja, rica o pobre, hombre o mujer. Las personas con distintos puntos de vista pueden percibir el mismo evento de manera muy diferente.

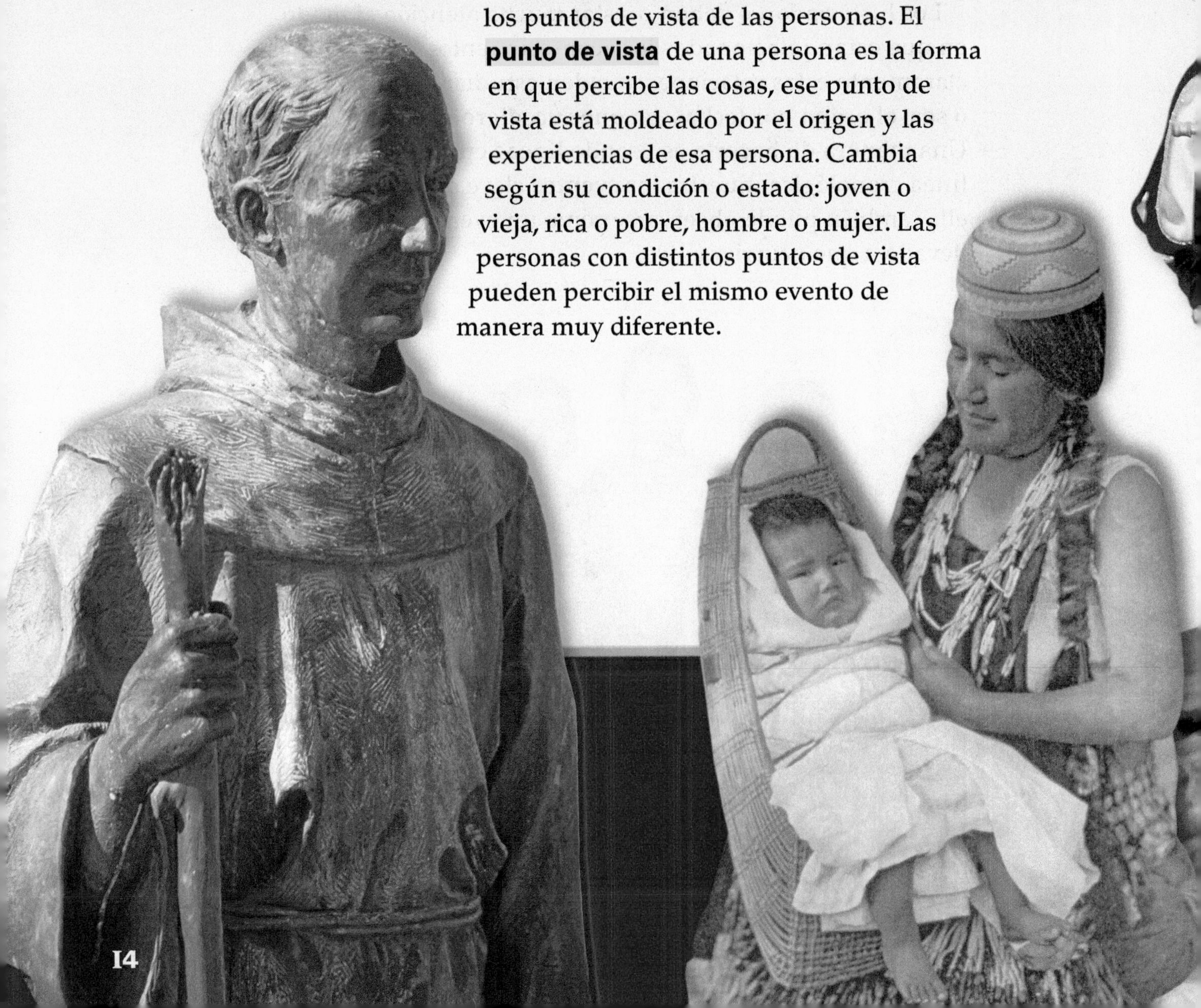

Quienes vivieron en el pasado pueden servir como modelos de conducta para saber cómo actuar o cómo no actuar ante acontecimientos problemáticos. Los historiadores tratan de identificar los **rasgos de personalidad**, tales como integridad, respeto, responsabilidad, equidad, bondad y patriotismo, que las personas del pasado demostraron a través de sus actos. Los historiadores observan cómo estos rasgos de personalidad han influido y aún influyen en la formación de buenos líderes.

Los lugares en la historia de California

Los historiadores también deben pensar en los lugares donde ocurrieron los hechos. Cada lugar de la Tierra tiene características que lo hacen diferente del resto. A menudo, esas características determinaron que los acontecimientos ocurrieran en cierto lugar y se desarrollaran de cierta manera.

Con el objetivo de comprender mejor las características propias de un lugar, los historiadores usan mapas. Los mapas muestran la ubicación de un lugar, pero además pueden brindarles información acerca de la tierra y de los pueblos que vivieron allí. Pueden mostrar las rutas que recorrieron las personas, los lugares donde se asentaron y el uso que le daban a la tierra.

Los mapas, al igual que otros tipos de evidencia, ayudan a los historiadores a escribir con mayor precisión acerca del pasado. También son una valiosa herramienta para comprender mejor cómo se relacionan los tiempos, los lugares y las personas.

MAP OF HOLLYWOOD
PACIFIC OCEAN
FOR PARTICULARS apply to H. H. WIL
34 N. Spring St.
OCTOBER 1887
ROUTE
US
66
HAMBURGERS
TACOS
SPEED LIMIT

Cómo usar este libro

PARA COMENZAR

Título de la unidad

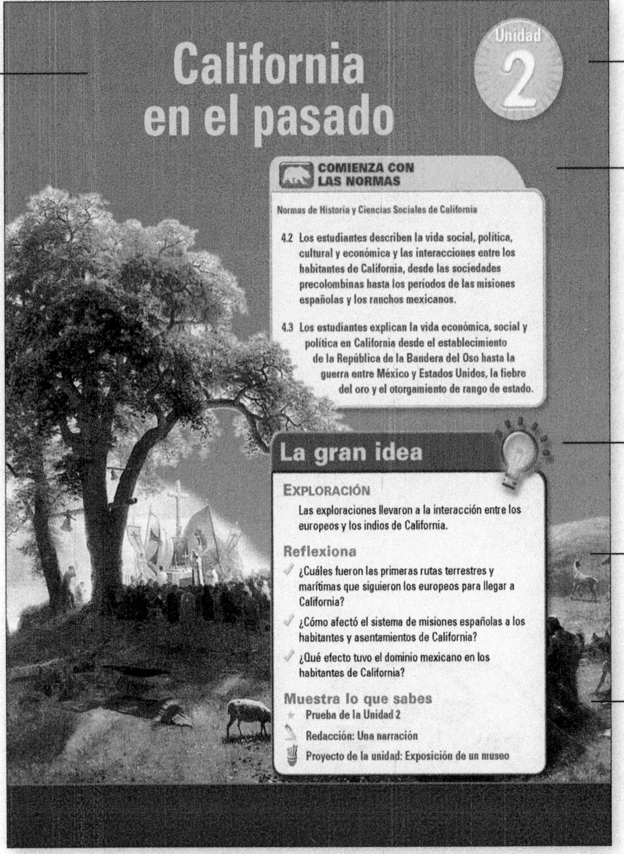

California en el pasado
Unidad 2
COMIENZA CON LAS NORMAS
Normas de Historia y Ciencias Sociales de California
4.2 Los estudiantes describen la vida social, política, cultural y económica y las interacciones entre los habitantes de California, desde las sociedades precolombinas hasta los períodos de las misiones españolas y los ranchos mexicanos.
4.3 Los estudiantes explican la vida económica, social y política en California desde el establecimiento de la República de la Bandera del Oso hasta la guerra entre México y Estados Unidos, la fiebre del oro y el otorgamiento de rango de estado.
La gran idea
EXPLORACIÓN
Las exploraciones llevaron a la interacción entre los europeos y los indios de California.
Reflexiona
¿Cuáles fueron las primeras rutas terrestres y marítimas que siguieron los europeos para llegar a California?
¿Cómo afectó el sistema de misiones españolas a los habitantes y asentamientos de California?
¿Qué efecto tuvo el dominio mexicano en los habitantes de California?
Muestra lo que sabes
Prueba de la Unidad 2
Redacción: Una narración
Proyecto de la unidad: Exposición de un museo

Este libro está dividido en seis unidades.

Cada unidad comienza con las Normas de Historia y Ciencias Sociales de California que se tratan en la unidad.

La gran idea expone la idea clave que debes haber comprendido al finalizar la unidad.

Estas preguntas te ayudarán a concentrarte en La gran idea.

Para comprobar que has comprendido las Normas de Historia y Ciencias Sociales de California y La gran idea, el maestro puede pedirte que completes una o más de estas tareas.

OBSERVAR TIEMPOS, PERSONAS Y LUGARES

California en el pasado

TIEMPOS Estas páginas muestran los acontecimientos más importantes y cuándo ocurrieron. Leerás acerca de esos eventos a lo largo de la unidad.

PERSONAS Estas páginas te presentan a algunos hombres y mujeres sobre los que leerás en la unidad.

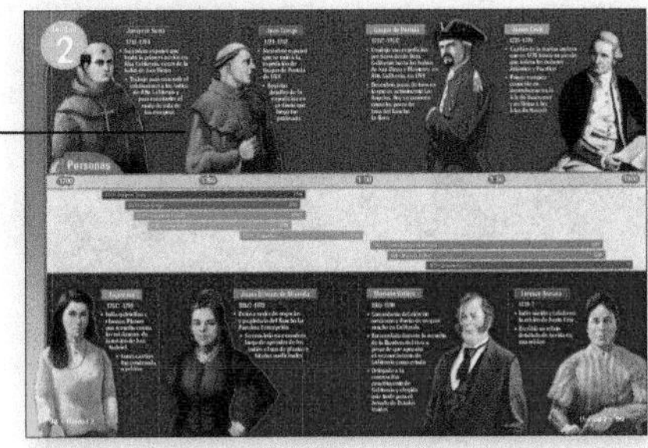

Personas

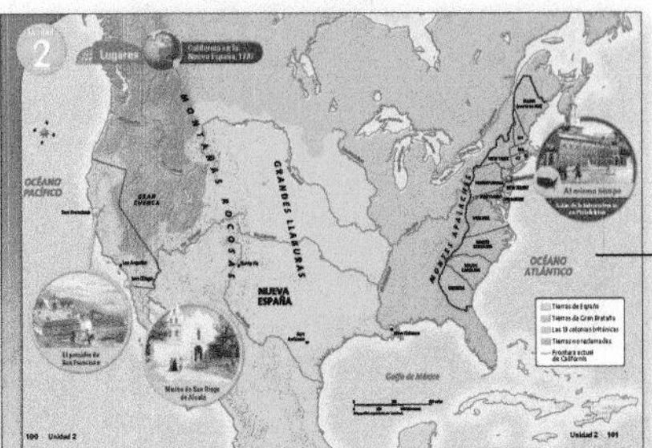

Lugares
OCÉANO PACÍFICO
NUEVA ESPAÑA
OCÉANO ATLÁNTICO

LUGARES Estas páginas te muestran dónde ocurrieron algunos de los eventos que se estudiarán en la unidad.

LA LECTURA EN LOS ESTUDIOS SOCIALES

La lectura en los Estudios Sociales es una destreza clave que te ayudará a comprender mejor los eventos sobre los que lees y a establecer relaciones entre esos eventos.

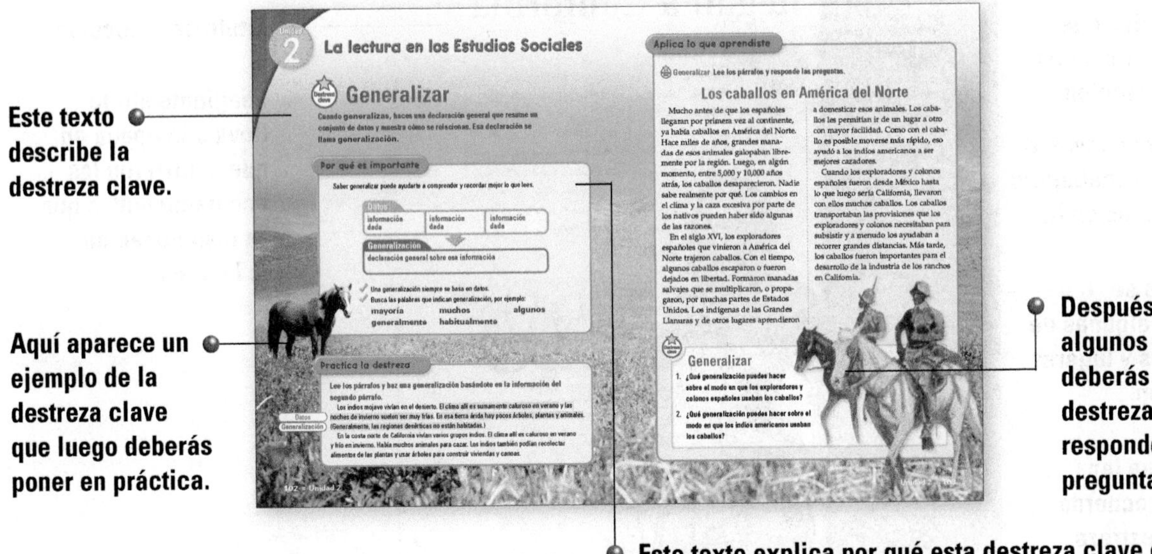

Este texto describe la destreza clave.

Aquí aparece un ejemplo de la destreza clave que luego deberás poner en práctica.

Después de leer algunos párrafos, deberás aplicar la destreza clave para responder estas preguntas.

Este texto explica por qué esta destreza clave es importante.

COMENZAR UN CAPÍTULO

Cada unidad está dividida en capítulos, y los capítulos están divididos en lecciones.

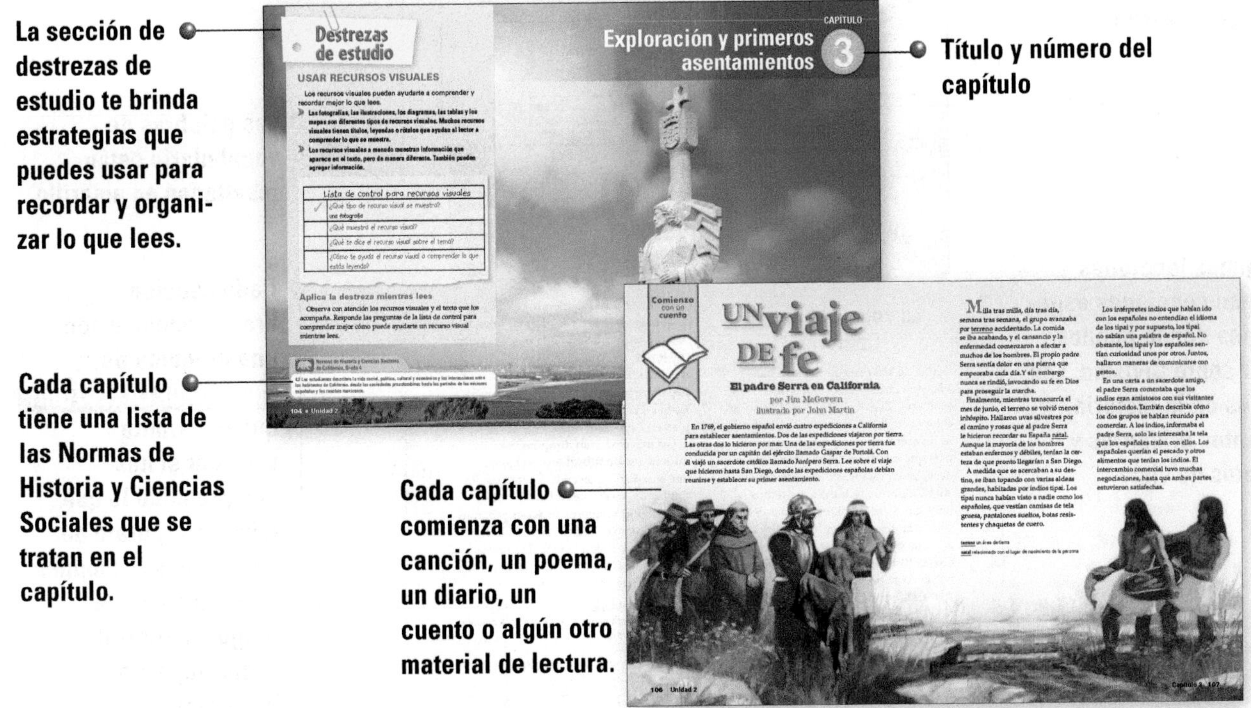

La sección de destrezas de estudio te brinda estrategias que puedes usar para recordar y organizar lo que lees.

Título y número del capítulo

Cada capítulo tiene una lista de las Normas de Historia y Ciencias Sociales que se tratan en el capítulo.

Cada capítulo comienza con una canción, un poema, un diario, un cuento o algún otro material de lectura.

LEER UNA LECCIÓN

Esta pregunta te ayudará a enfocarte en la idea principal de la lección.

Este texto te indica las habilidades que deberás tener cuando termines la lección.

Estas son las nuevas palabras de vocabulario que aprenderás en la lección.

En esta lista se mencionan algunas de las personas y lugares de la lección.

A medida que leas la lección, recuerda aplicar la destreza clave de La lectura en los Estudios Sociales.

Lección 1

Tiempos

1535 · 1685 · 1835

1535 Hernán Cortés llega a Baja California

1542 Juan Rodríguez Cabrillo explora Alta California

1602 Sebastián Vizcaíno navega hasta la bahía de Monterey

REFLEXIONA
¿Por qué los europeos exploraron las Américas?

- ✓ Identifica las rutas marítimas de los primeros exploradores de California y del Pacífico Norte.
- ✓ Explica los efectos de las rutas por agua en la exploración.

VOCABULARIO
conquistador pág. 111
costo pág. 111
beneficio pág. 111
península pág. 112
galeón pág. 114
corriente oceánica pág. 114
sistema de vientos pág. 114

PERSONAS
Juan Rodríguez Cabrillo
Francis Drake
Sebastián Rodríguez Cermeño
Sebastián Vizcaíno

LUGARES
Alta California
Baja California

GENERALIZAR

Normas de California
HSS 4.2, 4.2.2, 4.2.3

Los exploradores llegan a California

IMAGÍNATE ALLÍ

Imagina que eres un marinero español del siglo XVI. Estás por desembarcar en la costa de California. En lo alto, el viento bate las velas de tu barco ruidosamente. Bajo tus pies, la cubierta se mece sobre las aguas del Pacífico. Mientras miras la nueva tierra, te preguntas si tu viaje te reportará oro, plata y otras riquezas. ¡No ves la hora de que llegue el momento de remar hasta la playa!

➤ Hernán Cortés llegó a las Américas en busca de tesoros, como la joya azteca que aparece arriba.

110 ▪ Unidad 2

La línea cronológica muestra cuándo sucedieron algunos eventos clave de la lección.

Título de la lección

Imagínate allí te lleva a la época en que ocurrieron los acontecimientos que se mencionan en la lección.

Las personas y los lugares clave aparecen en letra negrita.

Algunas lecciones tienen secciones especiales donde puedes leer sobre Civismo, Los niños en la historia, Fuentes primarias y Puntos de vista.

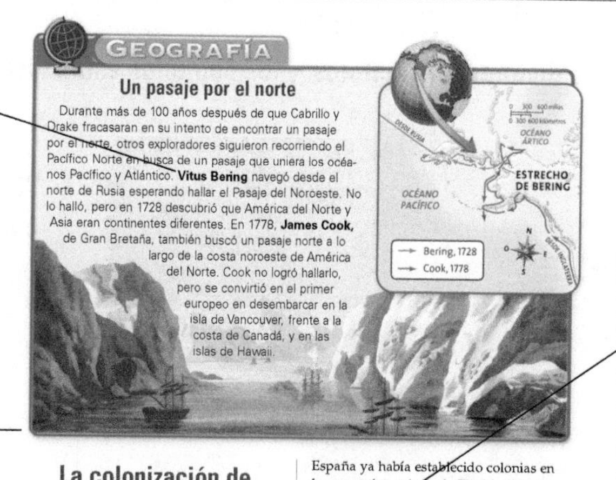

GEOGRAFÍA

Un pasaje por el norte

Durante más de 100 años después de que Cabrillo y Drake fracasaran en su intento de encontrar un pasaje por el norte, otros exploradores siguieron recorriendo el Pacífico Norte en busca de un pasaje que uniera los océanos Pacífico y Atlántico. **Vitus Bering** navegó desde el norte de Rusia esperando hallar el Pasaje del Noroeste. No lo halló, pero en 1728 descubrió que América del Norte y Asia eran continentes diferentes. En 1778, **James Cook,** de Gran Bretaña, también buscó un pasaje norte a lo largo de la costa noroeste de América del Norte. Cook no logró hallarlo, pero se convirtió en el primer europeo en desembarcar en la isla de Vancouver, frente a la costa de Canadá, y en las islas de Hawaii.

La colonización de California

Más de 150 años después de que Vizcaíno entrara en la bahía de Monterey, España decidió establecer una colonia en Alta California. Una **colonia** es un asentamiento gobernado por un país que está lejos del asentamiento. La decisión de establecer una colonia en Alta California se tomó a mediados del siglo XVIII. Exploradores rusos y comerciantes de pieles habían llegado a lo que es actualmente Alaska. El rey Carlos III temía que los rusos avanzaran por la costa hacia el sur y entraran en Alta California.

Los líderes españoles creían que una colonia en Alta California podía prosperar. España ya había establecido colonias en lo que serían más tarde Florida, Texas y New Mexico, a través de la fundación de **misiones**, o asentamientos religiosos. Las misiones habían fortalecido el dominio de España sobre la Nueva España y América Latina. El rey esperaba seguir el mismo plan en Alta California.

Las misiones eran dirigidas por misioneros. Un **misionero** es alguien que enseña religión a otras personas. En California, sacerdotes católicos y otros trabajadores religiosos se desempeñaron como misioneros. Ellos trataron de convertir a los indios a la religión católica. También trataron de enseñarles el idioma y el modo de vida español.

REPASO DE LA LECTURA GENERALIZAR
¿Por qué España decidió establecer una colonia en Alta California?

Capítulo 3 ▪ 119

Las palabras de vocabulario están resaltadas en amarillo.

Cada sección breve concluye con una pregunta de REPASO DE LA LECTURA que te permite verificar si has comprendido lo que leíste. Asegúrate de que puedes responder correctamente la pregunta antes de seguir leyendo la lección.

Cada lección, al igual que cada capítulo y cada unidad, concluye con un repaso. En él encontrarás preguntas y actividades que te ayudarán a comprobar si has comprendido las normas que se tratan en la lección.

Cada lección concluye con un resumen.

Completa las actividades de redacción y otras actividades.

Practica la destreza clave de La lectura en los Estudios Sociales.

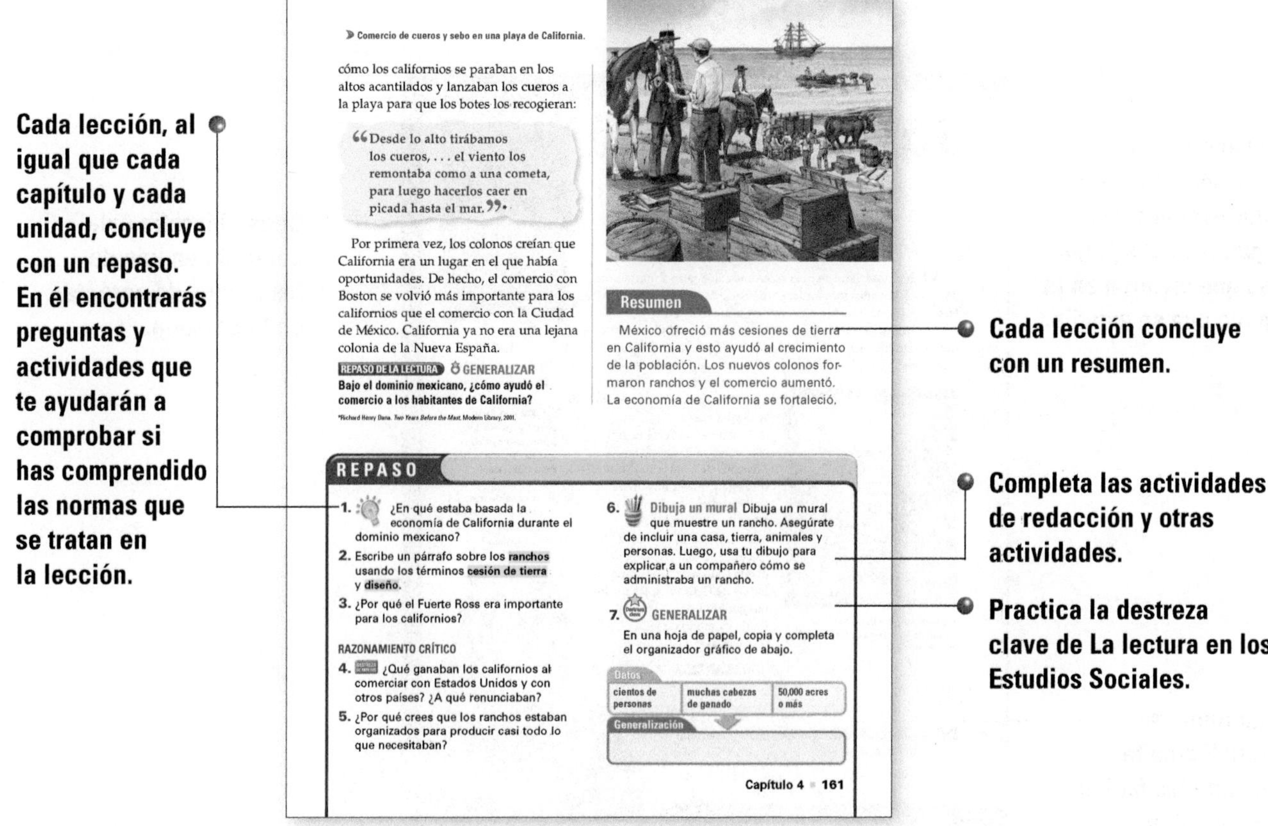

Comercio de cueros y sebo en una playa de California.

cómo los californios se paraban en los altos acantilados y lanzaban los cueros a la playa para que los botes los recogieran:

"Desde lo alto tirábamos los cueros, . . . el viento los remontaba como a una cometa, para luego hacerlos caer en picada hasta el mar."*

Por primera vez, los colonos creían que California era un lugar en el que había oportunidades. De hecho, el comercio con Boston se volvió más importante para los californios que el comercio con la Ciudad de México. California ya no era una lejana colonia de la Nueva España.

REPASO DE LA LECTURA GENERALIZAR
Bajo el dominio mexicano, ¿cómo ayudó el comercio a los habitantes de California?

*Richard Henry Dana. Two Years Before the Mast. Modern Library. 2001.

Resumen

México ofreció más cesiones de tierra en California y esto ayudó al crecimiento de la población. Los nuevos colonos formaron ranchos y el comercio aumentó. La economía de California se fortaleció.

REPASO

1. ¿En qué estaba basada la economía de California durante el dominio mexicano?
2. Escribe un párrafo sobre los **ranchos** usando los términos **cesión de tierra** y **diseño**.
3. ¿Por qué el Fuerte Ross era importante para los californios?

RAZONAMIENTO CRÍTICO

4. ¿Qué ganaban los californios al comerciar con Estados Unidos y con otros países? ¿A qué renunciaban?
5. ¿Por qué crees que los ranchos estaban organizados para producir casi todo lo que necesitaban?
6. **Dibuja un mural** Dibuja un mural que muestre un rancho. Asegúrate de incluir una casa, tierra, animales y personas. Luego, usa tu dibujo para explicar a un compañero cómo se administraba un rancho.
7. GENERALIZAR
En una hoja de papel, copia y completa el organizador gráfico de abajo.

Datos

cientos de personas	muchas cabezas de ganado	50,000 acres o más

Generalización

Capítulo 4 ■ 161

APRENDER LAS DESTREZAS DE ESTUDIOS SOCIALES

Tu libro de texto tiene lecciones que te ayudarán a desarrollar destrezas de participación, destrezas con mapas y globos terráqueos, destrezas con tablas y gráficas, y destrezas de razonamiento crítico.

Este texto muestra por qué es importante aprender esta destreza.

Podrás practicar y aplicar la destreza.

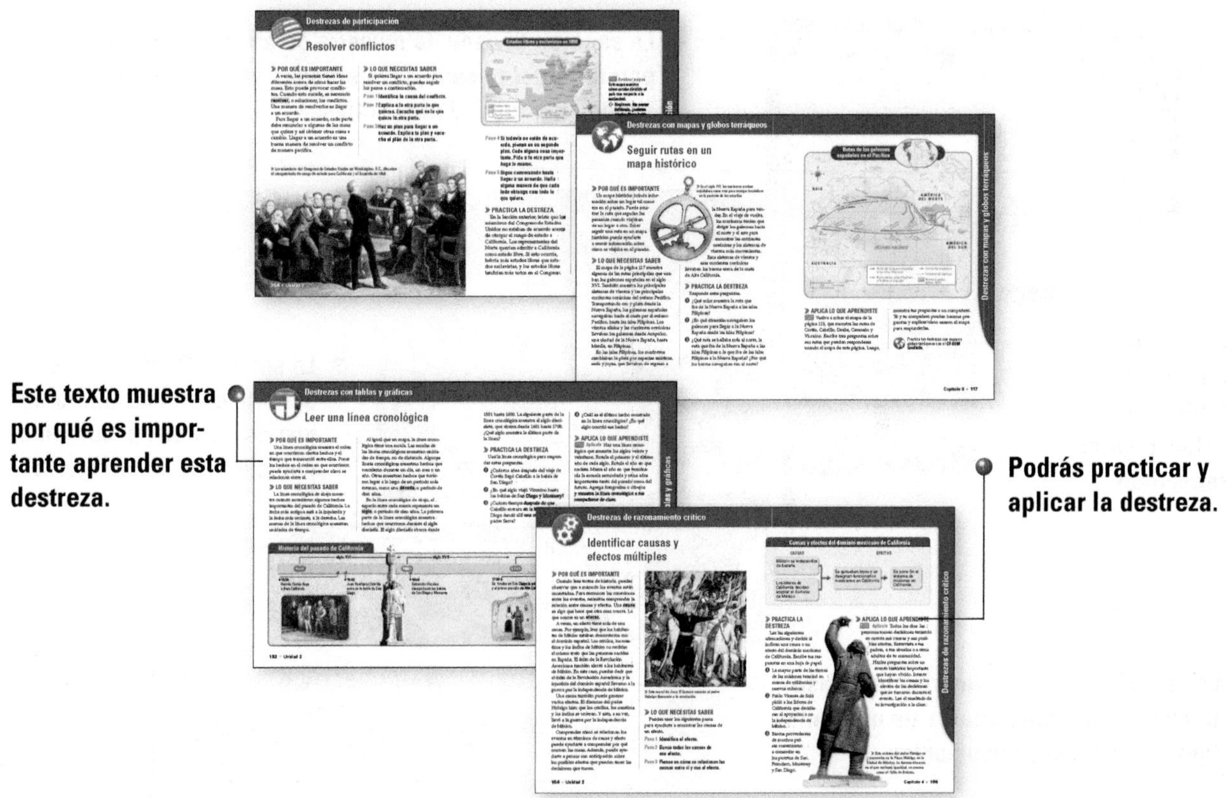

SECCIONES ÚTILES

La sección Biografía te brinda abundante información sobre algunas de las personas que vivieron en la época que se estudia.

Junípero Serra

Biografía

Integridad
Respeto
Responsabilidad
Equidad
Bondad
Patriotismo

*"Confío en que Dios me dará la fuerza para llegar a San Diego. . . Aunque pueda morir en el camino, no daré marcha atrás."**

Miguel José Serra se hizo sacerdote católico en España a los 24 años. Doce años más tarde, partió hacia la Nueva España. Allí enseñó y trabajó muchos años con los indígenas. En 1769, viajó a Alta California con Gaspar de Portolá. Durante el viaje, sufrió dolores en una pierna. Años antes, lo había picado una serpiente o un insecto y la pierna nunca le había sanado. Portolá le pidió insistentemente que regresara a su tierra, pero el padre Serra se negó a hacerlo.

Actualmente, Serra es conocido como el Padre de las Misiones de California. Serra fundó la primera misión de California en San Diego, en 1769. Fundó un total de 9 misiones, que ayudaron al crecimiento de la nueva colonia de California. Para muchos indios de California, las misiones también significaron el fin de su modo de vida tradicional.

El padre Junípero Serra fundó la misión de San Diego de Alcalá el 16 de julio de 1769.

* Junípero Serra. De *The History of San Diego: The Explorers 1492–1774*, por Richard E. Pourade. Union-Tribune, 1960.

La importancia del carácter

¿De qué forma ayudó el padre Serra a aumentar el control de España sobre Alta California?

¿Cómo demostró el padre Serra su responsabilidad hacia la Nueva España?

Biografía breve

1713 Nace

1749 Se convierte en misionero en la Nueva España

1769 Funda la primera misión de Alta California

1771 Trabaja desde la misión de San Carlos

1784 Muere

APRENDE en línea

Visita MULTIMEDIA BIOGRAPHIES en www.harcourtschool.com/hss para hallar biografías multimedia.

123

Cada biografía está centrada en uno de los rasgos de carácter de la persona.

Una línea cronológica te muestra las fechas de nacimiento y muerte de la persona, como también, acontecimientos clave de su vida.

La sección Civismo te muestra cómo, al igual que las personas del pasado, las personas en la actualidad pueden ser ciudadanos activos.

La sección Excursión te permite "visitar" muchos lugares interesantes.

La sección Puntos de vista te permite examinar diferentes puntos de vista, o múltiples perspectivas, sobre cierto tema.

La sección Fuentes primarias te muestra formas de aprender acerca de diferentes tipos de objetos y documentos.

PARA TU REFERENCIA

Al final del libro encontrarás diferentes herramientas de consulta. Puedes usar estas herramientas para buscar palabras o para encontrar información acerca de personas, lugares y otros temas.

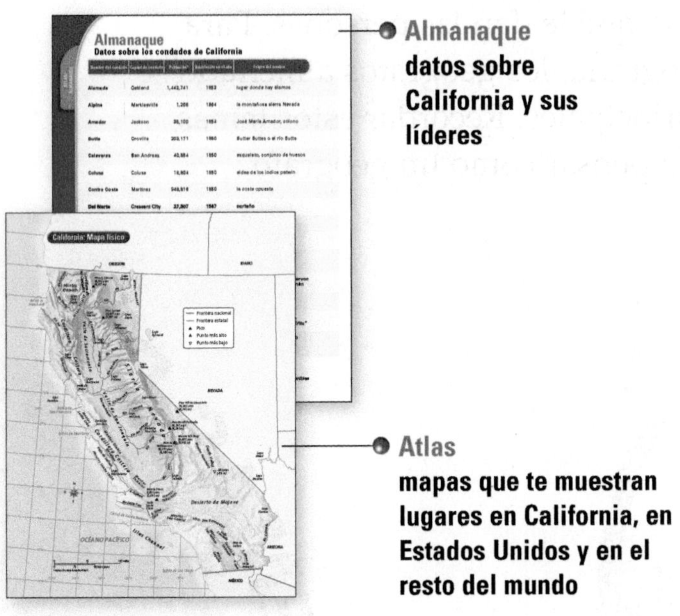

Almanaque
datos sobre California y sus líderes

Atlas
mapas que te muestran lugares en California, en Estados Unidos y en el resto del mundo

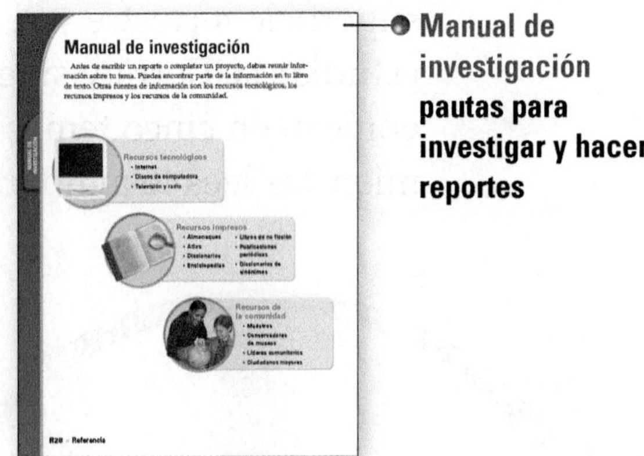

Manual de investigación
pautas para investigar y hacer reportes

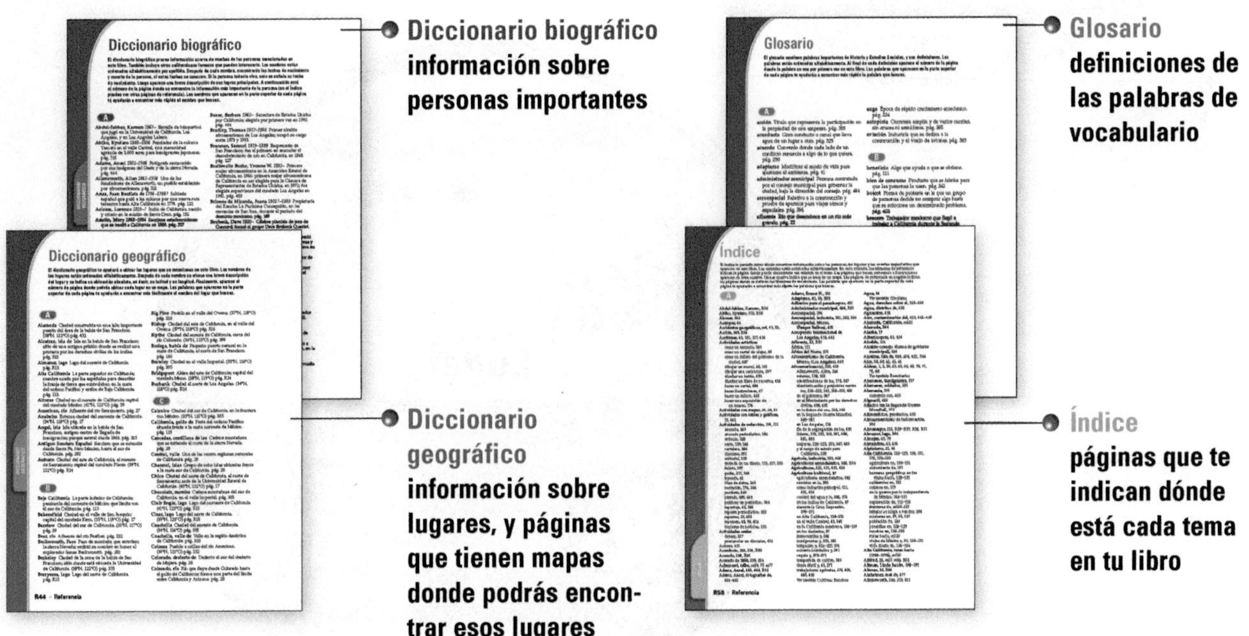

Diccionario biográfico
información sobre personas importantes

Diccionario geográfico
información sobre lugares, y páginas que tienen mapas donde podrás encontrar esos lugares

Glosario
definiciones de las palabras de vocabulario

Índice
páginas que te indican dónde está cada tema en tu libro

Los cinco temas de la Geografía

Aprender sobre los lugares es una parte importante de la Historia y la Geografía. La Geografía es el estudio de la superficie terrestre y el uso que le dan las personas. Para estudiar la Tierra y su geografía, los geógrafos a menudo se enfocan en cinco temas principales. Recordar estos temas mientras lees te ayudará a pensar como un geógrafo.

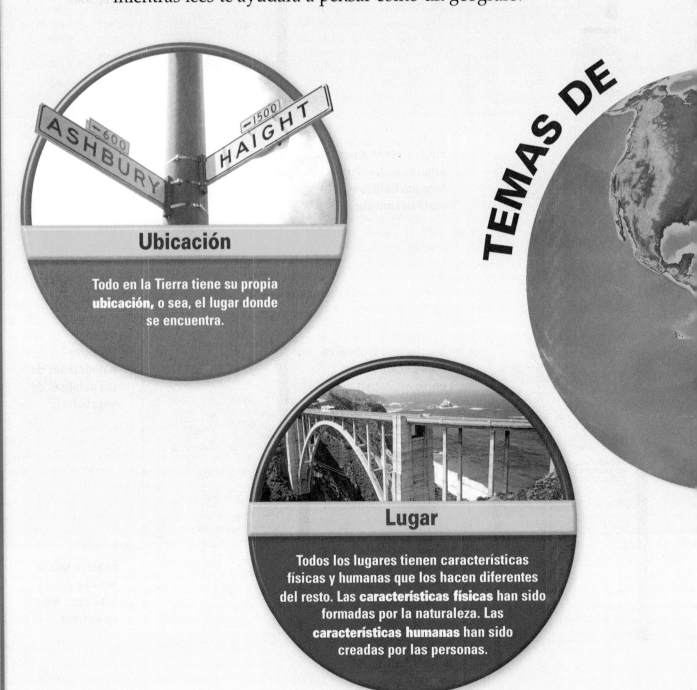

Ubicación

Todo en la Tierra tiene su propia **ubicación,** o sea, el lugar donde se encuentra.

TEMAS DE

Lugar

Todos los lugares tienen características físicas y humanas que los hacen diferentes del resto. Las **características físicas** han sido formadas por la naturaleza. Las **características humanas** han sido creadas por las personas.

Interacciones entre los seres humanos y el ambiente

Los seres humanos y el ambiente interaccionan. Las actividades de las personas modifican el ambiente, y, a su vez, el ambiente afecta a las personas. A menudo, las personas deben cambiar su modo de vida para adaptarse al entorno.

Movimiento

Las personas, las cosas y las ideas se mueven todos los días a través de nuestro estado, de nuestro país y alrededor del mundo.

GEOGRAFÍA

Regiones

Las áreas de la Tierra que tienen características propias que las hacen diferentes de otras áreas reciben el nombre de regiones. Una **región** puede describirse a partir de sus características físicas o de sus características humanas.

Observar la Tierra

Si observamos la Tierra desde el espacio, podremos ver su forma redonda. Probablemente en tu salón de clases haya un globo terráqueo. Un globo terráqueo es una esfera, o bola, que es un modelo de la Tierra. Muestra sus principales masas de agua y los siete **continentes**, o grandes extensiones de tierra. Los continentes, ordenados de mayor a menor tamaño, son: Asia, África, América del Norte, América del Sur, Antártida, Europa y Australia.

Debido a su forma, cuando miras un globo terráqueo solo puedes ver una mitad de la Tierra a la vez. En el globo terráqueo, a la misma distancia del Polo Norte que del Polo Sur, se encuentra una línea llamada **ecuador**.

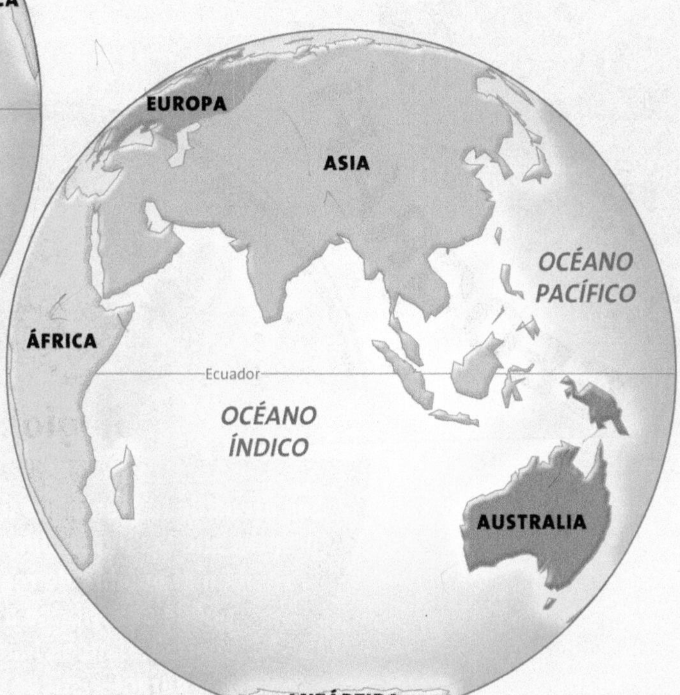

El ecuador divide la Tierra en dos partes iguales, o **hemisferios**. El hemisferio norte se encuentra al norte del ecuador, y el hemisferio sur, al sur del ecuador. Otra línea que corre de norte a sur, llamada **primer meridiano**, divide la Tierra en hemisferio occidental y hemisferio oriental.

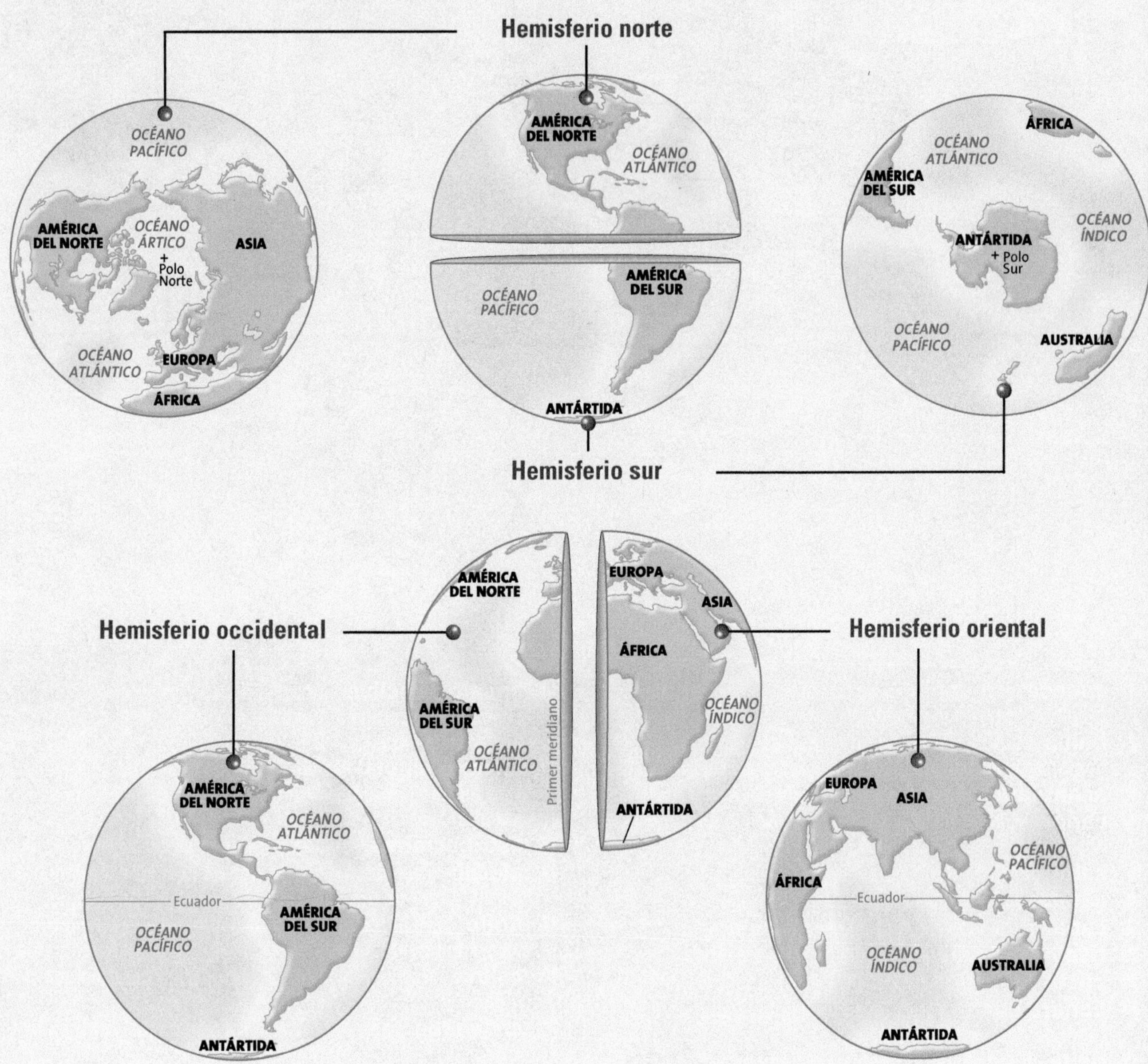

Términos geográficos

1. **cuenca** gran depresión de terreno en forma de tazón, rodeada de terreno más alto
2. **bahía** entrada del mar u otra masa de agua en un continente, normalmente más pequeña que un golfo
3. **acantilado** pared alta y escarpada de roca o tierra
4. **cañón** valle angosto y profundo bordeado de paredes abruptas
5. **cabo** punta de tierra que penetra en el mar
6. **catarata** cascada de grandes dimensiones
7. **canal** parte más profunda de una masa de agua
8. **risco** pared alta y escarpada de roca o tierra
9. **costa** franja de tierra a orillas de un mar u océano
10. **llanura costera** región de tierra plana situada a lo largo de un mar u océano
11. **delta** área triangular de tierra situada en la desembocadura de un río
12. **desierto** región seca con escasa vegetación
13. **duna** colina de arena acumulada por el viento
14. **línea de declive** línea donde los ríos forman cascadas o rápidos al caer desde tierras elevadas a tierras más bajas
15. **terreno aluvial** llanura a orillas de un río; su terreno está formado por los sedimentos que el río deposita al inundarla
16. **estribaciones** zona de colinas al pie de una montaña
17. **glaciar** gran masa de hielo que se desplaza lentamente por la ladera de una montaña o a través de un terreno
18. **golfo** gran porción de un mar u océano que se interna en el continente, normalmente más grande que una bahía
19. **colina** terreno que se eleva por encima del área que lo rodea
20. **ensenada** parte de una masa de agua que entra en la tierra
21. **isla** área de tierra rodeada totalmente de agua
22. **istmo** franja muy angosta de tierra que une dos grandes áreas de tierra

23 **laguna** masa de agua de poca profundidad
24 **lago** masa de agua totalmente rodeada de tierra
25 **marisma** terreno bajo y húmedo donde crecen pastos y juncos
26 **mesa** terreno elevado y llano con laderas escarpadas
27 **montaña** gran elevación del terreno
28 **paso** parte transitable entre dos montañas
29 **cordillera** cadena de montañas
30 **desembocadura de un río** parte del río donde su caudal se une con otra masa de agua
31 **oasis** área con agua y tierra fértil dentro de un desierto
32 **océano** masa de agua salada más grande que un mar
33 **pico** cima de una montaña
34 **península** tierra que está casi completamente rodeada de agua
35 **llanura** terreno plano o ligeramente ondulado
36 **meseta** terreno plano y elevado
37 **arrecife** banco de arena, roca o coral que se encuentra cerca de la superficie de un mar u océano
38 **río** extensa corriente de agua que fluye a través de la tierra
39 **ribera** terreno a orillas de un río
40 **sabana** llanura cubierta de pastos y matorrales
41 **mar** masa de agua salada más pequeña que un océano
42 **nivel del mar** altitud a la que se encuentra la superficie de un mar u océano
43 **ladera** lado de una colina o montaña
44 **fuente de río** lugar donde nace un río
45 **estrecho** canal angosto que comunica dos grandes masas de agua
46 **pantano** terreno bajo y húmedo con árboles
47 **límite forestal** altitud por encima de la cual no crecen árboles debido al frío
48 **afluente** arroyo o río que desemboca en un arrollo o río mayor
49 **valle** terreno bajo rodeado de colinas o montañas
50 **volcán** apertura de la corteza terrestre, a menudo elevada, a través de la cual salen rocas, lava, ceniza y gas durante una erupción
51 **cascada** caída de las aguas de un río, producida por un desnivel abrupto del terreno

REPASO DE GEOGRAFÍA

Leer mapas

Los mapas te ayudan a ubicar diferentes lugares en el mundo. Un mapa es un dibujo que representa la Tierra, o parte de ella, en una superficie plana. Con el fin de ayudarnos a interpretar y a usar con mayor facilidad los mapas, los cartógrafos a menudo agregan ciertos elementos, tales como el título, la leyenda del mapa, la rosa de los vientos, un mapa de ubicación y la escala del mapa.

En ocasiones, los cartógrafos necesitan mostrar detalladamente algunos lugares del mapa. Otras veces, deben mostrar lugares que están fuera del área que se muestra en el mapa.

El **título del mapa** indica el tema del mapa. También puede ayudarte a identificar de qué tipo de mapa se trata.

- Los mapas políticos muestran ciudades, estados y países.
- Los mapas físicos muestran accidentes geográficos y masas de agua.
- Los mapas históricos muestran partes del mundo tal como eran en el pasado.

La **leyenda del mapa**, o clave, explica qué representan los símbolos que se usan en el mapa. Los símbolos pueden ser colores, patrones, líneas o algún otro tipo de marca especial.

El **mapa de recuadro** es un mapa pequeño dentro de un mapa más grande.

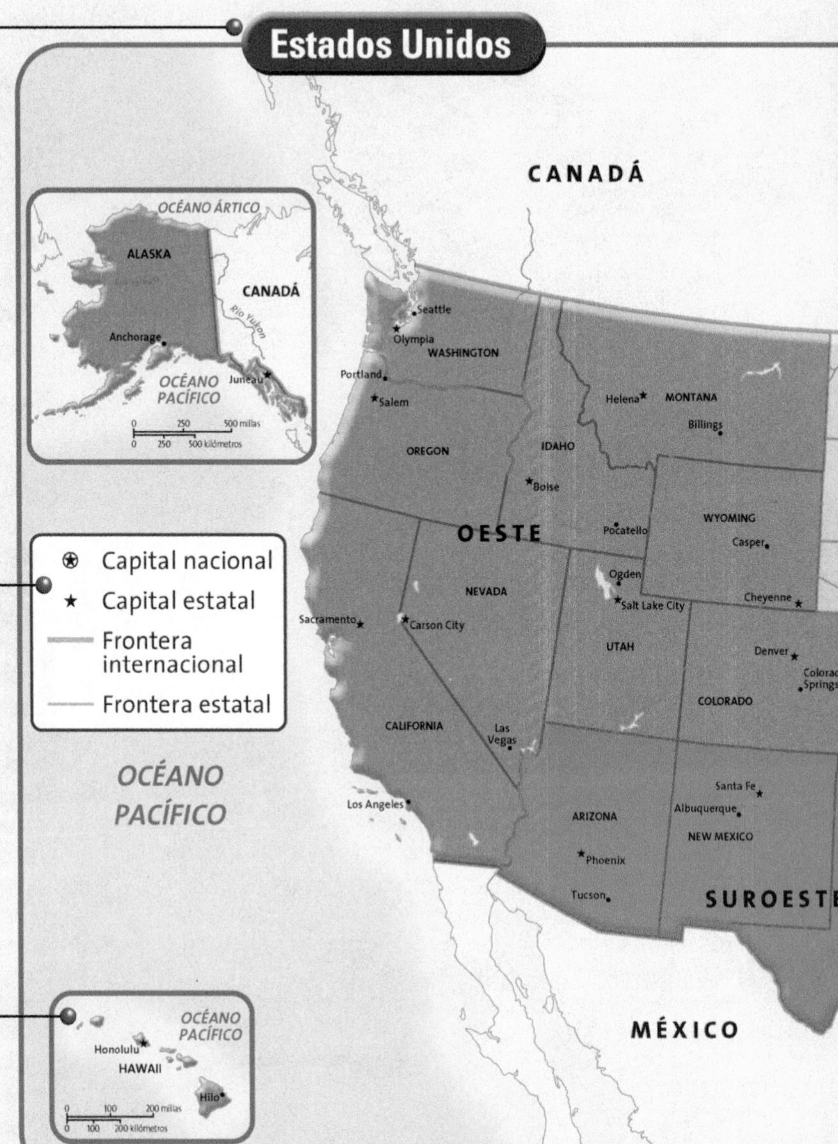

Encuentra Alaska y Hawaii en el mapa de Estados Unidos que está en las páginas R8-R9. El mapa muestra la ubicación de los dos estados en relación con el resto del país.

Ahora ubica Alaska y Hawaii en el mapa de abajo. Para representar con tantos detalles estos dos estados y el resto del país se necesitaría un mapa mucho más grande. Por eso, Alaska y Hawaii aparecen en el mapa de recuadro, es decir, un mapa más pequeño dentro de un mapa principal.

Un **mapa de ubicación** es un pequeño mapa o globo terráqueo que indica la ubicación del área que se muestra en el mapa principal con relación a un área mayor.

La **escala del mapa** indica la relación entre las distancias representadas y las distancias reales. Las escalas permiten conocer la distancia real entre los diferentes lugares representados en el mapa.

La **rosa de los vientos**, o indicador de direcciones, indica los puntos cardinales en un mapa.

- Los **puntos cardinales** son norte, sur, este y oeste.
- Los **puntos cardinales intermedios**, o puntos que se encuentran entre los puntos cardinales, son: noreste, noroeste, sureste y suroeste.

Ubicar un lugar

Para que resulte más fácil ubicar un lugar en un mapa, los cartógrafos dibujan líneas que se entrecruzan formando un patrón de cuadrados llamado **cuadrícula**. Observa el mapa de California de esta página. Alrededor de la cuadrícula podrás ver letras y números. Las columnas, que cruzan el mapa de arriba abajo, se indican con números. Las hileras, que lo cruzan de izquierda a derecha, se indican con letras. Cada cuadrado del mapa puede identificarse con una letra y un número. Por ejemplo, la primera hilera de cuadrados del mapa está formada por los cuadrados A1, A2, A3, y así sucesivamente.

Carreteras de California

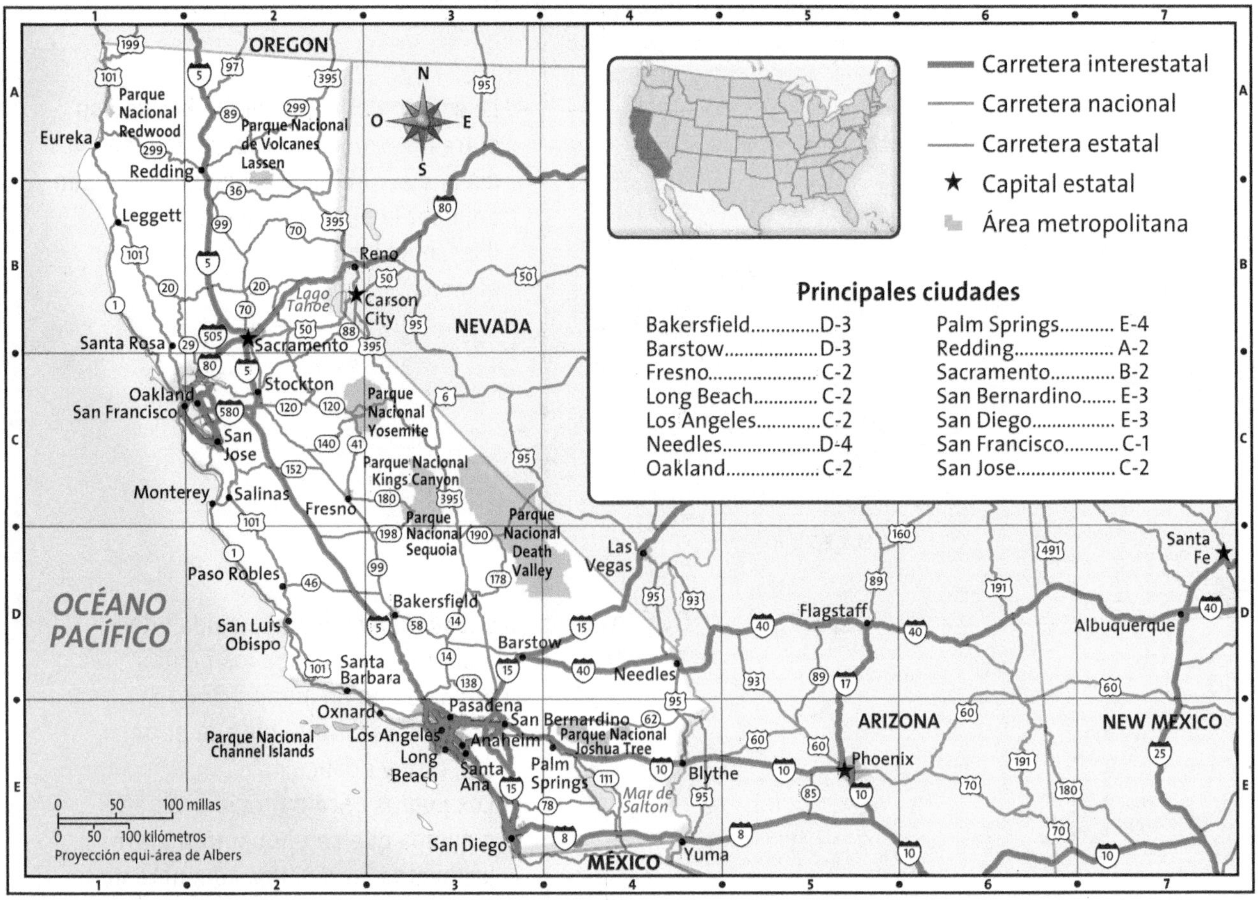

Carretera interestatal
Carretera nacional
Carretera estatal
★ Capital estatal
Área metropolitana

Principales ciudades

Bakersfield	D-3	Palm Springs	E-4
Barstow	D-3	Redding	A-2
Fresno	C-2	Sacramento	B-2
Long Beach	C-2	San Bernardino	E-3
Los Angeles	C-2	San Diego	E-3
Needles	D-4	San Francisco	C-1
Oakland	C-2	San Jose	C-2

OREGON
NEVADA
ARIZONA
NEW MEXICO
MÉXICO
OCÉANO PACÍFICO
Eureka
Parque Nacional Redwood
Redding
Parque Nacional de Volcanes Lassen
Leggett
Reno
Lago Tahoe
Carson City
Santa Rosa
Sacramento
Stockton
Oakland
San Francisco
San Jose
Parque Nacional Yosemite
Parque Nacional Kings Canyon
Monterey
Salinas
Fresno
Parque Nacional Sequoia
Parque Nacional Death Valley
Las Vegas
Paso Robles
San Luis Obispo
Bakersfield
Barstow
Needles
Santa Barbara
Oxnard
Pasadena
San Bernardino
Los Angeles
Anaheim
Parque Nacional Joshua Tree
Long Beach
Santa Ana
Palm Springs
Mar de Salton
Blythe
Parque Nacional Channel Islands
San Diego
Yuma
Phoenix
Flagstaff
Albuquerque
Santa Fe

0 50 100 millas
0 50 100 kilómetros
Proyección equi-área de Albers

Los primeros habitantes

COMIENZA CON LAS NORMAS

Normas de Historia y Ciencias Sociales de California

4.1 Los estudiantes demuestran una comprensión de las características físicas y humanas que definen los lugares y las regiones de California.

4.2 Los estudiantes describen la vida social, política, cultural y económica y las interacciones entre los habitantes de California, desde las sociedades precolombinas hasta los períodos de las misiones españolas y los ranchos mexicanos.

La gran idea

Geografía

Los habitantes de California siempre han interaccionado con su ambiente, y el ambiente ha afectado sus vidas.

Reflexiona

- ¿Cuáles son las principales características físicas y humanas de California? ¿Cómo afectan estas características la vida de los habitantes del estado?
- ¿Cuáles son algunas de las naciones de indios californianos? ¿Dónde vivían?
- ¿Cómo afectaba el ambiente a los indios californianos?

Muestra lo que sabes

- **Prueba de la Unidad 1**

- **Redacción: Un resumen**

- **Proyecto de la unidad: Atlas de California**

Unidad 1

Tiempos

Los primeros habitantes

- **Hace al menos 13,000 años** Comienza a poblarse lo que hoy es California, pág. 57
- **Hace aproximadamente 10,000 años** El clima de California se vuelve más cálido y seco, y desaparecen muchos de los animales de gran tamaño, pág. 58

HACE 15,000 AÑOS

HACE 10,000 AÑOS

Al mismo tiempo

Hace aproximadamente 10,000 años Comienza la práctica de la agricultura y la ganadería en diferentes partes del mundo

Los primeros habitantes

Hace aproximadamente 4,000 años
Los indios de California comienzan a establecerse en aldeas, pág. 59

HACE 5,000 AÑOS

PRESENTE

Hace aproximadamente 6,200 años
Los egipcios desarrollan el calendario de 365 días

Hace aproximadamente 3,600 años
Comienza la dinastía Shang en China

Hace aproximadamente 1,600 años
El cristianismo se convierte en la religión oficial del Imperio romano

Unidad 1

Los gabrielinos

Personas

Los yurok

- Vivían en el norte de California, a lo largo del río Klamath y de la costa del océano Pacífico
- La riqueza era importante para los yurok. Una persona que poseía muchos cordeles de conchas marinas era considerada rica

Los gabrielinos

- Los gabrielinos, también llamados tongva, vivían en lo que actualmente son los condados de Los Angeles y Orange
- Creían en un espíritu llamado *Qua-o-ar,* o "dador de la vida"
- Tallaban tazones y figuras de animales en esteatita

Los chumash

- Vivían en el sur de California, a lo largo de la costa del océano Pacífico, en los valles de Cuyama y San Joaquin, y en las islas Channel del norte
- Construían canoas con tablas y las impermeabilizaban con brea

Los cahuilla

Los maidu

Los cahuilla

- Su territorio incluía colinas y áreas desérticas ubicadas en la base de los montes San Bernardino y San Jacinto
- Recorrían largas distancias para recolectar bellotas
- Practicaban la alfarería

Los yokuts

- Vivían en el valle de San Joaquin y en las colinas cercanas a la sierra Nevada
- Usaban símbolos para representar a cada familia. El símbolo era un animal al que la familia honraba.

Los maidu

- Vivían en el valle del Sacramento y en las colinas cercanas a la sierra Nevada
- Los maidu vivían en grupos formados por tres a cinco aldeas pequeñas que rodeaban a una aldea principal

Unidad 1

Lugares
Accidentes geográficos de California

Región montañosa

Valle Central

Región costera

Región desértica

Unidad 1

La lectura en los Estudios Sociales

Idea principal y detalles

La idea principal es la idea más importante de un párrafo o un pasaje.
Los detalles aportan más datos relacionados con la idea principal.

Por qué es importante

Es más probable que recuerdes lo que lees si identificas y comprendes la idea principal y los detalles.

Idea principal		
La idea más importante		

Detalles		
datos relacionados con la idea principal	datos relacionados con la idea principal	datos relacionados con la idea principal

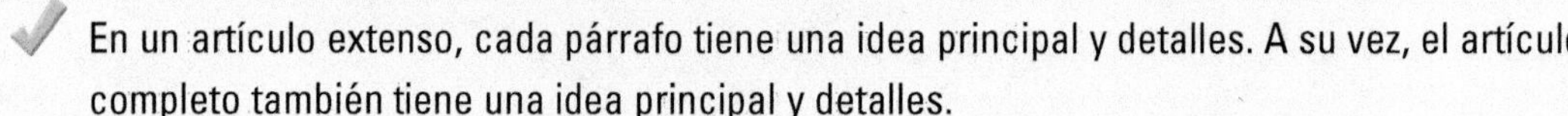

- En un artículo extenso, cada párrafo tiene una idea principal y detalles. A su vez, el artículo completo también tiene una idea principal y detalles.

- A menudo, la idea principal aparece en la primera oración de un párrafo.

Practica la destreza

Lee los párrafos que siguen. Identifica la idea principal y los detalles del segundo párrafo.

Idea principal

Detalles

El lago Tahoe es el lago natural más profundo de California. Está ubicado a gran altura, en la parte norte de la sierra Nevada. El lago Tahoe, con sus 22 millas de largo y sus 10 millas de ancho, es el lago de montaña más grande de Estados Unidos.

El mar de Salton es otra de las grandes masas de agua de California. El mar de Salton es salado, como el océano, pero en realidad es un enorme lago. Está ubicado en el valle Imperial y se formó por una crecida del río Colorado.

Aplica lo que aprendiste

 **Identificar la idea principal y los detalles** **Lee los párrafos y responde las preguntas.**

Lo llaman Valle de la Muerte

En el sur de California existe un lugar llamado *Death Valley* o Valle de la Muerte. Recibió su nombre durante la fiebre del oro de California en 1849. Camino a California, un grupo de personas se perdió en el valle. Atrapados, sin agua ni alimentos, los miembros del grupo estaban seguros de que no sobrevivirían. Sin embargo, solo uno de ellos murió antes del rescate. William Lewis Manly contó más tarde que ". . . no vimos ninguna señal de vida en ese inmenso territorio durante un mes o más".*

Miles de años antes, el valle estaba repleto de lagos formados por el deshielo. Con el tiempo, los lagos se secaron y el valle se transformó en un desierto. En la cuenca de Badwater, que está a 282 pies bajo el nivel del mar, se encontraba antiguamente una laguna de agua salada. Este es el sitio más bajo del *Death Valley* y también el punto más bajo de toda América del Norte.

Por su nombre, este valle puede parecerte un lugar donde no hay ninguna forma de vida. Sin embargo, allí habitan muchas plantas y animales del desierto. Entre los animales que viven en el *Death Valley* hay conejos, zorros, serpientes y lagartijas. Además, hay aves, como codornices y palomas. También crecen allí algunas plantas, como los cactos.

* William Lewis Manly, *Death Valley in '49: An Important Chapter of California Pioneer History*, Time-Life Books, 1982.

Identificar la idea principal y los detalles

1. **¿Cuál es la idea principal del primer párrafo?**
2. **¿En qué oración se establece la idea principal del segundo párrafo?**
3. **¿Qué detalles apoyan la idea de que hay vida en el *Death Valley* a pesar de que es un ambiente muy hostil?**

La iguana de collar es uno de los animales que viven en el *Death Valley*.

Destrezas de estudio

HACER UN ESQUEMA

Un esquema es una buena manera de registrar las ideas principales y los detalles.

- **En un esquema, los temas se identifican con números romanos.**
- **Las ideas principales de cada tema se identifican con letras mayúsculas.**
- **Los detalles relacionados con cada idea principal se identifican con números.**

Geografía de California

I. Ubicación de California
  A. California en el mundo
    1. Uno de los 50 estados
    2. En el continente de América del Norte
    3. ______________________
  B. Un estado de la costa del Pacífico
    1. ______________________
    2. ______________________

Aplica la destreza mientras lees

Mientras lees este capítulo, recuerda que debes prestar atención a los temas, las ideas principales y los detalles. Usa esa información para completar un esquema del capítulo.

Normas de Historia y Ciencias Sociales de California, Grado 4

4.1 Los estudiantes demuestran una comprensión de las características físicas y humanas que definen los lugares y las regiones de California.

CAPÍTULO

La geografía de California

Lone Cypress, península de Monterey

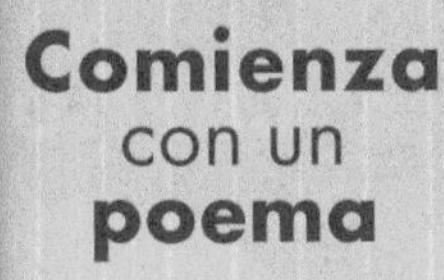

SIERRA

por Diane Siebert
ilustrado por Wendell Minor

La sierra Nevada, que se extiende de norte a sur atravesando gran parte de California, es una de las muchas maravillas naturales del estado. Lee ahora para descubrir más sobre estas majestuosas montañas.

Soy la montaña,
joven y vieja a la vez.
He visto de pie el tiempo pasar.
He conocido las edades de nieve y
de hielo;
he sentido el ir y venir de los glaciares,
agitándose en cada helada, en cada
deshielo.
Los glaciares destrozaron las piedras,
arrasaron los árboles,
y tallaron en mis rocas de granito
las terrazas de bloques y losas
que dibujan cada sendero, cada aguada
que baja.
Donde a través de los años, con fuerza
rompiente,
los glaciares esculpieron profundos
barrancos
y pulieron las rocas hasta hacerlas
brillar.

terraza ladera conformada por escalones horizontales

barranco precipicio

Al fin, esta larga y fría edad
comenzó a perder su gélido dominio
cuando, ante el cálido sol,
el último glaciar se replegó,
derritiéndose tonelada a tonelada,
para dar paso a lo que ahora soy:

Un lugar de fuerza y altura,
de sombras y resplandores;
de praderas que yacen como nidos
entre bosques frescos y verdores,
lugar de cascadas de agua plateada
que se alimentan de nieve y con
gran brío
desde muros agrietados se lanzan
al vacío.

Aquí se elevan pinos, majestuosos.
Sus agujas, al secarse y caer,
van formando en mis laderas
una abrigada y suave manta natural.

gélido muy frío

replegarse retroceder, ir hacia atrás

agrietado rajado, que tiene grietas

Sus graciosas ramas se agitan y le
cantan,
con susurros de suaves brisas,
al enebro, bajo y gruñón,
que crece aquí con obstinado
esplendor.

Y en mi ladera oeste viven
mis majestuosas secuoyas, antiguas
y altas,
que han visto pasar tres mil años
en su eterna búsqueda del cielo.
Esta arboleda de gigantes ha crecido
lentamente
y entona sus canciones en el silencio
azulado.

Responde

1. Trabaja con un compañero para explicar el significado de cada estrofa de "Sierra". Luego presenta tu explicación a la clase.
2. ¿Por qué crees que la autora hace que las montañas se describan a sí mismas?

Lección 1

La ubicación de California

REFLEXIONA
¿Dónde está ubicada California? ¿Por qué es importante su ubicación?

- ✓ **Explica dónde está California en relación al Polo Norte, al Polo Sur, al ecuador y al primer meridiano.**
- ✓ **Describe la ubicación de California en relación al océano Pacífico y otros países.**

VOCABULARIO
hemisferio pág. 13
ecuador pág. 13
primer meridiano pág. 13
ubicación relativa pág. 14

LUGARES
América del Norte
hemisferio norte
hemisferio sur
Polo Norte
Polo Sur
hemisferio occidental
hemisferio oriental
cuenca del Pacífico

HSS 4.1, 4.1.1, 4.1.2, 4.1.4

IMAGÍNATE ALLÍ

Tu computadora te dice que tienes un correo electrónico. Es un mensaje de tu nuevo amigo por correo, que vive en Japón. Te pide que le describas dónde vives. ¿Qué le dirías? Podrías darle tu dirección. También podrías decirle el nombre de tu comunidad. Incluso podrías decirle que vives cerca de un lugar importante, como tu escuela.

Finalmente, le dices que vives en California. Ahora, tu amigo te pregunta: "¿En qué parte del mundo queda California?"

DATOS BREVES
Rhode Island, el estado más pequeño, podría caber casi 150 veces en California.

California en el mundo

Puedes describir la ubicación de California a tu amigo de diferentes maneras. Podrías decir que California es uno de los 50 estados de Estados Unidos de América. También, que California está en **América del Norte,** ya que Estados Unidos se sitúa en ese continente.

Podrías decidirte a explicar en qué **hemisferio**, o mitad de la Tierra, se encuentra California. En un globo terráqueo, la Tierra se divide en el **hemisferio norte** y el **hemisferio sur** por medio de una línea imaginaria llamada **ecuador**. El ecuador está a la misma distancia del Polo Norte que del Polo Sur. El **Polo Norte** es el punto más al norte de la Tierra, y el **Polo Sur** es el punto más al sur. Como está al norte del ecuador, California está en el hemisferio norte.

Otra línea, el **primer meridiano**, divide la Tierra en el **hemisferio occidental** y el **hemisferio oriental.** América del Norte, que incluye California, se encuentra en el hemisferio occidental.

Ahora puedes contestarle a tu amigo de Japón. California está en Estados Unidos de América, un país de América del Norte que se encuentra en los hemisferios norte y occidental.

REPASO DE LA LECTURA **IDEA PRINCIPAL Y DETALLES** **¿En qué parte del mundo está ubicada California?**

Analizar ilustraciones

¿Qué territorio ocupa una superficie mayor, el de América del Norte o el de Estados Unidos?

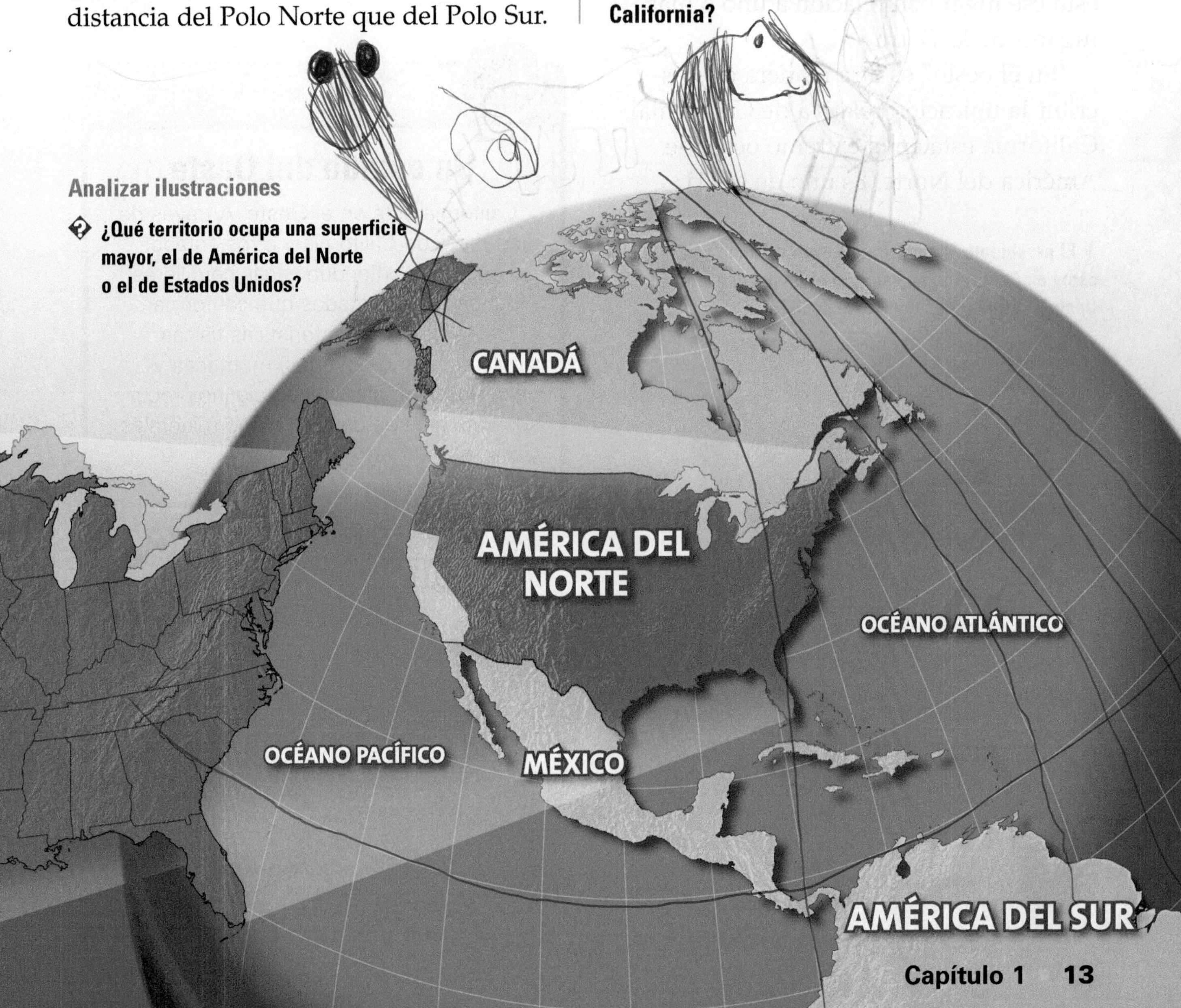

Un estado de la costa del Pacífico

Escribes a tu amigo: "Ahora, busca México en un mapa. California está exactamente al norte de ese país". Continúas explicando que California está al sur del estado de Oregon y al oeste de Nevada y Arizona. Luego, escribes que el río Colorado forma parte del límite este de California.

Cuando describes la ubicación de California de esta manera, indicas su ubicación relativa. La **ubicación relativa** de un lugar es la descripción de dónde está ese lugar con relación a uno o más lugares de la Tierra.

"En el oeste" es otra manera de describir la ubicación relativa de California. California está en el extremo oeste de América del Norte. Es uno de los 11 estados que forman la región de Estados Unidos conocida como el Oeste. Además, California es uno de los cinco estados que limitan con el océano Pacífico. Esto hace que California sea considerado un estado de la costa del Pacífico.

Desde la costa de California, el océano Pacífico puede parecerte grande y desolado. Sin embargo, los barcos de pasajeros y de carga cruzan el Pacífico todo el tiempo. Muchos de esos barcos navegan desde otros estados y países que limitan con el océano Pacífico y también hacia ellos. Todos estos lugares forman parte de una región mundial más grande llamada

GEOGRAFÍA

Un estado del Oeste

California está en el Oeste. A través de gran parte de California y otros estados del oeste se extienden varias cordilleras. Algunos de los estados que conforman el Oeste tienen características físicas similares, como bosques, montañas y desiertos. Además, tienen algunos recursos naturales en común, como minerales y madera.

El presidente Theodore Roosevelt dijo una vez: "Cuando estoy en California, no estoy en el Oeste: estoy al oeste del Oeste".* ¿Qué crees que quiso decir?

* Theodore Roosevelt, De *The American West* por John Faragher y Robert Hine, Yale University Press, 2000.

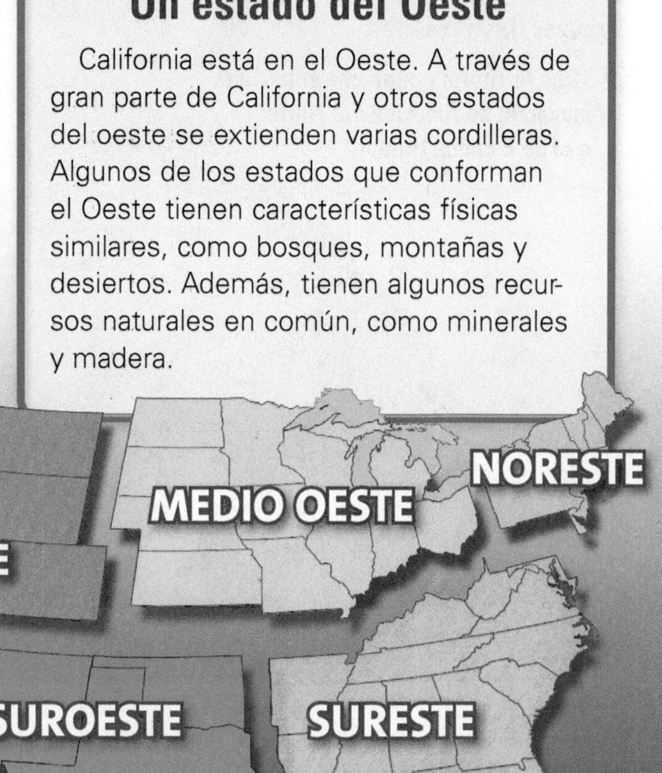

Un barco de carga pasa debajo del puente Golden Gate.

cuenca del Pacífico. Como Japón también limita con el océano Pacífico, puedes decirle a tu amigo que ambos viven en la cuenca del Pacífico.

La ubicación de California en el oeste de Estados Unidos y en la costa del océano Pacífico es importante por muchas razones. Es un lugar donde convergen personas, bienes e ideas de todo el mundo.

REPASO DE LA LECTURA **IDEA PRINCIPAL Y DETALLES** **¿Cuál es la ubicación de California con relación al océano Pacífico?**

Resumen

California está en Estados Unidos, en América del Norte y en los hemisferios norte y occidental. Su ubicación en la costa del Pacífico hace que sea un lugar importante en el que se concentran personas, bienes e ideas de todo el mundo.

REPASO

1. ¿Dónde está ubicada California? ¿Por qué es importante su ubicación?
2. ¿Cómo se relacionan las palabras **ecuador** y **hemisferio**?
3. ¿Qué son el Polo Norte y el Polo Sur?

RAZONAMIENTO CRÍTICO

4. DESTREZA DE ANÁLISIS ¿Cómo ha afectado al estado de California el hecho de estar ubicado en la cuenca del Pacífico?
5. **Haz una tabla** Escribe estos términos en tarjetas: *Oeste, Tierra, California, hemisferio occidental, América del Norte, Estados Unidos.* Comenzando con *Tierra,* coloca las tarjetas en una tabla, ordenándolas de la región más grande a la más pequeña. Usa la tabla para explicar el domicilio global de California.
6. Destreza clave **IDEA PRINCIPAL Y DETALLES**

   En una hoja de papel, copia y completa el organizador gráfico de abajo.

Idea principal

Hay varias maneras de describir la ubicación relativa de California.

Detalles

Usar latitud y longitud

POR QUÉ ES IMPORTANTE

Para describir la ubicación exacta, o **ubicación absoluta**, de un lugar, puedes usar las líneas de latitud y longitud.

LO QUE NECESITAS SABER

Las **líneas de latitud** corren de este a oeste en un mapa o un globo terráqueo. Se miden en grados (°) norte y sur desde el ecuador. Van desde 0° en el ecuador hasta 90° en cada uno de los polos. Al norte del ecuador, las líneas de latitud están señaladas con una N, para *norte.* Al sur del ecuador, están señaladas con una S, para *sur.*

Al igual que el ecuador, otras líneas de latitud tienen nombres especiales. El trópico de Cáncer y el trópico de Capricornio señalan los límites norte y sur de las regiones más cálidas de la Tierra, los **trópicos**. Los lugares al norte del círculo polar ártico y al sur del círculo polar antártico son las regiones más frías de la Tierra.

Los mapas y los globos terráqueos tienen un conjunto de líneas que corren de norte a sur, desde el Polo Norte hasta el Polo Sur. Estas líneas se llaman **líneas de longitud**. Se miden en grados (°) este y oeste desde el primer meridiano. Van desde 0° en el primer meridiano hasta 180°. Al oeste del primer meridiano, las líneas de longitud están señaladas con una *O*, para *oeste.* Al este, están señaladas con una *E*, para *este.*

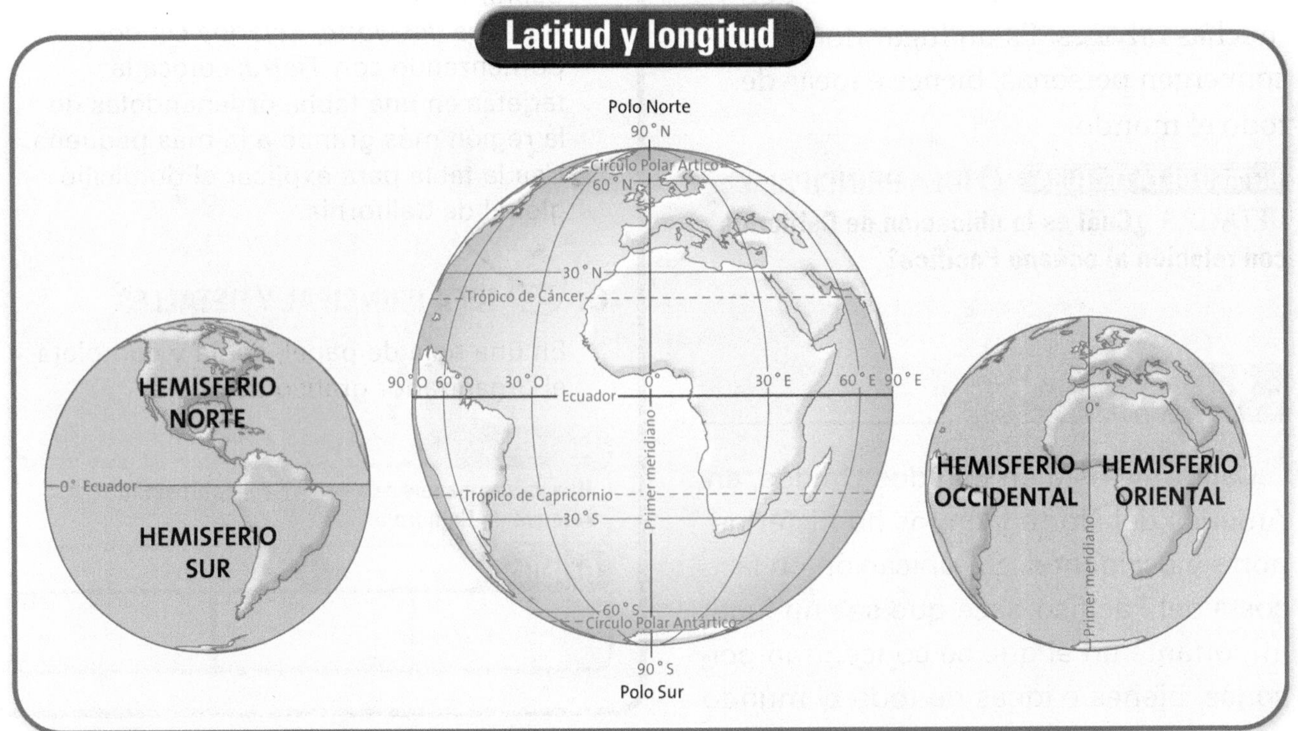

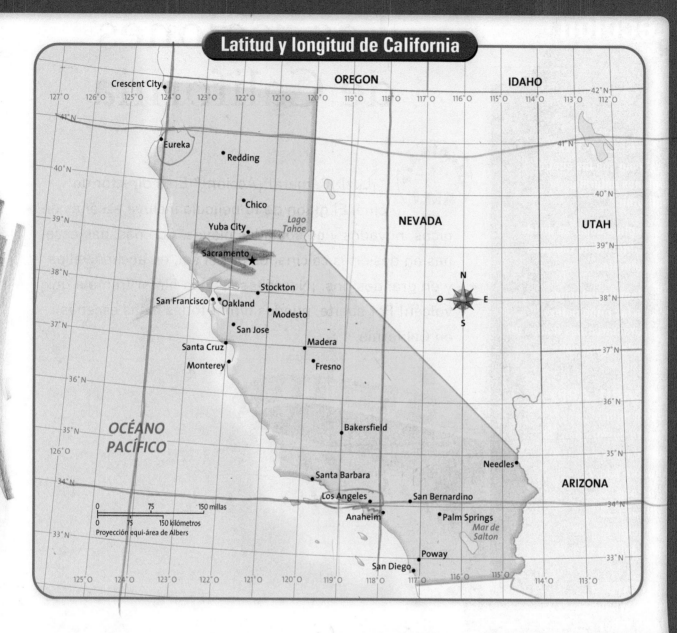

Latitud y longitud de California

OREGON
IDAHO
NEVADA
UTAH
ARIZONA
OCÉANO PACÍFICO
Crescent City
Eureka
Redding
Chico
Yuba City
Lago Tahoe
Sacramento
Stockton
San Francisco
Oakland
Modesto
San Jose
Santa Cruz
Madera
Monterey
Fresno
Bakersfield
Needles
Santa Barbara
Los Angeles
San Bernardino
Anaheim
Palm Springs
Mar de Salton
Poway
San Diego
0 75 150 millas
0 75 150 kilómetros
Proyección equi-área de Albers

Las líneas de latitud y longitud en un mapa o globo terráqueo se cruzan para formar un **sistema de cuadrícula de coordenadas**. Puedes dar la ubicación absoluta de un lugar nombrando primero la línea de latitud y luego la línea de longitud más cercana.

PRACTICA LA DESTREZA

Responde estas preguntas.

1. ¿En qué línea de latitud está el límite norte de California?
2. ¿Qué línea de latitud está más cerca de Poway? ¿Y qué línea de longitud?
3. ¿Qué ciudad está cerca de 37ºN, 122ºO?

APLICA LO QUE APRENDISTE

DESTREZA DE ANÁLISIS **Aplícalo** Usa latitud y longitud para indicar la ubicación de tu comunidad.

Practica tus destrezas con mapas y globos terráqueos con el **CD-ROM GeoSkills.**

Lección 2

Las regiones de California

REFLEXIONA
¿Cómo son las cuatro regiones naturales de California?

- Explica cómo se divide California en regiones naturales.
- Identifica algunas de las principales características físicas de cada región natural.

VOCABULARIO
región natural pág. 19
llanura costera pág. 20
puerto natural pág. 20
afluente pág. 22
delta pág. 22
fértil pág. 22
irrigación pág. 23
nivel del mar pág. 24

LUGARES
monte Whitney
Death Valley
cordillera Costera
sierra Nevada
cordillera de las Cascadas
río San Joaquin
río Sacramento
desierto de Mojave
río Colorado

IDEA PRINCIPAL Y DETALLES

Normas de California
HSS 4.1, 4.1.3, 4.1.4, 4.1.5

IMAGÍNATE ALLÍ

"¡Luz! ¡Cámara! ¡Acción!" Eres director de cine. El guión de tu película incluye escenas en picos nevados y en soleadas playas. Además, hay escenas en desiertos calcinados por el sol, en anchos valles y en grandes ríos. ¡Necesitas incluso filmar frente a un volcán! Por suerte, puedes filmar todas estas escenas en California.

Las maravillas naturales de California

Mientras viajas a través de California para hacer tu película, observas que hay increíbles paisajes en todo el estado. Una razón por la que California tiene tal variedad de paisajes es que ocupa una gran superficie. California es un estado muy extenso. De hecho, solo Texas y Alaska son más grandes. En la parte este de California, puedes ver algunas de las cascadas más altas de América del Norte. En el noroeste, hay bosques con algunos de los árboles más altos del mundo. Cerca de estos bosques, encontrarás fuentes termales y géiseres.

En otra zona de California descubrirás el **monte Whitney,** el punto más alto de los 48 estados que están conectados entre sí. Y a tan solo unas 100 millas de allí se encuentra el ***Death Valley,*** el punto más bajo del hemisferio occidental.

Como el terreno de California no es igual en todos lados, los geógrafos suelen dividir el estado en cuatro **regiones naturales.** Cada una de estas regiones está formada por lugares que comparten el mismo tipo de características físicas. Tienen accidentes geográficos, masas de agua, climas y plantas similares. Las cuatro regiones naturales de California son la región costera, la región montañosa, la región del valle Central y la región desértica.

REPASO DE LA LECTURA **IDEA PRINCIPAL Y DETALLES** **¿Cuál es una de las maneras en que los geógrafos dividen el estado de California?**

California tiene costas rocosas, altas montañas, fértiles tierras de cultivo y desiertos. La amapola dorada es la flor representativa del estado y se encuentra en muchos lugares de California.

La región costera

La región costera de California se extiende por más de 800 millas a lo largo de la costa del océano Pacífico. Un grupo de montañas bajas, llamado **cordillera Costera**, bordea gran parte de la costa.

En el norte de California, las montañas penetran abruptamente en el océano Pacífico, formando acantilados muy escarpados. En la costa sur de California, las montañas dan lugar a una **llanura costera**, un área de tierras bajas con playas de arena a lo largo de la costa.

Aunque gran parte de la costa de California es rocosa, el estado tiene dos grandes **puertos naturales** donde los barcos pueden atracar con seguridad. Uno de estos puertos es la bahía de San Francisco, y el otro, la bahía de San Diego. Además, hay otras bahías más pequeñas a lo largo de toda la costa.

Amplios valles se extienden entre las montañas de la cordillera Costera. Al norte de San Francisco se encuentran los valles de Napa y Sonoma. Al sur, los valles de Santa Clara y Salinas. Estos valles tienen suelos fértiles y son importantes zonas de cultivo.

Dos grupos de islas también forman parte de la región costera de California. Las islas Farallon están ubicadas al oeste de San Francisco. Otras ocho islas conforman las islas Channel, frente a la costa sur de California. Santa Catalina es la mayor de esas islas.

REPASO DE LA LECTURA **COMPARAR Y CONTRASTAR** **¿En qué se diferencia la costa norte de California de la costa sur?**

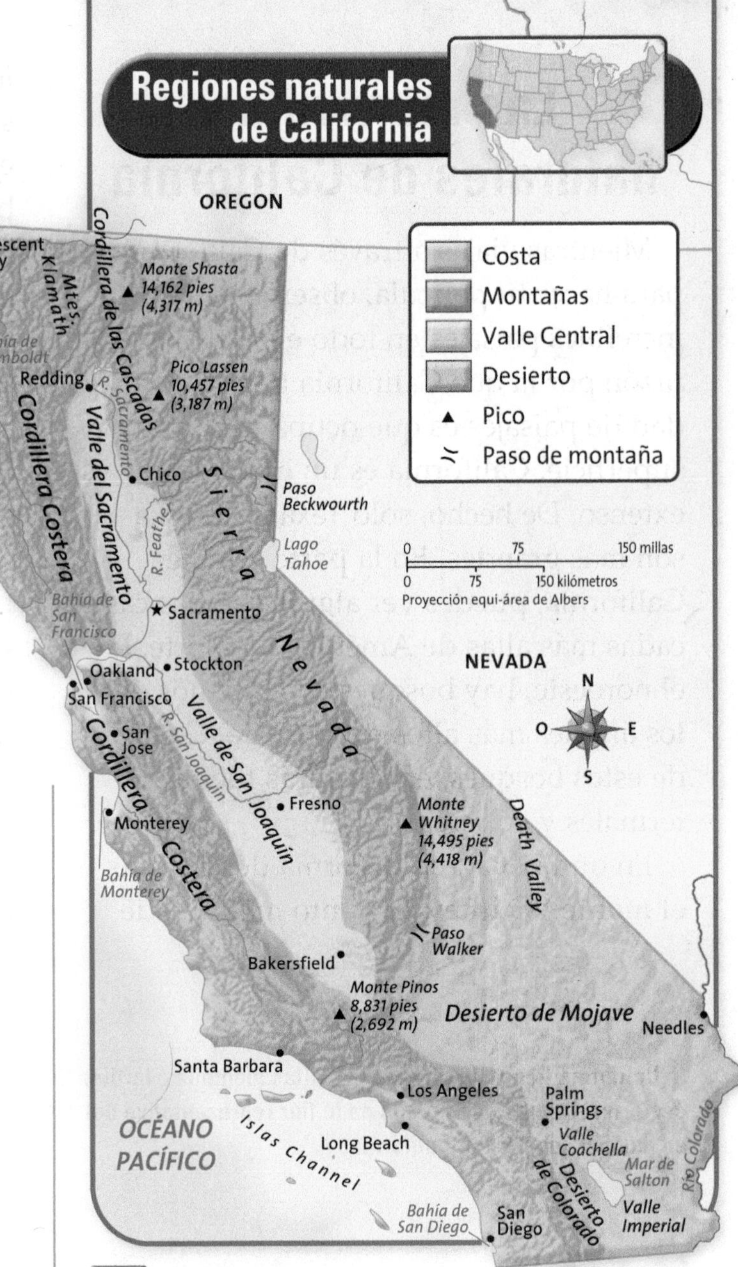

DESTREZA DE ANÁLISIS **Analizar mapas**

Lugar ¿Qué características naturales rodean la región del valle Central?

Principales montañas del mundo

Analizar diagramas

¿Cuánto más alto es el monte McKinley que el monte Whitney?

Mont Blanc
(Europa)
15,771 pies

Monte Whitney
(California)
14,495 pies

La región montañosa

Más de la mitad de California está cubierta por montañas. La cordillera más grande del estado es la **sierra Nevada.** Esta cordillera se extiende de norte a sur a través de gran parte del este del estado. A diferencia de la cordillera Costera, más de 100 picos de la sierra Nevada superan los 13,000 pies de altura. El monte Whitney, con 14,495 pies, es el más alto.

Entre las altas cumbres de la sierra Nevada hay profundos valles. Uno de los valles más famosos es el valle de Yosemite, que forma parte del Parque Nacional Yosemite. Allí se encuentra la cascada más alta de América del Norte, las cataratas Ribbon, con una caída de 1,612 pies.

El lago Tahoe se encuentra a gran altura en la sierra Nevada. Es el lago natural más profundo de California. En algunos lugares, el lago Tahoe supera los 1,600 pies de profundidad.

Al norte de California, la **cordillera de las Cascadas** se extiende hasta los estados de Oregon y Washington. Dos de sus cumbres, los montes Shasta y Lassen, son volcanes.

REPASO DE LA LECTURA **COMPARAR Y CONTRASTAR** **¿En qué se diferencia la sierra Nevada de la cordillera Costera?**

DATOS BREVES

Algunos escaladores prueban sus habilidades en las cumbres *fourteeners* de California. Estas son montañas que tienen más de 14,000 pies de altura. Hay 15 montañas de este tipo en el estado.

Algunas personas disfrutan escalando laderas de roca en la región montañosa de California.

Kilimanjaro
(África)
19,340 pies

Monte McKinley
(Alaska)
20,320 pies

Monte Everest
(Asia)
29,022 pies

La región del valle Central

Entre la cordillera Costera y la sierra Nevada se encuentra una región de tierras bajas llamada valle Central. El **río San Joaquin** atraviesa la parte sur del valle Central, zona que a menudo se conoce como valle de San Joaquin. En la parte norte, el valle del Sacramento toma su nombre del **río Sacramento.**

En sus recorridos a través del valle Central, los ríos San Joaquin y Sacramento reciben las aguas de una cantidad de ríos más pequeños, o **afluentes**.

En el lugar donde se unen los ríos San Joaquin y Sacramento se forma un amplio delta. Un **delta** es un terreno formado con los sedimentos que arrastran los ríos.

El valle Central de California es una de las regiones agrícolas más productivas del mundo. Con el transcurso del tiempo, el suelo fértil de la sierra Nevada fue depositándose en el valle. Un suelo es **fértil** cuando es bueno para cultivar.

REPASO DE LA LECTURA **IDEA PRINCIPAL Y DETALLES** **¿Cuáles son algunas de las características físicas del valle Central?**

GEOGRAFÍA

Sacramento

Sacramento, la capital estatal de California, está ubicada en el valle Central, cerca del lugar donde se unen los ríos Sacramento y American. En la década de 1850, Sacramento era el lugar ideal desde donde se enviaban productos agrícolas río abajo hasta San Francisco. Durante la fiebre del oro de California, los equipos y materiales de minería se transportaban río arriba desde San Francisco hasta Sacramento, y desde allí a los mineros en la sierra Nevada.

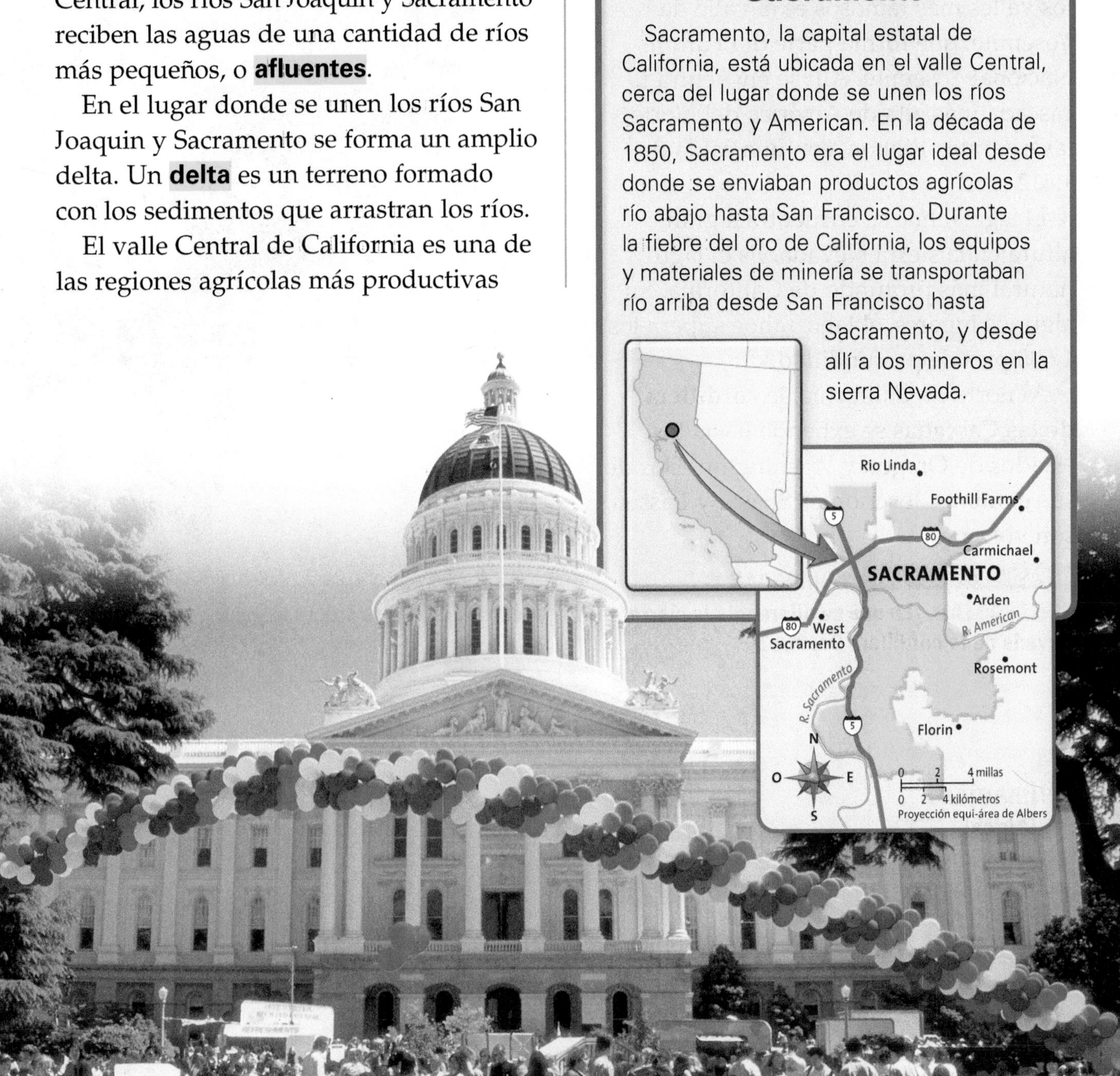

Analizar ilustraciones La región desértica tiene una amplia variedad de vida silvestre.

1 Nopal
2 Árbol de Joshua
3 Yuca
4 Gobernadora
5 Borrego cimarrón
6 Puma
7 Coyote
8 Codorniz de Gambel
9 Liebre
10 Serpiente de cascabel
11 Tortuga
12 Bolsero tunero

¿Cuáles son algunas de las plantas que crecen en la región desértica?

La región desértica

Los desiertos ocupan la mayor parte del sureste de California. El **desierto de Mojave** cubre una extensa área entre la parte sur de la sierra Nevada y el **río Colorado.** El desierto de Colorado está más al sur, cerca de la frontera con México.

La región desértica de California tiene varios valles grandes. Cerca de la frontera con México se encuentran el valle Imperial y el valle de Coachella. Para regar sus cultivos, los habitantes de esta zona usan irrigación. La **irrigación** es el uso de canales, diques o tuberías para llevar agua a lugares secos.

El mar de Salton, que es en realidad un enorme lago salado, se encuentra en la región desértica. Se formó entre 1905 y 1907, cuando se produjo una crecida del río Colorado.

Algunas zonas de la región desértica son demasiado calurosas y secas para que las personas vivan allí. El *Death Valley*, cerca de la frontera con Nevada, es uno de los lugares más secos y calurosos de Estados Unidos. Además, es el punto más bajo del hemisferio occidental. Hay un punto en el *Death Valley* que se encuentra a 282 pies bajo el nivel del mar. Se dice que un terreno está al **nivel del mar** cuando está al mismo nivel que la superficie del océano.

REPASO DE LA LECTURA **IDEA PRINCIPAL Y DETALLES** **¿Cuáles son algunas de las características físicas de la región desértica?**

Resumen

Las cuatro regiones naturales de California son la región costera, la región montañosa, la región del valle Central y la región desértica. La sierra Nevada, la cordillera Costera y la cordillera de las Cascadas son las principales cadenas montañosas del estado.

DATOS BREVES

La temperatura más alta que se ha registrado en Estados Unidos ha sido 134° F. Se registró el 10 de julio de 1913, en el *Death Valley*.

El *Death Valley*, con una superficie aproximada de 5,270 millas cuadradas, es el parque nacional ubicado fuera de Alaska más grande de Estados Unidos.

REPASO

1. ¿Cómo son las cuatro regiones naturales de California?
2. Usa los términos **irrigación** y **fértil** para describir la agricultura de California.
3. ¿En qué región de California están los dos puertos naturales más grandes?
4. ¿Qué dos valles fluviales forman la región del valle Central?

RAZONAMIENTO CRÍTICO

5. **Aplícalo** ¿En qué región vives? ¿Qué características físicas hay cerca de tu casa que sean comunes a toda la región?
6. DESTREZA DE ANÁLISIS ¿Qué efecto crees que tuvo la irrigación en la población de la región desértica?
7. **Haz un mapa** Dibuja un mapa de las regiones naturales de California. Usa tu mapa para indicar las características físicas de cada región.
8. Destreza clave **IDEA PRINCIPAL Y DETALLES** En una hoja de papel, copia y completa el organizador gráfico de abajo.

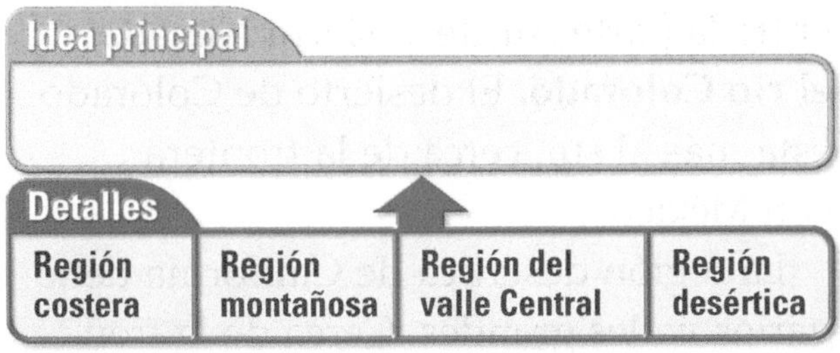

John Muir

Biografía

Integridad
Respeto
Responsabilidad
Equidad
Bondad
Patriotismo

*"Las montañas me llaman y debo ir. . ."**

En su juventud, John Muir amaba la vida al aire libre y respetaba la naturaleza. Cuando terminó la universidad, pasó varios meses explorando zonas silvestres de Canadá. Luego, trabajó en una fábrica en Indiana. Un día de 1867, Muir se lastimó los ojos en el trabajo. Decidió entonces que prefería pasar el resto de su vida observando la naturaleza en lugar de máquinas. Cuando sus ojos se curaron, dejó su empleo. Al año siguiente fue a California, y allí rápidamente se enamoró de la tierra. "Todo el estado", escribió, "es un bloque de belleza".**

John Muir llevó a recorrer el valle de Yosemite, a muchos de los líderes del país, entre ellos al presidente Theodore Roosevelt.

En California, Muir se convirtió en conservacionista, es decir, una persona que respeta la naturaleza y trabaja para proteger áreas silvestres. Ayudó a convencer al gobierno de Estados Unidos de preservar áreas naturales. Varias de estas zonas, entre ellas el valle de Yosemite, se convertirían más tarde en parques nacionales.

* California Chronicles (High Sierra), enero de 2000. Cita tomada del video *John Muir: The Man, The Poet, The Legacy.*
** John Muir, *Overland Monthly,* 1872. Incluído en *Wilderness Essays.* Peregrine Smith, Inc., 1980.

La importancia del carácter

¿De qué manera el trabajo de John Muir como conservacionista expresa su respeto por la belleza natural de California?

Biografía breve

- **1838** Nace
- **1849** Muir y su familia dejan Escocia para establecerse en Wisconsin
- **1867** Se lastima los ojos y renuncia a su empleo en una fábrica
- **1868** Se establece en California
- **1914** Muere

APRENDE en línea

Visita MULTIMEDIA BIOGRAPHIES en www.harcourtschool.com/hss para hallar biografías multimedia.

Usar un mapa de altitud

POR QUÉ ES IMPORTANTE

En ciertos lugares de California, las cimas de las montañas se elevan más de 2 millas sobre el nivel del mar. En otras zonas, los valles se encuentran por debajo del nivel del mar. La **altitud**, o altura del terreno, se mide siempre a partir del nivel del mar. La altitud del terreno al nivel del mar es cero.

LO QUE NECESITAS SABER

El mapa de altitud de la página 27 usa colores para mostrar las altitudes. Cada color representa un rango de altitudes. Esto significa que cada color representa las elevaciones más altas y más bajas de un área, y todas las elevaciones comprendidas entre esos extremos.

El mapa también muestra el **relieve**, o la diferencia entre las alturas del terreno en un área. El relieve se muestra por sombreado. El sombreado intenso muestra elevaciones y caídas abruptas en la altitud. El sombreado leve muestra elevaciones y caídas suaves.

PRACTICA LA DESTREZA

Usa el mapa de altitud de California para responder estas preguntas.

1. En el mapa, la mayor parte del valle Central está coloreada de verde. ¿Cuál es la altitud de esa zona?
2. ¿Cuál es la altitud del terreno que rodea el lago Tahoe?
3. ¿Qué ciudad tiene mayor altitud, Palm Springs o Fresno?

APLICA LO QUE APRENDISTE

DESTREZA DE ANÁLISIS **Aplícalo** Imagina que planeas un viaje de Sacramento a Long Beach. En una hoja de papel, escribe el nombre y la altitud aproximada de cada ciudad. ¿Cuáles son el terreno más alto y el más bajo que cruzarás en el viaje?

Practica tus destrezas con mapas y globos terráqueos con el **CD-ROM GeoSkills.**

El lago Tahoe es el lago de montaña más grande de América del Norte. El escritor Mark Twain describió una vez el lago como "amurallado por un cerco de montañas cubiertas de nieve".*

* Mark Twain, *Roughing It*, 1872 ed. Oxford University Press, 1996.

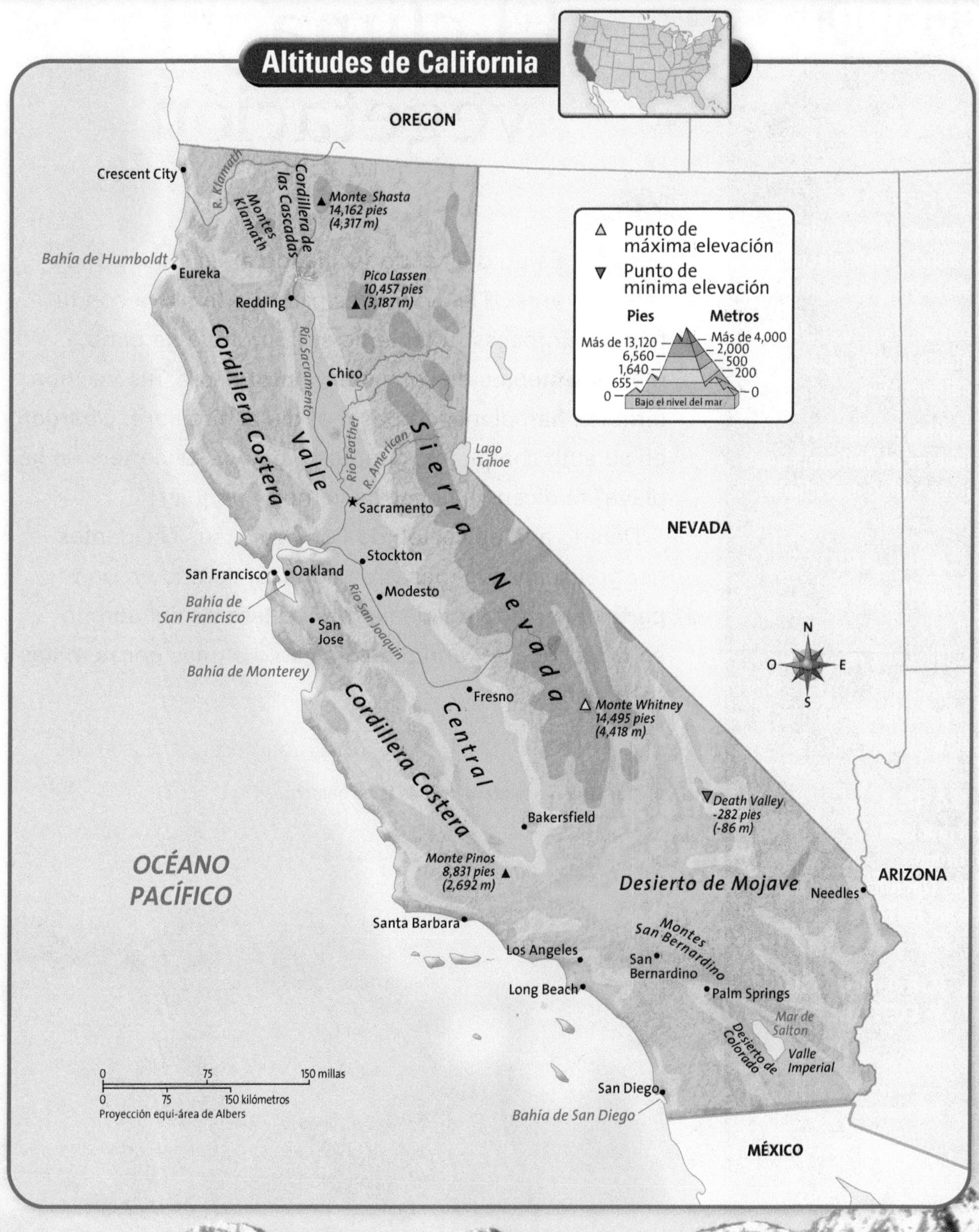

Altitudes de California
OREGON
NEVADA
ARIZONA
MÉXICO
OCÉANO PACÍFICO
Crescent City
R. Klamath
Montes Klamath
Cordillera de las Cascadas
Monte Shasta 14,162 pies (4,317 m)
Bahía de Humboldt
Eureka
Redding
Pico Lassen 10,457 pies (3,187 m)
Río Sacramento
Cordillera Costera
Chico
Valle
Río Feather
R. American
Sierra Nevada
Lago Tahoe
Sacramento
Stockton
San Francisco
Oakland
Bahía de San Francisco
Modesto
Río San Joaquín
San Jose
Bahía de Monterey
Fresno
Central
Cordillera Costera
Monte Whitney 14,495 pies (4,418 m)
Death Valley -282 pies (-86 m)
Bakersfield
Monte Pinos 8,831 pies (2,692 m)
Desierto de Mojave
Needles
Santa Barbara
Montes San Bernardino
Los Angeles
San Bernardino
Long Beach
Palm Springs
Mar de Salton
Desierto de Colorado
Valle Imperial
San Diego
Bahía de San Diego
Punto de máxima elevación
Punto de mínima elevación
Pies
Metros
Más de 13,120
6,560
1,640
655
0
Más de 4,000
2,000
500
200
0
Bajo el nivel del mar
N
O
E
S
0 75 150 millas
0 75 150 kilómetros
Proyección equi-área de Albers

Lección 3

El clima y la vegetación

REFLEXIONA
¿Cómo es el clima de California? ¿Cómo afecta a los habitantes del estado?

- ✓ Describe cómo el clima afecta la vida de los californianos.
- ✓ Explica por qué hay lugares en California que tienen diferentes climas.

VOCABULARIO
precipitación pág. 29
clima pág. 29
vegetación pág. 30
húmedo pág. 32
sombra pluviométrica pág. 32
sequía pág. 32

LUGARES
San Francisco
San Diego
Parque Nacional Sequoia
valle del río Feather

IDEA PRINCIPAL Y DETALLES

Normas de California
HSS 4.1, 4.1.3, 4.1.5

IMAGÍNATE ALLÍ

Es un día cálido y soleado en el lugar donde vives. Tienes planes para ir a la playa con tu familia. Empacas tu tabla de surf, un traje de baño, toallas, anteojos de sol y crema protectora. Tus vecinos también han planeado pasar el día al aire libre. Guardan en su auto chaquetas, guantes y botas. "Diviértete en la playa", te dicen. "¡Nosotros vamos a esquiar!"

Debido a la ubicación de California, sus accidentes geográficos y sus masas de agua, el tiempo en una parte del estado puede ser muy diferente del tiempo en otros lugares, aunque estén solo a unas pocas millas de distancia.

¿Te gusta ir a la playa cuando hace calor?

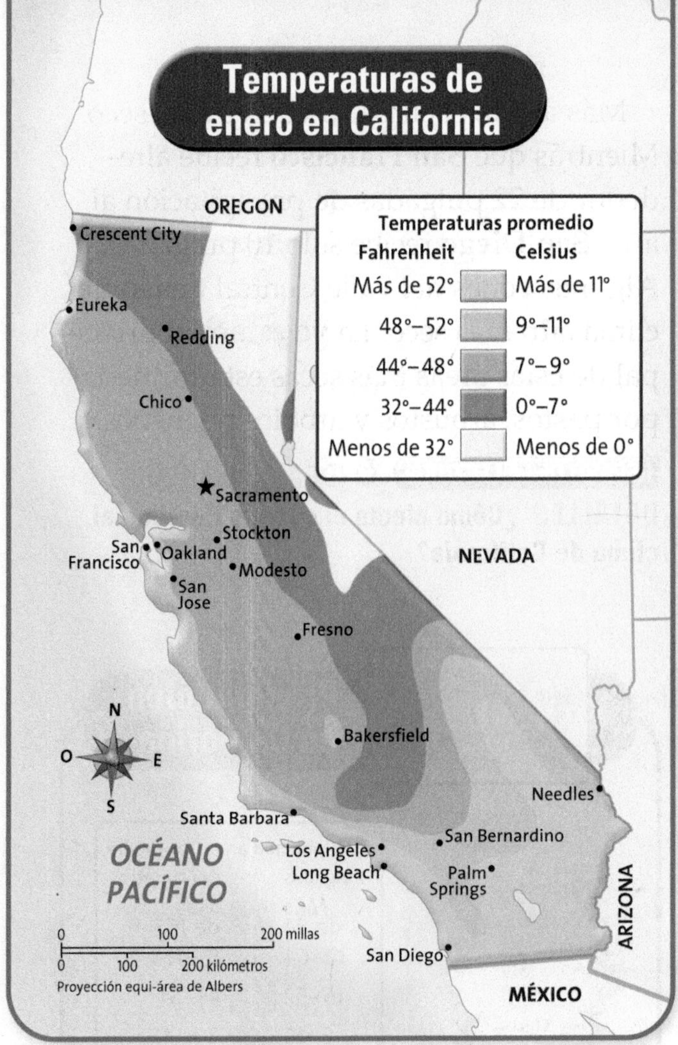

Analizar mapas

Lugar ¿Qué ciudad es, por lo general, más cálida en enero, San Diego o Eureka?

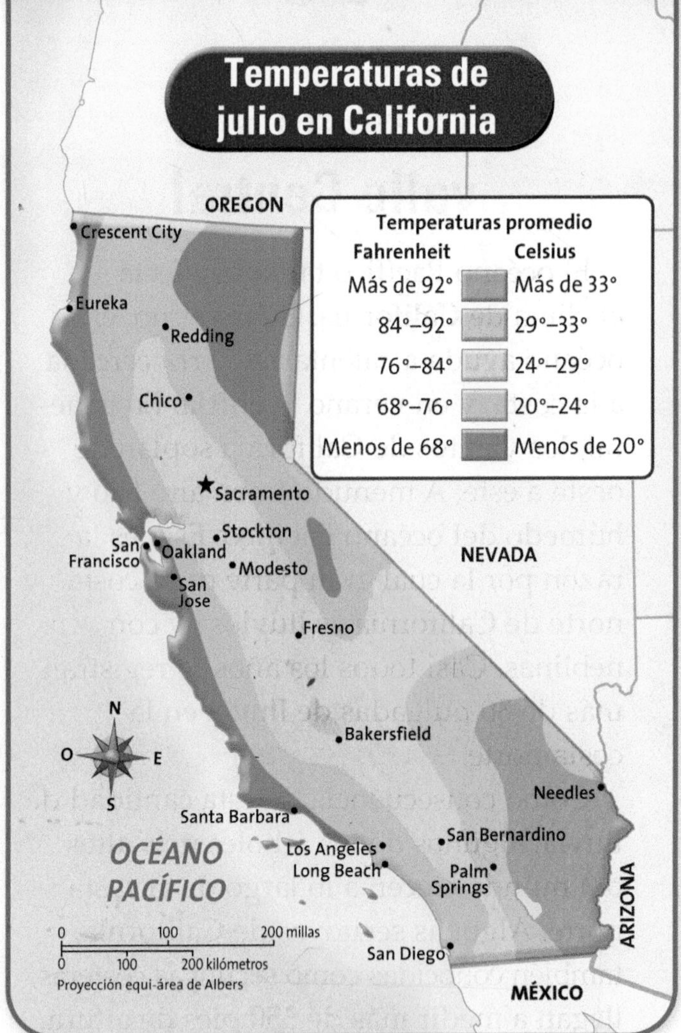

DESTREZA DE ANÁLISIS **Analizar mapas**

Lugar ¿Cuál es la temperatura promedio de Redding en julio?

El tiempo y el clima

¿Cómo describirías el tiempo del lugar donde vives? Podrías hablar sobre la temperatura o sobre el viento y la precipitación. La **precipitación** es agua que cae sobre la superficie de la Tierra en forma de lluvia, aguanieve, granizo o nieve. El tiempo de un lugar está determinado por la temperatura, la precipitación y el viento en un día en particular.

El tipo de tiempo que un lugar tiene más frecuentemente, año tras año, es el **clima** de ese lugar. Como California es un estado tan grande, las diferentes regiones del estado tienen climas diferentes.

California, como el resto de Estados Unidos, está ubicada entre el ecuador y el Polo Norte. Esto significa que las temperaturas de California van desde temperaturas calurosas durante todo el año en la mayoría de los lugares cercanos al ecuador, hasta temperaturas bajas todo el año en la mayoría de los lugares próximos al Polo Norte. De este modo, puede decirse que, en general, las temperaturas en el norte de California son más frías que en el sur.

REPASO DE LA LECTURA **IDEA PRINCIPAL Y DETALLES** **¿De qué manera el clima de un lugar se ve afectado por la ubicación del lugar?**

La costa y el valle Central

El océano Pacífico también afecta el clima de California. En invierno, el océano ayuda a calentar la tierra cercana a la costa, y en verano la enfría. En general, los vientos de California soplan de oeste a este. A menudo traen aire frío y húmedo del océano Pacífico. Esta es la razón por la cual gran parte de la costa norte de California es lluviosa y con neblinas. Casi todos los años se registran más de 80 pulgadas de lluvia en la costa norte.

Como consecuencia de esta cantidad de lluvia, algunos de los árboles más altos del mundo crecen a lo largo de la costa norte. Algunas secuoyas de California, también conocidas como secuoyas costeras, llegan a medir más de 350 pies de altura. ¡Eso equivale a un edificio de 30 pisos!

Más al sur, el clima se vuelve más seco. Mientras que **San Francisco** recibe alrededor de 22 pulgadas de precipitación al año, **San Diego** recibe solo 10 pulgadas. Algunas zonas del valle Central tienen un clima aún más seco. La **vegetación** principal de estas áreas más secas está formada por pastos, arbustos y árboles pequeños.

REPASO DE LA LECTURA **IDEA PRINCIPAL Y DETALLES** **¿Cómo afecta el océano Pacífico al clima de California?**

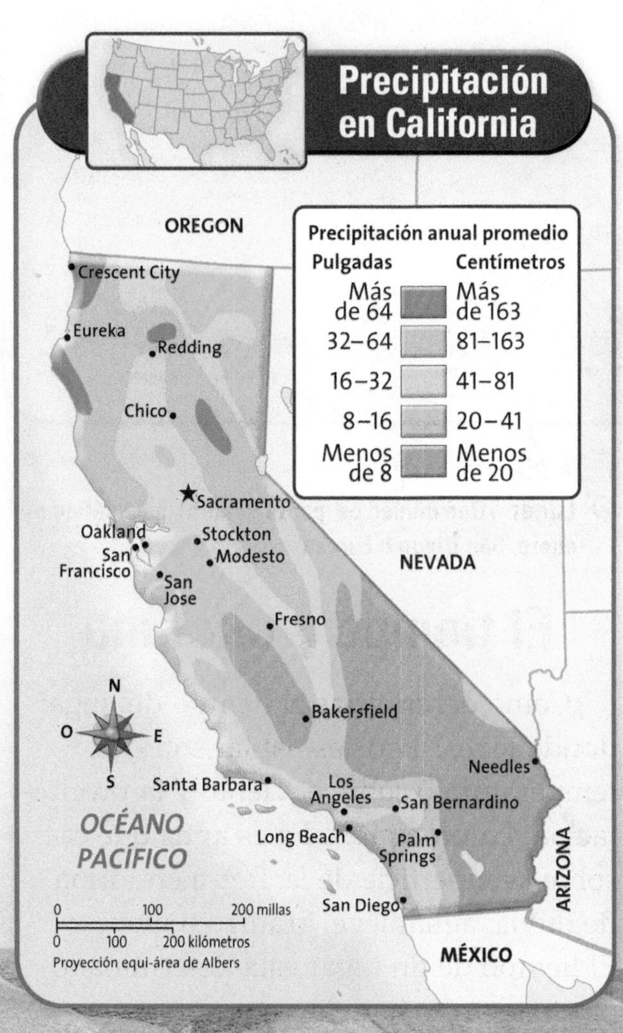

DESTREZA DE ANÁLISIS **Analizar mapas** **El valle Central (abajo) y casi todas las otras regiones de California tienen su estación húmeda durante los meses de invierno. La mayor parte de las precipitaciones anuales se registran durante ese período.**

Lugar **¿Qué ciudad tiene más precipitaciones al año, Bakersfield o Chico?**

La región montañosa

Las montañas también afectan el clima de California. Las temperaturas descienden, por lo general, alrededor de 3°F por cada 1,000 pies de altitud. Por esta razón, cuando hace calor en la costa, en las montañas puede haber nieve y temperaturas muy frías.

En California, la mayor parte de la precipitación cae sobre la ladera occidental de las montañas. El aire húmedo que sopla desde el Pacífico es empujado hacia la cima de las montañas. Al subir, el aire se enfría. De esa manera, se forman las nubes y llueve o nieva.

Casi todos los inviernos, grandes cantidades de nieve caen en la sierra Nevada. John Muir describió así el invierno en este lugar: "Una tormenta sigue a la otra, amontonando nieve sobre nieve, hasta que se acumulan entre treinta y cincuenta pies".* No resulta sorprendente, entonces, que la sierra Nevada haya recibido ese nombre.

Entre los árboles que crecen en la sierra Nevada se encuentran las secuoyas gigantes. Aunque no son tan altas como las secuoyas costeras, sus troncos pueden llegar a tener más de 80 pies de diámetro. El llamado "General Sherman", un árbol del **Parque Nacional Sequoia,** es el árbol más grande de la Tierra. Tiene una altura de 275 pies y 103 pies de diámetro.

REPASO DE LA LECTURA **RESUMIR**

¿De qué manera las temperaturas de California se ven afectadas por la altitud?

* John Muir, *The Mountains of California,* The Century Company, 1894.

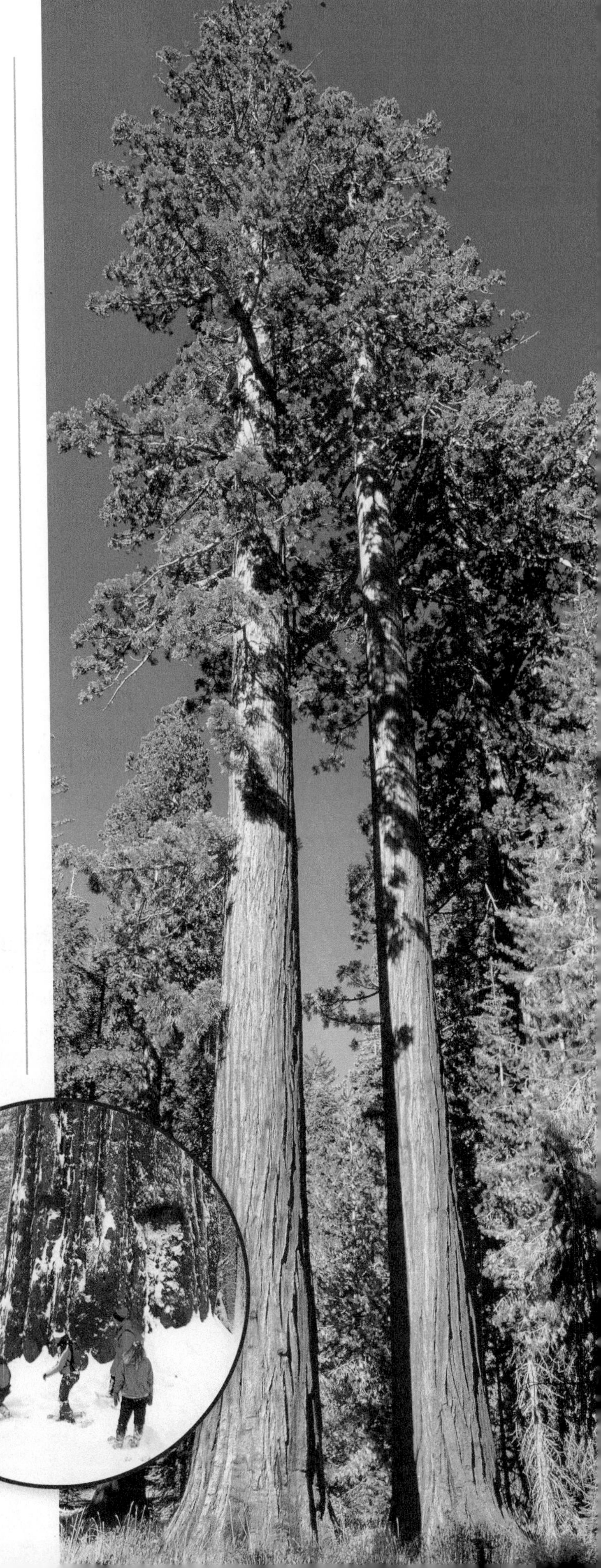

Al lado de las gigantescas secuoyas, las personas parecen muy pequeñas.

El clima desértico

Las montañas afectan el clima de California también de otra manera. Actúan como enormes muros que impiden que el aire **húmedo**, o el agua en forma de vapor que hay en el aire, llegue a las laderas orientales de las montañas. Se dice que los lugares que están en las laderas más secas de las montañas están en la **sombra pluviométrica**.

En las áreas más secas de la sombra pluviométrica se forman desiertos. ¡En una ocasión no llovió durante 760 días seguidos en el *Death Valley*! Allí solo pueden crecer las plantas que no necesitan mucha agua, como los cactos.

REPASO DE LA LECTURA **RESUMIR**

¿De qué manera la precipitación se ve afectada por las montañas?

Tiempo inclemente

A veces, California tiene períodos secos que duran más que la estación seca habitual. Un largo período con poca o ninguna lluvia se llama **sequía**. Las sequías pueden causar problemas graves, particularmente a los agricultores. Los cultivos pueden secarse y el suelo fértil erosionarse.

Además, las sequías aumentan el riesgo de incendios forestales. En 2003 se produjo un enorme incendio en varias zonas de los condados de San Bernardino y San Diego. Muchas personas perdieron sus hogares.

Una cantidad excesiva de lluvia también puede ocasionar problemas. Por lo general, se registran menos de 32 pulgadas de precipitación anual en el **valle del río Feather**, en el norte de California. Sin embargo, en enero de 1997, esa zona recibió 25 pulgadas de lluvia en solo unos pocos días. Esto provocó inundaciones en las que murieron ocho personas, y el agua arrastró muchos puentes y anegó los caminos.

La sombra pluviométrica

Analizar diagramas **Los lugares ubicados en la sombra pluviométrica reciben poca precipitación.**

¿Qué ocurre después de que los vientos empujan las nubes hacia la cima de las montañas?

1 El aire recoge la humedad del océano y se forman las nubes.

2 Los vientos empujan las nubes hacia la cordillera Costera y las temperaturas más frías producen lluvia o nieve.

3 Los vientos empujan las nubes a través del valle Central.

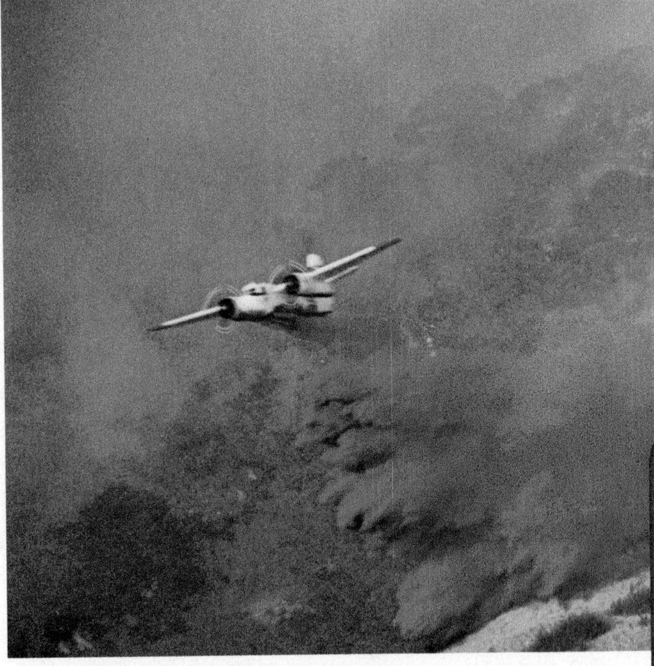

Un avión rocía productos químicos para apagar un incendio forestal en el sur de California.

REPASO DE LA LECTURA **CAUSA Y EFECTO**

¿Qué puede ocurrir en un lugar cuando no recibe suficiente lluvia?

Resumen

Muchos factores afectan el clima de California. Las distintas zonas de California tienen diferentes temperaturas y reciben diferente cantidad de precipitación, según su ubicación, su cercanía al océano y su altitud.

4 Los vientos empujan las nubes hacia lo alto de la sierra Nevada, y las temperaturas más frías producen más lluvia o nieve.

5 Las nubes restantes contienen poca humedad.

REPASO

1. ¿Cómo es el clima de California? ¿Cómo afecta a los habitantes del estado?
2. ¿Cómo se relacionan los términos **húmedo** y **precipitación**?
3. ¿En qué se diferencian el tiempo y el clima?
4. ¿Qué parte del estado recibe la mayor cantidad de lluvia? ¿Por qué?

RAZONAMIENTO CRÍTICO

5. **Aplícalo** ¿Cómo afecta el clima del lugar donde vives tu forma de vida?
6. DESTREZA DE ANÁLISIS ¿Cómo crees que el clima afectó la ubicación de las ciudades de California?
7. **Haz una tabla del tiempo** Durante una semana, registra en una tabla las temperaturas más altas y la cantidad de precipitación diaria en tu comunidad. Haz lo mismo para una ciudad de otra parte del estado. ¿Qué conclusiones puedes sacar sobre el clima de los dos lugares?
8. Destreza clave **IDEA PRINCIPAL Y DETALLES**

En una hoja de papel, copia y completa el organizador gráfico de abajo.

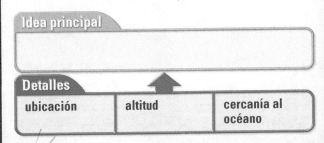

Idea principal

Detalles

ubicación	altitud	cercanía al océano

Lección 4

Dónde viven los californianos

REFLEXIONA
¿Por qué los californianos viven donde viven?

- **Explica cómo los accidentes geográficos y las masas de agua han afectado el crecimiento de las ciudades en California.**
- **Analiza la ubicación de las ciudades de California.**

VOCABULARIO

ambiente físico pág. 35
recurso natural pág. 35
urbano pág. 36
área metropolitana pág. 36
suburbio pág. 36
rural pág. 36
modificar pág. 37

IDEA PRINCIPAL Y DETALLES

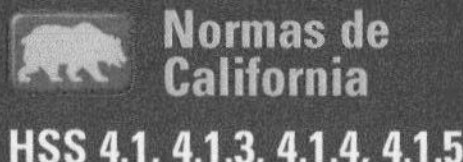

Normas de California
HSS 4.1, 4.1.3, 4.1.4, 4.1.5

IMAGÍNATE ALLÍ

Imagina que llegas a California por primera vez. Frente a ti se extienden anchos valles a los pies de altas montañas. Además, has escuchado historias sobre la costa escarpada y los vastos desiertos de California. ¿Dónde elegirías vivir?

Cuando los primeros habitantes llegaron a lo que actualmente es California, construyeron sus hogares donde había agua dulce y alimentos. Con el tiempo, se establecieron por toda California. Hoy en día, todas las regiones del estado están pobladas. Sin embargo, ciertas zonas tienen más habitantes que otras. Y las personas eligen vivir en esos lugares por razones diferentes.

Hoy, al igual que en el pasado, la bahía de San Francisco es importante para los habitantes de San Francisco.

UBÍCALO
CALIFORNIA
San Francisco

Patrones de asentamiento

California tiene actualmente más de 35 millones de habitantes, mucho más que cualquier otro estado. Sin embargo, la población de California no está distribuida uniformemente.

El **ambiente físico**, que incluye las características físicas, los accidentes geográficos y el clima de un lugar, afecta a menudo el lugar en el que eligen vivir las personas. En California, por ejemplo, la bahía de San Francisco y la bahía de San Diego fueron parte importante de las antiguas rutas de transporte. Por esta razón, alrededor de estas bahías se desarrollaron grandes ciudades.

Las características físicas también pueden hacer que las personas decidan no establecerse en ciertas zonas. En el pasado, las escarpadas montañas de California y el clima hostil de sus desiertos dificultaron los asentamientos. Estas regiones tienen aún hoy la menor cantidad de habitantes del estado.

La forma en la que las personas usan los recursos naturales puede afectar su decisión sobre dónde vivir. Un **recurso natural** es algo que se encuentra en la naturaleza, como el agua, el suelo y los minerales, y que las personas pueden usar para satisfacer sus necesidades. En el pasado, las personas a menudo se asentaban en lugares donde la tierra era fértil y buena para los cultivos. Esto explica por qué aún hoy vive tanta gente en el valle Central.

Algunas personas eligen vivir donde pueden encontrar trabajo. También se instalan a lo largo de rutas de transporte, como ríos, carreteras o ferrocarriles.

La cultura también puede influir en el lugar que la gente elige para vivir. Alguien puede elegir el lugar donde ha nacido. Muchas personas prefieren vivir cerca de sus familiares o de quienes tienen su mismo modo de vida.

REPASO DE LA LECTURA **IDEA PRINCIPAL Y DETALLES** **¿Qué factores influyen en la elección de un lugar para vivir?**

DATOS BREVES

La población de California es mayor que la suma de la población de todos los otros estados del Oeste.

Presente

Urbana y rural

La mayoría de los californianos vive en áreas **urbanas**, o ciudades. De hecho, 93 de cada 100 californianos viven en una ciudad o cerca de ella. La mayoría de las grandes ciudades se sitúan en las regiones costera y del valle Central.

La ciudad más grande de California es Los Angeles. Aproximadamente una cuarta parte de los habitantes de California reside en el área metropolitana de esta ciudad. Un **área metropolitana** incluye una gran ciudad junto con las ciudades cercanas y los suburbios. Un **suburbio** es una ciudad pequeña o un pueblo próximo a una gran ciudad.

Al igual que Los Angeles, la mayor parte de las grandes ciudades de California están sobre la costa del Pacífico o en sus cercanías. San Jose, San Francisco y Oakland están en el área de la bahía de San Francisco. Long Beach, Riverside y Santa Ana se encuentran cerca de Los Angeles. San Diego, la segunda ciudad en tamaño de California, se extiende sobre la bahía de San Diego, cerca del extremo sur del estado.

Otras grandes ciudades de California están en el valle Central. Sacramento, la capital del estado, está en las riberas del río Sacramento. Al sur se encuentran Fresno y Bakersfield. Estas tres ciudades están en el centro de importantes zonas agrícolas.

Aunque California tiene muchas grandes ciudades, las zonas **rurales**, o campos, constituyen la mayor superficie del estado. En las zonas rurales, las viviendas están apartadas unas de otras y los pueblos son más pequeños. Hay menos carreteras, menos personas en las calles y la tierra está cubierta principalmente por bosques, granjas y ranchos.

En los últimos años, la población de California se ha extendido hacia zonas desérticas como San Bernardino y el área de Palm Springs. En parte, esto se debe

Analizar tablas **La población de Los Angeles (abajo) es tres veces mayor que la población de la ciudad que le sigue en tamaño en California.**

¿Qué ciudad tiene mayor población, San Francisco o San Diego?

Las ciudades más grandes de California

POSICIÓN	CIUDAD	POBLACIÓN
1	Los Angeles	3,864,000
2	San Diego	1,275,100
3	San Jose	925,000
4	San Francisco	791,000
5	Long Beach	481,000
6	Fresno	448,000
7	Sacramento	433,000
8	Oakland	412,000
9	Santa Ana	347,000
10	Anaheim	337,000

a que los californianos están ahora mejor preparados para **modificar**, o cambiar, el suelo para satisfacer sus necesidades. Hoy se puede vivir en zonas en las que en el pasado vivían pocos. La capacidad de llevar agua a las regiones secas ayudó a su crecimiento. En algunas zonas, lo que fue desierto es ahora fértil tierra de cultivo.

REPASO DE LA LECTURA **GENERALIZAR**

¿En qué áreas están las ciudades más grandes de California?

Resumen

El ambiente físico, los recursos naturales, el transporte, los empleos y la cultura afectan el lugar donde las personas eligen vivir. La mayoría de los californianos viven hoy en ciudades. Aun así, la mayor parte de la superficie del estado es rural. Hoy se puede vivir en zonas en las que en el pasado vivían pocos.

La gente ha modificado parte del desierto cercano al mar de Salton y ha construido comunidades.

REPASO

1. ¿Por qué los californianos viven donde viven?
2. Usa las palabras **urbano** y **suburbio** para describir un **área metropolitana**.
3. ¿En qué se diferencian las áreas rurales y las áreas urbanas de California?

RAZONAMIENTO CRÍTICO

4. DESTREZA DE ANÁLISIS **Aplícalo** ¿Qué papel crees que tuvieron en la historia de tu comunidad los recursos naturales y los accidentes geográficos que la rodean?
5. **Aplícalo** ¿Preferirías vivir en un área metropolitana o en un área rural? Explica tu respuesta.
6. **Escribe un reporte** Escribe un reporte que describa tu comunidad. Indica si se encuentra en un área urbana o rural y explica por qué crees que las personas eligieron asentarse allí.
7. Destreza clave **IDEA PRINCIPAL Y DETALLES**

   En una hoja de papel, copia y completa el organizador gráfico de abajo.

Idea principal

Muchos factores influyen en los californianos cuando están decidiendo donde vivir.

Detalles

Destrezas con mapas y globos terráqueos

Leer un mapa de población

POR QUÉ ES IMPORTANTE

¿Vives en una de las grandes ciudades de California? ¿O vives en una de sus zonas rurales? La densidad de población de cada uno de estos lugares es diferente. La **densidad de población** indica cuántas personas viven en un área de un tamaño determinado. Los lugares con alta densidad de población están superpoblados. Los lugares con baja densidad de población tienen más espacios libres.

LO QUE NECESITAS SABER

La densidad de población se mide de acuerdo con el número de habitantes que hay en una superficie de 1 milla cuadrada. El mapa de población de la página 39 usa colores para mostrar la densidad de población de diferentes zonas de California. Puedes usar la leyenda del mapa para saber qué densidad de población representa cada color.

PRACTICA LA DESTREZA

Usa la información del mapa para responder las preguntas de abajo.

1. Encuentra Modesto en el mapa. ¿Cuál es la densidad de población del área en la que está ubicada esa ciudad?
2. ¿Qué ciudad tiene una densidad de población más alta, Alturas o Chico?
3. ¿Qué ciudad tiene una densidad de población más baja, Fresno o Needles?
4. ¿Qué partes del estado tienen por lo general la más baja densidad de población? ¿Por qué crees que ocurre esto?

Las ciudades con alta densidad de población, como San Francisco (izquierda), están a menudo superpobladas. El pueblo de Ferndale (arriba) tiene una baja densidad de población.

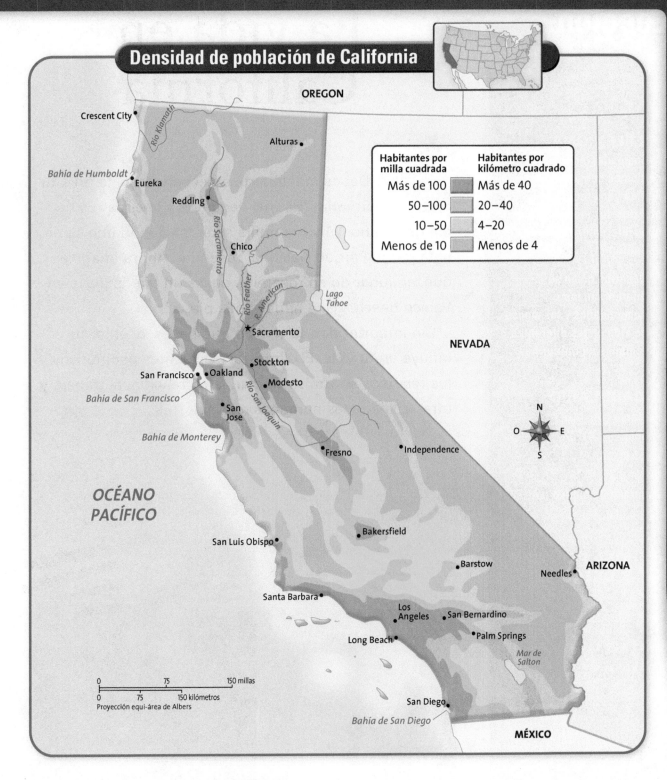

Densidad de población de California

Habitantes por milla cuadrada	Habitantes por kilómetro cuadrado
Más de 100	Más de 40
50–100	20–40
10–50	4–20
Menos de 10	Menos de 4

OREGON
Crescent City
Río Klamath
Alturas
Bahía de Humboldt
Eureka
Redding
Río Sacramento
Chico
Río Feather
R. American
Lago Tahoe
Sacramento
NEVADA
Stockton
San Francisco
Oakland
Modesto
Bahía de San Francisco
San Jose
Río San Joaquín
Bahía de Monterey
Fresno
Independence
N
O
E
S
OCÉANO PACÍFICO
Bakersfield
San Luis Obispo
Barstow
Needles
ARIZONA
Santa Barbara
Los Angeles
San Bernardino
Palm Springs
Long Beach
Mar de Salton
0 75 150 millas
0 75 150 kilómetros
Proyección equi-área de Albers
San Diego
Bahía de San Diego
MÉXICO

APLICA LO QUE APRENDISTE

DESTREZA DE ANÁLISIS Elige cinco ciudades de las que se muestran en el mapa de población. Haz una lista con la densidad de población del área que rodea a cada ciudad. Luego, haz una gráfica de barras que muestre la densidad de población de las ciudades que elegiste.

Practica tus destrezas con mapas y globos terráqueos con el **CD-ROM GeoSkills.**

Lección 5

La vida en California

REFLEXIONA
¿Cómo afectan los accidentes geográficos, el clima y los recursos naturales, los modos de vida en las diferentes regiones de California?

✓ Describe cómo se diferencian las comunidades y los modos de vida en las diferentes regiones de California.

VOCABULARIO
adaptarse pág. 41
servicio pág. 41
industria pág. 41
falla pág. 42
temporada de cultivo pág. 43
escaso pág. 44

IDEA PRINCIPAL Y DETALLES

Normas de California
HSS 4.1, 4.1.3, 4.1.4, 4.1.5

IMAGÍNATE ALLÍ

"¡Debes mantenerte en el sendero!", te grita tu hermana, "ya casi llegamos a la cima". Es un día de verano. Tú y tu familia están haciendo una caminata por el Parque Nacional Yosemite. Ahora imagina que, en lugar de en Yosemite, pasas un día de playa en Venice Beach. ¿Qué harías en la playa?

Sin importar dónde vives o qué haces, el entorno influye en tu vida. El clima, los accidentes geográficos y los recursos naturales afectan la recreación, el trabajo y otras actividades humanas en California.

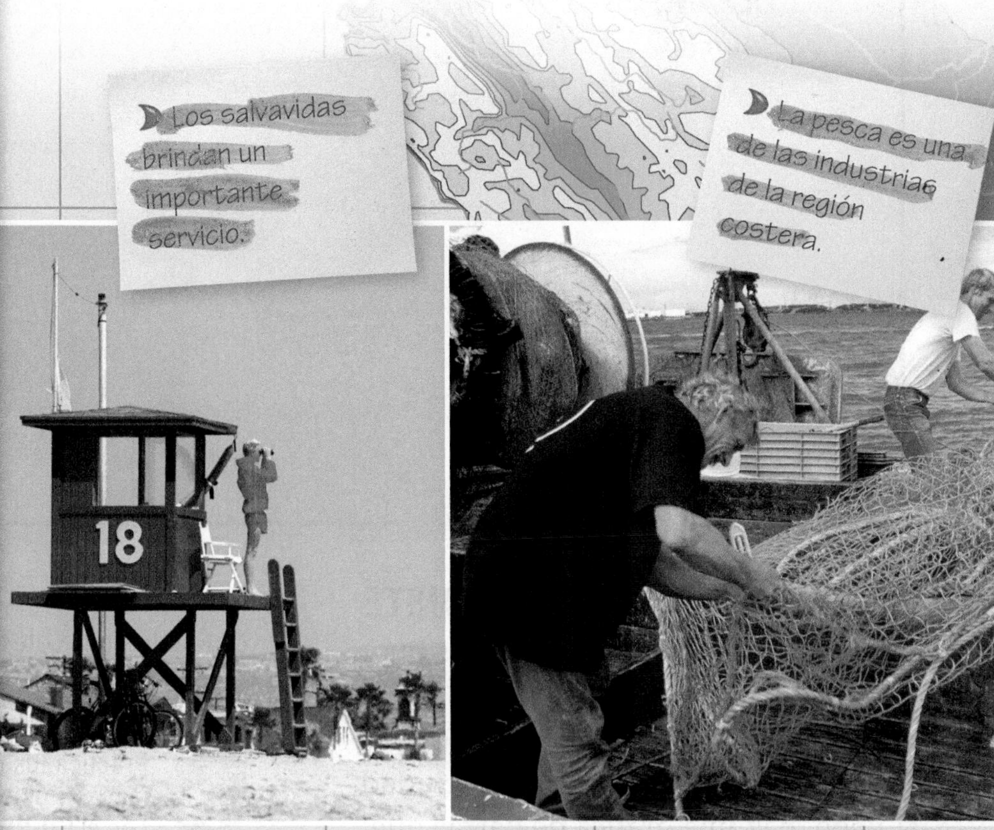

Los salvavidas brindan un importante servicio.

La pesca es una de las industrias de la región costera.

La vida en la región costera

Muchas ciudades de la región costera tienen grandes poblaciones. Algunas de estas ciudades, como San Francisco y Oakland, están cerca una de la otra. Por esta razón, la densidad de población en la región es alta.

Con el tiempo, los habitantes de la región costera tuvieron que **adaptarse**, o que cambiar su modo de vida, para ajustarse a la elevada densidad de población. Por ejemplo, muchas grandes ciudades tienen sistemas de transporte público, como autobuses o trenes. Al utilizar estos sistemas de transporte, los habitantes de las ciudades ayudan a reducir el tráfico.

Al igual que en otras partes del estado, los trabajadores de la región costera tienen diferentes tipos de empleos, tanto en industrias como en servicios. Un **servicio** es una actividad que alguien hace para otros a cambio de un pago, como servir comida en un restaurante.

La pesca y la madera son industrias importantes de la región costera. También la producción de petróleo, en las cercanías de Los Angeles y en la costa de Long Beach, es una industria importante. Una **industria** está formada por todas las empresas que elaboran un tipo de producto o proveen un tipo de servicio. Muchos habitantes de la región trabajan también en los puertos, como parte de la industria marítima.

La costa del Pacífico es importante para los viajes y el comercio, y también para la recreación. Hacer surf y nadar son dos de las muchas actividades recreativas que se practican en la región.

REPASO DE LA LECTURA **IDEA PRINCIPAL Y DETALLES ¿Cómo afecta el océano Pacífico la vida en la región costera?**

El transporte público ayuda a reducir el tráfico.

Los edificios de San Francisco reflejan la diversidad arquitectónica de la ciudad, o sea sus distintos estilos de construcción.

Estas personas disfrutan de las aguas cercanas a Santa Barbara remando en kayaks.

Terremotos

De pronto la tierra comienza a temblar. Al principio tiembla levemente. Luego, un poco más fuerte. Los platos de la alacena suenan. Después, tan súbitamente como comenzó, el temblor ha terminado.

En toda California, y especialmente en la región costera, los habitantes enfrentan el peligro de los terremotos. Los terremotos se producen cuando dos placas de rocas que se encuentran en las profundidades de la Tierra se mueven. Este movimiento se produce a lo largo de **fallas**, o grietas en la superficie de la Tierra.

Numerosos terremotos pequeños hacen temblar la región costera todos los años. A menudo, los habitantes ni siquiera los sienten. La mayor parte de los edificios y caminos están construidos para resistirlos. Sin embargo, los terremotos fuertes pueden causar grandes daños. En los últimos años, poderosos terremotos han sacudido San Francisco y Los Angeles.

La mañana del 17 de enero de 1994 un fuerte terremoto afectó el sur de California. Erik Pearson estaba durmiendo cuando su apartamento, en un tercer piso en Los Angeles, se derrumbó. "Lo único que recuerdo son las paredes abriéndose y luego cayendo", dijo Pearson. "En el piso se había abierto una grieta de cuatro pies".*

REPASO DE LA LECTURA **CAUSA Y EFECTO**

¿Cuál es la causa de los terremotos?

* Erik Pearson, De "Survivors Haunted After '94 LA. Quake." *The Miami Herald*, 18 de enero de 2004.

La falla de San Andrés

Existen más de 60 fallas importantes en California. La más larga es la falla de San Andrés. Se extiende a lo largo de más de 600 millas, desde el norte de California hacia el sur, hasta llegar a México.

El terremoto que sacudió el sur de California el 17 de enero de 1994 causó 40 millardos de dólares en daños materiales. Este ha sido el terremoto más costoso en la historia de Estados Unidos.

En el valle Central, muchas personas trabajan en granjas.

Este autobús forma parte del sistema de transporte de Sacramento.

Embarcaciones fluviales en el río Sacramento.

La vida en el valle Central

Además de Sacramento y Fresno, hay pocas grandes ciudades en el valle Central. Por el contrario, los llanos campos de cultivo se extienden a través de gran parte de la región. El fértil suelo del valle Central lo convierte en la zona de cultivo más importante de California. Alrededor de tres quintas partes de las tierras de cultivo del estado están en esta región.

Como el clima del valle Central es seco, los agricultores tienen que usar irrigación para llevar agua a sus campos. Sin embargo, el valle Central tiene una de las **temporadas de cultivo** más largas del país. El clima es lo suficientemente cálido como para que los agricultores puedan sembrar y cosechar sus cultivos alrededor de diez meses por año.

Los agricultores del valle Central eligen los cultivos que se desarrollan mejor en este clima. Por ejemplo, cultivan almendras, nueces, kiwis, albaricoques, aceitunas, duraznos, melones y otros productos que crecen bien en climas cálidos y secos. Algunos granjeros también crían ganado.

Los numerosos ríos y lagos del valle Central son lugares concurridos, especialmente en verano. En estas zonas pueden disfrutarse deportes acuáticos como la natación, el remo y la pesca. El clima del valle Central permite disfrutar estas actividades durante casi todo el año.

REPASO DE LA LECTURA **IDEA PRINCIPAL Y DETALLES** **¿Cómo se ganan la vida muchos habitantes del valle Central?**

La región montañosa es un lugar favorito para acampar.
Los techos inclinados de las casas de montaña hacen que la nieve se deslice y caiga.
A veces, las carreteras de la región montañosa se cubren de hielo.
ICE
MENT
AINS

La vida en la región montañosa y en la región desértica

De las cuatro regiones naturales de California, la región montañosa y la región desértica tienen la menor densidad de población. Gran parte del territorio de estas regiones es rural. En algunos lugares, los habitantes viven a muchas millas de las escuelas, las tiendas y los hospitales.

Sin embargo, muchos visitantes eligen la región montañosa para pasar los veranos pescando, haciendo caminatas, escalando o practicando *rafting* en los ríos. En invierno, disfrutan de deportes como el esquí y el *snowboarding*. Allí también pueden verse osos, gatos monteses, venados y ovejas de montaña.

Las tormentas de invierno producen gran cantidad de nieve en la región montañosa. La nieve puede resultar muy pesada y dañar los edificios. Por esta razón, muchos edificios tienen techos inclinados. Estos techos permiten que la nieve se deslice y caiga.

Los árboles son un importante recurso natural en la región montañosa. Muchos de los habitantes de la región trabajan en la industria de la madera. Cortan árboles para usar la madera aserrada y también para hacer papel. Los minerales también son un recurso importante, tanto en la región montañosa como en la región desértica. Muchas personas trabajan en la industria minera.

En la región desértica, el agua es **escasa**, o limitada, y los veranos son calurosos. Los habitantes usan irrigación para llevar agua a las ciudades. En algunos lugares, el agua se usa para regar el césped de campos de golf o para satisfacer las necesidades de grandes hoteles. En otros lugares, las personas usan el agua para la agricultura.

Muchos habitantes de la región desértica no intentan cambiar su ambiente. Por ejemplo, no tienen césped en sus jardines. En cambio, los decoran con rocas y plantas del desierto.

Geólogos estudian las fallas en el desierto.

Se construyeron campos de golf en las tierras secas del desierto.

Muchos edificios de la región desértica reflejan la herencia española y mexicana de la región. Algunos tienen techos de tejas o murales de colores brillantes.

REPASO DE LA LECTURA **IDEA PRINCIPAL Y DETALLES** **¿Cómo afecta el clima la vida en las regiones montañosa y desértica?**

Resumen

La región costera, la región del valle Central, la región montañosa y la región desértica tienen diferentes accidentes geográficos, climas y recursos naturales. Estos factores afectan el modo de vida y las actividades de sus habitantes.

REPASO

1. ¿Cómo afectan los accidentes geográficos, el clima y los recursos naturales, los modos de vida en las diferentes regiones de California?
2. Usa el término **temporada de cultivo** para describir la agricultura de tu región.
3. ¿Cómo afectan los accidentes geográficos y los recursos naturales la forma en que se usa el suelo en las diferentes regiones?
4. ¿Qué región tiene riesgo de más terremotos?

RAZONAMIENTO CRÍTICO

5. DESTREZA DE ANÁLISIS ¿Qué desventajas enfrentaron los habitantes de la región desértica? ¿Cómo cambió esto con el tiempo?
6. **Crea un cartel de viajes** Trabaja en grupo para crear un cartel de viajes que muestre los modos de vida en una de las regiones de California.
7. Destreza clave **IDEA PRINCIPAL Y DETALLES**

   En una hoja de papel, copia y completa el organizador gráfico de abajo.

Idea principal

Detalles

actividades al aire libre	empleos	edificios

Civismo

AYUDA EN TIEMPOS DIFÍCILES

"La ayuda en desastres de esta magnitud… requiere que voluntarios y empleados comprometan su fuerza de trabajo…"*

—Marsha J. Evans, presidenta y directora ejecutiva principal de la Cruz Roja Americana

Los bomberos a menudo arriesgan la vida para ayudar a quienes lo necesitan.

A veces, vivir en California implica convivir con desastres naturales. Algunos de estos desastres naturales son: terremotos, incendios forestales, inundaciones y deslaves.

Cuando se produce un desastre importante, los habitantes del lugar necesitan ayuda de otras personas para recuperarse. En el otoño de 2003, graves incendios forestales arrasaron miles de acres de tierra en el sur de California. Los californianos se ocuparon de los heridos, llevaron alimentos a quienes habían sido evacuados y reconstruyeron los vecindarios.

* Marsha J. Evans. De un comunicado de prensa de la Cruz Roja Americana. 26 de noviembre de 2003.

Después del terremoto de Northridge, en 1994, grupos de personas se apresuraron a ayudar a sus vecinos a evacuar los edificios afectados. También llevaron alimentos y dieron refugio a aquellos que habían perdido sus hogares.

Más tarde, se observó algo interesante en los vecindarios que tenían grupos de vigilancia vecinal. Los miembros de estos grupos de prevención de delitos estaban familiarizados con sus vecindarios. Por esta razón, pudieron detectar rápidamente si faltaba alguna persona. La policía y los líderes de la ciudad decidieron formar equipos para desastres con los grupos de vigilancia vecinal. Sus miembros recibieron entrenamiento en primeros auxilios y listas de control para emergencias.

Las personas pueden ayudarse unas a otras a través de programas como el de vigilancia vecinal.

Piensa

Aplícalo **¿Por qué es importante ayudar a otros en tiempos difíciles?**

Los voluntarios de la Cruz Roja Americana (abajo) ayudan en terremotos y otros desastres naturales (abajo a la izquierda).

La lectura en los Estudios Sociales

La **idea principal** es la idea más importante de un pasaje. Los **detalles** son datos, razones o ejemplos que apoyan la idea principal.

Idea principal y detalles

Completa este organizador gráfico para mostrar que comprendes las ideas importantes y los detalles sobre las regiones naturales de California. Una copia de este organizador gráfico aparece en la página 12 del cuaderno de Tarea y práctica.

La geografía de California

Idea principal

Las regiones naturales de California tienen diferentes características físicas y humanas.

Detalles

La región costera tiene montañas bajas, una costa rocosa, islas y anchos valles.

Pautas de redacción de California

Escribe un reporte Escribe un reporte que describa el clima y las características físicas del lugar donde vives. Incluye datos y detalles que muestren qué es lo que hace a tu zona diferente de otras zonas.

Escribe un resumen Piensa en los muchos factores que influyen en las personas cuando eligen dónde vivir. Luego, escribe un resumen que indique algunas de las razones por las cuales los californianos viven donde viven.

Usa el vocabulario

Identifica el término que corresponda a cada definición.

ecuador, pág. 13

puerto natural, pág. 20

sequía, pág. 32

suburbio, pág 36

falla, pág. 42

1. grieta en la superficie de la Tierra
2. línea imaginaria en un globo terráqueo que divide la Tierra en los hemisferios norte y sur
3. largo período con poca o ninguna lluvia
4. pueblo o ciudad pequeña cerca de una ciudad grande
5. masa de agua donde los barcos pueden atracar con seguridad

Aplica las destrezas

DESTREZA DE ANÁLISIS **Usar latitud y longitud**

6. Examina el mapa de California de la página 17. Encuentra Crescent City, Stockton y Madera. Luego, anota las líneas de latitud y longitud que mejor describan la ubicación absoluta de cada ciudad.
7. Examina el mapa de California de la página 17. Encuentra San Francisco y Sacramento. ¿Qué ciudad está más cerca de 33°N, 122°O.

DESTREZA DE ANÁLISIS **Usar un mapa de altitud**

8. Examina el mapa de California de la página 27. ¿Cuál es la altitud del terreno alrededor de Chico?

Recuerda los datos

Responde estas preguntas.

9. ¿En qué hemisferios está ubicada California?
10. ¿Dónde está ubicada California con relación al primer meridiano y al ecuador?
11. ¿Qué efectos tienen las características físicas y el clima de la región desértica sobre las actividades de los habitantes de esa región?
12. ¿Cómo se adaptaron los habitantes de la región costera a la alta densidad de población?

Escribe la letra que corresponda a la respuesta correcta.

13. ¿Dónde vive la mayoría de los californianos?
    A en la región montañosa
    B en la región desértica
    C en las áreas urbanas
    D en las áreas rurales
14. ¿Por qué el valle Central es una buena zona para la agricultura?
    A Tiene varias montañas.
    B Tiene suelo fértil.
    C Tiene mucha población.
    D Recibe poca agua.

Piensa críticamente

15. DESTREZA DE ANÁLISIS ¿Cómo afecta al lugar donde vives su ubicación relativa?
16. DESTREZA DE ANÁLISIS ¿En qué se diferencian las costas del norte y del sur de California? ¿En qué se parecen?

Destrezas de estudio

COMPRENDER EL VOCABULARIO

Usar un diccionario te ayudará a aprender las palabras nuevas que encuentres en tu lectura.

- **Un diccionario muestra todos los significados de una palabra y también indica el origen de la palabra.**
- **Puedes usar una tabla para hacer una lista y organizar las palabras que no te sean familiares y que tengas que buscar en el diccionario.**

cabo s. 1. Punta de tierra que entra en el mar. 2. Extremo de las cosas. 3. Mango, asidero. 4. Rango militar [del latín *caput*, cabeza]

Palabra	Sílabas	Origen	Definición
cabo	CA • BO	latín	Punta de tierra que entra en el mar

Aplica la destreza mientras lees

Mientras lees, busca en el diccionario las palabras que no te sean familiares. Agrega esas palabras en una tabla similar a la de arriba. Completa cada columna para ayudarte a recordar el significado de la palabra.

Normas de Historia y Ciencias Sociales de California, Grado 4

4.1 Los estudiantes demuestran una comprensión de las características físicas y humanas que definen los lugares y las regiones de California.
4.2 Los estudiantes describen la vida social, política, cultural y económica y las interacciones entre los habitantes de California, desde las sociedades precolombinas hasta los períodos de las misiones españolas y los ranchos mexicanos.

CAPÍTULO

Los indios de California

Parque Histórico Estatal Chumash Painted Cave, cerca de Santa Barbara

Comienza con un cuento

Dos cachorros de oso

Una leyenda de los indios miwok del valle de Yosemite, California

versión de Robert D. San Souci ilustrada por Daniel San Souci

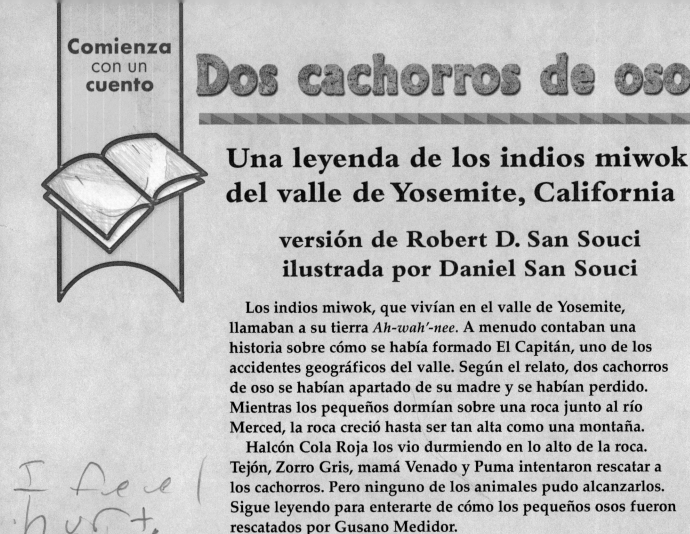

Los indios miwok, que vivían en el valle de Yosemite, llamaban a su tierra *Ah-wah'-nee.* A menudo contaban una historia sobre cómo se había formado El Capitán, uno de los accidentes geográficos del valle. Según el relato, dos cachorros de oso se habían apartado de su madre y se habían perdido. Mientras los pequeños dormían sobre una roca junto al río Merced, la roca creció hasta ser tan alta como una montaña.

Halcón Cola Roja los vio durmiendo en lo alto de la roca. Tejón, Zorro Gris, mamá Venado y Puma intentaron rescatar a los cachorros. Pero ninguno de los animales pudo alcanzarlos. Sigue leyendo para enterarte de cómo los pequeños osos fueron rescatados por Gusano Medidor.

Gusano Medidor comenzó a subir lentamente por la roca, doblándose hasta formar un arco, sujetándose con sus cuatro patas traseras cortas, y estirando el cuerpo hasta que sus seis patas delanteras pudieran aferrarse a otro pedazo de piedra.

Doblándose y estirándose, Gusano escalaba poco a poco cantando "*¡Tu-tok! ¡Tu-tok!*" mientras trepaba. Cuando doblaba el cuerpo era "*Tu*" y cuando se estiraba, "*tok*".

Mientras avanzaba, marcaba el camino con una hebra pegajosa porque, al igual que la araña, estos gusanos producen hilo.

Así logró llegar aún más alto que Puma. Los animales, abajo, ya no lo veían ni oían su pequeña canción, "*¡Tu-tok! ¡Tu-tok!*".

Subía y subía cada vez más alto. Los días se convertían en noches, y el gusano seguía trepando. Abajo, mamá Osa y los otros animales observaban ansiosos. Arriba, los cachorros dormían plácidamente, arropados por las nubes.

De repente, Gusano Medidor miró hacia abajo y vio que el enorme río parecía ahora una banda delgada de plata, decorada por burbujeantes rápidos e islas verdes. Los bosques y los prados del valle se veían tan pequeños como manojos de ramitas con musgo. Al ver esto, Gusano Medidor comenzó a sentir miedo y, por un momento, no pudo moverse. Sin embargo, recobró el valor. Comenzó a cantar tan fuertemente como pudo "*¡Tu-tok! ¡Tu-tok!*" y trepó aún más por la pared de piedra.

Gusano Medidor continuó trepando día tras día. Hasta que por fin, una mañana temprano, llegó a la cumbre de la vasta roca.

—¡Despierten! —susurró al oído de los dos cachorros. Temía que, si los despertaba bruscamente, se asustarían y caerían resbalando por la roca.

Cuando vieron lo alto que estaban, los pequeños osos rompieron a llorar. Pero Gusano Medidor los consoló.

—Síganme —les dijo—. Yo los guiaré cuesta abajo, porque he marcado un camino con mi hilo.

Entonces, Gusano Medidor dijo al oso de color pardo:

—Hermano Mayor, tú vendrás detrás de mí.

Luego, miró al oso de color canela.

—Hermano Menor, sigue a tu hermano y pisa donde pisa él. Si haces eso, no te caerás —dijo.

Pero los cachorros aún tenían miedo.

—Estoy seguro de que los hijos de mamá Osa no son cobardes —les dijo entonces Gusano Medidor—, porque ella es la criatura más valiente de *Ah-wah'-nee.*

Al oír esas palabras, los pequeños osos se llenaron de orgullo.

—Somos valientes. Te seguiremos —respondieron.

Y así fue como los dos osos comenzaron a bajar lentamente, haciendo exactamente lo que Gusano Medidor les indicaba.

Después de mucho tiempo, Zorro Gris con su vista perfecta, los divisó.

—¡Mira! Tus cachorros regresan —le dijo a mamá Osa.

Con ansiedad, mamá Osa miró hacia donde señalaba su amigo. En efecto, allí estaban sus cachorros, descendiendo por la pared de la montaña, mientras Gusano Medidor a cada paso los guiaba y los alentaba.

Finalmente, los pequeños osos y su protector llegaron al valle. Entonces, con una alegría inmensa, mamá Osa estrechó a los cachorros contra su pecho, los abrazó, los reprendió por desobedecer y luego los abrazó nuevamente.

Después, elogió a viva voz a Gusano Medidor por su valor y su ingenio.

Todos los animales decidieron entonces llamar *Tu-tok-a-nu-la,* que significa Piedra del Gusano Medidor, a la roca que se convirtió en montaña. El nombre recordaba al heroico gusano que había hecho lo que ninguna otra criatura había podido hacer. Y así se llamó por muchos años este lugar imponente, hasta que otros que llegaron le dieron a la enorme pared de granito el nombre de "El Capitán".

Responde

1. ¿Cómo pudo Gusano Medidor rescatar a los osos cachorros cuando los demás animales no habían podido hacerlo?
2. Explica cómo las personas usan los cuentos, los poemas y las canciones para explicar el mundo que las rodea.

Lección 1

Tiempos

HACE 15,000 AÑOS — PRESENTE

Hace más de 13,000 años
Llegan a California los primeros habitantes

Hace aproximadamente 4,000 años
Los indígenas californianos se establecen en aldeas

Presente
Más de 330,000 indios americanos viven en California

REFLEXIONA
¿Cómo modificaron los primeros habitantes de California sus modos de vida cuando cambió su ambiente?

✓ Explica cómo pueden haber llegado a California sus primeros habitantes.

✓ Describe cómo vivían los primeros habitantes de California.

VOCABULARIO
glaciar pág. 57
antepasado pág. 57
excedente pág. 58
tribu pág. 59
cultura pág. 59
objeto del pasado pág. 60
leyenda pág. 60

IDEA PRINCIPAL Y DETALLES

Normas de California
HSS 4.2, 4.2.1

Los primeros californianos

IMAGÍNATE ALLÍ

"¡Shhh! Veo uno", susurra el cazador que está a tu lado. A la distancia, de pie, hay un mamut lanudo. Estás emocionado y un poco asustado. Últimamente, encontrar grandes animales ha resultado cada vez más difícil. Una buena cacería es importante para tu pueblo. Este mamut les dará carne, y el cuero les brindará abrigo y vivienda.

En el pasado lejano

En el pasado, la Tierra tuvo largos períodos de frío extremo, conocidos como períodos glaciales. Durante estos períodos, gran parte del agua de la Tierra se congeló formando **glaciares**. Tanta agua quedó atrapada en estas masas de hielo de desplazamiento lento que el nivel de agua de los océanos descendió. En distintas épocas, los bajos niveles de agua dejaron al descubierto un "puente" de tierra entre Asia y América del Norte.

Muchos científicos creen que grupos humanos provenientes de Asia pueden haber cruzado este puente de tierra hasta llegar a América del Norte. Estos primeros habitantes probablemente eran nómadas. Iban de un lugar a otro, siguiendo las manadas de animales que cazaban para obtener alimento. Es posible que también recolectaran plantas silvestres para alimentarse.

Al cabo de miles de años, los hijos de los primeros habitantes y los hijos de sus hijos se diseminaron por toda América del Norte y América del Sur. Eran los **antepasados**, o antiguos integrantes de familias, de los indios americanos de la actualidad.

Hace más de 13,000 años, estos habitantes llegaron a lo que hoy es California. En aquel entonces, el clima era más frío y húmedo que hoy en día. Enormes animales, como mastodontes y mamuts lanudos, aún poblaban la región. Los primeros indios usaban lanzas con puntas de piedra para cazar animales. De la carne de un mamut podía alimentarse un grupo de indios durante varios días. Y probablemente usaban el cuero para hacer ropa y construir viviendas.

REPASO DE LA LECTURA **IDEA PRINCIPAL Y DETALLES** **¿Por qué los primeros habitantes dependían de los grandes animales?**

DESTREZA DE ANÁLISIS **Analizar mapas** **Es probable que los primeros grupos en llegar a América del Norte fueran nómadas. Un nómada es una persona que se traslada continuamente de un lugar a otro.**

Movimiento **¿En qué dirección viajaron los primeros habitantes para llegar desde Asia hasta lo que hoy es California?**

Una nueva forma de vida

Para cazar grandes animales, los indios tuvieron que trabajar en grupo. Además, desarrollaron herramientas que los ayudaron a ser mejores cazadores. Una de estas herramientas era el *atlatl*, que permitía a los cazadores arrojar sus puntas más lejos y a mayor velocidad.

Con el tiempo, el clima se volvió más cálido y más seco. Muchas de las plantas que los grandes animales comían dejaron de crecer. Esta puede haber sido una de las razones por las cuales estos animales desaparecieron hace alrededor de 10,000 años.

Como ya no podían depender de la caza de grandes animales, los primeros habitantes tuvieron que adaptar su forma de vida. Comenzaron a pescar más y a cazar animales más pequeños, como venados, conejos y aves. Para cazar estos animales, desarrollaron nuevas herramientas de caza, como el arco y la flecha.

Estos grupos también comenzaron a recolectar más frutos secos y bayas, y a comer más plantas. Con el tiempo, aprendieron dónde crecían mejor determinadas plantas y en qué época del año maduraban los frutos secos y las bayas. En cada estación, viajaban a lugares donde podían cazar o recolectar alimento.

A veces los indios recolectaban más alimento del necesario. Usaban cestas o vasijas de arcilla para almacenar el **excedente**, o alimento que sobraba.

REPASO DE LA LECTURA **CAUSA Y EFECTO**
¿Cómo se adaptaron los primeros habitantes al cambio de clima?

Cuando se extinguieron los grandes animales, los primeros habitantes comenzaron a cazar animales más pequeños, como alces, venados y conejos.

Los indios californianos

Hace unos 4,000 años, los primeros habitantes comenzaron a vivir en forma permanente en aldeas. Algunos grupos formaban lo que hoy llamamos bandas o tribus. Una **tribu** es un grupo de indios que tiene un líder y tierras propias. Los miembros de una tribu trabajan juntos para obtener las cosas que necesitan. Además, tienen las mismas costumbres y hablan el mismo idioma.

Con el tiempo, la mayoría de las tribus de California comenzaron a tener sus propias creencias y sus propios idiomas, modos de actuar y de vestir. Estos modos de vida formaban la **cultura** de una tribu. La cultura diferenciaba una tribu de las otras. California tenía tribus más diversas que cualquier otra zona de las que se encuentran al norte de lo que hoy es México. De hecho, se hablaban allí más de 100 idiomas diferentes.

En parte, las culturas se formaban debido a la influencia del ambiente. Como las tribus vivían en regiones diferentes, tenían distintos recursos naturales a su disposición. Donde había bosques, los grupos usaban madera para construir sus casas. En los lugares donde solo crecían arbustos y árboles pequeños, cubrían sus viviendas con ramas o hierbas. Para acarrear agua la mayor parte de las tribus de California hacía cestas con hierba que tejían apretadamente. Los grupos que vivían en el desierto almacenaban agua en vasijas de arcilla.

Aunque las culturas eran diferentes, todas las tribus dependían del entorno físico para satisfacer sus necesidades. Usaban cuidadosamente la tierra, las

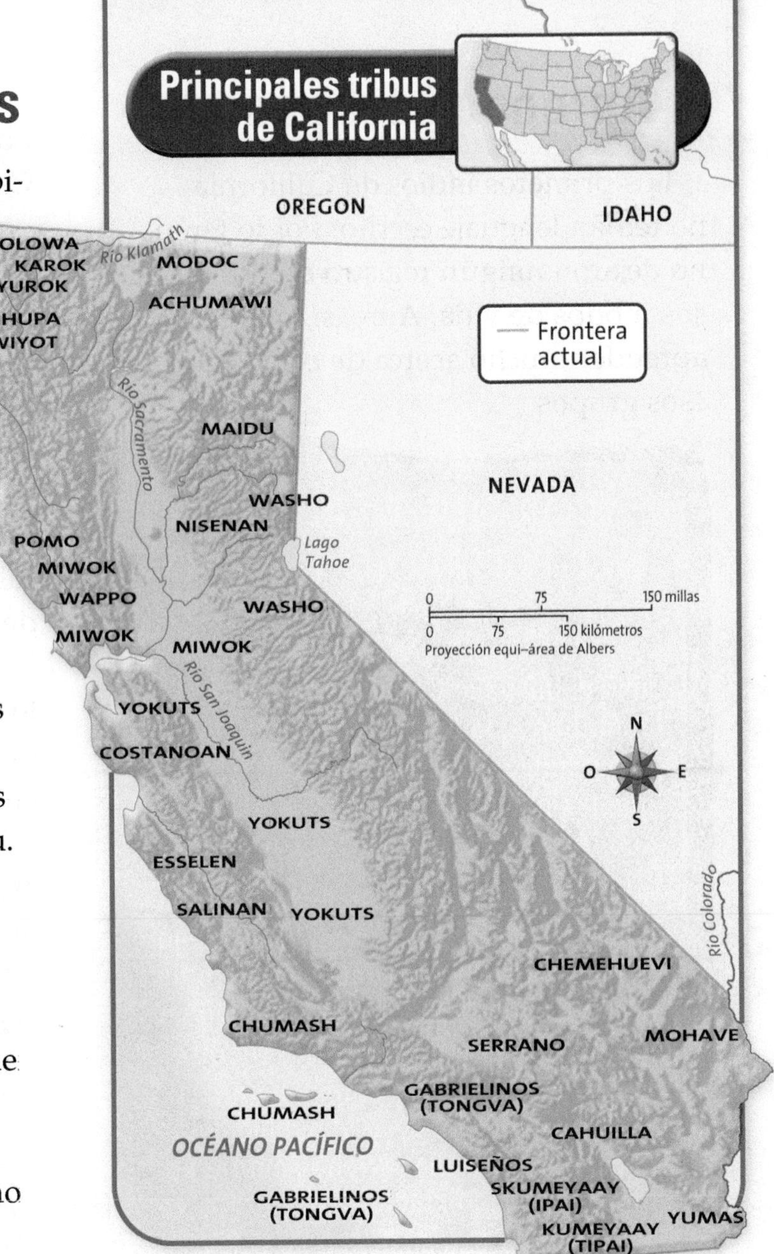

DESTREZA DE ANÁLISIS **Analizar mapas**

Ubicación ¿Qué tribus vivían cerca de donde tú vives ahora?

plantas y los animales que encontraban a su alrededor. De este modo, se aseguraban de que siempre hubiera abundancia de plantas y animales.

REPASO DE LA LECTURA **IDEA PRINCIPAL Y DETALLES** **¿De qué manera el ambiente determinó los modos de vida de los primeros indios de California?**

Aprender del pasado

Los primeros indios de California no tenían lenguaje escrito. Por lo tanto, no dejaron ningún registro escrito de sus modos de vida. Aun así, podemos aprender mucho acerca de cómo vivían esos grupos.

Por qué el pecho del petirrojo es rojo

Esta es una leyenda de los indios miwok del valle Central. Los indios contaban esta leyenda para explicar cómo habían obtenido el fuego y por qué las plumas del pecho del petirrojo son rojas.

"Hace mucho tiempo, el mundo era oscuro y frío, y la gente no tenía fuego. ***Wit´-tab-bah,*** el petirrojo, se enteró de dónde estaba el fuego y emprendió un largo viaje para ir por él. Tras recorrer enormes distancias, llegó al lugar, se robó el fuego y lo llevó al pueblo. En el camino, todas las noches cubría el fuego con su pecho para evitar que se enfriara, por eso su pecho se volvió rojo. Finalmente, llegó al pueblo con el fuego y se lo entregó a la gente. Después, el petirrojo usó el fuego para crear el Sol, pero antes puso un poco en el árbol ***oo'-noo*** (el castaño) para que quienes necesitaran fuego pudieran tenerlo. Desde aquel entonces, todos saben que cuando uno necesita fuego puede frotar una ramita de oo'-noo contra una madera seca; y eso hará que surja la llama."

The Dawn of the World: Myths and Tales of the Miwok Indians of California. C. Hart Merriam. Kessinger Publishing

Gran parte de las cosas que sabemos hoy acerca de los primeros indios de California proviene de los objetos del pasado que han quedado de esos grupos. Un **objeto del pasado** es algo hecho por personas en otra época. Estos objetos pueden ser vestimentas, cestas, vasijas o herramientas. A partir de objetos del pasado como puntas de lanza, por ejemplo, los científicos pueden saber cómo y dónde se cazaban animales en otras épocas. De los huesos de animales pueden deducir qué comían esos grupos.

También podemos conocer más sobre los primeros indios de California estudiando las historias, las canciones y las enseñanzas que los adultos han transmitido a sus hijos durante muchos, muchos años. Como todos los pueblos, los indios de California se preguntaban sobre el mundo que los rodeaba. Contaban **leyendas**, o relatos transmitidos de generación en generación, para explicar la existencia de su pueblo y de todo lo que

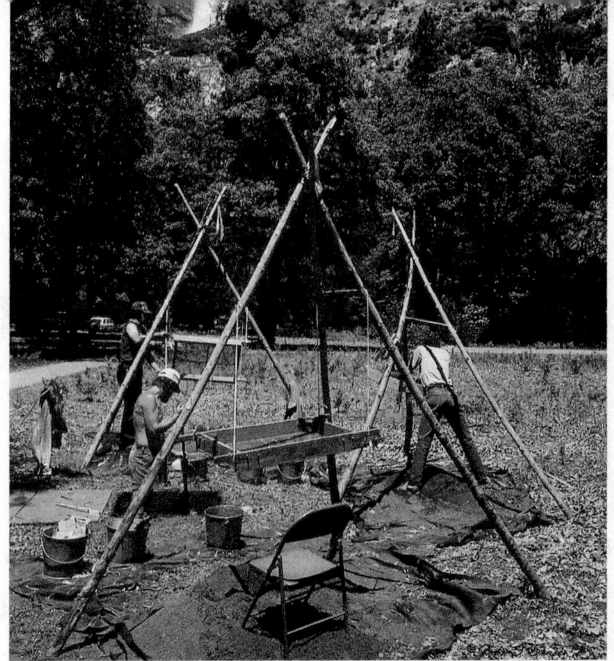

En el valle de Yosemite, científicos realizan excavaciones en busca de objetos del pasado de indios americanos.

había en el mundo. Algunas leyendas explican fenómenos naturales como las tormentas. Otras hablan de la historia de la tribu. Ciertas leyendas explican la creencia de que los antepasados de los indios no llegaron aquí a través de un puente de tierra. Estas leyendas afirman que los indios han vivido siempre en las Américas.

Los niños escuchaban con atención las leyendas que contaban sus mayores. Los niños sentían un gran respeto por sus mayores y repetían cada palabra de la leyenda hasta aprenderla por completo. A través de las leyendas, los niños aprendían a comportarse correctamente y adquirían los conocimientos necesarios para subsistir. Más tarde, relatarían las leyendas a sus propios hijos.

REPASO DE LA LECTURA **IDEA PRINCIPAL Y DETALLES** **¿Qué importancia tenían las leyendas para los indios de California?**

Resumen

En un principio, los habitantes de California llevaban una vida principalmente nómada, siguiendo las manadas de grandes animales. Con el cambio de clima, comenzaron a pescar más, a cazar animales más pequeños y a comer más plantas. Con el tiempo, se asentaron en aldeas.

REPASO

1. ¿Cómo modificaron los primeros habitantes de California sus modos de vida cuando cambió su ambiente?
2. Usa el término **leyenda** para describir cómo las tribus indias de California transmitían su historia.
3. ¿Cómo influían las regiones donde vivían los grupos de indios californianos sobre su uso de los recursos?

RAZONAMIENTO CRÍTICO

4. DESTREZA DE ANÁLISIS Considerando la geografía de California, ¿por qué distintas tribus desarrollaron culturas diferentes?
5. **Escribe una leyenda** Escribe una leyenda que explique un fenómeno natural como una tormenta o un terremoto.
6. Destreza clave **IDEA PRINCIPAL Y DETALLES**

   En una hoja de papel, copia y completa el organizador gráfico de abajo.

Idea principal

Los indios de California se adaptaron a los cambios del ambiente.

Detalles

Lección 2

La región costera norte

REFLEXIONA
¿Cómo dependían los indios de la región costera norte de California de los recursos naturales que tenían a su alrededor?

- ✓ Describe las culturas de algunas tribus de la región costera norte de California.
- ✓ Compara algunos de los grupos de indios más importantes de la región costera norte de California.

VOCABULARIO
encañizada pág. 64
ceremonia pág. 64
chamán pág. 64
comercio pág. 67

PERSONAS
yurok
karuk
hupa
wiyot
pomo

LUGARES
río Klamath
río Trinity
río Russian
lago Clear

IDEA PRINCIPAL Y DETALLES

Normas de California
HSS 4.1, 4.1.3, 4.2, 4.2.1

IMAGÍNATE ALLÍ

Es un día atareado en la aldea yurok en la que vives. Das un salto cuando el árbol de secuoya que tu padre ha estado cortando cae al suelo. La madera es fuerte y resistente. Será perfecta para la nueva piragua de tu padre.

Observas cómo tu padre enciende fuego para quemar el interior del tronco gigante. Después, usará las herramientas de piedra y de cuernos de alce para hacer la canoa. Sabes que el trabajo llevará muchos días, pero tu padre pronto tendrá una nueva piragua para pescar y viajar a otras aldeas.

La tierra y sus habitantes

La lluviosa costa norte de California fue el hogar de muchos grupos de indios, como los **yurok,** los **karuk,** los **hupa** y los **wiyot.**

Cada grupo desarrolló su propia cultura. Sin embargo, todos compartían un ambiente similar y sus culturas se parecían en muchos aspectos.

Los árboles eran un recurso importante para todas las tribus que vivían a lo largo de la costa norte. Enormes secuoyas y cedros gigantes dominaban el paisaje. Allí también crecían robles, arbustos de bayas y otras plantas. Al igual que los actuales habitantes, los indios de California usaban los recursos de la región para satisfacer sus necesidades. Cortaban árboles y usaban la madera para construir viviendas y canoas.

Este ambiente verde y húmedo era también el hogar de numerosos animales. Los habitantes de la región cazaban leones marinos, venados, alces y otros animales. Además, recolectaban almejas y otros mariscos.

Los numerosos ríos de la región también eran importantes. Los indios que vivían allí viajaban y pescaban en esos ríos. Algunas tribus, como los karuk y los hupa, construían sus aldeas a orillas de los ríos. Otras, como los wiyot, construían algunas de sus aldeas a lo largo de la costa del Pacífico.

REPASO DE LA LECTURA **IDEA PRINCIPAL Y DETALLES** **¿Qué recursos naturales usaban las tribus de la región costera norte?**

DESTREZA DE ANÁLISIS **Analizar mapas** **Los yurok construían sus aldeas (abajo) cerca de los ríos y de la costa del Pacífico del noroeste de California.**

Ubicación **Según el mapa, ¿qué tribu construía sus aldeas más cerca del río Russian?**

Los yurok y los hupa

Los yurok vivían a orillas del **río Klamath** y en la costa del océano Pacífico. Los yurok construían viviendas resistentes con la madera de los grandes árboles que crecen en esa lluviosa región. Utilizaban herramientas hechas de cuernos de alce para cortar el tronco de los árboles en tablones, o tablas grandes. Las viviendas de los yurok tenían techos inclinados para que el agua de lluvia escurriera y no quedara acumulada.

Los yurok eran cazadores y recolectores. Los hombres cazaban animales en los bosques y pescaban en los ríos. También usaban piraguas para navegar por la costa y cazar animales marinos. Las mujeres recolectaban bayas, frutas, frutos secos y plantas silvestres que servían de alimento.

Para los yurok y la mayoría de los indios de California, las bellotas eran un alimento importante. Sin embargo, el alimento más importante para los yurok era el salmón. Para pescar salmones, colocaban **encañizadas** a lo ancho de los ríos. Luego, capturaban los peces que quedaban atrapados en esas "cercas".

Los yurok creían que el salmón provenía de un ser llamado Nepewo. Todos los años, honraban a Nepewo en la ceremonia del Primer salmón. Una **ceremonia** es una celebración que se practica para conmemorar un evento cultural o religioso. Para la ceremonia del Primer salmón, un **chamán**, o líder religioso, tenía que pescar y comer el primer salmón de la temporada.

FUENTES PRIMARIAS

Un monedero yurok

DESTREZA DE ANÁLISIS **Analizar objetos del pasado** **Los yurok y otras tribus de la región costera practicaban el comercio usando cuentas hechas con conchas marinas. Este monedero yurok se usaba para llevar monedas de conchas.**

1. **El monedero estaba hecho con un cuerno de alce.**
2. **Monedas de conchas marinas**

¿Qué más puedes aprender acerca de los yurok si observas los materiales con los que está hecho el monedero?

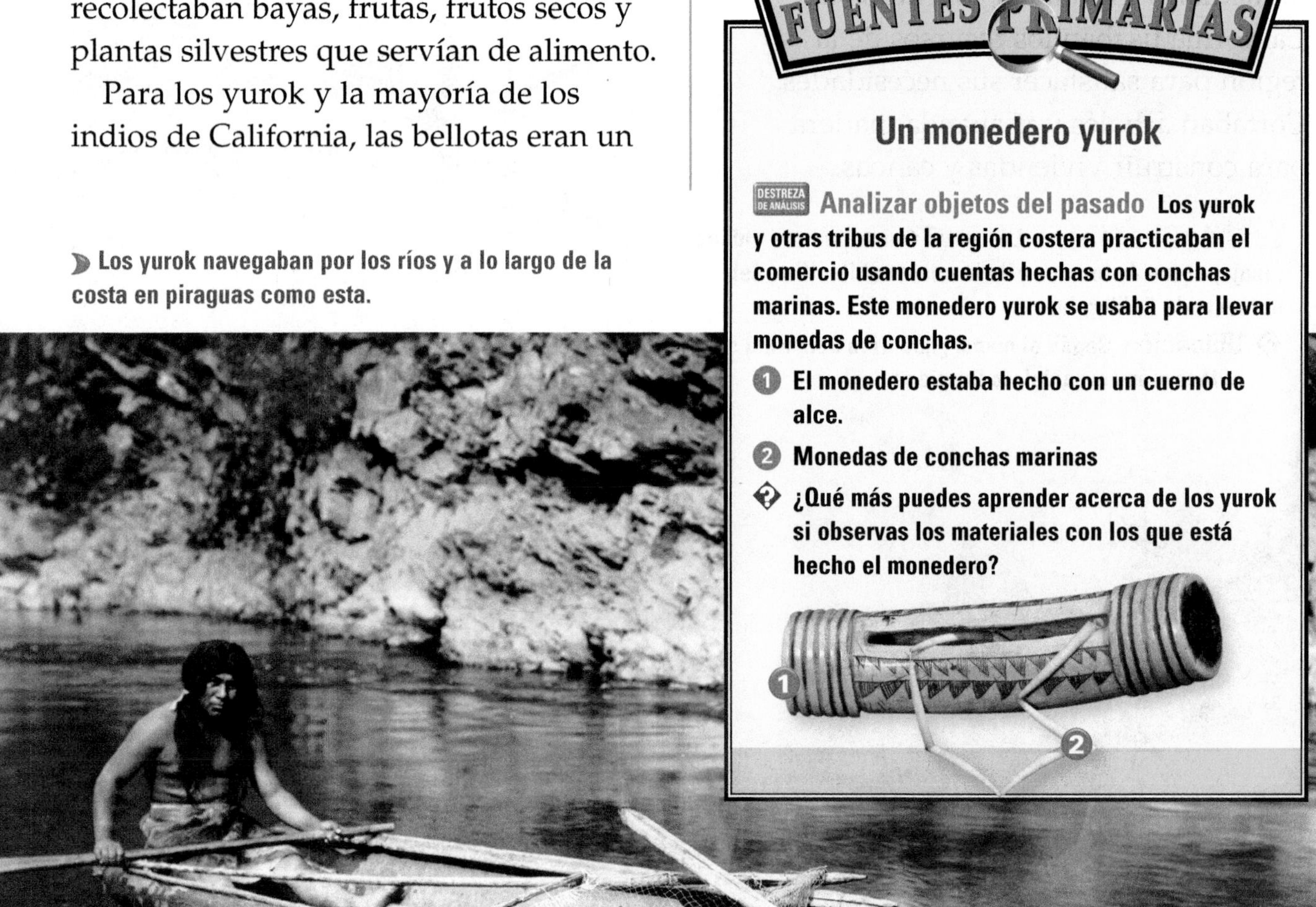

Los yurok navegaban por los ríos y a lo largo de la costa en piraguas como esta.

En esta fotografía de 1923, se ve a un hombre de la tribu hupa usando una encañizada para atrapar salmones.

Los hupa vivían en los valles del **río Trinity,** río arriba de los yurok. Aunque los dos grupos hablaban idiomas diferentes, sus culturas eran similares. Los hupa también construían casas con tablones y se alimentaban con salmón y bellotas.

Por lo general, en la región costera del norte el alimento era abundante. Por eso, los hupa no pasaban tanto tiempo buscando comida y podían dedicarse a hacer objetos hermosos y útiles. Los hupa y sus vecinos hacían bellas cestas de junco y pasto en las que guardaban diferentes cosas, como platos. También las usaban como cunas. Las mujeres hupa llevaban sombreros de junco tejido.

Los hupa también usaban materiales naturales para hacer su vestimenta. Las mujeres llevaban faldas de piel de venado, que a veces decoraban con conchas. También usaban collares de conchas. A veces, los hombres llevaban en la cabeza adornos hechos con plumas de pájaro carpintero de color rojo brillante.

Al igual que muchas otras tribus de la región, los hupa vivían en pequeñas aldeas. La mayoría de las aldeas tenía menos de diez casas. Además, en cada aldea hupa había un sudadero, en cuyo interior se mantenía un fuego encendido para que hiciera mucho calor. En ocasiones especiales, los hombres de la aldea se reunían allí para pensar y rezar. Cuando terminaban, iban al río a refrescarse y limpiarse.

REPASO DE LA LECTURA **RESUMIR**

¿Por qué los hupa podían hacer muchos objetos bellos?

Los pomo

Los **pomo** vivían a lo largo de la costa, en el norte de la bahía de San Francisco. También construían viviendas tierra adentro, cerca del **río Russian** y el **lago Clear.**

Al igual que muchas otras tribus de California, los pomo eran cazadores y recolectores. Los hombres cazaban animales y pescaban. Las mujeres y los niños recolectaban bayas y frutos secos. Las familias pomo podaban, o recortaban, los robles y pinos que crecían en las cercanías para que los árboles dieran gran cantidad de bellotas y piñones.

Las aldeas pomo podían tener desde 100 hasta más de 1,500 habitantes. En la costa, los pomo vivían en casas con forma de cono. Construían estas viviendas acumulando corteza de secuoya sobre postes que se unían en la parte superior. En cada casa vivía una sola familia.

Los pomo que vivían tierra adentro usaban los recursos de su ambiente para construir un tipo de vivienda diferente. Con palos hacían una estructura que cubrían con maleza, tallos de plantas o pasto. Estas viviendas eran, por lo general, lo suficientemente grandes como para albergar a varias familias.

Los pomo eran reconocidos por sus cestas. Tejían cestas muy elaboradas y a veces las decoraban con plumas y cuentas de conchas marinas.

REPASO DE LA LECTURA **COMPARAR Y CONTRASTAR** **¿En qué se diferenciaban las viviendas que los pomo construían en la costa de las que construían tierra adentro?**

Estas fotografías de principios del siglo XX muestran una vivienda pomo (izquierda) y a un hombre pomo (abajo) con un adorno de plumas en la cabeza y un collar hecho con conchas de almejas pulidas.

La riqueza y el comercio

La riqueza era importante para muchos de los pueblos de la región costera norte. Hacían y heredaban objetos que consideraban bellos y valiosos, como joyas y cordeles de conchas marinas. Quien tenía muchos cordeles era considerado rico.

Los cordeles de conchas se usaban a menudo para el comercio. El **comercio** es el intercambio, o compra y venta, de mercancías. Los indios intercambiaban conchas marinas por cosas que no podían hacer u obtener de los recursos disponibles en su ambiente.

Las tierras eran otro signo de riqueza. Las familias y los individuos de la tribu yurok podían conservar algunas tierras para uso propio. En otros grupos, la tierra se compartía con toda la tribu.

REPASO DE LA LECTURA **IDEA PRINCIPAL Y DETALLES** **¿Qué usaban para el comercio los habitantes de la región costera norte?**

Resumen

Aunque las tribus de la región costera norte desarrollaron culturas diferentes, usaban los recursos naturales de manera similar. Muchos comerciaban con otras tribus. Para estos grupos, la riqueza era importante.

Como muestra de su riqueza, los yurok y otras tribus de la región costera norte decoraban sus vestimentas con cordeles de conchas.

REPASO

1. ¿Cómo dependían los indios de la región costera norte de California de los recursos naturales que tenían a su alrededor?
2. Usa los términos **ceremonia** y **chamán** para describir la manera en la que los yurok honraban a Nepewo.
3. ¿Qué usaban como dinero los indios de California de la región costera norte? ¿Qué cosas cambiaban por ese dinero?
4. ¿Cuáles son algunas de las cosas que hacían únicas a las tribus de la costa norte de California?

RAZONAMIENTO CRÍTICO

5. DESTREZA DE ANÁLISIS ¿Crees que los cordeles de conchas eran valiosos para los indios de otras regiones? Explica tu respuesta.
6. **Haz ilustraciones** Usa lo que has leído para hacer ilustraciones de las viviendas de las tribus de la costa norte. Identifica la tribu que hacía cada tipo de vivienda y describe los materiales que usaban. Tal vez quieras buscar más información sobre cada tribu en la biblioteca o en Internet.
7. Destreza clave **IDEA PRINCIPAL Y DETALLES**

En una hoja de papel, copia y completa el organizador gráfico de abajo.

Idea principal

Los yurok, los hupa y los pomo vivieron en la región costera norte de California.

Detalles

Lección 3

La región costera sur

REFLEXIONA

¿Cómo usaban los recursos de la tierra y del mar los indios de la región costera sur de California?

- Describe cómo los indios de la región costera sur de California comerciaban unos con otros.
- Compara la religión y las leyendas de los grupos que habitaban la región costera sur de California.

VOCABULARIO

gobierno pág. 70
cooperar pág. 71

PERSONAS

chumash
gabrielino
luiseño
kumeyaay

LUGARES

islas Channel
San Diego

IDEA PRINCIPAL Y DETALLES

Normas de California
HSS 4.1, 4.1.3, 4.2, 4.2.1

IMAGÍNATE ALLÍ

Los líderes de tu aldea chumash declaran que el tiempo de comerciar ha concluido. Los forasteros que habían llegado a tu aldea para comerciar están atareados cargando sus canoas a lo largo de la costa sur de California.

Te acercas a ellos para ver qué han recibido. Ves cordeles de conchas, cestas con semillas y arcos y flechas. Te preguntas qué artículos habrá recibido tu aldea a cambio. Esperas que el intercambio haya sido justo.

La tierra y sus habitantes

Los **chumash** eran una de las tribus de la región costera sur de California. Los chumash vivían en la costa del océano Pacífico, desde el actual Paso Robles hasta lo que hoy es Malibu. También poblaban el valle Cuyama y las cordilleras Transversales. Y algunos vivían en la parte norte de las **islas Channel**.

Al sur de los chumash vivían los **gabrielinos,** también conocidos como tongva. El territorio de los gabrielinos se extendía hacia el sur, desde Topanga hasta Laguna Beach e incluía lo que actualmente es el área metropolitana de Los Angeles. También vivían en la parte sur de las islas Channel. Los **luiseños** y los **kumeyaay,** también llamados diegueños, vivían más al sur. Los kumeyaay estaban integrados por dos tribus, los ipai y los tipai. Sus tierras ocupaban la zona en que hoy se encuentra **San Diego.**

Los habitantes de la región costera sur usaban los recursos naturales de su ambiente para satisfacer sus necesidades. Pero el clima en que vivían era más cálido y seco que el clima de la costa norte. Allí no hay secuoyas ni cedros gigantes, y la región tiene menos ríos. Los indios de esta zona usaban recursos diferentes.

REPASO DE LA LECTURA **IDEA PRINCIPAL Y DETALLES** **¿Qué tribus de la región costera vivían más al sur?**

DESTREZA DE ANÁLISIS **Analizar mapas** **Algunas aldeas chumash (abajo) llegaban a tener hasta 1,000 habitantes.**

Regiones **¿Qué tribus de las que aparecen en el mapa limitaban con territorios de los chumash?**

Los chumash

El océano Pacífico era la principal fuente de alimento de los chumash. Allí pescaban, atrapaban cangrejos y recolectaban mejillones y abulones en las aguas poco profundas. Además, buscaban almejas en la costa. Las bellotas eran otra de sus fuentes principales de alimento. Los chumash también cazaban animales y recolectaban plantas.

Al igual que la mayoría de los indios de California, los chumash construían sus aldeas cerca de fuentes de agua dulce. Para hacer sus viviendas, doblaban y ataban ramas de sauce hasta formar estructuras con forma de cúpula. Luego, cubrían esas estructuras con gruesas capas de tule, una planta alta, flexible y de raíces esponjosas que crece en los pantanos.

Los chumash eran expertos comerciantes y constructores de canoas. Hacían piraguas y canoas de tule. También construían un tipo de canoa llamada *tomol*. Estas canoas de gran tamaño se construían con tablas. Para hacer las tablas los chumash cortaban troncos que habían sido arrastrados por el mar hasta la playa. Para unir las tablas usaban cuerdas hechas con fibras de plantas.

Los chumash tenían un recurso natural que muchas otras tribus no tenían. En algunas de sus tierras, brotaba brea del suelo. Los chumash usaban la brea para impermeabilizar sus cestas y las tablas de sus canoas.

Al igual que otras tribus de California, los chumash tenían un gobierno. Un **gobierno** es un sistema para decidir qué es lo mejor para un grupo de personas.

A la izquierda, un hombre chumash posa con un arco y flecha. Abajo, una cesta y una sonaja hecha de un caparazón de tortuga.

Parque Histórico Estatal Chumash Painted Cave

Los primeros chumash no tenían un sistema de escritura, pero grababan sus ideas en dibujos en la roca. Un dibujo sobre roca se llama pictografía. Las pictografías pueden representar sueños, creencias y leyendas. Los chumash usaban pinturas hechas de piedra molida para hacer dibujos de animales, como peces y aves, y otros símbolos. A veces pintaban diseños que representaban el sol, las estrellas y los planetas. El Parque Histórico Estatal Chumash Painted Cave, ubicado cerca de Santa Barbara, es un ejemplo bien conservado del arte rupestre de los chumash.

Este sistema permite a los grupos crear reglas y elegir a sus líderes. Cada aldea chumash tenía un líder. Cuando moría, su hijo se convertía en el nuevo líder. Si el líder no tenía hijos varones, la responsabilidad recaía sobre una hija, una hermana o un hermano.

El líder de la aldea decidía quién podía cazar animales o recolectar alimento en cada zona. Además, se reunía con líderes de otras aldeas. Esas reuniones ayudaban a las aldeas a **cooperar**, o trabajar juntas. Las aldeas chumash tenían varias viviendas, un lugar para almacenar alimentos, un sudadero y un área pública donde se practicaban las ceremonias.

Al igual que muchos grupos indios, los chumash explicaban el mundo a través de sus leyendas. Una de estas leyendas relataba cómo el Sol llevó la antorcha que dio luz al mundo. La antorcha estaba hecha de corteza de árbol enrollada. Cuando el Sol apagó la corteza, las chispas que saltaron se convirtieron en estrellas.

REPASO DE LA LECTURA **IDEA PRINCIPAL Y DETALLES** **¿Qué uso daban los chumash a la brea que brotaba en sus tierras?**

Los gabrielinos, los luiseños y los kumeyaay

Los gabrielinos vivían al sur de los chumash, pero las dos tribus tenían culturas similares. Muchos de los recursos que usaban eran los mismos y solían comerciar entre sí. Al igual que los chumash, los gabrielinos construían canoas con tablas, pescaban y cazaban mamíferos marinos. Estas tribus también tenían viviendas similares. Usaban brea, conchas marinas y saponita. La saponita es una roca blanda que los gabrielinos tallaban en forma de figuras de animales y tazones.

Los gabrielinos creían en un espíritu llamado *Qua-o-ar,* o "dador de la vida". Cuenta una leyenda que alguna vez la Tierra estuvo cubierta por agua. Entonces, Qua-o-ar ordenó a siete tortugas gigantes que elevaran la tierra para sacarla del agua. Luego, indicó a las tortugas que se quedaran quietas para que crecieran cosas en la tierra. Pero las tortugas se impacientaron y se movieron, y la Tierra se sacudió. Con esta leyenda, los gabrielinos explicaban los terremotos.

Los luiseños y los kumeyaay vivían al sur de los gabrielinos. Estas tribus pescaban, recolectaban bellotas y otros alimentos, y también cazaban. Al igual que la mayoría de las tribus de California, utilizaban la tierra que las rodeaba. A veces encendían fuego para quemar maleza y ayudar así a que la hierba y otras plantas crecieran mejor. De este modo, se aseguraban de que los venados, los conejos y otros animales tuvieran abundante alimento. A su vez, esto permitía que hubiera abundantes animales para cazar.

Esta fotografía de una vivienda kumeyaay fue tomada en 1924. ¿De qué materiales está hecha la vivienda?

Antes de cazar o cosechar, los luiseños y los kumeyaay realizaban ceremonias. Creían que las ceremonias eran una manera de agradecer y mantenerse en armonía con la naturaleza, con otros miembros de la tribu y con sus antepasados. También creían que las ceremonias reparaban el daño hecho a la Tierra durante el año anterior y prevenían las enfermedades que podía traer el nuevo año.

REPASO DE LA LECTURA **COMPARAR Y CONTRASTAR** **¿En qué se parecen la leyenda de las tortugas de los gabrielinos y la leyenda del Sol de los chumash?**

Los indios californianos de la actualidad continúan las tradiciones de sus antepasados. Esta bailarina gabrielina participa en una ceremonia llamada Danza de la cosecha.

Resumen

Los chumash, los gabrielinos, los luiseños y los kumeyaay dependían de los recursos naturales disponibles en el ambiente seco y cálido de la región costera sur de California.

REPASO

1. ¿Cómo usaban los recursos de la tierra y del mar los indios de la región costera sur de California?
2. Usa el término **cooperar** en una oración acerca del **gobierno** chumash.
3. ¿Dónde estaban ubicadas las tierras de los chumash con relación a las tierras de los gabrielinos?
4. ¿De qué manera las ceremonias reflejaban las creencias religiosas de los indios de California?

PENSAMIENTO CRÍTICO

5. DESTREZA DE ANÁLISIS ¿Por qué crees que los pueblos que no vivían en la costa sur de California querían intercambiar sus mercancías por brea, cuentas de conchas marinas y saponita?
6. **Haz una representación** Imagina que perteneces a una tribu de la región costera sur y que un compañero pertenece a una tribu de otra región. Mantengan una conversación en la que se describan uno a otro qué recursos podrían intercambiar y por qué.
7. Destreza clave **IDEA PRINCIPAL Y DETALLES**

En una hoja de papel, copia y completa el organizador gráfico de abajo.

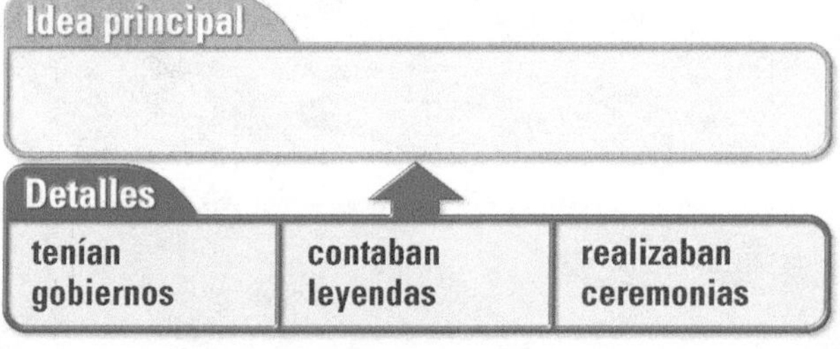

Idea principal
Detalles
tenían gobiernos
contaban leyendas
realizaban ceremonias

Comparar tablas

POR QUÉ ES IMPORTANTE

Una tabla es una buena manera de organizar la información. Al observar una tabla, puedes comparar rápidamente números, datos y otro tipo de información. Las tablas pueden **clasificar,** o agrupar, la misma información de diferentes maneras.

LO QUE NECESITAS SABER

Muchos indios de California usaban embarcaciones para viajar por ríos, lagos y aguas costeras. Las tribus construían distintos tipos de embarcaciones, según el lugar donde vivían y los tipos de recursos de los que disponían.

Las tablas que aparecen en la página 75 muestran los tipos de embarcaciones que usaban las diferentes tribus. Las dos tablas dan la misma información, pero clasificada de manera diferente.

En la Tabla A, la primera columna presenta las tribus indias de California en orden alfabético. La segunda columna es una lista de los tipos de embarcaciones que usaba cada tribu. La Tabla B muestra la misma información acerca de los indios de California. Sin embargo, en esta tabla los tipos de embarcaciones aparecen en orden alfabético en la primera columna. La segunda columna muestra las tribus que usaban cada tipo de embarcación.

Diferentes tribus indias de California construían distintos tipos de embarcaciones, como las balsas de tule (izquierda), las piraguas (abajo) y las canoas de tablas (arriba a la derecha).

PRACTICA LA DESTREZA

Usa las tablas para responder las preguntas.

1. Examina la Tabla A. ¿Qué tipo de embarcación usaban los miwok? ¿Cómo hallaste esta información?
2. Examina la Tabla B. Esta tabla da la misma información que la Tabla A pero de una manera diferente. ¿Cómo se agrupa la información en la Tabla B?
3. ¿En qué tabla es más fácil hallar qué tribus usaban balsas de tule? Explica tu respuesta.
4. ¿En qué tabla es más fácil hallar qué tipo de embarcación usaba una tribu en particular? Explica tu respuesta.

APLICA LO QUE APRENDISTE

Copia la tabla A en una hoja de papel. Añade una columna con el título *Materiales*. En esa columna, incorpora información acerca de los materiales que cada tribu usaba para construir las embarcaciones. Puedes consultar la biblioteca o Internet para hallar más información.

Tabla A: Embarcaciones de los indios de California por tribu

TRIBU	TIPO DE EMBARCACIÓN
chumash	piragua canoa de tablas balsa de tule
gabrielinos	piragua canoa de tablas balsa de tule
hupa	piragua
maidu	piragua balsa de tule
miwok	balsa de tule
modoc	piragua balsa de tule
mojave	balsa de tule
pomo	balsa de tule
yokuts	balsa de tule
yurok	piragua

Tabla B: Tribus indias de California por tipo de embarcación

TIPO DE EMBARCACIÓN	TRIBU
piragua	chumash gabrielinos hupa maidu modoc yurok
canoa de tablas	chumash gabrielinos
balsa de tule	chumash gabrielinos maidu miwok modoc mojave pomo yokuts

Destrezas con tablas y gráficas

Lección 4

El valle Central y las montañas

REFLEXIONA

¿Cómo dependían los indios de la región del valle Central y de la región montañosa de los recursos naturales que tenían a su alrededor?

- ✓ Describe cómo los indios de la región del valle Central y la región montañosa construían sus viviendas.
- ✓ Explica la importancia de la división del trabajo para los indios de California.

VOCABULARIO

granero pág. 78

división del trabajo pág. 79

especializarse pág. 79

PERSONAS

achumawi

maidu

miwok

nisenan

yokuts

LUGARES

sierra Nevada

valle Central

río Sacramento

valle de San Joaquín

Destreza clave IDEA PRINCIPAL Y DETALLES

Normas de California

HSS 4.1, 4.1.3, 4.2, 4.2.1

IMAGÍNATE ALLÍ

"De pequeña, salía con mi madre a recolectar raíces que poníamos a secar para usar en el invierno. Las recogíamos en cestas. También recuerdo la casa de corteza de cedro donde vivía de niña con mis abuelos."*

Así describe Marie Potts, una mujer maidu, cómo aprendió el modo de vida tradicional de su pueblo. En muchos sentidos, lo que aprendió Marie Potts no es diferente del modo en que vivían hace muchos años los pueblos de la región del valle Central y la región montañosa de California.

*Marie Potts. De *The Way We Lived,* por Malcolm Margolin. Publicación conjunta de Hayday Books y California Historical Society, 1993.

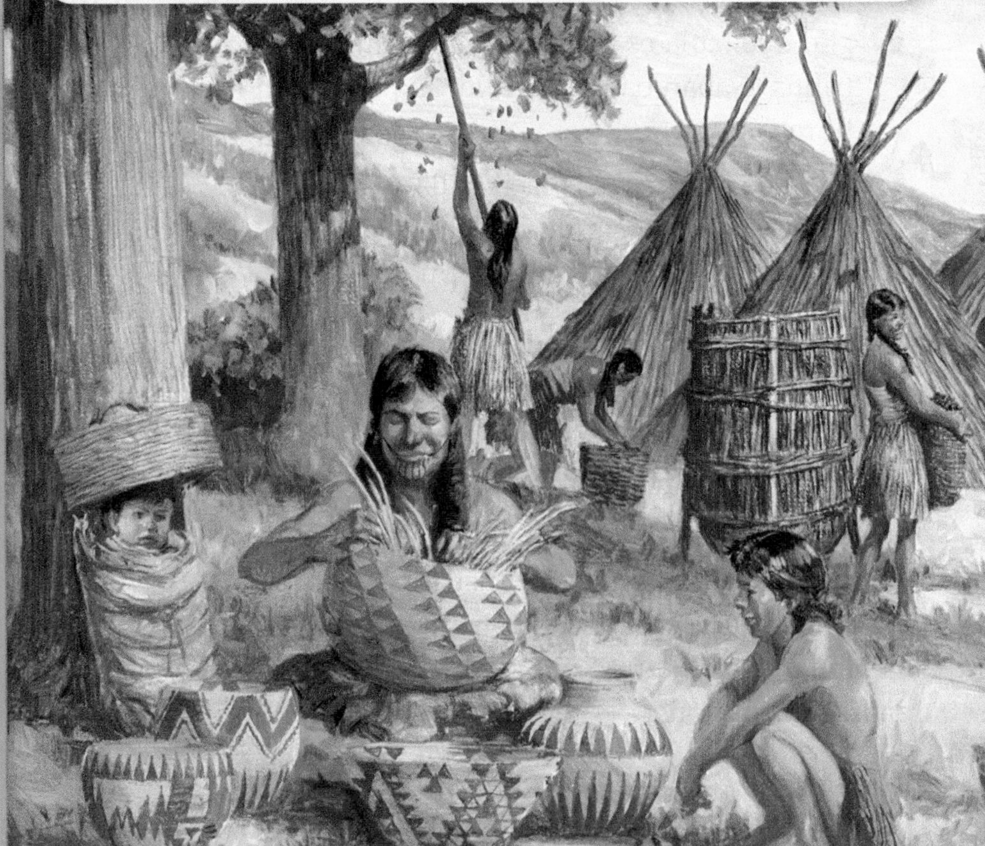

La tierra y sus habitantes

En California, mucho antes de que Marie Potts naciera, las laderas occidentales de la **sierra Nevada** estaban pobladas. Y había aún más habitantes en el **valle Central.** Es posible que, en algún momento, más de la mitad de los indios de California vivieran en el valle Central y las regiones montañosas. Algunas de esas tribus eran los **achumawi,** los **maidu,** los **miwok,** los **nisenan** y los **yokuts.**

El clima de la zona central de California permitía que la población fuera numerosa. Al igual que en otras regiones de California, allí se encontraba, por lo general, abundante alimento. Había animales y peces, y gran cantidad de plantas, frutos secos y bayas.

Las tribus que vivían en la región del valle Central y en la región montañosa eran similares en muchos sentidos. La mayor parte de estos grupos hablaba idiomas de la misma familia y usaba similares recursos naturales. En distintas épocas del año, se trasladaban a diferentes lugares para gozar de un mejor clima y recolectar alimento. En verano, por ejemplo, viajaban a tierras más altas para escapar de las altas temperaturas del valle Central.

Al igual que en otros lugares de California, una de las actividades habituales en esta zona era hacer cestas. Las tribus de la región del valle Central y la región montañosa fabricaban cestas de muchos modelos y diseños.

REPASO DE LA LECTURA **IDEA PRINCIPAL Y DETALLES** **¿Por qué podían vivir tantas personas en la región del valle Central?**

DESTREZA DE ANÁLISIS **Analizar mapas** **En una comunidad maidu (abajo) podían vivir hasta 200 personas.**

Regiones **¿Qué río atravesaba las tierras de los yokuts?**

Los maidu

Los maidu eran una de las tribus más numerosas de California. La mayoría vivía a lo largo de los afluentes del **río Sacramento,** como los ríos Feather, Yuba y American. Otros vivían en las estribaciones de la sierra Nevada.

Los maidu vivían en grupos de aldeas. Cada grupo tenía de tres a cinco aldeas pequeñas en torno a una aldea principal. Las aldeas de un mismo grupo compartían una zona de caza y pesca.

La mayoría de las aldeas maidu tenían menos de diez casas. Algunas de estas casas se construían con ramas de árboles atadas para formar un cono, que luego se cubrían con corteza de árbol. Otras estaban hechas con postes y cubiertas con maleza y tierra.

Aunque los maidu eran expertos cazadores, disponían de otros alimentos que formaban parte de su dieta básica. Las bellotas eran uno de sus principales alimentos. Cuando cosechaban bellotas, los maidu cantaban una canción. Según su creencia, esta canción los ayudaba a obtener una mejor cosecha.

> **"Las bellotas caen**
> **del cielo.**
> **Planto las bellotas pequeñas**
> **en el valle.**
> **Planto las bellotas grandes en**
> **el valle.**
> **Hago brotar la bellota negra,**
> **la hago brotar, brotar."***

Muchas aldeas tenían una construcción especial para almacenar las bellotas sobrantes. Esta construcción se llamaba **granero**.

Las mujeres maidu recogían las bellotas y los frutos secos con la mano, pero usaban una herramienta especial que separaba las semillas de la hierba.

* De *The First Americans: California Indians.* C.L. Keyworth. Facts On File, 1991.

Míralo *en detalle*

Cómo hacer harina de bellota

Estos son los pasos que los indios de California seguían para hacer harina de bellota.

1. **Aplastar las bellotas con piedras y quitar la cáscara.**
2. **Moler las bellotas hasta convertirlas en harina.**
3. **Tamizar la harina en una cesta para desechar los trozos grandes.**
4. **Enjuagar la harina muchas veces con agua para que resulte menos amarga. Para mejorar el sabor, los indios también agregaban bayas, frutos secos o hierbas.**
5. **Secar la harina al sol.**

¿Por qué los indios de California enjuagaban la harina de bellota?

Las mujeres golpeaban la hierba con esta herramienta, y las semillas caían en una cesta.

Al igual que otras tribus de California, los maidu distribuían el trabajo entre los adultos de la aldea. A veces, los niños ayudaban. Esta manera de hacer que distintas personas cumplieran diferentes tareas se conoce como **división del trabajo**. La división del trabajo permitía a los maidu satisfacer sus necesidades de manera más sencilla. Las personas trabajaban juntas para el bienestar de la aldea.

Cuando se hace una división del trabajo, las personas se especializan. **Especializarse** significa ocuparse solamente en un tipo de trabajo y aprender a hacerlo bien. Algunos hombres hacían puntas de flecha o arcos. Otros hacían redes de pesca u otro tipo de herramienta. Las mujeres hacían cestas y preparaban la comida.

REPASO DE LA LECTURA **IDEA PRINCIPAL Y DETALLES** **¿Cómo se dividía el trabajo entre los hombres y las mujeres maidu?**

Esta mujer usa una herramienta tradicional para recoger semillas.

3

4

5

Los miwok y los yokuts

Algunos miwok vivían a lo largo de la costa, al norte de la bahía de San Francisco. Otros vivían en las laderas occidentales de la sierra Nevada y en el **valle de San Joaquin**. Y otros vivían cerca de monte Diablo y entre las actuales ciudades de Sacramento y Stockton.

Las aldeas miwok variaban en tamaño. La mayoría tenía una construcción grande que se usaba como lugar de ceremonias. Estas casas ceremoniales se construían bajo tierra. El piso estaba a 3 o 4 pies por debajo del nivel del suelo. Arriba había un marco de madera cubierto con maleza y tierra. Las aldeas también tenían un sudadero.

Las casas de los miwok variaban según su ubicación. Los miwok que estaban cerca de la costa construían sus viviendas en forma de cono. Colocaban ramas inclinadas y juntas y las cubrían con hierba o tule. En las montañas, las hacían colocando anchos trozos de corteza de cedro inclinados unos contra otros.

Parte de una vieja oración yokuts dice: "Mis palabras están unidas con las grandes montañas... con los grandes árboles".* Los árboles eran importantes para los yokuts. En los lugares donde vivía esta tribu, en el valle de San Joaquin y en las estribaciones de la sierra Nevada, crecían muchos robles. Los yokuts usaban su madera para construir viviendas, y también recolectaban bellotas de roble como alimento.

Las bellotas, las semillas, las raíces y los peces eran alimentos importantes para los yokuts. También eran excelentes cazadores, aunque la caza les proporcionaba solo una parte pequeña de su dieta. Construían cercos especiales donde podían atrapar palomas.

Algunos yokuts levantaban casas circulares, mientras que otros tenían casas con forma cónica. Para hacer las estructuras de las viviendas, los hombres yokuts unían postes de sauce y los sujetaban en

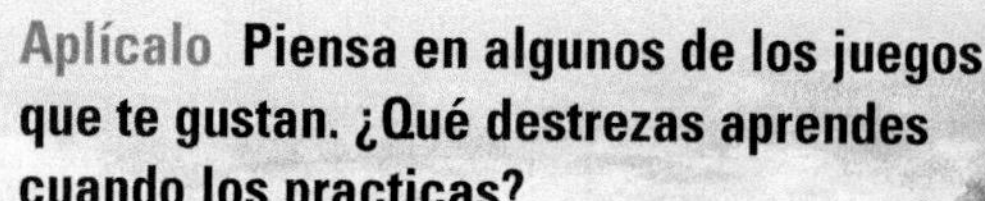

Juegos de los niños miwok

Al igual que sucedía en otras tribus de California, los juegos eran importantes para los miwok. Muchos de los juegos infantiles de hoy, como el "corre que te alcanzo", las escondidas y las carreras, también entretenían a los niños miwok.

Algunos juegos miwok enseñaban destrezas importantes. En el juego del aro y el dardo, por ejemplo, un jugador hacía rodar un aro de madera por una pista. El otro jugador intentaba lanzar un dardo de 5 pies a través del aro. Los juegos como este ayudaban a los niños a desarrollar sus destrezas de caza.

Aplícalo Piensa en algunos de los juegos que te gustan. ¿Qué destrezas aprendes cuando los practicas?

* De *Earth Always Endures: Native American Poems.* Neil Philip. Viking. 1996.

Esta mujer yokuts hace una demostración del modo tradicional de usar herramientas de piedra para quitar la cáscara de las bellotas.

el extremo superior. Las mujeres tejían esteras de tule para cubrir las casas. Algunas de las viviendas eran bastante grandes, como para albergar a varias familias. En el verano, algunos yokuts hacían viviendas más abiertas que se cubrían con maleza.

Cada aldea yokuts tenía su propio líder o chamán. Muchos caciques yokuts tenían mensajeros que llevaban noticias a las aldeas cercanas. Los caciques también tenían voceros que daban los anuncios en su nombre.

REPASO DE LA LECTURA **IDEA PRINCIPAL Y DETALLES** **¿Qué importancia tenían los árboles de roble para los yokuts?**

Resumen

En la región del valle Central y en la región montañosa vivían más indios que en cualquier otra región de California. Las tribus de estas regiones tenían culturas similares y usaban recursos similares.

REPASO

1. ¿Cómo dependían los indios de la región del valle Central y de la región montañosa de los recursos naturales que tenían a su alrededor?
2. Usa el término **especializarse** para describir la **división del trabajo** entre los indios de California.
3. Explica cómo influían las plantas que crecían en la región del valle Central y en la región montañosa en el tipo de vivienda que se construía allí.

PENSAMIENTO CRÍTICO

4. DESTREZA DE ANÁLISIS Algunos grupos miwok vivían cerca de la costa. ¿Cómo crees que se diferenciaba el modo de vida de los miwok que vivían en la costa del modo de vida de los miwok que vivían en la montaña?
5. **Ilustra un mapa** Dibuja el croquis de un mapa de California y colorea las regiones en las que vivían los miwok y los yokuts. Añade notas e ilustraciones que muestren cómo los indios de cada lugar usaban los recursos para satisfacer sus necesidades.
6. Destreza clave **IDEA PRINCIPAL Y DETALLES**

   En una hoja de papel, copia y completa el organizador gráfico de abajo.

Idea principal

La región del valle Central y la región montañosa tenían la mayor población de indios de California.

Detalles

FUENTES PRIMARIAS

Objetos del pasado de los indios de California

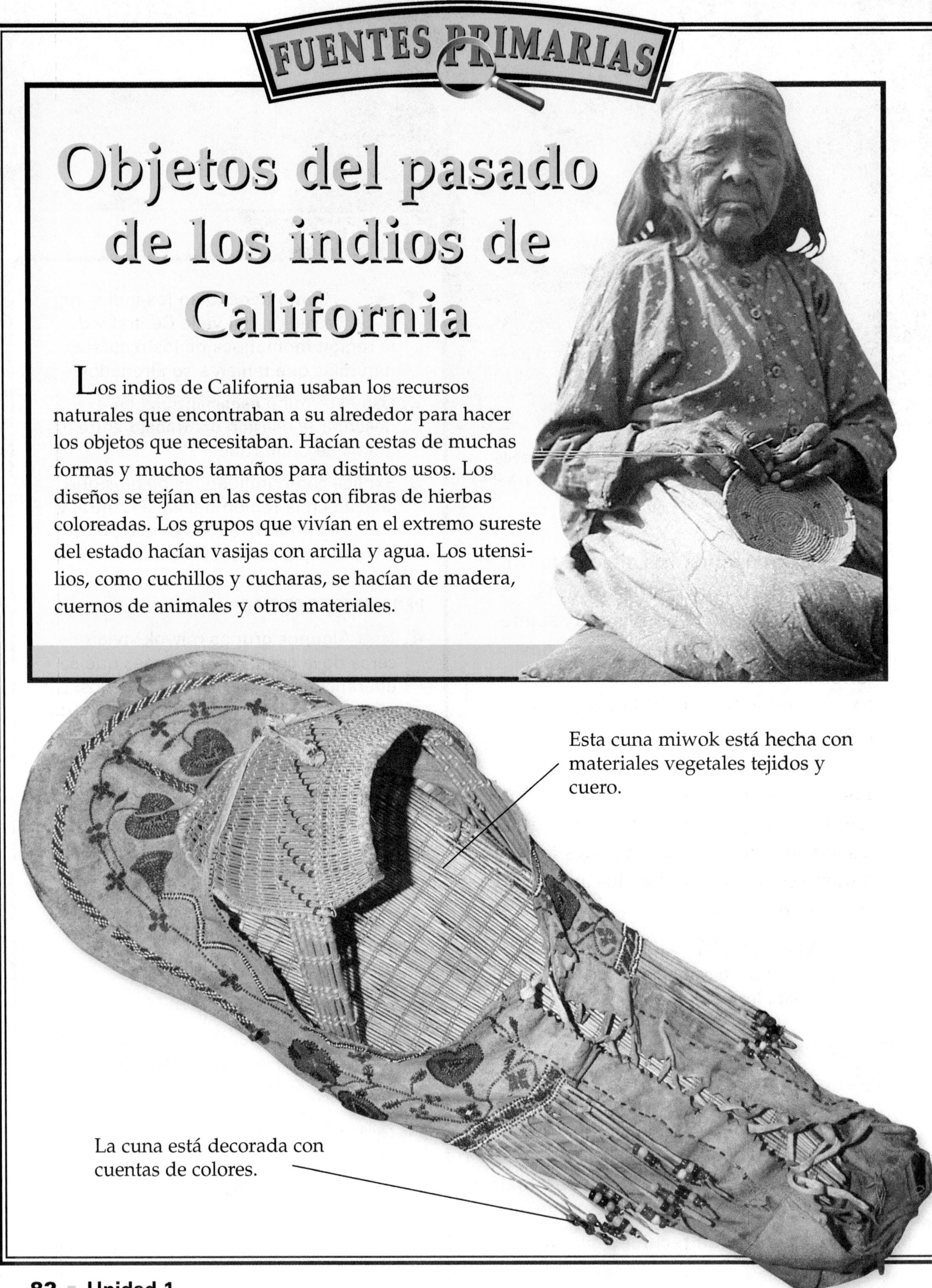

Los indios de California usaban los recursos naturales que encontraban a su alrededor para hacer los objetos que necesitaban. Hacían cestas de muchas formas y muchos tamaños para distintos usos. Los diseños se tejían en las cestas con fibras de hierbas coloreadas. Los grupos que vivían en el extremo sureste del estado hacían vasijas con arcilla y agua. Los utensilios, como cuchillos y cucharas, se hacían de madera, cuernos de animales y otros materiales.

Esta cuna miwok está hecha con materiales vegetales tejidos y cuero.

La cuna está decorada con cuentas de colores.

Los indios mojave hicieron esta pieza de cerámica con forma de pez.

Collar de conchas marinas de los miwok de la costa

Cuenco mojave de arcilla

Sonaja miwok hecha con capullos de mariposas nocturnas

DESTREZA DE ANÁLISIS **Analizar objetos del pasado**

1. **¿Para qué pueden haber usado la sonaja los indios de California?**
2. **¿Qué utilidad puede haber tenido un cuenco de arcilla para los indios de California?**
3. **¿Por qué crees que los indios de California usaban conchas marinas para hacer joyas?**

APRENDE en línea

Visita PRIMARY SOURCES en **www.harcourtschool.com/hss** para hallar fuentes primarias.

Lección 5

La región desértica

REFLEXIONA
¿Cómo se adaptaron los indios de la región desértica a su ambiente seco o cómo lo modificaron?

- ✓ Indica cómo los indios de la región desértica usaban los recursos naturales que tenían disponibles.
- ✓ Explica cómo los indios de la región desértica desarrollaron modos de vida diferentes del modo de vida que tenían la mayoría de los indios de California.

VOCABULARIO
manantial pág. 85
árido pág. 87
limo pág. 87
agricultura pág. 87

PERSONAS
cahuilla
serrano
mojave

LUGARES
montes San Bernardino
río Colorado

Destreza clave **IDEA PRINCIPAL Y DETALLES**

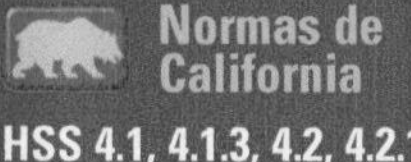

Normas de California
HSS 4.1, 4.1.3, 4.2, 4.2.1

IMAGÍNATE ALLÍ

Tú y tu madre han caminado durante varios días. Piensas en tu abuela, que se quedó en tu aldea, al pie de los montes Santa Rosa. Aunque tu hogar en el desierto parece muy lejano, sabes que es importante llegar a las zonas donde crecen árboles de roble. Allí podrás recolectar suficientes bellotas para alimentar a tu familia durante el invierno. Te acomodas la red de carga que llevas ajustada con una cinta en la cabeza y te apresuras para seguir al ritmo del grupo.

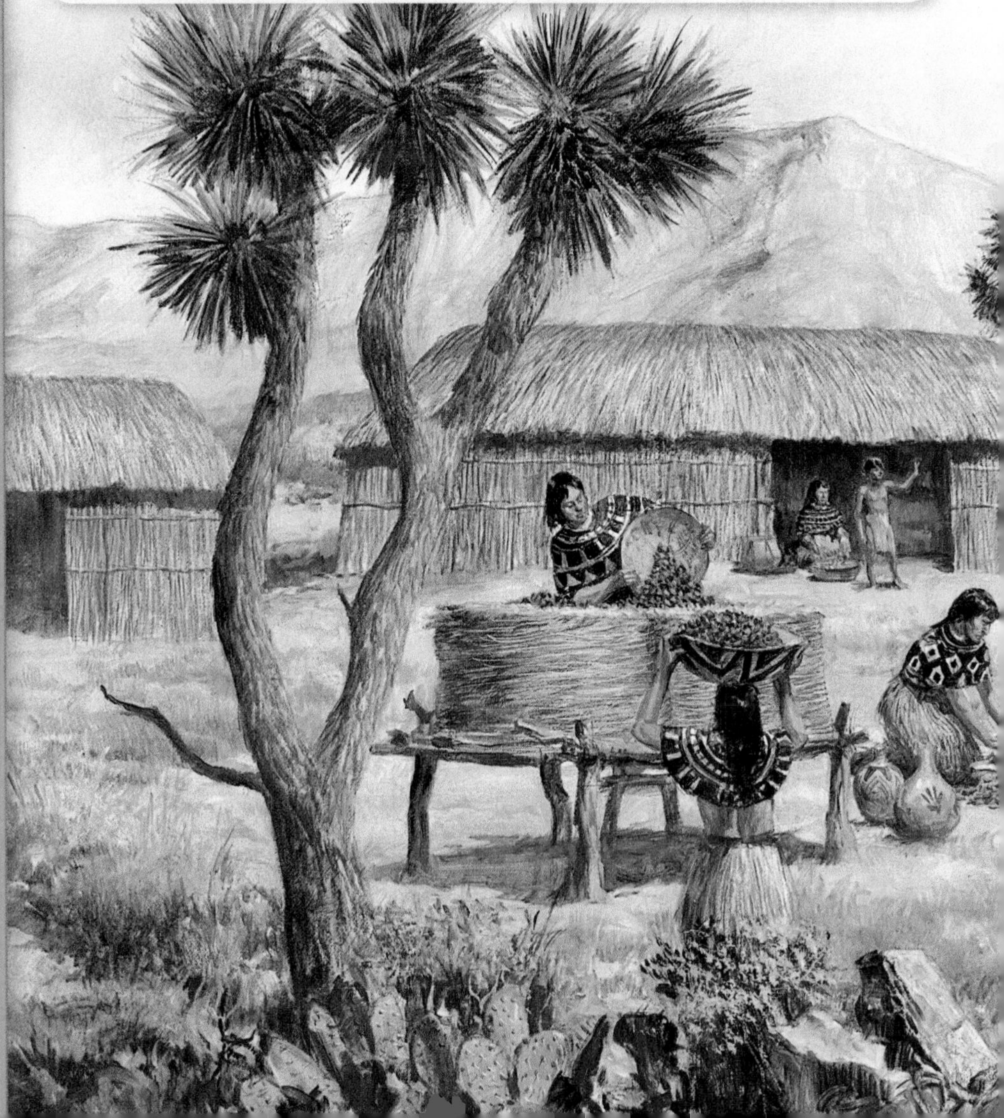

Los cahuilla

La región desértica era la menos poblada de las regiones de California. Allí, la comida era difícil de conseguir y sus habitantes estaban siempre pendientes de que la caza de animales o la recolección de alimentos fueran suficientes. Por lo general, pasaban parte del año en las áreas montañosas cercanas, donde recolectaban alimentos y otros recursos. Algunos grupos del desierto cultivaban maíz, frijoles y calabazas.

Entre los grupos que vivían en la región desértica se encontraban los **cahuilla.** Sus tierras se extendían desde los **montes San Bernardino** a través de los valles de los montes San Jacinto y Santa Rosa. Estas tierras incluían las estribaciones y las áreas desérticas al pie de las montañas.

Los cahuilla solían construir sus aldeas en cañones, cerca de arroyos o manantiales. En los **manantiales**, el agua surgía de aberturas en la tierra. En algunas áreas, las paredes altas del cañón daban sombra y protegían las aldeas de los fuertes vientos.

Todos los años, durante la temporada de recolección de bellotas, un gran número de indios cahuilla dejaba su aldea para recolectar bellotas. En otras épocas del año, los cahuilla recolectaban cactos, piñones y semillas y frutos del mezquite.

REPASO DE LA LECTURA **IDEA PRINCIPAL Y DETALLES** **¿Por qué los cahuilla dejaban a veces sus aldeas?**

DESTREZA DE ANÁLISIS **Analizar mapas** **Las aldeas cahuilla (abajo) estaban unidas por un sistema de senderos de comercio y de caza.**

Movimiento **¿En qué dirección viajaban los mojave para comerciar con los grupos de la costa del Pacífico?**

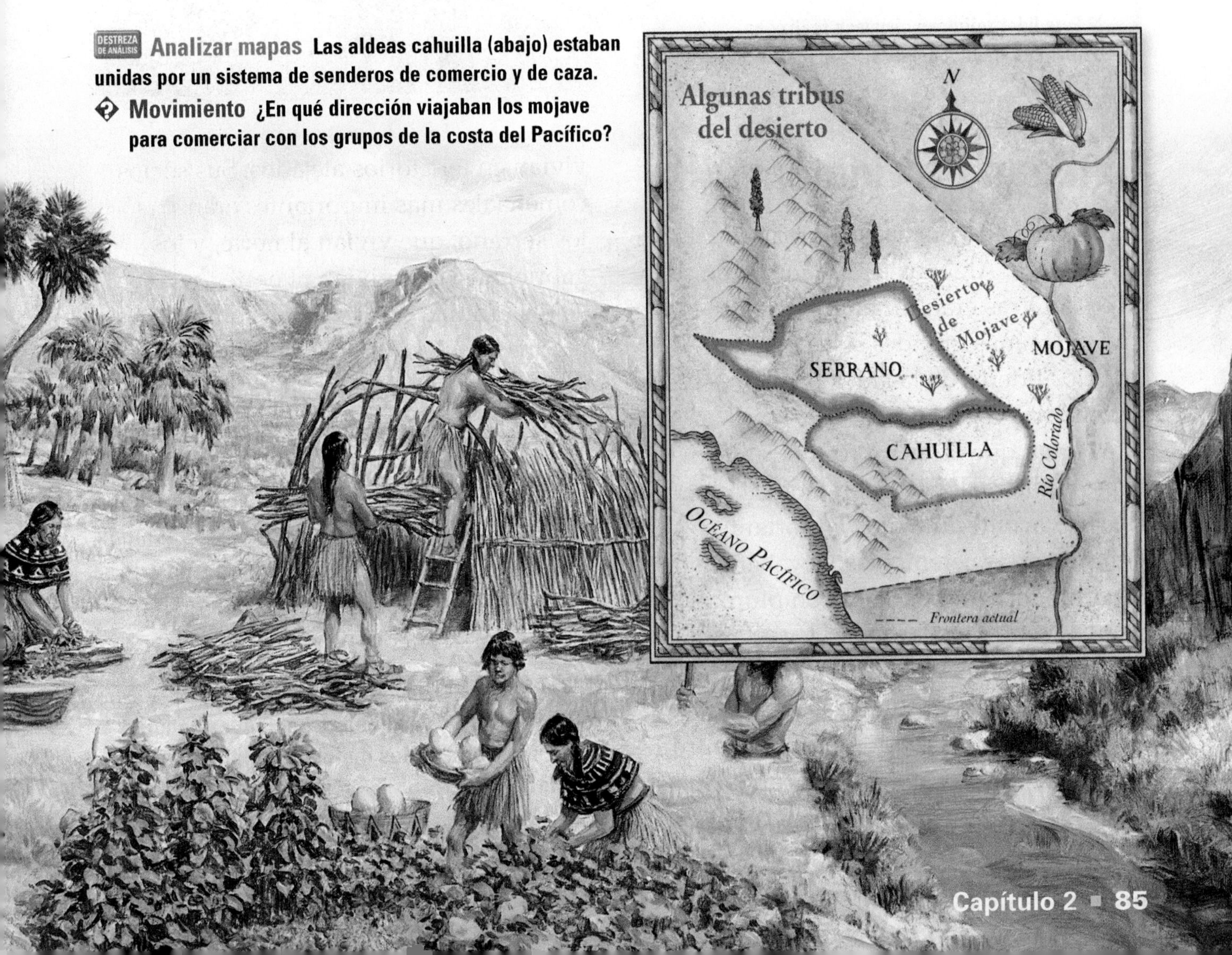

Patrimonio cultural

Los indios de California en la actualidad

En la actualidad, más de 330,000 indios americanos de 100 tribus diferentes viven en California. Los grupos más numerosos viven en el noroeste y el centro del estado. Sin embargo, la mayoría proviene de tribus que no son originarias de California.

Sin importar el lugar donde vivan, los pueblos indígenas de California trabajan para mantener vivas sus culturas. A menudo se reúnen para celebrar sus modos de vida tradicionales. En estos encuentros, hombres y mujeres llevan vestimenta tradicional y bailan danzas tradicionales.

Este líder religioso chumash realiza una ceremonia tradicional de sus antepasados.

El modo de vida cahuilla

Los cahuilla construían sus casas con maleza. Algunas tenían forma de cúpula. Otras eran rectangulares. Las viviendas más grandes se reservaban para los líderes de la aldea o para ceremonias especiales.

Al igual que otras tribus de California, los cahuilla realizaban ceremonias para celebrar acontecimientos importantes. Durante estas ceremonias, llevaban en la cabeza adornos especiales con plumas, agitaban sonajas, danzaban y cantaban.

Las montañas y el desierto separaban a los cahuilla del resto de las tribus. Sin embargo, los cahuilla comerciaban entre sí, con grupos vecinos y con grupos que vivían en territorios alejados. Sus socios comerciales más importantes eran los **serrano,** que vivían al norte, y los gabrielinos, que vivían al oeste.

Los cahuilla comerciaban con conchas marinas, pieles y cestas, entre otras cosas. También comerciaban con vasijas de arcilla, que casi ninguna tribu de California producía. Para hacer sus vasijas, los cahuilla enrollaban tiras de arcilla y luego alisaban los lados. Una vez que las vasijas se secaban, pintaban algunas de ellas. Los cahuilla usaban las vasijas para cocinar y almacenar alimentos y agua.

REPASO DE LA LECTURA **COMPARAR Y CONTRASTAR** **¿Qué objeto hacían los cahuilla que la mayoría de los indios de California no hacía?**

Los mojave

Los indios **mojave** vivían al este de los cahuilla, en las tierras desérticas cercanas al río Colorado. En este territorio **árido**, o seco, no crecían demasiadas plantas ni árboles. Y también eran escasos los animales grandes. Para subsistir en un ambiente tan hostil, los mojave desarrollaron modos de vida muy diferentes de los que tenía la mayoría de las tribus de lo que hoy es California.

Los mojave tenían casas que los protegían del clima desértico. En el verano, construían viviendas abiertas en los lados y de techos planos para que el viento las refrescara. En invierno, hacían paredes de troncos y cachanilla. Para que resultaran más resistentes, cubrían las paredes y los techos con barro. Las familias construían canastos que servían de graneros sobre plataformas y allí guardaban alimentos para pasar el invierno. También hacían vasijas de arcilla para cocinar y almacenar agua y comida.

El río Colorado era la fuente de agua más importante de los mojave. Este río les permitía desarrollar algunos cultivos en el desierto. Todas las primaveras, la nieve de las montañas Rocosas se derretía y el nivel de los ríos crecía. Algunos años, el río Colorado desbordaba y dejaba una capa de limo en las orillas. El **limo** está formado por finos granos de arcilla y piedra. En este suelo fértil, los mojave cultivaban maíz, frijoles, melones y calabazas.

Pero los mojave no obtenían todos sus alimentos de la **agricultura**, o cultivo de la tierra. Las mujeres recolectaban semillas, frutos de cactos y frutos de mezquite. Estos alimentos resultaban especialmente importantes cuando las sequías afectaban los cultivos. Los hombres pescaban en el río Colorado y cazaban animales pequeños, como conejos, mapaches y serpientes de cascabel.

En esta fotografía de principios del siglo XX, puede verse cómo un grupo de mujeres mojave prepara comida.

Los mojave obtenían la mayor parte de lo que necesitaban de las tierras que los rodeaban. Sin embargo, al igual que los cahuilla, a veces viajaban para recolectar alimentos. En distintas épocas del año, se trasladaban a lugares donde podían encontrar bayas y frutos secos. El desierto dificultaba los viajes y el comercio de los mojave. Aún así, sabemos que llegaban hasta la costa del Pacífico para comerciar. A veces, los comerciantes mojave corrían durante la mayor parte del camino.

REPASO DE LA LECTURA **RESUMIR**
¿Qué importancia tenía el río Colorado para los mojave?

Resumen

Los indios de la región desértica adaptaron sus modos de vida al ambiente árido. Cazaban, cultivaban la tierra y recorrían largas distancias para recolectar alimentos y comerciar.

Esta fotografía tomada en 1900 muestra a una mujer mojave con una vasija de arcilla.

REPASO

1. ¿Cómo se adaptaron los indios de la región desértica a su ambiente seco o cómo lo modificaron?
2. Usa el término **limo** para describir la agricultura mojave.
3. ¿En qué se diferenciaban el modo de vida de los mojave y los cahuilla del que tenía el resto de los indios de California?
4. ¿Cuál era una diferencia importante entre los cahuilla y los mojave?

RAZONAMIENTO CRÍTICO

5. DESTREZA DE ANÁLISIS ¿Por qué las viviendas de los mojave eran adecuadas?
6. **Dibuja un mural** Haz un mural para mostrar que, aunque ambos grupos vivían en el desierto, los mojave y los cahuilla tenían modos de vida diferentes.
7. Destreza clave **IDEA PRINCIPAL Y DETALLES**

En una hoja de papel, copia y completa el organizador gráfico de abajo.

Idea principal

Detalles

viajaban para buscar alimento y comerciar	hacían vasijas de arcilla	el río era un recurso importante

Integridad
Respeto
Responsabilidad
Equidad
Bondad
Patriotismo

Cheryl A. Seidner

*"... Mi cultura está en mi sangre. Cuando hablo el idioma, canto las canciones o tejo las cestas, sé que está dentro de mí ..."**

En la actualidad, muchos indios americanos trabajan para conservar las tradiciones de su cultura. Como presidenta de la tribu wiyot, Cheryl Seidner trata de mantener viva la cultura de lo que queda de su pueblo. También trabaja para recuperar las tierras que alguna vez les pertenecieron.

En 1860, los colonos europeos expulsaron a los wiyot de su tierra más sagrada, una isla ahora llamada isla Indian, frente a la costa norte de California. Con la pérdida de sus tierras y de muchos integrantes de la tribu, los wiyot dejaron de realizar ceremonias tradicionales y perdieron su idioma.

Escuchando viejas grabaciones, Seidner ha intentado aprender la lengua wiyot. También colabora para recuperar la tradición de su tribu de tejer cestas. Seidner alienta a las muchachas jóvenes de su tribu a que aprendan a hacer estas artesanías. Además, ha ayudado a su tribu a recuperar más de 67 acres de los 270 acres que tiene la isla.

*Cheryl A. Seidner. De *Original Voices*, "Human Price of Gold Rush." http://www.originalvoices.org

La importancia del carácter

¿De qué manera ha asumido Cheryl Seidner la responsabilidad del futuro de su tribu?

Biografía breve

1950? Nace

PRESENTE

1996 Es elegida presidenta de la tribu wiyot

2000 Ayuda a su tribu a comprar 1.5 acres de tierra de la isla Indian para recuperar parte de su antiguo territorio

2004 Firma la compra de 40 acres de tierra adicionales en la isla Indian

Visita **MULTIMEDIA BIOGRAPHIES** en **www.harcourtschool.com/hss** para hallar biografías multimedia.

Tiempos

HACE 15,000 AÑOS | HACE 10,000 AÑOS

Hace más de 13,000 años
Llegan los primeros habitantes a California

La lectura en los Estudios Sociales

La **idea principal** es la idea más importante de un pasaje. Los **detalles** son datos, razones o ejemplos que apoyan la idea principal.

Idea principal y detalles

Completa este organizador gráfico para demostrar que sabes cuáles son las ideas principales y los detalles secundarios acerca de cómo vivían los indios de California. Una copia de este organizador gráfico aparece en la página 24 del cuaderno de Tarea y práctica.

Los indios de California

Idea principal

Los indios de California se adaptaban a su ambiente y usaban los recursos naturales que encontraban a su alrededor para satisfacer sus necesidades.

Detalles

usaban árboles para construir viviendas y embarcaciones			

Pautas de redacción de California

Escribe un reporte Haz una lista de las principales fuentes de alimento de los indios de California. Luego, escribe un reporte breve sobre las dietas de las diferentes tribus, y sobre cómo y dónde esas tribus obtenían su alimento. Usa correctamente la gramática, la ortografía, la puntuación y las mayúsculas.

Escribe un resumen Piensa en los juegos que practicaban los miwok. Escribe un párrafo que explique, en tus propias palabras, por qué los juegos eran importantes para ellos. Asegúrate de que tu párrafo plantee con claridad la idea principal y que incluya detalles que apoyen esa idea.

HACE 5,000 AÑOS

PRESENTE

Hace 4,000 años
Los habitantes de California comienzan a establecerse en aldeas

Presente
Más de 330,000 indios americanos viven en California

Usa el vocabulario

Escribe la palabra que corresponda a cada oración.

excedente, pág. 58
objeto del pasado, pág. 60
chamán, pág. 64
granero, pág. 78
limo, pág. 87

1. El _____ dirigía las ceremonias especiales de la tribu.
2. Los indios a menudo almacenaban su _____, o alimento que sobraba.
3. Los ríos que desbordaban dejaban, a menudo, una capa de _____.
4. Los habitantes de la aldea almacenaban bellotas en un _____.
5. Un _____ es algo hecho por personas en otra época.

Usa la línea cronológica

DESTREZA DE ANÁLISIS **Usa la línea cronológica del capítulo, para responder.**

6. ¿Cuándo llegaron los primeros habitantes al área que hoy es California?
7. ¿Cuándo comenzaron los indígenas californianos a establecerse en aldeas?

Aplica las destrezas

Comparar tablas

8. Observa las tablas que aparecen en la página 75. Luego, escribe un párrafo que resuma la información contenida en cada una.

Recuerda los datos

Responde estas preguntas.

9. ¿Cómo ayudan los objetos del pasado a conocer más acerca de los primeros indios de California?
10. ¿Qué recurso natural usaban los chumash para impermeabilizar sus canoas?
11. ¿En qué se diferenciaban los mojave de otras tribus de California?

Escribe la letra que corresponda a la respuesta correcta.

12. ¿Para qué usaban los yurok los árboles grandes que crecían en las tierras cercanas?
    A Se trepaban a ellos para ver el bosque.
    B Los usaban para construir puentes.
    C Los usaban para hacer casas de tablas.
    D Los quemaban para espantar a los animales salvajes.
13. ¿Por qué los miwok construían diferentes tipos de viviendas?
    A Los miwok vivían en diferentes áreas.
    B Eran un grupo rico.
    C Se mudaban a menudo.
    D Tuvieron que adaptarse al clima desértico.

Piensa críticamente

14. DESTREZA DE ANÁLISIS ¿Cómo la división del trabajo satisfacía las necesidades de los indios de California? ¿Se usa todavía?
15. ¿Cómo afectaban los recursos de su entorno a los indios de California?

MUSEO ESTATAL DEL INDIO

PREPÁRATE

El State Indian Museum, o Museo Estatal del Indio, en Sacramento, difunde las culturas de los indios de California. Las exposiciones y muestras del museo reflejan la herencia de más de 150 tribus y permiten a los visitantes experimentar un modo de vida diferente. Entre otros objetos del pasado se exhiben cestas, vestimentas y ornamentos de cuentas. También puedes ver muchas fotografías históricas. No solo puedes aprender sobre los modos de vida de los indios americanos, sino que puedes intentar usar sus mismas herramientas. Este tipo de exposiciones te permite experimentar cómo era la vida de los indios de California antes de la llegada de los colonos

UBÍCALO

OBSERVA

Los visitantes pueden usar las herramientas de los indios americanos, como este mortero para moler bellotas.

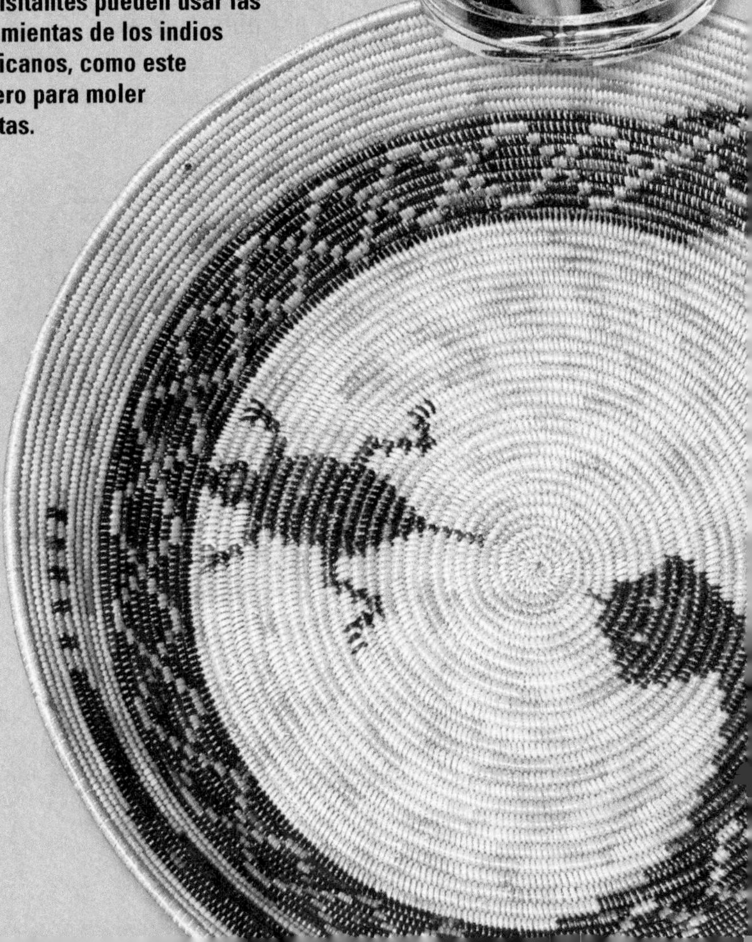

Los visitantes del Museo Estatal del Indio pueden ver los diferentes tipos de arcos y flechas que los indios americanos usaban para cazar.

El museo tiene una exposición sobre Ishi, el último indio yahi que se conoce.

Una niña aprende la tradición pomo de tejer cestas. Estas cestas pueden tejerse con tramas tan apretadas que sirven para contener agua; a veces, tienen diseños y decoraciones.

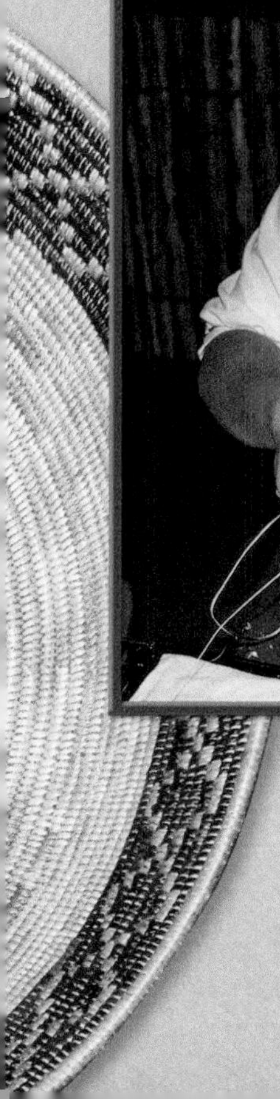

UN PASEO VIRTUAL

APRENDE en línea

Visita VIRTUAL TOURS en **www.harcourtschool.com/hss** para realizar un paseo virtual.

Repaso

LA GRAN IDEA

Geografía Los habitantes de California siempre han interaccionado con su ambiente, y el ambiente ha afectado sus vidas.

Resumen

Los primeros habitantes

California está situada en el hemisferio norte, en el continente de América del Norte. Su ubicación en la costa del Pacífico la convierte en un lugar donde convergen personas, bienes e ideas de todo el mundo.

El estado puede dividirse en cuatro regiones naturales: la región costera, la región montañosa, el valle Central y la región desértica. Hace miles de años, distintos grupos llegaron a California y exploraron estas regiones. En cada región, estos grupos encontraron lugares donde asentarse. Al vivir en lugares diferentes, cada grupo desarrolló su propia cultura. Sin embargo, tenían algo en común: todos usaban los recursos naturales y se adaptaban a su ambiente.

El ambiente influyó en el modo de vida de los indios de California, pero también modificaron su entorno para satisfacer sus necesidades. Para subsistir, los diferentes grupos tuvieron que cooperar unos con otros, intercambiando lo que tenían por aquello que querían.

Ideas principales y vocabulario

Lee el resumen de arriba. Luego, responde las siguientes preguntas.

1. ¿Qué significa la palabra hemisferio?
   A línea de latitud
   B bola pequeña
   C mitad de la Tierra
   D región natural

2. ¿Cuántas regiones naturales hay en California?
   A tres
   B cuatro
   C cinco
   D seis

3. ¿Cuál es el significado de la palabra cooperar?
   A luchar unos contra otros
   B trabajar con máquinas
   C construir una única vivienda
   D trabajar juntos

4. ¿Qué tenían en común todos los grupos indios de California?
   A Todos comían los mismos alimentos.
   B Todos compartían la misma cultura.
   C Todos tenían que adaptarse a la tierra.
   D Todos hablaban el mismo idioma.

Recuerda los datos

Responde las siguientes preguntas.

5. ¿Dónde está situada California con relación a Nevada y Arizona?
6. ¿Cómo hallas la ubicación absoluta de un lugar?
7. ¿Por qué la región desértica y la región montañosa están menos pobladas que las otras regiones?
8. ¿Por qué el valle Central es una región adecuada para cultivar la tierra?
9. ¿Cómo podemos aprender sobre los primeros indios de California?
10. ¿Cómo obtenían los chumash los materiales para construir las canoas de tablas?
11. ¿Por qué los yurok realizaban la ceremonia del Primer salmón?
12. ¿Por qué los mojave desarrollaron un modo de vida diferente del que tenía la mayoría de los indios de California?

Escribe la letra que corresponda a la respuesta correcta.

13. ¿Cuál de estas frases describe la ubicación relativa de California?
    A al sur del ecuador
    B en el hemisferio oriental
    C al oeste del primer meridiano
    D cerca del Polo Norte
14. ¿Cuál de estas afirmaciones sobre la costa sur de California es verdadera?
    A Tiene montañas que penetran abruptamente en el océano Pacífico.
    B Tiene tierras llanas con playas de arena.
    C No tiene puertos naturales.
    D No tiene islas.
15. ¿Por qué las bellotas eran un alimento importante para los indios de California?
    A Eran fáciles de cocinar.
    B Abundaban en muchas regiones.
    C Podían cultivarse en huertas.
    D No había otras fuentes de alimento.

Piensa críticamente

16. DESTREZA DE ANÁLISIS ¿En qué lugares de California crees que se registren las temperaturas más calurosas?
17. DESTREZA DE ANÁLISIS ¿Cómo influye en una sociedad el hecho de tener un suministro seguro de alimentos?

Aplica las destrezas

Usar un mapa de altitud

DESTREZA DE ANÁLISIS Usa el mapa que aparece en esta página para responder las siguientes preguntas.

18. ¿Cuál es la altitud de Long Beach?
19. ¿Qué ciudad tiene mayor altitud, Los Angeles o San Bernardino?
20. ¿Qué ciudad tiene menor altitud, San Diego o Palm Springs?

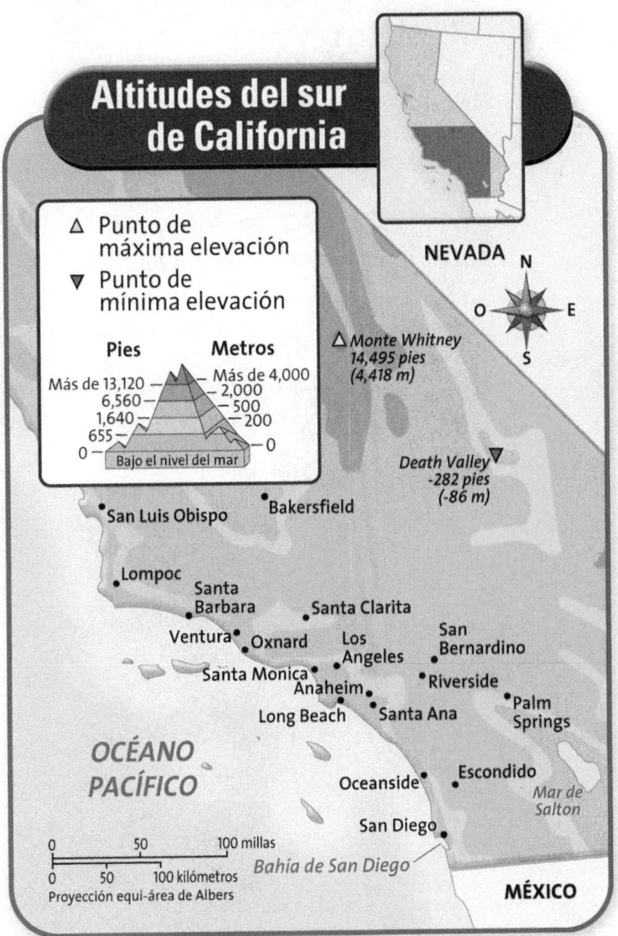

Unidad 1

Actividades

Lecturas adicionales

- *Ishi* por Sheila Sweeny

- *El Parque Nacional de las Islas Channel* por Renee Skelton

- *Salvar las secuoyas* por Sheila Sweeny

Muestra lo que sabes

Actividad de redacción

Escribe un resumen Las regiones naturales de California presentan diferentes características físicas y humanas. Escribe un resumen que explique estas diferencias. Indica cómo las características de cada región influyeron en el modo de vida de los primeros habitantes del lugar y cómo aún influyen en el de los actuales habitantes. Asegúrate de incluir en tu resumen detalles importantes y expresar las ideas principales.

Proyecto de la unidad

Haz un atlas de California Reúne información acerca de la geografía de una de las regiones naturales de California e investiga acerca de los primeros grupos de indios americanos que vivieron allí. Luego, haz un atlas de la región. Ilústralo con mapas y dibujos. Incluye información acerca de los habitantes de la región y de su vida tanto en la actualidad como en el pasado.

APRENDE en línea

Visita ACTIVITIES en **www.harcourtshool.com/hss** para hallar otras actividades.

California en el pasado

COMIENZA CON LAS NORMAS

Normas de Historia y Ciencias Sociales de California

4.2 Los estudiantes describen la vida social, política, cultural y económica y las interacciones entre los habitantes de California, desde las sociedades precolombinas hasta los períodos de las misiones españolas y los ranchos mexicanos.

4.3 Los estudiantes explican la vida económica, social y política en California desde el establecimiento de la República de la Bandera del Oso hasta la guerra entre México y Estados Unidos, la fiebre del oro y el otorgamiento de rango de estado.

La gran idea

Exploración

Las exploraciones llevaron a la interacción entre los europeos y los indios de California.

Reflexiona

- ¿Cuáles fueron las primeras rutas terrestres y marítimas que siguieron los europeos para llegar a California?
- ¿Cómo afectó el sistema de misiones españolas a los habitantes y asentamientos de California?
- ¿Qué efecto tuvo el dominio mexicano en los habitantes de California?

Muestra lo que sabes

★ **Prueba de la Unidad 2**

Redacción: Una narración

Proyecto de la unidad: Exposición de un museo

Unidad 2

Tiempos

California en el pasado

- **1535** Hernán Cortés llega a Baja California, pág. 111
- **1542** Juan Rodríguez Cabrillo explora Alta California y se posesiona del área en nombre de España, pág. 112

1535 — 1635

Al mismo tiempo

- **1620** Los peregrinos desembarcan en lo que es actualmente Massachusetts

California en el pasado

1769 Junípero Serra funda las primeras misiones de Alta California en San Diego, pág. 121

1821 México se independiza de España, pág. 151

1834 Se ordena que la Iglesia deje de controlar las misiones, pág. 152

1735

1835

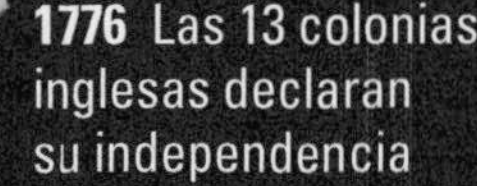

1776 Las 13 colonias inglesas declaran su independencia

1806 Meriwether Lewis y William Clark llegan al océano Pacífico

1825 Casi toda América del Sur española es independiente

Unidad 2

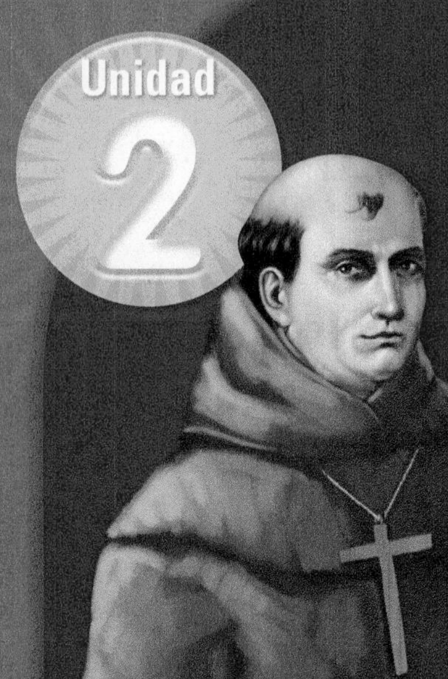

Junípero Serra

1713–1784

- Sacerdote español que fundó la primera misión en Alta California, cerca de la bahía de San Diego
- Trabajó para convertir al cristianismo a los indios de Alta California y para enseñarles el modo de vida de los europeos

Juan Crespí

1721–1782

- Sacerdote español que se unió a la expedición de Gaspar de Portolá de 1769
- Registró detalles de la expedición en un diario que luego fue publicado

Personas

1700 | 1750

- 1713 • Junípero Serra 1784
- 1721 • Juan Crespí 1782
- 1723? • Gaspar de Portolá 1784?
- 1728 • James Cook 1779
- 1761? • Toypurina

Toypurina

1761?–1799

- India gabrielina y chamán. Planeó una revuelta contra los misioneros de la misión de San Gabriel
- Como castigo, fue condenada a prisión

Juana Briones de Miranda

1802?–1889

- Exitosa mujer de negocios y propietaria del Rancho La Purísima Concepción
- Se convirtió en curandera luego de aprender de los indios el uso de plantas y hierbas medicinales

Gaspar de Portolá

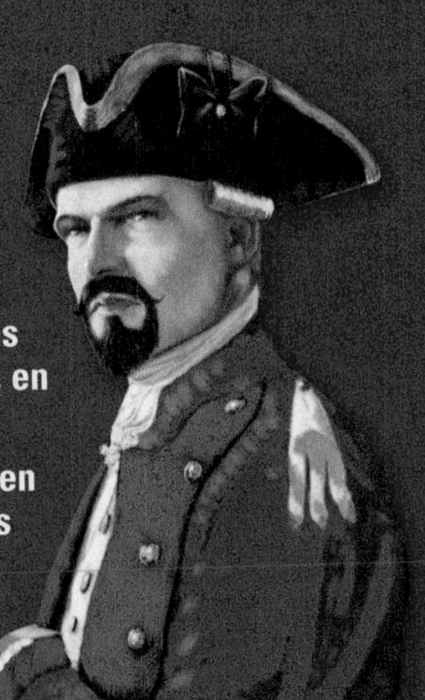

1723?–1784?

- Condujo una expedición por tierra desde Baja California hasta las bahías de San Diego y Monterey, en Alta California, en 1769
- Descubrió pozos de brea en lo que es actualmente Los Angeles. Hoy se conocen como los pozos de brea del Rancho La Brea

James Cook

1728–1779

- Capitán de la marina inglesa que en 1778 buscó un pasaje que uniera los océanos Atlántico y Pacífico
- Primer europeo conocido en desembarcar en la isla de Vancouver y en llegar a las islas de Hawaii

1800 1850 1900

1799

1802? • Juana Briones de Miranda 1889

1808 • Mariano Vallejo 1890

1819 • Lorenzo Asisara ?

Mariano Vallejo

1808–1890

- Comandante del ejército mexicano y dueño de un gran rancho en California
- Encarcelado durante la revuelta de la Bandera del Oso, a pesar de que apoyaba el reconocimiento de California como estado
- Delegado a la convención constituyente de California y elegido más tarde para el Senado de Estados Unidos

Lorenzo Asisara

1819–?

- Indio nacido y criado en la misión de Santa Cruz
- Escribió un relato detallado de la vida en una misión

El presidio de San Francisco

Misión de San Diego de Alcalá

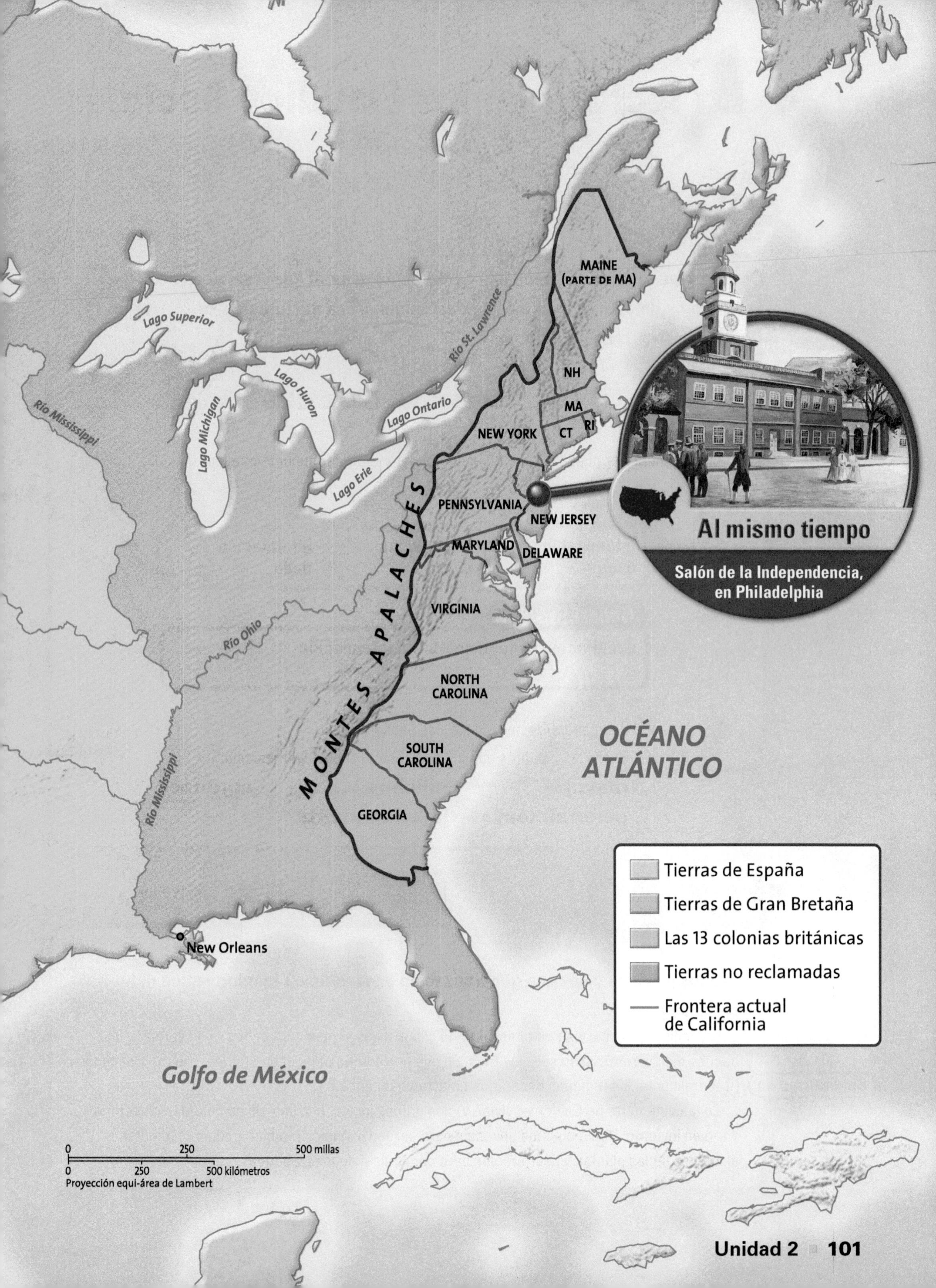
MAINE
(PARTE DE MA)
Lago Superior
Río St. Lawrence
NH
Lago Huron
Lago Ontario
MA
Río Mississippi
Lago Michigan
NEW YORK
CT
RI
Lago Erie
PENNSYLVANIA
NEW JERSEY
Al mismo tiempo
MARYLAND
DELAWARE
Salón de la Independencia, en Philadelphia
VIRGINIA
Río Ohio
MONTES APALACHES
NORTH CAROLINA
OCÉANO ATLÁNTICO
SOUTH CAROLINA
Río Mississippi
GEORGIA
Tierras de España
Tierras de Gran Bretaña
Las 13 colonias británicas
Tierras no reclamadas
Frontera actual de California
New Orleans
Golfo de México
0 250 500 millas
0 250 500 kilómetros
Proyección equi-área de Lambert

La lectura en los Estudios Sociales

Destreza clave Generalizar

Cuando generalizas, haces una declaración general que resume un conjunto de datos y muestra cómo se relacionan. Esa declaración se llama generalización.

Por qué es importante

Saber generalizar puede ayudarte a comprender y recordar mejor lo que lees.

Datos

información dada	información dada	información dada

Generalización

declaración general sobre esa información

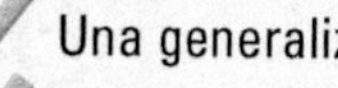

- Una generalización siempre se basa en datos.
- Busca las palabras que indican generalización, por ejemplo:

mayoría **muchos** **algunos**
generalmente **habitualmente**

Practica la destreza

Lee los párrafos y haz una generalización basándote en la información del segundo párrafo.

Datos
Generalización

Los indios mojave vivían en el desierto. El clima allí es sumamente caluroso en verano y las noches de invierno suelen ser muy frías. En esa tierra árida hay pocos árboles, plantas y animales. (Generalmente, las regiones desérticas no están habitadas.)

En la costa norte de California vivían varios grupos indios. El clima allí es caluroso en verano y frío en invierno. Había muchos animales para cazar. Los indios también podían recolectar alimentos de las plantas y usar árboles para construir viviendas y canoas.

Aplica lo que aprendiste

 **Generalizar** **Lee los párrafos y responde las preguntas.**

Los caballos en América del Norte

Mucho antes de que los españoles llegaran por primera vez al continente, ya había caballos en América del Norte. Hace miles de años, grandes manadas de esos animales galopaban libremente por la región. Luego, en algún momento, entre 5,000 y 10,000 años atrás, los caballos desaparecieron. Nadie sabe realmente por qué. Los cambios en el clima y la caza excesiva por parte de los nativos pueden haber sido algunas de las razones.

En el siglo XVI, los exploradores españoles que vinieron a América del Norte trajeron caballos. Con el tiempo, algunos caballos escaparon o fueron dejados en libertad. Formaron manadas salvajes que se multiplicaron, o propagaron, por muchas partes de Estados Unidos. Los indígenas de las Grandes Llanuras y de otros lugares aprendieron a domesticar esos animales. Los caballos les permitían ir de un lugar a otro con mayor facilidad. Como con el caballo es posible moverse más rápido, eso ayudó a los indios americanos a ser mejores cazadores.

Cuando los exploradores y colonos españoles fueron desde México hasta lo que luego sería California, llevaron con ellos muchos caballos. Los caballos transportaban las provisiones que los exploradores y colonos necesitaban para subsistir y a menudo los ayudaban a recorrer grandes distancias. Más tarde, los caballos fueron importantes para el desarrollo de la industria de los ranchos en California.

Generalizar

1. **¿Qué generalización puedes hacer sobre el modo en que los exploradores y colonos españoles usaban los caballos?**
2. **¿Qué generalización puedes hacer sobre el modo en que los indios americanos usaban los caballos?**

Destrezas de estudio

USAR RECURSOS VISUALES

Los recursos visuales pueden ayudarte a comprender y recordar mejor lo que lees.

- **Las fotografías, las ilustraciones, los diagramas, las tablas y los mapas son diferentes tipos de recursos visuales. Muchos recursos visuales tienen títulos, leyendas o rótulos que ayudan al lector a comprender lo que se muestra.**
- **Los recursos visuales a menudo muestran información que aparece en el texto, pero de manera diferente. También pueden agregar información.**

Lista de control para recursos visuales	
✓	¿Qué tipo de recurso visual se muestra? una fotografía
	¿Qué muestra el recurso visual?
	¿Qué te dice el recurso visual sobre el tema?
	¿Cómo te ayuda el recurso visual a comprender lo que estás leyendo?

Aplica la destreza mientras lees

Observa con atención los recursos visuales y el texto que los acompaña. Responde las preguntas de la lista de control para comprender mejor cómo puede ayudarte un recurso visual mientras lees.

Normas de Historia y Ciencias Sociales de California, Grado 4

4.2 Los estudiantes describen la vida social, política, cultural y económica y las interacciones entre los habitantes de California, desde las sociedades precolombinas hasta los períodos de las misiones españolas y los ranchos mexicanos.

CAPÍTULO

Exploración y primeros asentamientos

Monumento Nacional a Cabrillo, en San Diego

UN viaje DE fe

El padre Serra en California

por Jim McGovern
ilustrado por John Martin

En 1769, el gobierno español envió cuatro expediciones a California para establecer asentamientos. Dos de las expediciones viajaron por tierra. Las otras dos lo hicieron por mar. Una de las expediciones por tierra fue conducida por un capitán del ejército llamado Gaspar de Portolá. Con él viajó un sacerdote católico llamado Junípero Serra. Lee sobre el viaje que hicieron hasta San Diego, donde las expediciones españolas debían reunirse y establecer su primer asentamiento.

Milla tras milla, día tras día, semana tras semana, el grupo avanzaba por terreno accidentado. La comida se iba acabando, y el cansancio y la enfermedad comenzaron a afectar a muchos de los hombres. El propio padre Serra sentía dolor en una pierna que empeoraba cada día. Y sin embargo nunca se rindió, invocando su fe en Dios para proseguir la marcha.

Finalmente, mientras transcurría el mes de junio, el terreno se volvió menos inhóspito. Hallaron uvas silvestres por el camino y rosas que al padre Serra le hicieron recordar su España natal. Aunque la mayoría de los hombres estaban enfermos y débiles, tenían la certeza de que pronto llegarían a San Diego.

A medida que se acercaban a su destino, se iban topando con varias aldeas grandes, habitadas por indios tipai (también llamados kumeyaay). Los tipai nunca habían visto a nadie como los españoles, que vestían camisas de tela gruesa, pantalones sueltos, botas resistentes y chaquetas de cuero.

terreno un área de tierra

natal relacionado con el lugar de nacimiento de la persona

Los intérpretes indios que habían ido con los españoles no entendían el idioma de los tipai y por supuesto, los tipai no sabían una palabra de español. No obstante, los tipai y los españoles sentían curiosidad unos por otros. Juntos, hallaron maneras de comunicarse con gestos.

En una carta a un sacerdote amigo, el padre Serra comentaba que los indios eran amistosos con sus visitantes desconocidos. También describía cómo los dos grupos se habían reunido para comerciar. A los indios, informaba el padre Serra, solo les interesaba la tela que los españoles traían con ellos. Los españoles querían el pescado y otros alimentos que tenían los indios. El intercambio comercial tuvo muchas negociaciones, hasta que ambas partes estuvieron satisfechas.

Mientras la expedición seguía acercándose a San Diego, el padre Serra se alegró de encontrar muchas más aldeas. Cuando los españoles y los indios se reunían para conocerse y comerciar, los indios a menudo traían con ellos a sus bebés y niños. En una aldea, una madre puso a su bebé en los brazos de Serra, provocando una sonrisa en el rostro del sacerdote. Mientras el bebé se retorcía en sus brazos, el padre Serra anheló bautizarlo y hacerlo miembro de la Iglesia católica. En su mente, ya podía ver las misiones que fundaría. Allí, ese bebé y otros indios aprenderían la religión católica. Sus hijos irían a la escuela y surgirían nuevos asentamientos alrededor de cada misión. Al dejar la aldea, el padre Serra hizo la señal de la cruz bendiciendo a los tipai.

La mañana del 1º de julio, la expedición llegó por fin a la bahía de San Diego. Observando las azules aguas que destellaban con la luz del sol, lograron ver dos barcos españoles. ¡Al fin habría algún alivio para la exhausta expedición! Aunque aquella vista lo puso muy contento, el padre Serra escribió más tarde sobre la difícil travesía que habían hecho esos barcos. Uno de ellos, el *San Carlos,* se había perdido tratando de hallar la bahía. Gran parte del agua que tenían a bordo resultó no ser potable. Muchos miembros de la tripulación murieron antes de que el barco hallara finalmente el camino a San Diego.

Pero, a pesar de todas esas dificultades, la fe del padre Serra se mantenía firme. Y él sabía que necesitaría esa fe para llevar adelante su obra. Primero fundaría la misión de San Diego. Y luego habría muchas, muchas otras.

expedición viaje hecho por un motivo especial, como explorar un lugar o hallar un tesoro

misión asentamiento religioso

Responde

1. ¿Por qué crees que los españoles enviaron a California sacerdotes junto con los soldados?
2. Trabaja con un compañero. Imaginen que uno de ustedes es un indio tipai. El otro es un soldado español. Representen un intercambio comercial usando solamente gestos.

Lección 1

Tiempos

1535 | 1685 | 1835

1535 Hernán Cortés llega a Baja California

1542 Juan Rodríguez Cabrillo explora Alta California

1602 Sebastián Vizcaíno navega hasta la bahía de Monterey

REFLEXIONA
¿Por qué los europeos exploraron las Américas?

- ✓ **Identifica las rutas marítimas de los primeros exploradores de California y del Pacífico Norte.**
- ✓ **Explica los efectos de las rutas por agua en la exploración.**

VOCABULARIO
conquistador pág. 111
costo pág. 111
beneficio pág. 111
península pág. 112
galeón pág. 114
corriente oceánica pág. 114
sistema de vientos pág. 114

PERSONAS
Juan Rodríguez Cabrillo
Francis Drake
Sebastián Rodríguez Cermeño
Sebastián Vizcaíno

LUGARES
Alta California
Baja California

GENERALIZAR

HSS 4.2, 4.2.2, 4.2.3

Los exploradores llegan a California

IMAGÍNATE ALLÍ

Imagina que eres un marinero español del siglo XVI. Estás por desembarcar en la costa de California. En lo alto, el viento bate las velas de tu barco ruidosamente. Bajo tus pies, la cubierta se mece sobre las aguas del Pacífico. Mientras miras la nueva tierra, te preguntas si tu viaje te reportará oro, plata y otras riquezas. ¡No ves la hora de que llegue el momento de remar hasta la playa!

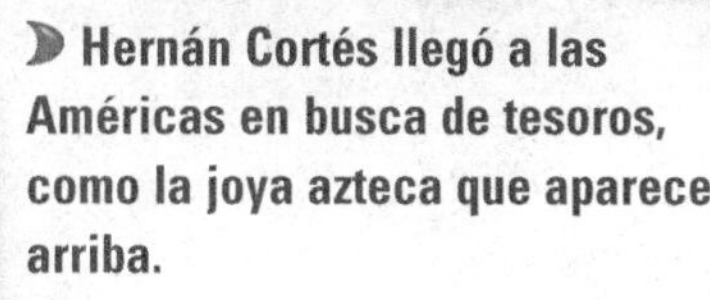

Hernán Cortés llegó a las Américas en busca de tesoros, como la joya azteca que aparece arriba.

DATOS BREVES

El nombre *California* deriva del nombre de la reina Calafia, un personaje de un libro popular en Europa en el siglo XVI.

Cuando se dibujó este mapa, en 1657, los cartógrafos pensaban que California era una isla. ¿Por qué crees que pensaban eso?

Los conquistadores

Hacia principios del siglo XVI, España ya se había posesionado de grandes áreas de las Américas. Algunos exploradores españoles venían en busca de riquezas. Otros querían cambiar las creencias de los pueblos nativos, o convertirlos, al cristianismo. Esos exploradores se conocen como **conquistadores**. Las tierras que conquistaron recibieron el nombre de la Nueva España.

En 1521, un conquistador llamado Hernán Cortés atacó a los indios aztecas en México. Cortés y sus soldados derrotaron a los aztecas y se apoderaron de su oro, su plata y sus joyas. Luego destruyeron la ciudad de Tenochtitlán. En su lugar, construyeron la Ciudad de México como capital de la Nueva España.

Los exploradores de las Américas también buscaban un camino más corto para llegar a Asia. Los europeos querían comerciar con la seda y las especias de ese continente. Pero en aquel tiempo, los barcos europeos tenían que rodear el extremo sur de América del Sur o de África para llegar a Asia.

Los exploradores españoles habían escuchado relatos sobre un angosto pasaje llamado el estrecho de Anián. Este estrecho supuestamente conectaba los océanos Atlántico y Pacífico. Hallarlo implicaría un **costo** elevado. Significaba que España debería enviar barcos y marineros al norte del océano Pacífico. Sin embargo, si se hallaba la ruta, eso representaría un gran **beneficio**, o ayuda, para los españoles. Acortaría el viaje a Asia, haciendo más fácil el comercio con ese continente.

REPASO DE LA LECTURA **GENERALIZAR**
¿Por qué viajaron los conquistadores a la Nueva España?

Buscando un camino más corto

CUÁNDO 1542

DÓNDE Alta California

En busca del estrecho de Anián, Cortés navegó hacia el norte desde la costa occidental de México. En 1535, llegó a lo que creyó que era una isla y se posesionó de ella en nombre de España. Posteriormente, otros exploradores descubrieron que la región no era una isla. Era una península. Una **península** es una extensión de tierra casi totalmente rodeada de agua. El área se conocería más tarde como **Baja California.**

Cortés nunca encontró el estrecho de Anián, pero otros exploradores españoles continuaron buscándolo. En junio de 1542, **Juan Rodríguez Cabrillo** partió de México para explorar el área que luego España llamaría **Alta California** porque está en una región más "alta", o más al norte, que Baja California. Las naves de Cabrillo llevaban 250 marineros y soldados. En septiembre de 1542, la expedición llegó a la bahía de San Diego.

Cabrillo y su tripulación siguieron navegando hacia el norte y se encontraron con indios chumash. Cabrillo escribió acerca de ese encuentro:

> **"Vimos un poblado indio en la costa, con grandes casas muy parecidas a las de la Nueva España. Muchas canoas de muy buena construcción, con doce o trece indios en cada una, vinieron hasta los barcos."***

Cabrillo y sus hombres llegaron todavía más al norte. No hallaron tesoros ni un camino más corto a Asia. Sin embargo, el viaje de Cabrillo ayudó a los españoles a conocer la costa de Alta California.

*Juan Rodríguez Cabrillo. De *Relation of the Voyage of Juan Rodríguez Cabrillo, 1542–1543.* American Journeys Collection, Documento N° AJ-001. Wisconsin Historical Society, 2003.

Esta pintura muestra cómo pudo haber sido el desembarco de Cabrillo en Alta California, en 1542.

DATOS BREVES

Durante el viaje a California, Cabrillo se quebró una pierna. La pierna se le infectó, causándole la muerte.

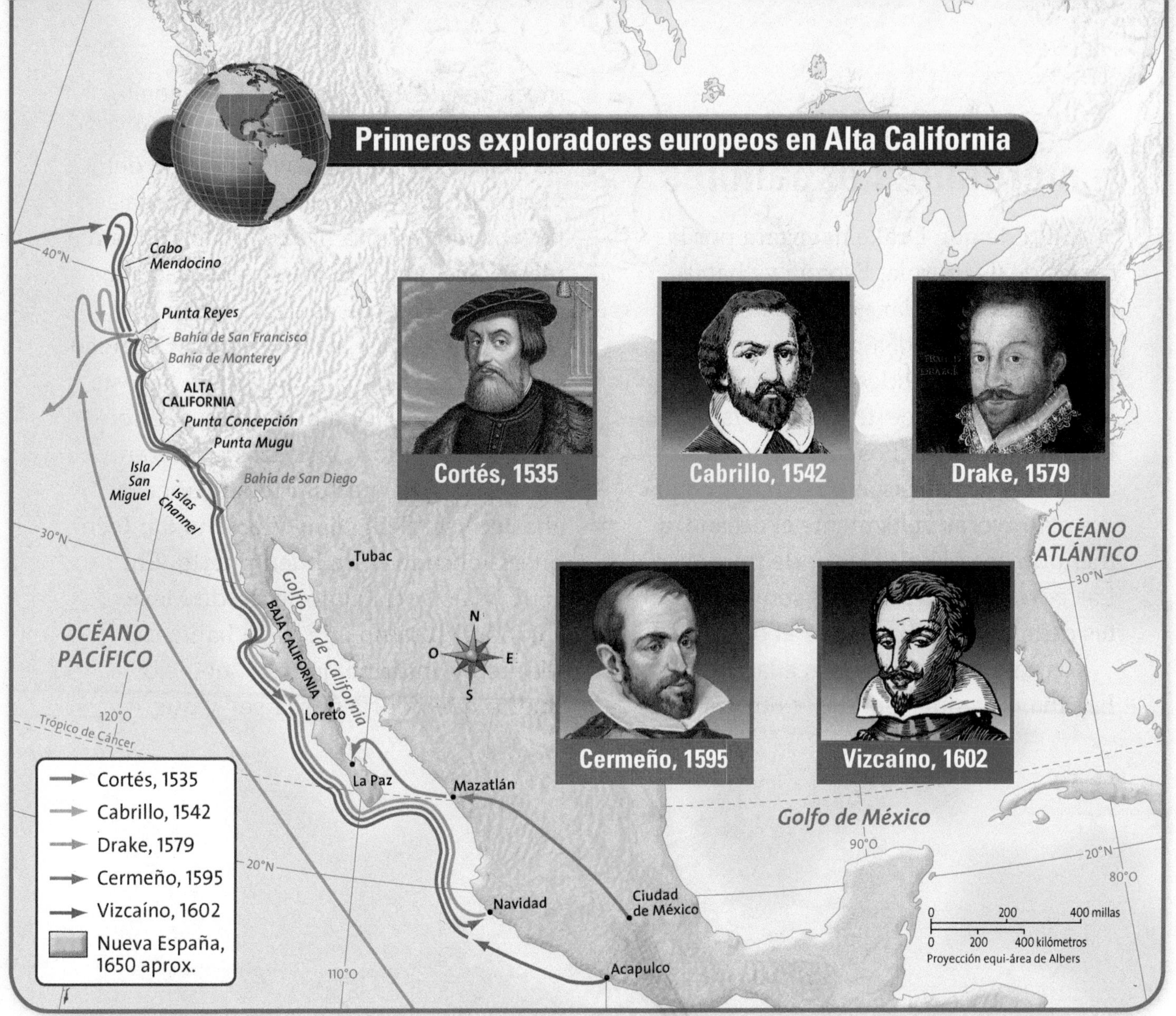

DESTREZA DE ANÁLISIS **Analizar mapas**

Movimiento ¿Qué explorador llegó más al norte?

Pronto, otros países europeos se sumaron a la búsqueda de un pasaje entre los océanos Atlántico y Pacífico. En diciembre de 1577, el explorador inglés **Francis Drake** partió hacia la Nueva España. Allí, atacó barcos y asentamientos españoles, apoderándose de su oro y de otras riquezas.

Drake cruzó el Atlántico y atravesó el estrecho de Magallanes, en el extremo sur de América del Sur. Mientras navegaba hacia el norte bordeando la costa del Pacífico, Drake atacó varios asentamientos españoles. ¡En uno de los ataques, la tripulación de Drake se apoderó de 80 libras de oro!

En el verano de 1579, Drake llegó a la costa de California. Se posesionó de la tierra en nombre de Inglaterra y dio luego la vuelta al mundo antes de regresar a Inglaterra.

REPASO DE LA LECTURA **RESUMIR**

¿En qué podría haber sido útil para los europeos un pasaje que conectara los océanos Atlántico y Pacífico?

Los barcos mercantes españoles

Antes de que Drake navegara por las costas de California, España ya había comenzado a enviar **galeones** cargados con oro y plata a través del océano Pacífico. Esos grandes barcos mercantes viajaban hacia el oeste hasta las islas Filipinas, en Asia. Los vientos y las corrientes oceánicas ayudaban a los barcos a atravesar velozmente el océano, a menudo en solo alrededor de tres meses. Las **corrientes oceánicas** son las corrientes de agua que fluyen por el océano.

Los galeones regresaban a la Nueva España trayendo especias y otros bienes preciados de Asia. En el viaje de vuelta, las corrientes oceánicas y el **sistema de vientos**, o la orientación general del viento, no eran tan favorables. Ese viaje llevaba mucho más tiempo –habitualmente medio año o más– y los víveres y el agua potable muchas veces se acababan.

En 1595, **Sebastián Rodríguez Cermeño** navegó desde las Filipinas hasta la costa de California. Debía buscar un puerto seguro donde los marineros pudieran detenerse para efectuar reparaciones y abastecerse. **Sebastián Vizcaíno** también quería encontrar un buen puerto. En 1602, viajó hacia el norte desde México. Cuando Vizcaíno entró a la bahía de Monterey, informó que era "el mejor puerto que podría desearse" y que

Míralo *en detalle*

Un galeón español

El casco de un galeón, o sea su cuerpo principal, era más angosto y más largo que el de los barcos anteriores.

1. **El palo mayor podía tener hasta tres velas grandes, cuadradas.**
2. **Los bienes y las provisiones se almacenaban en la bodega.**
3. **Algunos miembros de la tripulación tenían sus camarotes en el castillo de proa.**

¿Por qué crees que los galeones tenían cañones?

estaba "protegido de todos los vientos".* Sin embargo, España rápidamente perdió interés en Alta California porque allí no parecía haber oro ni plata.

REPASO DE LA LECTURA **CAUSA Y EFECTO**
¿Por qué querían un puerto en California las personas que navegaban desde las Filipinas?

*Sebastián Vizcaíno. De *Diary of Sebastián Vizcaíno, 1602–1603*. American Journeys Collection, Documento N° AJ-002. Wisconsin Historical Society, 2003.

Resumen

Los primeros exploradores españoles de las Américas esperaban encontrar riquezas y buscaban un estrecho que uniera los océanos Atlántico y Pacífico. Posteriormente, los exploradores buscaban puertos seguros para los galeones en Alta California.

REPASO

1. ¿Por qué los europeos exploraron las Américas?
2. Usa los términos **galeón** y **corriente oceánica** en una oración sobre el comercio español.
3. ¿Cómo afectaban el sistema de vientos y las corrientes oceánicas a los galeones que atravesaban el océano Pacífico?

RAZONAMIENTO CRÍTICO

4. DESTREZA DE ANÁLISIS ¿En qué habría ayudado a los comerciantes españoles encontrar el estrecho de Anián?
5. **Escribe una entrada de un diario** Imagina que eres un tripulante de un galeón que explora la costa de California. Escribe en tu diario explicando la razón del viaje.
6. Destreza clave **GENERALIZAR**

En una hoja de papel, copia y completa el organizador gráfico de abajo.

Datos

Generalización

Los europeos tenían diferentes razones para explorar la costa occidental de América del Norte.

CASTILLO DE PROA

3

ESPOLÓN

2

DATOS BREVES

En los galeones, muchos marineros morían a causa de enfermedades, hambre o ataques piratas. La mayoría de los galeones volvía a México de las Filipinas con solo unos pocos sobrevivientes.

Destrezas con mapas y globos terráqueos

Seguir rutas en un mapa histórico

POR QUÉ ES IMPORTANTE

Un mapa histórico brinda información sobre un lugar tal como era en el pasado. Puede mostrar la ruta que seguían las personas cuando viajaban de un lugar a otro. Saber seguir una ruta en un mapa histórico puede ayudarte a reunir información sobre cómo se viajaba en el pasado.

En el siglo XVI, los marineros usaban astrolabios como este para navegar basándose en la posición de las estrellas.

LO QUE NECESITAS SABER

El mapa de la página 117 muestra algunas de las rutas principales que usaban los galeones españoles en el siglo XVI. También muestra los principales sistemas de vientos y las principales corrientes oceánicas del océano Pacífico. Transportando oro y plata desde la Nueva España, los galeones españoles navegaban hacia el oeste por el océano Pacífico, hasta las islas Filipinas. Los vientos alisios y las corrientes oceánicas llevaban los galeones desde Acapulco, una ciudad de la Nueva España, hasta Manila, en Filipinas.

En las islas Filipinas, los marineros cambiaban la plata por especias asiáticas, seda y joyas, que llevaban de regreso a la Nueva España para vender. En el viaje de vuelta, los marineros tenían que dirigir los galeones hacia el norte y el este para encontrar las corrientes oceánicas y los sistemas de vientos más convenientes. Esos sistemas de vientos y esas corrientes oceánicas llevaban los barcos cerca de la costa de Alta California.

PRACTICA LA DESTREZA

Responde estas preguntas.

1. ¿Qué color muestra la ruta que iba de la Nueva España a las islas Filipinas?
2. ¿En qué dirección navegaban los galeones para llegar a la Nueva España desde las islas Filipinas?
3. ¿Qué ruta se hallaba más al norte, la ruta que iba de la Nueva España a las islas Filipinas o la que iba de las islas Filipinas a la Nueva España? ¿Por qué los barcos navegaban tan al norte?

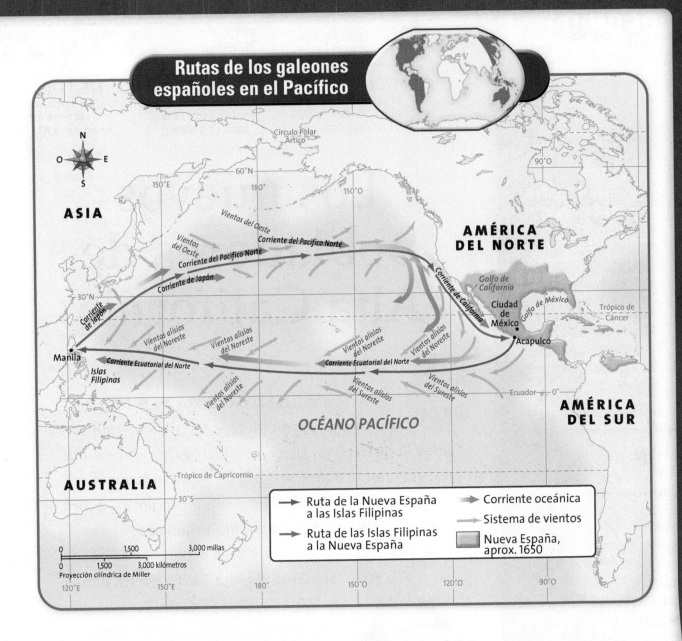

Rutas de los galeones españoles en el Pacífico

ASIA
AMÉRICA DEL NORTE
AMÉRICA DEL SUR
AUSTRALIA
OCÉANO PACÍFICO
Círculo Polar Ártico
Trópico de Cáncer
Trópico de Capricornio
Ecuador
Manila
Islas Filipinas
Ciudad de México
Acapulco
Golfo de California
Golfo de México
Vientos del Oeste
Corriente del Pacífico Norte
Corriente de Japón
Corriente de California
Vientos alisios del Noreste
Corriente Ecuatorial del Norte
Vientos alisios del Sureste

- Ruta de la Nueva España a las Islas Filipinas
- Ruta de las Islas Filipinas a la Nueva España
- Corriente oceánica
- Sistema de vientos
- Nueva España, aprox. 1650

0 — 1,500 — 3,000 millas
0 — 1,500 — 3,000 kilómetros
Proyección cilíndrica de Miller

APLICA LO QUE APRENDISTE

DESTREZA DE ANÁLISIS Vuelve a mirar el mapa de la página 113, que muestra las rutas de Cortés, Cabrillo, Drake, Cermeño y Vizcaíno. Escribe tres preguntas sobre sus rutas que puedan responderse usando el mapa de esta página. Luego, muestra tus preguntas a un compañero. Tú y tu compañero pueden hacerse preguntas y explicar cómo usaron el mapa para responderlas.

Practica tus destrezas con mapas y globos terráqueos con el **CD-ROM GeoSkills.**

Lección 2

Tiempos

1535 — 1685 — 1835

1769 El padre Junípero Serra funda la primera misión de Alta California

1770 Serra funda una misión cerca de la bahía de Monterey

1775–1776 Juan Bautista de Anza guía por tierra a un grupo de colonos a Alta California

REFLEXIONA
¿Cómo comenzó España a colonizar Alta California?

- ✓ Identifica las rutas terrestres y marítimas a California que siguieron los primeros colonos.
- ✓ Describe los obstáculos que enfrentaron los españoles al colonizar Alta California.

VOCABULARIO
colonia pág. 119
misión pág. 119
misionero pág. 119
expedición pág. 120

PERSONAS
Vitus Bering
James Cook
Gaspar de Portolá
Junípero Serra
Fernando Rivera y Moncada
Juan Crespí
Juan Bautista de Anza

LUGARES
bahía de San Diego
San Diego de Alcalá

GENERALIZAR

Normas de California
HSS 4.2, 4.2.2, 4.2.3

Los nuevos pobladores de Alta California

IMAGÍNATE ALLÍ

Corre el año 1765. Los líderes de la Nueva España enviaron un reporte preocupante al rey Carlos III de España. Dicen que los rusos y otros europeos quieren explorar la costa de Alta California. Lo mismo ocurre con los ingleses, ahora conocidos como británicos.

Exploradores españoles se posesionaron de Alta California hace más de 150 años. Pero España todavía no ha enviado colonos allí. Si otros europeos se establecen en Alta California, España no tendrá quien defienda su posesión de la región.

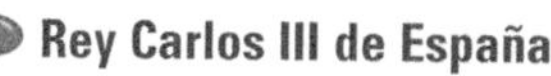
Rey Carlos III de España

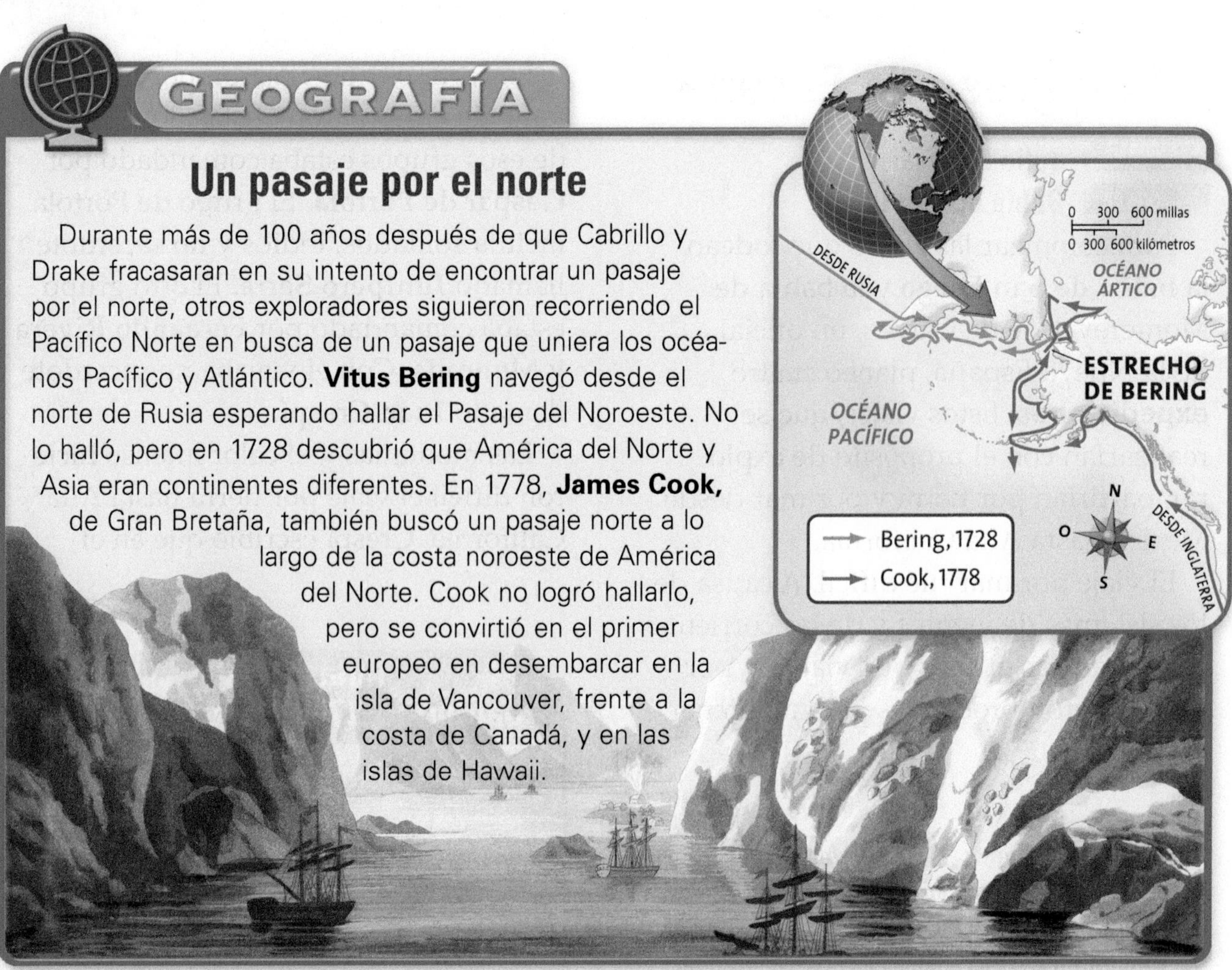

GEOGRAFÍA

Un pasaje por el norte

Durante más de 100 años después de que Cabrillo y Drake fracasaran en su intento de encontrar un pasaje por el norte, otros exploradores siguieron recorriendo el Pacífico Norte en busca de un pasaje que uniera los océanos Pacífico y Atlántico. **Vitus Bering** navegó desde el norte de Rusia esperando hallar el Pasaje del Noroeste. No lo halló, pero en 1728 descubrió que América del Norte y Asia eran continentes diferentes. En 1778, **James Cook,** de Gran Bretaña, también buscó un pasaje norte a lo largo de la costa noroeste de América del Norte. Cook no logró hallarlo, pero se convirtió en el primer europeo en desembarcar en la isla de Vancouver, frente a la costa de Canadá, y en las islas de Hawaii.

La colonización de California

Más de 150 años después de que Vizcaíno entrara en la bahía de Monterey, España decidió establecer una colonia en Alta California. Una **colonia** es un asentamiento gobernado por un país que está lejos del asentamiento. La decisión de establecer una colonia en Alta California se tomó a mediados del siglo XVIII. Exploradores rusos y comerciantes de pieles habían llegado a lo que es actualmente Alaska. El rey Carlos III temía que los rusos avanzaran por la costa hacia el sur y entraran en Alta California.

Los líderes españoles creían que una colonia en Alta California podía prosperar. España ya había establecido colonias en lo que serían más tarde Florida, Texas y New Mexico, a través de la fundación de **misiones**, o asentamientos religiosos. Las misiones habían fortalecido el dominio de España sobre la Nueva España y América Latina. El rey esperaba seguir el mismo plan en Alta California.

Las misiones eran dirigidas por misioneros. Un **misionero** es alguien que enseña religión a otras personas. En California, sacerdotes católicos y otros trabajadores religiosos se desempeñaron como misioneros. Ellos trataron de convertir a los indios a la religión católica. También trataron de enseñarles el idioma y el modo de vida español.

REPASO DE LA LECTURA **GENERALIZAR**

¿Por qué España decidió establecer una colonia en Alta California?

El regreso de España

CUÁNDO **Julio de 1769**

DÓNDE **Bahía de San Diego**

Para colonizar las zonas que rodean la **bahía de San Diego** y la bahía de Monterey, José de Gálvez, un oficial de la Nueva España, planeó cuatro **expediciones**. Estos viajes, que se realizarían con el propósito de explorar, partirían por tierra y por mar desde México hasta Alta California.

El viaje por mar fue difícil. A causa de los sistemas de vientos y de las corrientes oceánicas, los grupos que viajaron por mar tuvieron problemas para mantener el rumbo.

Los grupos que viajaron por tierra también enfrentaron obstáculos. Uno de esos grupos estaba comandado por **Gaspar de Portolá.** El grupo de Portolá incluía soldados, indios y un sacerdote llamado **Junípero Serra.** El otro grupo estaba comandado por **Fernando Rivera y Moncada.** Con él viajaba un sacerdote llamado **Juan Crespí.**

Las montañas y el calor intenso hicieron difícil el viaje por tierra hasta Alta California. Crespí escribió que en el

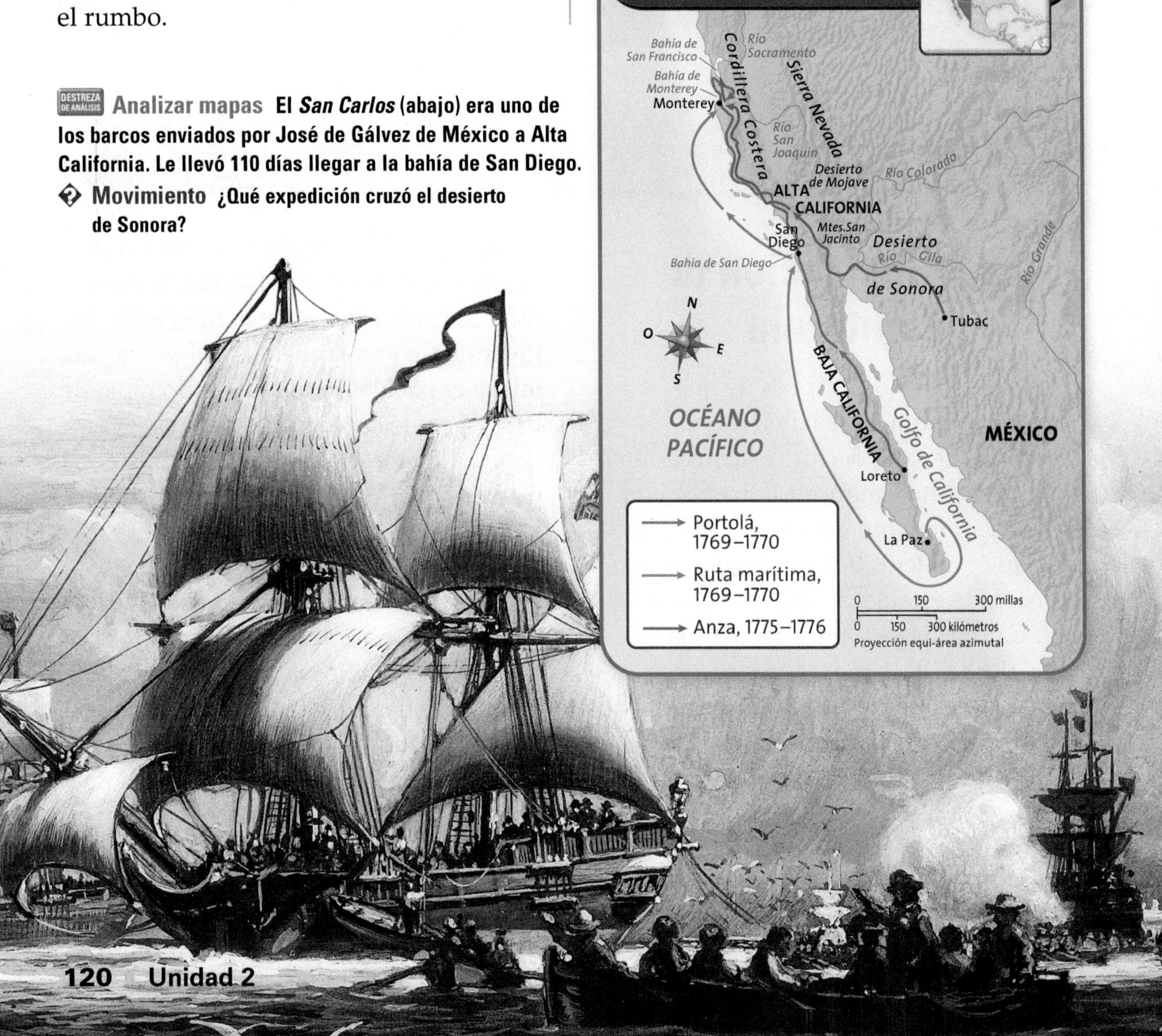

DESTREZA DE ANÁLISIS **Analizar mapas** **El *San Carlos* (abajo) era uno de los barcos enviados por José de Gálvez de México a Alta California. Le llevó 110 días llegar a la bahía de San Diego.**

Movimiento **¿Qué expedición cruzó el desierto de Sonora?**

El padre Serra fundó la misión de San Diego de Alcalá el 16 de julio de 1769. Las campanas de la torre (recuadro) tañen en el aniversario de la misión.

terreno "no había césped ni agua, y abundaban las piedras y espinos".*

Hacia el 1º de julio de 1769, los grupos ya habían llegado a la bahía de San Diego. Solo la mitad de los hombres que habían iniciado el viaje habían sobrevivido y muchos estaban enfermos y hambrientos. Poco después, Portolá y algunos de los hombres partieron por tierra con el propósito de hallar la bahía de Monterey. El padre Serra y muchos otros se quedaron en San Diego.

Portolá marchó hacia el norte, buscando la bahía que Vizcaíno había descrito. Como la bahía de Monterey es larga y su curva es suave, pasó por ella sin detenerse. Llegó hasta la bahía de San Francisco antes de regresar a San Diego en enero de 1770. Portolá hizo un segundo intento y halló finalmente la bahía de Monterey el 24 de mayo.

Mientras Portolá buscaba la bahía de Monterey, el padre Serra fundó la primera misión de Alta California, y la llamó **San Diego de Alcalá.** En 1770, el padre Serra fundó la misión de San Carlos Borromeo en Monterey. En 1771, la misión fue trasladada a cinco millas de distancia, al valle de Carmel.

El padre Serra estableció su cuartel general en Monterey y se quedó en California 16 años. Cuando murió, en 1784, ya había fundado nueve misiones.

REPASO DE LA LECTURA **CAUSA Y EFECTO**

¿Qué hizo difícil el viaje por tierra hasta Alta California?

*Padre Crespí. De *The California Missions: A Pictorial History.* Editado por Dorothy Krell. Lane Publishing Company, 1979.

Una nueva ruta terrestre

En 1774, España envió a **Juan Bautista de Anza** a buscar una nueva ruta terrestre a Alta California. Anza atravesó el norte de México para llegar a Monterey.

Al año siguiente, guió a un grupo de 240 colonos hasta California. Los colonos llevaban consigo cientos de mulas, caballos y cabezas de ganado. La ruta de Anza los condujo por el desierto de Sonora y los montes San Jacinto. Llegaron a Monterey en marzo de 1776.

A causa del desierto y de los montes, la ruta de Anza resultó tan difícil como las otras. El viaje por tierra hasta Alta California seguía siendo difícil. En consecuencia, la mayor parte de las provisiones continuaba enviándose por mar.

REPASO DE LA LECTURA **IDEA PRINCIPAL Y DETALLES** **¿Para qué fue enviada la expedición de Anza?**

Juan Bautista de Anza

Resumen

Junípero Serra fundó las primeras misiones de Alta California cerca de la bahía de San Diego y de la bahía de Monterey. Juan Bautista de Anza trató de encontrar una ruta terrestre para ir más fácilmente desde México hasta Alta California.

REPASO

1. ¿Cómo comenzó España a colonizar Alta California?
2. Usa las palabras **misionero** y **misión** para explicar el plan de España para colonizar Alta California.
3. ¿Por qué era difícil el viaje por tierra hasta Alta California?

RAZONAMIENTO CRÍTICO

4. DESTREZA DE ANÁLISIS ¿Por qué crees que los misioneros querían que los indios de California aprendieran el modo de vida español?
5. DESTREZA DE ANÁLISIS **Aplícalo** ¿Crees que en nuestros días sigue siendo difícil viajar por tierra de México a California? Explica tu respuesta.
6. **Escribe una carta** Imagina que eres el padre Junípero Serra o Juan Bautista de Anza. Escribe una carta al rey Carlos III. Cuéntale lo que ocurrió durante tu última expedición.
7. Destreza clave **GENERALIZAR**

   En una hoja de papel, copia y completa el organizador gráfico de abajo.

Datos		

Generalización

Las expediciones enviadas por Gálvez enfrentaron viajes difíciles.

Junípero Serra

Biografía

Integridad
Respeto
Responsabilidad
Equidad
Bondad
Patriotismo

*"Confío en que Dios me dará la fuerza para llegar a San Diego. . . Aunque pueda morir en el camino, no daré marcha atrás."**

Miguel José Serra se hizo sacerdote católico en España a los 24 años. Doce años más tarde, partió hacia la Nueva España. Allí enseñó y trabajó muchos años con los indígenas. En 1769, viajó a Alta California con Gaspar de Portolá. Durante el viaje, sufrió dolores en una pierna. Años antes, lo había picado una serpiente o un insecto y la pierna nunca le había sanado. Portolá le pidió insistentemente que regresara a su tierra, pero el padre Serra se negó a hacerlo.

El padre Junípero Serra fundó la misión de San Diego de Alcalá el 16 de julio de 1769.

Actualmente, Serra es conocido como el Padre de las Misiones de California. Serra fundó la primera misión de California en San Diego, en 1769. Fundó un total de 9 misiones, que ayudaron al crecimiento de la nueva colonia de California. Para muchos indios de California, las misiones también significaron el fin de su modo de vida tradicional.

* Junípero Serra. De *The History of San Diego: The Explorers 1492–1774,* por Richard E. Pourade. Union-Tribune, 1960.

La importancia del carácter

¿De qué forma ayudó el padre Serra a aumentar el control de España sobre Alta California?

¿Cómo demostró el padre Serra su responsabilidad hacia la Nueva España?

Biografía breve

1713 Nace

1749 Se convierte en misionero en la Nueva España

1769 Funda la primera misión de Alta California

1771 Trabaja desde la misión de San Carlos

1784 Muere

Visita **MULTIMEDIA BIOGRAPHIES** en **www.harcourtschool.com/hss** para hallar biografías multimedia.

Comparar fuentes primarias y secundarias

POR QUÉ ES IMPORTANTE

Las personas que estudian el pasado usan muchas fuentes de información. Esas fuentes brindan información sobre lo que realmente ocurrió.

LO QUE NECESITAS SABER

Las **fuentes primarias** son registros hechos por personas que presenciaron o participaron en eventos del pasado. Una carta, un diario, un libro o una entrevista podrían ser algunos ejemplos. Dibujos, pinturas o fotografías también pueden ser fuentes primarias si fueron hechos o usados por personas que presenciaron el evento.

Otra manera de aprender sobre acontecimientos del pasado es a través de fuentes secundarias. Las **fuentes secundarias** son registros de un evento histórico hechos por personas que no lo presenciaron. Una enciclopedia es una fuente secundaria. Los artículos de periódicos y de revistas escritos por personas que no participaron en el evento son fuentes secundarias. Del mismo modo, también lo son las pinturas y dibujos de artistas que no presenciaron el evento.

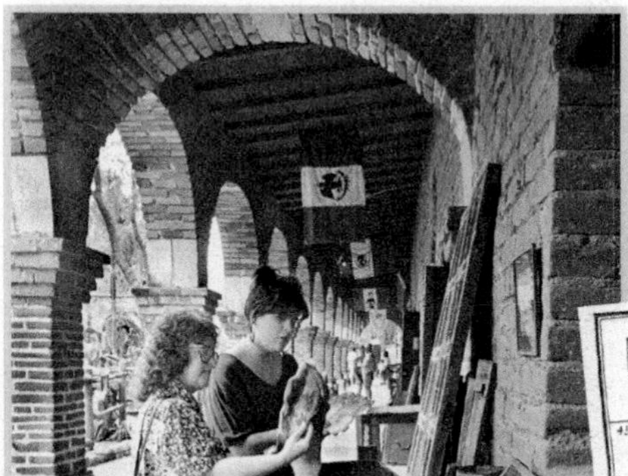

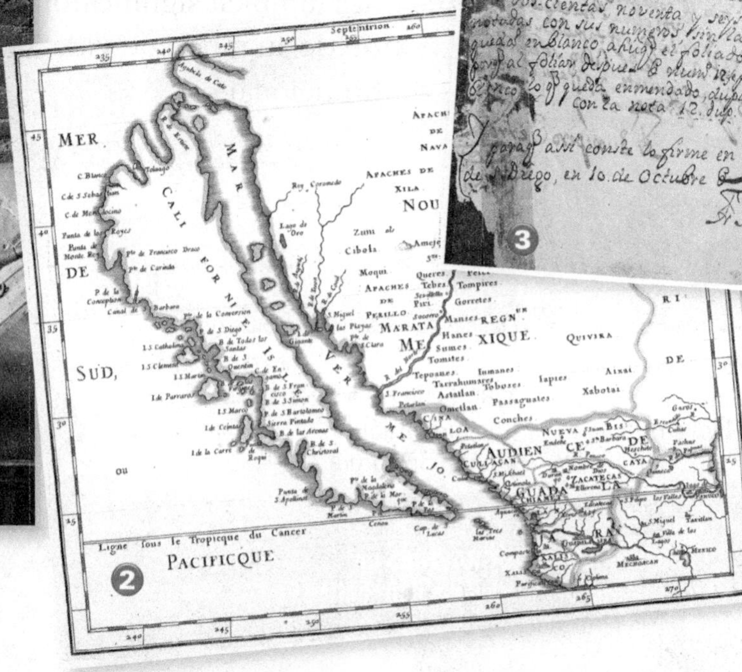

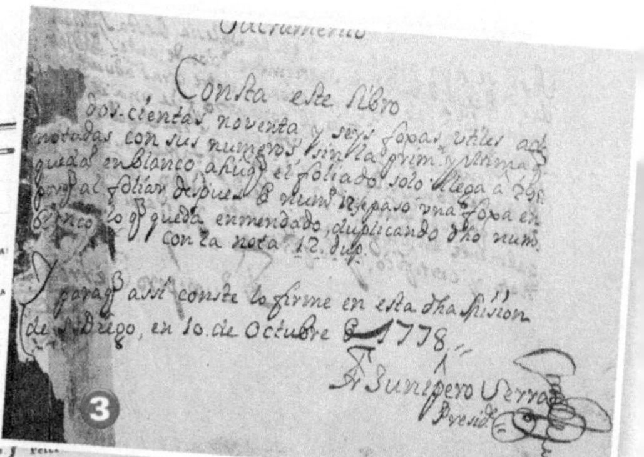

1 Aprendiendo historia a través de objetos del pasado 2 Un mapa de California de 1657, hecho por el cartógrafo Nicholas Sanson 3 Un registro de la fundación de la misión de San Diego de Alcalá, hecho por el padre Serra

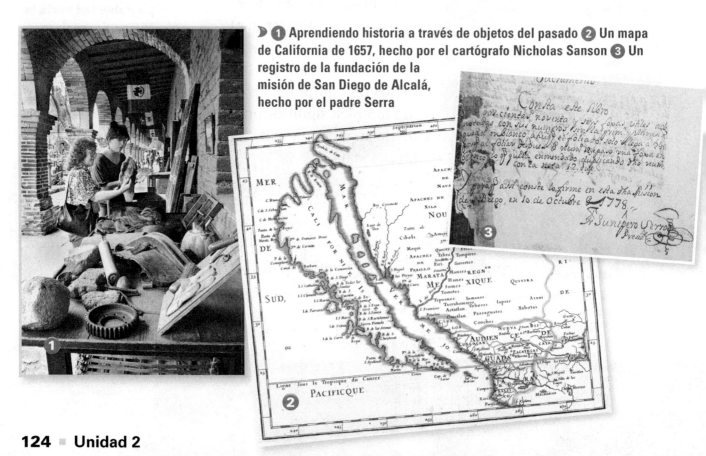

A veces, las palabras de una fuente pueden ayudarte a saber si se trata de una fuente primaria o secundaria. Palabras como *yo, nosotros, mi* y *nuestro* se hallan generalmente en las fuentes primarias. Una fecha o un nombre en un mapa o dibujo pueden ayudarte a saber cuándo fue hecho y quién lo hizo.

PRACTICA LA DESTREZA

Observa las imágenes de las páginas 124 y 125. Luego, responde las preguntas.

1. ¿Qué imágenes son fuentes primarias? ¿Cuáles son fuentes secundarias?
2. ¿Por qué el mapa de la página 124 también podría considerarse una fuente secundaria?
3. ¿Cuándo es un libro una fuente primaria? ¿Cuándo es una fuente secundaria?

APLICA LO QUE APRENDISTE

DESTREZA DE ANÁLISIS Tu libro de texto es una fuente secundaria que también contiene fuentes primarias. Trabaja con un compañero para hallar fuentes primarias y secundarias en tu libro. Conversen acerca de por qué creen que cada fuente es primaria o secundaria.

Puedes aprender sobre el pasado a través de 4 representaciones históricas, 5 páginas en Internet y 6 libros de referencia.

Destrezas de razonamiento crítico

Lección 3

Tiempos

1535 — 1685 — 1835

1776 Se construye el presidio más al norte en la desembocadura de la bahía de San Francisco

1777 Se funda San José de Guadalupe, el primer pueblo de Alta California

1823 En Sonoma se funda San Francisco Solano, la última de las 21 misiones de Alta California

REFLEXIONA
¿Cómo estaba organizado el sistema de misiones españolas en California?

- ✓ Describe las relaciones entre los soldados, los misioneros y los indios de California.
- ✓ Analiza las razones para establecer cada tipo de asentamiento en Alta California.
- ✓ Explica cómo el sistema de misiones aumentó el poder de España y propagó el cristianismo.

VOCABULARIO
presidio pág. 128
pueblo pág. 130
plaza pág. 130
alcalde pág. 131

LUGARES
El Camino Real

HSS 4.2, 4.2.3, 4.2.4, 4.2.5

Otros tipos de asentamientos

IMAGÍNATE ALLÍ

Tus botas tienen tanto polvo que es difícil saber si son negras o marrones. El polvo es de un camino muy transitado llamado **El Camino Real.** Es 1775 y tú eres un soldado. Te ordenaron ir desde un pequeño fuerte cerca de la misión de San Carlos Borromeo hasta la misión de San Luis Obispo.

Has estado caminando todo el día. A mitad de camino, te encuentras con la misión de San Antonio. Allí, los sacerdotes te dan de comer y un lugar para dormir. Mañana te pondrás de nuevo las botas y retomarás la marcha.

La misión de San Carlos Borromeo fue construida con piedra de los cercanos montes Santa Lucía.

El sistema de misiones

A partir de 1769, bajo la dirección de los sacerdotes franciscanos, los indios fueron forzados a construir una serie de misiones en Alta California. Se planeó que esas 21 misiones se extendieran a lo largo de la costa desde San Diego, en el sur, hasta Sonoma, en el norte. Cada misión estaba aproximadamente a un día de marcha de la siguiente por El Camino Real.

En las misiones, los sacerdotes trabajaban para formar súbditos leales a España, es decir, partidarios del rey. Para eso, los sacerdotes siguieron un sistema, o plan, que habían usado en otras partes de la Nueva España. Llevarían a los indios de California a vivir a las misiones, les enseñarían a ser cristianos y los educarían en las costumbres europeas.

Para poder usar la mano de obra india, la mayoría de las misiones se construyeron cerca de aldeas indias o junto a caminos que los indios utilizaban. Estos lugares generalmente estaban cerca de tierra fértil y de agua dulce. Allí, los habitantes de las misiones podían cultivar los alimentos que necesitaban para subsistir. Cada misión tenía una iglesia, casas para los sacerdotes y los indios, talleres, una granja y pasto para el ganado y las ovejas.

DESTREZA DE ANÁLISIS **Analizar mapas**

Ubicación ¿Qué misión estaba en el lado norte de la bahía de Monterey?

Hacia finales del siglo XVIII, los sacerdotes franciscanos habían llevado aproximadamente 20,000 indios a las misiones. Para atraer a los indios, los sacerdotes les daban cuentas de vidrio y tela de colores. A menudo, los soldados usaban la fuerza para llevarlos a las misiones.

REPASO DE LA LECTURA **GENERALIZAR**

¿Por qué las misiones se construyeron cerca de aldeas indias?

Presidios para protección

CUÁNDO **Finales del siglo XVIII**
DÓNDE **Alta California**

Los españoles creían que las misiones no bastaban para mantener su posesión de Alta California. Igual que en otras partes de la Nueva España, construyeron fuertes llamados **presidios** para proteger sus asentamientos.

En Alta California, casi todos los presidios se construyeron en puertos naturales, no lejos de las misiones. Los soldados de los presidios podían defender esos puertos contra ataques de barcos enemigos. Los presidios cerca de las misiones también podían proteger a los misioneros y a otros colonos contra los ataques de los indios.

El primer presidio de Alta California se construyó en 1769, cerca de la bahía de San Diego. Estaba cerca de la misión, en una colina desde la que se veía la bahía. Posteriormente se construyeron otros tres presidios en Alta California, cerca de las misiones de Santa Barbara, Monterey y San Francisco.

Todos los presidios fueron construidos por los indios y de manera muy parecida. Eran de forma cuadrada y tenían un patio interior. Los edificios incluían una capilla, depósitos, talleres, dormitorios para los soldados y sus familias, y una casa para el comandante.

Al principio, los presidios eran construcciones muy simples.

1

2

Míralo *en detalle*

Un presidio

Este diagrama muestra cómo creen muchas personas que se veían los presidios de California, como el de San Diego.

1. **Río**
2. **Cuarteles de los oficiales**
3. **Casa del comandante**
4. **Cuarteles de los soldados y guardias**
5. **Depósitos**
6. **Capilla**
7. **Bastión de defensa**

¿Por qué crees que los cuarteles de los soldados y guardias estaban ubicados cerca de la entrada principal del presidio?

Los primeros edificios del presidio de San Francisco tenían pisos de tierra, ventanas sin vidrios y muy pocos muebles. Cuando el capitán de marina británico George Vancouver recorrió el presidio de San Francisco en 1792, dijo que con un clima frío y húmedo las casas de los soldados "deben ser. . . viviendas poco confortables".*

En los presidios, los soldados tenían muchas tareas o deberes. Cazaban, trabajaban en los campos, cuidaban el ganado, construían y reparaban edificios, y llevaban el correo. Solían estar al mando de los trabajadores indios.

En ocasiones, los españoles y los indios de California tenían conflictos. Los soldados de los presidios a veces debían detener a los indios que luchaban contra el dominio español. Los soldados tenían armas de fuego y montaban caballos. Los indios estaban pobremente armados y tenían que pelear a pie.

REPASO DE LA LECTURA **RESUMIR**

¿Cuáles eran los deberes de los soldados en el presidio?

* George Vancouver. De *A Voyage of Discovery to the North Pacific and Round the World, 1791–1795.* Ed. por W. Keye Lamb. The Hakluyt Society, 1984. 1984.

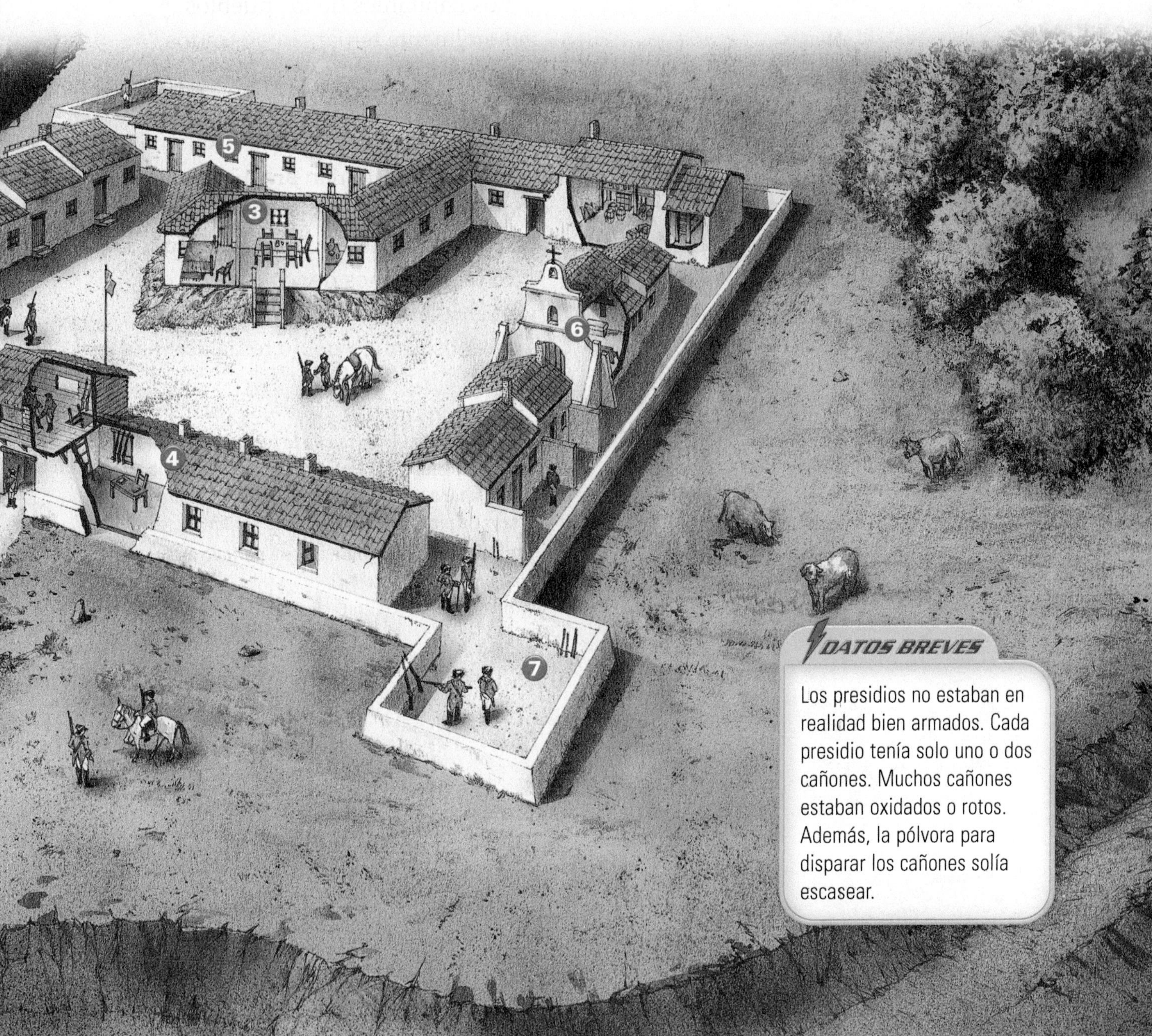

DATOS BREVES

Los presidios no estaban en realidad bien armados. Cada presidio tenía solo uno o dos cañones. Muchos cañones estaban oxidados o rotos. Además, la pólvora para disparar los cañones solía escasear.

Pueblos para la agricultura

Los soldados de los presidios necesitaban una fuente que les suministrara comida. Para satisfacer esa necesidad, se crearon comunidades agrícolas llamadas **pueblos**.

En 1777, Felipe de Neve, el gobernador de Alta y Baja California, reunió soldados de los presidios de Monterey y San Francisco. Cerca del extremo sur de la bahía de San Francisco, los soldados y sus familias construyeron un pequeño asentamiento llamado San José de Guadalupe. El asentamiento se convirtió así en el primer pueblo de Alta California.

Ese mismo año, Neve eligió un sitio para un segundo pueblo, cerca de la misión de San Gabriel. En 1781, un grupo de 44 colonos fundó el pueblo que luego se conocería como Los Angeles. El pueblo siguiente, Santa Cruz, se construyó en 1797. En el centro de cada pueblo había una plaza. Una **plaza** es un lugar al aire libre donde la gente puede reunirse. La iglesia y otros edificios importantes estaban alrededor de la plaza.

Los habitantes de los pueblos generalmente tenían antepasados españoles, indios o africanos. En el pueblo que más tarde se convirtió en Los Angeles, por ejemplo, casi la mitad de los colonos tenían antepasados indígenas. Veintiséis de los primeros colonos tenían antepasados africanos.

Si bien muchos de los colonos eran granjeros, otros eran comerciantes o artesanos. Cada pueblo tenía además un

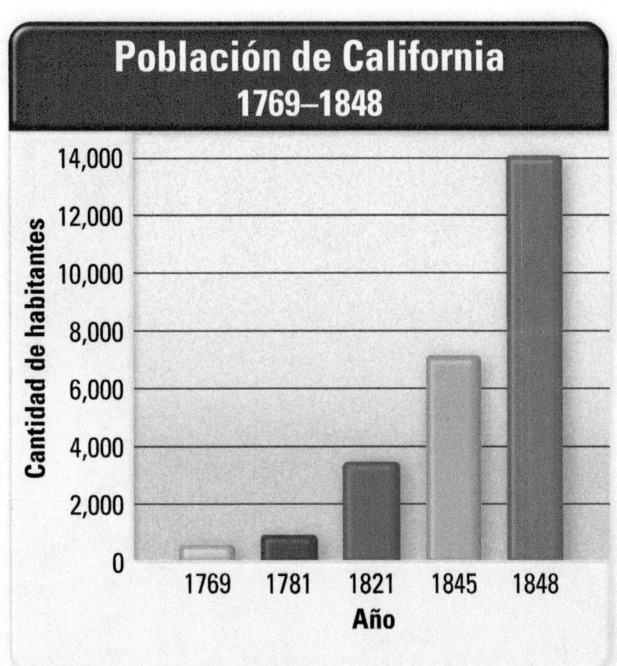

Analizar gráficas **Incluso con la fundación de pueblos, como el de Monterey (abajo), la población de colonos españoles en los primeros tiempos de Alta California creció a una tasa de menos de 100 personas por año.**

Observa la gráfica. ¿Durante qué período creció más lentamente la población?

alcalde, o presidente municipal, que también hacía de juez.

Los líderes españoles esperaban que los pueblos atrajeran nuevos colonos a Alta California, pero pocas personas querían vivir allí. Desde la mayoría de los lugares de la Nueva España, llegar a California implicaba un viaje largo y difícil. Había pocos caminos, y en ellos no había ningún pueblo ni ciudad importante.

Los españoles querían que fueran más colonos a vivir a los pueblos. Muchos de los nuevos colonos eran recompensados por sus esfuerzos. Se les daban tierras, herramientas de cultivo, animales domésticos y dinero. A cambio, los colonos debían venderles a los soldados de los presidios el excedente, o la cantidad sobrante, de sus cosechas.

Los colonos usaban prensas como ésta para extraer el aceite de las aceitunas que cultivaban.

Los españoles creían que si llevaban colonos a los pueblos podrían fortalecer su posesión de Alta California. Sin embargo, la población de colonos españoles crecía muy lentamente. Hacia 1781, solo 600 colonos, la mayoría hombres, vivían en Alta California.

REPASO DE LA LECTURA **GENERALIZAR**
¿Cómo esperaban los españoles usar los pueblos para fortalecer su posesión de California?

Resumen

Los españoles establecieron misiones, presidios y pueblos en Alta California. Los presidios protegían las misiones. Los nuevos colonos eran recompensados por mudarse a los pueblos.

REPASO

1. ¿Cómo estaba organizado el sistema de misiones españolas en California?
2. ¿Cuál es la diferencia entre un **presidio** y un **pueblo**?
3. ¿Cómo afectaron las misiones el modo de vida tradicional de los indios de California?

RAZONAMIENTO CRÍTICO

4. DESTREZA DE ANÁLISIS ¿Por qué crees que Alta California creció lentamente aunque hubo muchos asentamientos?
5. DESTREZA DE ANÁLISIS Observa el mapa de la página 127. Describe la ubicación de las misiones en California y explica por qué era importante El Camino Real.
6. **Representa una conversación** Imagina que eres un indio, un soldado o un misionero. Reúnete con compañeros de clase que hayan elegido personajes diferentes del tuyo. En grupo, conversen sobre sus funciones en las misiones españolas.
7. Destreza clave **GENERALIZAR**

En una hoja de papel, copia y completa el organizador gráfico de abajo.

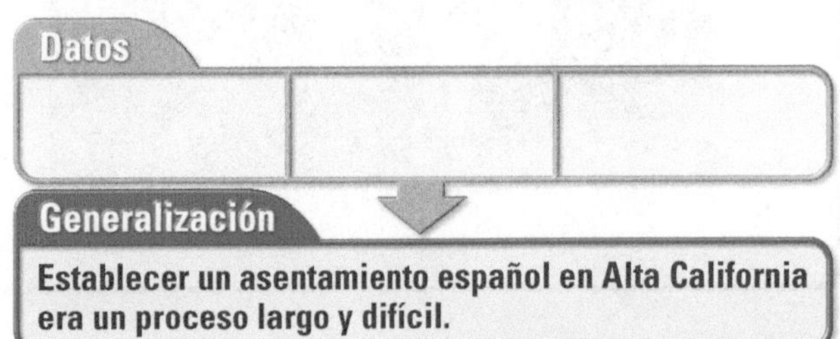
Datos
Generalización
Establecer un asentamiento español en Alta California era un proceso largo y difícil.

Destrezas con tablas y gráficas

Leer una línea cronológica

POR QUÉ ES IMPORTANTE

Una línea cronológica muestra el orden en que ocurrieron ciertos hechos y el tiempo que transcurrió entre ellos. Poner los hechos en el orden en que ocurrieron puede ayudarte a comprender cómo se relacionan entre sí.

LO QUE NECESITAS SABER

La línea cronológica de abajo muestra cuándo sucedieron algunos hechos importantes del pasado de California. La fecha más antigua está a la izquierda y la fecha más reciente, a la derecha. Las marcas de la línea cronológica muestran unidades de tiempo.

Al igual que un mapa, la línea cronológica tiene una escala. Las escalas de las líneas cronológicas muestran unidades de tiempo, no de distancia. Algunas líneas cronológicas muestran hechos que ocurrieron durante un día, un mes o un año. Otras muestran hechos que tuvieron lugar a lo largo de un período más extenso, como una **década**, o período de diez años.

En la línea cronológica de abajo, el espacio entre cada marca representa un **siglo**, o período de cien años. La primera parte de la línea cronológica muestra hechos que ocurrieron durante el siglo dieciséis. El siglo dieciséis abarca desde

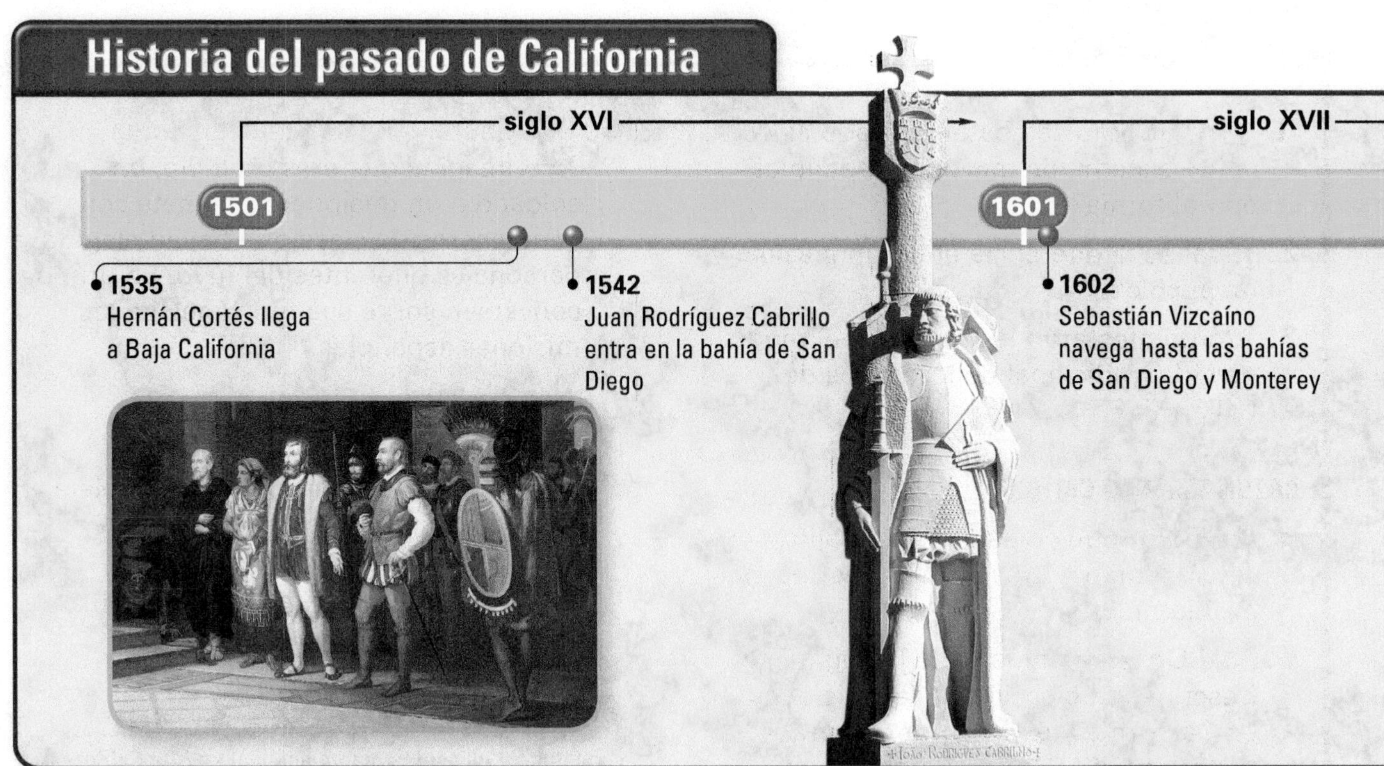
Historia del pasado de California
siglo XVI
1501
siglo XVII
1601
1535
Hernán Cortés llega a Baja California
1542
Juan Rodríguez Cabrillo entra en la bahía de San Diego
1602
Sebastián Vizcaíno navega hasta las bahías de San Diego y Monterey

1501 hasta 1600. La siguiente parte de la línea cronológica muestra el siglo diecisiete, que abarca desde 1601 hasta 1700. ¿Qué siglo muestra la última parte de la línea?

PRACTICA LA DESTREZA

Usa la línea cronológica para responder estas preguntas.

1. ¿Cuántos años después del viaje de Cortés llegó Cabrillo a la bahía de San Diego?
2. ¿En qué siglo viajó Vizcaíno hasta las bahías de San Diego y Monterey?
3. ¿Cuánto tiempo después de que Cabrillo entrara en la bahía de San Diego fundó allí una misión el padre Serra?
4. ¿Cuál es el último hecho mostrado en la línea cronológica? ¿En qué siglo ocurrió ese hecho?

APLICA LO QUE APRENDISTE

DESTREZA DE ANÁLISIS **Aplícalo** Haz una línea cronológica que muestre los siglos veinte y veintiuno. Rotula el primero y el último año de cada siglo. Rotula el año en que naciste. Marca el año en que terminarás la escuela secundaria y otros años importantes tanto del pasado como del futuro. Agrega fotografías o dibujos y muestra la línea cronológica a tus compañeros de clase.

Destrezas con tablas y gráficas

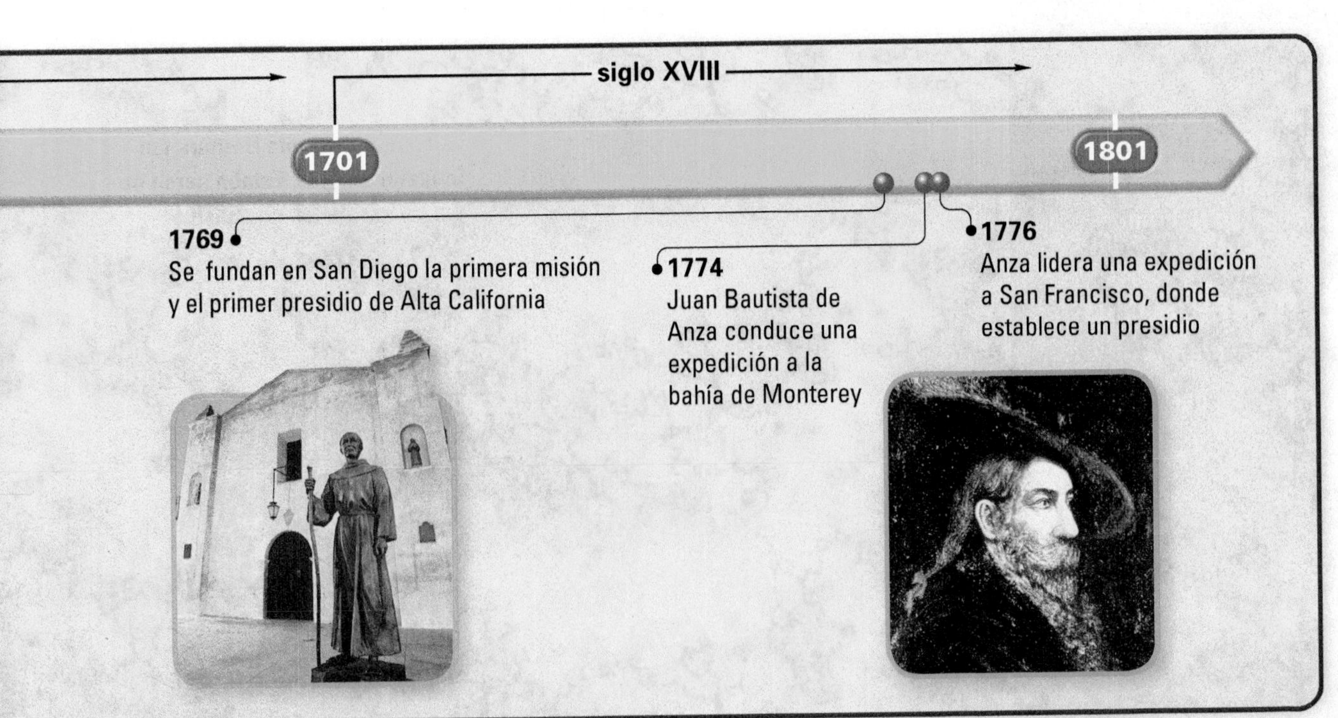

siglo XVIII
1701
1801
1769
Se fundan en San Diego la primera misión y el primer presidio de Alta California
1774
Juan Bautista de Anza conduce una expedición a la bahía de Monterey
1776
Anza lidera una expedición a San Francisco, donde establece un presidio

Lección 4

1771
Se funda la misión de San Gabriel

1785
Los indios planean un levantamiento en la misión de San Gabriel

1824
Los indios de la costa central rechazan la vida en las misiones

REFLEXIONA
¿Cómo afectó el sistema de misiones el modo de vida de los indios de California?

✓ Describe un día típico de los habitantes de las misiones de Alta California.

✓ Identifica las razones por las que algunos indios se resistían al sistema de misiones.

VOCABULARIO
economía pág. 135
neófito pág. 135
rebelarse pág. 136
costumbre pág. 138

PERSONAS
Nicolás José Toypurina

LUGARES
misión de Santa Barbara
misión de San Gabriel

GENERALIZAR

Normas de California
HSS 4.2, 4.2.3, 4.2.4, 4.2.5, 4.2.6

La vida en las misiones

IMAGÍNATE ALLÍ

Suenan las campanas de la **misión de Santa Barbara.** Tú y otros indios de California que viven allí comienzan cada día cuando las campanas los llaman a la iglesia para rezar. Hasta la pausa del mediodía para comer, estudias con los sacerdotes de la misión. Ellos te enseñan nuevas palabras, nuevas ideas y nuevos modos de vida. Otros indios de la misión construyen casas o trabajan en los campos.

La misión de Santa Barbara fue fundada en 1786. Estaba cerca de las tierras de los chumash.

Soldados, sacerdotes e indios se reunían para rezar.

Comienzan los cambios

Al principio, la población de la colonia de California crecía lentamente. Los misioneros trabajaban duro para subsistir. Con el tiempo, incorporaron más indios al sistema de misiones de California. Los indios eran los trabajadores que las misiones necesitaban. Algunos indios ingresaban a las misiones por propia voluntad. Otros eran llevados a la fuerza por los soldados.

En las misiones, los sacerdotes enseñaban el cristianismo y el modo de vida de los españoles a las familias indias. Les enseñaban nuevas destrezas, como, por ejemplo, cuidar los caballos, el ganado, las ovejas, las cabras y las gallinas. Los indios también aprendían carpintería y a trabajar con metales.

Para los indios, la vida en las misiones era distinta de su modo de vida tradicional. Antes de la llegada de los españoles, la mayoría de los indios de California eran cazadores y recolectores. Los sacerdotes franciscanos les enseñaron a trabajar la tierra. Cultivaban alimentos para la misión. Esto transformó lentamente la economía de California en una economía basada en la agricultura. La **economía** es la forma en que los habitantes de un lugar o región usan los recursos para satisfacer sus necesidades.

Las costumbres culturales de los indios también cambiaron. Cuando se mudaban a una misión, los indios pasaban a ser **neófitos**, o personas recién convertidas a la fe católica. No se les permitía practicar sus creencias tradicionales. Los que lo hacían eran castigados, aunque muchos lo hacían de todas maneras.

REPASO DE LA LECTURA GENERALIZAR

¿Cómo cambiaron los españoles la economía de California, basada hasta entonces en la caza y la recolección?

Las campanas de la misión llamaban a los habitantes a rezar, trabajar y comer. A la izquierda, se muestra el altar de la misión de San Francisco Solano.

Trabajo y oración

Para los indios, la vida en la misión consistía principalmente en trabajar y rezar. De hecho, cada día comenzaba con una oración. A la salida del sol, las campanas de la misión sonaban llamando a los neófitos a la iglesia.

Las campanas también marcaban la hora de comer y el comienzo y final del día de trabajo. En la misión había muchas tareas. Los indios araban y sembraban los campos, cavaban zanjas y recogían las cosechas. También criaban caballos, ganado, ovejas, cabras y gallinas.

Los varones construían casas de adobe. Las indias tejían y hacían jabón. Preparaban la comida y hacían la limpieza. Los niños iban a la iglesia y a la escuela. También arrancaban la maleza de las huertas.

REPASO DE LA LECTURA **IDEA PRINCIPAL Y DETALLES** **¿En qué consistía principalmente la vida en las misiones para los indios de California?**

Algunos indios se resisten

Muchos indios estaban descontentos con la vida en la misión y trataron de resistirse, o de actuar en contra, de los misioneros. Algunos huyeron. Otros decidieron **rebelarse**, o luchar, contra los misioneros.

Como parte de una rebelión en la década de 1770, los indios quemaron las misiones de San Diego y de San Luis Obispo. Luego, en 1785, un neófito llamado **Nicolás José** y una mujer gabrielina llamada **Toypurina** planearon rebelarse en la **misión de San Gabriel.** El plan fue descubierto y José y Toypurina fueron encarcelados.

Algunos indios consiguieron escapar de las misiones, pero muchos fueron obligados a regresar. A los trabajadores de las misiones les preocupaba que los indios que se iban abandonaran el cristianismo.

REPASO DE LA LECTURA **SACAR CONCLUSIONES** **¿Por qué algunos indios se resistían al modo de vida en las misiones?**

Míralo *en detalle*

Una misión española

En el centro de una típica misión española de Alta California había un patio. En el patio, los trabajadores hacían tareas como tejer, hacer velas y moler maíz. Además, los sacerdotes daban allí lecciones de cristianismo a los indios.

1. **Iglesia**
2. **Habitaciones de los sacerdotes**
3. **Talleres**
4. **Cocina**
5. **Depósitos**
6. **Pozo**
7. **Chozas de los indios**
8. **Zanja de irrigación**
9. **Río**

¿Cómo se hacía para que el agua de los ríos llegara a los campos de cultivo?

Los niños EN LA HISTORIA

Pablo Tac

Pablo Tac, un indio luiseño, nació en la misión de San Luis Rey en 1822. Los sacerdotes de la misión lo consideraban un excelente estudiante. Cuando tenía diez años, lo enviaron a Italia para que recibiera una educación especial.

Mientras estaba en Europa, Tac escribió un diario sobre su vida en la misión. El diario contaba cómo había cambiado el modo de vida de los indios tras la llegada de los españoles.

Tac soñaba con convertirse en misionero. Pero enfermó de viruela en 1841 y murió antes de cumplir los 20 años.

Aplícalo ¿Crees que el diario de Tac sería importante para las personas de hoy? Explica tu respuesta.

Llega a su fin el modo de vida indio

Hacia fines del siglo XVIII, aproximadamente 20,000 indios vivían en las misiones de Alta California. En las misiones, se esperaba que abandonaran sus viejas creencias y costumbres religiosas. Una **costumbre** es una manera habitual de hacer las cosas. A los indios de las misiones no se les permitía vestirse con ropas tradicionales. Tampoco podían realizar las celebraciones que eran importantes para ellos.

Una de las amenazas más serias para los indios de las misiones eran las enfermedades. Sin saberlo, algunos europeos trajeron enfermedades como la viruela, el sarampión y la gripe. Los indios no tenían defensas contra esas enfermedades y, por eso, se propagaban rápidamente, acabando a veces con aldeas enteras. Tras la muerte de muchos indios en la misión de Santa Clara, un sacerdote escribió:

> **“La enfermedad está siempre con nosotros y yo temo que signifique el fin de la raza india. ¿Qué podemos hacer?”***

* Padre José Viader. De *Digger: The Tragic Fate of the California Indians from the Missions to the Gold Rush,* por Jerry Stanley. Random House, 1997.

Los misioneros creían que estaban llevando un mejor modo de vida a los indios de Alta California. Sin embargo, sus enfermedades provocaron la muerte de muchos indios. Al cabo de 75 años de establecidas las primeras misiones, quedaba solo un tercio, aproximadamente, de los indios de California.

REPASO DE LA LECTURA **SACAR CONCLUSIONES**
¿Cómo afectaron los asentamientos españoles el modo de vida de los indios de California?

Resumen

El sistema de misiones cambió la vida de muchos indios de California. Algunos indios aprendieron nuevas destrezas de los sacerdotes. Al mismo tiempo, esos indios de las misiones debían abandonar su modo de vida tradicional. Algunos escaparon y otros intentaron rebelarse. Muchos murieron de enfermedades.

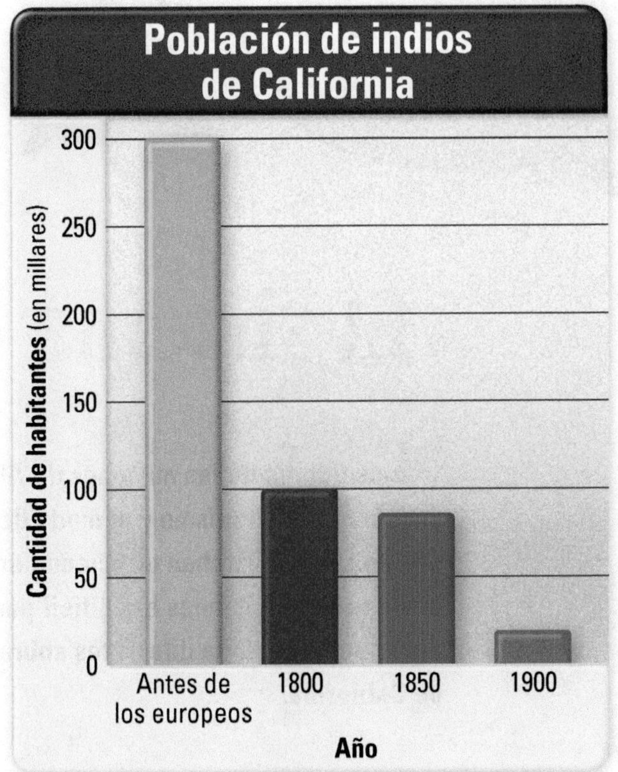

Analizar gráficas **En una época, vivían más indios en California que en cualquier otra área al norte de lo que hoy es México.**

¿Cuántos indios vivían en California, aproximadamente, antes de que llegaran los primeros europeos?

REPASO

1. ¿Cómo afectó el sistema de misiones el modo de vida de los indios de California?
2. Usa la palabra **neófito** para describir a un indio de una misión.
3. ¿Cómo contribuyeron al éxito de las misiones los indios que trabajaban en ellas?

RAZONAMIENTO CRÍTICO

4. DESTREZA DE ANÁLISIS ¿Cómo piensas que la disminución de población de los indios de California afectó su modo de vida tradicional?
5. **Aplícalo** ¿En qué sería distinta tu vida si estuvieras obligado a vivir en una misión de California?
6. **Escribe una carta** Imagina que el rey de España te pidió que visitaras una de las misiones de Alta California y que le informaras cómo es la vida allí. Escríbele una carta. Describe un día típico de los sacerdotes y de los neófitos que viven en la misión.
7. Destreza clave **GENERALIZAR**

En una hoja de papel, copia y completa el organizador gráfico de abajo.

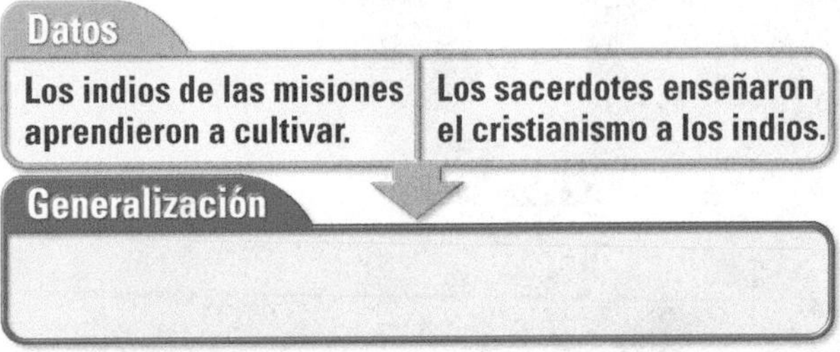

Datos
Los indios de las misiones aprendieron a cultivar.
Los sacerdotes enseñaron el cristianismo a los indios.
Generalización

El sistema de misiones

Los líderes de las misiones de Alta California creían que era su deber enseñar el cristianismo y el modo de vida de los españoles a los indios. Creían que les estaban ofreciendo un mejor modo de vida. Pero, en realidad, la vida en las misiones era difícil para muchos indios de California. He aquí puntos de vista diferentes sobre la vida de los indios en las misiones de California.

En sus propias palabras

Julio César, un indio de la misión de San Luis Rey

"Cuando yo era niño, el trato dado a los indios de la misión no era bueno. No nos pagaban nada sino que solamente nos daban comida y una . . . manta . . . aparte de flagelarnos [azotarnos] por cualquier falta, por pequeña que fuera."

—de *Recollections of My Youth at San Luis Rey Mission,* 1878, por Julio César. Reimpreso en *Native American Perspectives on the Hispanic Colonization of Alta California,* por Edward D. Castillo, Garland, 1991.

JULIO CÉSAR

Padre Pedro Font, miembro de la expedición de Anza

PADRE PEDRO FONT

"Yo conjeturo [pienso] que estos indios . . . llegarían a ser expertos si tuvieran maestros y herramientas adecuadas . . . pues no tienen nada más que pedernales [piedras duras] y con ello y su tenaz laboriosidad [trabajo] hacen artefactos."

—del diario del padre Pedro Font , 1776. Reimpreso en *The Anza Expedition of 1775–1776,* por Frederick Jo Teggart, Universidad de California, 1913.

LORENZO ASISARA

Lorenzo Asisara, un indio de California de la misión de Santa Cruz

"Los indios de la misión eran tratados con mucha severidad . . . la menor desobediencia o infracción [violación] a las reglas, y ahí venía el azote [látigo] sin piedad, lo mismo con las mujeres que con los hombres. . . Siempre estábamos temblando de miedo por el azote."

—de la autobiografía de Lorenzo Asisara, 1890. Reimpreso en *Impact of Colonization on the Native California Societies,* por Robert Heizer. The Journal of San Diego History, Volumen 24, número 1, 1978.

Padre Fermín Francisco de Lasuén, encargado del sistema de misiones de Alta California de 1785 a 1803

"Aquí hay indios a los que les estamos enseñando a ser hombres . . . gente de hábitos viciosos y feroces que no conocen otra ley que la fuerza . . . Así es el carácter de los hombres que tenemos que corregir."

—de un informe en defensa del sistema de misiones, 1800. Reimpreso en *Indian Labor at the California Missions Slavery or Salvation?,* por Robert Archibald. The Journal of San Diego History, Volumen 24, número 2, 1978.

PADRE FERMÍN FRANCISCO DE LASUÉN

Es tu turno

DESTREZA DE ANÁLISIS **Analizar puntos de vista** ¿En qué se parecen los puntos de vista del padre Lasuén y el padre Font? ¿En qué se diferencian de los de Julio César y Lorenzo Asisara?

Aplícalo ¿Por qué las personas pueden tener puntos de vista diferentes acerca del mismo tema?

Tiempos

1535 — 1600

1535
Hernán Cortés llega a Baja California y se posesiona de ella en nombre de España

1542
Juan Cabrillo entra en la bahía de San Diego

La lectura en los Estudios Sociales

Cuando **generalizas,** haces una declaración general sobre datos y detalles que leíste.

Generalizar

Completa este organizador gráfico para hacer una generalización sobre la exploración y colonización europea de California. Una copia de este organizador gráfico aparece en la página 35 del cuaderno de Tarea y práctica.

Exploración y primeros asentamientos

Datos

El explorador español Cabrillo llega a la bahía de San Diego.			

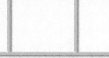

Generalización

Con el tiempo, los europeos exploraron California y los españoles establecieron misiones para colonizar California.

Pautas de redacción de California

Escribe un reporte Escribe una descripción de un explorador o un sacerdote europeo que haya llegado a California. En el reporte, esa persona debe hablar de sí misma. No menciones el nombre del explorador o sacerdote. Lee tu descripción a la clase y espera a ver si tus compañeros reconocen a quién estás describiendo.

Escribe un reporte Escribe dos o tres párrafos dando tu opinión sobre los efectos de las misiones en la vida de los indios de California. Asegúrate de incluir en tus párrafos información y datos del libro de texto que respalden tu opinión.

1665 — 1730 — 1795

1602
Sebastián Vizcaíno llega a la bahía de Monterey

1769
El padre Junípero Serra funda la primera misión de Alta California

Usa el vocabulario

Identifica el término que corresponde a cada definición.

galeón, pág. 114
misión, pág. 119
presidio, pág. 128
alcalde, pág. 131
neófito, pág. 135

1. fuerte
2. asentamiento religioso
3. persona nueva en la fe católica
4. presidente municipal de un pueblo
5. barco usado en los siglos XVI y XVII, principalmente por comerciantes españoles

Usa la línea cronológica

Usa la línea cronológica del capitulo para responder las preguntas.

6. ¿Qué explorador español llegó a Baja California en 1535?
7. ¿En qué siglo se fundó la primera misión de California? ¿En qué año?

Aplica las destrezas

Comparar fuentes primarias y secundarias

8. Observa el mapa de la página 111. ¿Es ese mapa una fuente primaria o secundaria? Explica tu respuesta.

Recuerda los datos

Responde estas preguntas.

9. ¿Cuáles fueron algunas de las razones por las que vinieron exploradores europeos a las Américas?
10. ¿Por qué envió España exploradores a lo que es actualmente California?
11. ¿Por qué algunos indios de California estaban descontentos con la vida en las misiones?

Escribe la letra que corresponda a la respuesta correcta.

12. ¿Quién guió la primera expedición por tierra a San Diego?
    A Cortés
    B Portolá
    C Cabrillo
    D Vizcaíno
13. ¿Cuántas misiones españolas se fundaron en Alta California?
    A 5
    B 9
    C 21
    D 33

Piensa críticamente

14. DESTREZA DE ANÁLISIS ¿Cuáles fueron los costos y beneficios de la exploración española de California?
15. DESTREZA DE ANÁLISIS ¿Cómo la llegada de los misioneros españoles a Alta California cambió la vida de muchos indígenas?

Destrezas de estudio

TOMAR APUNTES

Tomar apuntes te ayudará a recordar ideas importantes.

- **Escribe solo ideas o datos importantes. Usa tus propias palabras. No tienes que escribir oraciones completas.**
- **Para organizar los apuntes, puedes usar una tabla. Escribe las ideas principales en una columna y los datos en otra.**

El dominio mexicano de California	
Ideas principales	Datos
Lección 1: México logra su libertad • México logró su independencia de España • ______	• El padre Hidalgo llamó a los mexicanos a luchar por su libertad • ______
Lección 2: Crecimiento de la economía de los ranchos • ______ • ______	• ______ • ______

Aplica la destreza mientras lees

Mientras lees este capítulo, usa una tabla de dos columnas para tomar apuntes de cada lección.

Normas de Historia y Ciencias Sociales de California, Grado 4

4.2 Los estudiantes describen la vida social, política, cultural y económica y las interacciones entre los habitantes de California, desde las sociedades precolombinas hasta los períodos de las misiones españolas y los ranchos mexicanos. 4.3 Los estudiantes explican la vida económica, social y política en California desde el establecimiento de la República de la Bandera del Oso hasta la guerra entre México y Estados Unidos, la fiebre del oro y el otorgamiento de rango de estado.

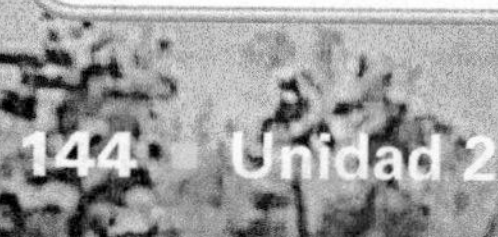

CAPÍTULO

El dominio mexicano de California

Esta pintura muestra a trabajadores en un rancho de la California mexicana.

Comienza con un cuento

Con el cabo Tapia

de *Una visita personal a La Purísima*
por Robert Young
ilustrado por Ron Himler

En 1804, los colonos de la Nueva España luchaban por independizarse de España. Durante esa época, los misioneros y los soldados de las misiones y presidios de la Nueva España tenían que subsistir con escasas provisiones y poco apoyo del gobierno. Lee para conocer los problemas que enfrentó un soldado en la misión de La Purísima.

El cabo Tapia miró su chaleco rojo de lana y notó que los agujeros parecían hacerse más grandes cada mes. Alisó su chaleco y luego tomó la chaqueta de su uniforme, cuyo color azul oscuro original ya se había desteñido. La orla roja de los bordes estaba descolorida y deshilachada.

Tapia esperaba uniformes nuevos para él y para los cinco soldados que estaban bajo su mando. Incluso había hablado esa mañana con el padre Payeras sobre el tema. Pero, una vez más, el padre le había dicho que no llegarían uniformes nuevos desde la Ciudad de México. Y tampoco llegarían los salarios ni las nuevas provisiones.

El motivo, como Tapia ya sabía, era simple: la colonia de la Nueva España estaba luchando por su independencia de España y el gobierno gastaba la mayor parte de su dinero en la guerra. Por esta razón, las misiones pasarían necesidades.

orla franja angosta que bordea una prenda de vestir

deshilachada muy gastada y con hilos sueltos

El cabo Tapia prendió los brillantes botones de cobre de su chaqueta. Ajustó el pañuelo negro alrededor de su cabeza, enderezó los hombros, sacó el pecho y bajó la barbilla. A pesar del uniforme andrajoso y de la falta de provisiones, Tapia estaba orgulloso de ser soldado y californiano.

Sin embargo, los soldados que estaban bajo su mando no compartían este sentimiento. Algunos de ellos habían sido reclutados en las calles de la Ciudad de México. Otros eran criminales que habían sido enviados a Alta California como castigo. Estos hombres estaban en una tierra desconocida, lejos de sus hogares. Sabían poco sobre los chumash y no se preocupaban por ellos en absoluto. Los soldados estaban cansados de no recibir su paga y de estar mal alimentados.

andrajoso descosido y gastado

Responde

1. Imagina que la Nueva España hubiera podido pagar y dar provisiones a los soldados en las misiones y presidios. ¿Qué crees que habría pasado?
2. ¿Por qué crees que el cabo Tapia se quedó en La Purísima a pesar de las dificultades?

Lección 1

Tiempos

1535 | 1685 | 1835

1810 Comienza la guerra por la independencia de México

1821 México logra su independencia

1834 Se ordena que la Iglesia deje de controlar las misiones

México logra su libertad

IMAGÍNATE ALLÍ

"¡Ding! ¡Dong! ¡Dang!" Suenan las campanas de la iglesia de la ciudad de **Dolores**, en el centro de México. Es la mañana del 16 de septiembre de 1810 y tú estás de pie, cerca de la plaza de la ciudad. De pronto, pasan a tu lado hombres y mujeres alborotados, que se dirigen con prisa a la iglesia. Sigues a la multitud, intrigado por ver qué está ocurriendo. Una mujer te cuenta que un sacerdote acaba de llamar a los mexicanos a luchar por la libertad del dominio español. Tu vida está a punto de cambiar.

REFLEXIONA
¿Cómo afectó la independencia mexicana la vida en Alta California?

- ✓ Describe los efectos de la guerra por la independencia de México en Alta California.
- ✓ Explica cómo la guerra por la independencia de México afectó los límites en América del Norte.

VOCABULARIO
independencia pág. 149
criollo pág. 149
mestizo pág. 149
californio pág. 151
secularización pág. 152

PERSONAS
Miguel Hidalgo y Costilla
Pablo Vicente de Solá
José Figueroa
Lorenzo Asisara

LUGARES
Dolores, México
Monterey

Destreza clave GENERALIZAR

Normas de California
HSS 4.2, 4.2.7, 4.2.8

El camino hacia la guerra

CUÁNDO **16 de septiembre de 1810**

DÓNDE **Dolores, México**

El 16 de septiembre de 1810 es una fecha importante en la historia de México. La mañana de ese día, el padre **Miguel Hidalgo y Costilla** llamó al pueblo a unirse contra el dominio español. Ese discurso se conocería como el Grito de Dolores.

Al grito de "¡Abajo el mal gobierno!"*, Hidalgo llamó a los mexicanos a luchar por su libertad. Hidalgo, al igual que muchos otros colonos, estaba disconforme con el gobierno de España y quería lograr la **independencia**, o libertad, del dominio español.

*Padre Miguel Hidalgo y Costilla, en un discurso pronunciado en Dolores, México, el 16 de septiembre de 1810. Extraído de *Mexico: A History* por Robert Ryal Miller. University of Oklahoma Press, 1985.

Así como las 13 colonias británicas se habían convertido en Estados Unidos de América, numerosos habitantes de México querían tener su propio país. Muchos de ellos eran **criollos**, o personas nacidas en México de padres españoles. Como los criollos no habían nacido en España, no podían ocupar los mejores puestos del gobierno o de la Iglesia. Los criollos estaban enojados porque no recibían el mismo trato que quienes habían nacido en España. Los indios y los **mestizos**, o personas de ascendencia india y europea, eran tratados aún más injustamente.

REPASO DE LA LECTURA **GENERALIZAR**

¿Por qué los criollos, los indios y los mestizos querían independizarse de España?

Esta ilustración muestra cómo pudo haber sido el momento en que el padre Hidalgo dio su famoso discurso en Dolores, México, en 1810.

CIVISMO

Principios democráticos

El derecho a participar en el gobierno propio es una libertad importante.

El pueblo de México no era el único de las Américas que quería independizarse de los líderes coloniales. A fines del siglo XVIII, las ideas que habían llevado a la Revolución Americana ya estaban muy difundidas. Una de estas ideas era que el pueblo tiene derecho a participar en su gobierno. Entre 1776 y 1825, los habitantes de Colombia, Chile, Paraguay, Venezuela y Argentina se independizaron de España. Tomando como modelo a Estados Unidos, estas naciones redactaron nuevos planes de gobierno en los que declaraban que todas las personas son iguales.

Este mural de Juan O'Gorman honra a los líderes de la guerra por la independencia de México.

México se independiza

Los colonos de México lucharon contra España durante 11 años. Miles de personas murieron durante esta guerra. España estaba muy atareada luchando en México como para prestar atención a la lejana California. Sin embargo, la guerra afectó la vida en California. Durante años, los soldados que vivían en los presidios y en otros asentamientos recibieron pocas provisiones de España.

Solo una batalla de la guerra por la independencia de México tuvo lugar en Alta California. En 1818, marineros de una colonia española en América del Sur incendiaron la capital, **Monterey**. El comandante del barco dijo que luchaba por la independencia mexicana, pero en realidad era poco más que un pirata.

México y California
1810
1820
1830
1840
1810
El padre Miguel Hidalgo da el discurso del "Grito de Dolores"
1821
México logra su independencia
1822
Los líderes de California aceptan el dominio mexicano
1834
El gobernador Figueroa ordena poner fin al dominio de la Iglesia en las misiones
LEY
MIGUEL HIDALGO

DESTREZA DE ANÁLISIS **Analizar líneas cronológicas**

¿Cuánto tiempo después del discurso del padre Hidalgo logró México su independencia?

En 1821, México logró finalmente su independencia. Gran parte de la tierra de lo que alguna vez había sido la Nueva España, incluyendo Alta California, estaba ahora bajo el control del nuevo país, México.

En 1822, los habitantes de Alta California se enteraron de la noticia de la independencia de México. El gobernador español de Alta California, **Pablo Vicente de Solá,** no sabía qué hacer. Pidió a los líderes de los presidios, misiones y pueblos que decidieran si apoyarían o se opondrían a ser gobernados por México. En abril de 1822, después de reunirse en Monterey, los líderes decidieron aceptar el gobierno mexicano. La mayoría de los **californios**, como se llamaban a sí mismos los hispanohablantes de Alta California, aceptaron de buena gana el dominio de México.

Después de lograr la independencia, los nuevos líderes de México querían deshacerse de todos los rastros del antiguo gobierno español. Rápidamente, se designaron nuevos líderes mexicanos en Alta California y se aprobaron nuevas leyes.

Bajo la ley española, no estaba permitido que las colonias de la Nueva España comerciaran con otros países. El nuevo gobierno de México cambió esto de inmediato. En poco tiempo, barcos de muchos países, incluyendo Estados Unidos, Rusia y Gran Bretaña, comenzaron a llegar a los puertos de San Francisco, Monterey y San Diego. El comercio ayudó al crecimiento económico de California.

REPASO DE LA LECTURA **GENERALIZAR**

¿Cómo cambiaron las nuevas leyes la vida en California?

Problemas para los indios de las misiones

Por otro lado, el nuevo gobierno de México quería poner fin al sistema de misiones en Alta California. Las misiones se habían vuelto muy poderosas y recordaban al pueblo el dominio español. Además, controlaban gran parte de las mejores tierras de California.

En 1834, el gobernador **José Figueroa** ordenó la **secularización** de las misiones, es decir, el fin del dominio de la Iglesia. Este plan determinaba que todas las misiones se convertirían en pueblos en 15 años, y que la iglesia de cada misión se convertiría en la iglesia del pueblo. La mitad de las tierras de las misiones se darían a los indios que habían trabajado en la misión y el resto sería administrado por el gobierno local. Algunas de estas tierras se pondrían a disposición de colonos de México, Estados Unidos y otros países.

Con este plan, los líderes mexicanos esperaban ayudar a los indios y atraer nueva población a California. Sin embargo, el resultado fue otro. Los indios recibieron muy pocas de las tierras de las misiones. Con el tiempo, la mayor parte de estas tierras terminó en manos de los californios y de los nuevos colonos.

Los indios que conservaron sus tierras a menudo no contaban con las herramientas ni los animales necesarios para cultivarlas. **Lorenzo Asisara,** un indio que vivía en la misión de Santa Cruz, dijo que los indios solo habían recibido, en lugar de caballos sanos, "yeguas viejas que ya no eran productivas".*

Después del cierre de las misiones, algunos indios intentaron volver a sus antiguas aldeas. Pero sus tierras habían cambiado mucho durante la colonización española.

*Lorenzo Asisara. California Historical Society, 2000. californiahistory.net.

La misión de San Juan Capistrano ya estaba en ruinas hacia 1880.

Otros se habían apoderado de gran parte de sus territorios. Muchos indios, como Asisara, habían nacido y crecido en las misiones. Habían aprendido el modo de vida español y ya no podían vivir como cazadores y recolectores. Finalmente, muchos indios no tuvieron otra opción más que trabajar para los californios y para los nuevos colonos.

REPASO DE LA LECTURA IDEA PRINCIPAL Y DETALLES ¿Cómo cambió la vida de los indios de las misiones bajo el dominio mexicano?

Esta pintura de 1881 muestra las ruinas de la misión de San Carlos.

Resumen

La guerra por la independencia de México comenzó con el Grito de Dolores. Después de que México se independizara de España, California se convirtió en parte de México. El nuevo gobierno mexicano trajo importantes cambios a California.

REPASO

1. ¿Cómo afectó la independencia mexicana la vida en Alta California?
2. Escribe una oración sobre el padre Hidalgo usando el término **independencia**.
3. ¿Cuál fue la ubicación de la única batalla que se libró en Alta California durante la guerra por la independencia de México?

RAZONAMIENTO CRÍTICO

4. DESTREZA DE ANÁLISIS ¿Por qué crees que el nuevo gobierno mexicano quería comerciar con otros países?
5. DESTREZA DE ANÁLISIS ¿Por qué el gobierno mexicano cerró las misiones? ¿Cómo afectó esto a los indios de California?
6. **Escribe titulares de noticias** Escribe tres titulares para un periódico de la década de 1830. Cada uno de los titulares deberá referirse a un cambio que el nuevo gobierno mexicano haya producido en California.
7. Destreza clave **GENERALIZAR**

En una hoja de papel, copia y completa el organizador gráfico de abajo.

Datos

Generalización

La vida de los californios cambió bajo el dominio mexicano.

Destrezas de razonamiento crítico

Identificar causas y efectos múltiples

POR QUÉ ES IMPORTANTE

Cuando lees textos de historia, puedes observar que a menudo los eventos están conectados. Para reconocer las conexiones entre los eventos, necesitas comprender la relación entre causas y efectos. Una **causa** es algo que hace que otra cosa ocurra. Lo que ocurre es un **efecto**.

A veces, un efecto tiene más de una causa. Por ejemplo, lees que los habitantes de México estaban descontentos con el dominio español. Los criollos, los mestizos y los indios de México no recibían el mismo trato que las personas nacidas en España. El éxito de la Revolución Americana también alentó a los habitantes de México. En este caso, puedes decir que el éxito de la Revolución Americana y la injusticia del dominio español llevaron a la guerra por la independencia de México.

Una causa también puede generar varios efectos. El discurso del padre Hidalgo hizo que los criollos, los mestizos y los indios se unieran. Y esto, a su vez, llevó a la guerra por la independencia de México.

Comprender cómo se relacionan los eventos en términos de causa y efecto puede ayudarte a comprender por qué ocurren las cosas. Además, puede ayudarte a pensar con anticipación sobre los posibles efectos que pueden tener las decisiones que tomes.

Este mural de Juan O'Gorman muestra al padre Hidalgo llamando a la revolución.

LO QUE NECESITAS SABER

Puedes usar los siguientes pasos para ayudarte a encontrar las causas de un efecto.

Paso 1 **Identifica el efecto.**

Paso 2 **Busca todas las causas de ese efecto.**

Paso 3 **Piensa en cómo se relacionan las causas entre sí y con el efecto.**

Causas y efectos del dominio mexicano de California

CAUSAS		EFECTOS	
México se independiza de España.	→	Se aprueban leyes y se designan funcionarios mexicanos en California.	→ Se pone fin al sistema de misiones en California.
Los líderes de California deciden aceptar el dominio de México.			

PRACTICA LA DESTREZA

Lee las siguientes afirmaciones y decide si indican una causa o un efecto del dominio mexicano de California. Escribe tus respuestas en una hoja de papel.

1. La mayor parte de las tierras de las misiones terminó en manos de californios y nuevos colonos.
2. Pablo Vicente de Solá pidió a los líderes de California que decidieran si apoyarían o no la independencia de México.
3. Barcos provenientes de muchos países comenzaron a comerciar en los puertos de San Francisco, Monterey y San Diego.

APLICA LO QUE APRENDISTE

DESTREZA DE ANÁLISIS **Aplícalo** Todos los días las personas toman decisiones teniendo en cuenta sus causas y sus posibles efectos. Entrevista a tus padres, a tus abuelos o a otros adultos de tu comunidad. Hazles preguntas sobre un evento histórico importante que hayan vivido. Intenta identificar las causas y los efectos de las decisiones que se tomaron durante el evento. Lee el resultado de tu investigación a la clase.

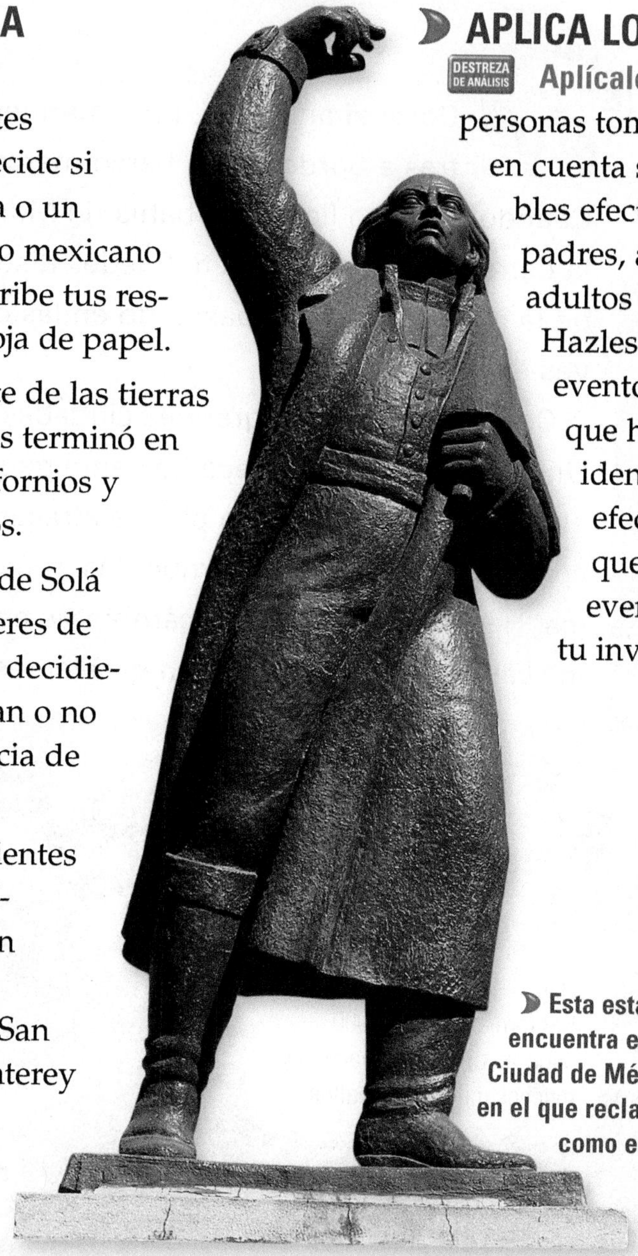

Esta estatua del padre Hidalgo se encuentra en la Plaza Hidalgo, en la Ciudad de México. Su famoso discurso, en el que reclamó igualdad, se conoce como el Grito de Dolores.

Lección 2

1821
México logra su independencia

1834
El gobierno mexicano comienza a cerrar las misiones

REFLEXIONA
¿En qué estaba basada la economía de California durante el dominio mexicano?

- ✓ Explica cómo los ofrecimientos de cesiones de tierras cambiaron a California.
- ✓ Describe cómo las nuevas reglas de comercio mexicanas y el crecimiento de los ranchos ayudaron a desarrollar la economía de California.

VOCABULARIO
cesión de tierra pág. 157
diseño pág. 157
rancho pág. 158
hacienda pág. 159
trueque pág. 160
sebo pág. 160

PERSONAS
Pío Pico
Mariano Vallejo
Richard Henry Dana

LUGARES
Monterey
Rancho Petaluma
Fuerte Ross

Destreza clave GENERALIZAR

Normas de California
HSS 4.2, 4.2.5, 4.2.8, 4.3, 4.3.1, 4.3.2

El crecimiento de la economía de los ranchos

IMAGÍNATE ALLÍ

Corre el año 1835. Eres marinero y te encuentras a bordo de un barco mercante de Boston. Cuando tu barco llega a la bahía de Monterey, observas la tierra que está frente a ti. Puedes distinguir a través de la niebla el ganado pastando en las colinas. Luego ves el pueblo.

Comparada con las grandes ciudades de Estados Unidos, **Monterey** parece bastante pequeña. Aun así, es el lugar donde tu capitán planea atracar para comerciar con la carga, que incluye muebles, ropa y otros artículos. Has escuchado que, a cambio de estas mercancías, los californios les entregarán excelentes cueros de vaca.

DATOS BREVES
Hacia 1830, había en California unas 500,000 cabezas de ganado vacuno y muchos miles de caballos.

Las cesiones de tierra

Para atraer habitantes a California, el gobierno mexicano comenzó a ofrecer más **cesiones de tierra**, o tierra que se regalaba, a los nuevos colonos. Una persona que quería una cesión de tierra debía enviar una carta al gobierno explicando por qué quería esa tierra. En la carta, tenía que prometer que criaría ganado u otros animales allí. Además, la carta tenía que incluir un **diseño**. Los diseños eran mapas dibujados a mano que mostraban los límites de la cesión de tierra.

Bajo el dominio español, había resultado muy difícil conseguir cesiones de tierra en California. La mayoría de las cesiones se otorgaban a personas adineradas o a quienes tenían amigos o familiares en el gobierno. Ahora, el gobierno mexicano aseguraba que todas las personas que aceptaran la religión católica y se convirtieran en ciudadanos mexicanos podían poseer tierras. De esta manera, obtener una cesión de tierra se volvió mucho más fácil. Habitantes de otros países, especialmente de Estados Unidos, comenzaron entonces a mudarse a California.

La mayor parte de las cesiones de tierra eran concedidas a hombres blancos. Sin embargo, las mujeres y los hombres indios también podían recibirlas. En esa época, a diferencia de Estados Unidos, en México las mujeres casadas podían poseer tierras.

REPASO DE LA LECTURA **GENERALIZAR**
¿Por qué la población de California comenzó a crecer durante el dominio mexicano?

DESTREZA DE ANÁLISIS **Analizar mapas**

Ubicación **¿En qué zona de California se otorgó la mayor cantidad de cesiones de tierra?**

Los nuevos dueños de la tierra

La mayoría de las personas que recibieron cesiones de tierra no perdieron tiempo y fundaron **ranchos**, o grandes haciendas con ganado. Un rancho estaba formado por la casa del dueño, campos de cultivo y tierras de pastoreo para el ganado y para los caballos. Como en California había tanta tierra y tan pocos habitantes, algunos ranchos eran muy grandes. Algunos ocupaban 50,000 acres o más, es decir, una superficie mayor que la de la actual ciudad de San Francisco.

Para alimentar el ganado, los ranchos necesitaban mucha tierra en la que creciera suficiente pasto. Los animales andaban libremente por las tierras del rancho. Comían gran parte de los pastos de un lugar y luego se desplazaban a otro.

Al principio, el número de ranchos de California creció lentamente. Con el cierre de las misiones, el gobierno mexicano comenzó a otorgar más cesiones de tierra. El gobierno también entregó a los nuevos dueños de ranchos el ganado que había pertenecido a las misiones. Entre 1834 y 1846 se formaron más de 700 nuevos ranchos. En poco tiempo, los ranchos se convirtieron en el centro de la vida de California y en parte importante de su economía.

La vida en un rancho era muy similar a la vida en un pueblo pequeño. En uno de estos grandes ranchos podían vivir cientos de personas, entre ellas el ranchero o la ranchera, su familia y los trabajadores. Muchos trabajadores de los ranchos eran indios que habían trabajado en las misiones.

Pío Pico era uno de los muchos dueños de ranchos de California. Su padre había

El Rancho Petaluma pertenecía a Mariano Vallejo, que aparece junto a sus hijas en la fotografía de la izquierda.

Esta ilustración muestra al dueño de un rancho, Andrés Pico, hermano de Pío Pico, en su hacienda cerca de Los Angeles.

llegado a California de México en 1801. Pico había nacido en Los Angeles y su familia estaba formada por algunos de los primeros colonos de la región. Pico se convirtió en ranchero y también fue el último gobernador de la California mexicana.

Mariano Vallejo, un adinerado ranchero del norte de California, era dueño de varios ranchos. Uno de ellos se encontraba en Petaluma, al norte de San Francisco. El **Rancho Petaluma** era igual a muchos otros grandes ranchos de California. Tenía una **hacienda**, o casa principal, construida alrededor de un patio abierto. Una galería, o porche, rodeaba el interior del patio.

En total, los ranchos de Vallejo sumaban alrededor de 175,000 acres de tierra. En estas tierras, Vallejo tenía unas 25,000 reses y miles de ovejas y caballos. Tenía también campos sembrados con maíz, trigo, cebada, chícharos, frijoles y otros cultivos. Además, contaba con espacio y equipamiento para que los trabajadores fabricaran artículos como mantas, clavos y herraduras.

Sin embargo, no todos los dueños de ranchos eran ricos. En los ranchos más pobres, las familias vivían a menudo en casas pequeñas con pisos de tierra. Las puertas y las ventanas estaban cubiertas con cueros de vaca.

En esa época, no todos los habitantes de California vivían en ranchos. Algunos continuaban viviendo en los pueblos. Allí podían encontrarse trabajadores especializados, como herreros y talabarteros, y había también tiendas y posadas.

REPASO DE LA LECTURA **GENERALIZAR**

¿Por qué muchos ranchos ocupaban grandes superficies de tierra?

Crecimiento del comercio

Las leyes mexicanas que permitían a los californios comerciar con otros países ayudaron al crecimiento de la economía de California. Barcos mercantes de Estados Unidos, Gran Bretaña y el resto del mundo comenzaron a llegar a los puertos de California.

En 1834, un joven marinero llamado **Richard Henry Dana** llegó a California en un barco mercante que venía de Boston. Más tarde, en su libro *Two Years Before the Mast*, Dana escribió: "Teníamos . . . variedades de té, café, azúcar, especias, pasas, melaza, herramientas, . . . ropas de todo tipo, botas y zapatos . . .".*

Cuando los californios observaban un barco que entraba al puerto, se preparaban para realizar trueques. **Trueque** es el intercambio de un tipo de artículo por otro. Los comerciantes que llegaban en los barcos buscaban cueros de vaca y **sebo**, es decir, grasa animal que se usaba para hacer jabón y velas. A cambio de los cueros y el sebo, ofrecían mercancías que los californios no producían ni cultivaban.

Muchos lugares a lo largo de la costa de California no tenían buenos puertos naturales. Para comerciar en esos lugares, los barcos tenían que permanecer mar adentro y enviar pequeños botes en busca de los cueros. En su libro, Dana describe

El Fuerte Ross

En 1812, unos comerciantes de pieles rusos construyeron un fuerte en la costa del Pacífico, al norte de la bahía de Bodega. Los españoles lo llamaron *Fuerte de los Rusos.* Más tarde, el fuerte llegó a conocerse como **Fuerte Ross.**

Los rusos se convirtieron en socios comerciales de los californios, algo que la ley española no permitía. Los californios intercambiaban ganado y cultivos por artículos hechos en Rusia, como arados y hachas. En 1824, Rusia aceptó dejar de construir asentamientos al sur de Alaska. Los rusos abandonaron el fuerte en 1841, y un colono llamado John Sutter compró las construcciones.

* Richard Henry Dana. *Two Years Before the Mast.* Modern Library, 2001.

Comercio de cueros y sebo en una playa de California.

cómo los californios se paraban en los altos acantilados y lanzaban los cueros a la playa para que los botes los recogieran:

> “Desde lo alto tirábamos los cueros, . . . el viento los remontaba como a una cometa, para luego hacerlos caer en picada hasta el mar.”*

Por primera vez, los colonos creían que California era un lugar en el que había oportunidades. De hecho, el comercio con Boston se volvió más importante para los californios que el comercio con la Ciudad de México. California ya no era una lejana colonia de la Nueva España.

REPASO DE LA LECTURA **GENERALIZAR**
Bajo el dominio mexicano, ¿cómo ayudó el comercio a los habitantes de California?

*Richard Henry Dana. *Two Years Before the Mast.* Modern Library, 2001.

Resumen

México ofreció más cesiones de tierra en California y esto ayudó al crecimiento de la población. Los nuevos colonos formaron ranchos y el comercio aumentó. La economía de California se fortaleció.

REPASO

1. ¿En qué estaba basada la economía de California durante el dominio mexicano?
2. Escribe un párrafo sobre los **ranchos** usando los términos **cesión de tierra** y **diseño**.
3. ¿Por qué el Fuerte Ross era importante para los californios?

RAZONAMIENTO CRÍTICO

4. DESTREZA DE ANÁLISIS ¿Qué ganaban los californios al comerciar con Estados Unidos y con otros países? ¿A qué renunciaban?
5. ¿Por qué crees que los ranchos estaban organizados para producir casi todo lo que necesitaban?
6. **Dibuja un mural** Dibuja un mural que muestre un rancho. Asegúrate de incluir una casa, tierra, animales y personas. Luego, usa tu dibujo para explicar a un compañero cómo se administraba un rancho.
7. Destreza clave **GENERALIZAR**

   En una hoja de papel, copia y completa el organizador gráfico de abajo.

Datos

cientos de personas	muchas cabezas de ganado	50,000 acres o más

Generalización

FUENTES PRIMARIAS

Un diseño

Los diseños mostraban puntos de referencia como caminos, colinas, ríos, arroyos y lagunas. También incluían árboles, rocas grandes y otras referencias. Si ya existía alguna construcción en esas tierras, también se mostraba en el diseño.

Los diseños eran mucho menos detallados y precisos que la mayor parte de los mapas. A veces, esto provocaba problemas. Los dueños de tierras vecinas podían estar en desacuerdo sobre el lugar en que estaba el límite entre sus propiedades, especialmente si una referencia mostrada en un diseño, como un árbol o una roca, ya no existía.

El gobierno mexicano sellaba cada diseño y le asignaba un número. Esto ayudaba a controlar las cesiones de tierra.

En los puntos de esta rosa de los vientos se ven las letras que representan los puntos cardinales.

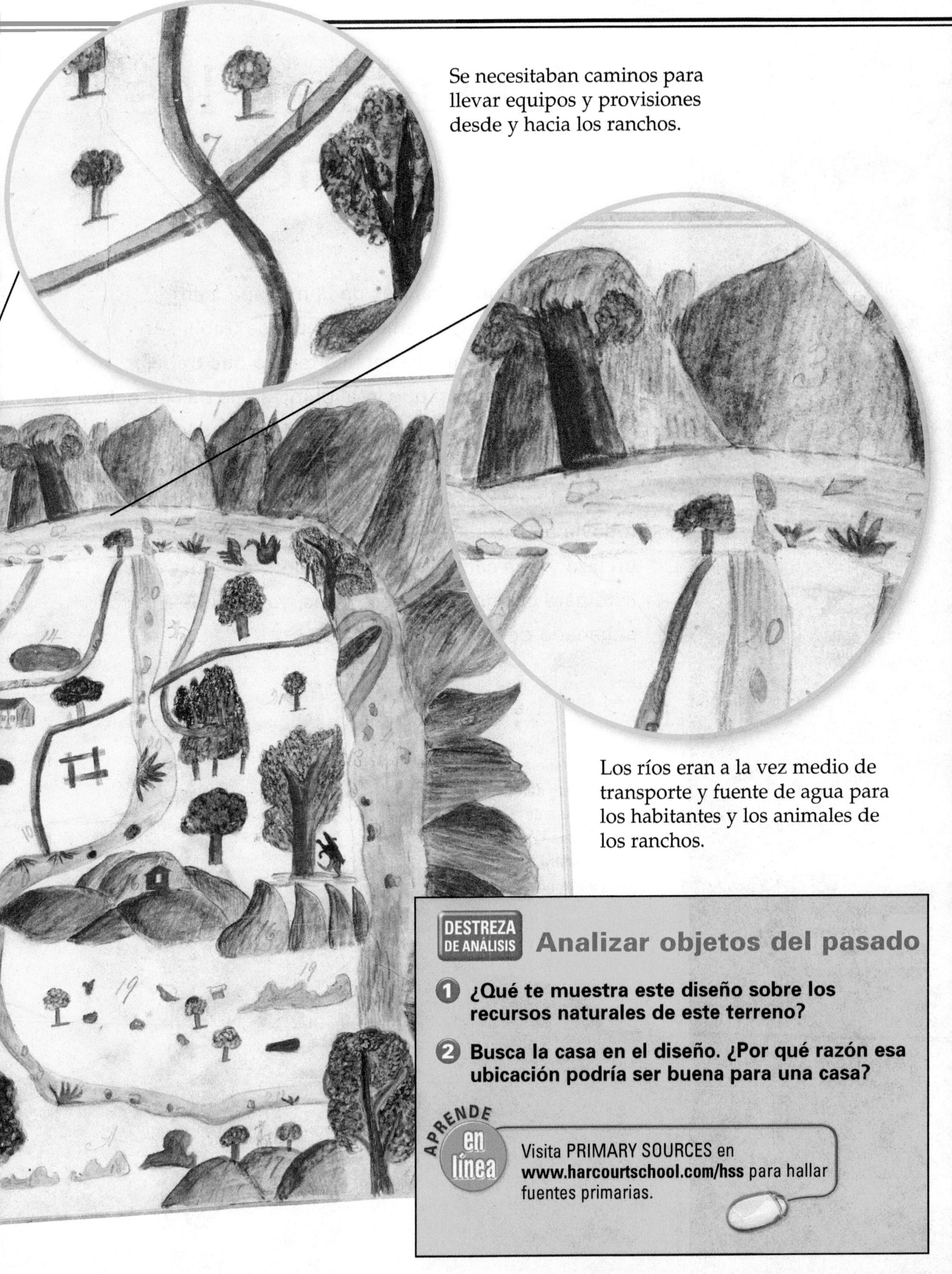

Se necesitaban caminos para llevar equipos y provisiones desde y hacia los ranchos.

Los ríos eran a la vez medio de transporte y fuente de agua para los habitantes y los animales de los ranchos.

DESTREZA DE ANÁLISIS **Analizar objetos del pasado**

1. **¿Qué te muestra este diseño sobre los recursos naturales de este terreno?**
2. **Busca la casa en el diseño. ¿Por qué razón esa ubicación podría ser buena para una casa?**

APRENDE en línea

Visita PRIMARY SOURCES en **www.harcourtschool.com/hss** para hallar fuentes primarias.

Lección 3

La vida en los ranchos

REFLEXIONA

¿Cómo se convirtieron los ranchos en el centro de la vida de California durante el dominio mexicano?

✓ Explica las funciones de las personas que vivían y trabajaban en los ranchos.

✓ Describe la vida social de las personas que vivían y trabajaban en los ranchos.

VOCABULARIO

vaquero pág. 165
labor pág. 166
fiesta pág. 167

PERSONAS

William Davis
Juana Briones de Miranda

GENERALIZAR

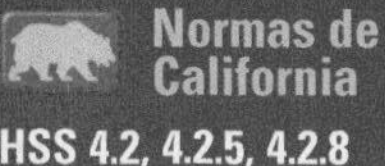

Normas de California

HSS 4.2, 4.2.5, 4.2.8

IMAGÍNATE ALLÍ

No son ni las tres de la mañana, pero ya es hora de comenzar el día de trabajo en el rancho. Sabes que tu caballo tendrá que trabajar arduamente hoy, así que lo alimentas y le das de beber. Luego, lo montas para arrear los otros caballos que tu grupo necesitará durante el día.

Cuando vuelves a la casa principal para desayunar, todavía está oscuro. Después de una buena comida, atas un lazo y una cantimplora a tu montura. Ahora estás listo para cabalgar muchas millas, ya que irás a buscar el ganado del rancho.

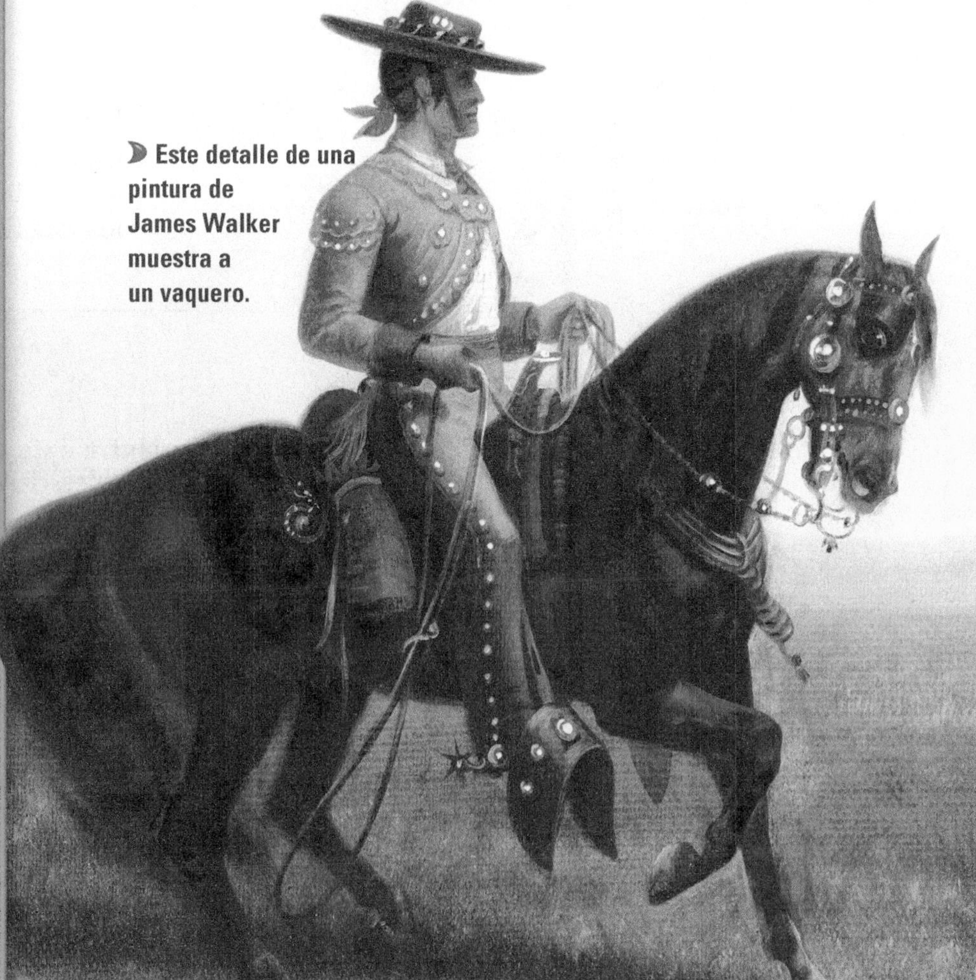

Este detalle de una pintura de James Walker muestra a un vaquero.

Los vaqueros eran expertos trabajadores y jinetes. Estos vaqueros usan lazos para atrapar una vaca.

Los vaqueros

Los **vaqueros** realizaban algunos de los trabajos más importantes en un rancho. La tarea principal del vaquero era reunir el ganado. El ganado no estaba encerrado en corrales, sino que andaba libre por los campos.

Los vaqueros debían ser expertos jinetes. Trabajar con los animales del rancho significaba, además, que los vaqueros debían ser capaces de usar una reata, o lazo. **William Davis,** que había visitado California dos veces antes de comenzar a trabajar allí en 1838, describió la reata como "una delgada cuerda trenzada de unos 80 pies de largo, hecha con un cuero muy resistente o con tiras de cuero no curtido".* Un buen vaquero podía atrapar cualquier animal arrojando la reata para enlazar el animal por el cuello.

Como no había cercas entre los ranchos, a veces se mezclaba el ganado de diferentes ranchos. Los vaqueros podían separar el ganado observando sus marcas, unos símbolos marcados con un hierro candente en la piel del animal. Cada rancho tenía su propia marca.

Al menos una vez al año, los vaqueros reunían todo el ganado del rancho. Una manada grande podía extenderse por una milla. Los vaqueros contaban y seleccionaban el ganado y marcaban a los terneros, es decir, el ganado más joven.

REPASO DE LA LECTURA **GENERALIZAR**
¿Cuál era el trabajo principal de un vaquero?

*William H. Davis. *Sixty-Years in California.* A.J. Leary, 1889.

Mujeres e indios en los ranchos

En los ranchos, las mujeres tenían muchas tareas. Algunas mujeres administraban sus propios ranchos e incluso trabajaban con el ganado. Un día, mientras lavaba su ropa, Edward Vischer vio a dos mujeres de un rancho que se acercaban cabalgando. Vischer recordó que "madre e hija habían salido para ayudar en el arreo de ganado. Bien montadas, manejaban sus caballos soberbiamente. Justo cuando yo estaba con espuma hasta los codos, ellas aparecieron con una manada de varios cientos de cabezas de ganado".*

Las mujeres de los ranchos no solo hacían las tareas domésticas. Algunas, como **Juana Briones de Miranda,** eran dueñas de sus propios ranchos. En 1844, ella compró un rancho de más de 4,000 acres cerca de San Jose.

Los indios también hacían muchas **labores**, o tareas, en los ranchos. Trabajaban, entre muchas otras cosas, como vaqueros, cocineros y granjeros. La mayoría de los trabajadores indios no recibían dinero por su labor. A cambio, los rancheros les daban comida, algo de ropa y un lugar donde vivir. Algunos vivían en pequeños poblados que se construían en el rancho, llamados rancherías.

Tras el cierre de las misiones, muchos indios no tenían adónde ir. A menudo ocurría que otras personas se habían apropiado de sus tierras. Algunos indios se habían apartado tanto de su antiguo modo de vida que ya no podían volver a él.

REPASO DE LA LECTURA **RESUMIR**
¿Qué hicieron muchos de los indios de las misiones después de que las cerraron?

*Edward Vischer. De "Hispano-Mexican Childrearing Practices in Pre-American Santa Barbara", por Gloria Miranda. *Southern California Quarterly* 65, no. 4, 1983.

La vida social

Imagina esta escena: una mujer está montada en un elegante caballo. Lleva botas de cuero de caña alta, una camisa holgada, una falda hasta los tobillos y una chaqueta corta. Con un rápido movimiento, hace galopar a su caballo. La mujer está participando en un torneo de equitación. Sin dejar de cabalgar, se inclina hábilmente y recoge del suelo una moneda. Los espectadores la aplauden.

Aunque en los ranchos siempre había trabajo por hacer, las personas dedicaban tiempo a reunirse para celebrar y disfrutar de la vida. Los vaqueros a menudo se divertían demostrando su valentía y su destreza como jinetes en carreras de caballo y corridas de toros.

Los californios eran conocidos por sus **fiestas**. Para ir a una fiesta, solían recorrer largas distancias y permanecían varios días en el rancho donde se organizaba. Los dueños de los ranchos trataban muy bien a sus invitados. Siempre había mucha comida, y se tocaba la guitarra, se cantaba y se bailaba.

Sin embargo, no todas las celebraciones tenían lugar en los ranchos. Los matrimonios y los bautizos se realizaban a veces en las iglesias que estaban en los pueblos o en sus cercanías. Al igual que las celebraciones en los ranchos, las bodas podían durar una semana.

Aun cuando no había invitados, los ranchos eran a menudo lugares llenos de vida. Muchas familias californias eran muy numerosas. Era frecuente que la casa principal estuviera llena de hermanos, primos, tíos y abuelos.

Míralo en detalle

Un rancho

En los ranchos, casi todos los días había mucho trabajo.

1. **Había que reunir el ganado para contarlo y seleccionarlo.**
2. **En verano y otoño, se mataba parte del ganado. Después de quitar la carne, los vaqueros raspaban y limpiaban los cueros. Una vez que se habían secado en la curtiembre, los cueros podían usarse.**
3. **El horno se construía afuera de la casa del rancho.**

¿Qué otras labores hacen las personas que aparecen en este diagrama?

La escuela no siempre formaba parte de la vida de los niños que vivían en los ranchos. No había escuelas públicas y la mayor parte de la gente tenía pocas oportunidades de aprender a leer o escribir.

Los hijos de algunos de los propietarios ricos, sin embargo, aprendían de maestros ambulantes. Estos maestros iban de rancho en rancho y pasaban unas pocas semanas en cada casa.

REPASO DE LA LECTURA **SACAR CONCLUSIONES**
¿Por qué las personas que vivían en los ranchos tenían pocas posibilidades de aprender a leer o escribir?

Resumen

La mayoría de los habitantes de la California mexicana vivía en ranchos. Los habitantes de los ranchos trabajaban arduamente, pero también se divertían en fiestas y otras celebraciones. Como tenían pocas opciones, muchos indios también vivían y trabajaban en ranchos.

REPASO

1. ¿Cómo se convirtieron los ranchos en el centro de la vida de California durante el dominio mexicano?
2. Usa los términos **vaquero** y **labor** en una oración sobre la vida en los ranchos.
3. ¿Cómo identificaban los dueños de los ranchos su ganado?

RAZONAMIENTO CRÍTICO

4. DESTREZA DE ANÁLISIS ¿Por qué crees que los juegos y concursos que se realizaban en las fiestas demostraban la valentía y destreza de los jinetes?
5. **Escribe una carta** Imagina que visitas un rancho de California en el siglo XIX. Escribe una carta a un amigo de la ciudad, contándole cómo es la vida en el rancho.
6. Destreza clave **GENERALIZAR**

En una hoja de papel, copia y completa el organizador gráfico de abajo.

Datos

Generalización

Pocas personas aprendían a leer y escribir en los ranchos.

La familia Lugo tenía un extenso rancho cerca de lo que hoy es Los Angeles.

Juana Briones

Biografía

- Integridad
- Respeto
- Responsabilidad
- Equidad
- **Bondad**
- Patriotismo

*"Ella . . . extendió el amor, el sustento y el cuidado [que] daba a su familia a toda una comunidad de personas. . ."**

En 1836, Juana Briones decidió cambiar de vida. Como su marido la había maltratado durante mucho tiempo, tomó a sus ocho hijos y se marchó de su casa al pueblo de Yerba Buena, un asentamiento que después formaría parte de la ciudad de San Francisco.

Juana Briones construyó esta casa en el Rancho La Purisima Concepción.

Preocupada de que su marido o el gobierno pudieran sacarla de su hogar en Yerba Buena, Juana Briones comenzó a ahorrar dinero. Cultivó y vendió frutas y vegetales. Con ese dinero, compró el rancho La Purísima Concepción en 1844.

En su rancho, continuó ganando dinero. Además, mientras administraba el trabajo del rancho, adoptó a seis niños. En Yerba Buena, Juana Briones también cuidaba a personas enfermas.

En 1997, la ciudad de San Francisco le dedicó una placa conmemorativa, que se encuentra en el barrio conocido como North Beach, cerca de su hogar en Yerba Buena.

La importancia del carácter

¿Cuál de las acciones de Juana Briones muestra mejor que era una persona bondadosa?

*Albert Camarillo, del discurso "The Legacy of Juana Briones", con motivo de la dedicación del número 1024 de California Registered Historical Landmark, en 1997.

Biografía breve

- **1802** Nace
- **1820** Se casa con Apolinario Miranda
- **1836** Se muda con sus hijos a Yerba Buena
- **1844** Compra un rancho de 4,400 acres llamado La Purísima Concepción
- **1889** Muere

APRENDE en línea

Visita MULTIMEDIA BIOGRAPHIES en www.harcourtschool.com/hss para hallar biografías multimedia.

1805

1815

1810
Comienza la guerra por la independencia de México

La lectura en los Estudios Sociales

Cuando **generalizas,** haces una declaración amplia sobre los datos y los detalles que leíste.

Generalizar

Completa este organizador gráfico para hacer una generalización sobre los asentamientos en la California mexicana desde principios del siglo XIX hasta 1850. Una copia de este organizador gráfico aparece en la página 46 del cuaderno de Tarea y práctica.

El dominio mexicano de California

Datos

México se independizó de España.			

Generalización

Bajo el dominio mexicano, California fortaleció su economía y aumentó su población.

Pautas de redacción de California

Escribe una narración Imagina que eres un californio que vive en Alta California. Escribe un cuento en el que pides al gobierno mexicano una cesión de tierra. Incluye una descripción de la tierra que quieres obtener y explica qué harás con ella cuando te la concedan.

Escribe un reporte Escribe un reporte breve que describa la vida de los indios o de las mujeres de California en los ranchos. Visita tu biblioteca y usa tu libro de texto e Internet para reunir información, datos y detalles para tu reporte.

1825

1835

1812
Se funda el Fuerte Ross

1821
México logra su independencia

1834
El gobierno mexicano comienza a cerrar las misiones

Usa el vocabulario

Escribe una definición para cada término. Luego, usa cada término en una oración que explique su significado.

1. **independencia,** pág. 149
2. **cesión de tierra,** pág. 157
3. **rancho,** pág. 158
4. **trueque,** pág. 160
5. **sebo,** pág. 160
6. **vaquero,** pág. 165
7. **labor,** pág. 166

Usa la línea cronológica

Usa la línea cronológica del capítulo para responder las preguntas.

8. ¿En qué año se independizó México de España?
9. ¿Cuánto tiempo después de la independencia el gobierno mexicano comenzó a cerrar las misiones?

Aplica las destrezas

Identificar causas y efectos múltiples

10. ¿Cuáles son algunas de las razones por las que los ranchos se convirtieron en el centro de la vida de California después de que México se independizó de España?

Recuerda los datos

Responde estas preguntas.

11. ¿Qué cambios se produjeron en Alta California al independizarse México de España?
12. ¿Cómo cambió la vida de los indios de California después del cierre de las misiones?
13. ¿Cómo se desarrolló la economía de California bajo el dominio mexicano?

Escribe la letra que corresponda a la respuesta correcta.

14. ¿Quiénes recibieron la mayor cantidad de cesiones de tierra en California?
    A las mujeres californias
    B los hombres californios
    C los indios de California
    D los colonos de Estados Unidos
15. ¿Cuál de los siguientes era un artículo de intercambio habitual en la década de 1830?
    A joyas
    B maíz
    C sebo
    D jabón

Piensa críticamente

16. DESTREZA DE ANÁLISIS ¿De qué manera sería tu vida diferente si vivieras en un rancho en el siglo XIX?
17. DESTREZA DE ANÁLISIS Si vivieras en Alta California en la década de 1830, ¿preferirías vivir en un rancho o en un pueblo? ¿Por qué?

La misión de Carmel

PREPÁRATE

El padre Junípero Serra comenzó a establecer misiones en Alta California en 1769. San Carlos Borromeo de Carmelo, o la misión de Carmel, fue la segunda misión fundada por Serra. El sacerdote colocó una cruz en el centro del lugar donde luego se construiría la misión. Hoy se puede ver una réplica de esa cruz en el mismo lugar. Aunque el museo es el único edificio original que queda en pie, se reconstruyeron muchos otros edificios de la misión. Para eso, se usaron diseños que datan de la década de 1780. Dentro de la misión puedes visitar algunas de las habitaciones que se restauraron con muebles originales, objetos del altar, registros de iglesia y libros. Al caminar por la misión de Carmel, podrás experimentar cómo era la vida en una misión hace más de 200 años.

UBÍCALO

Carmel

CALIFORNIA

OBSERVA

La misión de Carmel comenzó a deteriorarse después de ser abandonada en la década de 1830. Al iniciarse su reconstrucción, en 1931, quedaba poco del edificio original.

UN PASEO VIRTUAL
APRENDE en línea
Visita VIRTUAL TOURS en www.harcourtschool.com/hss para realizar un paseo virtual.

Cuando Serra fundó la misión de Carmel, colocó una cruz en el lugar donde se construiría la misión.

Las habitaciones de la misión se restauraron. Algunas de ellas tienen incluso los muebles originales. Al visitar la misión, se pueden ver los dormitorios, la cocina y otras áreas.

Unidad 2

Repaso

LA GRAN IDEA

Exploración Las exploraciones llevaron a la interacción entre los europeos y los indios de California.

Resumen

California en el pasado

En 1769, los españoles comenzaron a construir presidios y misiones a lo largo de la costa de Alta California. Tal como habían hecho en otras partes de la Nueva España, los españoles querían comenzar una colonia de súbditos leales para proteger su posesión de tierras en la región. Los asentamientos que establecieron los españoles cambiaron la vida de muchos indios de California.

Los misioneros intentaron enseñar el modo de vida español a los indios nativos y convertirlos a la religión católica. Algunos indios estaban dispuestos a aceptar los cambios, pero otros no. Muchos indios de California resistieron a los españoles.

En 1821, los mexicanos derrotaron a España en la guerra por la independencia de México. Después de la guerra, California pasó a formar parte de México. La vida de California cambió bajo el dominio mexicano. Nuevas leyes cerraron las misiones y apoyaron el crecimiento de los ranchos. Estos cambios tuvieron efectos duraderos sobre los habitantes de California.

Ideas principales y vocabulario

Lee el resumen de arriba. Luego, responde las siguientes preguntas.

1. ¿Cuál es el significado de la palabra misioneros?
   - **A** exploradores españoles
   - **B** gobernadores de California
   - **C** personas que poseen grandes ranchos de ganado
   - **D** personas que enseñan su religión a otros

2. ¿Por qué los españoles querían establecer una colonia en Alta California?
   - **A** para luchar contra los indios
   - **B** para comenzar más ranchos
   - **C** para mantener a los misioneros ocupados
   - **D** para defender su posesión de la región

3. ¿Qué es un rancho?
   - **A** un pequeño pueblo
   - **B** una gran hacienda con ganado
   - **C** un ladrillo hecho con barro y pasto
   - **D** un barco usado por comerciantes europeos

4. ¿Quién controló Alta California inmediatamente después de la guerra por la independencia de México?
   - **A** México
   - **B** Rusia
   - **C** Estados Unidos
   - **D** España

Recuerda los datos

Responde estas preguntas.

5. Buscar el estrecho de Anián era muy costoso. ¿Por qué los españoles siguieron enviando exploradores para encontrarlo?
6. ¿Por qué España quería encontrar un buen puerto natural en Alta California?
7. ¿Por qué España estableció misiones y presidios en California?
8. ¿Por qué era difícil llegar a Alta California desde el resto de la Nueva España?
9. ¿Cuáles eran algunas de las tareas de los soldados de Alta California?
10. ¿Cómo afectaron las misiones la economía de California?
11. ¿Cómo resistieron algunos indios de California a los españoles?
12. ¿Quién trabajaba con el ganado y los caballos en los ranchos?
13. ¿Cómo afectó el crecimiento de los ranchos la economía de California?

Escribe la letra que corresponda a la respuesta correcta.

14. ¿Dónde se construyó la primera misión de California?
    A San Diego de Alcalá
    B Monterey
    C San Francisco de Asís
    D Santa Barbara
15. ¿Qué era El Camino Real?
    A una ruta
    B un rancho
    C un pueblo
    D un galeón español
16. ¿Qué ocurrió con las misiones después de que el gobierno mexicano tomara el control de California?
    A Se destruyeron.
    B Se agrandaron.
    C Se convirtieron en presidios.
    D La Iglesia ya no las controlaba.

Piensa críticamente

17. DESTREZA DE ANÁLISIS ¿Por qué crees que la mayoría de las misiones de California se construyeron cerca de aldeas indias?
18. DESTREZA DE ANÁLISIS ¿Por qué crees que algunos ranchos eran extremadamente grandes?

Aplica las destrezas

Seguir rutas en un mapa histórico

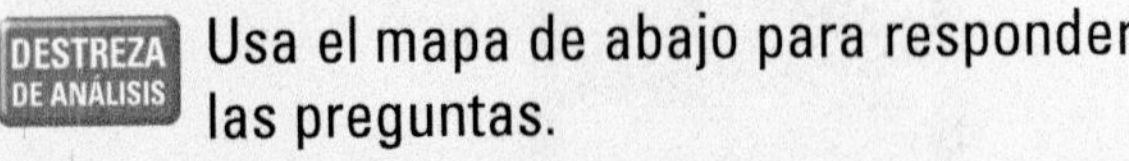
DESTREZA DE ANÁLISIS Usa el mapa de abajo para responder las preguntas.

19. ¿De qué ciudad partió Anza?
20. ¿Qué río siguió Anza al aproximarse a Yuma?
21. ¿A qué misión llegó Anza primero? ¿A San Luis Obispo o a San Gabriel?

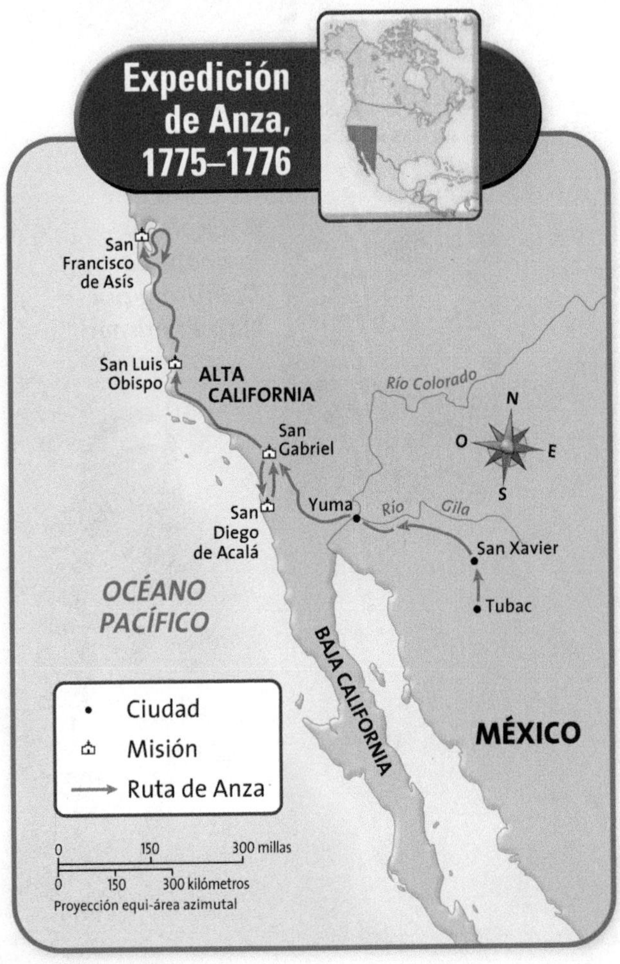

Unidad 2

Actividades

Lecturas adicionales

■ *Los vaqueros de California* por Richie Chevat

■ *La misión de Santa Barbara* por Ellen Appelbaum

■ *Explorar la costa de California* por Nan Friedman

Muestra lo que sabes

Actividad de redacción

Escribe una narración Imagina que participas en una expedición española a California. Escribe una carta a un amigo español contándole tus viajes. Dile adónde te diriges y describe la tierra y los indios de California que encuentres. Incluye detalles sensoriales, como imágenes y sonidos, para ilustrar la época y el lugar.

Proyecto de la unidad

Hagan una exposición de un museo Hagan una exposición de un museo sobre California en el pasado. Elijan personas, lugares y eventos para incluir en la muestra y escriban breves informes sobre ellos. Creen objetos para representar objetos del pasado, dibujen mapas y escriban entradas de diarios para acompañar sus informes.

APRENDE en línea

Visita ACTIVITIES en **www.harcourtshool.com/hss** para hallar otras actividades.

Cómo se constituyó el estado

COMIENZA CON LAS NORMAS

Normas de Historia y Ciencias Sociales de California

4.2 Los estudiantes describen la vida social, política, cultural y económica y las interacciones entre los habitantes de California, desde las sociedades precolombinas hasta los períodos de las misiones españolas y los ranchos mexicanos.

4.3 Los estudiantes explican la vida económica, social y política en California desde el establecimiento de la República de la Bandera del Oso hasta la guerra entre México y Estados Unidos, la fiebre del oro y el otorgamiento de rango de estado.

4.4 Los estudiantes explican cómo California se convirtió en una potencia agrícola e industrial, siguiendo la transformación de la economía de California y su desarrollo político y económico desde la década de 1850.

La gran idea

DESARROLLO Y CAMBIO

Nuevos descubrimientos y oportunidades atrajeron a muchas personas a California.

Reflexiona

- ¿Por qué viajaban a California más personas y qué rutas seguían?
- ¿De qué manera el descubrimiento de oro cambió la vida en California?
- ¿Qué acontecimientos llevaron al reconocimiento de California como estado?

Muestra lo que sabes

★ **Prueba de la Unidad 3**

Redacción: Un reportaje

Proyecto de la unidad: Libro de datos de California

Unidad 3

Tiempos

Cómo se constituyó el estado

1834 Joseph Reddeford Walker descubre un paso a través de la sierra Nevada, pág. 194

1825 — 1830 — 1835 — 1840

Al mismo tiempo

1830 Peter Cooper diseña y construye *Tom Thumb,* la primera locomotora fabricada en Estados Unidos

1836 Tropas texanas y mexicanas combaten en el Álamo

Cómo se constituyó el estado

1846 Estados Unidos declara la guerra a México, pág. 213

1848 Se descubre oro en Sutter's Mill, pág. 227

1850 California se convierte en estado, pág. 250

1845

1850

1855

1842 El Tratado de Webster-Ashburton establece la frontera entre Estados Unidos y Canadá

1845 Comienza la hambruna de la papa en Irlanda

Unit 3

James Beckwourth

1798–1866

- En 1850 descubrió un paso hacia el valle del Sacramento a través de la sierra Nevada
- En 1856 publicó su autobiografía, en la que detallaba sus aventuras

Pío Pico

1801–1894

- Último gobernador mexicano de Alta California
- Más tarde se convirtió en concejal de la ciudad de Los Angeles
- Dueño de los 8,893 acres de tierra de "El Ranchito"

Personas

1790 | 1820

- 1798 • James Beckwourth
- 1801 • Pío Pico
- 1802 • Bernarda Ruíz
- 1803 • John Sutter
- 1813 • John C. Frémont
- 1818 • Bridget "Biddy" Mason
- 1819 • John Bidwell
- 1819 • Louise Clappe

John C. Frémont

1813–1890

- Se le conoció como el Gran Explorador después de dos expediciones a la frontera oeste, a principios de la década de 1840
- Fue uno de los primeros senadores por California
- Candidato a la presidencia de Estados Unidos en 1856

Bridget "Biddy" Mason

1818–1891

- Primera mujer afroamericana dueña de una propiedad en Los Angeles
- Donó dinero a muchas obras de caridad e iglesias, incluyendo la Primera Iglesia Episcopal Metodista Africana, de la que fue cofundadora

Bernarda Ruíz

1802–1880

- Ayudó a convencer a John C. Frémont para que no castigara a los californios por haber luchado contra los estadounidenses en la guerra entre México y Estados Unidos

John Sutter

1803–1880

- Construyó el Fuerte Sutter, que para muchos pioneros señalaba el fin del Sendero de Oregon
- En 1848 se descubrió oro en sus tierras, a orillas del río American

1850 1880 1910

1866

1894

1880

1880

1890

1891

1900

1906

John Bidwell

1819–1900

- Condujo uno de los primeros grupos de pioneros de Estados Unidos a través de la sierra Nevada
- Redactó el borrador de la Declaración de la Independencia de la Bandera del Oso en 1846
- Fue candidato a gobernador de California en 1880

Louise Clappe

1819–1906

- En cartas dirigidas a su hermana, describió la vida en las minas de oro de California
- En la época en que la mayoría de la población de California era masculina, sus relatos ofrecieron un punto de vista diferente

Unidad 3

Lugares

California como parte de México, 1840

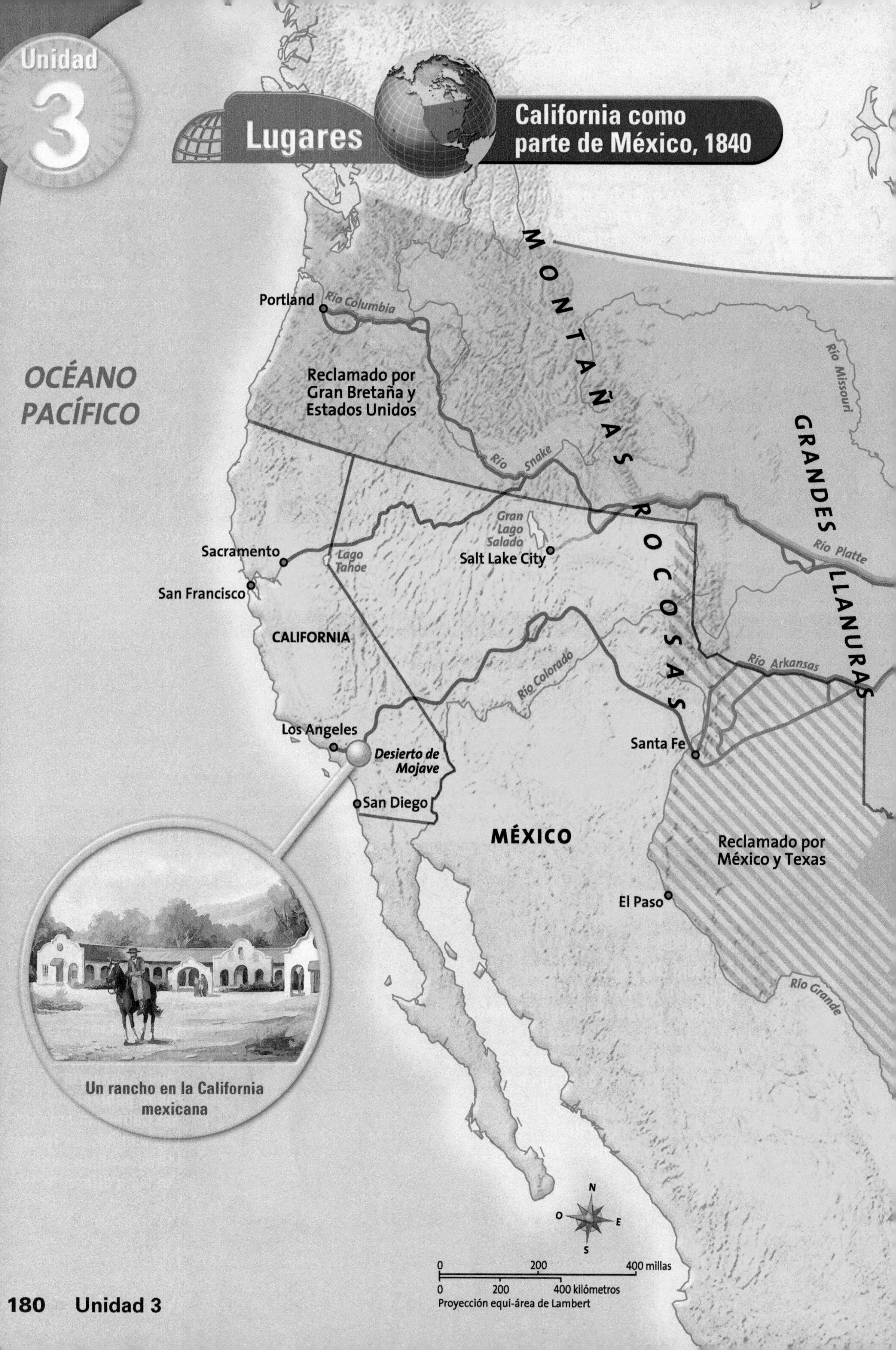

OCÉANO PACÍFICO

MONTAÑAS ROCOSAS

GRANDES LLANURAS

Portland

Río Columbia

Río Missouri

Reclamado por Gran Bretaña y Estados Unidos

Río Snake

Gran Lago Salado

Sacramento

Lago Tahoe

Salt Lake City

Río Platte

San Francisco

CALIFORNIA

Río Arkansas

Río Colorado

Los Angeles

Desierto de Mojave

Santa Fe

San Diego

MÉXICO

Reclamado por México y Texas

El Paso

Río Grande

Un rancho en la California mexicana

N O E S

0 200 400 millas

0 200 400 kilómetros

Proyección equi-área de Lambert

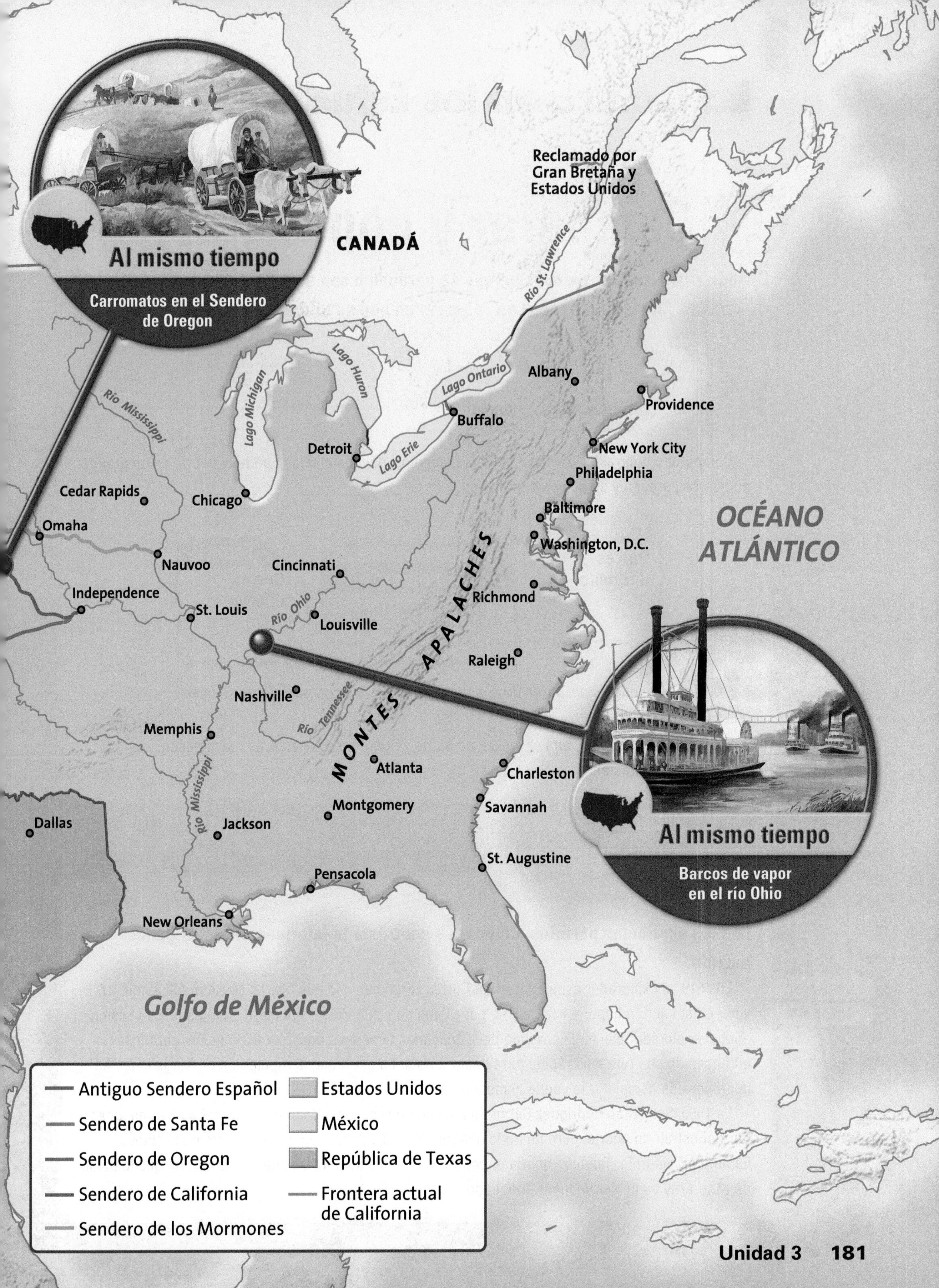

Al mismo tiempo
Carromatos en el Sendero de Oregon
CANADÁ
Reclamado por Gran Bretaña y Estados Unidos
Río St. Lawrence
Lago Ontario
Lago Huron
Lago Michigan
Lago Erie
Río Mississippi
Albany
Providence
Buffalo
Detroit
New York City
Philadelphia
Baltimore
Washington, D.C.
Cedar Rapids
Chicago
Omaha
Nauvoo
Cincinnati
Independence
St. Louis
Río Ohio
Louisville
Richmond
Raleigh
MONTES APALACHES
Nashville
Río Tennessee
Memphis
Atlanta
Charleston
Montgomery
Savannah
Jackson
Dallas
St. Augustine
Pensacola
New Orleans
OCÉANO ATLÁNTICO
Golfo de México
Al mismo tiempo
Barcos de vapor en el río Ohio
Antiguo Sendero Español
Sendero de Santa Fe
Sendero de Oregon
Sendero de California
Sendero de los Mormones
Estados Unidos
México
República de Texas
Frontera actual de California

Unidad 3

La lectura en los Estudios Sociales

Comparar y contrastar

Cuando comparas, piensas en qué se parecen o son semejantes dos o más cosas. Cuando contrastas, piensas en qué se diferencian.

Por qué es importante

Comparar y contrastar personas, lugares, eventos, objetos e ideas puede ayudarte a comprender en qué se parecen y en qué se diferencian.

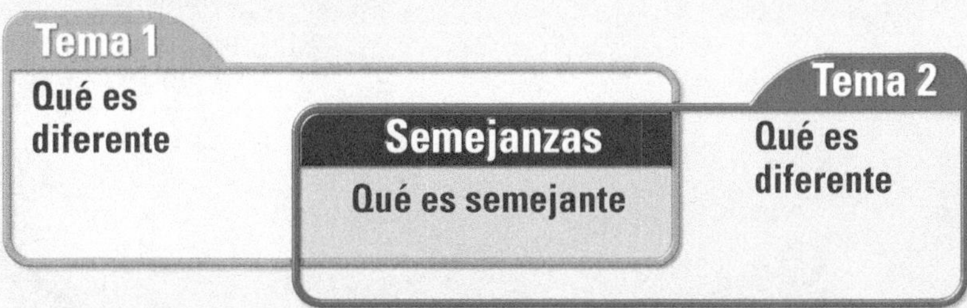

- Los términos *como, parecido a, ambos, también, mismo* y *semejante* se usan para comparar.
- Los términos *pero, en vez de, sin embargo* y *diferente* son palabras que se usan para contrastar.

Practica la destreza

Lee los siguientes párrafos. Compara y contrasta la información del segundo párrafo.

Semejante

Diferente

En 1519, el explorador español Hernán Cortés zarpó hacia lo que hoy es México. Allí, encontró y conquistó al rico Imperio azteca y se posesionó de sus tierras en nombre de España. Ese mismo año, el explorador español Fernando de Magallanes también dirigió una expedición, pero esta iba en busca de una ruta más rápida para llegar a Asia. En ese viaje, la tripulación de Magallanes fue la primera en completar la vuelta al mundo.

En 1595, Sebastián Rodríguez Cermeño navegó de Filipinas a California. Buscaba un buen lugar para construir un puerto, pero no pudo hallarlo. En 1602, Sebastián Vizcaíno viajó de la Nueva España a California. También quería encontrar un buen sitio para un puerto. Descubrió que la bahía de Monterey podía ser un lugar adecuado.

Aplica lo que aprendiste

Comparar y contrastar **Lee los párrafos y responde las preguntas.**

Barcos rumbo a California

A mediados del siglo XIX, muchos habitantes del este de Estados Unidos estaban ansiosos por ir a California. Navegar alrededor de América del Sur era entonces la ruta más sencilla. Diferentes tipos de barcos navegaban por esas aguas. Todos querían llegar a California tan rápido como fuera posible. Pero solo quienes tenían suficiente dinero podían viajar en clíper.

El clíper era el tipo de barco más rápido de su época. A diferencia de otras embarcaciones, que completaban el viaje en seis u ocho meses, el clíper tardaba solo tres o cuatro meses en llegar a California. ¿Qué lo hacía tan veloz? Tenía un casco largo y estrecho, fondo plano y tres mástiles que podían tener hasta cinco velas cada uno.

En 1851, el clíper *Flying Cloud* navegó de New York a San Francisco en solo 89 días. Pocos años antes, el barco de vapor *California* había hecho el mismo viaje en 145 días. Como el *California* funcionaba con un motor de vapor, debía transportar toneladas de carbón. El *Flying Cloud* era mucho más liviano, porque navegaba impulsado por el viento.

El clíper fue el tipo de barco más rápido solo durante un breve período. A fines del siglo XIX, los barcos de vapor habían mejorado enormemente. Los nuevos motores tenían más potencia y velocidad. Estos barcos ya no necesitaban cargar tanto carbón. Hacia principios del siglo XX, el clíper prácticamente desapareció.

Comparar y contrastar

1. **¿Qué diferencia había entre la forma en que un clíper y un barco de vapor eran impulsados?**
2. **¿En qué se parecían el clíper *Flying Cloud* y el barco de vapor *California*? ¿En qué se diferenciaban?**
3. **¿Cómo describirías la popularidad del clíper a mediados del siglo XIX comparada con su popularidad en el siglo XX?**

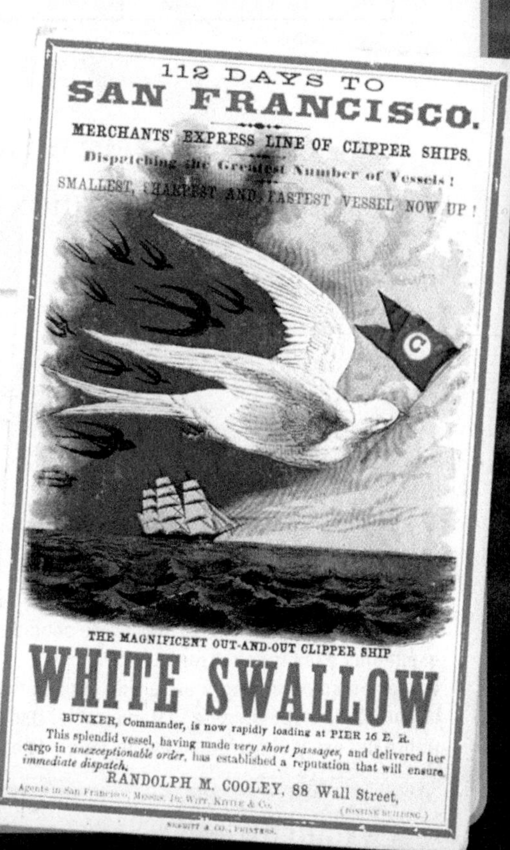

Destrezas de estudio

USAR UNA TABLA DE S-QS-A

Una tabla de S-QS-A te puede ayudar a enfocarte en lo que ya sabes y en lo que quieres aprender acerca de un tema.

- **Usa la columna S para hacer una lista de lo que ya sabes sobre un tema.**
- **Usa la columna QS para hacer una lista de lo que quieres saber sobre ese tema.**
- **Usa la columna A para hacer una lista de lo que has aprendido sobre el tema después de la lectura.**

¡Aquí vamos, California!		
Sé	Quiero saber	Aprendí
Muchas personas llegaron a California en el siglo XIX.	¿Era difícil llegar a California? ¿Por qué?	

Aplica la destreza mientras lees

Mientras lees este capítulo, completa tu propia tabla de S-QS-A.

Normas de Historia y Ciencias Sociales de California, Grado 4

4.2 Los estudiantes describen la vida social, política, cultural y económica y las interacciones entre los habitantes de California, desde las sociedades precolombinas hasta los períodos de las misiones españolas y los ranchos mexicanos.
4.3 Los estudiantes explican la vida económica, social y política en California desde el estableci-miento de la República de la Bandera del Oso hasta la guerra entre México y Estados Unidos, la fiebre del oro y el otorgamiento de rango de estado.

CAPÍTULO

¡Aquí vamos, California!

Viaje por tierra de Estados Unidos a California en la década de 1840.

Comienza con un cuento

El valle de la Luna

El diario de María Rosalía de Milagros

por Sherry Garland • ilustrado por Barbara Olsen

Es el año 1845. En su diario, María Rosalía de Milagros, de 12 años de edad, describe su vida como sirvienta en el rancho de la familia Medina, cerca de Sonoma. María Rosalía cuenta sobre su amistad con el señor Johnston, un comerciante estadounidense. En esa época, cada vez más personas de Estados Unidos viajaban por tierra para asentarse en California. A medida que leas, descubrirás las dificultades que enfrentaron muchos de esos pioneros, como la familia del señor Johnston, durante su viaje a California.

Domingo 19 de octubre

¡Horribles noticias! Después de comer, un mensajero tocó a la puerta. El hermano del señor Johnston, la esposa de su hermano y sus dos hijos más pequeños habían muerto en un horrendo accidente mientras cruzaban las sierras. Sus bueyes resbalaron cerca de un precipicio y, cuando intentaban enderezar el carromato, padres e hijos cayeron al vacío y murieron. Solo Nelly y su hermano mayor sobrevivieron.

El pobre Johnston estaba desconsolado. Después de llorar sin contenerse, dijo que debía ir inmediatamente al Fuerte Sutter para buscar a sus sobrinos. Johnston preguntó al señor Medina si yo podía acompañarlo. Pensó que podría ser un consuelo para su sobrina tener una compañera de su edad en este triste momento, además, yo también soy huérfana. El señor Medina asintió sin demora y dijo también que enviaría provisiones, unos caballos más y un guía indio para que mostrara a Johnston la ruta más rápida hacia el Fuerte Sutter. Ahora debo dejar de escribir. Ya han cargado los caballos y están listos para partir.

desconsolado que no tiene consuelo

asintió aceptó, estuvo de acuerdo

21 de octubre

Hemos estado apurando a los caballos durante más de dos días. Nos despertamos antes del amanecer y viajamos incluso después de que anochece. Atravesamos campos muy hermosos, con suaves colinas y valles con flores silvestres de otoño, pinos, robles y arbustos de <u>manzanita</u>. Ocasionalmente vemos a los pastores que traen a sus manadas desde las montañas para que se alimenten con las pasturas durante el invierno. El aire frío me recuerda que ya caen ligeras nevadas sobre las cumbres de las lejanas sierras. Imagino el sufrimiento de los colonos estadounidenses que tienen la desgracia de no completar el viaje antes del invierno.

Cambiamos de caballos en un rancho pequeño y sombrío, y nos pusimos en marcha otra vez. Nunca he estado tan lejos de casa. Me da miedo, pero es emocionante. Solo desearía viajar un poco más lentamente. Estoy tan dolorida a causa de la montura que pienso que tal vez ya nunca pueda volver a caminar.

manzanita un tipo de arbusto perenne

22 de octubre

El señor Johnston está descansando. Estamos sobre una loma y puedo ver el Fuerte Sutter abajo, junto a un riachuelo que corre hacia el río Sacramento. El fuerte es un enorme edificio rectangular con un bastión armado y alto en cada extremo . . .

Sobre cada bastión ondea una bandera. Las paredes de adobe del fuerte tienen varios pies de espesor y hay pocas ventanas. Johann Sutter es de un país muy lejano, llamado Suiza. Por eso, llamó a este asentamiento Nueva Helvetia, que es el nombre de Suiza en latín. Las demás personas lo conocen como el Fuerte Sutter o simplemente Sacramento, porque así se llama el río más cercano.

Cerca del fuerte hay un corral para el ganado y, más lejos, campos de cultivo. Desde aquí puede verse claramente a los trabajadores indios cargando grandes carromatos tirados por bueyes. En el riachuelo, pieles, cueros de animales, sebo y artesanías se cargan en barcazas que llevarán la mercancía río abajo, hasta la bahía de San Francisco. Allí esperarán la llegada de los barcos mercantes. Los barcos, muchos de ellos estadounidenses, llevarán las mercancías a Estados Unidos rodeando el extremo sur de América del Sur.

loma colina pequeña

riachuelo brazo pequeño y pantanoso de un río

bastión lugar de vigilancia en los fuertes

corral espacio cercado donde se guarda el ganado

Ya está por anochecer, y puedo oír las campanas del fuerte que llaman a los trabajadores a dejar el trabajo y regresar a sus habitaciones. Veo el humo que sale de las chimeneas y puedo sentir el olor del pan horneándose. Dejaré mi diario por ahora, ya que el señor Johnston está listo para seguir viaje.

Esa noche, más tarde

Ha oscurecido y me encuentro en una habitación reservada para emigrantes. Nelly Johnston duerme profundamente. Había estado una semana sin dormir bien, por la tristeza, pero ahora ha llorado hasta quedarse dormida. Nelly es una niña muy tranquila y está delgada por no haber comido mucho en su largo viaje desde Missouri. Su pelo ondulado es del color de una hoja seca de roble, y tiene algunas pecas en la nariz.

Aunque no habla una palabra de español, con la ayuda de Johnston y de lo poco que entiendo de inglés, Nelly pudo transmitirme sus sentimientos. Aún está horrorizada por haber hecho un viaje tan largo y penoso, solo para perder a sus padres en la última parte del camino. No fue a causa de los indios hostiles de las Grandes Llanuras, ni de sed, enfermedades, hambre o animales feroces. No fue nada de eso, sino un estúpido accidente: la pata de un buey que resbaló.

emigrante persona que se ha ido de un lugar

hostil poco amistoso

Responde

1. ¿Por qué era tan difícil viajar por tierra a California?
2. ¿Por qué crees que las dificultades no detenían a los pioneros que viajaban a California?

Lección 1

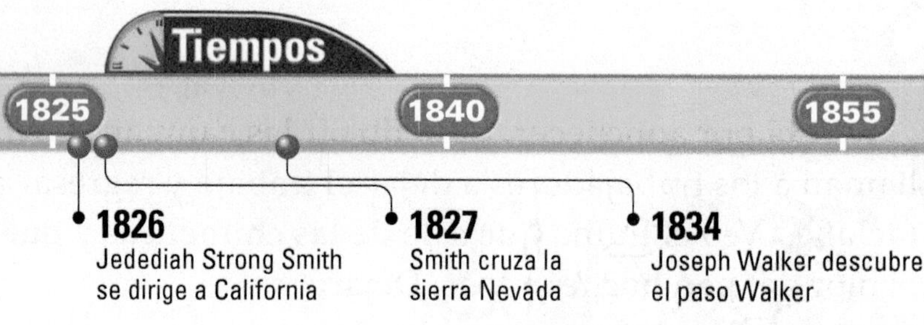

REFLEXIONA
¿Por qué los tramperos de Estados Unidos se trasladaban al oeste, a California?

✓ Explica por qué los tramperos y otras personas viajaban a California.

✓ Describe las rutas que seguían muchos tramperos para llegar a California.

VOCABULARIO
demanda pág.191
oferta pág. 191
frontera pág. 191
explorador pág. 192
paso pág.194

PERSONAS
Jedediah Strong Smith
James Ohio Pattie
Sylvester Pattie
Ewing Young
Joseph Reddeford Walker
James Beckwourth

LUGARES
misión de San Gabriel
sierra Nevada

COMPARAR Y CONTRASTAR

Normas de California
HSS 4.3, 4.3.2

La expansión hacia el oeste

IMAGÍNATE ALLÍ

Frente a ti, un castor se desliza en las aguas de un arroyo. Es el año 1830 y muchos de los animales de la zona ya han sido atrapados. Otros tramperos te han dicho que hay una gran cantidad de castores y nutrias en tierras inexploradas, más allá de las montañas Rocosas. Comprendes que para seguir atrapando animales y vendiendo pieles pronto deberás trasladarte hacia el oeste. Pero esas tierras pertenecen a México.

Los tramperos van rumbo al oeste

California continuó formando parte de México durante casi 25 años. También continuó siendo un lugar al que resultaba difícil llegar. Los desiertos calcinados por el sol y las escarpadas montañas separaban a California de otras regiones de México y Estados Unidos.

Durante muchos años, solo se podía llegar de Estados Unidos a California en barco. Sin embargo, en la década de 1820 los tramperos comenzaron a abrir nuevos caminos por tierra por el Oeste. Descubrieron esas rutas mientras buscaban nuevos lugares para atrapar castores y otros animales.

En esa época, las pieles de castor se usaban para hacer gorras y otras prendas de vestir. En Estados Unidos y Europa había una gran **demanda**, o deseo, de comprar esos productos. Las personas estaban dispuestas a pagar mucho dinero por ellos.

En la década de 1820 se habían atrapado y matado tantos castores que la oferta de sus pieles en Estados Unidos estaba prácticamente agotada. La **oferta** es la cantidad de un bien o servicio que se ofrece a la venta. Como la demanda era alta y la oferta baja, aumentaron los precios que la gente estaba dispuesta a pagar.

En busca de animales de pieles valiosas, los tramperos comenzaron a internarse cada vez más en lo que llamaban la frontera. La **frontera** eran las tierras ubicadas más allá de las zonas pobladas de Estados Unidos. En aquel momento, el límite oeste de Estados Unidos eran las montañas Rocosas. Sin embargo, en esas lejanas tierras vivían pocas personas.

REPASO DE LA LECTURA **COMPARAR Y CONTRASTAR** **Los primeros colonos llegaron a California en busca de tierras. ¿Por qué iban los tramperos a California?**

Estos tramperos buscan animales de pieles valiosas en un río del oeste.

DATOS BREVES

En el Oeste, los tramperos se reunían todos los años para vender sus pieles y comprar las provisiones que necesitaban en un encuentro llamado *Rendezvous*.

Jedediah Strong Smith

CUÁNDO 1826
DÓNDE Alta California

A medida que se trasladaban desde Estados Unidos hacia el oeste, los tramperos abrían nuevos caminos. **Jedediah Strong Smith** fue uno de estos exploradores. Un **explorador** es alguien que establece nuevas rutas para que otros las sigan.

Smith tenía poco más de veinte años y estaba ansioso por explorar California. En agosto de 1826, Smith partió, en una expedición de caza, de la zona del Gran Lago Salado, en lo que hoy es Utah, al mando de 17 hombres. Se dirigieron al suroeste y finalmente llegaron al río Colorado. Luego, siguieron a través del desierto de Mojave.

Los guías indios ayudaban a los tramperos, pero el viaje era extremadamente difícil. El agua era escasa y había pocos lugares donde refugiarse del sol. Smith escribió: "Recorrí . . . una tierra de planicies completamente áridas . . . sin agua, desde la mañana hasta la noche". *

En noviembre, los hombres atravesaron los montes San Bernardino y se convirtieron en los primeros estadounidenses en llegar a California por tierra. Llegaron a la **misión de San Gabriel**. En la misión, el padre José Bernardo Sánchez les ofreció comida y un lugar donde descansar. Luego, los tramperos emprendieron su camino hacia el sur, hasta San Diego. Allí se reunieron con José María Echeandía, el gobernador mexicano de California.

Smith pidió autorización a Echeandía para explorar California. Pero el gobernador pensó que Smith podía ser un espía estadounidense y le ordenó abandonar California.

* Jedediah Strong Smith. De *The Ashley- Smith Explorations and the Discovery of the Central Routes to the Pacific, 1822-1829* por Harrison Clifford Dale. Arthur H. Clark Company, 1941.

Esta pintura muestra a Jedediah Smith y a su compañero explorador James Clyman.

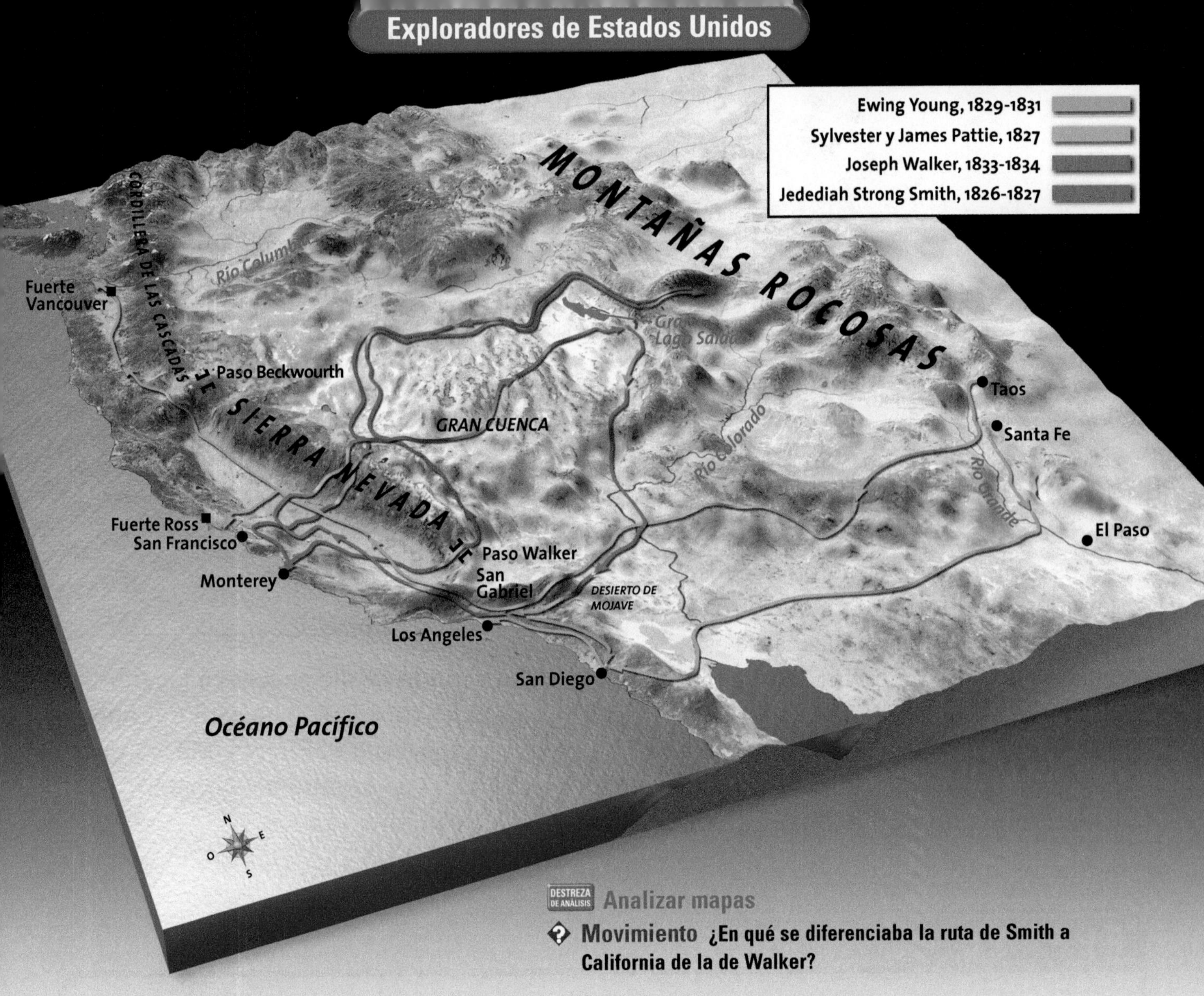

DESTREZA DE ANÁLISIS **Analizar mapas**

Movimiento ¿En qué se diferenciaba la ruta de Smith a California de la de Walker?

Smith aceptó dejar California, pero antes pasó varios meses atrapando animales en el valle de San Joaquin. Al cruzar la **sierra Nevada,** Smith y sus hombres sobrevivieron a temperaturas heladas y tierras inhóspitas. Después, siguieron su camino hacia lo que actualmente es Utah.

Estos hombres fueron los primeros estadounidenses en cruzar la sierra Nevada.

REPASO DE LA LECTURA COMPARAR Y CONTRASTAR ¿En qué se diferenciaba la ruta que siguió Smith para llegar a California de la que siguió para salir?

Más exploradores

Después de la expedición de Smith, otros tramperos también se decidieron a buscar nuevas rutas terrestres hacia California. **James Ohio Pattie** y su padre, **Sylvester Pattie,** iniciaron una expedición en 1827. Ellos tampoco fueron bien recibidos, y se les encarceló por entrar a California sin autorización. James Pattie fue liberado tiempo después, pero su padre murió en prisión.

El paso Walker se convirtió en la ruta principal para muchos colonos que viajaban a California.

Los exploradores abrieron nuevos caminos a California para que otros estadounidenses siguieran más tarde esas rutas. Los viajes de **Ewing Young** durante la década de 1830 ayudaron a desarrollar el Antiguo Sendero Español, que iba desde Santa Fe, New Mexico, hasta el sur de California. **Joseph Reddeford Walker** fue el primer estadounidense en cruzar la sierra Nevada desde el este. Walker descubrió un **paso**, o camino entre las montañas, que más tarde llevaría su nombre. En 1850, **James Beckwourth** halló un nuevo paso en el norte de la sierra Nevada. En la actualidad, ese paso se conoce como Paso Beckwourth.

REPASO DE LA LECTURA **SACAR CONCLUSIONES**
¿A qué se arriesgaban los exploradores y tramperos de Estados Unidos que viajaban a California?

Resumen

La demanda de pieles llevó a los tramperos de Estados Unidos a explorar nuevos caminos hacia California. Más tarde, los colonos que se dirigían a California usarían esos caminos.

REPASO

1. ¿Por qué los tramperos de Estados Unidos se trasladaban al oeste, a California?
2. ¿Cómo ayudaron los **exploradores** a otros viajeros y a los colonos?
3. ¿Qué rutas terrestres se usaban para ir de Estados Unidos a California?

RAZONAMIENTO CRÍTICO

4. DESTREZA DE ANÁLISIS Piensa en cómo reaccionaron el padre Sánchez y el gobernador Echeandía ante la llegada de los estadounidenses. ¿Qué reacción crees que fue la más apropiada? ¿Por qué?
5. Agrupa a los exploradores según las rutas que siguieron. Explica cómo los elegiste.
6. **Da un discurso** Imagina que eres Jedediah Strong Smith y pides al gobernador Echeandía que te permita explorar California. Escribe qué dirías en un discurso para convencerlo.
7. Destreza clave **COMPARAR Y CONTRASTAR**

En una hoja de papel, copia y completa el organizador gráfico de abajo.

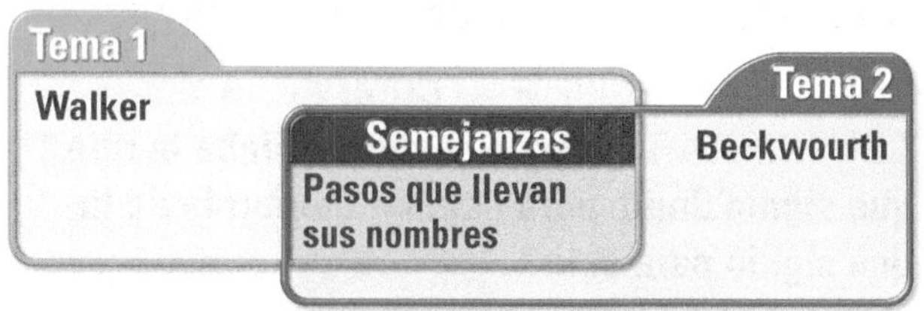

James Beckwourth

Biografía

Integridad
Respeto
Responsabilidad
Equidad
Bondad
Patriotismo

*"Todos estaban ocupados buscando oro, pero mi búsqueda era de otro tipo: había ido a descubrir lo que, según sospechaba, era un paso de montaña."**

Hacia 1828, mientras se encontraba en una expedición de tramperos en las montañas Rocosas, James P. Beckwourth fue tomado prisionero por los indios crow. Los crow creyeron que era hijo de un jefe crow y lo adoptaron. Beckwourth vivió con los indios, aprendió sus costumbres y fue conocido como uno de sus mejores guerreros. Más tarde, contó que lo habían elegido como jefe de la tribu.

Beckwourth llegó por primera vez a California en 1844 para atrapar animales. Mientras viajaba a través de la sierra Nevada hacia California, descubrió un paso de montaña. Los colonos que se dirigían a California usaron ese camino durante varios años. El sendero todavía es conocido como paso Beckwourth.

Puesto comercial Beckwourth, cerca del Paso Beckwourth, en California

*James Beckwourth. De *The Life and Adventures of James P. Beckwourth* por T.D. Bonner. Ayer Company Publishers, 1969.

La importancia del carácter

Los indios crow estaban orgullosos de sus destrezas como guerreros. ¿Cómo crees que Beckwourth logró ganar su respeto y convertirse en su líder?

Biografía breve

1798 Nace

1824 Remonta el río Missouri con la expedición de tramperos Ashley-Henry

1828 Los indios crow lo capturan y más tarde lo adoptan

1850 Descubre un nuevo paso a través de la sierra Nevada

1866 Muere

APRENDE en línea

Visita MULTIMEDIA BIOGRAPHIES en www.harcourtschool.com/hss para hallar biografías multimedia.

Distinguir entre hecho y opinión

POR QUÉ ES IMPORTANTE

Un **hecho** es una declaración que se puede comprobar para así demostrar que es verdadera. Una declaración que dice lo que una persona piensa o cree es una **opinión**. Saber si una declaración es un hecho o una opinión puede ayudarte a comprender mejor lo que oyes o lees.

LO QUE NECESITAS SABER

Algunas de las declaraciones que puedes leer sobre los primeros estadounidenses en California son *hechos*. Por ejemplo: *En 1850, James Beckwourth descubrió un nuevo paso a través de la parte norte de la sierra Nevada.*

Para comprobar si la declaración es verdadera, puedes investigar en una enciclopedia o en otro libro de referencia sobre California.

Los hechos a menudo incluyen fechas, números u otra información. Para saber si una declaración es un hecho, puedes hacerte preguntas como estas:

- ¿Sé basado en mi propia experiencia que esta idea es verdadera?
- ¿Puede someterse la idea a una prueba para demostrar que es verdadera?
- ¿Proviene la idea de una fuente en la que puedo confiar?

Esta pintura de 1906 muestra a Jedediah Strong Smith y a sus compañeros cruzando el desierto de Mojave.

En cambio, otras declaraciones son opiniones. Por ejemplo, cuando el colono John Marsh escribió sobre California a sus amigos de Missouri, dijo: *Más allá de cualquier comparación, esta es la mejor tierra y tiene el mejor clima.** Esta declaración es una opinión porque no puede comprobarse que California sea la mejor tierra o tenga el mejor clima.

Términos como *pienso, creo* y *en mi opinión* te indican que estás oyendo o leyendo una opinión. Términos como *mejor, peor* y *grandioso* a menudo forman parte de una opinión.

PRACTICA LA DESTREZA

Identifica si cada una de las siguientes declaraciones es un hecho o una opinión.

1. En 1834, Joseph Reddeford Walker se convirtió en el primer estadounidense en cruzar la sierra Nevada desde el este.
2. El Antiguo Sendero Español era la mejor ruta hacia California.
3. El gobernador Echeandía debería haber permitido que Smith explorara California.
4. En la década de 1820, la demanda de pieles de castor era alta, pero la oferta era baja.

* John Marsh. De *Eye-Witness to Wagon Trains West* por James Hewitt. Charles Scribner's Sons, 1973.

El escritor Washington Irving describió a Joseph Reddeford Walker como "de constitución fuerte . . . valiente, pero de comportamiento afable".*

* Washington Irving. De *The Adventures of Captain Bonneville,* Twayne Publishers, 1977.

APLICA LO QUE APRENDISTE

Lee otra vez la Lección 1, "La expansión hacia el oeste". ¿Cuál es tu opinión sobre la información que se presenta allí? Escribe cuatro declaraciones sobre la información de la lección: dos que sean hechos y dos que representen tus propias opiniones. Intercambia tu hoja con un compañero y luego identifiquen las declaraciones que sean hechos y las que sean opiniones.

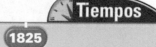

Lección 2

Tiempos

1825 · 1840 · 1855

1829
Abel Stearns se establece en la zona de Los Angeles

1841
La expedición Bartleson-Bidwell se dirige al rancho de John Marsh en California

1846
El grupo Donner parte hacia California

REFLEXIONA
¿Por qué cada vez más colonos comenzaron a mudarse de Estados Unidos a California?

- ✓ Compara las rutas que usaban los viajeros a California.
- ✓ Identifica la ubicación del Fuerte Sutter y describe su importancia para los primeros colonos.

VOCABULARIO
inmigrante pág. 199
pionero pág. 200
caravana de carromatos pág. 200

PERSONAS
John Augustus Sutter
John Marsh
John Bidwell
John C. Frémont
George Donner
Jacob Donner

LUGARES
Fuerte Sutter

COMPARAR Y CONTRASTAR

Normas de California
HSS 4.3, 4.3.1, 4.3.2

Los senderos hacia California

IMAGÍNATE ALLÍ

Tus padres están ocupados leyendo el libro que un vecino les ha regalado. El libro describe las tierras fértiles de California, su clima templado y las maravillosas oportunidades que ofrece a quienes deseen ponerse en marcha hacia el oeste. Lo han leído muchas veces y han tomado una decisión. Tu familia se unirá a un grupo de colonos que partirá hacia California en la primavera.

Los primeros colonos

En las décadas de 1820 y 1830, California comenzó a ser vista como un lugar donde podía obtenerse tierra en abundancia. Habitantes de México seguían trasladándose al norte para asentarse en California. Otros llegaban como inmigrantes. Un **inmigrante** es una persona que deja su país para vivir en otro.

Abel Stearns nació en Massachusetts. En 1826 se mudó a México y se convirtió en ciudadano mexicano. En 1829 llegó a Los Angeles, donde estableció un rancho. Más tarde, Stearns se convirtió en el mayor terrateniente del sur de California.

John Augustus Sutter también era un inmigrante. Había llegado a América del Norte desde Suiza y se estableció en California en 1839.

Sutter se convirtió en ciudadano mexicano y obtuvo una importante cesión de tierras en el valle del Sacramento. Allí, estableció un asentamiento llamado Nueva Helvetia. Este asentamiento incluía una plantación de trigo, un rancho para criar ganado y un fuerte. El fuerte, llamado Fuerte Sutter, estaba cerca de un paso que atravesaba la sierra Nevada. Allí se encuentra la ciudad de Sacramento en la actualidad.

En las décadas de 1820 y 1830, la mayoría viajaba a California en barco. Sin embargo, con el paso del tiempo, los colonos comenzaron a viajar de Estados Unidos a California por tierra. Para muchos, el Fuerte Sutter era el fin de un largo viaje hacia el oeste. Allí podían obtener alimento, bienes e incluso trabajo.

REPASO DE LA LECTURA **COMPARAR Y CONTRASTAR** **¿En qué se diferenciaban los motivos que tenían los colonos para trasladarse a California de los que tenían los tramperos?**

Cuando el interés de los habitantes de Estados Unidos por California aumentó, John Augustus Sutter (recuadro) construyó el Fuerte Sutter.

Más caminos al oeste

John Marsh fue uno de los colonos provenientes de Estados Unidos. Llegó a Los Angeles en 1836 y un año después compró un rancho en el valle Central.

En 1840, Marsh escribió a sus amigos de Missouri. En su carta, elogiaba California y aseguraba que "más allá de cualquier comparación, esta es la mejor tierra y tiene el mejor clima".* Sus palabras inspiraron a otros pioneros de Estados Unidos para hacer el largo y difícil viaje por tierra. Los **pioneros** son las primeras personas que se establecen en nuevas tierras.

*John Marsh. De *Eye-Witness to Wagon Trains West* por James Hewitt. Charles Scribner's Sons, 1973.

En mayo de 1841, un grupo de 69 hombres, mujeres y niños partieron de Missouri hacia California. El grupo eligió a John Bartleson como líder. Más tarde, fue reemplazado por **John Bidwell**. La expedición Bartleson-Bidwell fue una de las primeras en completar el viaje por tierra hasta California. Este grupo viajó en una **caravana de carromatos**, o sea un grupo de carromatos, cada uno de ellos tirado por caballos o bueyes.

El grupo partió por el Sendero de Oregon, que era la ruta principal de Missouri a Oregon. Oregon era como se conocían las tierras al norte de California. El plan del grupo era seguir un tramo de ese camino, luego girar hacia el suroeste y cruzar la Gran Cuenca hasta California.

Los mapas que el grupo tenía no eran muy buenos. Cuando llegó el momento

Míralo *en detalle*

Una caravana de carromatos

Los carromatos que usaban los pioneros se conocían como goletas de la pradera, porque sus cubiertas blancas parecían las velas de un barco.

1. **Eran tirados por bueyes o caballos.**
2. **Los colonos llevaban tantos enseres domésticos como era posible. Los necesitarían para comenzar su vida en la frontera.**
3. **Una cubierta de tela protegía a los pasajeros y la carga de la lluvia y la nieve. Las cubiertas tenían una capa de grasa que las hacía impermeables.**
4. **Los guías mantenían la caravana unida y la guiaban por el camino correcto.**

¿Por qué crees que las caravanas que viajaban por la frontera necesitaban guías?

de abandonar el sendero, alrededor de la mitad del grupo decidió ir hacia Oregon. La otra mitad giró hacia el suroeste, rumbo a California.

Cuando el grupo llegó a la sierra Nevada, el invierno ya estaba muy cerca. Los colonos debían cruzar las montañas antes de que comenzara a nevar. La primera nevada cayó tarde ese año y en noviembre el grupo llegó al rancho de John Marsh, en el valle Central. El sendero que habían recorrido, conocido después como Sendero de California, se convirtió en la principal ruta terrestre a California.

Más tarde, cartógrafos y exploradores como **John C. Frémont** ayudaron a los pioneros. Frémont había llegado por primera vez al oeste en 1842, como líder de una expedición del ejército de Estados Unidos, para explorar el Sendero de Oregon y trazar mapas. En un segundo viaje, en 1844, exploró el valle de San Joaquin. Más tarde, con ayuda de Joseph Walker, siguió hacia el sur y finalmente llegó al Antiguo Sendero Español.

John Frémont y su esposa, Jessie, se hicieron famosos después de publicar un libro sobre la exploración de California.

Después de estas expediciones, Frémont y su esposa, Jessie, escribieron un libro sobre California. El libro se hizo muy popular. Al difundirse la noticia de sus viajes, Frémont se convirtió en un héroe nacional.

REPASO DE LA LECTURA **RESUMIR**
¿Por qué John Frémont viajó al Oeste?

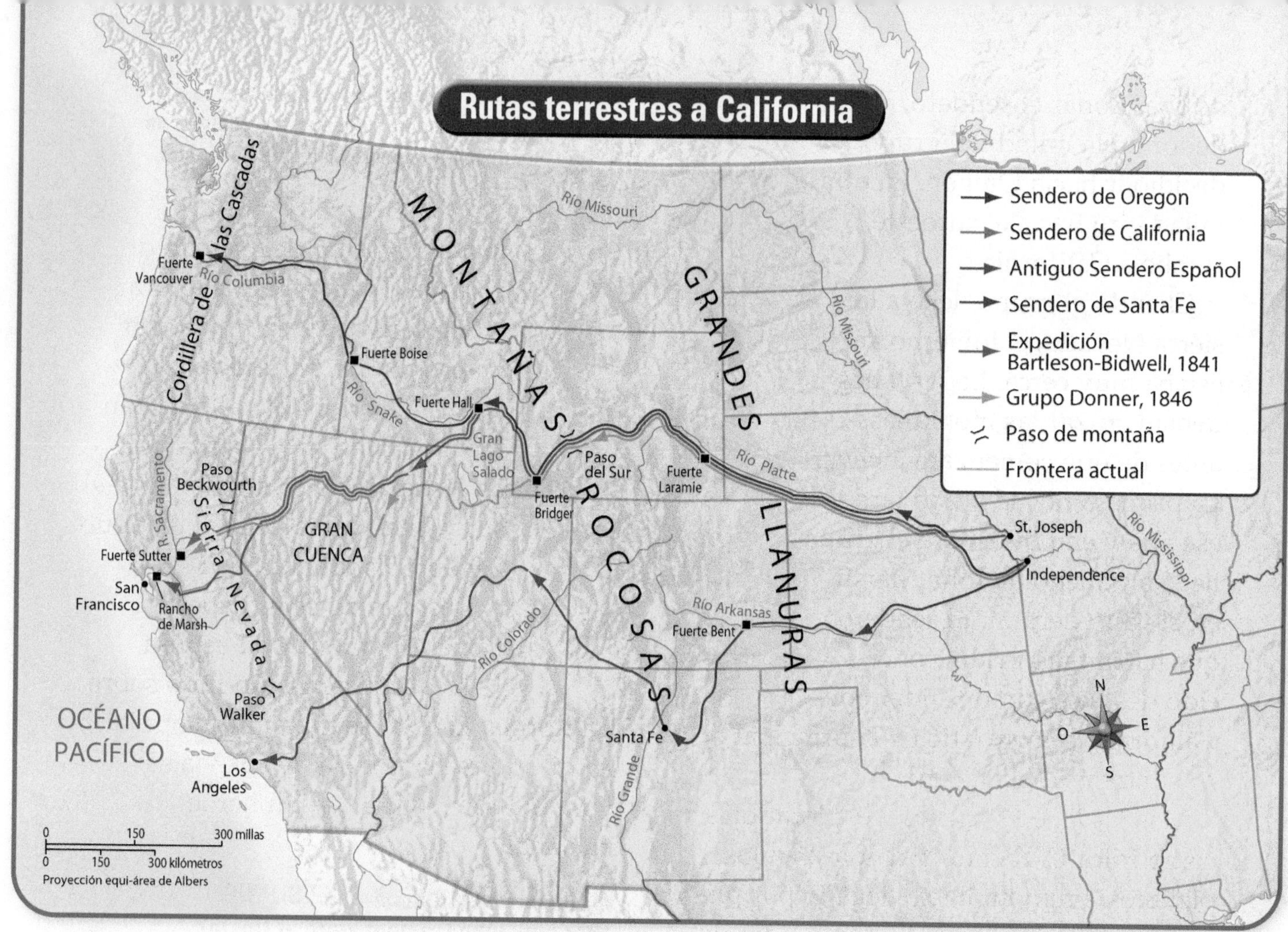

DESTREZA DE ANÁLISIS **Analizar mapas** **Si los pioneros recorrían 15 millas por día, el viaje de una caravana de Missouri a California podía tardar casi cinco meses.**

Movimiento ¿Qué sendero terminaba en el Fuerte Sutter?

El grupo Donner

Los relatos favorables sobre California hicieron que cada vez más gente se reuniera para viajar en caravana hacia el oeste. Uno de estos grupos fue el grupo Donner, dirigido por los hermanos **George** y **Jacob Donner**. El grupo, que llegó a reunir 87 personas, entre hombres, mujeres y niños, partió de Missouri hacia California en abril de 1846.

En 1845, Lansford W. Hastings había publicado *The Emigrant's Guide to Oregon and California*. Además de ser una guía para quienes se trasladaban a Oregon y California, el libro de Hastings describía una nueva ruta, ubicada al sur del Gran Lago Salado. Se suponía que esta ruta era un atajo. Sin embargo, Hastings nunca la había recorrido y resultó ser un camino mucho más difícil que el Sendero de California.

Lamentablemente, el grupo Donner decidió seguir la nueva ruta de Hastings. El camino los llevó por un terreno accidentado y el viaje duró casi un mes más de lo previsto. Cuando llegaron a la sierra Nevada, ya había comenzado el invierno.

Mientras los cansados viajeros se esforzaban por cruzar las montañas, una fuerte nevada los atrapó y tuvieron que refugiarse en los alrededores de lo que hoy es el lago Donner. Algunos de los miembros más fuertes del grupo partieron bajo la nieve en busca de ayuda. En febrero, después de tres meses de tormentas de nieve, la ayuda finalmente llegó. Casi la mitad del grupo había muerto a causa de las temperaturas extremadamente bajas y la falta de alimento. Los sobrevivientes siguieron su camino hacia el Fuerte Sutter.

REPASO DE LA LECTURA **CAUSA Y EFECTO**
¿Por qué el grupo Donner quedó atrapado en la sierra Nevada?

Resumen

A partir de la década de 1840, un número cada vez mayor de colonos de Estados Unidos se trasladó a California en barco y en caravanas de carromatos. A menudo el viaje era largo, difícil y peligroso.

Los niños EN LA HISTORIA

Virginia Reed

Virginia Reed era hija de James Reed, uno de los líderes del grupo Donner. Virginia tenía 12 años cuando partió con su familia de Missouri hacia California. Al llegar a la sierra Nevada, quedaron atrapados en medio de fuertes nevadas. Virginia recordaba que "a menudo las tormentas de nieve duraban diez días". Más tarde, escribió que "los niños lloraban de hambre y las madres lloraban por tener tan poco para ofrecerles".*

Aplícalo ¿Crees que es más fácil cruzar la sierra Nevada en la actualidad? Explica tu respuesta.

*Virginia Reed Murphy. *Across the Plains in the Donner Party.* Linnet Books, 1996.

REPASO

1. ¿Por qué cada vez más colonos comenzaron a mudarse de Estados Unidos a California?
2. ¿Por qué se dice que John Marsh fue un **pionero**?
3. ¿Qué ruta siguió el grupo Donner para llegar a California?

RAZONAMIENTO CRÍTICO

4. DESTREZA DE ANÁLISIS ¿Cómo influyeron Marsh, Frémont y Hastings en la manera en que la gente veía a California en la década de 1840?
5. **Aplícalo** Identifica algunos de los motivos por los que las personas se mudan a California hoy en día. ¿Son esos motivos semajantes a los de los primeros colonos?
6. **Escribe una guía** Escribe una guía para inmigrantes que vienen a California. Asegúrate de incluir información sobre la ruta que recorriste y las provisiones que necesitarán los viajeros.
7. Destreza clave **COMPARAR Y CONTRASTAR**

En una hoja de papel, copia y completa el organizador gráfico de abajo.

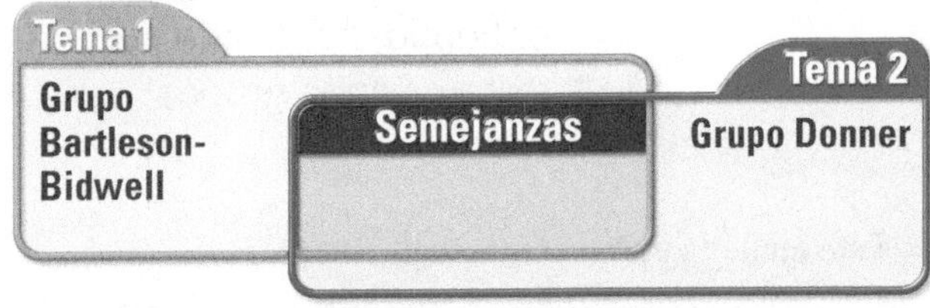

Destrezas de razonamiento crítico

Distinguir entre hecho y ficción

POR QUÉ ES IMPORTANTE

Cuando lees Historia, es importante saber si lo que estás leyendo es real o es producto de la imaginación. En otras palabras, debes ser capaz de reconocer si se trata de un relato basado en hechos o si es **ficción**, es decir, un relato inventado.

LO QUE NECESITAS SABER

Una manera de verificar los hechos es encontrar la misma información en una fuente de referencia confiable. Puedes usar un diccionario, una enciclopedia o un libro de no ficción, tal como un libro de texto.

Otros recursos son las cartas, los diarios y otras fuentes documentales. Una **fuente documental** a menudo se produce en la misma época en que ocurre un evento; su autor es alguien que participó en él o lo presenció.

Sin embargo, las fuentes documentales deben ser analizadas cuidadosamente. Es posible que contengan opiniones o declaraciones del autor que podrían no ser verdaderas.

A veces, los autores de ficción basan sus relatos en acontecimientos y personas reales, pero agregan detalles inventados, como frases que esas personas no dijeron.

LA MUÑECA DE PATTY REED

"Quienes se dirigían a California tenían dos opciones: viajar junto a las personas que iban a Oregon y luego desviarse hacia el sur, o tomar el nuevo atajo que Hastings describía en su libro.

—Este Hastings parece saber de qué habla —dijo el señor Reed—. Según entiendo, ha guiado con éxito a varios grupos.

—Pero no por esa ruta, señor Reed —respondió la señora Donner—. Dice George que el señor Clyman, el montañés, nos aconsejó no seguir ese camino . . .

Patty y yo, y las pequeñas hijas de Donner los escuchábamos, sentadas a su lado. La señora Donner no parecía convencida . . . La madre de Patty dijo que estaba segura de que los hombres sabían más, y que era muy importante cruzar las montañas lo más rápido posible. Recordé la historia que la abuela había contado sobre gente atrapada en la nieve . . . cruzando los montes Cumberland, en Kentucky, y mi cabeza de madera estuvo de acuerdo con ella."

*De *Patty Reed's Doll: The Story of the Donner Party* por Rachel Kelly Laurgaard. Tomato Enterprises, 1989.

Esta muñeca perteneció a Patty Reed.

PRACTICA LA DESTREZA

Los dos pasajes de estas páginas se refieren a la expedición a California del grupo Donner, en 1846. El pasaje de la página 204 está tomado del libro *La muñeca de Patty Reed*. Patty Reed era miembro del grupo Donner, y el narrador de ese pasaje es una muñeca que pertenecía a esa niña. El pasaje de esta página está extraído del diario de Eliza P. Donner Houghton, otro miembro del grupo Donner. Lee los pasajes y responde las preguntas.

1. ¿En qué se parecen los pasajes? ¿En qué se diferencian?
2. ¿Qué pasaje es una fuente documental? ¿Cuál es ficción? ¿Cómo puedes reconocerlos?

APLICA LO QUE APRENDISTE

DESTREZA DE ANÁLISIS Compara los dos pasajes. Haz una lista de las declaraciones que son semejantes. Para probar que esas declaraciones son hechos, busca información en una fuente confiable de no ficción.

Eliza Donner era joven cuando su familia, junto a un grupo de colonos, partió de Missouri hacia California. En 1911, ya adulta, escribió un libro sobre el desafortunado viaje.

EL DIARIO DE ELIZA P. DONNER HOUGHTON

"El diecinueve de julio llegamos al río Little Sandy, donde encontramos a cuatro compañías [grupos de colonos] . . . Allí, mi padre y otros deliberaron [conversaron] acerca de una nueva ruta a California.

El motivo fue una "Carta abierta" . . . que había sido escrita por Lansford W. Hastings, autor de *Travel Among the Rocky Mountains, Through Oregon and California.* La carta alentaba a quienes viajaban a California a concentrar sus recursos y sus esfuerzos, y a tomar una ruta, nueva y mejor, que Hastings había explorado . . . pasando por el extremo sur del lago Salado. Destacaba . . . que esta nueva ruta era casi doscientas millas más corta que la antigua ruta . . .

La propuesta parecía tan factible [razonable] que luego de . . . una discusión, se formó un grupo que seguiría la nueva ruta.

Después de separarse de nosotros, el señor Thornton escribió en su diario el siguiente comentario:

"Los californianos estaban eufóricos y muy animados con la perspectiva de tener un camino mejor y más corto para llegar a su destino. Sin embargo, la esposa de George Donner era la excepción. Se mostró pesimista, triste y desanimada ante el hecho de que su esposo y otros pensaran en abandonar el antiguo camino y fiarse de [confiar en] lo que decía un hombre del que nada sabían . . ." "

De *The Expedition of the Donner Party and Its Tragic Fate* por Eliza P. Donner Houghton. University of Nebraska Press, 1997.

Destrezas de razonamiento crítico

Lección 3

Tiempos

1825 | 1840 | 1855

1845
James K. Polk se convierte en presidente

1846
El 14 de junio se produce la revuelta de la Bandera del Oso

1846
Se iza la bandera de Estados Unidos en Monterey

REFLEXIONA

¿Qué era la República de la Bandera del Oso?

- **Explica el significado de la expresión *destino manifiesto* y cómo se relaciona con California.**
- **Indica por qué se produjo la revuelta de la Bandera del Oso y quiénes participaron en ella.**

VOCABULARIO

destino manifiesto pág. 207
ocupante ilegal pág. 209
rebelde pág. 210
república pág. 210

PERSONAS

James K. Polk
José Castro
Mariano Vallejo

LUGARES

Monterey
Sonoma

Normas de California
HSS 4.2, 4.2.7, 4.2.8. 4.3, 4.3.2

Estadounidenses en California

IMAGÍNATE ALLÍ

Hoy tienes visitas que traen malas noticias: la tensión entre los colonos estadounidenses y los líderes mexicanos está creciendo. Algunos estadounidenses planean un levantamiento. Desde que llegaste, hace ya varios años, has trabajado mucho en tu granja. Sin embargo, como no eres ciudadano mexicano, no puedes ser dueño de la granja. Es el momento de decidir si te unirás a la revuelta.

Hacia 1847, alrededor de la mitad de los 450 residentes de San Francisco eran estadounidenses.

En esta pintura, la mujer vestida de blanco, símbolo del destino manifiesto, guía a los colonos hacia el oeste.

Crece el interés de los estadounidenses por California

Hacia 1845, vivían en California casi 700 personas de Estados Unidos. Los colonos solo podían ser dueños de tierras si se convertían en ciudadanos mexicanos.

En Estados Unidos, una nueva idea lograba cada vez más aceptación. Muchos creían que el país debía expandirse y llegar desde la costa atlántica hasta la costa del Pacífico. Esta idea se conoció como **destino manifiesto**.

La idea del destino manifiesto se hizo popular por muchas razones. La población de Estados Unidos había aumentado de unos 5 millones de habitantes en 1800 a más de 23 millones en la década de 1840.

Muchos estadounidenses querían que California formara parte de Estados Unidos. De esa manera, sus ciudadanos tendrían más lugares para vivir y trabajar. Como el comercio de la región estaba creciendo rápidamente, algunos estadounidenses querían que Estados Unidos tuviera el control de los puertos de la costa del Pacífico. El presidente **James K. Polk** era una de las personas que daban mucha importancia a California. En 1845, poco después de asumir su cargo, el presidente Polk ofreció a México 40 millones de dólares por lo que hoy abarcan California, Arizona y New Mexico.

REPASO DE LA LECTURA **COMPARAR Y CONTRASTAR** **¿Cómo cambió la población de Estados Unidos entre los años 1800 y 1840?**

El control mexicano se debilita

Aunque México tenía poco control sobre la región, se negó a vender California a Estados Unidos. El gobierno mexicano de California era débil. Durante los 20 años que siguieron a la independencia de México, California tuvo más de una docena de gobernadores.

La economía de la California mexicana también era débil. La Iglesia ya no tenía el control de las misiones, y muchas de sus propiedades habían sido vendidas u otorgadas en cesiones de tierra. Los dueños de ranchos podían comprar más tierras a precios bajos.

Como eran propietarios de la mayor parte de la tierra, los rancheros ganaron poder. La mayoría de estos terratenientes eran californios, pero entre ellos había diferentes opiniones. Algunos pensaban que México debía gobernar California. Otros apoyaban a Estados Unidos.

El gobierno mexicano, que tenía su sede en la Ciudad de México, no contaba con dinero para pagar soldados en California. Solo unos pocos mexicanos estaban dispuestos a mudarse a esa lejana región y, por esa razón, no había mucha esperanza de mantener el orden en California. Además de los problemas de México, cada vez más estadounidenses se mudaban hacia el oeste. Y el gobierno mexicano no podía detener a esos colonos.

Durante su primera expedición al Oeste, John C. Frémont notó que California no estaba bien defendida. En 1846, regresó a **Monterey** con unos

John C. Frémont y soldados de Estados Unidos entran en Monterey en 1846.

Puntos de vista

La opinión de los californios sobre lo que debía hacerse respecto de los colonos estadounidenses en California estaba profundamente dividida.

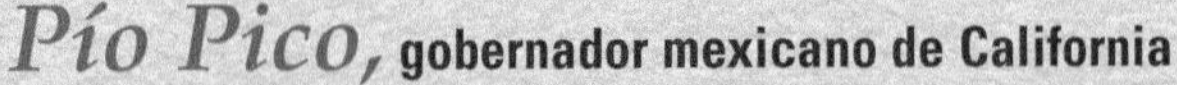

Pío Pico, **gobernador mexicano de California**

"¿Mantendremos nuestra pasividad [tranquilidad] mientras estos audaces extranjeros [los colonos estadounidenses] invaden nuestras fértiles llanuras . . . hasta convertirnos en extranjeros en nuestra propia tierra?"*

De *The Los Angeles Almanac*. www.losangelesalmanac.com

Mariano Vallejo, **funcionario del gobierno y propietario de un rancho en Sonoma**

"Nuestros sentidos estaban preparados para dar un abrazo fraternal a los hijos de la Gran República [Estados Unidos] . . . cuyo espíritu nos llena de admiración."*

De *Historical and Personal Memoirs Relating to Alta California*, traducido por Earl R. Hewitt, 1875.

Es tu turno

Analizar puntos de vista

1. ¿Cómo crees que puede haber reaccionado Pico ante la noticia de las acciones militares de Frémont en el norte de California?
2. ¿Crees que Vallejo estaba de acuerdo con la idea del destino manifiesto? ¿Por qué?

60 soldados. Frémont esperaba tomar el control de California. El general **José Castro,** un líder militar mexicano, le ordenó entonces abandonar la región.

Mientras Frémont y sus hombres se dirigían al norte, hacia Oregon, se difundió el rumor de que Castro expulsaría de California a todos los colonos estadounidenses. Aunque algunos se habían convertido en ciudadanos mexicanos y eran dueños de sus tierras, muchos colonos estadounidenses eran ocupantes ilegales. Un **ocupante ilegal** es una persona que vive en un lugar sin autorización. Como no tenían la misma protección ni los mismos derechos que los ciudadanos mexicanos, los ocupantes ilegales temían que Castro los atacara. En el norte de California, un grupo de colonos estadounidenses decidió tomar el control de California. Ellos esperaban recibir el apoyo de Estados Unidos.

REPASO DE LA LECTURA **CAUSA Y EFECTO**

¿Por qué el gobierno mexicano no podía detener el asentamiento de estadounidenses en California?

Patrimonio cultural

La Bandera del Oso

Los Osos diseñaron una bandera como símbolo de su nueva república. Sobre un trozo de tela, pintaron una estrella, un oso pardo y las palabras *California Republic.* En la parte inferior, cosieron una franja roja.

Uno de los Abanderados del Oso explicó la elección de esos símbolos: "Un oso siempre defiende su territorio al igual que, mientras las estrellas brillen, nosotros defenderemos nuestra causa".* En 1911, la Bandera del Oso se convirtió en la bandera oficial del estado de California. En la actualidad, la bandera de California conserva las mismas imágenes.

*De *California. A History, Fourth Edition* por Andrew Rolle. Harlan Davidson, Inc. 1987.

La Bandera del Oso original (arriba) y la actual bandera del estado de California (abajo).

La revuelta de la Bandera del Oso

CUÁNDO **Junio de 1846**
DÓNDE **Sonoma**

Al amanecer del 14 de junio de 1846, un grupo de unos 30 colonos entró en la ciudad de **Sonoma.** Este grupo de colonos, que se llamaban a sí mismos "los Osos", quería tomar el control de California.

Los rebeldes se dirigieron a la casa de **Mariano Vallejo,** el funcionario mexicano más importante de Sonoma. Un **rebelde** es una persona que lucha contra el gobierno. Como Vallejo compartía la idea de que lo mejor para California era separarse de México, no se resistió a los rebeldes y acordó cederles el control de Sonoma. Aun así, los rebeldes arrestaron a Vallejo y lo llevaron al Fuerte Sutter.

Los rebeldes declararon que California era una república libre. Una **república** es una forma de gobierno en la que el pueblo elige a sus líderes. Luego, los rebeldes izaron en la plaza principal de Sonoma la bandera que habían hecho con sus propias manos. Así, proclamaban la formación de la República de California, más tarde llamada República de la Bandera del Oso.

El general Castro trató rápidamente de terminar con la revuelta. Sin embargo, los 50 soldados que envió para recuperar Sonoma fracasaron. El 24 de junio, los hombres de Castro fueron derrotados en la batalla de Olompali.

John C. Frémont regresó a California y se unió de inmediato a los rebeldes, conocidos ahora como los Abanderados del Oso. En esa época, Estados Unidos ya estaba en guerra con México. Los habitantes de California no lo sabían y solo lo descubrieron cuando barcos de guerra estadounidenses atracaron en Monterey. La llegada de esas tropas rápidamente puso fin a la República de California.

REPASO DE LA LECTURA **RESUMIR**
¿Cuáles fueron los acontecimientos principales de la revuelta de la Bandera del Oso?

Resumen

México luchó por mantener a los colonos estadounidenses fuera de California. Los colonos estadounidenses se rebelaron y formaron la República de la Bandera del Oso. La república llegó a su fin cuando Estados Unidos tomó el control de la región.

Los Abanderados del Oso celebran su victoria.

REPASO

1. ¿Qué era la República de la Bandera del Oso?
2. Usa la expresión **destino manifiesto** para explicar el movimiento de los colonos estadounidenses hacia el oeste.
3. ¿Cuál fue una señal de que el gobierno mexicano de California se debilitaba?

RAZONAMIENTO CRÍTICO

4. DESTREZA DE ANÁLISIS ¿Cómo crees que reaccionaron los estadounidenses cuando se enteraron de la revuelta de la Bandera del Oso? ¿Por qué?
5. **Escribe un guión** Con un compañero, escribe un posible diálogo entre Mariano Vallejo y un Abanderado del Oso. Luego, representen el diálogo ante el resto de la clase.
6. Destreza clave **COMPARAR Y CONTRASTAR**

En una hoja de papel, copia y completa el organizador gráfico de abajo.

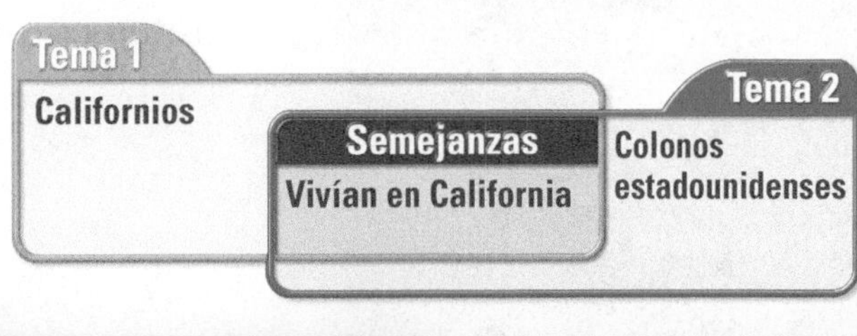

Lección 4

1836
Texas se declara república independiente

1846
Estados Unidos declara la guerra a México

1848
Se firma el Tratado de Guadalupe Hidalgo

REFLEXIONA
¿Qué efectos tuvo en California la guerra entre México y Estados Unidos?

- Analiza los motivos de la guerra entre México y Estados Unidos.
- Explica cómo afectó la guerra entre México y Estados Unidos a las personas que vivían en California.

VOCABULARIO
derecho pág. 213
tratado pág. 216

PERSONAS
John D. Sloat
Robert F. Stockton
Archibald Gillespie
Stephen Watts Kearny
Andrés Pico
Bernarda Ruíz

LUGARES
Monterey
Rancho Domínguez

COMPARAR Y CONTRASTAR

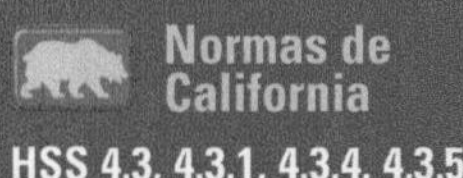
Normas de California
HSS 4.3, 4.3.1, 4.3.4, 4.3.5

La guerra entre México y Estados Unidos

Es julio de 1846. Todas las mañanas, la bandera de Estados Unidos se iza sobre Los Angeles. Desde hace varios días, ves a los soldados estadounidenses marchar por tu ciudad. Han estado diciendo que California es ahora parte de Estados Unidos. Te preguntas cómo cambiará ahora tu vida y la de tu familia.

La guerra llega a California

La guerra entre México y Estados Unidos se produjo en parte como resultado de un desacuerdo acerca de Texas. Texas se había independizado de México en 1836. Sin embargo, los líderes mexicanos todavía consideraban que era parte de su país. El gobierno mexicano se ofendió cuando los líderes de Estados Unidos invitaron a Texas a convertirse en uno de sus estados.

Los líderes mexicanos tampoco estaban de acuerdo con el límite entre Texas y México. Cuando los soldados de Estados Unidos cruzaron el límite establecido por México, las tropas mexicanas los atacaron. Como respuesta, el 13 de mayo de 1846 Estados Unidos declaró la guerra a México.

Para muchos estadounidenses la guerra era una oportunidad de tomar el control de California, que todavía era parte de México. El presidente Polk ordenó a **John D. Sloat,** un comandante de la armada de Estados Unidos, que navegara hacia Monterey, la capital de la California mexicana.

Sloat llegó a Monterey el 2 de julio y se apoderó de la ciudad sin disparar ni un solo tiro. El 7 de julio de 1846, izó la bandera de Estados Unidos en Monterey. Sloat declaró que desde ese momento California formaba parte de Estados Unidos y aseguró a los californianos que tendrían los mismos derechos que los otros ciudadanos estadounidenses. Un **derecho** es una libertad que una persona posee.

REPASO DE LA LECTURA **COMPARAR Y CONTRASTAR** **¿En qué se diferenciaban las opiniones de los líderes mexicanos acerca de Texas de las de los líderes estadounidenses?**

Los soldados estadounidenses izan la bandera de Estados Unidos en Monterey, el 7 de julio de 1846.

La lucha por California

Después de que Sloat tomara Monterey, la bandera de Estados Unidos se izó el 9 de julio en San Francisco y Sonoma, y luego, el 11 de julio, en el Fuerte Sutter. Después de renunciar al mando, Sloat nombró al comodoro **Robert F. Stockton** como nuevo líder.

Stockton incorporó a los Abanderados del Oso al ejército de Estados Unidos. Designó como sus líderes a John C. Frémont y **Archibald Gillespie,** un marino de Estados Unidos. Stockton envió a ese grupo con la orden de tomar el control de otras ciudades de California. En su mayoría, los californios y los colonos estadounidenses no se resistieron a las fuerzas de Estados Unidos.

Frémont y Gillespie tomaron Los Angeles el 12 de agosto. Poco después, Stockton declaró: "California se encuentra totalmente libre del dominio mexicano".* Sin embargo, esta victoria no duraría mucho.

Stockton dejó a Gillespie a cargo de Los Angeles. Gillespie estableció reglas estrictas que indicaban cuándo y a qué lugares estaba permitido viajar. La gente no estuvo de acuerdo con esas reglas. Cuando algunos californios se rebelaron contra los soldados, Gillespie y sus hombres se marcharon a San Pedro. Allí, se reunieron con otros soldados que Stockton había enviado hacia el sur. Los dos grupos regresaron a Los Angeles y lucharon contra los californios en el **Rancho Domínguez.** Pero los californios los vencieron otra vez.

En ese tiempo, el general **Stephen Watts Kearny** iba en marcha de New Mexico al oeste con 300 soldados.

*Robert F. Stockton. De una carta al pueblo de California, 17 de agosto de 1846. Reproducida en "What I Saw California" por Edwin Bryant. Ross and Haines, 1967.

DESTREZA DE ANÁLISIS **Analizar líneas cronológicas**

¿Cuánto tiempo después del Tratado de Cahuenga se firmó el Tratado de Guadalupe Hidalgo?

La guerra entre México y Estados Unidos

1846 — 1847 — 1848 — 1849

- **Mayo de 1846** El presidente Polk pide al Congreso que declare la guerra a México
- **Enero de 1847** La firma del Tratado de Cahuenga pone fin a la lucha en California
- **Septiembre de 1847** El general Winfield Scott y el ejército de Estados Unidos toman la Ciudad de México
- **Febrero de 1848** Mexicanos y estadounidenses firman el Tratado de Guadalupe Hidalgo, que pone fin a la guerra entre México y Estados Unidos

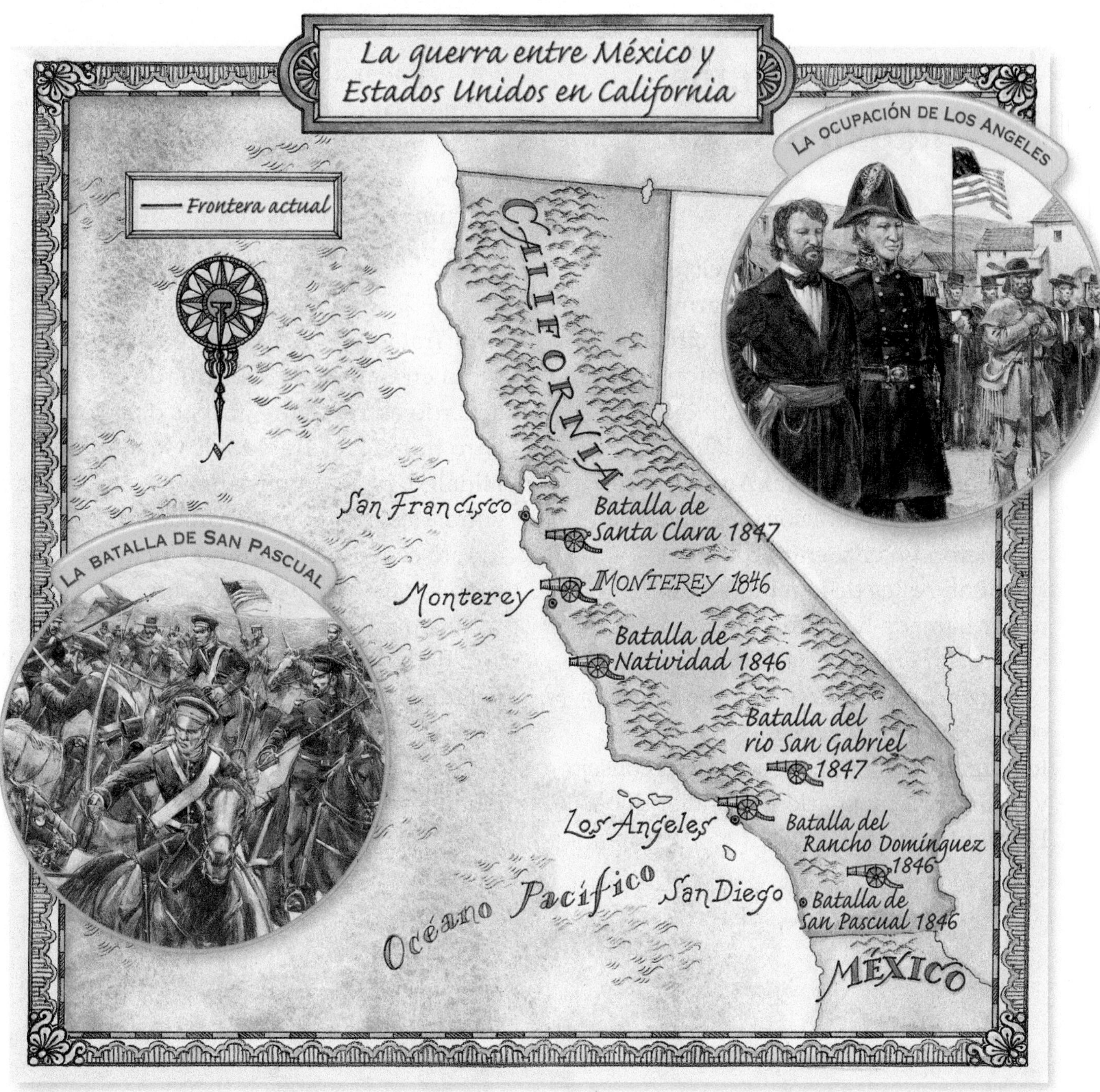

Analizar mapas

Lugares **¿Qué batallas se libraron cerca de Los Angeles?**

En su camino, Kearny se reunió con el famoso explorador Kit Carson. Carson no sabía nada de la guerra y le dijo a Kearny que California estaba protegida bajo el control de Estados Unidos.

A causa del informe de Carson, Kearny envió de regreso a New Mexico a 200 de sus soldados. Carson condujo a Kearny y al resto de los soldados a California.

Al llegar, un grupo de californios los atacó. Después de un tiempo, los californios se replegaron, pero solo se trataba de una trampa. Dando un rodeo, regresaron, sorprendieron a los estadounidenses y los vencieron en la batalla de San Pascual.

REPASO DE LA LECTURA **CAUSA Y EFECTO**

¿Por qué Kearny envió a la mayoría de sus soldados de regreso a New Mexico?

Los conflictos llegan a su fin

CUÁNDO 1847
DÓNDE Paso de Cahuenga

San Pascual fue la última victoria de los californios. El general Kearny y el comodoro Stockton lanzaron otro ataque y el 10 de enero de 1847 tomaron el control de Los Angeles.

El gobernador mexicano Pío Pico y su hermano, el general **Andrés Pico** organizaron la rendición de California y pidieron un encuentro con John Frémont. Antes de la reunión, una mujer llamada Bernarda Ruíz pidió hablar con Frémont.

Ruíz aconsejó a Frémont que ofreciera condiciones poco exigentes para la paz a los californios. Frémont aceptó su consejo y decidió no castigarlos. La mujer dijo a Frémont que debía

> "... poner a los californianos mexicanos de su lado en lugar de convertirlos en enemigos imponiéndoles [obligándolos a cumplir] severas condiciones para la paz."*

El Tratado de Cahuenga puso fin a la lucha en California. Un **tratado** es un acuerdo escrito entre grupos o naciones. Otro tratado, el Tratado de Guadalupe Hidalgo, puso fin oficialmente a la guerra entre México y Estados Unidos. México aceptó ceder territorios que incluían todo lo que hoy abarcan California, Utah y Nevada, y partes de New Mexico, Arizona, Colorado y Wyoming. A cambio, Estados Unidos acordó pagar a México 15 millones de dólares.

Como resultado del Tratado de Guadalupe Hidalgo, Estados Unidos había logrado su sueño del destino

*Bernarda Ruíz. De *Old Spanish Santa Barbara: From Cabrillo to Frémont* por Walker A. Tompkins. McNally and Leftin, 1967.

Andrés Pico (izquierda) y Bernarda Ruíz (derecha)

El 13 de enero de 1847, los líderes de México y Estados Unidos firmaron el Tratado de Cahuenga, que puso fin a las luchas en California.

manifiesto. Muchos californios también se sintieron satisfechos con el tratado, ya que los convertía en ciudadanos de Estados Unidos y les permitía conservar las tierras que tenían antes de la guerra.

REPASO DE LA LECTURA **CAUSA Y EFECTO**
¿Cuál fue el resultado del Tratado de Guadalupe Hidalgo?

Resumen

La guerra entre México y Estados Unidos comenzó en mayo de 1846. Como resultado del Tratado de Guadalupe Hidalgo, que puso fin a esa guerra, California se convirtió en parte de Estados Unidos.

REPASO

1. ¿Qué efectos tuvo en California la guerra entre México y Estados Unidos?
2. Usa la palabra **tratado** para describir el acuerdo que puso fin a esa guerra.
3. ¿Por qué Bernarda Ruíz quiso hablar con John Frémont?

RAZONAMIENTO CRÍTICO

4. DESTREZA DE ANÁLISIS ¿Crees que fue correcta la rebelión de los habitantes de Los Angeles? ¿Por qué?
5. ¿Cuáles crees que eran los beneficios que esperaban obtener algunos californios al convertirse en parte de Estados Unidos?
6. **Escribe una entrada de un diario** Imagina que eres Bernarda Ruíz, Andrés Pico o Stephen Kearny. Escribe en un diario describiendo qué ocurrió en California y qué te gustaría que ocurriera. Incluye datos de la lección en tu entrada.
7. Destreza clave **COMPARAR Y CONTRASTAR**

En una hoja de papel, copia y completa el organizador gráfico de abajo.

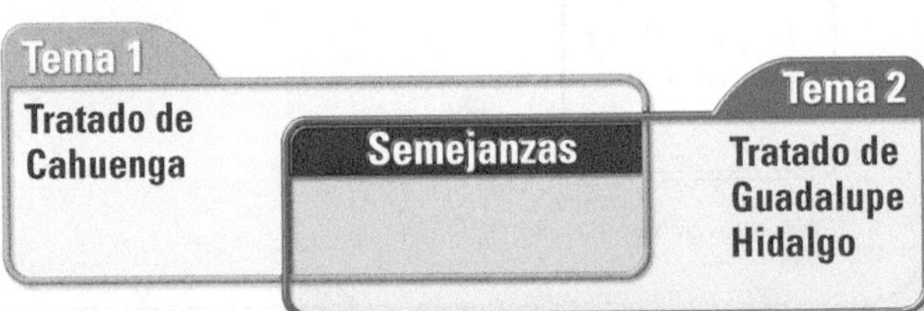

Leer y comparar mapas históricos

POR QUÉ ES IMPORTANTE

Los mapas históricos contienen información sobre cómo eran los lugares en el pasado. Estos mapas pueden mostrar los límites políticos de un territorio en una determinada época. Un **límite político** es la línea imaginaria que marca las fronteras de un país. Si comparas mapas de la misma región trazados en épocas diferentes, podrás ver que los límites políticos cambian.

LO QUE NECESITAS SABER

El mapa de abajo muestra Estados Unidos en 1845, antes de la guerra entre Estados Unidos y México. En esa época, California y algunas áreas del Suroeste formaban parte de México. El mapa de la página 219 muestra la misma zona en 1848, después de que Estados Unidos ganara la guerra contra México. En ese momento, California y algunas zonas del Suroeste ya eran parte de Estados Unidos.

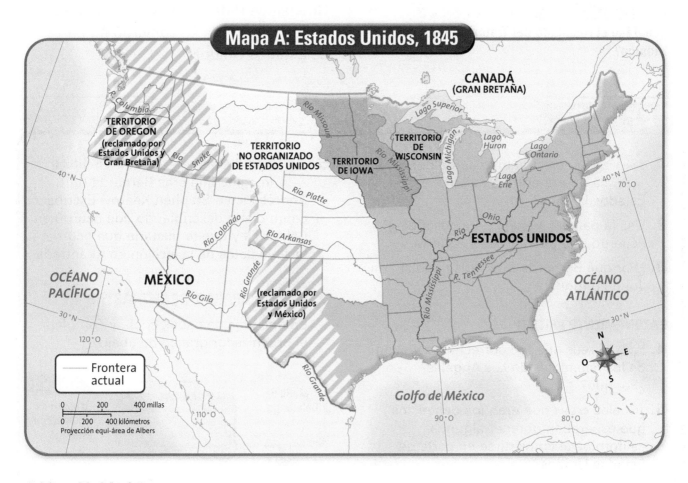

Mapa A: Estados Unidos, 1845

CANADÁ (GRAN BRETAÑA)
TERRITORIO DE OREGON (reclamado por Estados Unidos y Gran Bretaña)
TERRITORIO NO ORGANIZADO DE ESTADOS UNIDOS
TERRITORIO DE IOWA
TERRITORIO DE WISCONSIN
ESTADOS UNIDOS
MÉXICO
(reclamado por Estados Unidos y México)
OCÉANO PACÍFICO
OCÉANO ATLÁNTICO
Golfo de México
R. Columbia
Río Snake
Río Missouri
Río Mississippi
Río Platte
Río Colorado
Río Arkansas
Río Grande
Río Gila
Río Ohio
R. Tennessee
Lago Superior
Lago Michigan
Lago Huron
Lago Ontario
Lago Erie
40° N
30° N
120° O
110° O
90° O
80° O
70° O
N
S
E
O
Frontera actual
0 200 400 millas
0 200 400 kilómetros
Proyección equi-área de Albers

A menudo, los cartógrafos usan colores diferentes para señalar distintas regiones. A veces usan también un patrón de líneas diagonales, llamadas **líneas de sombreado**. Las líneas de sombreado se usan frecuentemente en los mapas históricos para mostrar territorios reclamados por dos o más países.

PRACTICA LA DESTREZA

Usa los mapas históricos de Estados Unidos y territorios vecinos para responder estas preguntas.

1. ¿Qué color se usa en los dos mapas para mostrar los territorios que pertenecían a Estados Unidos?
2. ¿Cómo cambió México entre 1845 y 1848?
3. ¿Qué representan las líneas de sombreado en el mapa de Estados Unidos en 1845?
4. ¿Cómo cambió California entre 1845 y 1848?

APLICA LO QUE APRENDISTE

DESTREZA DE ANÁLISIS Escribe tres o cuatro oraciones acerca de estos mapas históricos. En tus oraciones, deja un espacio en blanco para agregar fechas. Luego, intercambia tu hoja con la de un compañero y pídele que complete cada oración con la fecha correcta.

Practica tus destrezas con mapas y globos terráqueos con el **CD ROM GeoSkills.**

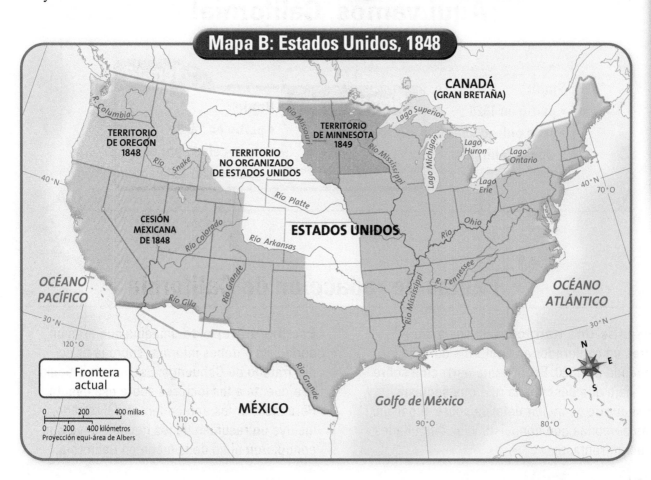

Mapa B: Estados Unidos, 1848

CANADÁ (GRAN BRETAÑA)
TERRITORIO DE OREGÓN 1848
TERRITORIO DE MINNESOTA 1849
TERRITORIO NO ORGANIZADO DE ESTADOS UNIDOS
CESIÓN MEXICANA DE 1848
ESTADOS UNIDOS
MÉXICO
OCÉANO PACÍFICO
OCÉANO ATLÁNTICO
Golfo de México
Frontera actual
0 200 400 millas
0 200 400 kilómetros
Proyección equi-área de Albers

Tiempos

1825 — 1835

1826
Jedediah Strong Smith se dirige a California

La lectura en los Estudios Sociales

Cuando **comparas,** piensas en qué se parecen o son semejantes dos o más cosas. Cuando **contrastas,** piensas en qué se diferencian.

Comparar y contrastar

Completa este diagrama de Venn para mostrar que comprendes las semejanzas y diferencias entre la expedición de Jedediah Strong Smith y la expedición de Sylvester y James Pattie. Una copia de este organizador gráfico aparece en la página 58 del cuaderno de Tarea y práctica.

¡Aquí vamos, California!

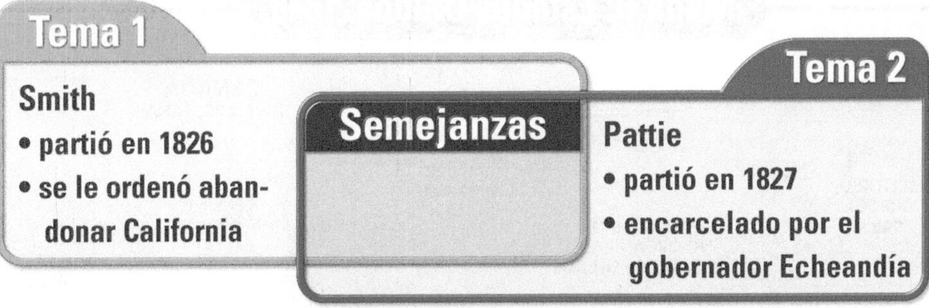

Pautas de redacción de California

Escribe una narración Imagina que eres un explorador en California durante la década de 1820. Escribe una narración sobre tu viaje que describa la ruta que seguiste. Asegúrate de incluir detalles sobre el paisaje, las personas que conociste y las dificultades que enfrentaste.

Escribe un reporte Imagina que eres un periodista y debes informar sobre la firma del Tratado de Cahuenga. Escribe un artículo que cuente a tus lectores sobre ese evento. Para mostrar los antecedentes del tratado, incluye un resumen de los hechos clave que condujeron al fin de la lucha en California.

1845

1855

1841
La expedición Bartleson-Bidwell llega a California desde Missouri

1846
Los colonos de California comienzan la revuelta de la Bandera del Oso

1848
La guerra entre México y Estados Unidos llega a su fin

Usa el vocabulario

Escribe un término de la lista para completar cada oración.

demanda, pág. 191
explorador, pág. 192
caravanas de carromatos, pág. 200
tratado, pág. 216

1. La guerra terminó cuando ambas partes firmaron un ____.
2. Muchos de los primeros colonos viajaban a California en ____.
3. A fines del siglo XVIII, había una gran ____ de pieles de castor y otros animales.
4. Un ____ es alguien que establece nuevas rutas para que otros las sigan.

Usa la línea cronológica

Usa la línea cronológica de arriba para responder las preguntas.

5. ¿En qué década se dirigió Jedediah Strong Smith hacia California?
6. ¿Cuándo comenzó la revuelta de la Bandera del Oso?

Aplica las destrezas

Distinguir entre hecho y opinión Identifica si cada afirmación es un hecho o una opinión.

7. Los californios eran los mejores jinetes del mundo.
8. El general Kearny y sus tropas perdieron la batalla de San Pascual.

Recuerda los datos

Responde estas preguntas.

9. ¿Por qué era difícil para el gobierno mexicano controlar California?
10. ¿Por qué algunas personas creían que era una buena idea que California se uniera a Estados Unidos?
11. ¿Qué acontecimientos llevaron a la guerra entre México y Estados Unidos?

Escribe la letra de la respuesta correcta.

12. ¿Quién lideró el primer grupo de estadounidenses que cruzó la sierra Nevada?
   A John C. Frémont
   B Bernarda Ruíz
   C Jedediah Strong Smith
   D Jacob Donner
13. ¿Cuál de estos lugares era la capital de la California mexicana?
   A Fuerte Ross
   B Los Angeles
   C Monterey
   D Santa Barbara

Piensa críticamente

14. DESTREZA DE ANÁLISIS ¿Cuáles eran algunos de los beneficios de mudarse a California a principios del siglo XIX? ¿Cuáles eran los costos?
15. DESTREZA DE ANÁLISIS ¿En qué se diferencia la forma en que las personas se mudan a lugares nuevos hoy en día de la forma en que se mudaban a California en el siglo XIX?

Destrezas de estudio

ORGANIZAR INFORMACIÓN

Un organizador gráfico puede ayudarte a comprender lo que lees.

- **Las tablas y redes son organizadores gráficos que muestran las ideas principales y los detalles importantes.**
- **Un organizador gráfico puede ayudarte a clasificar y categorizar información. También te ayuda a comprender la relación entre el tema del capítulo y cada lección.**

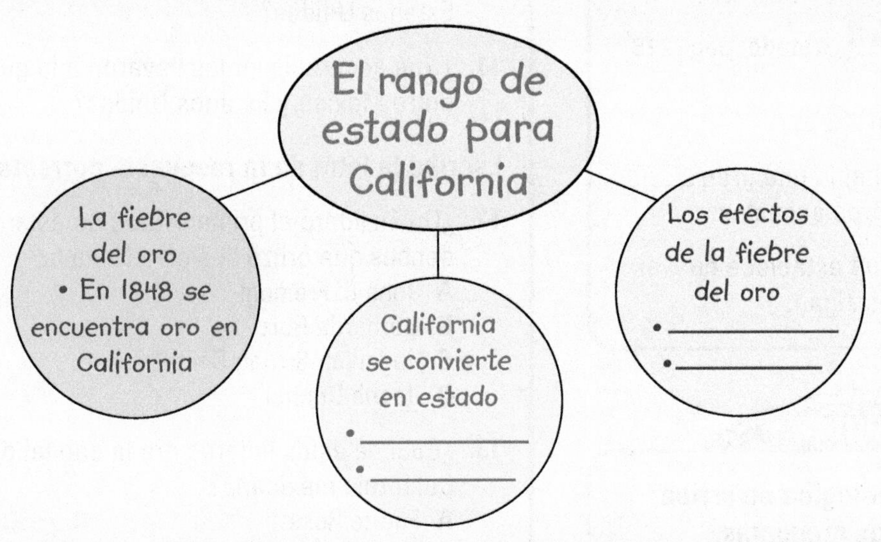

Aplica la destreza mientras lees

Mientras lees este capítulo, completa cada círculo de una red como la de arriba con los datos de cada lección.

Normas de Historia y Ciencias Sociales de California, Grado 4

4.3 Los estudiantes explican la vida económica, social y política en California desde el establecimiento de la República de la Bandera del Oso hasta la guerra entre México y Estados Unidos, la fiebre del oro y el otorgamiento de rango de estado.
4.4 Los estudiantes explican cómo California se convirtió en una potencia agrícola e industrial, siguiendo la transformación de la economía de California y su desarrollo político y económico desde la década de 1850.

CAPÍTULO

El rango de estado para California

Los delegados a la Asamblea de Monterey se reunieron en esta habitación de Colton Hall para debatir sobre el otorgamiento del rango de estado para California.

Comienza con una **biografía**

Manos abiertas, corazón abierto

LA HISTORIA DE BIDDY MASON

por Deidre Robinson
ilustrada por Colin Bootman

En 1850, California se unió a Estados Unidos. Aunque lo hizo como estado libre, algunos dueños de esclavos que llegaban al estado traían consigo a sus esclavos. Bridget "Biddy" Mason era una mujer afroamericana esclavizada. Su dueño, Robert Smith, la había llevado a California en 1852. Cuando más tarde Smith decidió mudarse al estado esclavista de Texas, Biddy Mason se presentó ante una corte para luchar por su derecho a quedarse en California y ser libre. Lee para saber qué ocurrió con Biddy Mason.

Biddy y su grupo se presentaron ante el juez Benjamin Hayes en Santa Monica, California. El primer día del juicio, Smith dijo al juez que esas catorce personas no eran sus esclavos, sino que las había contratado como empleados. En lugar de pagarles un sueldo, les daba comida y vivienda. Los consideraba parte de su familia. Y se mudarían a Texas con él por su propia voluntad.

Biddy no podía testificar contra Smith en la sala de la corte, ya que se lo impedía la Ley de Práctica Civil de 1850. Esa ley establecía que individuos negros no podían testificar contra individuos blancos en una corte. Entonces, el juez Hayes tuvo que interrogar a Biddy y a los otros esclavos en su despacho. Biddy dijo al juez y a sus dos testigos: "Siempre he hecho lo que se me ha dicho que haya. He temido este viaje a Texas desde que escuché hablar de él por primera vez. El Sr. Smith me dijo que en Texas sería tan libre como aquí". Los otros esclavos también afirmaron que no sabían que Texas era un estado esclavista.

El juez Hayes era de la costa este y se oponía a la esclavitud. Estaba seguro de que ningún esclavo se mudaría por propia voluntad de un estado libre a un estado que permitiera la esclavitud. Creía que Smith se aprovechaba de sus esclavos porque no sabían leer ni escribir ni tampoco conocían sus derechos ante la ley.

Luego de escuchar el testimonio de Biddy y su grupo, el juez Hayes regresó a la sala de la corte y le dijo a Smith que no comprendía por qué quería mantener a catorce personas, además de su familia. Según los registros de la corte, Smith poseía solo un traje y quinientos dólares. Apenas podía alimentar y mantener a su esposa y a sus seis hijos. El juez Hayes acusó a Smith de planear la venta de sus esclavos una vez que llegaran a Texas.

El 21 de enero de 1856, Robert Smith no se presentó a declarar ante la corte. El juez Hayes otorgó la libertad a Biddy, a sus hijas y al resto de los esclavos de Smith. El juez dijo: "A todos los hombres debe permitírseles la búsqueda de su propia libertad y su propia felicidad". Además, el juez Hayes sugirió que los "demandantes se establecieran en un lugar y comenzaran a trabajar para su propio beneficio, en paz y sin temor".

Responde

1. ¿De qué manera el deseo de libertad de Biddy Mason mejoró su propia vida y la vida de otras personas?
2. Escribe un párrafo que describa cómo crees que se sintió Biddy Mason cuando le otorgaron la libertad.

Lección 1

Tiempos

1825 1840 1855

1848 El 24 de enero se descubre oro cerca de Sutter's Mill

1849 Los del cuarenta y nueve comienzan a llegar a California

REFLEXIONA

¿Cómo cambió a California el descubrimiento de oro?

- ✓ Explica cómo el descubrimiento de oro afectó a la población y los asentamientos de California.
- ✓ Describe las rutas que seguían los buscadores de oro para llegar a California.

VOCABULARIO

fiebre del oro pág. 227
los del cuarenta y nueve pág. 228
istmo pág. 228
denuncio pág. 230

PERSONAS

John Sutter
James Marshall
Sam Brannan
Lu Ng
Louise Clappe

LUGARES

río American
Coloma
Sutter's Mill
istmo de Panamá

COMPARAR Y CONTRASTAR

Normas de California
HSS 4.3, 4.3.2, 4.3.3, 4.3.4

La fiebre del oro

IMAGÍNATE ALLÍ

Estás de pie junto a un río y ves algo que brilla entre las piedras. Cuando te acercas a recoger lo que viste, tu corazón late más rápidamente. Es el año 1848. Hasta hace unos pocos días, trabajabas en la construcción de un aserradero en el **río American,** en el norte de California. Luego, alguien encontró una roca amarilla brillante en el río. Ahora todos están buscando esas rocas amarillas. Si las pepitas que encontraste son oro, ¡serás rico!

AUTOCRAPH OF
OLD SUTTER MILL
THE DISCOVERER OF GOLD IN CALIFORNIA
January 19th, 1848.

Esta fotografía de James Marshall fue tomada en la década de 1870, muchos años después del descubrimiento de oro en Sutter's Mill. Marshall distribuía tarjetas autografiadas (abajo).

¡Oro!

CUÁNDO **24 de enero de 1848**
DÓNDE **Coloma, California**

John Sutter decidió construir un aserradero en **Coloma,** a orillas del río American. Para eso, contrató a un carpintero llamado **James Marshall** y a varios trabajadores. El 24 de enero, mientras cavaban en el lugar, los trabajadores hallaron una pequeña pepita, o trozo, de algo que parecía oro. Marshall informó inmediatamente del descubrimiento a Sutter, que hizo analizar la pepita. ¡Y era de oro!

Nadie está seguro de quién halló la primera pepita, pero Marshall dijo que había sido él. Cuando Sutter y Marshall regresaron al aserradero, los trabajadores habían hallado más oro. Poco después, los trabajadores dejaron de construir y dedicaron todo su tiempo a buscar oro. La "locura del oro" los había afectado.

El oro es un valioso recurso natural.

Con el tiempo, la noticia del descubrimiento en el aserradero de Sutter, luego conocido como **Sutter's Mill,** llegó a oídos de todos, y comenzó la fiebre del oro.

Se le llama **fiebre del oro** al enorme desplazamiento de personas hacia un lugar en busca de oro. **Sam Brannan** fue de San Francisco a Coloma para investigar si lo que se decía era cierto. Cuando regresó a la ciudad, corrió por las calles mostrando una botella llena con polvo de oro y gritando: "¡Oro! ¡Oro! ¡Oro del río American!"*

REPASO DE LA LECTURA **COMPARAR Y CONTRASTAR** **¿Cómo cambió la vida diaria de los trabajadores de Sutter cuando supieron que habían encontrado oro?**

*Sam Brannan. De *The World Rushed In: The California Gold Rush Experience* por J. S. Holliday. Simon & Schuster, 1981.

Cuando se difundió la noticia del descubrimiento de oro, casi todos los 800 residentes de San Francisco partieron hacia Coloma, cerca de Sutter's Mill (abajo).

Rumbo a California

La fiebre del oro se expandió aún más cuando el presidente James K. Polk anunció el descubrimiento de oro. En poco tiempo, unos 90,000 buscadores de oro fueron a California. Se les conocía como **los del cuarenta y nueve**, porque muchos de ellos llegaron allí en 1849. Aunque la mayoría de los del cuarenta y nueve eran hombres, había también algunas mujeres. Casi todas las mujeres llegaban con sus esposos, padres o hermanos.

Unos 1,000 afroamericanos también se unieron a la fiebre del oro. Algunos eran libres. Otros fueron llevados de los estados del sur de Estados Unidos para trabajar en las minas de oro como trabajadores esclavos. A veces, si un esclavo extraía el oro equivalente a 2,000 dólares, su dueño aceptaba concederle la libertad. Muchos esclavos lograron ganar suficiente dinero para comprar su propia libertad y la de los miembros de su familia.

Había tres rutas principales para llegar a California desde Estados Unidos. La primera y más rápida era a través del **istmo de Panamá.** Un **istmo** es una franja muy angosta de tierra que une dos masas de tierra más grandes. El istmo de Panamá une América del Norte y América del Sur. Para cruzar el istmo los del cuarenta y nueve viajaban en barcos, en mulas y a pie. Como en esa zona el clima era extremadamente caluroso, muchos contraían enfermedades y morían. Los que lograban llegar a la costa del Pacífico esperaban allí hasta tomar un barco hacia California.

La segunda ruta era por barco, rodeando el extremo sur de América del Sur. Esta ruta era la más larga y podía tomar entre tres y ocho meses.

La tercera ruta a California era por tierra. Los que viajaban por tierra tenían que cruzar desiertos y cadenas montañosas. También enfrentaban dificultades tales como accidentes, enfermedades y falta de alimentos y de agua.

Algunos de los del cuarenta y nueve llegaban a California en barcos clíper, que eran los más rápidos de esa época. Viajar en clíper era muy costoso, pero las personas pagaban esos altos precios creyendo que en California conseguirían una fortuna en oro.

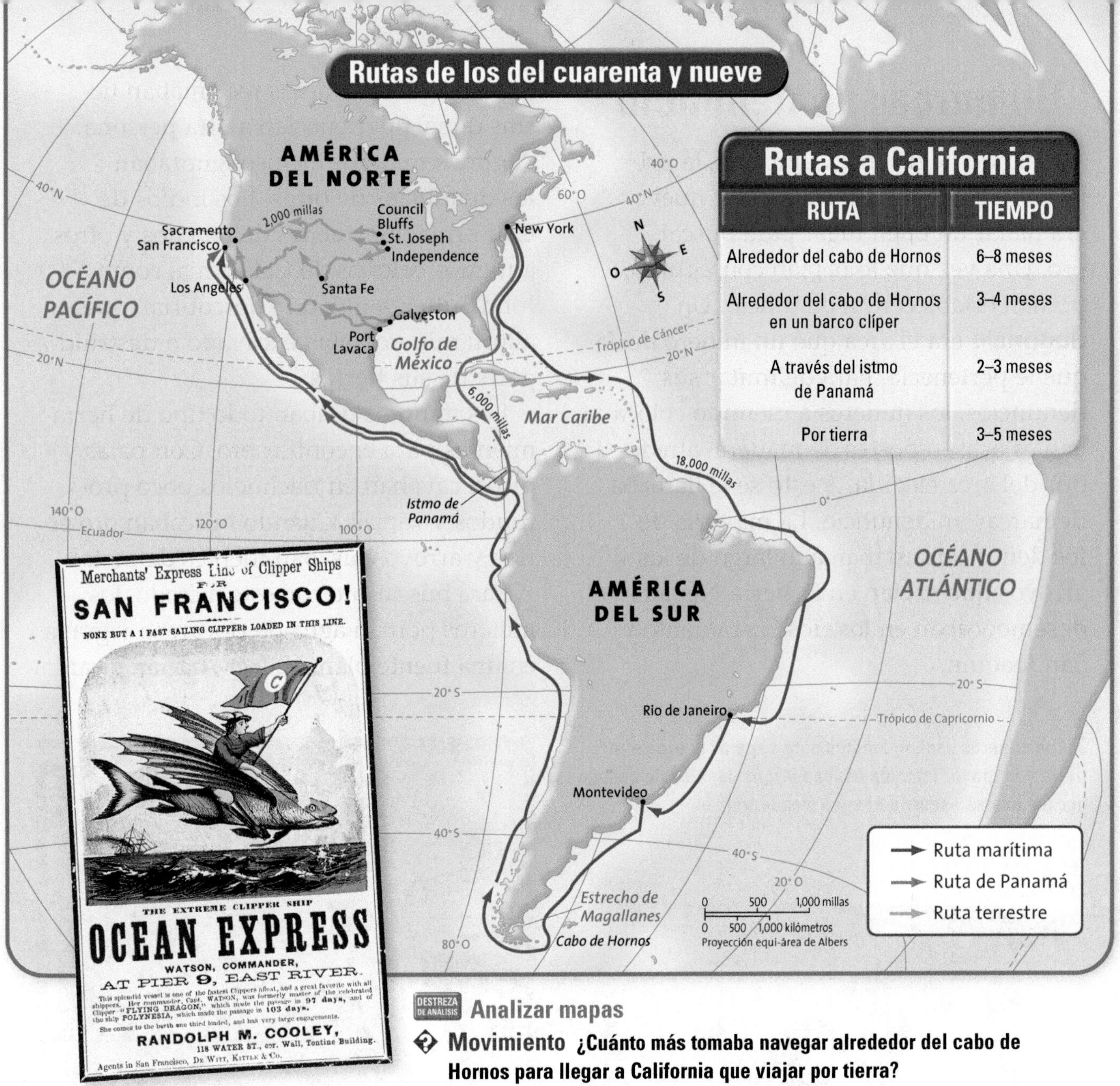

Rutas a California

RUTA	TIEMPO
Alrededor del cabo de Hornos	6–8 meses
Alrededor del cabo de Hornos en un barco clíper	3–4 meses
A través del istmo de Panamá	2–3 meses
Por tierra	3–5 meses

DESTREZA DE ANÁLISIS **Analizar mapas**

Movimiento ¿Cuánto más tomaba navegar alrededor del cabo de Hornos para llegar a California que viajar por tierra?

La mayoría de los del cuarenta y nueve venían de Estados Unidos, pero también llegaron muchos otros de México, América del Sur, Europa, Australia y Asia. En 1852, miles de chinos también se habían unido a la fiebre del oro. De hecho, uno de cada cuatro buscadores de oro era chino. Los chinos llamaban a California *Gum Sam*, que significa "montaña de oro".

Aunque la mayoría de los del cuarenta y nueve iba a California para enriquecerse en poco tiempo y luego regresar a sus hogares, otros llegaban escapando de guerras y dificultades en su tierra natal. **Lu Ng**, que llegó a California desde China, explicó así la decisión que tomó: "Los cultivos se habían perdido y las inundaciones habían arruinado nuestros campos . . . ¿Qué otra cosa podíamos hacer?"*

REPASO DE LA LECTURA **COMPARAR Y CONTRASTAR** **¿Qué afirmación verdadera puede hacerse sobre las tres rutas para ir de Estados Unidos a California?**

*Lu Ng. Extraído de *The Gold Rush of 1849: Staking a Claim to California* por Arthur Blake, Millbrook, 1995.

Demarcar un denuncio

Cuando llegaban a California, la primera tarea de los del cuarenta y nueve era hallar un buen lugar para buscar oro. Una vez que lo habían conseguido, podían establecer un denuncio. Un **denuncio** era el área que un minero decía que le pertenecía. Para delimitar sus denuncios, los mineros a menudo colocaban estacas, o postes de madera, alrededor del área elegida. A esto se le llamaba demarcar un denuncio. La mayoría de los denuncios estaban a lo largo de los arroyos que nacían en la sierra Nevada y desembocaban en los ríos Sacramento y San Joaquin.

A veces, los mineros reclamaban tierras que ya pertenecían a otra persona. Algunos mineros incluso ignoraban los denuncios de otros. Los indios de California, los dueños de ranchos y otros antiguos colonos de California, como John Sutter, a menudo descubrían que algún minero había excavado o destruido parte de sus tierras.

Los mineros usaban todo tipo de herramientas para encontrar oro. Con palas y picos, cavaban en riachuelos poco profundos y zanjas. Cuando buscaban oro en ríos y arroyos, usaban fuentes de metal.

Para buscar oro con este método, los mineros ponían agua de río, arena y grava en una fuente plana. Luego, hacían girar la

Los mineros usaban fuentes para separar el oro de la tierra y la grava. También usaban largos canales de desagüe por los cuales escurría el agua (recuadro).

No era extraño que los mineros trabajaran durante muchas horas, a veces con agua y barro hasta las rodillas.

DATOS BREVES

La mayoría de los buscadores de oro tenía menos de 30 años. Nueve de cada diez eran hombres.

fuente para que el agua formara un remolino. Esto hacía que las partículas más pesadas, entre ellas el oro, se depositaran en el fondo. Por último, el minero quitaba con mucho cuidado el agua y la tierra.

A veces, dos mineros trabajaban juntos para usar una herramienta llamada cuna. Se llamaba así porque se mecía como la cuna de un bebé. Tenía dos bandejas que estaban superpuestas. Los mineros llenaban la bandeja superior con arena, tierra y grava. Después, uno de ellos le vertía agua encima y el otro mecía la cuna. Las partículas grandes se quedaban en la bandeja superior, y el resto de la tierra y el agua caía a la bandeja inferior. Allí, el agua arrastraba la tierra, que caía por una abertura, dejando en la bandeja solo los trozos de oro.

Buscar oro era un trabajo difícil. Los mineros trabajaban a menudo seis días por semana. Muchos se levantaban antes del amanecer y solo dejaban de trabajar cuando oscurecía y ya no podían ver. Un minero llamado Prentice Mulford escribió que el trabajo de los mineros ". . . combina, en sí mismo, las variadas artes de cavar canales, hacer zanjas, levantar muros de piedra, arar . . ."*

REPASO DE LA LECTURA **RESUMIR**

¿Cuáles eran algunos de los métodos que se usaban para buscar oro?

*Prentice Mulford. De *Days of Gold: The California Gold Rush and the American Nation* por Malcolm J. Rohrbough. University of California Press, 1997.

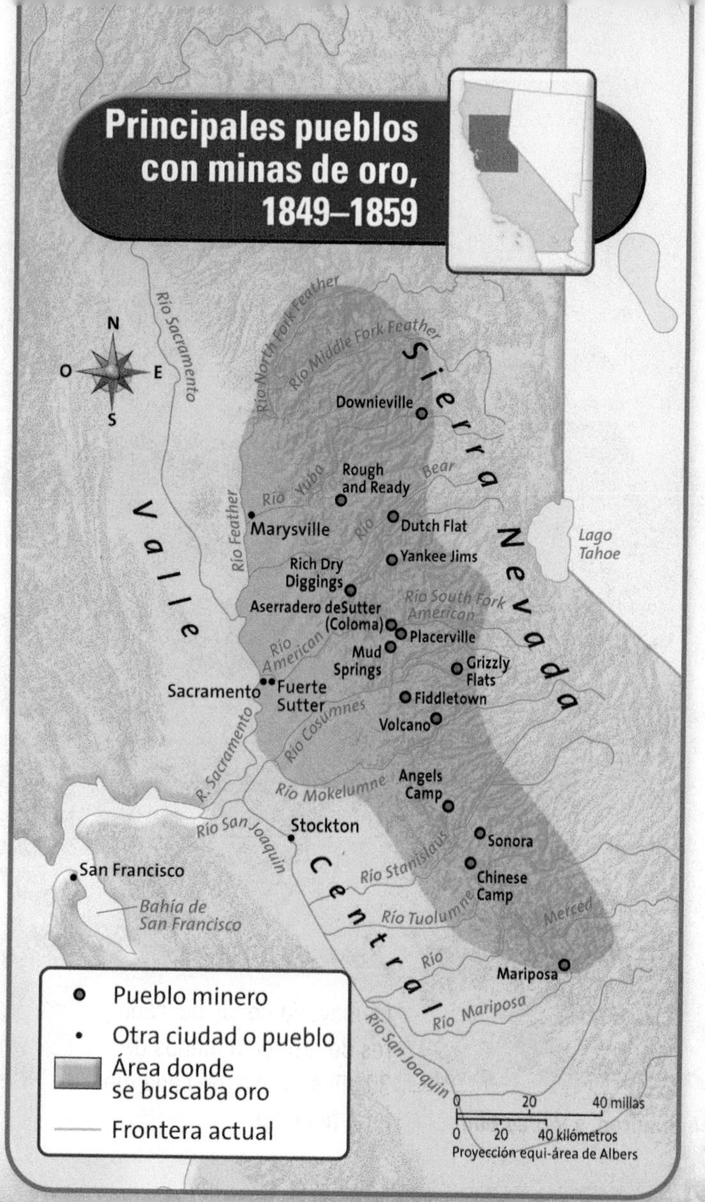

Principales pueblos con minas de oro, 1849–1859

Pueblo minero
Otra ciudad o pueblo
Área donde se buscaba oro
Frontera actual

Campamentos mineros

Los del cuarenta y nueve establecían campamentos en todos los lugares en los que creían que podían hallar oro. La vida en estos campamentos era muy dura. Las tiendas y cabañas ofrecían poca protección de la lluvia, el viento y el frío. Las calles de tierra de los campamentos estaban por lo general cubiertas de basura. Los alimentos eran escasos y había muy pocas medicinas.

Cuando terminaban el día de trabajo, los mineros de los campamentos se entretenían de distintas formas. Jugaban a las cartas, leían libros si podían encontrarlos, tocaban música y cantaban canciones, o simplemente se sentaban a conversar.

DESTREZA DE ANÁLISIS Analizar mapas Si se hallaba suficiente oro en una zona, los campamentos mineros que se encontraban allí (como el que aparece abajo) se convertían con el tiempo en pueblos permanentes.

Interacción entre los seres humanos y el ambiente ¿En qué río establecieron los mineros Chinese Camp?

Los domingos eran casi siempre días de descanso. Los predicadores que viajaban de un campamento a otro ofrecían servicios religiosos. Los mineros aprovechaban también el día para lavar y remendar ropa, y para hacer otras tareas domésticas.

Muchos de los del cuarenta y nueve llegaban a California atraídos por historias exageradas que decían que la región estaba repleta de pepitas de oro y que simplemente había que recogerlas. Pero, en realidad, pocas personas se enriquecieron hallando oro. En las cartas que escribió a su hermana, **Louise Clappe,** una mujer que se había mudado con su esposo de Nueva Inglaterra a los campamentos mineros, contó la verdad sobre la fiebre del oro. "Un hombre puede trabajar en un denuncio durante varios meses y ser más pobre que cuando comenzó", decía en una carta, "o puede hallar miles en pocas horas. Es tan solo una cuestión de suerte".* Estas cartas fueron publicadas tiempo después y se encuentran entre los primeros relatos verdaderos sobre la fiebre del oro.

REPASO DE LA LECTURA **COMPARAR Y CONTRASTAR** **¿En qué se diferencian los relatos de Louise Clappe de los informes anteriores sobre la fiebre del oro?**

*Louise Clappe. De una carta a su hermana, 10 de abril de 1852. *The Shirley Letters: From the California Mines, 1851-1852.* Heyday Books, 1998.

Las cartas de Louise Clappe se publicaron bajo el seudónimo de "Dame Shirley".

Resumen

En 1848 se descubrió oro en California. En un año, miles de personas llegaron a la región. Como encontrar oro era un trabajo difícil, pocos pudieron enriquecerse.

REPASO

1. ¿Cómo cambió a California el descubrimiento de oro?
2. Describe las tres rutas que los del cuarenta y nueve podían seguir para llegar a California. Usa el término **istmo**.
3. ¿Cómo influyeron las condiciones en otros países en la inmigración a California durante la fiebre del oro?

RAZONAMIENTO CRÍTICO

4. ¿Por qué había personas dispuestas a realizar el difícil viaje a California?
5. DESTREZA DE ANÁLISIS ¿Qué puedes aprender de la cita de Louise Clappe que aparece en esta página? ¿Es una fuente primaria o una fuente secundaria? Explica tu respuesta.
6. **Escribe una entrada de un diario** Imagina que vives en un campamento minero en 1850. En una entrada de tu diario describe un día de tu vida. Asegúrate de incluir una descripción del campamento y de las actividades que realizas.
7. Destreza clave **COMPARAR Y CONTRASTAR**

En una hoja de papel, copia y completa el organizador gráfico de abajo.

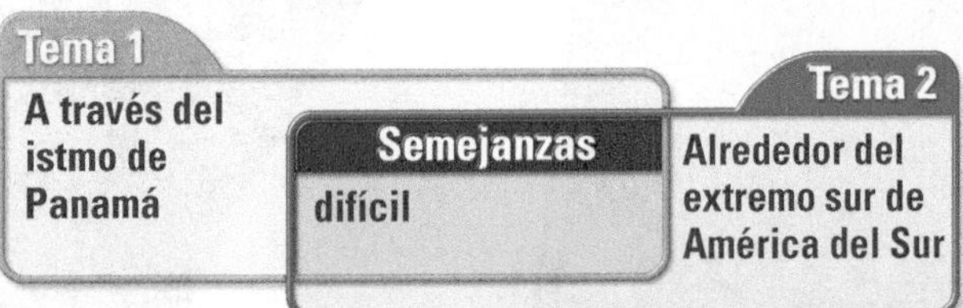

FUENTES PRIMARIAS

La vida de uno de los del cuarenta y nueve

En la época de la fiebre del oro, gran parte de California aún no había sido poblada. Los del cuarenta y nueve a menudo vivían en sencillos campamentos mineros ubicados a muchas millas de distancia del pueblo más cercano. Necesitaban herramientas resistentes para hacer su trabajo. Con el tiempo, los del cuarenta y nueve desarrollaron herramientas nuevas que hicieron más sencilla la búsqueda de oro.

Los mineros usaban fuentes de metal como esta para hallar oro en ríos y arroyos.

Los mineros necesitaban ropa que durara mucho tiempo. En 1873, Levi Strauss y su socio diseñaron pantalones que tenían remaches de metal en los bolsillos para hacerlos más resistentes. Los *jeans* continúan siendo populares en la actualidad.

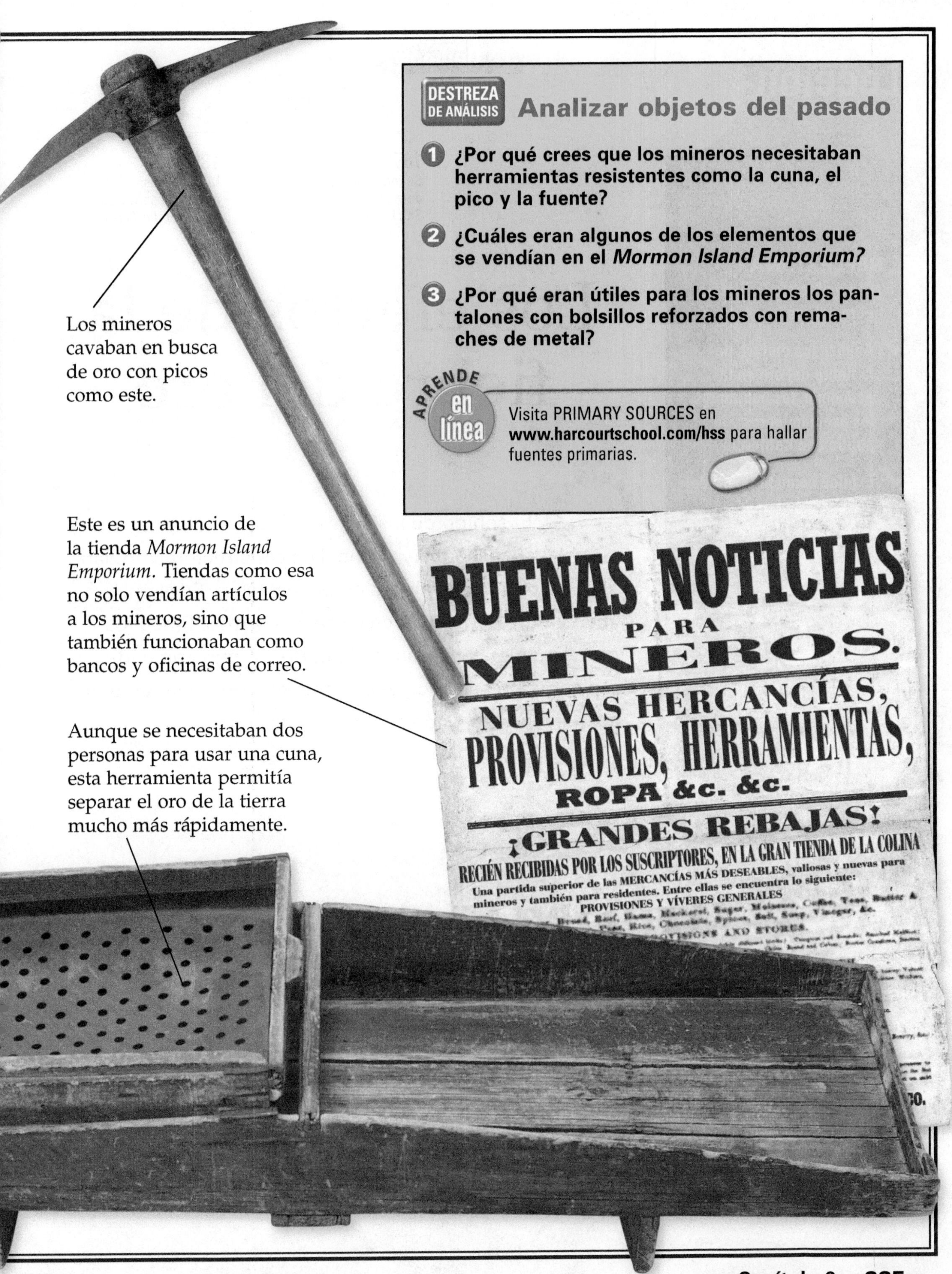

BUENAS NOTICIAS
PARA
MINEROS.
NUEVAS HERCANCÍAS,
PROVISIONES, HERRAMIENTAS,
ROPA &c. &c.
¡GRANDES REBAJAS!
RECIÉN RECIBIDAS POR LOS SUSCRIPTORES, EN LA GRAN TIENDA DE LA COLINA
Una partida superior de las MERCANCÍAS MÁS DESEABLES, valiosas y nuevas para mineros y también para residentes. Entre ellas se encuentra lo siguiente:
PROVISIONES Y VÍVERES GENERALES

DESTREZA DE ANÁLISIS Analizar objetos del pasado

1. **¿Por qué crees que los mineros necesitaban herramientas resistentes como la cuna, el pico y la fuente?**
2. **¿Cuáles eran algunos de los elementos que se vendían en el *Mormon Island Emporium?***
3. **¿Por qué eran útiles para los mineros los pantalones con bolsillos reforzados con remaches de metal?**

APRENDE en línea

Visita PRIMARY SOURCES en **www.harcourtschool.com/hss** para hallar fuentes primarias.

Los mineros cavaban en busca de oro con picos como este.

Este es un anuncio de la tienda *Mormon Island Emporium.* Tiendas como esa no solo vendían artículos a los mineros, sino que también funcionaban como bancos y oficinas de correo.

Aunque se necesitaban dos personas para usar una cuna, esta herramienta permitía separar el oro de la tierra mucho más rápidamente.

Lección 2

1851
Se forma el Comité de vigilancia de San Francisco

1855
Mifflin Gibbs publica el periódico *Mirror of the Times*

REFLEXIONA
¿Cómo afectó a California la fiebre del oro?

- ✓ Analiza los efectos de la fiebre del oro en la economía, los habitantes, los asentamientos y la política de California.
- ✓ Explica cómo la fiebre del oro cambió el ambiente físico de California.

VOCABULARIO
consumidor pág. 238
empresario pág. 238
inflación pág. 239
discriminación pág. 242
vigilante pág. 242

PERSONAS
Levi Strauss
Mary Jane Megquier
Mifflin Gibbs

LUGARES
San Francisco
Stockton
Marysville

Destreza clave
COMPARAR Y CONTRASTAR

Normas de California
HSS 4.3, 4.3.2, 4.3.3, 4.4, 4.4.2

Los efectos de la fiebre del oro

IMAGÍNATE ALLÍ

El sonido de las sierras y los martillos se escucha día y noche. Los constructores no dan abasto con el crecimiento de la población. Es el año 1849 y **San Francisco** crece cada vez más. Todos los días llegan más personas al puerto. La mayoría parte rápidamente hacia los yacimientos de oro, pero algunos se quedan para establecer empresas y negocios.

Los asentamientos crecen y cambian

El descubrimiento de oro en California desencadenó uno de los movimientos migratorios más grandes de la historia. En solo unos pocos años, San Francisco pasó de ser un pueblo de unos 800 habitantes a una ciudad de 35,000. Miles de barcos llegaban y salían de San Francisco.

Ferrys y barcos hacían viajes regulares por los ríos Sacramento y San Joaquin. Sacramento creció rápidamente, así como también **Stockton** y **Marysville.** Estas ciudades se convirtieron en centros de comercio y abastecimiento para los campamentos mineros ubicados en las estribaciones de la sierra Nevada. Otros pueblos, que habían sido campamentos mineros solo unos meses antes, ahora tenían bancos, tiendas de alimentos y consultorios médicos. Un minero llamado Charles Peters los describió así: "... [los pueblos mineros] no estaban trazados ni construidos según un plan determinado . . . simplemente crecieron".*

Población de San Francisco
AÑO
NÚMERO DE HABITANTES
1848
1849
= 1,000 habitantes

Analizar gráficas **En ciertos períodos de 1849, la población de San Francisco llegó a duplicarse cada diez días.**

¿Cuál era la población de la ciudad en 1849?

Aunque muchos mineros abandonaron el sueño de hallar oro, decidieron quedarse de todas maneras en California. Algunos se convirtieron en comerciantes y tenderos. Otros ocuparon tierras de cultivo en el valle Central, donde comenzaron a cultivar alimentos para abastecer a mineros y otros habitantes.

REPASO DE LA LECTURA **COMPARAR Y CONTRASTAR** **¿Cómo era San Francisco después de la fiebre del oro?**

*Charles Peters. *The Autobiography of Charles Peters,* La Grave, 1915.

A menudo, los barcos que traían a los del cuarenta y nueve a California eran abandonados una vez que llegaban a San Francisco. En un tiempo, hubo quinientos barcos abandonados en el puerto.

DATOS BREVES

Durante la fiebre del oro, había una necesidad tan grande de viviendas en San Francisco que algunos de los barcos abandonados en el puerto se transformaron en hoteles, tiendas y depósitos.

La nueva economía

La fiebre del oro no solo atrajo a miles de personas a California, sino que también transformó, o cambió, su economía. La fiebre del oro enriqueció a algunos de los habitantes. Mientras muchos trabajadores buscaban oro, otros comenzaban sus propios negocios. Ofrecían bienes y servicios a los mineros y a otros consumidores. Un **consumidor** es una persona que compra un bien o paga por un servicio.

Levi Strauss

La mayoría de los recién llegados a California traían solo lo que podían cargar. Estas personas necesitaban vivienda, alimento, vestido y muchas cosas más. Esto creó una demanda de distintos tipos de trabajadores. Los carpinteros construían casas y edificios, y los comerciantes vendían provisiones. En los pueblos se necesitaban oficiales de policía, banqueros, tenderos, herreros y otros trabajadores.

Muchos empresarios se enriquecieron vendiendo bienes y servicios a los mineros. Un **empresario** es una persona que establece una nueva empresa.

Uno de los empresarios más exitosos fue **Levi Strauss.** Levi Strauss desarrolló un producto que los mineros apreciaban y necesitaban: los *jeans.* Strauss y un sastre llamado Jacob Davis diseñaron los *jeans* para que fueran resistentes y duraran mucho tiempo. Los jeans se hacían con dril de algodón, una tela fuerte, y tenían remaches de metal en las esquinas de sus bolsillos para hacerlos más resistentes.

Algunos comerciantes que ofrecían servicios a los mineros, como los hojalateros (izquierda) y los banqueros (abajo), ganaban más dinero en sus negocios que los mineros buscando oro.

Algunos dueños de tiendas "explotaban a los mineros". Esto significa que a menudo cobraban precios muy altos por bienes que eran escasos. ¿Cómo ilustra esto la caricatura?

Los empresarios como Strauss a menudo tenían mejores oportunidades de enriquecerse que los buscadores de oro. Como habían llegado tantas personas a California en un período muy breve, muchos de los bienes que las personas consumían eran escasos, es decir, resultaban difíciles de encontrar. Casi todo tenía que importarse, o traerse, a California desde algún otro lugar. Con el tiempo, comenzaron a importarse artículos costosos, como muebles finos y ropa elegante. Los mineros que se habían enriquecido y los adinerados dueños de comercios estaban dispuestos a pagar los precios de estos productos.

Además de la escasez de bienes, había escasez de mano de obra, o sea de trabajadores. La mayoría de las personas prefería buscar oro antes que trabajar en otros empleos.

La escasez de bienes y de mano de obra provocó **inflación**, es decir, un aumento repentino de los precios. De hecho, algunos mineros descubrieron que ¡era más barato enviar su ropa sucia a China ida y vuelta que hacerla lavar en San Francisco! La ropa, los alimentos, los cortes de pelo y las ollas y sartenes a menudo costaban diez veces más en California que en otros lugares.

REPASO DE LA LECTURA **COMPARAR Y CONTRASTAR** **¿Cómo cambió la economía de California durante la fiebre del oro?**

Mifflin Gibbs (arriba) y este trabajador chino (izquierda) representan la diversidad de la población de California a fines del siglo XIX.

Nuevas oportunidades

A pesar del alto costo de vida, las personas veían a California como un lugar de libertad y oportunidades. Para algunos, la economía en California durante la fiebre del oro representaba oportunidades que no podían hallar en otro lugar. Muchas mujeres establecieron hoteles, restaurantes y lavanderías. Trabajaban durante todo el día, comprando y preparando comida, haciendo las camas, lavando sábanas, limpiando y cosiendo. **Mary Jane Megquier,** que había llegado a California desde Maine con su esposo, escribió:

> **"Como la mano de obra femenina es tan escasa . . . una mujer que pueda trabajar ganará más dinero que un hombre."***

En California, las mujeres podían ganar su propio dinero. En esa época, en muchos otros lugares a las mujeres no se les permitía tener propiedades ni establecer sus propias empresas.

Muchos afroamericanos libres llegaron a California como empresarios. **Mifflin Gibbs** abrió una zapatería en San Francisco durante la fiebre del oro. Más tarde, ayudó a fundar el *Mirror of the Times,* el primer periódico de California que pertenecía a afroamericanos. Al igual que otros afroamericanos libres de California, Gibbs usaba parte del dinero que ganaba para ayudar a comprar la libertad de esclavos afroamericanos en el Sur.

REPASO DE LA LECTURA **GENERALIZAR**
¿Por qué durante la fiebre del oro llegaron a California algunas mujeres y afroamericanos libres?

Daños a la tierra

Al comienzo de la fiebre del oro, en California no había leyes estrictas que protegieran la tierra de los efectos de la minería. Por esta razón, los mineros

*Mary Jane Megquier. De *Apron Full of Gold: The Letters of Mary Jane Megquier from San Francisco, 1849-1856* por Polly Welts Kaufman. University of New Mexico Press, 1994.

generalmente hacían lo que querían. Como cada vez resultaba más difícil encontrar oro, a menudo causaban daños a la tierra o construían diques para cambiar el curso de los ríos. Esto provocaba la muerte de peces e impedía que el agua llegara a las granjas y los pueblos ubicados río abajo.

El método de minería más perjudicial era probablemente la minería hidráulica. La minería hidráulica usaba la energía del agua para buscar oro bajo tierra. Este método servía para encontrar grandes cantidades de oro, pero provocaba muchos problemas en el ambiente. Toneladas de sedimentos se vertían en los ríos que desembocaban en la bahía de San Francisco. Esto impedía que los barcos navegaran por algunos ríos y hacía que los cursos de agua se desbordaran después de lluvias fuertes, dañando las tierras de cultivo cercanas.

En 1884, los legisladores de California pusieron fin a la minería hidráulica. Sin embargo, algunos daños provocados por este y otros métodos de minería pueden notarse hasta el día de hoy.

REPASO DE LA LECTURA **IDEA PRINCIPAL Y DETALLES** **¿Qué consecuencias tenía la minería hidráulica?**

Míralo *en detalle*

La minería hidráulica

Los mineros usaban la energía del agua para llegar al oro que estaba en las zonas más profundas del suelo.

1 **Se usaban mangueras para bombear el agua desde ríos y lagos que se encontraban a una altura mayor.**

2 **Las mangueras se unían a grandes boquillas, llamadas cañones de agua, que a su vez apuntaban a las laderas de las montañas. El agua transformaba la tierra sólida en una mezcla de barro, arena y rocas.**

3 **La mezcla barrosa pasaba por una serie de canales de desagüe, a través de los que corría el agua. Unas hendiduras en el fondo de los canales retenían el oro y otros metales pesados, mientras que los materiales livianos eran arrastrados por el agua.**

¿Por qué crees que los mineros bombeaban agua desde lugares que estaban a una altura mayor?

1

2

3

Una población cambiante

Durante la fiebre del oro, llegaron a California personas de casi todas las razas, religiones y orígenes. Inmigrantes de todo el mundo trajeron diversas costumbres, idiomas y culturas. Aunque la mayoría aprendió a llevarse bien con los miembros de otros grupos, a veces se producían conflictos.

Los inmigrantes chinos y mexicanos, los indios de California, los afroamericanos, los californios y otros grupos debieron enfrentar la discriminación. Se llama **discriminación** al trato injusto que se da a ciertas personas a causa de su religión, raza o lugar de nacimiento.

Algunos mineros pensaban que solo quienes habían nacido en Estados Unidos tenían derecho a buscar oro en California. Algunos incluso amenazaban con lastimar a los mineros inmigrantes o trataban de que se aprobaran leyes que limitaran sus derechos.

La fiebre del oro también perjudicó a los indios de California de otras maneras. Si los mineros encontraban oro en tierras de los indios, los obligaban a dejarlas. Además, los mineros talaban bosques y destruían ríos y arroyos, lugares donde los indios cazaban, pescaban y recolectaban su alimento. A menudo, estas acciones llevaron a violentos conflictos entre los mineros y los indios de California.

En los primeros días de la fiebre del oro, la violencia y el crimen eran habituales. Como había pocos funcionarios de gobierno, algunas personas decidieron convertirse en vigilantes para hacer cumplir las leyes. Un **vigilante** es una

Después de que una pandilla incendiara el centro de San Francisco, Sam Brannan lideró la formación del Comité de vigilancia. ¿Por qué crees que el grupo eligió un ojo como símbolo de su sello (izquierda)?

persona que toma la ley en sus propias manos. Como no se guiaban por las leyes, en algunos casos los vigilantes castigaban a personas que no habían hecho nada malo.

REPASO DE LA LECTURA **SACAR CONCLUSIONES**
¿De qué manera la búsqueda de oro llevó a conflictos entre los diferentes grupos que vivían en California?

Resumen

En California, la fiebre del oro cambió prácticamente todo. La población creció rápidamente y se hizo más diversa. Los empresarios comenzaron a vender nuevos tipos de bienes y servicios. Además, la fiebre del oro causó daños en la tierra y produjo un aumento del crimen. Algunas personas fueron discriminadas.

A veces, durante la fiebre del oro, para demostrar que estaban en contra de los inmigrantes chinos, algunos mineros les cortaban las largas trenzas que usaban.

REPASO

1. ¿Cómo afectó a California la fiebre del oro?
2. Usa los términos **empresario** e **inflación** para explicar cómo la fiebre del oro cambió la economía de California.
3. ¿Cómo cambiaron los productos que querían los consumidores de California durante la fiebre del oro?

RAZONAMIENTO CRÍTICO

4. DESTREZA DE ANÁLISIS ¿Crees que los efectos de la fiebre del oro fueron en su mayoría positivos o negativos? Explica tu respuesta.
5. DESTREZA DE ANÁLISIS **Aplícalo** ¿Por qué van actualmente a California las personas? ¿En qué se parecen sus motivos a los motivos de los del cuarenta y nueve? ¿En qué se diferencian?
6. **Representa a los del cuarenta y nueve** Imagina que es la época de la fiebre del oro y planeas ir a California. Decide si te convertirás en minero o en empresario. Piensa en los costos y beneficios de cada elección. Luego, piensa en los artículos que deberás llevar.
7. Destreza clave **COMPARAR Y CONTRASTAR**

En una hoja de papel, copia y completa el organizador gráfico de abajo.

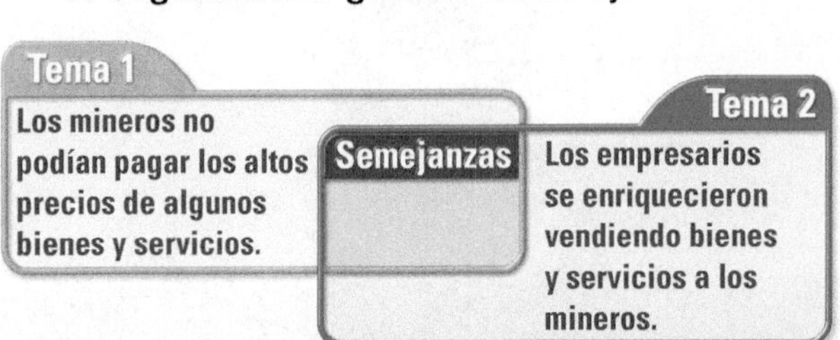

Tema 1
Los mineros no podían pagar los altos precios de algunos bienes y servicios.
Semejanzas
Tema 2
Los empresarios se enriquecieron vendiendo bienes y servicios a los mineros.

Leer una gráfica lineal

POR QUÉ ES IMPORTANTE

Aunque la fiebre del oro afectó a California de muchas maneras, tal vez el cambio más importante se produjo en la población. En 1848 vivían en California solo unas 14,000 personas no indias. Después del descubrimiento de oro, la población de California creció muy rápidamente y luego continuó creciendo. La población aumentó de unos 100,000 habitantes en 1850 hasta un poco más de 1,200,000 en 1890.

Para observar cómo cambia la población a lo largo del tiempo, es útil mostrar los números en una gráfica lineal. Una **gráfica lineal** es una gráfica que muestra cómo algo cambia a medida que transcurre el tiempo.

LO QUE NECESITAS SABER

La gráfica lineal de la página 245 muestra el rápido crecimiento de la población de California en el período de 40 años que va de 1850 a 1890. Los números de la izquierda de la gráfica indican el número de personas que vivían en California. Los números de abajo indican los años. Cada punto de la gráfica muestra la población en un año determinado. La línea que conecta los puntos muestra cómo fue variando la población en un período. Cuanto más inclinada es la línea, mayor es el cambio. Para saber cuál era la población de California en un año determinado, sigue los pasos a continuación.

Durante la fiebre del oro, Stockton, que se muestra en este detalle de una pintura, experimentó un rápido crecimiento.

Paso 1 **Busca un año, como 1850, en la parte inferior de la gráfica.**

Paso 2 **Mueve el dedo hacia arriba en línea recta hasta llegar a la línea morada.**

Paso 3 **Mueve el dedo hacia la izquierda, hasta llegar al número de personas. Esa es la población de ese año. Si tu dedo no termina en un número exacto, entonces tendrás que estimar, o hacer un cálculo aproximado.**

PRACTICA LA DESTREZA

Usa la gráfica lineal de esta página para responder las preguntas.

1. ¿Aproximadamente cuántos habitantes tenía California en 1860? ¿Y en 1880?
2. ¿Aproximadamente cuántos más habitantes tenía California en 1880 que en 1860?
3. ¿Creció más la población de California entre 1860 y 1870 o entre 1880 y 1890? ¿Cómo lo sabes?

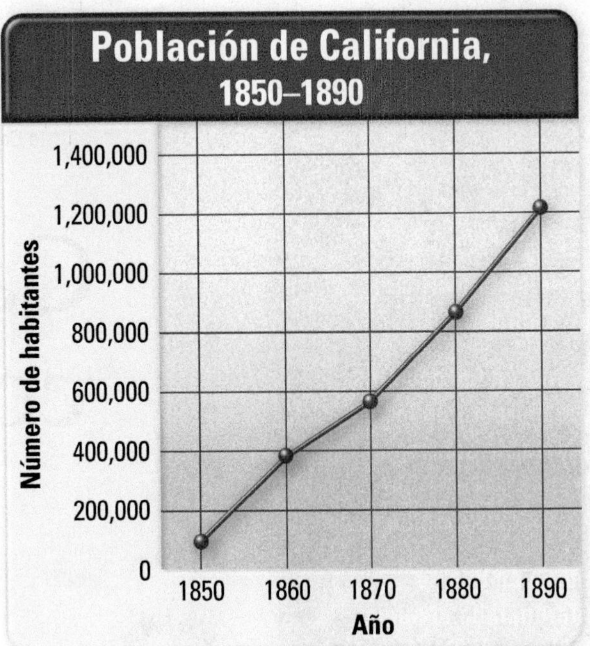

APLICA LO QUE APRENDISTE

Crea una gráfica lineal que muestre los cambios en la población de Estados Unidos durante el mismo período. Usa estas cifras.

23,000,000 en 1850
31,000,000 en 1860
38,000,000 en 1870
49,000,000 en 1880
62,000,000 en 1890

Lección 3

Tiempos

1825 1840 1855

1849
Los delegados a Monterey redactan la Constitución de California

1850
El 9 de septiembre, California se convierte en estado

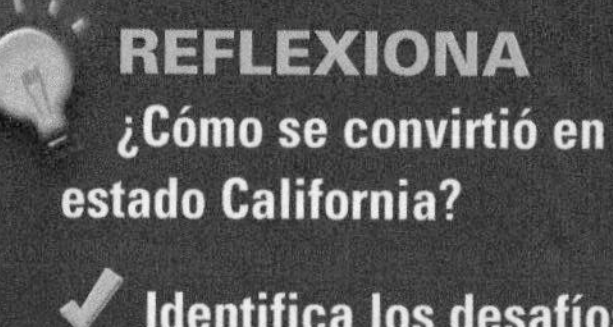

REFLEXIONA
¿Cómo se convirtió en estado California?

- ✓ Identifica los desafíos que enfrentaron los líderes de California después de que fue reconocido como estado.
- ✓ Indica en qué se diferenciaba el nuevo gobierno de California del gobierno que había durante los períodos español y mexicano.

VOCABULARIO
asamblea pág. 247
delegado pág. 247
constitución pág. 249
legislatura pág. 249
ratificar pág. 249
Congreso pág. 250
acuerdo pág. 250

PERSONAS
general Bennet Riley
Mariano Guadalupe Vallejo
Peter H. Burnett

LUGARES
Monterey

COMPARAR Y CONTRASTAR

Normas de California
HSS 4.3, 4.3.3, 4.3.4, 4.3.5, 4.4, 4.4.2

California se convierte en estado

IMAGÍNATE ALLÍ

Llegaste a San Francisco hace ocho meses, cuando era solo un pequeño y tranquilo pueblo. Fuiste parte de la fiebre del oro que provocó un gran aumento de población en California. Hoy, en 1849, es la ciudad más grande del Oeste. Y ahora te encuentras conversando sobre la posibilidad de que California se convierta en estado. Los líderes de California han convocado a una reunión en **Monterey** para debatir ese tema. Sientes ansiedad y algo de nervios por el futuro de California.

La Asamblea de Monterey

En 1847, Estados Unidos tomó el control de California. Desde ese momento, funcionarios militares de Estados Unidos gobernaron California. Bajo el régimen militar, los californianos no tenían más derechos que aquellos que les concedía el gobernador militar.

Al principio, la gente no se quejaba mucho del gobierno militar. Luego, durante la fiebre del oro llegaron decenas de miles de estadounidenses, que querían tener en California los mismos derechos que tenían en Estados Unidos. Y muchas de las personas que ya vivían en California también comenzaron a reclamar esos derechos.

En esa época, el Congreso de Estados Unidos estaba ocupado con conflictos a causa de la esclavitud y con otras disputas entre los estados del Norte y del Sur. Sus miembros no podían aprobar las leyes para crear un nuevo gobierno en California.

El **general Bennet Riley,** el nuevo gobernador militar de California, decidió entonces convocar a una **asamblea**. En esta importante reunión, que se llevaría a cabo en Monterey, se tomarían decisiones sobre el futuro de California. Se eligieron delegados para asistir a la asamblea. Un **delegado** es una persona elegida para hablar y actuar en representación de las personas que la eligieron.

REPASO DE LA LECTURA **COMPARAR Y CONTRASTAR** **¿Cómo cambiaron las opiniones de los californianos sobre el gobierno militar a partir de la fiebre del oro?**

Los delegados que se reunieron en Monterey representaban a habitantes de todas las regiones de California. Aunque sus orígenes no eran los mismos, los delegados colaboraron para tomar decisiones que afectarían a todos los californianos.

DATOS BREVES

Los 48 delegados a la Asamblea de Monterey se reunieron en Colton Hall, el único edificio de California en aquella época que tenía espacio suficiente para llevar a cabo una reunión de ese tipo.

Una constitución para California

CUÁNDO 1849

DÓNDE Colton Hall, Monterey

Los californianos eligieron a 48 delegados para que asistieran a la asamblea. Algunos eran nuevos inmigrantes y otros eran miembros de antiguas familias de californios, como **Mariano Guadalupe Vallejo.** Vallejo vivía en California desde la época del dominio español y fue uno de los ocho californios elegidos para participar en la asamblea.

Los delegados rápidamente decidieron que California tenía que convertirse en estado. Luego, debían decidir qué terrenos conformarían el estado de California. El Tratado de Guadalupe Hidalgo había establecido el límite sur de California con México. El océano Pacífico marcaba el límite oeste del estado. El límite norte era el Territorio de Oregon. Ahora, los delegados debían establecer el límite este.

La decisión sobre el límite este era una de las más importantes que tenían que tomar los delegados. ¿Debía California incluir todas las tierras que Estados Unidos había obtenido de México? Los delegados se opusieron a esto. Creían que esa área resultaría demasiado grande para gobernar. Decidieron entonces que el límite este de California estaría determinado por la sierra Nevada y el río Colorado.

Otra decisión que debían tomar los delegados era si California debía ser un estado esclavista o un estado libre. A diferencia de los estados libres, donde no se permitía la esclavitud, en los estados esclavistas las personas podían tener

CIVISMO

Valores democráticos

Las personas valoran el derecho a la propiedad.

Según la constitución de California de 1849, solo los hombres blancos mayores de 21 años tenían derecho a votar. Lo mismo ocurría en el resto de Estados Unidos. Sin embargo, a diferencia de la mayoría de las otras constituciones estatales, la constitución de California concedía a las mujeres el derecho a tener propiedades. En California, esta era una tradición surgida en la época del dominio mexicano. Los delegados a la Asamblea de Monterey incluyeron este derecho en el Artículo XI, Sección 14, de la constitución de 1849. Hoy en día, todos los ciudadanos de Estados Unidos tienen derecho a la propiedad.

La constitución de California otorgó a Nancy Kelsey (derecha) y a otras mujeres de California numerosos derechos que las mujeres de otras partes de Estados Unidos no tenían.

Los integrantes de la primera generación de graduandos de la primera escuela secundaria de San Francisco, que aparecen aquí en 1859, estuvieron entre las primeras personas que se beneficiaron con el sistema escolar público de California.

esclavos. Todos los delegados votaron que California debía ser un estado libre.

Los delegados también tomaron decisiones acerca de la educación en el nuevo estado. Pidieron la creación de un sistema escolar estatal público.

Estas y otras decisiones se redactaron en una **constitución**, o plan de gobierno, para el nuevo estado. En solo seis semanas, los delegados redactaron la constitución de 1849. La constitución daba a los californianos nuevos derechos y libertades.

Por primera vez, los ciudadanos de California tendrían voz en su propio gobierno. Ahora, podían elegir a sus líderes, como el gobernador y los miembros de la legislatura estatal. Una **legislatura** es un grupo de funcionarios elegidos para dictar leyes.

En noviembre de 1849, los habitantes de California votaron para **ratificar**, o aprobar, la nueva constitución. Eligieron legisladores estatales, incluyendo a Mariano Guadalupe Vallejo. Además, **Peter H. Burnett** fue elegido como primer gobernador del estado.

Peter H. Burnett

REPASO DE LA LECTURA COMPARAR Y CONTRASTAR ¿En qué se diferenciaba el nuevo gobierno de California de los gobiernos anteriores?

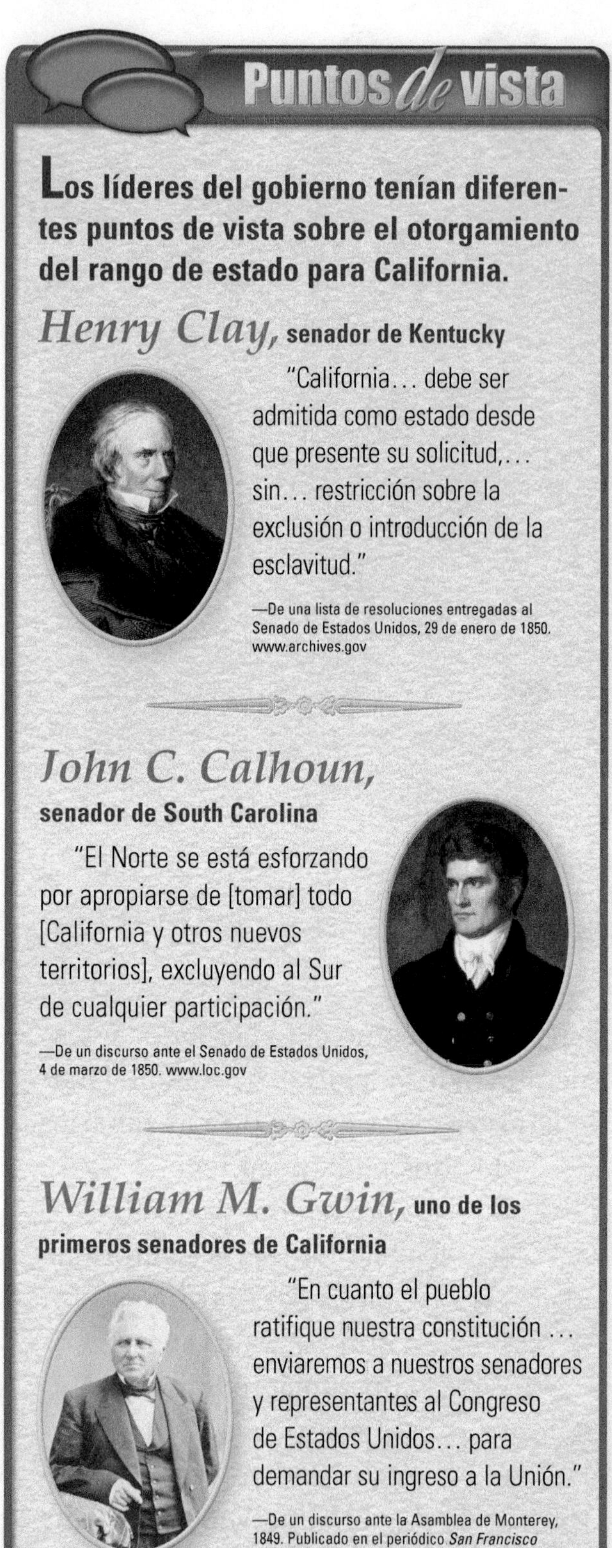

Puntos de vista

Los líderes del gobierno tenían diferentes puntos de vista sobre el otorgamiento del rango de estado para California.

Henry Clay, **senador de Kentucky**

"California... debe ser admitida como estado desde que presente su solicitud,... sin... restricción sobre la exclusión o introducción de la esclavitud."

—De una lista de resoluciones entregadas al Senado de Estados Unidos, 29 de enero de 1850. www.archives.gov

John C. Calhoun, **senador de South Carolina**

"El Norte se está esforzando por apropiarse de [tomar] todo [California y otros nuevos territorios], excluyendo al Sur de cualquier participación."

—De un discurso ante el Senado de Estados Unidos, 4 de marzo de 1850. www.loc.gov

William M. Gwin, **uno de los primeros senadores de California**

"En cuanto el pueblo ratifique nuestra constitución ... enviaremos a nuestros senadores y representantes al Congreso de Estados Unidos... para demandar su ingreso a la Unión."

—De un discurso ante la Asamblea de Monterey, 1849. Publicado en el periódico *San Francisco Chronicle,* 9 de septiembre de 1900.

Es tu turno

DESTREZA DE ANÁLISIS **Analizar puntos de vista**

Resume la opinión de estas personas sobre el otorgamiento del rango de estado para California. Luego, explica los posibles motivos que tendría cada uno para pensar de esa manera.

El estado número treinta y uno

Después de las elecciones de 1849, los dos senadores de California se dirigieron a Washington, D.C. Allí, pidieron al Congreso que permitiera a California unirse a Estados Unidos. El **Congreso** es la rama del gobierno de Estados Unidos que dicta las leyes.

La petición de California provocó un gran debate. En esa época, Estados Unidos tenía el mismo número de estados libres y estados esclavistas. La mayor parte de los estados libres estaba en el Norte y la mayor parte de los estados esclavistas, en el Sur. Los sureños no querían romper este equilibrio permitiendo que California se uniera como estado libre.

Finalmente, los miembros del Congreso llegaron a un **acuerdo**, es decir, ambos bandos decidieron renunciar a algo. Según el Acuerdo de 1850, California pasó a formar parte de la Unión como estado libre. A cambio, el Congreso aprobó una ley, llamada Ley de Esclavos Fugitivos, que establecía que quien ayudara a un esclavo fugitivo sería castigado.

El 9 de septiembre de 1850, California se convirtió oficialmente en estado. El nuevo gobierno estatal pronto enfrentó algunos de sus primeros desafíos. Primero, era necesario escoger un lugar para la capital del estado. La capital fue trasladada de Monterey a San Jose. Luego, se trasladó a Vallejo, y más tarde a Benicia. Finalmente, en 1854, la capital de California se traslado a Sacramento.

Otro gran desafío tenía que ver con los impuestos. Gran parte de la población de California era gente, como los mineros, que no poseía tierras. Por lo tanto, el impuesto a la propiedad que el estado recaudaba no era suficiente para solventar sus gastos. Además, los bancos de otras partes de Estados Unidos no querían prestar dinero a los bancos de California.

REPASO DE LA LECTURA **COMPARAR Y CONTRASTAR** **¿Por qué California tenía problemas para solventar sus gastos?**

El fin de los ranchos

El gobierno estatal también enfrentó problemas sobre la propiedad de las tierras. Muchas personas que se habían quedado en California después de la fiebre del oro vivían en tierras sin delimitar que eran parte de ranchos. Esto llevó a disputas sobre quién era dueño de las tierras. Para terminar con ellas, el Congreso de Estados Unidos aprobó la Ley de Tierras de 1851. Esta ley establecía que los rancheros, o dueños de ranchos, tenían que demostrar que las tierras les pertenecían.

Para algunos rancheros, esto resultaba complicado. La mayoría de ellos no hablaba inglés y pocos funcionarios del gobierno hablaban español. Además, algunos rancheros tenían dificultades para demostrar que habían recibido legalmente sus cesiones de tierra. La mayoría había recibido sus cesiones cuando California estaba bajo el dominio de México. Además, a menudo los mapas dibujados a mano no eran correctos.

Muchos rancheros tuvieron que contratar abogados y vender sus tierras para

Sacramento se convirtió en la capital de California en 1854, pero la construcción del capitolio no finalizó hasta 1874.

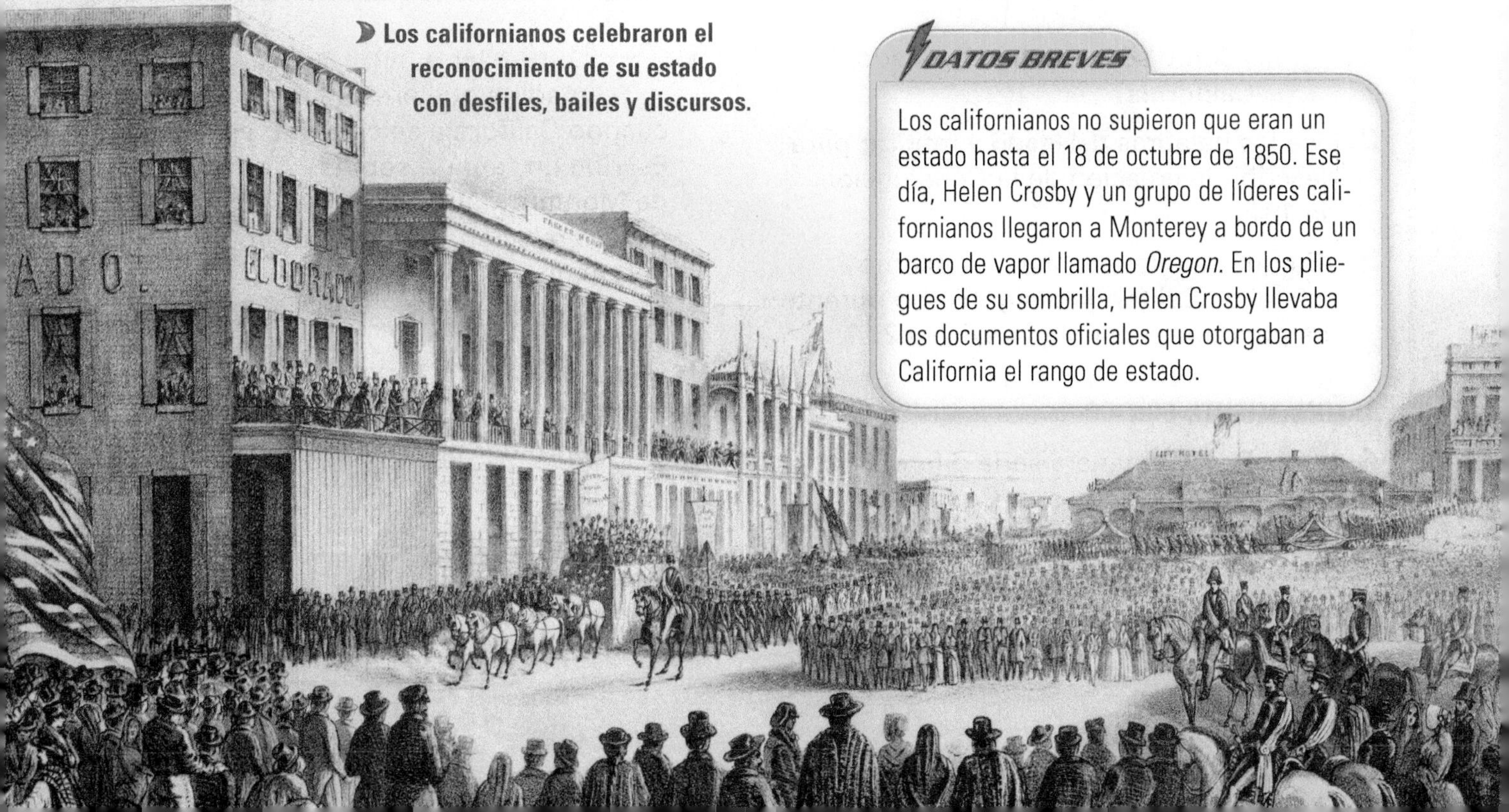

Los californianos celebraron el reconocimiento de su estado con desfiles, bailes y discursos.

DATOS BREVES

Los californianos no supieron que eran un estado hasta el 18 de octubre de 1850. Ese día, Helen Crosby y un grupo de líderes californianos llegaron a Monterey a bordo de un barco de vapor llamado *Oregon*. En los pliegues de su sombrilla, Helen Crosby llevaba los documentos oficiales que otorgaban a California el rango de estado.

pagar los gastos. Al final, muchos de los grandes ranchos fueron divididos.

La lucha por la tierra afectó también a la población del estado. A causa de las largas discusiones legales, muchos que podrían haberse asentado en California decidieron no hacerlo.

REPASO DE LA LECTURA **GENERALIZAR**

¿Por qué había disputas sobre la propiedad de la tierra en California?

Resumen

En 1848, los líderes de California se reunieron para decidir si California debía ser estado y para redactar una constitución estatal. El Acuerdo de 1850 permitió que se convirtiera en estado. El nuevo estado enfrentó la falta de ingresos por recaudación de impuestos y las disputas por las tierras.

Pablo de la Guerra, Salvador Vallejo y Andrés Pico (de izquierda a derecha) fueron algunos de los primeros líderes del estado de California.

REPASO

1. ¿Cómo se convirtió en estado California?
2. Usa las palabras **delegado** y **ratificar** para describir la creación de la Constitución de 1849.
3. ¿En qué se diferenciaba el gobierno estatal de California del gobierno durante los períodos español y mexicano?

RAZONAMIENTO CRÍTICO

4. DESTREZA DE ANÁLISIS ¿De qué manera sería diferente Estados Unidos hoy si el Congreso no hubiera llegado a un acuerdo para permitir que California se convirtiera en estado?
5. **Escribe un reporte periodístico** Imagina que eres un periodista de cuando California se convirtió en estado. Escribe un reporte sobre la Asamblea de Monterey, el Acuerdo de 1850 u otro evento relacionado con el otorgamiento del rango de estado.
6. Destreza clave **COMPARAR Y CONTRASTAR**

   En una hoja de papel, copia y completa el organizador gráfico de abajo.

Biddy Mason

Biografía

Integridad
Respeto
Responsabilidad
Equidad
Bondad
Patriotismo

*"Si mantienes la mano cerrada, no obtendrás nada bueno. Las manos abiertas son una bendición, porque dan en abundancia, incluso cuando reciben."**

Bridget "Biddy" Mason nació en condición de esclava en 1818, en una plantación de Georgia que pertenecía a Robert Smith. En 1851, Smith se mudó a San Bernardino, en el sur de California. Cuando Smith quiso mudarse a Texas, un estado esclavista, Mason luchó para quedarse en California y ser libre. En 1856, la corte le otorgó la libertad.

Por primera vez en su vida, Mason podía trabajar para sí misma. Consiguió un empleo como enfermera. Con el dinero que ganó, Mason compró tierras en la zona que más tarde se convertiría en el centro de Los Angeles. Con el tiempo, logró hacer una fortuna comprando, vendiendo y alquilando tierras.

Biddy Mason usó su dinero para ayudar a otros. Pagó los gastos de su iglesia y compró ropa y alimentos para quienes lo necesitaban. Además, ayudó a establecer la primera escuela para niños afroamericanos de Los Angeles.

La escritura de 1866 que otorgó a Biddy Mason la posesión de tierras en Los Angeles.

La importancia del carácter

¿Cómo mostró Biddy Mason bondad hacia los miembros de su comunidad?

*Dicho de la familia Mason, recordado por Gladys Owens Smith, bisnieta de Biddy Mason, en 1989. *Let It Shine: Stories of Black Women Freedom Fighters* por Andrea Davis Pinkney. Harcourt, 2000.

Biografía breve

1818 Nace — 1891 Muere

- **1818** Nace en Georgia, en condición de esclava
- **1851** Robert Smith lleva a sus esclavos, incluyendo a Mason, a California
- **1856** Mason y sus hijas obtienen la libertad
- **1872** Ayuda a fundar la primera iglesia negra de Los Angeles

Visita MULTIMEDIA BIOGRAPHIES en www.harcourtschool.com/hss para hallar biografías multimedia.

Resolver conflictos

POR QUÉ ES IMPORTANTE

A veces, las personas tienen ideas diferentes acerca de cómo hacer las cosas. Esto puede provocar conflictos. Cuando esto sucede, es necesario **resolver**, o solucionar, los conflictos. Una manera de resolverlos es llegar a un acuerdo.

Para llegar a un acuerdo, cada parte debe renunciar a algunas de las cosas que quiere y así obtener otras cosas a cambio. Llegar a un acuerdo es una buena manera de resolver un conflicto de manera pacífica.

LO QUE NECESITAS SABER

Si quieres llegar a un acuerdo para resolver un conflicto, puedes seguir los pasos a continuación.

Paso 1 **Identifica la causa del conflicto.**

Paso 2 **Explica a la otra parte lo que quieres. Escucha qué es lo que quiere la otra parte.**

Paso 3 **Haz un plan para llegar a un acuerdo. Explica tu plan y escucha el plan de la otra parte.**

Los miembros del Congreso de Estados Unidos en Washington, D.C., discuten el otorgamiento de rango de estado para California y el Acuerdo de 1850.

DESTREZA DE ANÁLISIS Analizar mapas

Este mapa muestra cómo estaba dividido el país con respecto a la esclavitud.

Regiones Sin contar California, ¿cuántos estados libres había en 1850? ¿Cuántos estados esclavistas?

Paso 4 Si todavía no están de acuerdo, piensa en un segundo plan. Cede alguna cosa importante. Pide a la otra parte que haga lo mismo.

Paso 5 Sigue conversando hasta llegar a un acuerdo. Halla alguna manera de que cada lado obtenga casi todo lo que quiere.

PRACTICA LA DESTREZA

En la lección anterior, leíste que los miembros del Congreso de Estados Unidos no estaban de acuerdo acerca de otorgar el rango de estado a California. Los representantes del Norte querían admitir a California como estado libre. Si esto ocurría, habría más estados libres que estados esclavistas, y los estados libres tendrían más votos en el Congreso. Los representantes del Sur temían que, si esto sucedía, los estados libres intentarían terminar con la esclavitud en todos los estados.

Para resolver el conflicto, los representantes del Congreso elaboraron el Acuerdo de 1850. Recuerda los datos de ese acuerdo. Luego, responde estas preguntas.

1. ¿Qué obtuvo el Norte con el acuerdo? ¿A qué renunció?
2. ¿Qué obtuvo el Sur con el acuerdo? ¿A qué renunció?

APLICA LO QUE APRENDISTE

APLÍCALO Piensa en un desacuerdo que hayas tenido recientemente. Repasa los pasos para resolver un conflicto por medio de un acuerdo. Luego, escribe un párrafo en el que enumeres los acuerdos a los que se podría haber llegado.

Civismo

SÍMBOLOS DE ORGULLO

"Te quiero, California, mi tierra verdadera."

—de la canción estatal de California

Cada estado tiene símbolos que representan a sus ciudadanos y lo que es importante para ellos. Los símbolos de un estado pueden ser canciones, banderas, lemas, animales, plantas u otros objetos. California tiene muchos símbolos, incluyendo una flor estatal, un pájaro estatal, una danza estatal e incluso una banda musical estatal.

THE UNITY OF OUR
EMPIRE HANGS ON
THE DECISION OF
THIS DAY"
CALIFORNIA REPUBLIC

El monumento Native Sons (izquierda) en San Francisco honra la admisión de California como estado. Estos estudiantes izan la bandera estatal de California (abajo).

En el capitolio se puede ver un vitral que representa el sello estatal de California (centro). El Sello indio de California (izquierda) y el Sello hispano-mexicano (derecha) también son símbolos estatales y representan cosas de las que los californianos están orgullosos.

Incluso antes de que California se convirtiera en estado en 1850, las personas comenzaron a adoptar símbolos para representar a California. Algunos símbolos, como el sello estatal, se usan cuando se realizan negociaciones oficiales del estado. Otros, como la bandera estatal, representan eventos importantes de la historia del estado. Y hay otros, como la canción y el árbol estatal, que representan el orgullo que los californianos sienten por su estado y su belleza natural.

La flor estatal es la amapola de California.

Piensa

Aplícalo ¿Por qué es importante tener símbolos estatales?

El oso pardo es el animal estatal. ¿Por qué crees que fue elegido como símbolo del estado?

1835

1840

1848
James Marshall descubre oro en California

La lectura en los Estudios Sociales

Comparar es pensar en qué se parecen dos o más cosas. **Contrastar** es pensar en qué se diferencian dos o más cosas.

Comparar y contrastar

Completa el diagrama de Venn de abajo para mostrar en qué se parecen y en qué se diferencian dos de los métodos que los del cuarenta y nueve usaban para buscar oro. Una copia de este organizador gráfico aparece en la página 70 del cuaderno de Tarea y práctica.

El rango de estado para California

Tema 1	Semejanzas	Tema 2
Fuente de metal • una sola persona • se ponía agua de río, arena y grava en una fuente • se hacía girar el agua dentro de la fuente		**Cuna** • al menos dos personas • dos bandejas; se llenaba la bandeja superior con arena, tierra y grava • mientras uno de los mineros vertía agua sobre la tierra, el otro mecía la cuna

Pautas de redacción de California

Escribe una narración Imagina que eres uno de los del cuarenta y nueve y has trabajado en un denuncio durante varios meses. Piensa acerca de tus experiencias en California. Luego, escribe una tarjeta postal a tu familia en la que cuentes cómo es tu vida.

Escribe un resumen Escribe un informe que resuma los efectos de la fiebre del oro en California. Asegúrate de incluir detalles acerca de cómo cambiaron los asentamientos, la economía y el ambiente de California.

1845 · 1850 · 1855

1849
Los delegados se reúnen en Monterey para redactar la Constitución de California

1850
California se convierte en el estado número treinta y uno de Estados Unidos

Usa el vocabulario

Escribe el término que corresponda a cada definición.

istmo, pág. 228
inflación, pág. 239
discriminación, pág. 242
legislatura, pág. 249
ratificar, pág. 249

1. aprobar
2. aumento repentino de los precios
3. grupo de funcionarios elegidos para dictar leyes
4. franja muy angosta de tierra que une dos masas de tierra más grandes
5. trato injusto que se da a ciertas personas a causa de su religión, raza o lugar de nacimiento

Usa la línea cronológica

Usa la línea cronológica de arriba para responder las preguntas.

6. ¿Cuándo descubrió oro James Marshall?
7. ¿En qué año fue admitida California como el estado número treinta y uno de Estados Unidos?

Aplica las destrezas

Leer una gráfica lineal

8. Observa la gráfica lineal de la página 245. ¿En qué década tuvo California el menor aumento de población? ¿En qué década tuvo el mayor?

Recuerda los datos

Responde estas preguntas.

9. ¿Dónde se descubrió por primera vez oro en California?
10. ¿Qué pasó con el precio de los bienes en California durante la fiebre del oro? ¿Por qué?
11. ¿Qué decidieron los miembros del Congreso en el Acuerdo de 1850?

Escribe la letra que corresponda a la respuesta correcta.

12. ¿Qué accidentes geográficos se eligieron para marcar el límite este de California?
    A la sierra Nevada y el río Colorado
    B las montañas Rocosas y el desierto de Mojave
    C la cordillera de las Cascadas y el río Sacramento
    D la cordillera Costera y el océano Pacífico
13. ¿Qué pasó con la mayoría de los grandes ranchos después de que California se convirtiera en estado?
    A Se agrandaron.
    B Fueron divididos.
    C Se convirtieron en parques nacionales.
    D Fueron cedidos a tribus indias.

Piensa críticamente

14. ¿Por qué comenzó a practicarse la minería hidráulica a mediados del siglo XIX? ¿Cómo afectó al ambiente este método?
15. ANALYSIS SKILL ¿Cómo contribuyó la fiebre del oro a la diversidad de la población de California?

Marshall Gold Discovery

•Parque Histórico Estatal•

PREPÁRATE

Cerca de Coloma, en 1848, mientras trabajaba en la construcción de un aserradero junto a otros hombres, James Marshall descubrió oro por primera vez en California. Cuando se supo de este descubrimiento, se produjo una gran migración a California: había comenzado la fiebre del oro. Hoy en día, se puede visitar el Parque Histórico Estatal Marshall Gold Discovery para conocer el sitio donde tuvo lugar el famoso descubrimiento. Allí, hay 16 edificios históricos y una réplica en funcionamiento del aserradero que Marshall estaba construyendo. Los visitantes del parque también pueden explorar un museo donde se observan exposiciones sobre la fiebre del oro. Puedes incluso probar suerte y usar una fuente de metal para tratar de encontrar oro en el río American. Por medio de las demostraciones y representaciones históricas de este parque, puedes ver cómo el descubrimiento de oro cambió para siempre el estado de California.

OBSERVA

Visitantes de todas las edades intentan encontrar oro con una fuente de metal. Al igual que los mineros durante la fiebre del oro, algunos mineros de hoy hallan oro y otros no.

UBÍCALO

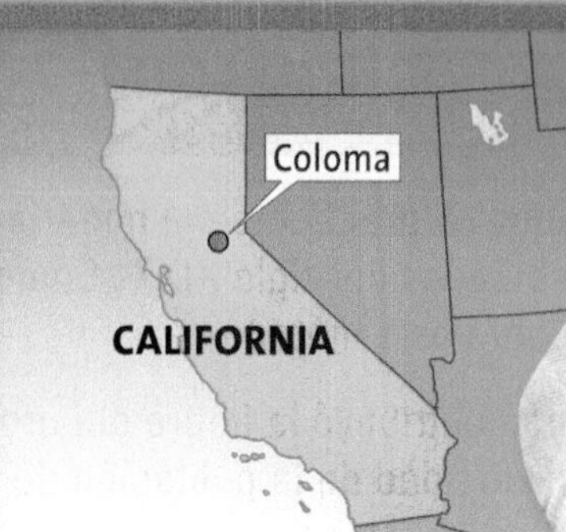

Este edificio histórico era la escuela de Coloma.

En el parque pueden verse muchos edificios históricos y también réplicas que muestran el aspecto de Coloma a mediados del siglo XIX.

Una guardia de parques muestra a los estudiantes la réplica en tamaño natural y en funcionamiento del aserradero de Sutter. Este es el aserradero que Marshall estaba construyendo cuando descubrió oro.

En el parque, muchos voluntarios participan en las representaciones históricas. Esta voluntaria enseña a una joven visitante a jugar al tres en raya en una antigua pizarra.

Este herrero muestra sus habilidades durante una demostración en el parque.

UN PASEO VIRTUAL

Visita VIRTUAL TOURS en **www.harcourtschool.com/hss** para realizar un paseo virtual.

Repaso

LA GRAN IDEA

Desarrollo y cambio Nuevos descubrimientos y oportunidades atrajeron a muchas personas a California.

Resumen

Cómo se constituyó el estado

A comienzos del siglo XIX, los colonos siguieron rutas a California que habían sido establecidas por exploradores. Hacia 1845 alrededor de 700 personas de Estados Unidos vivían en California. Muchos estadounidenses creían en el destino manifiesto, que era la idea de que Estados Unidos debía extenderse desde el océano Atlántico hasta el océano Pacífico.

Estados Unidos logró el control de California en 1847 y puso a la región bajo dominio militar. En 1848, se descubrió oro en California. La fiebre del oro comenzó cuando personas de todo el mundo se mudaron a California. Los habitantes de California querían que el gobierno militar llegara a su fin.

En 1849 se eligieron delegados para la Asamblea de Monterey. Los delegados redactaron una constitución estatal que los votantes ratificaron, o aprobaron, ese mismo año. Los votantes, además, eligieron legisladores y al primer gobernador estatal. Después de un largo debate, el Congreso de Estados Unidos votó en 1850 a favor de la incorporación de California como el estado número treinta y uno.

Ideas principales y vocabulario

Lee el resumen de arriba. Luego, responde las siguientes preguntas.

1. ¿Qué evento atrajo gente de todo el mundo a California?
   A el descubrimiento de oro
   B la revuelta de la Bandera del Oso
   C una asamblea en Monterey
   D la guerra entre México y Estados Unidos

2. ¿Qué es un delegado?
   A una persona que lucha contra el gobierno
   B un funcionario elegido para representar a otros
   C un colono en un territorio nuevo
   D un minero que busca oro

3. ¿Qué significa ratificar?
   A resistir
   B negar
   C votar
   D aprobar

4. ¿Cuándo se ratificó la constitución estatal de California?
   A 1847
   B 1848
   C 1849
   D 1850

Recuerda los datos

Responde estas preguntas.

5. ¿Cómo ayudaron los exploradores a que los colonos del Este se mudaran a California?

6. ¿Qué era el destino manifiesto?

7. ¿En qué se diferenciaba el gobierno de California bajo el dominio de Estados Unidos del gobierno de California bajo los dominios español y mexicano?

Escribe la letra que corresponda a la respuesta correcta.

8. ¿Qué grupo quedó atrapado por la nieve en la sierra Nevada durante un viaje por tierra a California?
A el grupo Donner
B la expedición Bartleson-Bidwell
C Jedediah Smith y sus hombres
D el general Stephen Kearny y sus soldados

9. ¿Cuándo y dónde descubrió oro un colono en California?
A 1847 en Marysville
B 1848 en Coloma
C 1849 en Monterey
D 1850 en Stockton

10. ¿Qué esperaban hacer en California los del cuarenta y nueve?
A explorar las montañas
B hallar oro
C reconstruir misiones
D luchar contra el gobierno mexicano

Piensa críticamente

11. DESTREZA DE ANÁLISIS ¿Por qué California era un buen lugar para los empresarios durante la fiebre del oro?

12. DESTREZA DE ANÁLISIS En la época de la revuelta de la Bandera del Oso, ¿por qué algunos californios querían la independencia? ¿Por qué otros estaban en contra?

Aplica las destrezas

Leer y comparar mapas históricos

Observa los mapas históricos de abajo para responder estas preguntas.

13. ¿Cómo cambió California entre 1845 y 1848?

14. ¿Qué había ocurrido en 1848 con la tierra que en 1845 reclamaban Estados Unidos y México?

Unidad 3

Actividades

Lecturas adicionales

- ***La historia de Levi Strauss*** **por Sandy Damashek.**

- ***En busca de oro*** **por Sandra Widener.**

- ***Los caminos a California*** **por Renee Skelton.**

Muestra lo que sabes

Actividad de redacción

Escribe un reportaje Escribe un reportaje sobre un evento que haya sucedido en California entre 1820 y 1850. Entre los temas posibles están los exploradores, la revuelta de la Bandera del Oso, la guerra entre México y Estados Unidos y el otorgamiento del rango de estado para California. Asegúrate de incluir hechos y detalles sobre el evento que elijas.

Proyecto de la unidad

Publica un libro de datos de California Compila un libro de datos de California en los años previos a su reconocimiento como estado. Haz una lista con los temas y los eventos importantes de la unidad, y luego escribe párrafos informativos sobre cada uno de ellos. Ilustra tus párrafos con mapas y dibujos.

APRENDE en línea

Visita ACTIVITIES en **www.harcourtshool.com/hss** para hallar otras actividades.

Crecimiento y desarrollo

COMIENZA CON LAS NORMAS

Normas de Historia y Ciencias Sociales de California

4.4 Los estudiantes explican cómo California se convirtió en una potencia agrícola e industrial, siguiendo la transformación de la economía de California y su desarrollo político y económico desde la década de 1850.

La gran idea

INNOVACIONES

Después de que California obtuvo el rango de estado comenzó una época de grandes cambios tanto para California como para Estados Unidos.

Reflexiona

- ¿Cómo cambiaron el transporte y la comunicación en California?
- ¿Cómo cambió la economía de California?
- ¿Cómo afectó a California la llegada de nuevos grupos de habitantes?
- ¿Cómo tuvieron que modificarse los recursos acuáticos y terrestres de California para satisfacer las necesidades de una población en constante aumento?

Muestra lo que sabes

- Prueba de la Unidad 4

- Redacción: Una narración

- Proyecto de la unidad: Periódico de California

Unidad

4

Tiempos

Crecimiento y desarrollo

1858 El correo se transporta en diligencia desde la costa este hasta San Francisco, pág. 280

1869 Se termina la construcción del primer ferrocarril transcontinental, pág. 291

1882 El Congreso aprueba la Ley de Exclusión de los Chinos, pág. 318

1855

1870

1885

Al mismo tiempo

1861 Comienza la Guerra Civil en Estados Unidos

1869 Se termina la construcción del canal de Suez, en Egipto

Crecimiento y desarrollo

1899 Comienzan los trabajos de excavación en la bahía de San Pedro, pág. 323

1906 Un fuerte terremoto sacude San Francisco, pág. 331

1909 California aprueba un presupuesto de 18 millones de dólares para la construcción de un sistema de carreteras estatales, pág. 333

1900

1915

1885 Francia regala la Estatua de la Libertad a Estados Unidos

1903 Orville y Wilbur Wright realizan con éxito los primeros vuelos motorizados

1914 Se termina la construcción del canal de Panamá

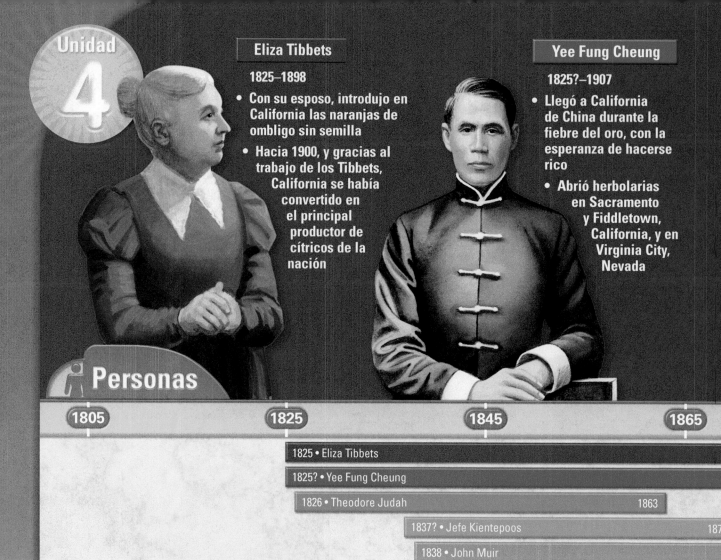

Unidad 4

Personas

Eliza Tibbets

1825–1898

- Con su esposo, introdujo en California las naranjas de ombligo sin semilla
- Hacia 1900, y gracias al trabajo de los Tibbets, California se había convertido en el principal productor de cítricos de la nación

Yee Fung Cheung

1825?–1907

- Llegó a California de China durante la fiebre del oro, con la esperanza de hacerse rico
- Abrió herbolarias en Sacramento y Fiddletown, California, y en Virginia City, Nevada

1805 · 1825 · 1845 · 1865

- 1825 • Eliza Tibbets
- 1825? • Yee Fung Cheung
- 1826 • Theodore Judah 1863
- 1837? • Jefe Kientepoos 1873
- 1838 • John Muir
- 1842 • Allen Allensworth
- 1855 • William Mulholland
- 1865? •

John Muir

1838–1914

- Trabajó como guía en el valle de Yosemite durante gran parte de su vida
- Ayudó a crear un parque nacional alrededor del valle de Yosemite y fundó el Club Sierra para ayudar a preservar la sierra Nevada

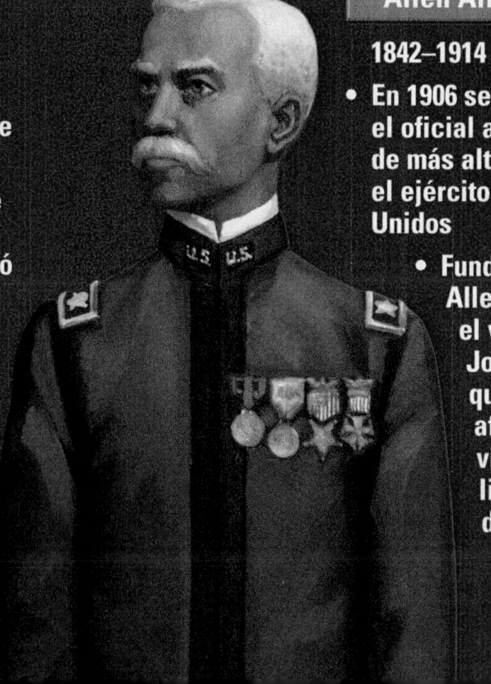

Allen Allensworth

1842–1914

- En 1906 se convirtió en el oficial afroamericano de más alto rango en el ejército de Estados Unidos
- Fundó el pueblo de Allensworth, en el valle de San Joaquin, donde quería que los afroamericanos vivieran libres de discriminación

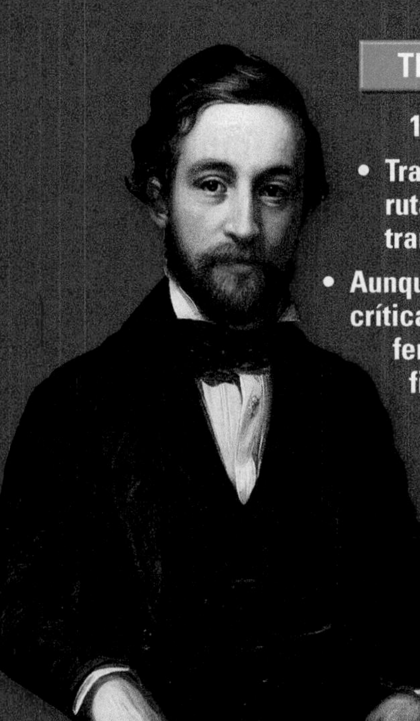

Theodore Judah

1826–1863

- Trazó los planos de la ruta del primer ferrocarril transcontinental
- Aunque en un principio recibió críticas por su idea de un ferrocarril transcontinental, finalmente logró el apoyo del Congreso

Jefe Kientepoos

1837?–1873

- Jefe indio modoc también conocido como capitán Jack
- Su tribu fue obligada a mudarse a una reserva con los indios klamath
- Lideró a su pueblo en la guerra de los modoc (1872–1873)

1885 1905 1925 1945

1898

1907

1914

1914

1935

George Shima 1926

William Mulholland

1855–1935

- Ingeniero del acueducto de Los Angeles. Este acueducto llevaba agua del río Owens a Los Angeles
- Recibió muchas críticas por su trabajo en el acueducto de Los Angeles y en la represa St. Francis

George Shima

1865?–1926

- Inmigrante japonés que ganó al mar más de 100,000 acres de tierra en el delta del río Sacramento
- En 1913 tenía los cultivos más grandes de papas de California, lo que le valió el apodo de *"Potato King"* ("rey de la papa")

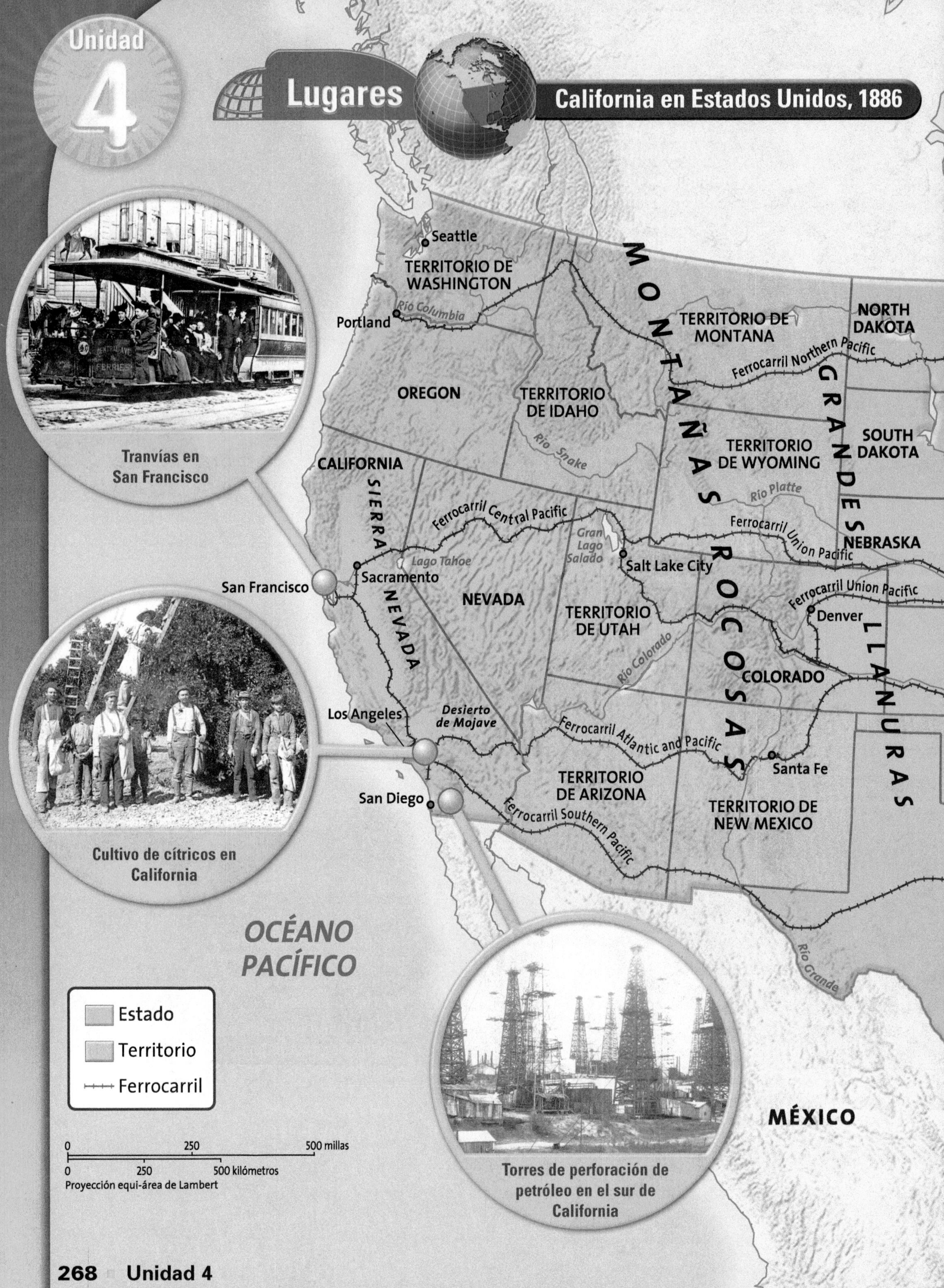

Tranvías en San Francisco

Cultivo de cítricos en California

Torres de perforación de petróleo en el sur de California

CANADÁ
Lago Superior
Lago Michigan
Lago Huron
Lago Ontario
Lago Erie
MINNESOTA
WISCONSIN
MICHIGAN
IOWA
ILLINOIS
INDIANA
OHIO
KANSAS
MISSOURI
KENTUCKY
TENNESSEE
ARKANSAS
TERRITORIO INDÍO
TEXAS
LOUISIANA
MISSISSIPPI
ALABAMA
GEORGIA
FLORIDA
SOUTH CAROLINA
NORTH CAROLINA
VIRGINIA
PENNSYLVANIA
NEW YORK
VERMONT
MAINE
NEW HAMPSHIRE
MASSACHUSETTS
RHODE ISLAND
CONNECTICUT
NEW JERSEY
DELAWARE
MARYLAND
St. Paul
Omaha
Chicago
Detroit
Cleveland
Pittsburgh
Cincinnati
Kansas City
St. Louis
Birmingham
Dallas
Houston
New Orleans
Jacksonville
Charleston
Richmond
Washington, D.C.
Philadelphia
New York City
Boston
Río Mississippi
Río Missouri
Río Ohio
Río Arkansas
Ferrocarril Southern Pacific
MONTES APALACHES
OCÉANO ATLÁNTICO
Golfo de México
N
S
E
O
Al mismo tiempo
La Estatua de la Libertad, en el puerto de New York

La lectura en los Estudios Sociales

Sacar conclusiones

Una conclusión es una afirmación general acerca de una idea o un evento. Para sacar una conclusión, usa lo que sepas más lo que aprendas cuado leas.

Por qué es importante

Saber sacar conclusiones te ayudará a comprender mejor lo que lees.

Evidencia
Lo que aprendes

Conocimiento
Lo que ya sabes

Conclusión
Una afirmación general acerca de una idea o un evento

- Piensa en lo que sabes acerca de un tema. Ten presentes los datos nuevos que aprendas.
- Busca pistas y trata de comprender qué significan.
- Para sacar una conclusión, combina los nuevos datos con los que ya conocías.

Practica la destreza

Lee los párrafos. Saca una conclusión del segundo párrafo.

Evidencia
Conocimiento
Conclusión

Cuando John Sutter llegó al valle del Sacramento en 1839, construyó un fuerte e inició el cultivo de trigo y la cría de ganado. La ubicación del fuerte, llamado Fuerte Sutter, en la confluencia de los ríos Sacramento y American, se convirtió luego en la ciudad de Sacramento. (Los ríos ofrecen rutas de transporte y agua para la población, los cultivos y animales. El Fuerte Sutter tenía una buena ubicación, cerca de recursos naturales.)

El Fuerte Sutter estaba situado al final de varios senderos que atravesaban la sierra Nevada. Las personas que cruzaban estas montañas podían abastecerse de alimento y provisiones en el fuerte. Si lo necesitaban, también podian obtener trabajo en las tierras de Sutter.

Aplica lo que aprendiste

 **Sacar conclusiones** **Lee los párrafos y responde las preguntas.**

El lugar de Sacramento en la historia

En 1850, Sacramento se convirtió oficialmente en ciudad. En 1854 fue designada capital del estado. En aquel entonces, muchas personas habían llegado a la zona en busca de oro. Había servicios regulares de barcos de vapor entre Sacramento y el puerto de San Francisco. El camino que recorrían los carromatos entre Sacramento y los yacimientos de oro era muy transitado.

Durante este período, se abrieron muchos comercios en la ciudad. Estos comercios ofrecían bienes y servicios a los mineros. En las afueras de la ciudad se cultivaban granos y frutas para alimentar a la población, que aumentaba día a día. El suelo de la zona, que se había enriquecido por las inundaciones, resultó ser muy fértil. Hacia 1860, el valle del Sacramento era una de las principales regiones agrícolas del estado.

El primer ferrocarril de pasajeros del oeste tenía su base en Sacramento. La ciudad fue también la primera de California que tuvo servicio regular de correo. Con el tiempo, Sacramento sería la terminal oeste del ferrocarril que cruzaba la nación de este a oeste.

En 1870, el ferrocarril Central Pacific construyó un vagón que se refrigeraba con hielo. Varios años después, los vagones refrigerados se usaban para transportar fruta hasta la costa este. Este nuevo método para mantener frescos los productos transformó a Sacramento en una de las regiones agrícolas más importantes de Estados Unidos.

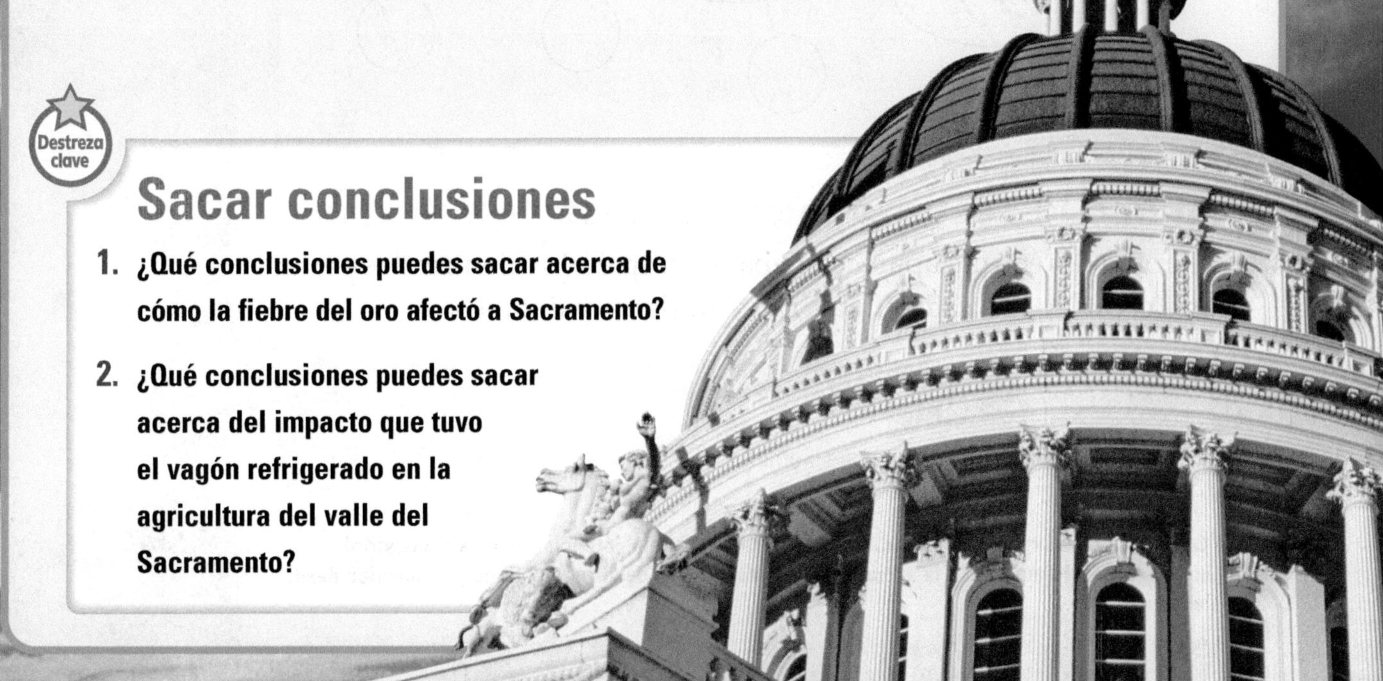

Destreza clave

Sacar conclusiones

1. **¿Qué conclusiones puedes sacar acerca de cómo la fiebre del oro afectó a Sacramento?**
2. **¿Qué conclusiones puedes sacar acerca del impacto que tuvo el vagón refrigerado en la agricultura del valle del Sacramento?**

Destrezas de estudio

RELACIONAR IDEAS

Puedes usar un organizador en forma de red para mostrar cómo se relacionan la información y las diferentes ideas.

- **Haz una lista de los temas importantes en los óvalos del centro de la red.**
- **Agrega óvalos que muestren ideas principales que apoyen cada tema.**
- **Añade círculos para los detalles que apoyen cada idea principal.**

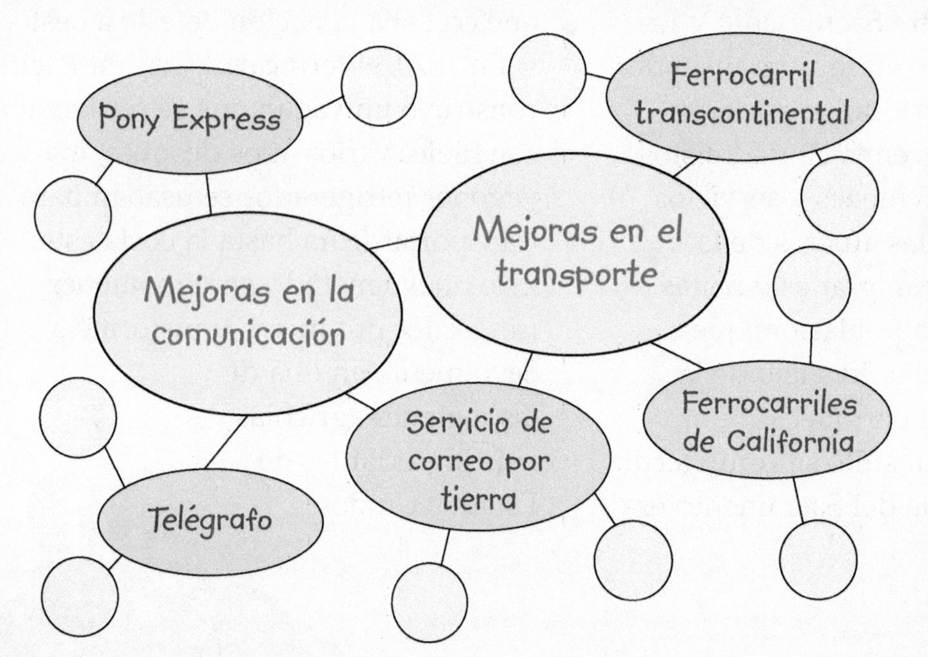

Aplica la destreza mientras lees

Copia la red que aparece arriba y complétala mientras lees este capítulo. En cada círculo, agrega datos y detalles.

Normas de Historia y Ciencias Sociales de California, Grado 4

4.4 Los estudiantes explican cómo California se convirtió en una potencia agrícola e industrial, siguiendo la transformación de la economía de California y su desarrollo político y económico desde la década de 1850.

CAPÍTULO

El transporte y las comunicaciones

En una época, las diligencias transportaban pasajeros y correo hasta California y desde allí.

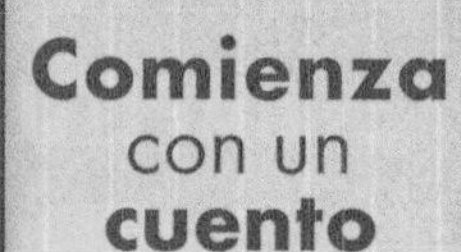

Jimmy Spoon y el Pony Express

por Kristiana Gregory

ilustrado por Ron Mazellan

En 1860, la compañía de Russell, Majors y Waddell estableció el Pony Express. El Pony Express prometía llevar el correo entre St. Joseph, Missouri, y Sacramento, California, en 10 días. Solo los caballos más veloces y los jinetes más hábiles podían formar parte de esta compañía. Jimmy Spoon fue uno de esos jinetes. Lee acerca del primer viaje que realizó para el Pony Express.

Jimmy se despertó repentinamente. Las **brasas** de la chimenea eran la única luz en la pequeña cabaña. Recostado en su cama, Jimmy prestó atención al ruido que lo había despertado. A lo lejos, se aproximaba un jinete.

Eran las dos de la madrugada del 6 de abril de 1860. Tres días antes, un muchacho en Missouri y otro en California habían salido a todo galope, uno en dirección del otro. Cada quince millas los esperaría un caballo descansado y aproximadamente cada cincuenta millas, un nuevo jinete. En algún lugar del inmenso desierto de Nevada, los dos muchachos se cruzarían a tanta velocidad que ni siquiera tendrían tiempo de decirse "hola".

brasas carbón encendido

Este pensamiento hizo que Jimmy se incorporara de inmediato y se pusiera rápidamente los pantalones. *¿Podría ser este acaso el jinete al que tenía que relevar? ¿Tan pronto?*

Jimmy apartó las mantas y metió con dificultad sus pies descalzos en las botas rígidas y frías: ¡Llegaba un jinete! El señor Tagg y Will salieron a la carrera para preparar un caballo y Pen intentó animar a Jimmy.

—Eres el mejor, Jim. Ningún **paiute** te alcanzará, te lo aseguro.

Milo sirvió café humeante en una taza de lata y se la pasó a Jimmy junto con un pedazo de pan.

—Buenos días, hijo —dijo, inclinándose hacia él. El aliento de Milo apestaba debido a un diente infectado, pero a Jimmy no le importó. A pesar de la falta de aseo y el olor, Milo era tan amoroso como un abuelo.

—Confiamos en ti, Jim. En cuanto llegues a la estación Roberts Crik, regresa con el próximo relevo. El señor Tagg preparará café para ti, como siempre.

—Gracias, Milo. Haré lo mejor que pueda. Jimmy bebió el líquido casi hirviendo, pero se guardó el pan en la camisa. Se sentía demasiado nervioso para comer. Tomó su abrigo de un gancho que había en la pared y salió a la noche helada.

paiute indio de una tribu del mismo nombre

Recortada contra el horizonte estrellado se veía una pequeña silueta en movimiento. Subía y bajaba, subía y bajaba. El tenue ruido que Jimmy había oído ahora se escuchaba claramente. Era el sonido de los cascos de un caballo. Se le hizo un nudo en el estómago, una mezcla de temor y emoción. Rogó que Washakie entendiera que tenía un trabajo que cumplir.

Jimmy estaba agradecido por la luna llena que salía en el este, ya que **iluminaba** el camino que se veía como si fuera una cinta de plata. *¿Acaso el Sr. Majors lo había planeado así, para que los primeros jinetes se guiaran por la luz de la luna?*

recortada delimitada

iluminaba alumbraba

Antes de que pudiera pensar algo más, el jinete, un muchacho llamado Charlie Cliff, bajaba de un salto del caballo sudado, frente a la cabaña. Charlie quitó la mochila de la montura y se la arrojó al señor Tagg. La mochila era un cuadrado de cuero con cuatro bolsillos.

—¡El camino está despejado! —gritó Charlie. Esto quería decir que no había indios persiguiéndolo.

El caballo de Jimmy se encabritaba de impaciencia. Tagg deslizó la mochila sobre la silla de montar. Nick sostuvo las riendas y Jimmy subió de un salto al caballo. Antes de que la bota derecha se apoyara en el estribo, el caballo ya había arrancado y estaba en camino, galopando hacia el oeste a través del frío desierto nocturno.

Por encima del sonido de los cascos, un hilo de voz lo alcanzó:

—¡Buen viaje, Jimmy! —gritó Milo.

El caballo de Jimmy apuró el paso. La luz de la luna los iluminaba de tal manera que parecían estar persiguiendo su propia sombra. Al cabo de una hora, Jimmy tenía sed y le dolía el cuerpo. Sintió alivio cuando vio, a lo lejos, la silueta oscura de una cabaña. Un grupo de hombres sacaba un caballo de un corral. Quizá los dos minutos que tenía para cambiar de caballo fueran suficientes para que recobrara el aliento.

Después de bajar de un salto del caballo, pasó la mochila al otro animal. Un niño de unos nueve años le puso un jarro de agua en la mano.

—¿Cómo está todo, señor? —preguntó el niño.

Jimmy tomó un trago de agua.

—El camino está despejado —respondió con su voz más profunda. Volvió a montar y, sonriéndole al niño, golpeó con las riendas el **flanco** del caballo.

—¡Arre! —gritó. Nadie vio la sonrisa de Jimmy. Nadie sabía que su corazón rebozaba de alegría. Un niño lo había llamado "señor" y le había jalado un pelo de la cola al pony, para guardarlo como recuerdo.

Sí, señor, este era el trabajo perfecto.

flanco costado

Responde

1. ¿Por qué crees que los jinetes tenían tan poco tiempo para cambiar de caballo?
2. Aunque se trataba de un trabajo muy peligroso, muchos jóvenes querían ser jinetes del Pony Express. ¿Por qué crees que deseaban ese empleo?

Lección 1

Tiempos

1855 · 1885 · 1915

1857 El Congreso aprueba la Ley de Servicio Postal

1860 Comienza el servicio del Pony Express

1861 Las líneas de telégrafo conectan a California con el Este

REFLEXIONA
¿Qué cambios mejoraron la comunicación entre California y el resto de Estados Unidos?

✓ Describe cómo el servicio de correo por tierra, el Pony Express, y el telégrafo conectaron a California con el resto de Estados Unidos.

✓ Identifica las señales que aún perduran de la influencia que las nuevas conexiones tuvieron en California.

VOCABULARIO
comunicación, pág. 279
diligencia, pág. 280
telégrafo, pág. 282

PERSONAS
John Butterfield
Samuel F. B. Morse
Stephen J. Field

LUGARES
Tipton, Missouri
St. Joseph, Missouri

SACAR CONCLUSIONES

Normas de California
HSS 4.4., 4.4.1

Conexiones con el Este

IMAGÍNATE ALLÍ

Es el mes de noviembre de 1860. Estás en tu casa en Sacramento, cenando con tu familia. Tu padre dice: "El correo debe llegar mañana. Tal vez nos enteremos de quién fue elegido presidente". Tú también estás ansioso por recibir noticias de la lejana Washington, D.C. El correo del Este ahora llega en menos de dos semanas. Has oído decir que, en un futuro no muy lejano, las noticias del Este podrán llegar ¡en menos de cinco minutos!

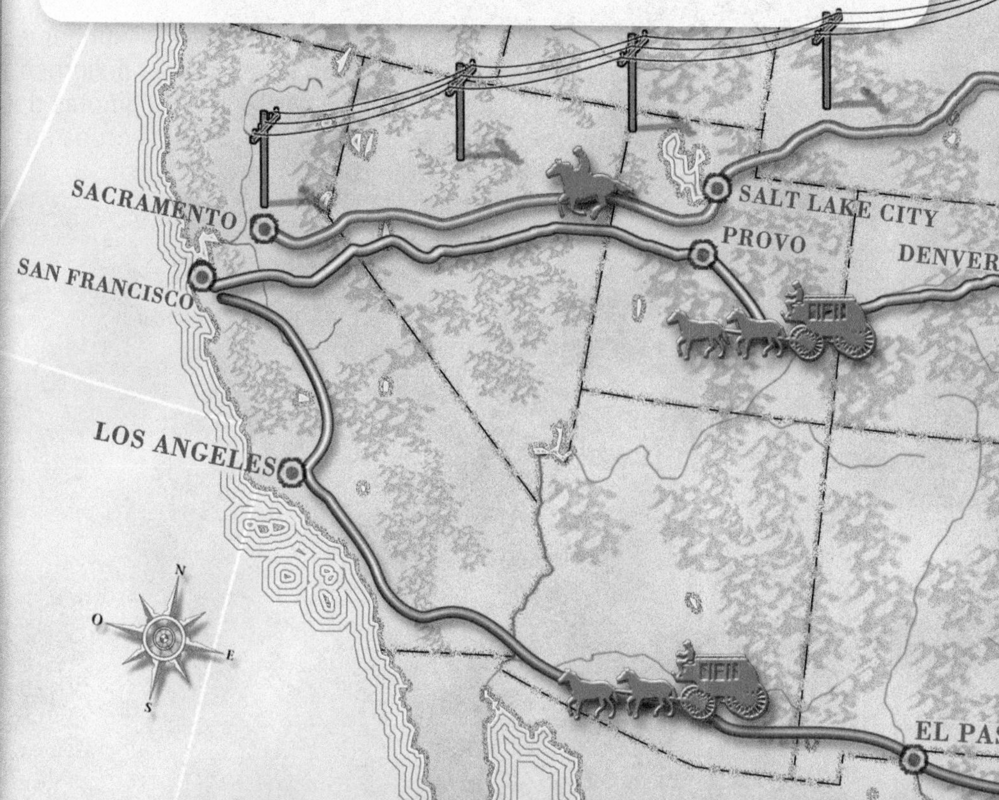

California y el Este

En la década de 1850, a los californianos les era difícil mantenerse al tanto de los eventos que ocurrían en el Este. A diferencia de hoy en día, no había teléfonos ni existía el correo electrónico. Ni siquiera había un servicio de correo regular a California. La mayor parte del correo procedente de los estados del Este se llevaba en barco hasta el istmo de Panamá, se cruzaba por tierra y luego se volvía a embarcar hasta California. Podían pasar meses hasta que las noticias llegaran de un extremo del país al otro.

Muchos californianos querían mantenerse en contacto con sus amigos y familiares del Este y ahora que California formaba parte de Estados Unidos, sus ciudadanos querían recibir noticias sobre el gobierno nacional. Los habitantes de California también querían mejores formas de comunicación para contactarse con el resto del país. Se llama **comunicación** al envío y recepción de información. Para tener una mejor comunicación era necesario, entre otras cosas, mejorar el servicio de correo.

REPASO DE LA LECTURA **SACAR CONCLUSIONES**
¿Cómo mejoraría la vida de los californianos el hecho de contar con un servicio de correo más rápido?

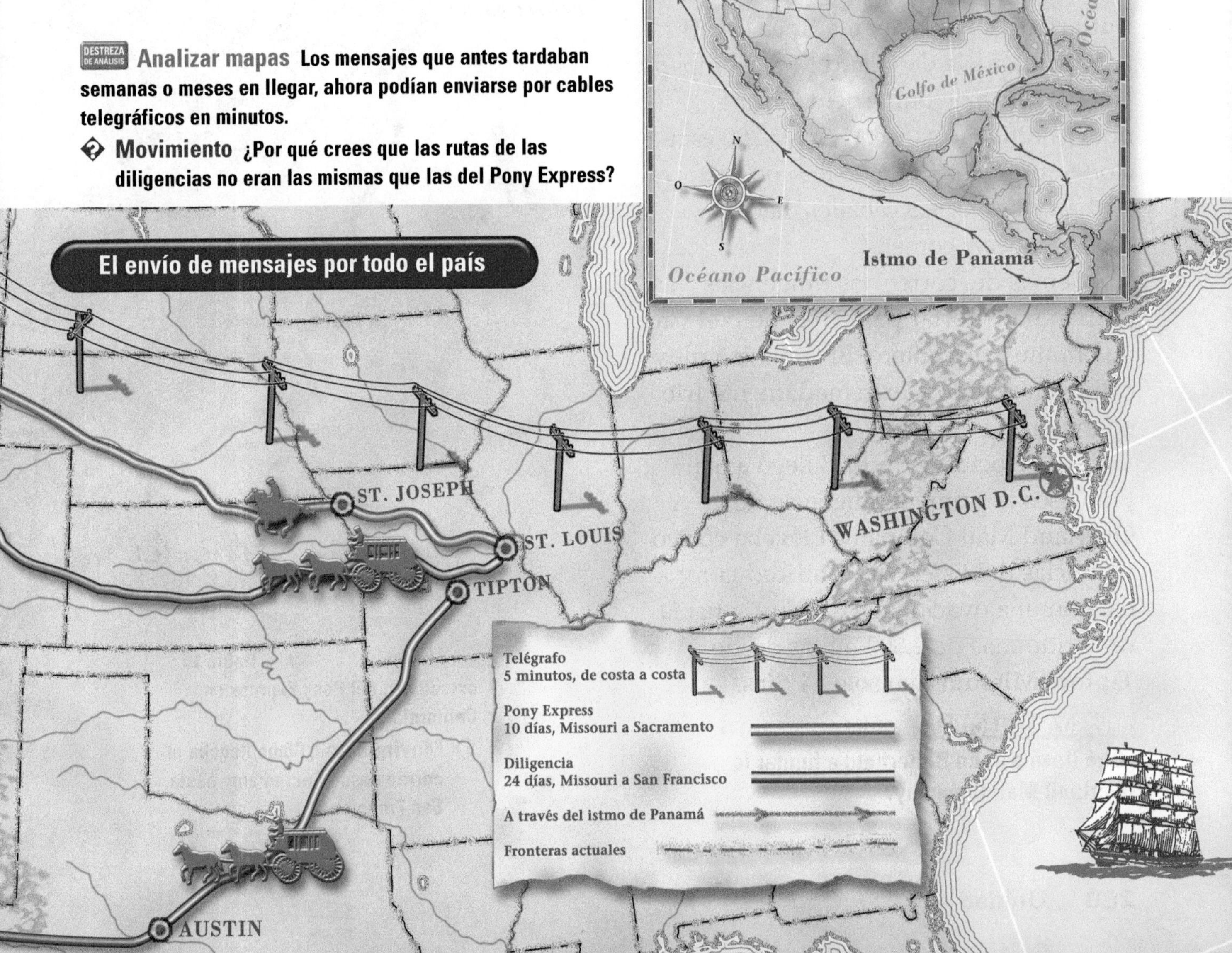

DESTREZA DE ANÁLISIS **Analizar mapas** **Los mensajes que antes tardaban semanas o meses en llegar, ahora podían enviarse por cables telegráficos en minutos.**

Movimiento **¿Por qué crees que las rutas de las diligencias no eran las mismas que las del Pony Express?**

El servicio de correo por tierra

CUÁNDO **1857**

DÓNDE **Washington, D.C.**

En 1857, el Congreso de Estados Unidos aprobó la Ley de Servicio Postal. Esta ley ayudó a brindar un servicio de correo por tierra entre el río Mississippi y San Francisco. En aquel entonces, los ferrocarriles todavía no llegaban hasta California.

La Ley de Servicio Postal establecía que el correo tenía que ser transportado en **diligencia**, un carruaje cerrado jalado por caballos. El plan era que salieran diligencias hacia California dos veces por semana.

Para llevar a cabo este plan, **John Butterfield** estableció una línea de diligencias llamada Overland Mail Company. La compañía de Butterfield fabricó nuevas diligencias y construyó 200 estaciones, o paradas, donde los conductores podían cambiar los caballos, hacer reparaciones y comer.

Además del correo, las diligencias podían transportar pasajeros, pero el viaje no era muy placentero. El clima era muy cálido en verano y extremadamente frío en invierno.

El 10 de octubre de 1858 llegó a San Francisco la primera diligencia de la Overland Mail Company. Llevaba correo y noticias del Este. Una multitud la recibió con una ovación. La diligencia había recorrido más de 2,800 millas desde **Tipton, Missouri,** en solo 24 días.

REPASO DE LA LECTURA **CAUSA Y EFECTO**
¿Qué llevó a John Butterfield a fundar la Overland Mail Company?

Las primeras rutas de correo en California

Oregon
Río Sacramento
Pony Express
Sacramento
San Francisco
Río San Joaquín
Correo terrestre Butterfield
N
Los Angeles

DESTREZA DE ANÁLISIS **Analizar mapas** **Había 15 estaciones del Pony Express en California.**

Movimiento **¿Cómo llegaba el correo desde Sacramento hasta San Francisco?**

El Pony Express

CUÁNDO 13 de abril de 1860

DÓNDE Sacramento

El 13 de abril de 1860, Johnny Fry montó de un salto a un caballo en **St. Joseph, Missouri,** llevando consigo una bolsa con correspondencia. Se dirigía hacia el oeste. Unas horas después, en Sacramento, Billy Hamilton partió hacia al este con otra bolsa de correspondencia. Fueron los primeros jinetes del Pony Express. El Pony Express se había propuesto llevar el correo entre Missouri y California en 10 días, menos de la mitad del tiempo que le tomaba a una diligencia. ¡El viaje se hizo en 9 días y 23 horas!

El Pony Express funcionaba prácticamente igual que una carrera de relevos. Cada jinete recorría alrededor de 75 millas antes de entregar el correo al próximo jinete. Los jinetes cambiaban de caballo cada 10 o 12 millas.

Viajaban día y noche bajo el calor del desierto, la nieve de las montañas y las lluvias torrenciales. Como dijo George Stiers, uno de los jinetes: "Nuestras órdenes eran no detenernos… Yo llevaba un refrigerio y una cantimplora con agua, y comía o bebía arriba del caballo mientras galopaba".*

El servicio del Pony Express duró poco menos de 18 meses. Terminó el 24 de octubre de 1861. Pero en ese breve período, sus jinetes entregaron casi 35,000 cartas.

REPASO DE LA LECTURA **RESUMIR**

¿Cómo lograba el Pony Express llevar el correo a California más rápido que los servicios anteriores?

El lema de los jinetes del Pony Express era "El correo debe llegar".

Territorio de Utah

Los caballos que jalaban las diligencias podían alcanzar una velocidad de 10 millas por hora.

* George S. Stiers. De una entrevista con Sheldon Gauthier. 1937.

El telégrafo

CUÁNDO **24 de octubre de 1861**
DÓNDE **Sacramento**

El Pony Express fue desplazado por otra forma de comunicación aún más rápida: el telégrafo. El **telégrafo** era un aparato que usaba electricidad para enviar mensajes a través de cables. Con él, los mensajes podían enviarse de un extremo a otro del país ¡en tan solo minutos! Por primera vez, las noticias podían viajar más rápido que las personas.

Los operadores de telégrafo enviaban mensajes en código Morse, un código creado por el inventor del telégrafo, **Samuel F. B. Morse.** Este código usa grupos de "puntos" y "guiones", o señales cortas y largas, para representar las letras del alfabeto. Un operador deletreaba las palabras apretando un pulsador. El operador del otro extremo escuchaba las señales y las convertía en letras y números.

Durante las décadas de 1840 y 1850, las líneas de telégrafo se extendieron por todo el este de Estados Unidos. Hacia 1860, las líneas comunicaban San Francisco con Los Angeles.

En 1861, la compañía de telégrafo Western Union terminó la primera línea de telégrafo que comunicaba California con el Este. El 24 de octubre, **Stephen J. Field,**

Samuel F. B. Morse muestra cómo funciona el telégrafo (izquierda). Una vez que se tendieron cables de telégrafo en todo el país (abajo), los servicios del Pony Express dejaron de ser necesarios.

un juez de California, envió un mensaje al presidente Lincoln en Washington, D.C. El mensaje decía: "El Pacífico saluda al Atlántico". Poco después, Field afirmó lo siguiente acerca del telégrafo:

> **"Los habitantes de California . . . creen que será el medio de fortalecer los vínculos del Este y el Oeste con la Unión [Estados Unidos] . . ."***

Los californianos ya no tenían que esperar semanas para enterarse de lo que ocurría en el Este. Los vínculos de California con el resto de Estados Unidos se fortalecían cada vez más.

REPASO DE LA LECTURA **SACAR CONCLUSIONES**

¿Qué efecto duradero esperaba Field que tuviera el telégrafo en el Este y el Oeste?

* Stephen J. Field. De un artículo en *The Sacrament Dispatch.* 29 de octubre de 1861.

El código Morse original

a •—	h ••••	o • •	v •••—
b —•••	i ••	p •••••	w •——
c •• •	j —•—•	q ••—•	x •—••
d —••	k —•—	r • ••	y •• ••
e •	l —	s •••	z ••• •
f •—•	m ——	t —	
g ——•	n —•	u ••—	

Analizar tablas

¿Cómo escribirías tu nombre en código Morse?

Resumen

Los medios de comunicación más veloces, como la Overland Mail Company, el Pony Express y el telégrafo, ayudaron a que los californianos pudieran mantenerse en contacto con el resto de Estados Unidos.

REPASO

1. ¿Qué cambios mejoraron la comunicación entre California y el resto de Estados Unidos?
2. Usa los términos **diligencia** y **telégrafo** para explicar cómo cambió la **comunicación** en las décadas de 1850 y 1860.
3. ¿Por qué el Pony Express operó solamente durante 18 meses?

RAZONAMIENTO CRÍTICO

4. DESTREZA DE ANÁLISIS **Aplícalo** ¿Cuáles son algunas formas de comunicación actuales? ¿Cómo influyeron los primeros medios de comunicación en los medios de comunicación actuales?
5. **Haz una entrevista** Escribe algunas preguntas que le harías a un conductor de la Overland Mail Company, a un jinete del Pony Express o a un operador de telégrafo. Pide a un compañero que escriba las respuestas que podría dar esa persona.
6. Destreza clave **SACAR CONCLUSIONES**

En una hoja de papel, copia y completa el organizador gráfico de abajo.

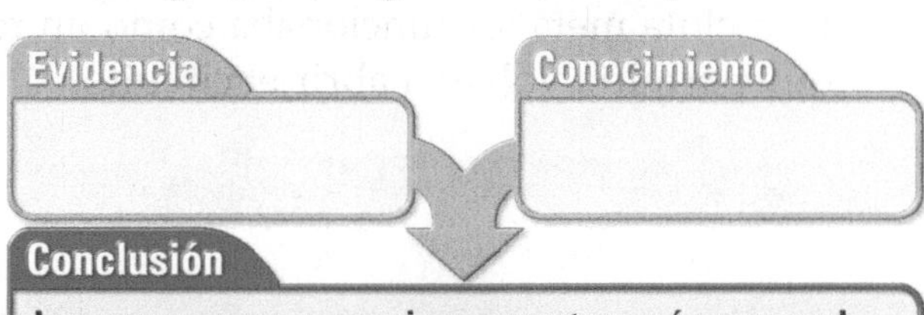
Evidencia
Conocimiento
Conclusión
Las personas se comunican con otros más a menudo si pueden hacerlo más fácilmente.

FUENTES PRIMARIAS

El telégrafo

Durante la década de 1830, Samuel F. B. Morse experimentó con el uso de electricidad para enviar mensajes a través de cables de hierro. La primera línea de telégrafo iba de Baltimore, Maryland, a Washington, D.C. Hacia la década de 1860, había oficinas de telégrafos en todas las ciudades importantes de Estados Unidos. En la actualidad, existen muchas maneras de enviar rápidamente mensajes a través de largas distancias, pero el código Morse aún se sigue usando en muchas partes del mundo.

1 Para enviar un mensaje por telégrafo, se presionaba este pulsador. Si se quería enviar un "punto", se presionaba durante poco tiempo. Si se quería enviar un "guión", se mantenía presionado por más tiempo.

2 Cuando se presionaba el pulsador, se enviaba una señal a través del circuito eléctrico.

3 Esta cinta metálica funcionaba como un resorte que permitía volver a abrir el circuito.

Morse dibujó este diagrama para mostrar cómo funcionaba su primer telégrafo.

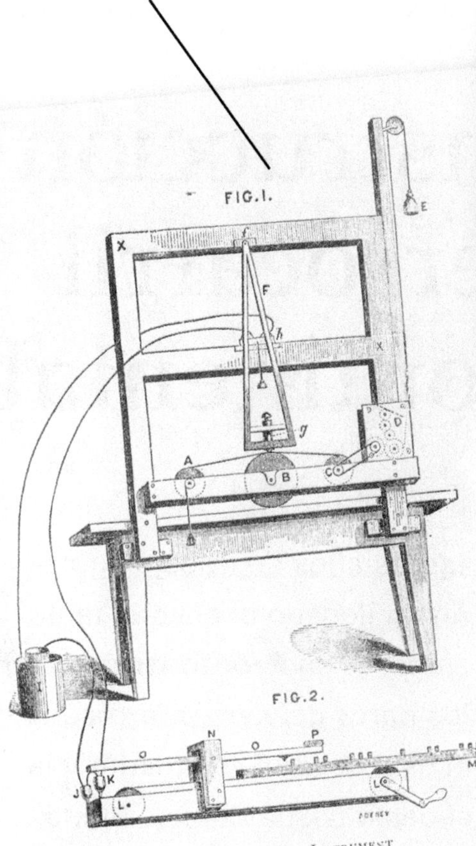

FIG. I.
FIG. 2.
MORSE FIRST TELEGRAPH INSTRUMENT
Fig. 1. A, cylinder from which paper was unrolled. B, cylinder on which paper received its records. C, cylinder on which paper was afterward wound. D, clockwork. E, weight for clockwork. F, wooden pendulum pivoted at f. g, pencil carrying a weight. h, electro-magnetic armature. I, voltaic cell.
Fig. 2. MORSE PORT-RULE. L, L, cylinders united by a linen belt. M, rule or composing stick. N, standard. O, O, lever suspended from N, which, when depressed, plunged into J and K, two cups of mercury, completing an electrical circuit.

DESTREZA DE ANÁLISIS

Analizar objetos del pasado

1. **¿Cómo se enviaban los mensajes a través del telégrafo?**
2. **¿Cómo expresan las citas aprobación y entusiasmo acerca del telégrafo?**
3. **¿Cómo crees que se parecía el telégrafo de la década de 1860 al correo electrónico actual?**

Visita PRIMARY SOURCES en **www.harcourtschool.com/hss** para hallar fuentes primarias.

> "El telégrafo se ha convertido en uno de los medios esenciales de las transacciones comerciales."
>
> —*St. Louis Republican*, 1847

Al principio, muchas personas le tenían miedo al telégrafo. Pero, poco a poco, comenzaron a entusiasmarse con él y lo aprobaron.

> "La demanda de telégrafos ha ido en aumento de forma constante; su uso se ha extendido a todos los países civilizados del mundo y se ha convertido en un elemento absolutamente necesario para el bienestar de la sociedad."
>
> —*The New York Times*, 3 de abril, 1872

El primer mensaje por telégrafo lo envió Morse de Washington, D.C., a su asistente en Baltimore, Maryland, el 24 de mayo de 1844. Decía: "¿Qué nos ha enviado Dios?"

Lección 2

Tiempos

1855 | 1885 | 1915

1861 Comienza la Guerra Civil

1862 El Congreso aprueba la Ley del Ferrocarril del Pacífico

1869 Se termina la construcción del ferrocarril transcontinental

REFLEXIONA
¿Por qué era necesario un ferrocarril transcontinental? ¿Cómo se construyó?

✓ Describe cómo se construyó el ferrocarril transcontinental.

✓ Describe cómo contribuyeron los trabajadores chinos y otros grupos de inmigrantes a la construcción del ferrocarril transcontinental.

VOCABULARIO
ferrocarril transcontinental, pág. 287
invertir, pág. 288

PERSONAS
Theodore Judah
Leland Stanford
Collis P. Huntington
Mark Hopkins
Charles Crocker

LUGARES
Promontory, Utah

SACAR CONCLUSIONES

Normas de California
HSS 4.4., 4.4.1. 4.4.3

La construcción del ferrocarril transcontinental

IMAGÍNATE ALLÍ

Han sido seis largos años de trabajo agotador, pero por fin ha llegado el día que tanto has esperado. Los trabajadores en **Promontory, Utah,** están a punto de unir dos pares de vías de ferrocarril. Una se extiende hacia el este desde Sacramento y la otra se extiende hacia el oeste desde Council Bluffs, Iowa. Cuando el último clavo se hunde en el suelo, la multitud festeja entusiasmada.

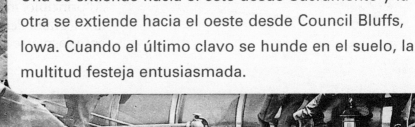

Esperando el ferrocarril

Con tantas mejoras en la comunicación, muy pronto se comenzó a pensar en cómo se podía mejorar el transporte entre el Este y el Oeste. La gente creía que un **ferrocarril transcontinental**, que cruzara el continente desde el Atlántico hasta el Pacífico, ayudaría a unir el país.

Muchos apoyaban la idea del ferrocarril transcontinental. Además de mejorar los viajes, pensaban que un ferrocarril transcontinental aumentaría el comercio. Los productos de California y los productos de Asia que llegaban a California podrían transportarse en tren hasta la costa este.

Un joven llamado **Theodore Judah** se interesó especialmente en la idea. Judah era ingeniero, es decir, una persona que planifica y construye ferrocarriles y otras estructuras. Sabía que la parte más difícil de la construcción de un ferrocarril a California era el cruce de la sierra Nevada. Fue allí 23 veces antes de encontrar una ruta posible. En 1857, dio su opinión sobre un ferrocarril de esas características. Y escribió:

> **"Es el proyecto más grandioso jamás concebido [pensado]."***

REPASO DE LA LECTURA **SACAR CONCLUSIONES**
¿Cómo podría un ferrocarril ayudar a unir el país?

*Theodore Judah. *A Practical Plan for Building the Pacific Railroad.* H. Polkinhorn. 1857.

DATOS BREVES

Los ferrocarriles Central Pacific y Union Pacific se unieron en Promontory, Utah, el 10 de mayo de 1869, marcando la terminación del segundo ferrocarril que comunicaba el océano Atlántico con el Pacífico. El primero se había terminado en Panamá en 1855 y su recorrido era de solo 48 millas.

El ferrocarril transcontinental
1860
1865
1870
28 de junio de 1861
Judah y los "Big Four" forman la compañía de ferrocarril Central Pacific
27 de octubre de 1863
El ferrocarril Central Pacific tiende vías desde Sacramento hacia el este
Julio de 1865
El ferrocarril Union Pacific tiende vías desde Council Bluffs, Iowa, hacia el oeste
10 de mayo de1869
Se clava el"último clavo" en una ceremonia, en Promontory, Utah
Southern Pacific Bulletin
AUGUST, 1920
4
THE BIG FOUR

DESTREZA DE ANÁLISIS **Analizar líneas cronológicas**

¿Cuántos años fueron necesarios para tender las vías del ferrocarril Central Pacific?

La construcción del ferrocarril

La construcción del ferrocarril transcontinental costaría millones de dólares. Judah comenzó a buscar personas dispuestas a invertir en el ferrocarril. **Invertir** significa comprar algo, como una acción o una parte de una empresa, con la esperanza de que su valor aumente en el futuro. Judah encontró a cuatro hombres dispuestos a invertir: **Leland Stanford, Collis P. Huntington, Mark Hopkins** y **Charles Crocker.** Más tarde se conocieron como los "Big Four" o "cuatro grandes".

En 1861, Judah y los "Big Four" formaron la compañía de ferrocarril Central Pacific. Ese año estalló la guerra civil en Estados Unidos. Una guerra civil es una guerra que se libra entre personas de un mismo país. A pesar de la guerra, Judah fue a Washington, D.C., para hablar sobre el ferrocarril con los integrantes del Congreso.

En 1862, el Congreso aprobó la Ley del Ferrocarril del Pacífico. Estados Unidos daría dinero y tierras a la compañía Central Pacific para construir un ferrocarril que partiría hacia el este desde Sacramento. Otra compañía de ferrocarril, la Union Pacific, tendería vías desde Council Bluffs, Iowa, hacia el oeste. Las dos líneas de ferrocarril se encontrarían a mitad de camino.

Las primeras vías se tendieron en 1863. Las compañías de ferrocarril enfrentaron inmediatamente un serio problema. Como muchas personas estaban peleando en la Guerra Civil, había pocos trabajadores para construir el ferrocarril. Sin embargo, cuando terminó la Guerra Civil en 1865, muchos antiguos combatientes comenzaron a trabajar para la Union Pacific. La compañía Union Pacific también contrató a muchos trabajadores inmigrantes de Irlanda. Al mismo tiempo, la compañía Central Pacific contrató a muchos trabajadores de origen chino.

Los trabajadores chinos resultaron ser tan buenos que la Central Pacific comenzó a traer trabajadores de China. En tan solo un año, más de 12,000 inmigrantes chinos estaban trabajando en el tendido de vías. Hacia el final del proyecto, alrededor de tres cuartos de los trabajadores de la Central Pacific eran chinos. Considerando el trabajo pesado que hacían, los trabajadores chinos ganaban muy poco dinero. Su salario era de entre 25 y 35 dólares al mes. Aunque los trabajadores irlandeses también ganaban poco dinero, a los chinos se les pagaba menos que a los irlandeses y que a otros trabajadores.

REPASO DE LA LECTURA **CAUSA Y EFECTO**
¿Cómo influyó la Guerra Civil en la construcción del ferrocarril transcontinental?

DESTREZA DE ANÁLISIS **Analizar mapas**

El ferrocarril Central Pacific tendió 690 millas de vías. El ferrocarril Union Pacific tendió 1,086 millas de vías.

Interacción entre los seres humanos y el ambiente **¿Por qué crees que la compañía Union Pacific tendió más millas de vías que la Central Pacific?**

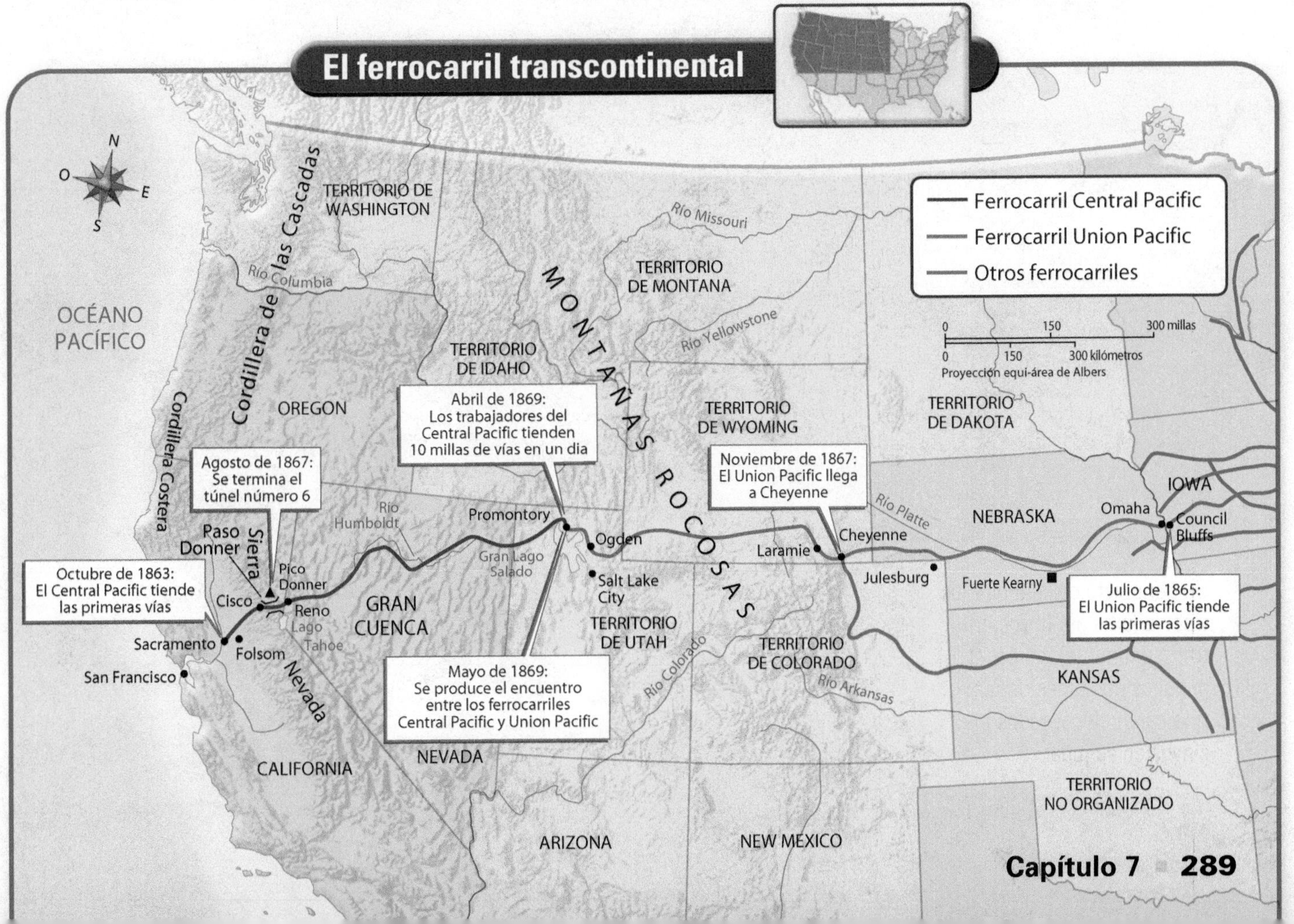

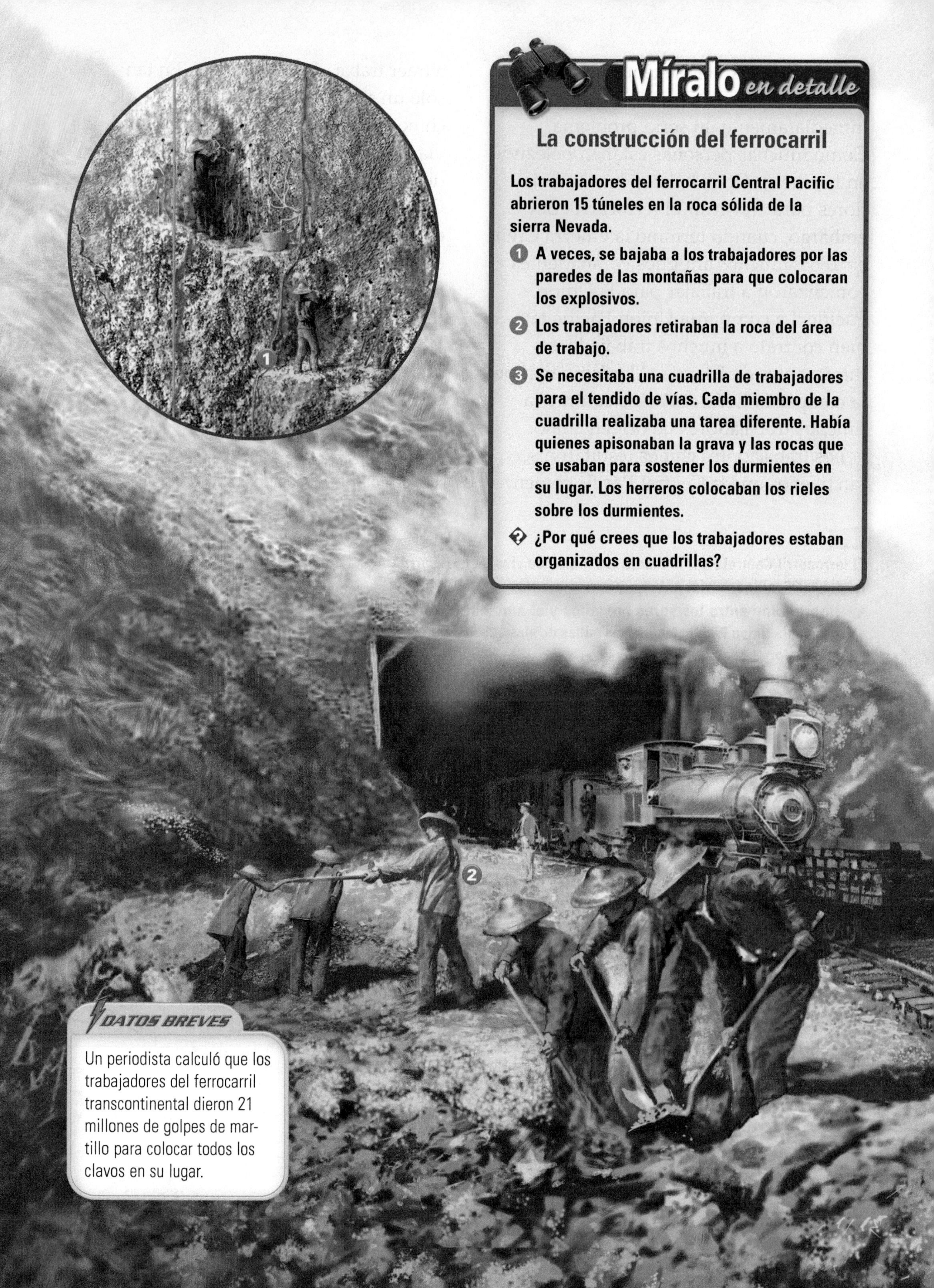

La construcción del ferrocarril

Los trabajadores del ferrocarril Central Pacific abrieron 15 túneles en la roca sólida de la sierra Nevada.

1. **A veces, se bajaba a los trabajadores por las paredes de las montañas para que colocaran los explosivos.**
2. **Los trabajadores retiraban la roca del área de trabajo.**
3. **Se necesitaba una cuadrilla de trabajadores para el tendido de vías. Cada miembro de la cuadrilla realizaba una tarea diferente. Había quienes apisonaban la grava y las rocas que se usaban para sostener los durmientes en su lugar. Los herreros colocaban los rieles sobre los durmientes.**

¿Por qué crees que los trabajadores estaban organizados en cuadrillas?

DATOS BREVES

Un periodista calculó que los trabajadores del ferrocarril transcontinental dieron 21 millones de golpes de martillo para colocar todos los clavos en su lugar.

La terminación del ferrocarril

CUÁNDO 10 de mayo de 1869
DÓNDE Promontory, Utah

La construcción de ferrocarriles era un trabajo muy difícil. Los trabajadores chinos debían realizar algunas de las tareas más peligrosas. A veces, tenían que trabajar con explosivos, y muchos trabajadores resultaban heridos o morían.

En algunas partes de la sierra Nevada, los trabajadores avanzaban apenas unas pulgadas por día. Para apurar el trabajo, el gobierno de Estados Unidos acordó dar a cada compañía miles de acres de tierra y prestarles dinero según la cantidad de rieles que cada una tendiera.

Las dos compañías comenzaron a trabajar como si estuvieran en una competencia. Primero, los trabajadores de la compañía Union Pacific tendieron 6 millas de vías en un día. Luego, los trabajadores de la Central Pacific tendieron 7 millas de vías en un día. En esta competencia un equipo de trabajadores chinos e irlandeses de la compañía Central Pacific, tendió 10 millas de vías, ¡en tan solo 12 horas!

Al cabo de seis años, el ferrocarril estaba terminado. El 10 de mayo de 1869, las dos líneas se unieron en Promontory, Utah. El último clavo, que unía las dos líneas, era de oro sólido. También tenía grabado un mensaje:

> **“Que Dios continúe la unidad de nuestro país del mismo modo que este ferrocarril une los dos grandes océanos del mundo.”***

Cuando el ferrocarril transcontinental quedó terminado, el viaje de una costa a otra duraba aproximadamente una semana. Por 100 dólares, los pasajeros adinerados podían viajar cómodamente en elegantes vagones. También se podía viajar por 40 dólares, pero en duros asientos de madera. Esto equivale aproximadamente a 536 dólares en la actualidad.

*Central Pacific Railroad Photographic History Museum. http://cprr.org

El ferrocarril transcontinental

DESTREZA DE ANÁLISIS **Analizar dibujos**

Esta caricatura muestra la terminación del primer ferrocarril transcontinental.

1 La multitud saluda entusiasmada

2 Un tren de New York y otro de San Francisco

¿Qué significa el apretón de manos entre ambos trenes?

El ferrocarril también facilitaba el transporte de bienes entre California y el resto del país. Por lo tanto, esos bienes costaban menos de lo que habían costado hasta entonces.

REPASO DE LA LECTURA **SACAR CONCLUSIONES**
¿Qué significado crees que tiene el mensaje del último clavo?

Resumen

El Congreso decidió que era necesario construir un ferrocarril transcontinental. Muchos inmigrantes chinos e irlandeses trabajaron para terminar el ferrocarril. En 1869, los ferrocarriles Central Pacific y Union Pacific se unieron.

REPASO

1. ¿Por qué era necesario un ferrocarril transcontinental? ¿Cómo se construyó?
2. Usa el término **invertir** para escribir una oración sobre los "Big Four".
3. ¿Cómo contribuyeron los trabajadores inmigrantes a la construcción del ferrocarril transcontinental?

RAZONAMIENTO CRÍTICO

4. DESTREZA DE ANÁLISIS ¿Crees que hubiese sido posible construir el ferrocarril transcontinental sin la ayuda de los trabajadores inmigrantes? ¿Por qué?
5. ¿Cómo crees que Theodore Judah convenció a otros de que invirtieran en su proyecto?
6. **Escribe un discurso** Escribe un discurso acerca de la importancia del ferrocarril transcontinental y de lo que aportaron los trabajadores que lo construyeron.
7. Destreza clave **SACAR CONCLUSIONES**

   En una hoja de papel, copia y completa el organizador gráfico de abajo.

Evidencia
Los "Big Four" invirtieron dinero en el ferrocarril.

Conocimiento

Conclusión

Biografía

Integridad

Respeto
Responsabilidad
Equidad
Bondad
Patriotismo

Yee Fung Cheung

*"Solo necesitaban una dosis de su sonrisa."**

En 1850, Yee Fung Cheung llegó a California desde China. Era un experto herbolario, es decir, una persona que usaba hierbas para curar enfermedades. Llegó a California durante la fiebre del oro con la esperanza de hacerse rico. En lugar de eso, en 1851, abandonó la búsqueda de oro y abrió una herbolaria, o sea una tienda donde se venden hierbas medicinales.

Interior de la herbolaria de Yee Fung Cheung en Fiddletown

La tienda de Yee Fung Cheung estaba en Fiddletown, en el corazón de la zona donde había oro en la sierra Nevada. A medida que su empresa creció, abrió tiendas en Sacramento y en Virginia City, Nevada.

Su clienta más célebre fue Jane Stanford, la esposa del gobernador de California, Leland Stanford. En 1862, Jane Stanford padecía una enfermedad pulmonar que los médicos no podían curar. Yee Fung Cheung preparó un remedio con hierbas que ayudó a salvarle la vida.

* Del artículo "Chinese Transformed Gold Mountain" por Stephen Magagnini. *The Sacramento Bee,* 18 de enero de 1998.

La importancia del carácter

¿Cómo puedes reconocer la integridad del herbolario Yee Fung Cheung?

Biografía breve

1825? Nace

1907 Muere

1850 Llega a California de China

1851 Abre una herbolaria en Fiddletown

1904 Se retira de la práctica y regresa a China

APRENDE en línea

Visita MULTIMEDIA BIOGRAPHIES en www.harcourtschool.com/hss para hallar biografías multimedia.

Lección 3

Tiempos

1855 — 1885 — 1915

- **1862** Se aprueba la Ley del Ferrocarril del Pacífico
- **1869** Se termina la construcción del ferrocarril transcontinental
- **1876** El ferrocarril Southern Pacific llega a Los Angeles

REFLEXIONA
¿Cómo ayudaron los ferrocarriles a transformar la economía de California a fines del siglo XIX?

- ✓ Describe cómo influyeron los ferrocarriles en las ciudades y empresas de California.
- ✓ Identifica la influencia perdurable del ferrocarril transcontinental en la vida de California.

VOCABULARIO
competencia, pág. 296

LUGARES
Stockton
Los Angeles

SACAR CONCLUSIONES

Normas de California
HSS 4.4., 4.4.1, 4.4.4.

Las vías cruzan California

Es 1870 y vives en la ciudad de New York. Tu tío tiene una empresa en San Francisco. Desde el año pasado, un nuevo ferrocarril comunica California con la costa este y ahora estás ansioso por tomar un tren para visitar a tu tío. El problema es que el pasaje de ida a San Francisco cuesta alrededor de 100 dólares. ¡Eso es más de lo que tu familia gana en un mes! De todas maneras, el ferrocarril es la manera más rápida para llegar a California.

➤ Este tren se detuvo en Nevada en su trayecto a Sacramento.

Este detalle de una pintura de William Hahn muestra la estación de trenes de Sacramento en 1874.

Los efectos del ferrocarril

Cuando terminó la construcción del ferrocarril transcontinental, los californianos estaban encantados. La gente de Sacramento estaba convencida de que el ferrocarril ayudaría al crecimiento de la ciudad. En San Francisco, los empresarios estaban ansiosos por enviar productos asiáticos por tren a la costa este.

Efectivamente, el ferrocarril llevó al crecimiento. Sin embargo, también causó problemas. Algunos de los nuevos productos que el ferrocarril traía costaban menos que los que se hacían y vendían en California. Muchas empresas se vieron perjudicadas y cerraron.

Además, a comienzos de la década de 1870, el estado tuvo que enfrentar tiempos difíciles para la economía. Por esto, Sacramento no creció tanto como se esperaba. En 1869, del otro lado del mundo, en Egipto, la inauguración del canal de Suez ofreció otra manera de enviar productos asiáticos a la costa este. Los empresarios de San Francisco no ganaron lo que esperaban con el envío de productos asiáticos al este. La economía de otras ciudades de California también se vio afectada.

REPASO DE LA LECTURA **SACAR CONCLUSIONES**
¿Por qué crees que la gente pensaba que el ferrocarril ayudaría al crecimiento de Sacramento?

Más ferrocarriles

Antes de terminar el ferrocarril transcontinental, los "Big Four" ya habían comenzado a construir otros ferrocarriles en California. Uno de ellos era el ferrocarril Southern Pacific. Parte de este ferrocarril atravesaba el valle Central desde **Stockton** hasta **Los Angeles.** Los pueblos que se encontraban junto a la ruta del ferrocarril, como Bakersfield, Modesto, Fresno y Merced, crecieron rápidamente.

A cambio del tendido de vías, la compañía Southern Pacific había ganado más de 11 millones de acres de tierra. Esto fue consecuencia de la Ley del Ferrocarril del Pacífico de 1862. Esta ley otorgaba a las compañías de ferrocarril las grandes superficies de tierra aledañas a las vías que tendían.

Los "Big Four" ganaban cada vez más tierras con cada nueva vía de ferrocarril que tendían en California. A medida que se enriquecían, compraban o comenzaban la construcción de otros ferrocarriles, incluyendo los ferrocarriles Western Pacific y California Southern. Los ferrocarriles de los "Big Four" se extendían en tantas direcciones que se les llamaba "el pulpo".

Durante casi 20 años, sus ferrocarriles tenían poca competencia en California. En los negocios, se llama **competencia** a la rivalidad entre dos o más empresas que tratan de conseguir la mayor cantidad de clientes o vender la mayor cantidad de productos. Como los ferrocarriles de los "Big Four" tenían poca competencia, podían cobrar tarifas

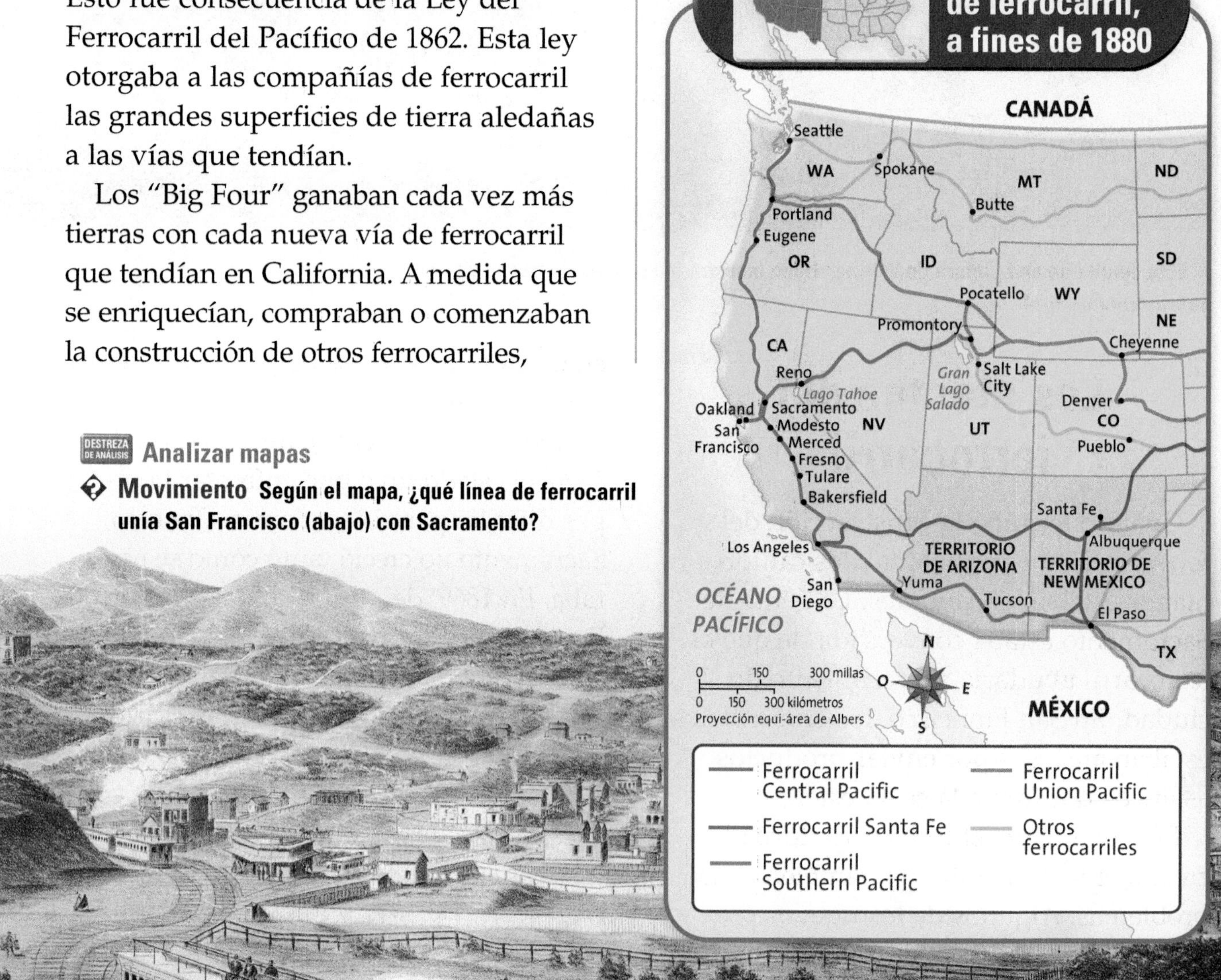

DESTREZA DE ANÁLISIS **Analizar mapas**

Movimiento Según el mapa, ¿qué línea de ferrocarril unía San Francisco (abajo) con Sacramento?

altas por los boletos de tren. Un boleto de ida y vuelta del Este a California llegó a costar más de 200 dólares. Esto equivale aproximadamente a 3,578 dólares en la actualidad.

REPASO DE LA LECTURA **SACAR CONCLUSIONES**
¿Por qué los ferrocarriles de los "Big Four" recibieron el apodo de "el pulpo"?

Resumen

Los ferrocarriles que atravesaban Estados Unidos permitían a las empresas de California enviar productos a la costa este. Sin embargo, los ferrocarriles también trajeron productos más baratos al estado. Esto perjudicó a algunas empresas de California. Los propietarios de los ferrocarriles tenían poca competencia y cobraban precios altos.

Una caricatura de 1882 muestra las compañías de ferrocarril como un pulpo monstruoso.

REPASO

1. ¿Cómo ayudaron los ferrocarriles a transformar la economía de California a fines del siglo XIX?
2. Usa el término **competencia** para describir los ferrocarriles de California a fines del siglo XIX.
3. ¿Por qué los nuevos productos que se traían en tren a California perjudicaron algunas empresas del estado?

RAZONAMIENTO CRÍTICO

4. ¿Qué habría sucedido con el precio de los billetes de tren si hubiera habido más competencia entre las compañías de ferrocarril de California a fines del siglo XIX?
5. DESTREZA DE ANÁLISIS **Aplícalo** ¿Crees que es importante actualmente que una ciudad esté cerca de una línea de ferrocarril? ¿Por qué?
6. **Dibuja una caricatura** Observa la caricatura política que aparece en esta página. Fíjate cómo el artista usó ilustraciones para representar ideas. Elige otra idea importante de la lección y dibuja tu propia caricatura política.
7. Destreza clave **SACAR CONCLUSIONES**

   En una hoja de papel, copia y completa el organizador gráfico de abajo.

Evidencia	Conocimiento

Conclusión
Los "Big Four" tendían vías de ferrocarril para obtener más tierras.

Leer un mapa de husos horarios

POR QUÉ ES IMPORTANTE

El ferrocarril transcontinental y otros ferrocarriles similares en otras partes del mundo hicieron que cambiara el concepto del tiempo que las personas tenían. Los pueblos por los que pasaban tenían diferentes horas locales. Por lo tanto, los operadores de ferrocarril tenían dificultades para fijar horarios claros.

Personas de todo el mundo se dieron cuenta de la necesidad de establecer un sistema estándar de horarios. Se decidió dividir la Tierra en 24 husos horarios, uno por cada hora del día. Un **huso horario** es una región en la cual se usa la misma hora. Para calcular la hora en cualquier lugar del mundo, puedes usar un mapa de husos horarios como el que aparece en la página 299.

LO QUE NECESITAS SABER

Estados Unidos tiene seis husos horarios. Para leer un mapa de husos horarios, primero halla el reloj que corresponde a cada huso horario. Todos los lugares de un huso horario tienen la misma hora. En el mapa de la página 299, el reloj que corresponde al huso horario del Pacífico indica las 7 a.m. El reloj del huso horario de montaña, al este del huso horario del Pacífico, marca las 8 a.m., una hora más. Al oeste, el reloj del huso horario de Alaska, indica las 6 a.m., una hora menos. Entonces, para hallar la hora al este del huso horario del Pacífico, debes sumar el número correcto de horas a la hora del Pacífico. Para hallar la hora al oeste, debes restar el número correcto de horas.

¿Sabías que cuando vas a la escuela por la mañana en otras partes del mundo es de noche?

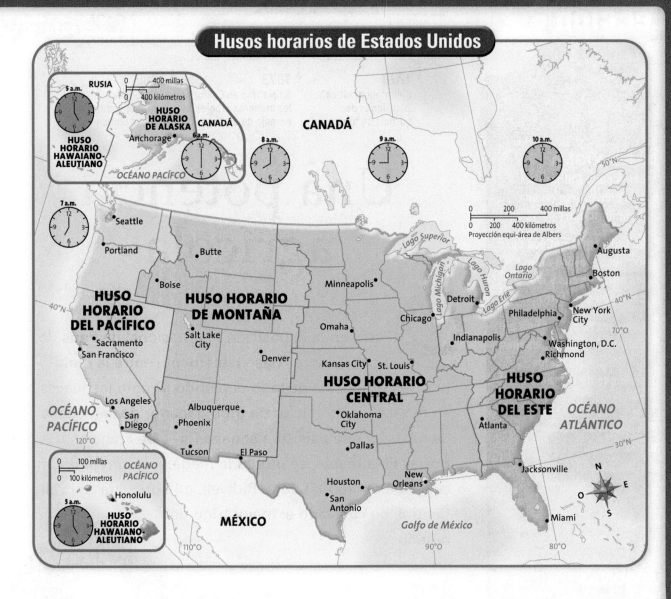

Husos horarios de Estados Unidos

PRACTICA LA DESTREZA

Usa la información que aparece en el mapa de husos horarios para responder estas preguntas.

1. ¿Es más temprano, es más tarde o es la misma hora en Sacramento que en Salt Lake City?
2. Si son las 4:00 p.m. en Omaha, ¿qué hora es en El Paso? ¿Y en Detroit?
3. ¿Cuántas horas está adelantado el huso horario del Este en relación con el huso horario del Pacífico?

APLICA LO QUE APRENDISTE

DESTREZA DE ANÁLISIS **Aplícalo** ¿Qué hora es en el huso horario en el que vives? De acuerdo con eso, calcula la hora en cada una de estas ciudades.

Denver, Colorado
New York City, New York
Honolulu, Hawaii
Portland, Oregon
Kansas City, Kansas
Anchorage, Alaska

Practica tus destrezas con mapas y globos terráqueos con el **CD-ROM GeoSkills.**

Lección 4

Tiempos

1855 · 1885 · 1915

1870 California produce 20 millones de bushels de trigo

1873 Se plantan en California los primeros árboles de naranja de ombligo

1880 Se producen enfrentamientos en Mussel Slough

REFLEXIONA
¿Cómo pudo California llegar a convertirse en una potencia agrícola?

- ✓ Identifica los motivos de los desacuerdos entre los agricultores y las compañías de ferrocarril.
- ✓ Compara la agricultura en California antes y después del desarrollo de los sistemas de irrigación.

VOCABULARIO
granja comercial, pág. 301
exportar, pág. 301
agricultor arrendatario, pág. 302
canal, pág. 305
dique, pág. 305

PERSONAS
Eliza y Luther Calvin Tibbets
Luther Burbank
George Shima

LUGARES
Mussel Slough
Riverside

SACAR CONCLUSIONES

Normas de California
HSS 4.4, 4.4.2, 4.4.3, 4.4.6, 4.4.7

Una potencia agrícola

IMAGÍNATE ALLÍ

Estás en la Exposición Internacional de París de 1878. Te abres paso lentamente entre la multitud. Ves productos de todo el mundo. Pronto los jueces anunciarán al productor de trigo ganador de la medalla de oro. ¿De qué país será el ganador? ¿De Francia? ¿De Rusia? Finalmente, se otorga la medalla de oro ¡a un agricultor de California! John Bidwell, un agricultor del valle Central, ha cultivado el mejor trigo del mundo.

John Bidwell

Trigo para el mundo

Hacia 1878, John Bidwell había estado cultivando en el valle Central por casi 40 años. Había llegado a California con la primera caravana de carromatos que cruzó la sierra Nevada, en 1841.

Bidwell consideraba que el valle Central era una zona ideal para el cultivo, pero otros no compartían su idea. Luego, afirmaría: "Para algunos, el valle Central es la huerta del mundo; para otros, el lugar más desolado [desierto] de la creación [de la Tierra]".*

Bidwell era uno de los pocos agricultores del valle Central a principios de la fiebre del oro cuando, de repente, hubo una demanda de productos agrícolas mayor de la que los agricultores de California podían satisfacer. Se comenzaron a pagar precios altos por los alimentos y algunos de los agricultores se hicieron ricos.

Para satisfacer la demanda de alimento, en la década de 1850 se establecieron nuevas granjas en el valle Central. Además, los agricultores comenzaron a cultivar en otros valles. En lugar de cultivar para ellos mismos, muchos cultivaban con el único objetivo de vender sus cosechas. Sus granjas fueron las primeras **granjas comerciales** de California.

Los valles fértiles de California y la larga temporada de cultivo eran perfectos para el trigo. Hacia 1873, California se había convertido en el principal productor de trigo del país. Gracias al ferrocarril, California podía suministrar trigo a las ciudades del este. También exportaba trigo a Francia, Italia y a otros lugares lejanos. **Exportar** bienes significa enviar bienes a otros países para venderlos.

REPASO DE LA LECTURA **SACAR CONCLUSIONES**
¿Cómo influyó la fiebre del oro en la agricultura de California?

* John Bidwell. De *Addresses, Reminiscences, etc., of General John Bidwell,* compilado por C. C. Royce. 1907.

Analizar gráficas **Hacia 1890, California cultivaba más trigo que cualquier otro estado excepto Minnesota.**

¿Durante qué década aumentó más la producción de trigo en California?

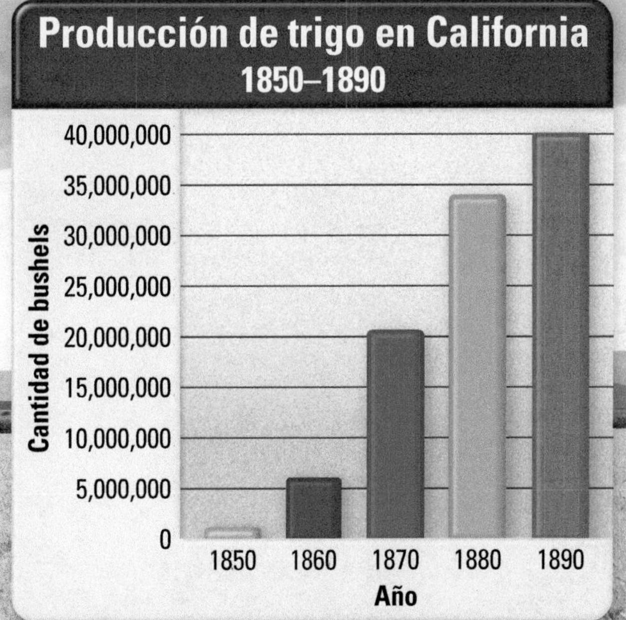

Conflictos con los ferrocarriles

En esa época, las compañías de ferrocarril poseían alrededor de un octavo de las tierras de California. Muchos agricultores no querían que los ferrocarriles controlaran tantas tierras. También consideraban que los ferrocarriles cobraban demasiado por transportar los cultivos.

Los desacuerdos entre los agricultores y las compañías de ferrocarril condujeron a conflictos. Uno de ellos tuvo lugar en **Mussel Slough,** una parte del valle de San Joaquin. La compañía de ferrocarril Southern Pacific ofreció tierras a los colonos por solo 2.50 dólares el acre. La compañía invitó a los colonos a que comenzaran a trabajar la tierra antes de concretar la venta.

Sintiéndose dueños de la tierra, los agricultores construyeron sistemas de irrigación, araron la tierra y la cultivaron. Y entonces, la compañía de ferrocarril decidió aumentar el precio de la tierra. Fijó los precios entre 17 y 40 dólares el acre.

La mayoría de los agricultores se rehusó a pagar precios más altos. Algunos se negaron incluso a dejar las tierras. El 11 de mayo de 1880, cuando personal del ferrocarril intentó desalojarlos, se produjeron enfrentamientos. Siete personas murieron y el ferrocarril se quedó con las tierras.

Los agricultores de otras partes del estado también enfrentaron momentos difíciles. No podían pagar los altos precios que los ferrocarriles cobraban por el transporte de bienes. Muchos tuvieron que vender sus tierras. Algunos permanecieron en ellas, pero ahora tenian que pagar renta con el dinero que obtenían de la venta de los cultivos. A estas personas se les llamaba **agricultores arrendatarios**.

REPASO DE LA LECTURA **SACAR CONCLUSIONES**
¿Por qué crees que la compañía de ferrocarril cambió el precio de la tierra?

Los desacuerdos entre los agricultores y las compañías de ferrocarril terminaron en un derramamiento de sangre en Mussel Slough.

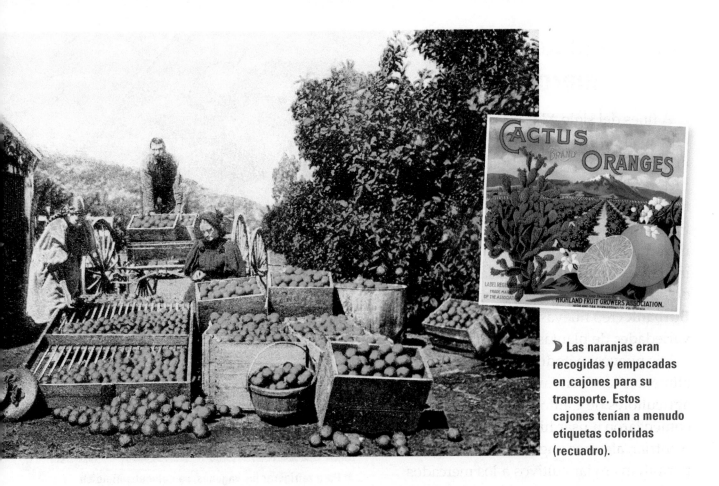

Las naranjas eran recogidas y empacadas en cajones para su transporte. Estos cajones tenían a menudo etiquetas coloridas (recuadro).

El cítrico es el rey

Desde la época de las misiones, se habían cultivado naranjas cerca de la costa, pero eran ácidas y tenían muchas semillas. En 1870, un grupo de productores se mudó al área que pronto se llamó **Riverside.** Descubrieron que en el terreno montañoso y el clima cálido de la zona podían producir mejor fruta que en las áreas costeras.

En 1873, dos integrantes del grupo, **Eliza y Luther Calvin Tibbets,** recibieron un par de naranjos del Brasil. Los plantaron y descubrieron que la fruta era muy jugosa y no tenía semillas. Las naranjas, a las que se les dio el nombre de naranjas Washington de ombligo, maduraban en invierno. El grupo de Riverside también comenzó a cultivar una variedad dulce que provenía de España, llamada Valencia.

Las naranjas Valencia maduraban en verano. Así, los productores de Riverside producían naranjas todo el año.

Los naranjales pronto se extendieron por todo el sur de California. También se plantaron allí limones, toronjas y otros cítricos. Hacia la década de 1890, California se había convertido en el principal productor de cítricos del país.

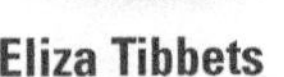

Eliza Tibbets

REPASO DE LA LECTURA **RESUMIR**
¿Cómo se desarrolló la industria de los cítricos en California?

Nuevos métodos, nuevos mercados

A fines del siglo XIX, los californianos buscaban distintas maneras de crear nuevos mercados para sus cultivos y de mejorar los métodos para cultivar la tierra. Una productora de nueces llamada Harriet Russell Strong desarrolló nuevos métodos de almacenamiento de agua para irrigar las zonas secas. Mezclando semillas de diferentes plantas, el científico **Luther Burbank** creó nuevas y mejores variedades de plantas.

Los nuevos métodos de transporte de alimentos también favorecieron a los agricultores de California. Los ferrocarriles comenzaron a usar hielo para refrigerar, o enfriar, algunos vagones. Estos vagones permitían enviar cultivos a los mercados del Este. Antes, la mayor parte de las frutas y verduras se echaba a perder en el camino.

Aun con estas mejoras, los costos de transporte y venta de los cultivos eran altos. Sin embargo, los productores creían que podrían ganar más si más personas del Este compraban los cultivos de California.

Para aumentar la demanda, los productores difundieron la importancia de comer alimentos como naranjas. Trenes especiales cargados con fruta se decoraron con publicidad que decía: "Con naranjas, sanos nos mantenemos y en California nos enriquecemos".*

Para refrigerar los vagones, se colocaba hielo en cámaras en el techo.

REPASO DE LA LECTURA **COMPARAR Y CONTRASTAR** **¿Cómo cambió la industria agrícola de California después de la invención del vagón refrigerado?**

*California Historical Society. californiahistory.net

El valle Imperial en 1913 (abajo) y en la actualidad (recuadro).

Agua en todas partes

Gracias a su geografía, California goza de un suelo rico y de abundante luz solar. Sin embargo, durante la temporada de cultivo no siempre llueve lo suficiente. Las primeras granjas estaban generalmente ubicadas junto a ríos o arroyos.

Durante mucho tiempo, las leyes de California establecían que solo los agricultores que poseían tierras junto a los ríos tenían derecho a usar el agua para la irrigación. Luego, en 1887, se aprobó la Ley Wright. Esta nueva ley permitía a grupos de agricultores de una zona formar un distrito de irrigación. Los agricultores del distrito tenían derecho a tomar agua de los ríos y construir canales para llevarla hasta sus granjas. Un **canal** es un conducto para agua que se hace en la tierra. Se construyeron grandes redes de canales, lo que permitió contar con miles de acres de tierra para cultivo.

Otros lugares sufrían porque tenían demasiada agua. Las áreas cerca del río Sacramento, por ejemplo, se inundaban a menudo. A partir de la década de 1850, los agricultores del lugar construyeron diques para proteger las tierras de cultivo de las inundaciones. Un **dique**

GEOGRAFÍA

El valle Imperial

El valle Imperial está en el caluroso y seco desierto de Colorado. A fines del siglo XIX, el desierto de Colorado no parecía ser un buen lugar para el cultivo. Sin embargo, en el siglo XX, George Chaffey dirigió la construcción de un canal desde el río Colorado, que convertía la tierra desértica en apta para cultivo. Para atraer nuevos colonos, Chaffey dio un nuevo nombre a la zona irrigada. La llamó valle Imperial. Allí se comenzaron a cultivar tomates, uvas, lechugas y melones. Hoy en día se cultivan una gran variedad de frutas y verduras. A veces, se dice que la zona es la huerta de invierno del mundo, ya que allí es posible cultivar durante todo el año.

es un muro alto de tierra. Muchos inmigrantes chinos que habían trabajado en el ferrocarril transcontinental también ayudaron a construir diques. Un agricultor japonés llamado **George Shima** continuó esta obra. Shima y sus trabajadores recuperaron muchos acres de tierra inundada en el delta del río San Joaquin. Shima usó esta tierra para cultivar papas y se convirtió en un productor exitoso.

REPASO DE LA LECTURA **SACAR CONCLUSIONES**
¿Por qué son importantes los diques para los agricultores de California?

Resumen

En menos de 50 años, California dejó de ser una zona con pocas granjas y se convirtió en una importante zona agrícola. Los conflictos por el uso del agua y la tierra se resolvieron. Como consecuencia, la agricultura y la economía del estado crecieron.

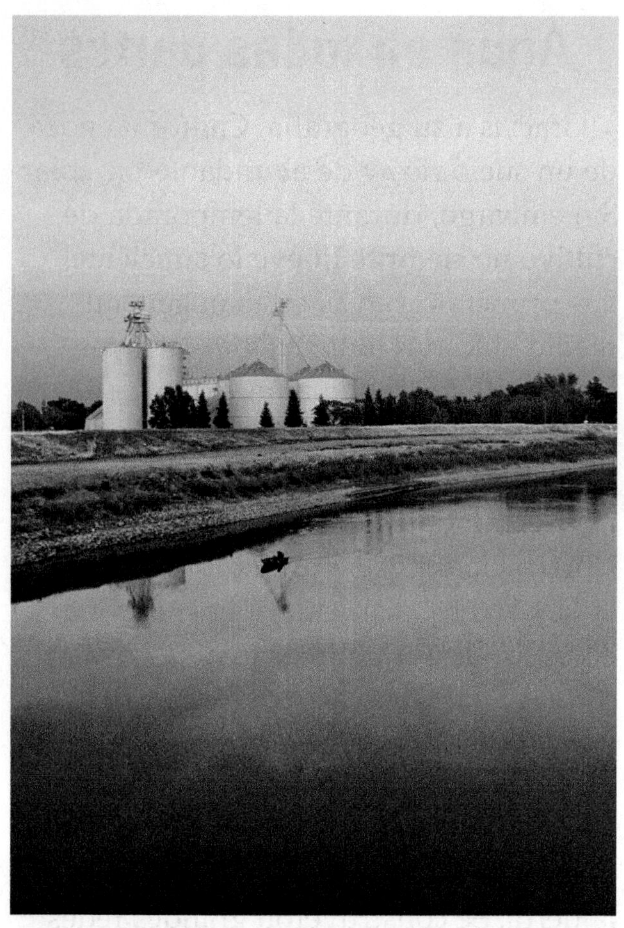

Hoy en día, aún se construyen diques para contener el agua de las crecidas del río Sacramento.

REPASO

1. ¿Cómo pudo California llegar a convertirse en una potencia agrícola?
2. Explica cómo los **diques** y **canales** ayudaron a que más tierras de California fueran aptas para cultivo.
3. ¿Por qué los naranjales de Riverside producían mejor fruta que los naranjales de las zonas costeras?

RAZONAMIENTO CRÍTICO

4. DESTREZA DE ANÁLISIS ¿Cuáles fueron algunas de las causas de los problemas en Mussel Slough?
5. ¿Crees que era una buena idea enviar cultivos al este, a pesar de los altos costos? Explica tu respuesta.
6. **Haz un anuncio** Imagina que eres un agricultor y vendes trigo o naranjas. Haz un cartel o un anuncio para un periódico que intente persuadir a los lectores de comprar tus productos. Muestra el anuncio a tus compañeros de clase.
7. Destreza clave **SACAR CONCLUSIONES**

   En una hoja de papel, copia y completa el organizador gráfico de abajo.

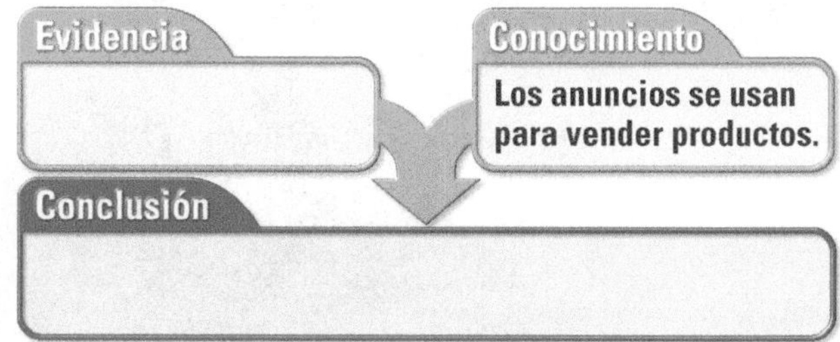
Evidencia
Conocimiento
Los anuncios se usan para vender productos.
Conclusión

Biografía

George Shima

"*Para derramar la luz de la verdad.*"*

George Shima nació en Japón en 1865. Se mudó a Estados Unidos en 1888, sin saber que un día sería conocido como el "rey de la papa" de California.

En un principio, Shima cultivaba papas en tierras que alquilaba en el condado San Joaquin. Los primeros años no fueron buenos debido al mal tiempo, pero Shima trabajó mucho. Contrató cientos de inmigrantes japoneses para que trabajaran para él. Cuando se retiró en 1917, administraba 25,000 acres de tierra y cultivaba la mayor parte de las papas que se cultivaban en California.

George Shima nunca se hizo ciudadano de Estados Unidos. Sin embargo, era un miembro respetado de la comunidad y se le consideraba un hombre de negocios íntegro. Se decía que pese a que Shima nunca hacía contratos por escrito, siempre mantenía su palabra. Un día, en 1926, el emperador de Japón lo nombró miembro de la Orden del Sol Naciente. Shima falleció ese mismo día a los 63 años.

*De la misión y los objetivos de la Orden del Sol Naciente.

Integridad

Respeto
Responsabilidad
Equidad
Bondad
Patriotismo

La importancia del carácter

¿Cómo demostró George Shima su integridad?

George Shima arando sus tierras cerca de Stockton

Biografía breve

1865 Nace

1888 Deja Japón

1891 Siembra sus primeras papas

1900 Trae a su prometida japonesa a Estados Unidos

1908 Es elegido presidente de la Asociación Japonesa de Estados Unidos

1926 Muere

APRENDE en línea

Visita **MULTIMEDIA BIOGRAPHIES** en **www.harcourtschool.com/hss** para hallar biografías multimedia.

Tiempos

1855

1865

1860
Comienza el servicio del Pony Express

La lectura en los Estudios Sociales

Una **conclusión** es una decisión o una idea a la que llegas usando lo que leíste y lo que ya sabías acerca de un tema.

Sacar conclusiones

Completa este organizador gráfico para mostrar que comprendes la importancia de los vínculos cada vez más estrechos que había entre California y el resto de Estados Unidos a fines del siglo XIX. Una copia de este organizador gráfico aparece en la página 82 del cuaderno de Tarea y práctica.

El transporte y las comunicaciones

Evidencia

En 1861 se terminó una línea de telégrafo que unía California con la costa este.

Conocimiento

Las mejoras en la comunicación facilitan el intercambio de ideas.

Conclusión

Pautas de redacción de California

Escribe un resumen Imagina que debes contratar nuevos jinetes para el Pony Express. Escribe un anuncio que resuma las tareas que hay que desempeñar y las destrezas y cualidades personales que debe poseer un buen jinete.

Escribe un reporte Imagina que eres reportero de un periódico y estás cubriendo el conflicto de Mussel Slough entre los agricultores y la compañía de ferrocarril. Escribe un artículo acerca de lo que sucedió y explica las razones del conflicto.

1875 1885 1895

1869
Se termina la construcción del ferrocarril transcontinental

1880
Se producen enfrentamientos en Mussel Slough

Usa el vocabulario

Identifica el término que corresponda a cada definición.

telégrafo, pág. 282
competencia, pág. 296
exportar, pág. 301
canal, pág. 305

1. rivalidad entre dos o más empresas
2. aparato que usaba electricidad para enviar mensajes a través de cables
3. conducto para agua que se hace en la tierra
4. enviar bienes a otros países para venderlos

Usa la línea cronológica

DESTREZA DE ANÁLISIS **Usa la línea cronológica de arriba para responder la pregunta.**

5. ¿Cuántos años después de la construcción del ferrocarril transcontinental se produjeron los enfrentamientos en Mussel Slough?

Aplica las destrezas

DESTREZA DE ANÁLISIS **Leer un mapa de husos horarios** Usa el mapa de husos horarios de la página 299 para responder estas preguntas.

6. ¿En qué huso horario está San Francisco?
7. Si es mediodía en Philadelphia, Pennsylvania, ¿qué hora es en Seattle, Washington?
8. En el huso horario central, ¿es una hora más temprano o más tarde que en el de montaña?

Recuerda los datos

Responde estas preguntas.

9. ¿Cómo afectó al servicio del Pony Express la compañía de telégrafos Western Union?
10. ¿Qué papel desempeñó Theodore Judah en la construcción del ferrocarril transcontinental?
11. ¿Quiénes eran los "Big Four"? ¿Cómo contribuyeron al crecimiento de California?

Escribe la letra que corresponda a la respuesta correcta.

12. ¿Quién era John Bidwell?
    A un agricultor exitoso
    B un ingeniero famoso
    C un trabajador del ferrocarril de origen irlandés
    D un jinete del Pony Express
13. ¿Qué nuevo cultivo comenzó a producirse en Riverside, California, en 1873?
    A trigo
    B cebada
    C naranjas de ombligo
    D espárragos

Piensa críticamente

14. DESTREZA DE ANÁLISIS ¿Qué efecto tuvo el ferrocarril transcontinental en la economía de California?
15. DESTREZA DE ANÁLISIS ¿Cómo han cambiado el transporte y la comunicación en California desde fines del siglo XIX? ¿Qué aspectos han permanecido iguales?

Destrezas de estudio

USAR UNA GUÍA DE ANTICIPACIÓN

Una guía de anticipación te ayudará a anticipar, o predecir, lo que aprenderás en tu lectura.

- **Busca pistas en los títulos de las lecciones y de las secciones.**
- **Anticipa las preguntas del Repaso de la lectura. Usa lo que sabes sobre el tema de cada sección para predecir las respuestas.**
- **Lee para comprobar si tus predicciones fueron correctas.**

Construyendo una nueva vida		
Repaso de la lectura	Predicción	¿Es correcta?
¿Por qué crees que muchos inmigrantes formaron sus propias comunidades?	Los inmigrantes de California querían vivir cerca de personas provenientes de sus países natales.	✓
Aportaciones de los recién llegados		
Repaso de la lectura	Predicción	¿Es correcta?

Aplica la destreza mientras lees

Usa las preguntas del Repaso de la lectura para hacer una guía de anticipación para cada lección. Luego predice una respuesta para cada pregunta. Después de la lectura, verifica si tus predicciones fueron correctas.

Normas de Historia y Ciencias Sociales de California, Grado 4

4.4 Los estudiantes explican cómo California se convirtió en una potencia agrícola e industrial, siguiendo la transformación de la economía de California y su desarrollo político y económico desde la década de 1850.

CAPÍTULO

Una economía en crecimiento

En California, el cultivo de cítricos se convirtió en una importante industria a comienzos del siglo XX.

Comienza con un cuento

Fuego en el valle

por Tracy West

ilustrado por Craig Spearing

A comienzos del siglo XX, conseguir el agua necesaria para la creciente población de California era un desafío y un motivo de conflictos. En esta historia Sarah Jefferson, de once años, y su familia están entusiasmados porque han oído que hay planes de traer más agua a su pueblo en el valle del Owens. Lee para saber cómo su alegría se transforma repentinamente en desilusión.

Sarah había oído hablar del proyecto del Servicio de Recuperación durante todo el año anterior. Sabía que el gobierno federal tenía un plan especial para irrigar todo el valle del Owens. Aunque había suficiente agua en el río Owens, no todos los habitantes del valle tenían el dinero o los medios para llevar el agua hasta las granjas. El proyecto del Servicio de Recuperación se aseguraría de que los granjeros del valle tuvieran toda el agua necesaria para sus cultivos.

—¿Realmente crees que ocurrirá pronto? —preguntó Sarah entusiasmada. Si el tren llegaba al pueblo, Independence se convertiría en un lugar casi tan animado como Los Angeles. Vendrían a vivir al valle todo tipo de personas y se abrirían tiendas y otros negocios.

—Parece que sí —dijo el tío Will, mientras señalaba el rancho ganadero Richardson—. Oí que la semana pasada Joe Richardson vendió parte de sus tierras a Fred Eaton. Todos saben que Eaton representa al proyecto del Servicio de Recuperación. Si compró las tierras, algo debe estar pasando.

—Eso sería maravilloso, ¿no es cierto, mamá? —Sarah sentía ganas de cantar.

Su mamá se permitió sonreír.

—Sí, lo sería. Todos hemos trabajado muy duro…

Por lo general el pueblo era tranquilo, pero ese día Sarah vio que una multitud se había reunido frente a la oficina de correos. Un granjero enfurruñado los pasó a todo galope. Cuando el carromato en el que iba Sarah se acercó a la multitud, la niña pudo escuchar el murmullo de la gente enojada.

—¿Qué pasa? —preguntó el tío Will, bajándose de Rusty, su caballo.

irrigar regar el suelo, por lo general los cultivos

enfurruñado con gesto enojado

James Aguilar, un granjero de las afueras del pueblo, sostenía un periódico. —Esto acaba de llegar de Los Angeles.

Sarah iba a saltar del carromato, pero su mamá la detuvo. Se podía leer el titular del periódico desde donde estaba, porque estaba escrito en letras muy grandes. Decía: "TITÁNICO PROYECTO PARA DAR UN RÍO A LA CIUDAD". El periódico tenía fecha del 29 de julio de 1905, solo unos pocos días antes.

—¿Qué significa esto? —preguntó el tío Will, tomando el periódico.

—La compañía de agua de Los Angeles planea construir un acueducto desde aquí hasta la ciudad —respondió James—. ¡Nos están robando el agua!

titánico enorme

acueducto gran conducto o canal que lleva agua

Responde

1. ¿Por qué un proyecto de irrigación en el valle del Owens haría que llegara el tren a esa zona?
2. ¿Por qué crees que los habitantes de Independence estaban molestos por el acueducto a Los Angeles?

Lección 1

Tiempos

1855 · 1885 · 1915

1873
Última batalla en California entre los indios y el ejército de Estados Unidos

1882
El Congreso aprueba una ley para detener la mayor parte de la nueva inmigración china

1900
California celebra sus cincuenta años como estado

REFLEXIONA
¿Cómo afectaron a California la inmigración y la migración?

✓ Describe de qué lugares provenían los migrantes e inmigrantes a California a fines del siglo XIX y comienzos del siglo XX.

✓ Examina los conflictos y acuerdos entre los diferentes grupos de California.

VOCABULARIO
inmigración pág. 315
migración pág. 315
prejuicio pág. 318
reserva pág. 319

PERSONAS
Kyutaro Abiko
coronel Allen Allensworth
jefe Kientepoos

LUGARES
isla Angel
colonia Yamato
Solvang
Allensworth

Destreza clave
SACAR CONCLUSIONES

Normas de California
HSS 4.4, 4.4.3, 4.4.4

Inmigración y migración

IMAGÍNATE ALLÍ

Después de un largo viaje a través del océano Pacífico, llegas a la **isla Angel.** Allí, tendrás que responder algunas preguntas para poder entrar a Estados Unidos. A la mayoría de los inmigrantes como tú, se les retiene en la isla durante algunas semanas. ¡Pero otros deben quedarse allí hasta dos años!

Construyendo una nueva vida

A fines del siglo XIX y comienzos del siglo XX, la **inmigración** a Estados Unidos aumentó de manera considerable. Millones de personas llegaron a los puertos de las costas del Atlántico y del Pacífico. Algunos de estos inmigrantes escapaban del trato injusto en sus países de origen. Otros querían la libertad de practicar su religión. Y otros buscaban la oportunidad de tener sus propias tierras.

Llegaron muchísimos inmigrantes a California. La mayoría provenía de países de Europa, Asia, América Central y América del Sur. Muchos de los inmigrantes querían vivir cerca de personas de sus países de origen. En 1904, **Kyutaro Abiko** fundó la **colonia Yamato,** una comunidad agrícola japonesa en el valle Central. En 1910, inmigrantes de Dinamarca formaron una comunidad llamada **Solvang** en el valle de Santa Ynez.

Pero los inmigrantes no eran los únicos que llegaban a California. También se produjo una **migración**, o movimiento de personas, desde otros estados del país hacia California. Llegaron granjeros del Medio Oeste que esperaban disfrutar del clima templado de California y de una vida mejor. Muchos afroamericanos, liberados de la esclavitud después de la Guerra Civil, también buscaban allí una vida mejor.

REPASO DE LA LECTURA **SACAR CONCLUSIONES**
¿Por qué crees que muchos inmigrantes formaron sus propias comunidades?

Para estos inmigrantes que llegan a la isla Angel en 1910, California era una tierra de esperanza y oportunidades.

GEOGRAFÍA

La isla Angel

A comienzos del siglo XX, los inmigrantes que entraban a Estados Unidos por la costa del Pacífico eran retenidos en la isla Angel, en la bahía de San Francisco. Estos inmigrantes tenían que esperar en un centro de procesamiento mientras el gobierno decidía si podían o no ingresar al país. Hoy en día, la isla Angel es un parque estatal.

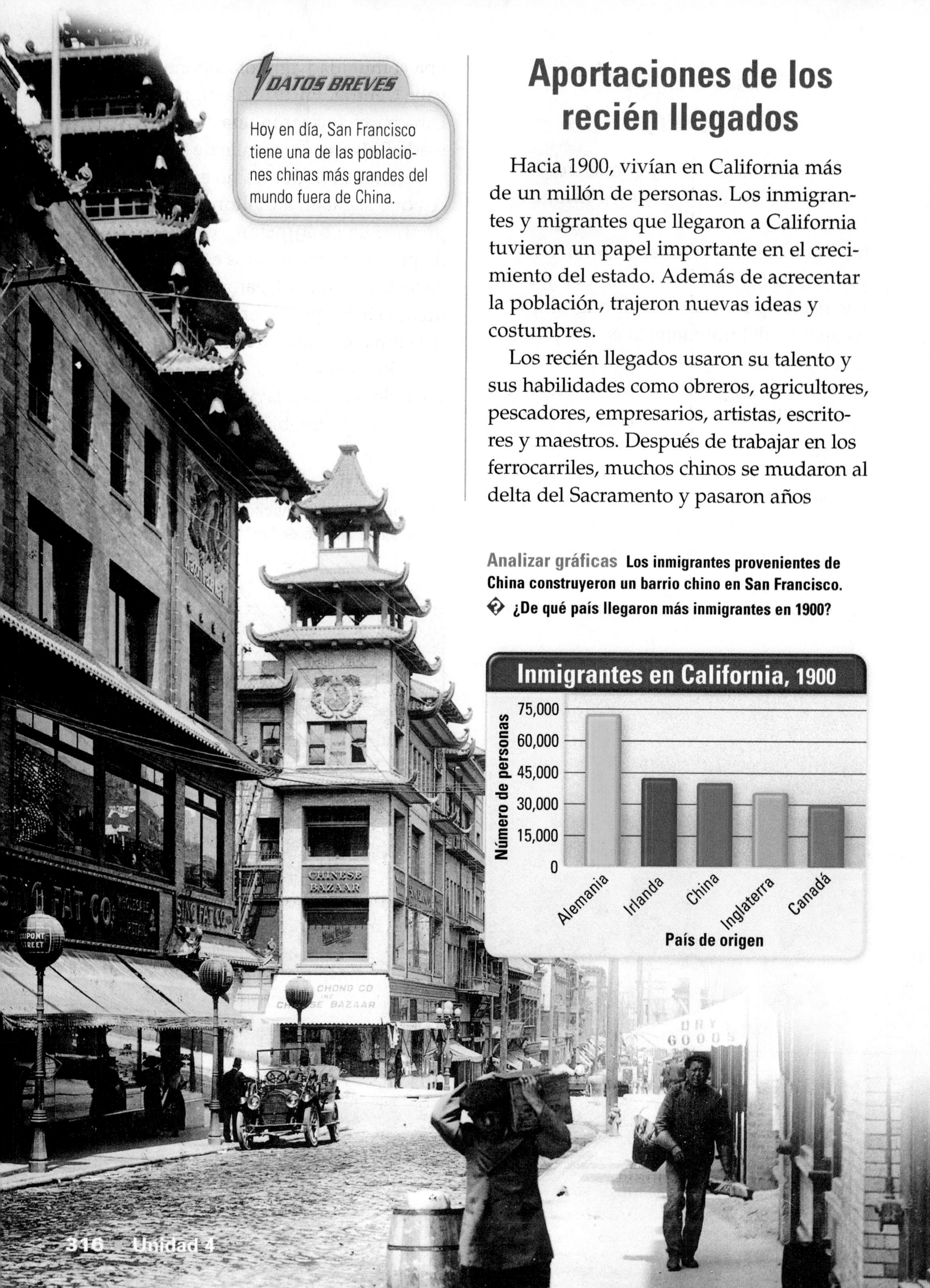

DATOS BREVES

Hoy en día, San Francisco tiene una de las poblaciones chinas más grandes del mundo fuera de China.

Aportaciones de los recién llegados

Hacia 1900, vivían en California más de un millón de personas. Los inmigrantes y migrantes que llegaron a California tuvieron un papel importante en el crecimiento del estado. Además de acrecentar la población, trajeron nuevas ideas y costumbres.

Los recién llegados usaron su talento y sus habilidades como obreros, agricultores, pescadores, empresarios, artistas, escritores y maestros. Después de trabajar en los ferrocarriles, muchos chinos se mudaron al delta del Sacramento y pasaron años

Analizar gráficas **Los inmigrantes provenientes de China construyeron un barrio chino en San Francisco.**

¿De qué país llegaron más inmigrantes en 1900?

construyendo diques que transformaron las tierras pantanosas en tierras de cultivo.

En California, muchos inmigrantes japoneses se convirtieron en prósperos agricultores. Cultivaban uvas, fresas y otras frutas. Algunos trajeron semillas de arroz de Japón y demostraron que el arroz podía cultivarse con éxito en California.

Muchas personas de Armenia, en Asia occidental, se establecieron en el valle Central. La geografía y el clima de esta zona les recordaba su país natal. Los agricultores armenios se dedicaron a cultivos típicos de su país, como higos, uvas, melones y pistachos.

Los inmigrantes europeos también ayudaron a desarrollar la industria agrícola de California. En un principio, muchos inmigrantes italianos habían llegado en busca de oro. Con el tiempo, se convirtieron en agricultores y también se dedicaron a cultivos de su país de origen, como uvas y aceitunas.

En 1857, inmigrantes alemanes establecieron un asentamiento en el valle de Santa Ana y dieron a su comunidad el nombre de Anaheim: *Ana* por el valle y *heim* por la palabra alemana que significa "hogar". En Anaheim, estos colonos establecieron uno de los primeros grandes viñedos de California. Luego, inmigrantes franceses e italianos plantaron más viñedos en los valles de Napa, Sonoma, San Joaquin y Sacramento.

También llegaron a California muchos artistas europeos. El alemán Charles Christian Nahl se hizo famoso por sus pinturas de la vida en los campos mineros de California. El artista escocés William Keith pintó en sus cuadros las misiones de California y el valle de Yosemite.

Patrimonio cultural

El año nuevo chino

Todos los inviernos, durante el año nuevo chino, la comunidad china de San Francisco comparte sus tradiciones con el resto de la ciudad. Durante esta celebración de 15 días, todos los americanos de origen chino se saludan diciendo "¡Gung Hay Fat Choy!", que significa "Feliz año nuevo". Por las calles del barrio chino se realiza un gran desfile que incluye carrozas y coloridos trajes.

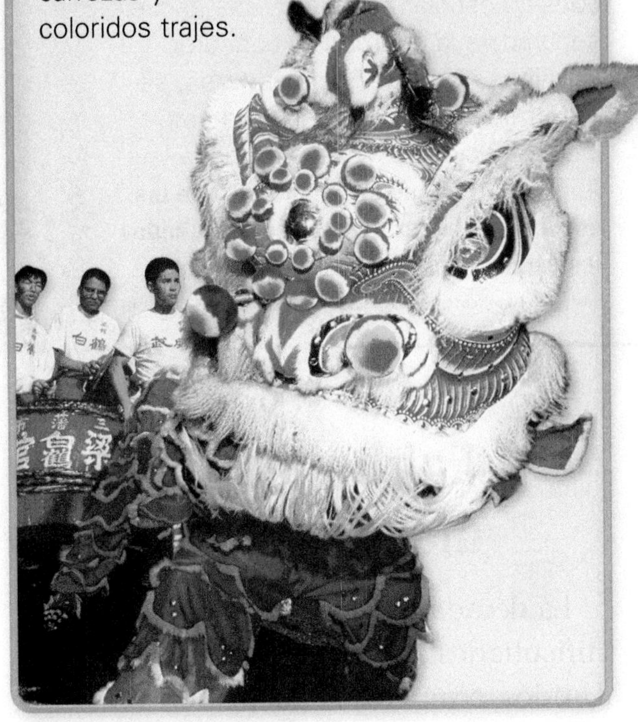

Las personas que migraron a California también hicieron importantes contribuciones. Kate Douglas Wiggin fundó el primer jardín de niños gratuito de San Francisco en 1878. La escritora Mary Austin se mudó de Illinois a California en 1888. Sus escritos celebran la belleza del valle del Owens, en California.

REPASO DE LA LECTURA **GENERALIZAR**

¿Cómo lograron los inmigrantes producir en California los mismos cultivos que en su tierra natal?

Los niños EN LA HISTORIA

Mamie Tape

En 1885, una niña china llamada Mamie Tape intentó asistir a una escuela pública de San Francisco. Cuando la escuela se negó a aceptar a Mamie como estudiante, su madre, llamada Mary, decidió luchar por los derechos de su hija. En una carta, Mary Tape preguntaba: "¿Es una vergüenza [haber nacido] chino?"* Bajo presión, el consejo escolar estableció una escuela separada a la que podían concurrir los niños chinos. Años más tarde, se determinó que estas escuelas eran inconstitucionales y se reformó la ley.

Aplícalo ¿Por qué es importante que las escuelas públicas de hoy acepten a todos los estudiantes? Explica tu respuesta.

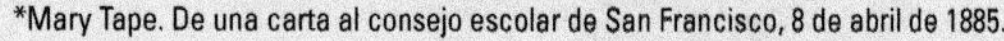

*Mary Tape. De una carta al consejo escolar de San Francisco, 8 de abril de 1885.

Mamie Tape (en el centro) y su familia en 1884.

Enfrentando la discriminación

La década de 1870 fue una época de dificultades económicas en Estados Unidos. Numerosos trabajadores perdieron sus empleos. En California, muchos culpaban a los inmigrantes por estos problemas. Antes se les había necesitado para construir el ferrocarril transcontinental. Pero ahora muchos californianos sentían que los inmigrantes estaban quitándoles sus trabajos.

Los inmigrantes, especialmente los chinos, tuvieron que enfrentar la discriminación. La discriminación contra los chinos y otros grupos se originó a causa de los prejuicios. Un **prejuicio** es el sentimiento injusto de odio o rechazo hacia los miembros de un grupo o de una raza o religión. A los inmigrantes chinos no se les permitía tener determinados empleos. Tampoco se les permitía vivir fuera de sus comunidades. Aun así, muchos hogares y negocios chinos sufrieron ataques.

En 1882, el Congreso aprobó una ley llamada Ley de Exclusión de los Chinos. Esta ley impedía el ingreso a Estados Unidos de nuevos inmigrantes chinos, a menos que tuvieran familiares que vivieran en el país. Por primera vez no se permitía que personas de un determinado país entraran a Estados Unidos.

Los afroamericanos también debieron enfrentar los prejuicios y la discriminación en California. Muchos tuvieron dificultades para obtener buenos empleos. En ciertos lugares, no se permitía a los niños afroamericanos asistir a ciertas escuelas públicas.

En 1908, un grupo de afroamericanos decidió que la mejor manera de resolver el problema de la discriminación era construir su propio pueblo. El **coronel Allen Allensworth,** un antiguo esclavo, era el líder. El grupo construyó su pueblo en el valle de San Joaquin y lo llamó **Allensworth.**

El pueblo tenía su propio gobierno, su propia escuela, biblioteca, oficina de correos e iglesia. Los afroamericanos abrieron tiendas y otros negocios, pero la mayoría eran agricultores. En 1920, el pozo del pueblo comenzó a secarse y los agricultores ya no podían obtener suficiente agua. Por esta razón, los habitantes de Allensworth comenzaron a marcharse.

REPASO DE LA LECTURA **SACAR CONCLUSIONES**
¿Por qué el Congreso aprobó la Ley de Exclusión de los Chinos en 1882?

Más problemas para los indios de California

El gran número de personas que inmigró y migró a California provocó más problemas para los indios de California. Al igual que durante la fiebre del oro, los colonos a menudo ocupaban tierras de los indios y muchos indios murieron en conflictos.

El gobierno de Estados Unidos intentó trasladarlos a **reservas,** o territorios apartados para ellos. Sin embargo, muchas de las tierras de las reservas eran poco fértiles y los indios a menudo no podían hallar o cultivar el alimento suficiente para subsistir.

Muchos grupos indios lucharon por mantener sus tierras. En 1864, los modoc fueron trasladados a una reserva en Oregon. Pero dos veces se regresaron a sus tierras en el norte de California.

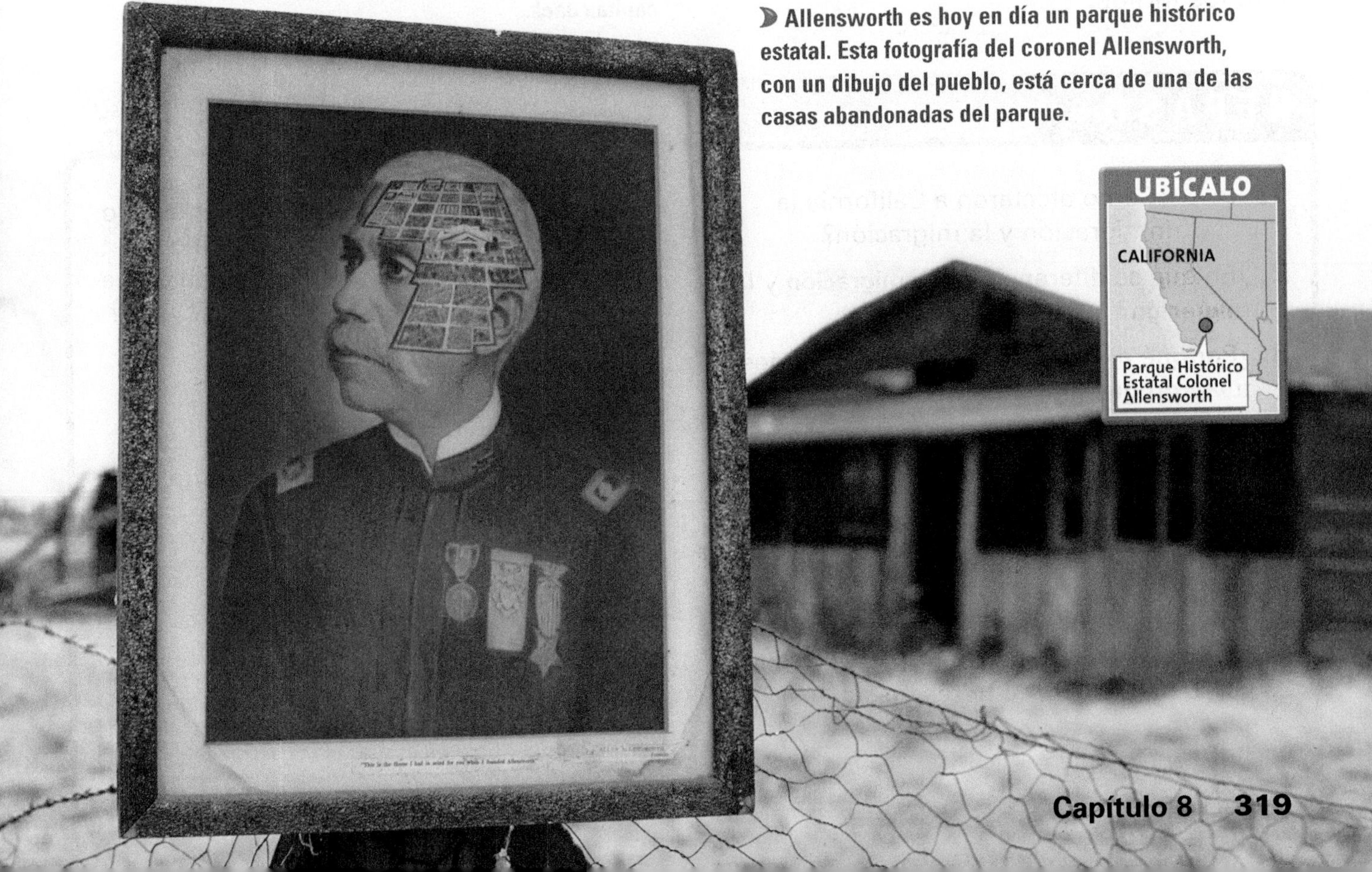

Allensworth es hoy en día un parque histórico estatal. Esta fotografía del coronel Allensworth, con un dibujo del pueblo, está cerca de una de las casas abandonadas del parque.

Entonces, se envió al ejército de Estados Unidos para obligarlos a volver a la reserva. Los modoc, liderados por el **jefe Kientepoos,** lucharon durante más de tres años, pero fueron derrotados en 1873. Este fue el último enfrentamiento entre los indios y el ejército en California.

REPASO DE LA LECTURA **CAUSA Y EFECTO**
¿Cómo afectaron la inmigración y la migración a los indios de California?

El jefe Kientepoos también era conocido como capitán Jack.

Resumen

A fines del siglo XIX y comienzos del siglo XX, llegó un gran número de personas a vivir y trabajar en California. Trajeron cambios culturales y económicos al estado, pero algunos grupos debieron enfrentar la discriminación. El constante aumento de la población en California también provocó problemas con los indios.

REPASO

1. ¿Cómo afectaron a California la inmigración y la migración?
2. ¿En qué se diferencian la **inmigración** y la **migración**?
3. ¿Por qué algunos grupos de inmigrantes tuvieron que enfrentar la discriminación en California?

RAZONAMIENTO CRÍTICO

4. ¿Por qué crees que se discriminaban a los inmigrantes chinos más que a otros?
5. DESTREZA DE ANÁLISIS **Aplícalo** ¿Puedes ver hoy en día evidencia de culturas inmigrantes en tu comunidad? Explica tu respuesta.
6. **Escribe un artículo** Elige un evento de esta lección. Luego, escribe un artículo periodístico sobre ese evento que responda estas preguntas: ¿quién? ¿qué? ¿cuándo? ¿dónde?
7. Destreza clave **SACAR CONCLUSIONES**

En una hoja de papel, copia y completa el organizador gráfico de abajo.

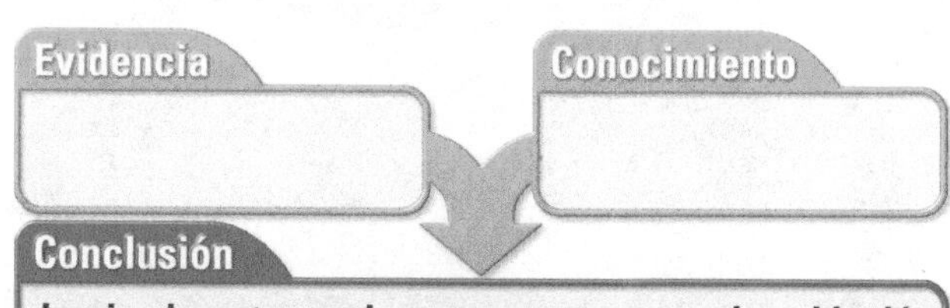
Evidencia
Conocimiento
Conclusión
Los inmigrantes y migrantes acrecentaron la población de California y trajeron nuevas ideas al estado.

Allen Allensworth

Biografía

Integridad
Respeto
Responsabilidad
Equidad
Bondad
Patriotismo

*"Pretendemos . . . alentar a nuestra gente a que desarrollen lo mejor que hay en ellos . . ."**

El coronel Allen Allensworth nació siendo esclavo en 1842, en Kentucky. Después de escapar de la esclavitud, se unió al ejército de Estados Unidos y luchó en la Guerra Civil. Al retirarse, era el afroamericano que había obtenido el grado más alto en el ejército de Estados Unidos hasta ese momento.

Todos los años, durante la 'Conmemoración de los viejos tiempos de Allensworth', los descendientes de los primeros colonos del pueblo recuerdan y honran a Allen Allensworth.

Allensworth alentó a otros afroamericanos a cumplir sus sueños. Creía que un lugar que apoyara la "libertad intelectual e industrial" los ayudaría a hacerlo. En 1908, Allensworth y otras tres personas fundaron un pueblo para afroamericanos en el valle de San Joaquin. El pueblo, que recibió el nombre de Allensworth en su honor, aspiraba ser un lugar libre de prejuicios y discriminación. Allensworth lideró el pueblo hasta su muerte, en 1914.

*Coronel Allen Allensworth. De una carta a Booker T. Washington, *The Booker T. Washington Papers*, Vol. 13, University of Illinois Press, 1972–1989.

La importancia del carácter

¿Cómo demostró Allen Allensworth su preocupación porque los afroamericanos fueran tratados con equidad?

Biografía breve

1842 Nace

1863 Se une al ejército de Estados Unidos durante la Guerra Civil

1886 Se le designa capellán de los regimientos afroamericanos del ejército

1908 Funda un pueblo para afroamericanos

1914 Muere

Visita MULTIMEDIA BIOGRAPHIES en www.harcourtschool.com/hss para hallar biografías multimedia.

Lección 2

Tiempos

1855 · 1885 · 1915

1887 El ferrocarril Santa Fe llega a Los Angeles

1892 Edward Doheny descubre petróleo en Los Angeles

1913 Se inaugura el acueducto de Los Angeles

REFLEXIONA
¿Qué llevó al crecimiento de pueblos y ciudades en el sur de California a fines del siglo XIX y comienzos del siglo XX?

- ✓ Examina la evolución del sistema hídrico del sur de California.
- ✓ Identifica la red de represas, acueductos y embalses que proveían agua al sur de California.

VOCABULARIO
petróleo pág. 324
auge pág. 324
torre de perforación pág. 324
embalse pág. 325
acueducto pág. 325
energía hidroeléctrica pág. 325

PERSONAS
Edward Doheny
William Mulholland

LUGARES
bahía de San Pedro
valle del Owens

SACAR CONCLUSIONES

Normas de California
HSS 4.4, 4.4.4, 4.4.6, 4.4.7

El sur de California crece

IMAGÍNATE ALLÍ

Estás de pie junto a las vías cuando el tren, resoplando lentamente, se detiene en la estación de Los Angeles. Mientras una multitud de pasajeros desciende de los vagones, intentas encontrar a tu abuela. Ahora que Los Angeles está conectada con el Este por medio de dos ferrocarriles, tu abuela ha decidido venir de visita. A juzgar por la muchedumbre, parece que muchas otras personas también han decidido venir al sur de California.

Crecimiento hacia el sur

El ferrocarril Santa Fe llegó a Los Angeles en 1887 y comenzó a competir con el ferrocarril Southern Pacific. Ambas líneas de ferrocarril buscaban conseguir más clientes. Como resultado, los ferrocarriles bajaron las tarifas para el transporte de bienes y pasajeros. ¡El costo de un boleto desde Kansas City, Missouri, hasta Los Angeles bajó de 125 dólares a solo 1 dólar! El bajo costo de los boletos de ferrocarril atrajo a miles de personas del Este al sur de California.

Para atraer pasajeros, los ferrocarriles publicaron anuncios que elogiaban el clima cálido del sur de California. Decían que Los Angeles tenía "un clima que mejora a los enfermos y hace más vigorosos [activos] a los que están sanos".* Los anuncios funcionaron. Muchos llegaron a Los Angeles, San Diego, Long Beach, Anaheim, San Bernardino y Santa Barbara porque creían que el clima los ayudaría a mejorar la salud.

En Los Angeles pronto comenzó a ser necesario un puerto que ayudara a la ciudad a obtener provisiones para sus nuevos habitantes. En 1899 comenzó a excavarse la **bahía de San Pedro.** El puerto se terminó en 1914, y Los Angeles se convirtió rápidamente en uno de los puertos con mayor actividad de la costa del Pacífico.

REPASO DE LA LECTURA **SACAR CONCLUSIONES**
¿Qué efecto tuvieron los ferrocarriles en el sur de California a fines del siglo XIX?

*Eslogan publicitario de fines del siglo XIX. *The Golden Book of California* por Irwin Shapiro. Golden Press, 1961.

La población de Los Angeles creció de cerca de 11,000 habitantes en 1880 a más de 300,000 en 1910. Con tantos recién llegados, el precio de la tierra se duplicó una y otra vez.

¡Petróleo!

A fines del siglo XIX, el descubrimiento de **petróleo** en el sur de California provocó más cambios en la región. Los primeros descubrimientos importantes se produjeron cerca del pueblo de Ventura en las décadas de 1860 y 1870. Más tarde, en 1892, **Edward Doheny** descubrió grandes cantidades en Los Angeles.

Estos descubrimientos dieron comienzo a un **auge** del petróleo, es decir, una época de rápido crecimiento económico. Comenzó a extraerse petróleo en todas las zonas de Los Angeles. En solo cinco años se perforaron 2,300 pozos. Algunas personas incluso cortaban las palmeras de sus jardines para poner altas torres de perforación. Una **torre de perforación** es una torre que se construye sobre un pozo de petróleo para sostener los equipos de perforación. En 1895, Los Angeles produjo más de 700,000 barriles.

Hasta ese momento, la demanda no era alta. Luego, en la década de 1890, las compañías de ferrocarril se dieron cuenta de que el petróleo era un combustible más barato que el carbón. Además, se quemaba más limpiamente. Los ferrocarriles comenzaron a usarlo, creando así una mayor demanda de ese combustible.

Más tarde, cuando los automóviles se hicieron populares, la demanda de petróleo creció aun más. La demanda de gasolina desencadenó un segundo auge del petróleo en California. Se descubrieron enormes yacimientos al oeste de Bakersfield. La industria petrolera se convirtió en una parte importante de la economía de California.

REPASO DE LA LECTURA **RESUMIR**
¿Qué ocurrió con la economía de Los Angeles cuando se descubrió petróleo en la región?

A comienzos del siglo XX se elevaban numerosas torres de perforación de petróleo en algunas partes de Los Angeles.

Una multitud observa el primer torrente de agua que baja desde el río Owens por el acueducto de Los Angeles, diseñado por William Mulholland.

Agua para Los Angeles

CUÁNDO 1913

DÓNDE Los Angeles

A comienzos del siglo XX, la agricultura, el petróleo y otras nuevas industrias atraían a miles de personas a Los Angeles. Pero el agua del río Los Angeles y de los **embalses**, o lagos creados por el hombre, ya no alcanzaba para abastecer a los habitantes de la región.

Un hombre tuvo una idea para resolver este problema. **William Mulholland** quería que la ciudad tomara agua del río Owens, ubicado a más de 200 millas de distancia, y planeó la construcción de un acueducto para transportarla. Un **acueducto** es un gran conducto o canal que lleva agua de un lugar a otro.

El trabajo para la construcción de este acueducto comenzó en 1908. Los trabajadores abrieron túneles en la sierra Nevada y despejaron senderos a través del desierto de Mojave. Se construyeron nuevos embalses cerca de Los Angeles para almacenar el agua.

El acueducto de Los Angeles finalmente se inauguró en 1913 y logró llevar millones de galones de agua por día a la zona de Los Angeles. Además, las rápidas corrientes servían para generar **energía hidroeléctrica**, es decir, electricidad que se produce usando la fuerza del agua.

REPASO DE LA LECTURA **SACAR CONCLUSIONES**

¿Por qué crees que llevó tanto tiempo construir el acueducto?

Conflictos por el agua

El acueducto de Los Angeles perjudicó a los habitantes del **valle del Owens.** El acueducto les quitó tanta agua que los agricultores y rancheros del valle no tenían agua suficiente para sus propios cultivos y animales.

Los habitantes del valle del Owens se enojaron, pero no pudieron hacer mucho. Para obtener el agua que necesitaba, Los Angeles había comprado en secreto la mayor parte de las tierras a ambos lados del río Owens. Al adueñarse de las tierras, la ciudad también controlaba el agua.

Algunos habitantes del valle del Owens estaban tan furiosos que intentaron detener el flujo de agua. Incluso llegaron a usar dinamita y perforaron el acueducto. Pero los daños se repararon y el agua siguió fluyendo hacia fuera del valle.

Aún hoy, el valle del Owens enfrenta problemas a causa del acueducto. El lago Owens, que recibía agua del río Owens, se secó. Por esta razón, se formaron nubes de polvo sobre el lecho del lago seco que provocaron problemas de salud a los

DESTREZA DE ANÁLISIS **Analizar mapas** **En 1913, el acueducto de Los Angeles tenía 233 millas de largo. En 1940, su extensión había alcanzado las 338 millas.**

Interacciones entre los seres humanos y el ambiente **¿Cuáles son los dos embalses que están entre las ciudades de Mojave y Los Angeles?**

habitantes de la región. En 2001, los ingenieros instalaron tuberías para volver a llevar agua a ciertas partes del lago y de esa manera reducir el polvo. Ahora, las áreas del bajo río Owens tendrán suficiente agua para la agricultura y la ganadería.

REPASO DE LA LECTURA **CAUSA Y EFECTO**
¿Cómo ha afectado el acueducto de Los Angeles a los habitantes del valle del Owens?

Resumen

La población del sur de California creció rápidamente. Nuevos ferrocarriles y el descubrimiento de petróleo en la región llevaron a un crecimiento acelerado. Se construyeron un puerto y un acueducto para Los Angeles. A medida que la población crecía, se produjeron conflictos por el agua.

En 1928, la presa St. Francis, una de las presas construidas cerca de Los Angeles, se resquebrajó. Un torrente de alrededor de 12 millardos de galones inundó el valle de Santa Clara, provocando la muerte de casi 450 personas.

REPASO

1. ¿Cuál fue la causa del crecimiento de pueblos y ciudades en el sur de California a fines del siglo XIX y comienzos del siglo XX?
2. Explica la diferencia entre **acueducto** y **embalse**.
3. ¿Cómo obtuvo Los Angeles el derecho a extraer agua del valle del Owens?

RAZONAMIENTO CRÍTICO

4. DESTREZA DE ANÁLISIS ¿Cómo influyó la ubicación de Los Angeles en su rápido crecimiento? ¿Tenía alguna desventaja su ubicación?
5. ¿Qué crees que habría ocurrido en Los Angeles si el acueducto de Los Angeles no se hubiera construido?
6. **Organiza un debate** Con tus compañeros, busca más información sobre la construcción del acueducto de Los Angeles. Luego elige un punto de vista, a favor o en contra del proyecto. Halla otro grupo con el punto de vista opuesto y realiza un debate.
7. Destreza clave **SACAR CONCLUSIONES**

   En una hoja de papel, copia y completa el organizador gráfico de abajo.

Evidencia	Conocimiento
Más personas se mudaron a Los Angeles.	Las personas necesitan agua para subsistir.

Conclusión

¿De quién es el agua?

Desde comienzos del siglo XX se produjeron muchos conflictos sobre quién debía usar el agua del río Owens. Los funcionarios de Los Angeles creían que el río era una fuente de agua ideal para la creciente población de la ciudad. Planeaban construir un acueducto que llevara agua a Los Angeles. Sin embargo, muchos habitantes del valle del Owens estaban preocupados por el daño que este proyecto podía ocasionar. Aquí se presentan tres puntos de vista sobre el tema de los derechos sobre el agua del valle del Owens.

Construcción del acueducto de Los Angeles, 1908

En sus propias palabras

WILL ROGERS

Will Rogers, un famoso humorista

"Hace diez años este era un valle maravilloso . . . Pero Los Angeles tenía que tener más agua . . . para hacer más brindis por su crecimiento . . . por eso ahora este es un valle de desolación."

—De *The Story of Inyo* por W. A. Chalfant, 1959.

WILFRED Y MARK WATTERSON

Residentes del valle del Owens, liderados por Wilfred y Mark Watterson

"Los funcionarios de Los Angeles están forzando a los habitantes del valle a vender sus tierras. Nuestra gente no quiere deshacerse de [dejar] sus hogares; quiere que la dejen en paz."

—De *The Water Trail* por Don Kinser. Departamento de Agua y Energía. Ciudad de Los Angeles, 1928.

Theodore Roosevelt, vigésimo sexto presidente de Estados Unidos

"[El agua del valle del Owens] es cientos o miles de veces más importante para el estado y más valiosa para todos sus habitantes si la usa la ciudad que si la usan solo los habitantes del valle del Owens."

—De una carta del 25 de junio de 1906, aprobando la construcción del acueducto de Los Angeles. Ciudad de Los Angeles, Departamento de Agua y Energía.

THEODORE ROOSEVELT

Es tu turno

DESTREZA DE ANÁLISIS **Analizar puntos de vista** Explica por qué tenían puntos de vista diferentes los habitantes del valle del Owens y quienes estaban a favor del acueducto de Los Angeles.

Aplícalo La demanda de agua continúa creciendo en California. ¿Cómo crees que se deberían compartir los recursos de agua de California en la actualidad?

Lección 3

Tiempos

1855 1885 1915

1906 Un terremoto y un incendio destruyen gran parte de San Francisco

1909 California gasta 18 millones de dólares para construir un sistema estatal de carreteras

1914 Comienza la construcción del acueducto Hetch Hetchy

REFLEXIONA
¿Qué llevó al crecimiento de pueblos y ciudades en el norte de California a comienzos del siglo XX?

- Examina la evolución del sistema hídrico del norte de California.
- Identifica la red de presas, acueductos y embalses que proveían agua al norte de California.

VOCABULARIO
naturalista pág. 335

PERSONAS
Amadeo Pietro Giannini
John Muir

LUGARES
San Francisco
Florin
valle Hetch Hetchy

SACAR CONCLUSIONES

Normas de California
HSS 4.4, 4.4.4, 4.4.7

Cambios en el norte de California

IMAGÍNATE ALLÍ

Estás durmiendo en tu casa en **San Francisco.** Han pasado unos minutos de las 5:00 a.m. del miércoles 18 de abril de 1906. De repente, un ruido te despierta. Al comienzo es suave y bajo, pero pronto se hace cada vez más fuerte. Tu habitación se sacude violentamente. Te levantas de la cama tropezándote y a tu alrededor las cosas caen al suelo. El piso tiembla tanto que apenas puedes mantenerte en pie. ¡Es un terremoto!

Antes del terremoto de 1906, San Francisco era una ciudad en crecimiento y llena de actividad. Después del terremoto, gran parte de la ciudad quedó en ruinas.

Un gran terremoto

CUÁNDO **18 de abril de 1906**
DÓNDE **San Francisco**

La mayoría de los habitantes de San Francisco estaba durmiendo cuando, en la madrugada del 18 de abril de 1906, un terremoto sacudió la ciudad. Un ciudadano, Ernest H. Adams, escribió más tarde:

> **"Salí despedido de la cama y, en un abrir y cerrar de ojos, el costado de nuestra casa se estrelló contra el suelo . . . Me caí y me arrastré por las escaleras entre pedazos de vidrio, madera y yeso que volaban por todos lados."***

En las calles, las aceras se agrietaban y se rompían en pedazos. Las ventanas de vidrio se destrozaban contra el suelo. Las lámparas se movían ferozmente. El violento temblor duró menos de un minuto, pero fue lo suficientemente largo como para destruir muchos edificios.

Para empeorar la situación, se produjo un enorme incendio inmediatamente después del terremoto. El gas que escapaba de los tubos rotos alimentaba las llamas. Y los bomberos que intentaron apagarlo descubrieron que no había agua, porque el terremoto había destrozado muchas de las tuberías de la ciudad.

REPASO DE LA LECTURA **SACAR CONCLUSIONES**
¿Cómo crees que el terremoto de 1906 afectó el crecimiento de San Francisco?

*Ernest H. Adams. De una carta a sus empleadores, Reed and Barton Taunton, Massachussets. 23 de abril de 1906.

Antes

Poco después del terremoto, los trabajadores comenzaron a reconstruir los edificios dañados de San Francisco.

Se reconstruye San Francisco

El terremoto y el incendio dejaron a San Francisco en ruinas. La mayoría de los edificios estaban destruidos, incluyendo el ayuntamiento, las iglesias y los bancos. El costo de los daños a la ciudad fue de casi 500 millones de dólares. Después de examinar los daños ocasionados por el terremoto, el secretario de trabajo de Estados Unidos, Victor H. Metcalf, informó:

> **“Es casi imposible describir la ruina perpetrada [causada] por el terremoto . . . Sin embargo, los habitantes tienen confianza y esperanza en el futuro y no han perdido de ningún modo el valor.”***

San Francisco era una importante ciudad portuaria y sus habitantes estaban decididos a reconstruirla. Un banquero ítalo americano llamado **Amadeo Pietro Giannini** fue uno de los primeros en colaborar. Incluso antes de que se apagaran los incendios, Giannini comenzó a dar préstamos de dinero. Sus préstamos ayudaron a la gente a reconstruir sus hogares y negocios.

*Victor H. Metcalf. De una carta al presidente Theodore Roosevelt, 26 de abril de 1906.

Los habitantes de San Francisco estaban decididos a reconstruir su ciudad para que fuera más grande y mejor que antes del terremoto.

Agricultores japoneses recogen fresas cerca de Sacramento en 1910.

Llegaron dinero, comida y provisiones de todas las regiones del país. En menos de diez años, una nueva ciudad se levantó de las ruinas. Hacia 1915 se decía que San Francisco era una ciudad más grande y mejor de lo que había sido antes del terremoto.

REPASO DE LA LECTURA **SACAR CONCLUSIONES**
¿Por qué crees que los habitantes de San Francisco estaban dispuestos a reconstruir una ciudad tan dañada?

Crecimiento en el norte de California

San Francisco no fue la única ciudad del norte de California que creció. Muchos habitantes de San Francisco se mudaron a Oakland, al otro lado de la bahía. La población de Oakland aumentó más del doble entre 1900 y 1910. San Jose también creció.

Además, la población del norte de California se hizo más diversa. En Sacramento vivían menos de 30 americanos de origen japonés, pero pronto se vio invadida por inmigrantes japoneses que llegaban para trabajar en las plantaciones frutales.

En el condado Sacramento se desarrolló una comunidad japonesa americana llamada **Florin.** Florin llego a conocerse como la capital de la fresa de California, ya que allí se cultivaban tantas fresas como para llenar ¡120 vagones de ferrocarril con una sola cosecha!

También se llevaron a cabo mejoras que transformaron las ciudades del norte de California. En 1909, el gobierno de California gastó 18 millones de dólares para construir un sistema estatal de carreteras. Poco después, una red de carreteras pavimentadas facilitaba el movimiento de personas de una ciudad a otra.

REPASO DE LA LECTURA **RESUMIR**
¿Por qué muchos japoneses se mudaron al condado Sacramento?

San Francisco consigue más agua

CUÁNDO **1914**

DÓNDE **San Francisco**

A causa de su creciente población, San Francisco pronto comenzó a enfrentar la escasez de agua. Los líderes de la ciudad consultaron al gobierno de Estados Unidos sobre la posibilidad de construir una presa en el río Tuolumne. Esta presa formaría un gran embalse para San Francisco y un acueducto llevaría el agua desde el embalse hasta la ciudad.

El plan resolvería los problemas de falta de agua en San Francisco, pero también crearía nuevos problemas. El agua de la presa inundaría el **valle Hetch Hetchy,** una parte del Parque Nacional Yosemite. El plan provocó acaloradas discusiones. Quienes estaban a favor de la presa sentían que era la única manera de obtener el agua que se necesitaba. **John Muir,** un conocido naturalista, lideró la lucha contra el proyecto. Un **naturalista**

John Muir creía que inundar el valle Hetch Hetchy era un "precio tremendo que la nación pagaría por el agua de San Francisco".*

*John Muir. De un memorando enviado a J. Horace McFarland, presidente de la Sociedad Civil Americana. 14 de mayo de 1908.

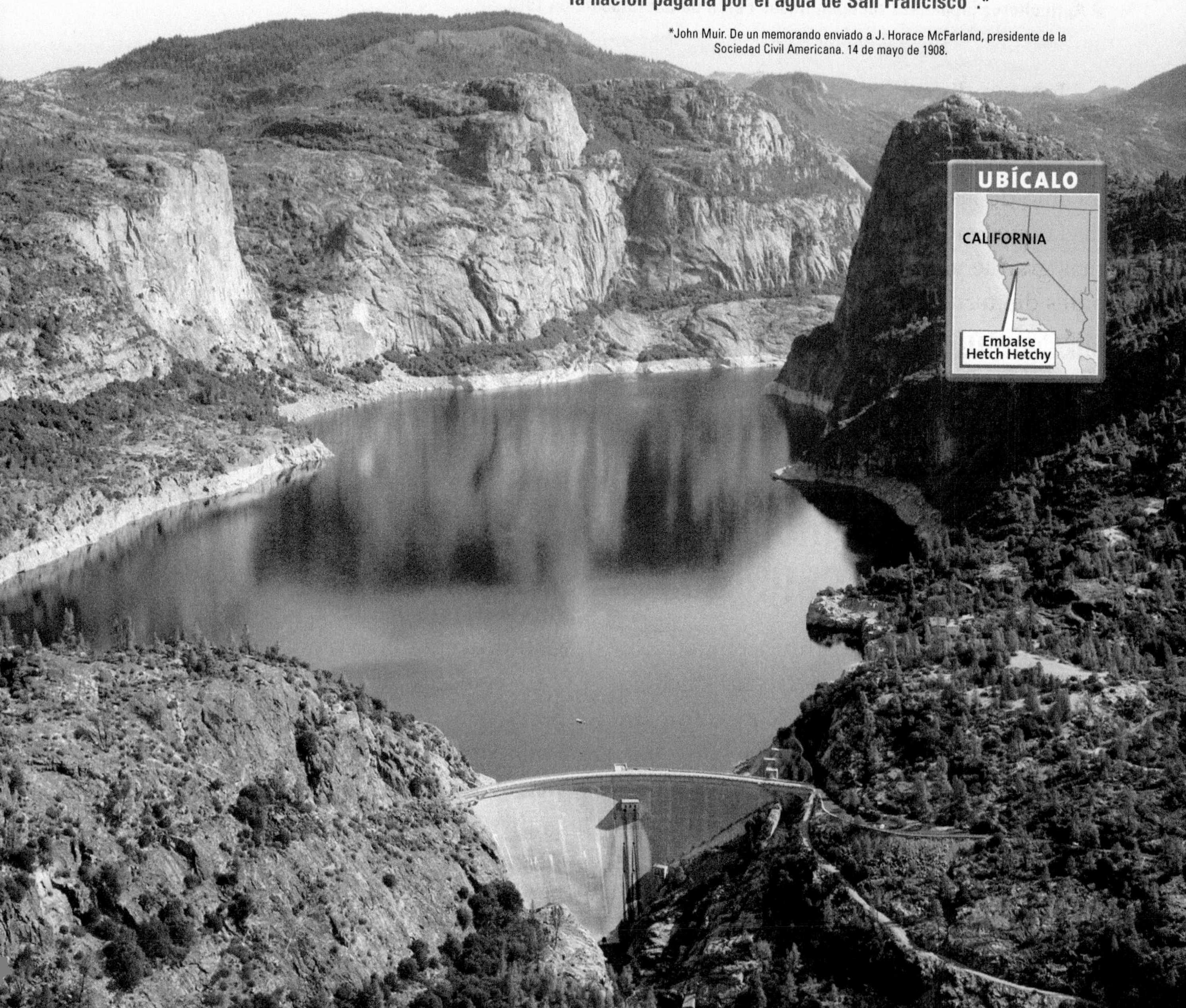

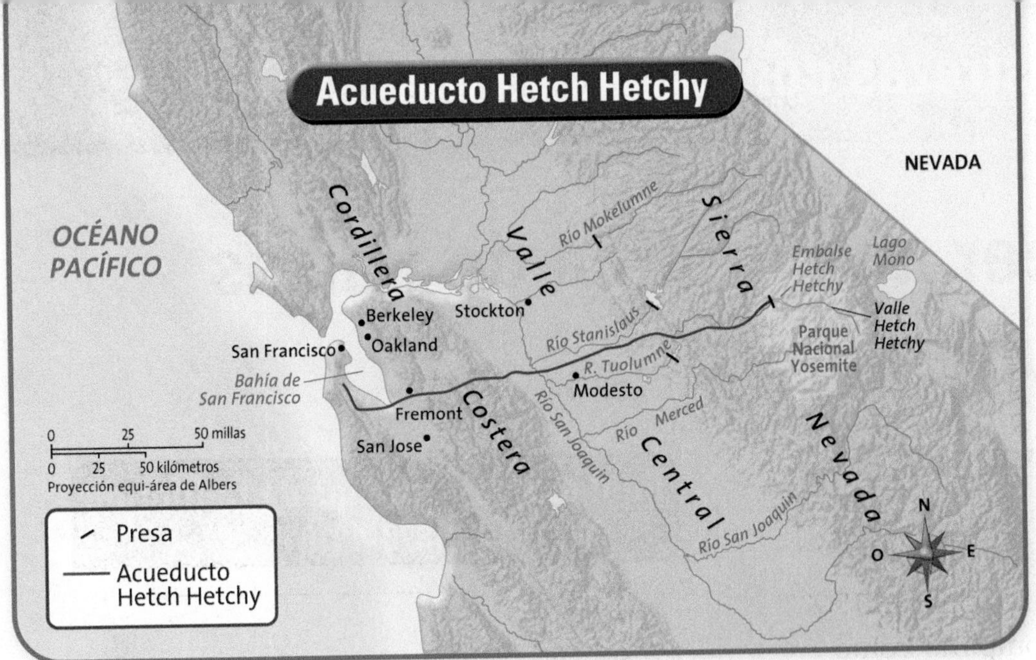

DESTREZA DE ANÁLISIS Analizar mapas

Actualmente, San Francisco obtiene más de las tres cuartas partes del agua que necesita del embalse Hetch Hetchy.

Interacciones entre los seres humanos y el ambiente ¿Qué ríos en este mapa cruzan el acueducto Hetch Hetchy?

es una persona que estudia la naturaleza y trabaja para protegerla. Muir y sus seguidores no querían que se inundara ni siquiera una parte del parque nacional.

A pesar de las protestas, en 1914 San Francisco comenzó la construcción de la presa y el acueducto Hetch Hetchy. Sin embargo, los californianos siguieron manifestándose contra el plan durante años.

REPASO DE LA LECTURA RESUMIR
¿Cómo solucionó el norte de California su creciente necesidad de agua a comienzos del siglo XX?

Resumen

En 1906, un terremoto y un incendio destruyeron gran parte de San Francisco. Sin embargo, la ciudad fue reconstruida y siguió creciendo. Otras zonas del norte de California también crecieron rápidamente. Se construyó el embalse Hetch Hetchy para satisfacer la creciente necesidad de agua en el norte de California.

REPASO

1. ¿Qué llevó al crecimiento de pueblos y ciudades en el norte de California a comienzos del siglo XX?
2. Usa el término **naturalista** para describir el conflicto por el valle Hetch Hetchy.
3. ¿Quiénes fundaron Florin? ¿Por qué llegaron al condado Sacramento?

RAZONAMIENTO CRÍTICO

4. DESTREZA DE ANÁLISIS ¿Por qué crees que había opiniones diferentes sobre la construcción de una represa en el río Toulumne?
5. **Escribe un editorial** Escribe un editorial a favor o en contra de la inundación del valle Hetch Hetchy.
6. Destreza clave **SACAR CONCLUSIONES**
   En una hoja de papel, copia y completa el organizador gráfico de abajo.

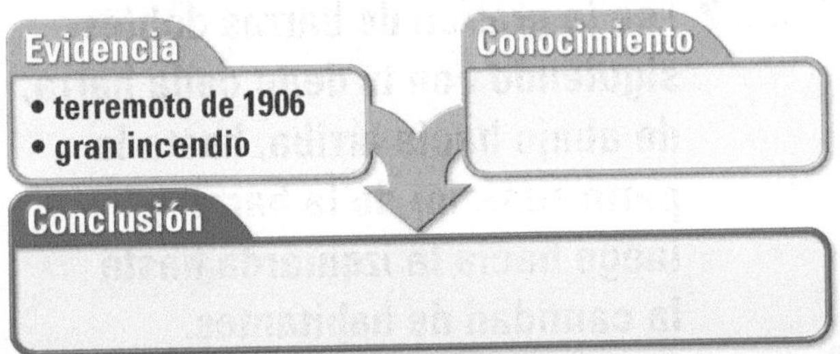

Destrezas con tablas y gráficas

Leer una gráfica de barras dobles

POR QUÉ ES IMPORTANTE

Como has leído, la población de California creció rápidamente a fines del siglo XIX y comienzos del siglo XX. Imagina que quieres comparar cómo cambió la población de dos ciudades de California durante este período. Las gráficas facilitan la comparación de números. Una **gráfica de barras dobles** permite comparar dos grupos de números más fácilmente.

LO QUE NECESITAS SABER

La gráfica de barras dobles de esta página muestra los cambios en las poblaciones de San Francisco y Los Angeles entre 1870 y 1910.

Paso 1 **Lee el título, los rótulos y la información de la clave. La cantidad de habitantes aparece a la izquierda de la gráfica. Los años aparecen en la parte inferior. Cada barra de color morado muestra la población de San Francisco durante un año determinado. Las barras de color verde muestran la población de Los Angeles.**

Paso 2 **Lee la gráfica de barras dobles siguiendo con tu dedo cada barra, de abajo hacia arriba, hasta la parte superior de la barra, y luego hacia la izquierda hasta la cantidad de habitantes.**

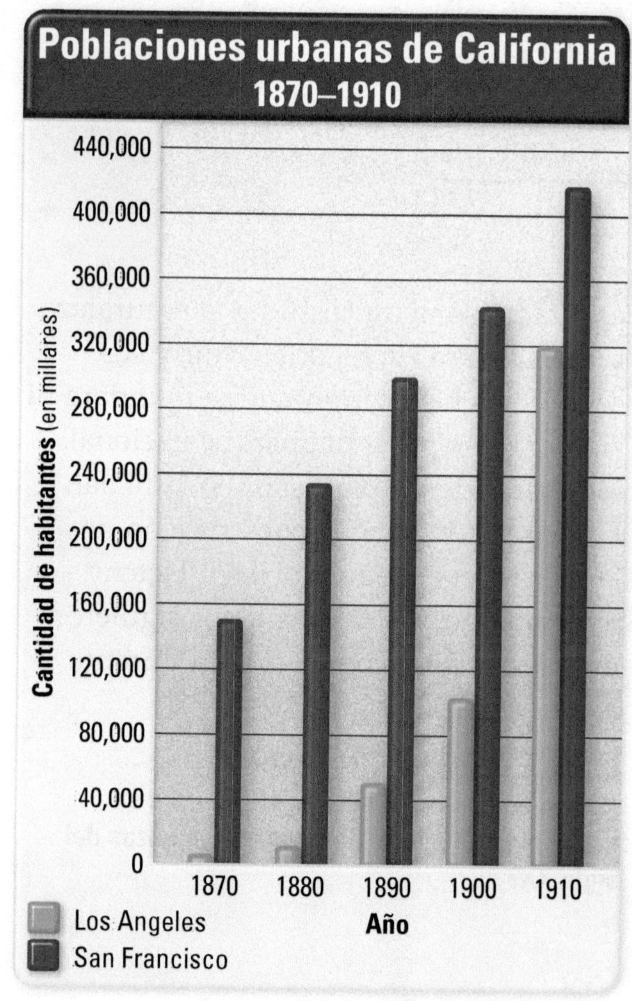

Paso 3 **Para comparar la cantidad de habitantes en un año determinado, observa la altura de cada barra. Una barra más alta representa una mayor población. La diferencia de altura entre dos barras muestra la diferencia entre las dos poblaciones.**

PRACTICA LA DESTREZA

Usa la gráfica de barras dobles de la página 336 para responder estas preguntas.

1. Compara las poblaciones de San Francisco y Los Angeles en 1890. ¿Qué ciudad tenía mayor población? ¿Aproximadamente cuántas personas más vivían en esa ciudad?
2. ¿Cuál era la población de San Francisco en 1900? ¿Y en 1910? ¿Cuál era la población de Los Angeles en esos años? ¿En qué ciudad creció más la población entre 1900 y 1910?
3. ¿En qué ciudad creció más la población entre 1870 y 1910?

APLICA LO QUE APRENDISTE

Haz una gráfica de barras dobles para mostrar el crecimiento de Sacramento y San Diego entre 1870 y 1910. Usa las cantidades de población que aparecen en la tabla de abajo. Luego, escribe un párrafo comparando el crecimiento de población de las dos ciudades durante ese período.

Año	Sacramento	San Diego
1870	16,283	2,300
1880	21,420	2,637
1890	26,386	16,159
1900	29,282	17,700
1910	44,696	39,578

A medida que la población de San Francisco crecía a fines del siglo XIX y comienzos del siglo XX se construyeron nuevos vecindarios. Muchas de las casas de esos vecindarios reflejan la arquitectura de la época.

Tiempos

1875 — 1885

1882
El Congreso aprueba la Ley de Exclusión de los Chinos

1892
Se descubre petróleo en Los Angeles

La lectura en los Estudios Sociales

Una **conclusión** es una decisión o una idea a la que llegas usando lo que leíste y lo que ya sabias sobre un tema.

Sacar conclusiones

Completa este organizador gráfico para mostrar que comprendes cómo creció y cambió la población de California a fines del siglo XIX y comienzos del siglo XX. Una copia de este organizador gráfico aparece en la página 92 del cuaderno de Tarea y práctica.

Una economía en crecimiento

Evidencia

Muchos inmigrantes consideraban que California era una tierra de oportunidades.

Conocimiento

Las personas de diferentes culturas pueden aprender entre sí de sus costumbres y sus tradiciones.

Conclusión

Pautas de redacción de California

Escribe una narración Imagina que estás escuchando un discurso de William Mulholland. Describe qué podría haber dicho para convencer a los funcionarios de la ciudad de que apoyaran el plan de llevar más agua a Los Angeles.

Escribe un resumen Repasa las aportaciones hechas por los recién llegados a California. Resume cómo los inmigrantes y los colonos ayudaron al crecimiento de California a fines del siglo XIX y comienzos del siglo XX.

1895 1905 1915

1906
Un gran terremoto y un incendio destruyen gran parte de San Francisco

1913
Se termina el acueducto de Los Angeles

Usa el vocabulario

Identifica el término que corresponda a cada definición.

migración, pág. 315

reservas, pág. 319

torres de perforación, pág. 324

acueducto, pág. 325

1. Un nuevo _____ en el sur de California llevó más agua a Los Angeles.
2. Esclavos liberados formaron parte de una gran _____ a California a fines del siglo XIX.
3. Después del descubrimiento de petróleo en Los Angeles, algunas personas levantaron _____ en sus jardines.
4. El gobierno de Estados Unidos trasladó a muchos indios americanos a _____.

Usa la línea cronológica

Usa la línea cronológica de arriba para responder la pregunta.

5. ¿En qué año aprobó el Congreso la Ley de Exclusión de los Chinos?

Aplica las destrezas

Leer una gráfica de barras dobles

6. Observa la gráfica de la página 336. ¿En qué década la diferencia entre las poblaciones de San Francisco y Los Angeles se redujo a menos de 100,000 habitantes?

Recuerda los datos

Responde estas preguntas.

7. ¿Cómo intentó resolver Allen Allensworth el problema de la discriminación?
8. ¿Qué efecto tuvo el descubrimiento de petróleo en Los Angeles?
9. ¿Por qué ciertas partes de California necesitaban más agua?

Escribe la letra que corresponda a la respuesta correcta.

10. ¿Cuál de estas ciudades fue fundada por americanos de origen danés?
    A Solvang
    B colonia Yamato
    C Florin
    D Anaheim
11. ¿De dónde provenía la mayor parte del agua que transportaba el acueducto de Los Angeles?
    A del río Owens
    B del río Tuolumne
    C del embalse Hetch Hetchy
    D del mar de Salton

Piensa críticamente

12. DESTREZA DE ANÁLISIS ¿En qué se parecen los problemas de abastecimiento de agua de comienzos del siglo XIX a los problemas de hoy? ¿En qué se diferencian?
13. DESTREZA DE ANÁLISIS ¿Cómo contribuyeron los migrantes y los inmigrantes al carácter único de California?

El museo del TRANVÍA de San Francisco

PREPÁRATE

Al principio, las empinadas colinas de San Francisco fueron un problema para los habitantes de la ciudad. En la década de 1870, Andrew Hallidie inventó un sistema de cables subterráneos para impulsar los vagones de tranvías por las empinadas colinas de San Francisco. El Museo del Tranvía de San Francisco cuenta la historia del tranvía. Si visitas el museo, podrás recorrer la sala de los cables. Esta sala muestra el sistema subterráneo que mueve los cables y hace que los tranvías se trasladen a través de la ciudad. También verás fotografías, modelos y exposiciones que muestran cómo cambiaron los tranvías con el paso del tiempo. Mientras recorres el museo, verás cómo el tranvía ayudó a formar a San Francisco y cómo se convirtió en una parte importante de la ciudad.

UBÍCALO

OBSERVA

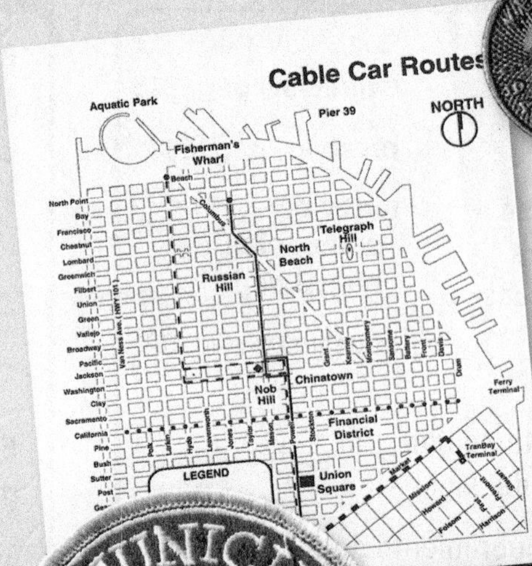

Los visitantes pueden ver antiguos tranvías, mapas de rutas, fichas y otros objetos del pasado que llevaron al desarrollo del actual sistema de tranvías.

Ha habido muchos tipos de tranvías desde el diseño original de 1873. Este es uno de los tranvías de San Francisco de 1890.

El conductor es responsable de cobrar los boletos y controlar los frenos que reducen la velocidad del tranvía en las colinas empinadas.

Con la ayuda de una plataforma giratoria, los tranvías pueden cambiar de dirección al final del recorrido.

Puedes tomar un tranvía para ir al museo. Tanto los tranvías de la línea Powell-Hyde como los de la línea Powell-Mason van hasta el museo.

Desde la galería de observación, los visitantes ven los motores eléctricos que mantienen todos los cables en movimiento a una velocidad de nueve y media millas por hora.

UN PASEO VIRTUAL

Visita VIRTUAL TOURS en **www.harcourtschool.com/hss** para realizar un paseo virtual.

Repaso

LA GRAN IDEA

Innovaciones Después de que California obtuvo el rango de estado comenzó una época de grandes cambios tanto para California como para Estados Unidos.

Resumen

Un estado en crecimiento

A fines del siglo XIX y comienzos del siglo XX, California se desarrolló rápidamente. La diligencia, el Pony Express y el telégrafo hicieron más rápidas las comunicaciones entre California y la costa este. Más tarde, en 1869, el ferrocarril transcontinental permitió el transporte de personas y bienes, tales como los cultivos de la creciente industria agrícola de California.

A fines del siglo XIX, decenas de miles de migrantes e inmigrantes llegaron a California. Muchos enfrentaron prejuicios. A algunos no se les permitía obtener ciertos empleos. Y los que conseguían trabajo, a menudo recibían salarios muy bajos. A ciertos grupos, como los chinos, se les obligaba a vivir en comunidades separadas.

En 1906, un terremoto destruyó San Francisco, pero luego la ciudad fue reconstruida. Unos pocos años después, el descubrimiento de petróleo en el sur de California provocó un auge del petróleo. Como la población del estado continuaba creciendo, las grandes ciudades desarrollaron proyectos hídricos para llevar más agua y electricidad a sus habitantes.

Ideas principales y vocabulario

Lee el resumen de arriba. Luego, responde las siguientes preguntas.

1. ¿Qué significa prejuicio?
- **A** aceptación y trato justo
- **B** personas del mismo país o cultura
- **C** un conflicto entre personas o grupos
- **D** sentimientos injustos de rechazo a miembros de cierto grupo, raza o religión

2. ¿Cómo afectó el ferrocarril transcontinental a California?
- **A** conectó a California con el resto del país
- **B** redujo los viajes al Este
- **C** llevó agua y electricidad a California
- **D** ayudó a los agricultores a mejorar sus cultivos

3. ¿Qué es un auge?
- **A** una celebración
- **B** un período de destrucción
- **C** una época de rápido crecimiento económico
- **D** un período de lento crecimiento de la población

4. ¿Cómo resolvieron los problemas de abastecimiento de agua que enfrentaban a principios del siglo XX las grandes ciudades, como Los Angeles y San Francisco?
- **A** Cavaron más pozos.
- **B** Construyeron embalses, presas y canales.
- **C** Llevaron agua en vagones de tren.
- **D** Pidieron a los ciudadanos que usaran menos agua.

Recuerda los datos

Responde estas preguntas.

5. ¿Cómo se volvieron más rápidas y simples las comunicaciones en Estados Unidos a mediados del siglo XIX?
6. ¿Qué barrera geográfica tuvo que atravesar la compañía de ferrocarril Central Pacific cuando construyó el ferrocarril transcontinental?
7. ¿Qué peligros enfrentaron los trabajadores del ferrocarril transcontinental?
8. ¿Por qué el Congreso aprobó la Ley de Exclusión de los Chinos?
9. ¿Qué hizo posible que los ferrocarriles transportaran frutas y verduras frescas de California al Este?
10. ¿Por qué algunas personas se oponían a la construcción del acueducto Hetch Hetchy?

Escribe la letra que corresponda a la respuesta correcta.

11. ¿Cuál de estas personas era uno de los "Big Four"?
    A Leland Stanford
    B William Mulholland
    C Eliza Tibbets
    D John Muir
12. ¿Dónde se unieron las vías de las compañías de ferrocarril Central Pacific y Union Pacific?
    A Promontory, Utah
    B Omaha, Nebraska
    C Los Angeles, California
    D St. Joseph, Missouri
13. Las granjas comerciales
    A están ubicadas solo en el valle Imperial.
    B solo cultivan trigo.
    C solo cultivan cítricos.
    D solo producen cultivos para vender.
14. ¿Qué importante desastre natural azotó el norte de California en 1906?
    A una inundación
    B un huracán
    C un terremoto
    D un tornado

Piensa críticamente

15. DESTREZA DE ANÁLISIS Piensa en lo que aportaron los inmigrantes al ferrocarril transcontinental, en los sacrificios que hicieron y en la discriminación a la que se enfrentaron. Basándote en esto, ¿qué preguntas podrías hacer sobre la experiencia de esos inmigrantes?
16. DESTREZA DE ANÁLISIS ¿Crees que los beneficios de los proyectos hídricos de California compensan los costos? Explica tu respuesta.

Aplica las destrezas

Usar un mapa de husos horarios.

Observa el mapa de husos horarios de abajo para responder estas preguntas.

17. ¿Qué dos estados usan tanto el huso horario del Pacífico como el huso horario de montaña?
18. Si son las 9:30 a.m. en Sacramento, California, ¿qué hora es en Cheyenne, Wyoming? ¿Y en Portland, Oregon?

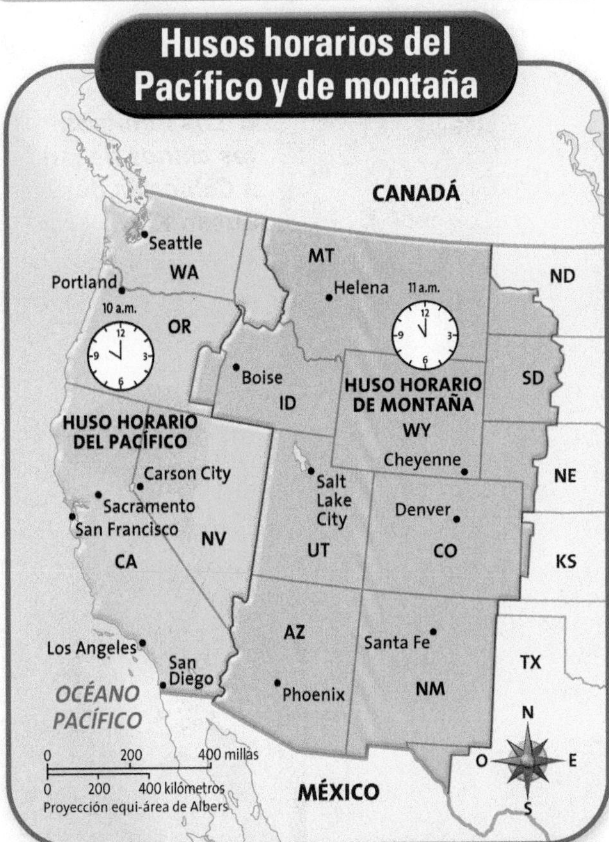

Unidad 4

Actividades

Lecturas adicionales

- ***El Pony Express*** **por Renee Skelton**

- ***El clavo de oro*** **por Renee Skelton**

- ***Los inmigrantes chinos llegan a California*** **por Susan Kim**

Muestra lo que sabes

Actividad de redacción

Escribe una narración Imagina que escribes un artículo para un periódico de California. Elige a una de las personas que se mencionan en esta unidad para una entrevista y haz una lista de las preguntas que le harías. Basándote en la información de la unidad, escribe las respuestas que habría dado esa persona. Usa tu entrevista como ayuda para escribir sobre la persona que elegiste.

Proyecto de la unidad

Publiquen un periódico de California Hagan un periódico que cuente sobre algunos de los eventos importantes ocurridos en California en los años posteriores a que obtuviera el rango de estado. Elijan personas y eventos y escriban artículos, editoriales y caricaturas sobre ellos. Ilustren su periódico con dibujos y también incluyan avisos publicitarios de la época.

APRENDE en línea

Visita ACTIVITIES en **www.harcourtshool.com/hss** para hallar otras actividades.

El estado progresa

COMIENZA CON LAS NORMAS

Normas de Historia y Ciencias Sociales de California

4.4 Los estudiantes explican cómo California se convirtió en una potencia agrícola e industrial, siguiendo la transformación de la economía de California y su desarrollo político y económico desde la década de 1850.

La gran idea

Crecimiento y cambio

Durante el siglo veinte, las acciones humanas y los fenómenos naturales cambiaron California, Estados Unidos y el mundo.

Reflexiona

- ¿Cómo afectaron las guerras mundiales y la depresión económica a los californianos?
- ¿Cómo cambiaron la agricultura y la industria de California?
- ¿Cómo creció el sistema de agua de California?

Muestra lo que sabes

- **Prueba de la Unidad 5**
- **Redacción: Un resumen**
- **Proyecto de la unidad: Álbum de recortes de California**

Unidad

5

Tiempos

El estado progresa

1911 La mujeres de California obtienen el derecho a votar en elecciones estatales, pág. 359

1937 Se termina la construcción del puente Golden Gate, pág. 373

1905 | 1925 | 1945

Al mismo tiempo

1914 Comienza la Primera Guerra Mundial

1929 Se derrumba la bolsa de valores y comienza la Gran Depresión

El estado progresa

1942 Los japoneses americanos son enviados a campos de reasentamiento durante la Segunda Guerra Mundial, pág. 382

1962 Dolores Huerta y César Chávez fundan la Asociación Nacional de Trabajadores Agrícolas, pág. 402

1981 El primer transbordador espacial aterriza en la Base Edwards de la Fuerza Aérea, pág. 397

1965

1985

1939 Comienza la Segunda Guerra Mundial

1963 El presidente John F. Kennedy es asesinado

1975 Termina la guerra de Vietnam

Unidad 5

James Doolittle

1896–1993

- Uno de los 13 soldados de California que obtuvieron la Medalla de Honor del Congreso durante la Segunda Guerra Mundial
- Primer piloto que sobrevoló Estados Unidos en menos de 24 horas

Dalip Singh Saund

1899–1973

- Contribuyó a formar la Asociación Hindú de América y fue su primer presidente
- Fue elegido juez en el condado Imperial, pero se le negó el derecho a ocupar el cargo porque no había cumplido un año como ciudadano
- Primer americano de origen hindú y uno de los primeros de origen asiático en ser elegido para el Congreso

Personas

1885 | 1915

- 1896 • James Doolittle
- 1899 • Dalip Singh Saund
- 1902 • John Steinbeck
- 1919 • Jackie Robinson
- 1923 • David M. Gonzales
- 1930 • Dolores Huerta
- 1932 •

David M. Gonzales

1923–1945

- Soldado de Pacoima que combatió durante la Segunda Guerra Mundial
- Obtuvo la Medalla de Honor del Congreso por rescatar a sus compañeros luego de que fueran heridos con armas de fuego

Dolores Huerta

1930–

- Cofundadora de la Asociación Nacional de Trabajadores Agrícolas, que luchó por obtener beneficios para los trabajadores agrícolas
- Trabajó para detener el uso de pesticidas peligrosos por los agricultores
- En 1993, fue incluida en el Salón Nacional de la Fama de las Mujeres

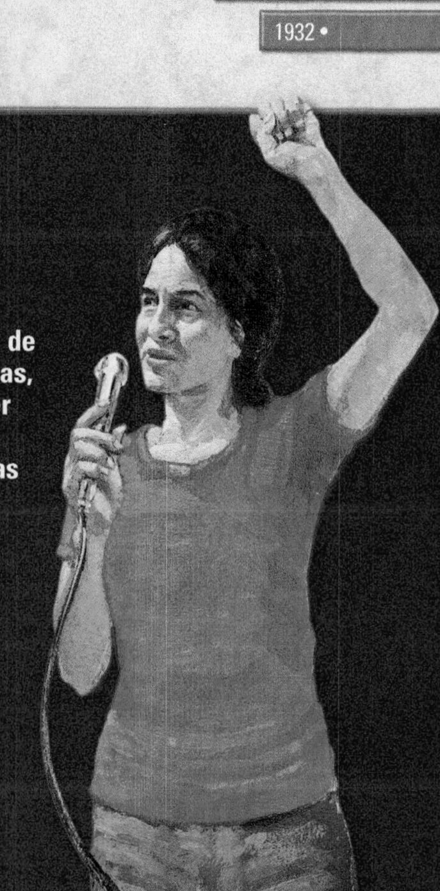

John Steinbeck

1902–1968

- Nativo de California que escribió libros acerca de la Gran Depresión
- Ganó el Premio Pulitzer por *Las uvas de la ira* en 1939
- Ganó el Premio Nobel de Literatura en 1962

Jackie Robinson

1919–1972

- Atleta de la UCLA que en 1947 se convirtió en el primer afroamericano que jugó en las ligas mayores de béisbol
- Ingresó en el Salón Nacional de la Fama del Béisbol en 1962

1945 1975 PRESENTE

1993

1973

1968

1972

1945

Yvonne Brathwaite Burke

1951 • Sally Ride

Yvonne Brathwaite Burke

1932–

- Primera mujer afroamericana en participar en la asamblea estatal de California
- Primera mujer afroamericana de California en ser elegida al Congreso
- Actualmente ocupa el cargo de supervisora en el condado Los Angeles

Sally Ride

1951–

- Primera mujer estadounidense en el espacio
- Fue dos veces al espacio, en 1983 y 1984
- Actualmente es profesora en la Universidad de California

Unidad 5

Lugares

California en Estados Unidos, 1985

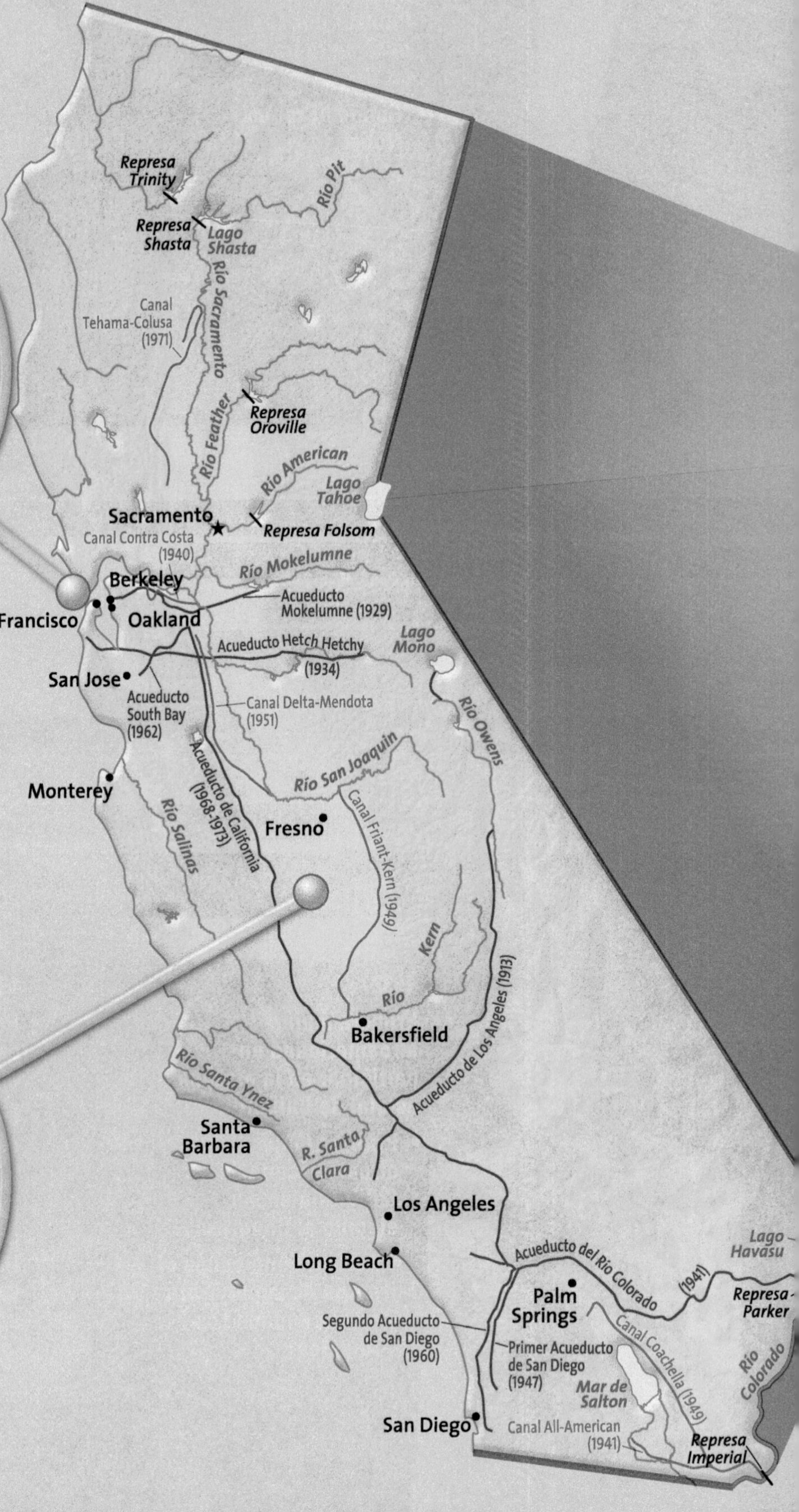

Un tren BART en el área de la bahía de San Francisco

Represa Trinity
Río Pit
Represa Shasta
Lago Shasta
Río Sacramento
Canal Tehama-Colusa (1971)
Río Feather
Represa Oroville
Río American
Lago Tahoe
Sacramento
Represa Folsom
Canal Contra Costa (1940)
Río Mokelumne
Berkeley
Acueducto Mokelumne (1929)
San Francisco
Oakland
Acueducto Hetch Hetchy (1934)
Lago Mono
San Jose
Acueducto South Bay (1962)
Canal Delta-Mendota (1951)
Río Owens
Río San Joaquín
Acueducto de California (1968-1973)
Monterey
Fresno
Río Salinas
Canal Friant-Kern (1949)
Río Kern
Acueducto de Los Angeles (1913)
Bakersfield
Río Santa Ynez
Santa Barbara
R. Santa Clara
Los Angeles
Long Beach
Acueducto del Río Colorado (1941)
Lago Havasu
Represa Parker
Palm Springs
Segundo Acueducto de San Diego (1960)
Primer Acueducto de San Diego (1947)
Canal Coachella (1949)
Río Colorado
Mar de Salton
San Diego
Canal All-American (1941)
Represa Imperial

César Chávez es el líder de los trabajadores agrícolas

CANADÁ
ESTADOS UNIDOS
MÉXICO
OCÉANO ATLÁNTICO
OCÉANO PACÍFICO
Golfo de México
Río Columbia
Río Snake
Río Grande
WA
OR
CA
ID
NV
UT
AZ
MT
WY
CO
NM
ND
SD
NE
KS
OK
TX
MN
IA
MO
AR
LA
WI
IL
MI
IN
OH
KY
TN
MS
AL
GA
FL
SC
NC
VA
WV
PA
NY
VT
NH
ME
MA
RI
CT
NJ
DE
MD
Olympia
Salem
Sacramento
Carson City
Boise
Helena
Salt Lake City
Phoenix
Santa Fe
Denver
Cheyenne
Bismarck
Pierre
Lincoln
Topeka
Oklahoma City
Austin
St. Paul
Des Moines
Jefferson City
Little Rock
Baton Rouge
Madison
Springfield
St. Louis
Jackson
Lansing
Indianapolis
Frankfort
Columbus
Charleston
Nashville
Montgomery
Atlanta
Tallahassee
Columbia
Raleigh
Richmond
Washington, D.C.
Annapolis
Dover
Trenton
Harrisburg
Albany
Montpelier
Concord
Augusta
Boston
Providence
Hartford
Al mismo tiempo
Centro Espacial Kennedy, en Florida
Carreteras interestatales
Carreteras de peaje
Otras carreteras
Acueducto
Canal
Represa
0 250 500 millas
0 250 500 kilómetros
Proyección equi-área de Albers
N
S
E
O

La lectura en los Estudios Sociales

Destreza clave: Causa y efecto

Una causa es una acción o un evento que hace que ocurra otra cosa. Un efecto es lo que ocurre como resultado de esa acción o ese evento.

Por qué es importante

Comprender la relación entre causa y efecto te ayudará a saber por qué ocurren los eventos y las acciones.

Causa		Efecto
Un evento o una acción	→	Lo que ocurre

✓ Busca estas palabras y expresiones que indican causa y efecto:

porque **ya que** **entonces** **como resultado**

✓ A veces, el efecto puede mencionarse antes que la causa.

Practica la destreza

Lee el segundo párrafo y halla una causa y un efecto.

Causa — En 1887, los ferrocarriles Southern Pacific y Santa Fe bajaron sus tarifas tanto para el transporte de productos como para el de pasajeros. ¡El costo del boleto desde Kansas City, Missouri, hasta Los Angeles bajó de 125 dólares a solo 1 dólar! Como resultado, miles de personas comenzaron a viajar en ferrocarril hacia el sur de California. — Efecto

A fines del siglo XIX se descubrió petróleo en el sur de California. En 1890, las compañías de ferrocarriles comenzaron a usar petróleo como combustible, ya que era más barato. Esto, sumado a la creciente popularidad de los automóviles, hizo crecer la demanda de petróleo. Pronto, la industria petrolera se convirtió en una de las partes más importantes de la economía de California.

Aplica lo que aprendiste

 **Identificar causas y efectos** **Lee los párrafos y responde las preguntas.**

La industria aeroespacial de California

Por su clima templado, California atrajo nuevas industrias durante comienzos del siglo XX. Granjeros, cineastas y constructores de aviones se mudaron al estado.

Cuando Estados Unidos entró en la Segunda Guerra Mundial, llegaron a California muchos científicos e ingenieros que se dedicaron a diseñar nuevos aviones, incluyendo aviones de combate. Como resultado, los empresarios construyeron fábricas en el sur del estado para producirlos. Por su parte, el gobierno estableció bases de entrenamiento militar en el desierto de Mojave para probar el funcionamiento de los nuevos aviones. Allí, el buen clima y los cielos despejados permitían que volaran casi todos los días del año.

Después de la guerra, muchos científicos se quedaron en California y siguieron investigando la forma de fabricar mejores aviones. También trabajaron en la construcción de misiles, cohetes y naves espaciales. Hacia la década de 1950, el sur de California se había convertido en el corazón de la industria aeroespacial.

En la década de 1960, la industria aeroespacial contribuyó a la creación del programa espacial de Estados Unidos, NASA. Desde su laboratorio en Pasadena, los ingenieros de la NASA dirigieron varios cohetes a la luna. También ayudaron a que los astronautas estadounidenses descendieran en la luna en 1969. Actualmente, la industria aeroespacial continúa siendo parte importante de la economía de California.

Causa y efecto

1. **¿Por qué los constructores de aviones y los pilotos llegaron al sur de California a principios del siglo XX?**
2. **¿Qué efecto tuvo la Segunda Guerra Mundial sobre la industria de la aviación en el sur de California?**
3. **¿Por qué el gobierno eligió el desierto de Mojave para probar nuevos aviones?**

Chuck Yeager voló algunos de los primeros jets supersónicos.

Destrezas de estudio

ANTICIPAR Y PREGUNTAR

Identificar las ideas principales y formular preguntas acerca de esas ideas te ayudará a hallar información importante.

- **Para anticipar un fragmento, lee el título. Observa las ilustraciones y lee las leyendas que las acompañan. Trata de obtener la idea general del tema principal y piensa en preguntas que puedas hacer.**
- **Lee para hallar las respuestas a tus preguntas. Luego, di en voz alta las respuestas. Por último, repasa lo que has leído.**

Crecimiento y cambio				
Anticipar	Preguntas	Leer	Decir en voz alta	Repasar
Lección 1 Grandes eventos e ideas dieron forma a California a principios del siglo XX.	¿Qué aspecto del gobierno intentaron cambiar las personas? ¿Por qué?	✓	✓	✓
Lección 2				

Aplica la destreza mientras lees

En una tabla, identifica el tema acerca del cual leerás. Luego, anota tus preguntas acerca de ese tema. Lee, di en voz alta y repasa para comprobar que comprendes la información.

Normas de Historia y Ciencias Sociales de California, Grado 4

4.4 Los estudiantes explican cómo California se convirtió en una potencia agrícola e industrial, siguiendo la transformación de la economía de California y su desarrollo político y económico desde la década de 1850.

CAPÍTULO

Crecimiento y cambio

A principios del siglo XX, Hollywood se convirtió en el centro de la industria cinematográfica.

Tan lejos del mar

Comienza con un cuento

por Eve Bunting
ilustrado por Chris K. Soentpiet

En este cuento, que tiene lugar en 1972, Laura Iwasaki y su familia visitan la tumba de su abuelo en el campo de reasentamiento Manzanar, en una desolada zona del este de California. Durante la Segunda Guerra Mundial, cuando el padre de Laura era niño, él y su familia fueron enviados a vivir allí. Lee para aprender sobre la visita de Laura.

—Sigamos adelante, amigo —dice papá, y Thomas parece desfallecer. A Thomas no le gusta tomar la mano de nadie, pero ahora se aferra a la mano de mamá. Él también debe sentir temor de este horrible lugar.

—¿Por qué te enviaron aquí con el abuelo y las tías y los tíos? —pregunta Thomas.

Papá esconde la cabeza en la capucha de su abrigo, como un caracol que se esconde en su concha.

—Porque Japón atacó a Estados Unidos —dice—. Fue una cosa terrible. De pronto estábamos en guerra. Y nosotros éramos japoneses que vivíamos en California. El gobierno pensó que haríamos algo para ayudar a Japón. Así que nos envió a estos campos.

Papá nos ha explicado esto cientos de veces, pero Thomas lo olvida porque es muy pequeño.

—No fue justo —digo—. Fue la cosa más cruel del mundo. Ustedes eran estadounidenses. Como yo. Como Thomas.

Papá encoge los hombros.

—Tampoco fue justo que Japón atacara este país. Eso también fue cruel. Fue una época de mucho odio y mucho temor. Pero fue hace más de treinta años, Laura. Debemos dejar esa época atrás y mirar hacia adelante.

Papá ve hacia las montañas.

—A menudo yo observaba esas montañas. Cambian en cada estación. En verano, al atardecer, eran rosadas y una sombra caía sobre ellas como una enorme águila. Yo deseaba poder montar esa águila y volar lejos . . . muy lejos.

Miré las montañas, intentando imaginar a mi papá en aquella época. Tenía entonces ocho años, un año más que yo, tres años más que Thomas . . .

—¡Miren! ¡Miren! Allí está el monumento —dice Thomas, y sale corriendo.

El monumento es alto, delgado y blanco. Papá dice que es un obelisco. El obelisco se ve muy extraño, erguido en medio de la nada. Sobre uno de sus lados, en caracteres japoneses negros, pueden leerse las palabras MONUMENTO A LOS MUERTOS. El obelisco señala el cementerio que se extiende detrás de un alambrado.

Entramos por una abertura.

En el monumento hay ofrendas sostenidas con trozos de madera o piedras. Son pájaros de origami, con sus alas atrapadas bajo pequeñas piedras. En una taza rota quedan migajas de un pastel de arroz. Hay también pedacitos de vidrio de colores y algunas monedas. La rama desnuda de un cerezo está enterrada en una de las grietas de la base del monumento.

Volteo la cabeza y veo entre otras la tumba de mi abuelo, rodeada de piedras. Mi abuelo murió en este campo. Los doctores dijeron que fue a causa de una neumonía, pero mi padre asegura que el abuelo comenzó a morir el día en que los soldados fueron a buscarlos para traerlos aquí en camiones.

El abuelo era pescador de atún. Tenía su propio barco, el *Arigato*, que significa "gracias" en japonés. Estaba muy agradecido por su buena vida. Mi padre nunca supo después qué ocurrió con el barco o con la casa de mis abuelos. Dice que el gobierno se los quitó así como le quitó la dignidad al abuelo cuando lo trajo aquí, tan lejos del mar.

Papá me dijo que mientras estaba en el campo, el abuelo salía todas las mañanas a contemplar el cielo y las nubes, y apreciar el clima. "Un buen día para pescar", solía decir.

obelisco pilar que termina en punta

origami arte japonés de doblar papel

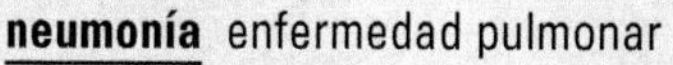

neumonía enfermedad pulmonar

En lugar de lápida, la tumba de mi abuelo tiene una pequeña torre de piedras apiladas. Su nombre, Shiro Iwasaki, y la fecha, 1943, están escritos en la piedra más alta.

Mi padre saca un cardo seco que el viento ha metido dentro del círculo de piedras de la tumba. Mamá deja flores de seda en el sitio que ocupaba el cardo, y papá coloca una piedra sobre los tallos para que no se vuelen. Nos quedamos allí, observando las flores moradas, amarillas y escarlata sobre la tierra café. El viento mueve los pétalos.

Responde

1. Describe los temores y las preocupaciones que hicieron que el gobierno de Estados Unidos trasladara a los japoneses americanos a campos de reasentamiento.
2. ¿Qué crees que quiso decir el padre de Laura cuando afirmó que el abuelo había comenzado a morir el día en que los soldados lo llevaron al campo de reasentamiento?

Lección 1

Tiempos

1905 — 1945 — 1985

1911 Las mujeres de California obtienen el derecho a votar en elecciones estatales

1917 Estados Unidos entra en la Primera Guerra Mundial

1927 Se estrena el primer largometraje sonoro

REFLEXIONA
¿Qué cambios políticos, económicos y culturales se produjeron en California a principios del siglo XX?

- **Explora las nuevas industrias que se desarrollaron en California a principios del siglo XX.**
- **Examina el desarrollo político de California a principios del siglo XX.**

VOCABULARIO
sobornar pág. 359
reformar pág. 359
enmienda pág. 359
sufragio pág. 359
bien de consumo pág. 362
aviación pág. 363

PERSONAS
Hiram Johnson
Caroline Severance
Louis B. Mayer

LUGARES
canal de Panamá
Hollywood

Destreza clave **CAUSA Y EFECTO**

Normas de California
HSS 4.4, 4.4.6, 4.4.9

Comienza un nuevo siglo

IMAGÍNATE ALLÍ

A tu alrededor las personas están en silencio, pero la voz del gobernador resuena con confianza. Te encuentras en Sacramento, en 1910, escuchando un discurso de **Hiram Johnson**, el nuevo gobernador de California. Johnson promete que su gobierno será honesto. Dice que todos los californianos tendrán derecho a decir cómo quieren gobernar su estado. Sientes que se acercan buenos tiempos para California.

Hiram Johnson prometió luchar por el pueblo de California. Se comprometió a "expulsar para siempre a la compañía del ferrocarril Southern Pacific de la política estatal".*

*Hiram Johnson. De *California: A History* por Andrew Rolle. Harlan Davidson, 1998.

CIVISMO

Valores democráticos

El voto es un derecho que muchos estadounidenses tuvieron que ganar.

La Constitución de Estados Unidos fue enmendada muchas veces para aprobar el sufragio de los ciudadanos. La Enmienda 15 establece que es ilegal que los estados impidan el voto a los ciudadanos que no son blancos y la Enmienda 19 garantiza el derecho al voto de las mujeres. En 1971, la Enmienda 26 redujo la edad para votar de 21 a 18 años. Con el tiempo, se han aprobado varias leyes relacionadas con el derecho al voto de los ciudadanos. Por ejemplo, la Ley de Derecho al Voto de 1965 establece que ningún estado puede cobrar impuestos o aplicar una prueba a los ciudadanos para permitirles votar.

Las líderes de la Asociación por el Sufragio Igualitario de California, *California Equal Suffrage Association*, marchan en Oakland, en 1908.

Reformas en el gobierno

A principios del siglo XX, la economía de California experimentó un auge. Sin embargo, muchos de los negocios que fortalecieron la economía también provocaron problemas. Las compañías petroleras y otras grandes empresas eran muy poderosas. El gobierno les permitía cobrar altos precios y esto les daba ventajas injustas.

Para obtener esas ventajas, los empresarios a menudo sobornaban a los funcionarios del gobierno. **Sobornar** es prometer que se entregará dinero o algún regalo a alguien a cambio de que esa persona haga algo.

Algunos habitantes de California deseaban **reformar** el gobierno estatal, es decir, cambiarlo para que mejorara. El primer paso fue elegir a Hiram Johnson como gobernador. Bajo su mandato, los californianos votaron a favor de 22 **enmiendas**, o cambios, a la constitución del estado. Las enmiendas dieron al pueblo más control sobre el gobierno estatal.

En 1911 se produjo otro cambio importante. Las mujeres de California obtuvieron el **sufragio**, o derecho al voto, en elecciones estatales. **Caroline Severance** fue la primera mujer en registrarse para votar. Fue una de las líderes del movimiento a favor del sufragio y ayudó a que California se convirtiera en el sexto estado en permitir el voto femenino. Las mujeres no tuvieron derecho a votar en elecciones nacionales hasta 1920.

REPASO DE LA LECTURA **CAUSA Y EFECTO**
¿Cómo afectaron las reformas en el gobierno estatal a las mujeres de California?

El canal de Panamá

Durante largo tiempo, muchas personas habían soñado con tener un canal que uniera los océanos Atlántico y Pacífico a través del istmo de Panamá. Francia intentó construir ese canal a finales del siglo XIX, pero fracasó.

En 1903, Panamá, un país que se había formado recientemente, dio a Estados Unidos el derecho a construir un canal de 51 millas de largo. Los trabajos comenzaron en 1904, pero la construcción del canal fue muy difícil. Los trabajadores tuvieron que remover toneladas de roca y tierra, despejar extensos bosques tropicales y enfrentar enfermedades. El **canal de Panamá** no se inauguró hasta 1914.

Tal como había sucedido con el ferrocarril transcontinental, el canal de Panamá incrementó el comercio entre California y el resto del mundo. Ahora, los barcos ya no debían navegar alrededor de América del Sur para llegar desde el océano Atlántico hasta el océano Pacífico.

Los californianos se entusiasmaron con el canal de Panamá. Gracias a él, la ruta entre California y la costa este de Estados Unidos se acortó en más de 7,000 millas, y el tiempo de viaje entre ambas costas se redujo a solo un mes. Además, los habitantes de Los Angeles estaban contentos porque el canal llevaría más barcos al nuevo puerto de la ciudad.

REPASO DE LA LECTURA **GENERALIZAR**

¿Cómo ayudó el canal de Panamá a que Estados Unidos mantuviera sus lazos comerciales con la cuenca del Pacífico?

El buque de guerra *Ohio* cruza el canal de Panamá en 1915. Para navegar entre los océanos Pacífico y Atlántico, los barcos pasaban a través de esclusas, como la esclusa Gatun (recuadro).

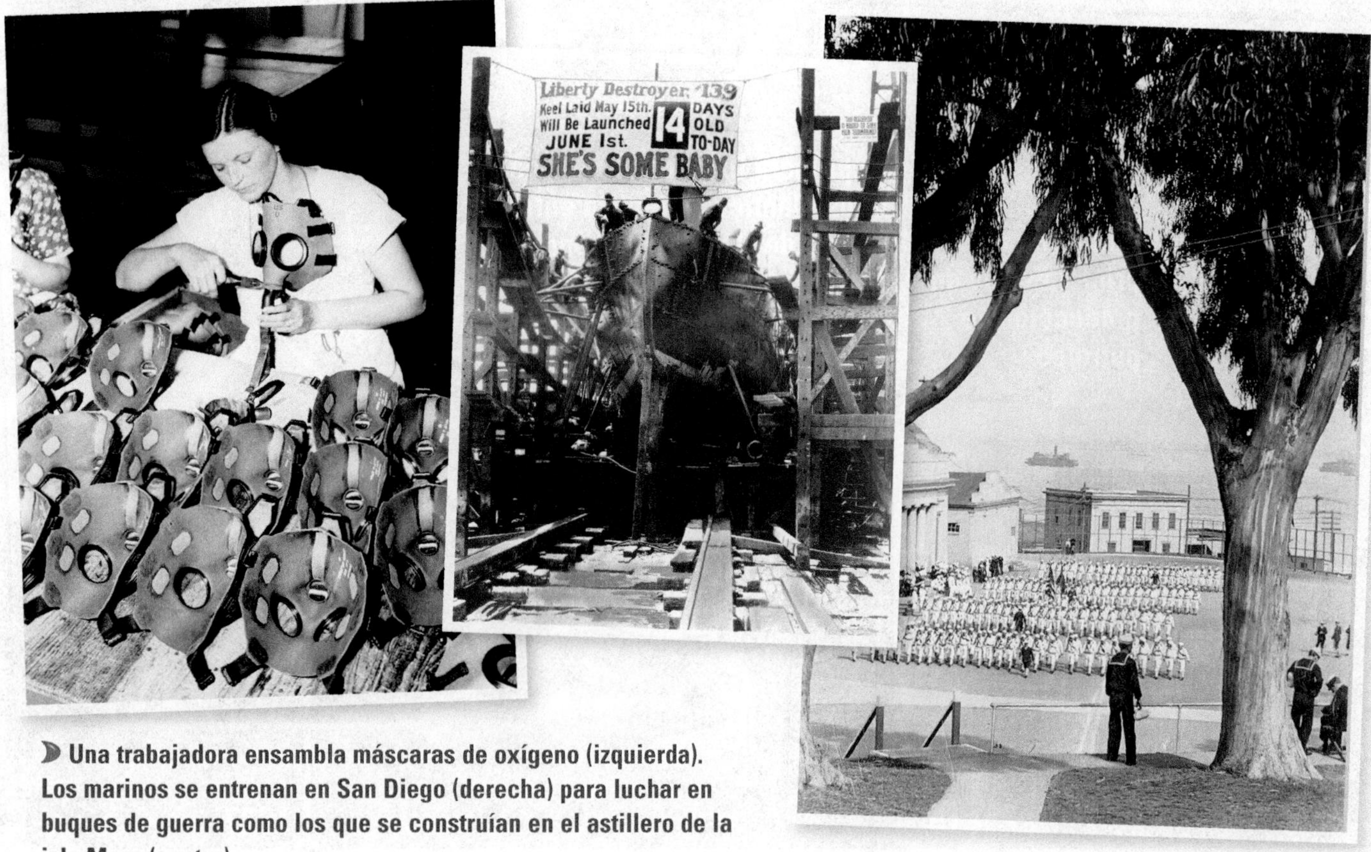

Una trabajadora ensambla máscaras de oxígeno (izquierda). Los marinos se entrenan en San Diego (derecha) para luchar en buques de guerra como los que se construían en el astillero de la isla Mare (centro).

Una guerra mundial

La inauguración del canal de Panamá transformó las rutas marítimas del mundo. Sin embargo, muy pronto la atención del mundo se concentraría en otra cosa: la guerra en Europa. Esta guerra, que más tarde se conoció con el nombre de Primera Guerra Mundial, comenzó en 1914. Estados Unidos no participó en ella hasta 1917, después de que Alemania atacara barcos estadounidenses.

Una famosa canción llamaba a los estadounidenses a unirse a la batalla con estas palabras:

> **"Escucha que nos llaman,
> a ti y a mí,
> a todos los hijos de la
> libertad, date prisa
> no te tardes, ve hoy . . ."***

*De "Over There", canción por George M. Cohan. 1917. www.loc.gov.

Los californianos fueron algunos de los muchos americanos que respondieron al llamado. Los soldados dejaron a sus familias para luchar en los campos de batalla europeos.

Los que no cruzaron el océano se quedaron trabajando en granjas y fábricas. California suministró barcos, comida, algodón para los uniformes y petróleo para combustible. Algunas mujeres se unieron a la fuerza de trabajo y tomaron los empleos que los hombres habían dejado al partir.

A medida que la demanda de productos crecía, se necesitaban más trabajadores. Miles de personas se mudaron a California para trabajar. Cuando la guerra terminó, en 1918, la economía de California era más fuerte que nunca.

REPASO DE LA LECTURA **CAUSA Y EFECTO**
¿Qué efecto tuvo la Primera Guerra Mundial sobre la economía de California?

UN ESTILO DE VIDA MODERNO
California es el primer estado en producción de petróleo.
La primera llamada telefónica transatlántica se realiza entre la ciudad de New York y Londres.
Charles A. Lindbergh realiza solo el primer vuelo transatlántico sin escalas.
1924
1927

Tiempos de cambio

En los años que siguieron a la Primera Guerra Mundial hubo muchos cambios en el modo de vida de los habitantes de California. Los nuevos bienes de consumo transformaron la vida en los hogares. Un **bien de consumo** es un producto que se fabrica para que las personas lo usen. Los habitantes de California y del resto de Estados Unidos comenzaron a usar nuevos productos, como aspiradoras, lavadoras de ropa y radios.

Otro cambio importante en la vida de las personas fue la creciente popularidad del automóvil. Los primeros automóviles de gasolina recorrieron las calles de California a principios del siglo XX. A medida que se hacían más accesibles, todos querían tener uno. Hacia 1920, había ya cerca de 600,000 automóviles en California.

Los californianos estaban entre los principales consumidores. ¡Hacia 1925 había en Los Angeles un automóvil por cada tres personas! El automóvil cambió el modo de vida de los habitantes de California. Las personas los usaban para ir al trabajo, para hacer las compras y para ir casi a todas partes. Se realizaban largos viajes familiares en automóvil. Pronto, el gobierno construyó un sistema de carreteras estatales.

A medida que más estadounidenses compraban y conducían automóviles, la demanda de petróleo también aumentaba. A principios del siglo XX, los californianos descubrieron enormes yacimientos de petróleo en el sur del estado. Durante la década de 1920, la industria petrolera de California se convirtió en la más grande de la nación.

Los californianos tienen más de 800,000 automóviles.

A fines de la década de 1920, las películas ya eran "habladas". Los cines fueron uno de los primeros lugares de California que tuvieron aire acondicionado.

Un informe de la Comisión Federal de Radio afirma que existen en Estados Unidos más de 612 estaciones de radio con licencia.

fines de la década de 1920

1930

1931

A principios del siglo XX, otra nueva industria también comenzó a transformar la vida en el sur de California: la aviación. La **aviación** es la industria que se dedica a la construcción y el vuelo de aviones.

Gracias a su clima templado, el sur de California resulta un lugar apropiado para construir y probar aviones. Los pilotos podían realizar vuelos de prueba durante la mayor parte del año. En 1909, en Santa Ana, Glenn Martin construyó la primera fábrica de aviones de California. En la década de 1920, otros cuatro constructores de aviones ya tenían fábricas cerca de Los Angeles. En 1943, la industria de la aviación tenía en California más de 280,000 empleados.

REPASO DE LA LECTURA **GENERALIZAR**
¿Cómo ayudó el clima del sur de California al desarrollo de la industria de la aviación?

Las películas son un éxito

La industria cinematográfica pronto trajo aun más cambios al sur de California. A principios del siglo XX, las cámaras cinematográficas no eran muy apropiadas para filmar en interiores. Las filmaciones al aire libre eran de mejor calidad y en California era posible filmar en exteriores durante todo el año. El sur de California también ofrecía casi todos los tipos de paisaje que se necesitaban en las películas: montañas, valles, desiertos y playas.

El negocio del cine creció rápidamente a principios del siglo XX. Muchos propietarios de teatros decidieron reemplazar las actuaciones en vivo por películas, que eran más baratas. Sin embargo, las primeras películas no tenían sonido.

Louis B. Mayer fue un exitoso productor de cine. Comenzó su carrera con una sala de cine en 1907 y más tarde dirigió uno de los estudios cinematográficos más importantes, llamado Metro-Goldwyn-Mayer, o MGM.

En 1927, las películas sonoras, o habladas, aumentaron la popularidad del cine. Muy pronto, se convirtió en la industria más importante del estado. Hoy, **Hollywood** es la capital mundial del cine.

REPASO DE LA LECTURA **SACAR CONCLUSIONES**
¿Por qué crees que los cineastas preferían filmar donde podían encontrar paisajes diferentes?

Este director da instrucciones en voz alta a su equipo durante una filmación en el sur de California en 1920.

Resumen

A principios del siglo XX, los californianos reformaron su gobierno estatal. El canal de Panamá se inauguró en 1914. Durante la Primera Guerra Mundial, la demanda de productos impulsó la economía. Después de la guerra, se desarrollaron nuevas industrias en el sur de California.

REPASO

1. ¿Qué cambios políticos, económicos y culturales se produjeron en California a principios del siglo XX?
2. ¿Cómo se relacionan los términos **reforma** y **enmienda**?
3. ¿Cómo influyó el clima de California en el desarrollo de nuevas industrias?

RAZONAMIENTO CRÍTICO

4. DESTREZA DE ANÁLISIS **Aplícalo** ¿Qué cambios tecnológicos de principios del siglo XX continúan formando parte de la vida de las personas actualmente?
5. **Escribe un guión** En grupo, escribe un guión acerca de algún evento que haya ocurrido en California a principios del siglo XX. Lee el guión a la clase.
6. Destreza clave **CAUSA Y EFECTO**

En una hoja de papel, copia y completa el organizador gráfico de abajo.

Causa	Efecto
	Se construyeron más carreteras.
Creció la demanda de petróleo.	

Louis B. Mayer

Biografía

Integridad
Respeto
Responsabilidad
Equidad
Bondad
Patriotismo

*"Sólo haré películas que no me avergüence que vean mis hijos."**

Louis B. Mayer nació en Rusia en 1885. Cuando tenía tres años, se mudó con sus padres a Canadá. En 1904, Mayer se fue a vivir a Massachusetts y allí entró al negocio del cine. En 1907, Mayer compró una pequeña sala de cine y comenzó a exhibir películas. En pocos años se convirtió en el dueño de una cadena de cines en New England.

Louis B. Mayer (derecha) con la estrella de *Gone With the Wind*, Clark Gable (izquierda).

Mayer se mudó a California y fundó la compañía Louis B. Mayer Pictures en 1917. Más tarde, esta compañía cinematográfica pasó a formar parte de Metro-Goldwyn-Mayer (MGM). En la MGM, Mayer realizó algunas de las películas más famosas de todos los tiempos, incluyendo *Ben-Hur* y *Grand Hotel*. Este tipo de películas ofrecían a los estadounidenses una oportunidad de viajar a un mundo de aventuras, música y alegría. Ir al cine se convirtió en el pasatiempo favorito de muchas personas.

*Louis B. Mayer. De *Hollywood Rajah: The Life and Times of Louis B. Mayer* por Bosley Crowther. Holt, Rinehart, and Winston. 1960.

La importancia del carácter

¿Cómo muestra la cita que Mayer era un cineasta responsable?

1885 Nace

1957 Muere

1907 Compra una pequeña sala de cine en Haverhill, Massachusetts

1917 Funda la compañía Louis B. Mayer Pictures en Hollywood, California

1924 La compañia Louis B. Mayer Pictures se une a las compañías Metro Pictures y Goldwyn Pictures para formar MGM

Visita MULTIMEDIA BIOGRAPHIES en www.harcourtschool.com/hss para hallar biografías multimedia.

FUENTES PRIMARIAS

Filmar películas en California

Al principio, la mayoría de las películas de Estados Unidos se filmaban en la ciudad de New York o en New Jersey. Luego, durante los primeros años del siglo XX, algunos cineastas se dieron cuenta de que el sur de California era un lugar mucho mejor para hacer sus películas. Allí, la variedad de paisajes y el clima cálido permitían a los cineastas filmar durante todo el año.

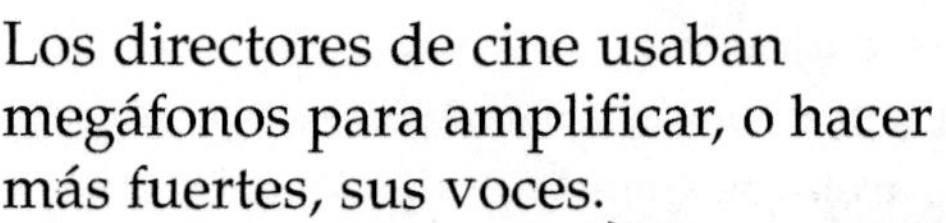

Los directores de cine usaban megáfonos para amplificar, o hacer más fuertes, sus voces.

Un cartel publicitario de la película *Swing Time*, estrenada en 1936.

Las claquetas como esta sirven para identificar las diferentes escenas de una película para poder agregarles el sonido durante la edición.

DESTREZA DE ANÁLISIS

Analizar objetos del pasado

1. **¿Por qué crees que los directores necesitaban megáfonos?**
2. **¿En qué se parece la cámara filmadora antigua a las cámaras de vídeo de hoy? ¿En qué se diferencia?**
3. **¿Quiénes eran las estrellas de *Swing Time*?**

APRENDE en línea

Visita PRIMARY SOURCES en **www.harcourtschool.com/hss** para hallar fuentes primarias.

Cámara filmadora antigua

Este famoso símbolo se erigió en 1923 como publicidad para una compañía de bienes raíces. Más tarde se le quitó la palabra *land*.

Lección 2

Tiempos

1905 · 1945 · 1985

1929 Comienza la Gran Depresión

1932 Franklin D. Roosevelt es elegido presidente

1933 Comienzan los trabajos de construcción del puente Golden Gate

REFLEXIONA
¿Cómo afectaron la Gran Depresión y el Dust Bowl a los californianos?

- ✓ Explora los eventos que provocaron la Gran Depresión.
- ✓ Describe el Dust Bowl.
- ✓ Explica cómo los programas de gobierno ayudaron a los californianos durante la Gran Depresión.

VOCABULARIO
acción pág. 369
depresión pág. 369
desempleo pág. 369
trabajador migratorio pág. 371

PERSONAS
John Steinbeck
Joseph B. Strauss
Franklin D. Roosevelt
Dorothea Lange

LUGARES
Dust Bowl
Golden Gate

CAUSA Y EFECTO

HSS 4.4, 4.4.4, 4.4.5, 4.4.9

Tiempos difíciles para los californianos

IMAGÍNATE ALLÍ

Es una fría mañana de 1930 en Los Angeles. Tú cuentas las personas en la fila del comedor de beneficencia en donde trabajas como voluntario y notas que son al menos 150. La fila es tan larga que da vuelta a la esquina. Observas tu pila de emparedados y te preguntas si habrá suficiente para todas las personas que perdieron sus empleos y sus casas desde que la bolsa de valores se derrumbó, el año pasado.

La Gran Depresión

En California y en todo Estados Unidos la década de 1920 fue una buena época para la mayoría de las personas. Las ciudades y los negocios crecieron, y también creció el valor de las acciones. Una **acción** es un título que representa la participación en la propiedad de una empresa.

Para comprar tantas acciones como era posible, muchas personas pidieron dinero prestado a los bancos. Luego, en octubre de 1929, el valor de las acciones comenzó a bajar. Miles de personas en todo el país se apresuraron a vender sus acciones antes de que el valor descendiera aun más. El 29 de octubre, el precio bajó tanto que comenzó a hablarse de un derrumbe de la bolsa. Casi todas las personas que tenían acciones perdieron dinero.

El derrumbe de la bolsa de valores de 1929 llevó a una **depresión** económica, es decir, una época en la que hay muy poco empleo y las personas tienen muy poco dinero. La depresión que comenzó en 1929 fue tan dura que se conoce como la Gran Depresión.

Mientras tanto, los bancos habían estado prestando mucho dinero. Como resultado, muchos se quedaron sin dinero y tuvieron que cerrar. Cuando los bancos cerraron, las personas perdieron sus ahorros. Como las personas tenían menos dinero, compraban pocas cosas. Esto causó la ruina de muchos negocios y dejó a sus empleados sin trabajo. Durante casi toda la década de 1930, el **desempleo**, o sea el número de personas sin trabajo, fue muy alto. En 1934, uno de cada cinco trabajadores de California estaba desempleado.

REPASO DE LA LECTURA **CAUSA Y EFECTO**
¿Cuáles fueron algunos de los efectos de la Gran Depresión?

Personas desempleadas reciben su ración de comida en la iglesia Los Angeles Plaza durante la Gran Depresión. ¿Qué otra clase de ayuda habrían necesitado?

DATOS BREVES

Al comienzo de la Gran Depresión, 1 millón de estadounidenses estaban desempleados. Hacia 1932, ese número había aumentado a 12 millones.

Región del Dust Bowl

Región del Dust Bowl

Áreas dañadas por las tormentas de polvo

DESTREZA DE ANÁLISIS **Analizar mapas** **Cerca de 350,000 familias, incluyendo a la familia que aparece a la izquierda, fueron a California para escapar del Dust Bowl.**

Regiones **¿Partes de qué estados se encontraban en la región del Dust Bowl?**

El Dust Bowl

La Gran Depresión también afectó a los granjeros, pero las cosas estaban por empeorar aun más. A principios de la década de 1930, muchos estados agrícolas del centro del país fueron afectados por una sequía. Las zonas que sufrieron la peor sequía se encontraban en Oklahoma, Texas, Kansas, Colorado y New Mexico. En algunos sitios, el suelo se secó tanto que la tierra se convirtió en polvo. Fuertes vientos causaron enormes tormentas de polvo en algunas áreas. Estas zonas se conocieron como el **Dust Bowl**, que significa "tazón de polvo".

Una de las peores tormentas de polvo se desató en abril de 1935. La enorme cantidad de polvo que volaba oscureció el cielo y sepultó los cultivos de las granjas. También invadió las casas, filtrándose por las rendijas de puertas y ventanas.

Muchas de las personas que vivían en el Dust Bowl querían marcharse. Habían perdido sus hogares y granjas, y California parecía un buen lugar para mudarse. Las películas mostraban que

Un campamento de trabajadores migratorios en California.

el estado tenía tierras fértiles y playas cálidas y soleadas. Y también se decía que había allí muchos empleos.

A mediados y finales de la década de 1930, llegaron a California más de 100,000 personas por año. Para muchos de los recién llegados, la vida allí no resultó tan buena como esperaban. Algunos californianos no los miraban con buenos ojos. Los trabajadores de California temían que los recién llegados les quitaran sus empleos. Como muchos venían de Oklahoma, se les dio el sobrenombre de "okies". Algunos californianos pidieron a sus líderes que aprobaran leyes para mantener a los "okies" fuera del estado.

La mayoría de los recién llegados habían sido granjeros y esperaban conseguir empleo en áreas agrícolas como el valle Central, pero había pocos empleos permanentes. Muchos hombres, mujeres y niños se convirtieron entonces en **trabajadores migratorios**, o sea que viajaban de un lugar a otro para trabajar en las cosechas.

A los trabajadores migratorios se les pagaba muy poco: solo alrededor de 4 dólares por 16 horas de trabajo diario, 7 días a la semana. Como el dinero que ganaban no les alcanzaba para pagar renta, muchos vivían en tiendas de campaña. Otros vivían en sus automóviles o camionetas, o en chozas construidas con cualquier material que encontraban. No tenían agua corriente y la comida era escasa. Las condiciones insalubres de vida causaron que muchos se enfermaran.

John Steinbeck escribió acerca de esas terribles condiciones en su libro *Las uvas de la ira*, publicado en 1939. El libro narraba el trato injusto que se daba a los trabajadores migratorios en el valle de San Joaquin.

Los niños EN LA HISTORIA

La escuela Weedpatch

Observa tu escuela. ¿La podrían haber construido tú y tus compañeros sin ayuda? Eso fue lo que hicieron los niños y las niñas del campamento Weedpatch, cerca de Bakersfield, en 1940. El gobierno de Estados Unidos había establecido el campamento Weedpatch para las familias migratorias, pero el campamento no tenía escuela. El superintendente de escuelas y los niños del campamento construyeron una escuela con materiales que les habían donado. La escuela Weedpatch tenía salones de clases, laboratorio, huerta y una alberca.

Aplícalo ¿Qué cosas podrían hacer los estudiantes para ayudar en tu escuela?

Los niños y las niñas del campamento Weedpatch hicieron sus pupitres y sillas con recortes de madera y cajones de naranjas.

REPASO DE LA LECTURA **CAUSA Y EFECTO**
¿Cuál fue la causa de que muchos granjeros se mudaran a California en la década de 1930?

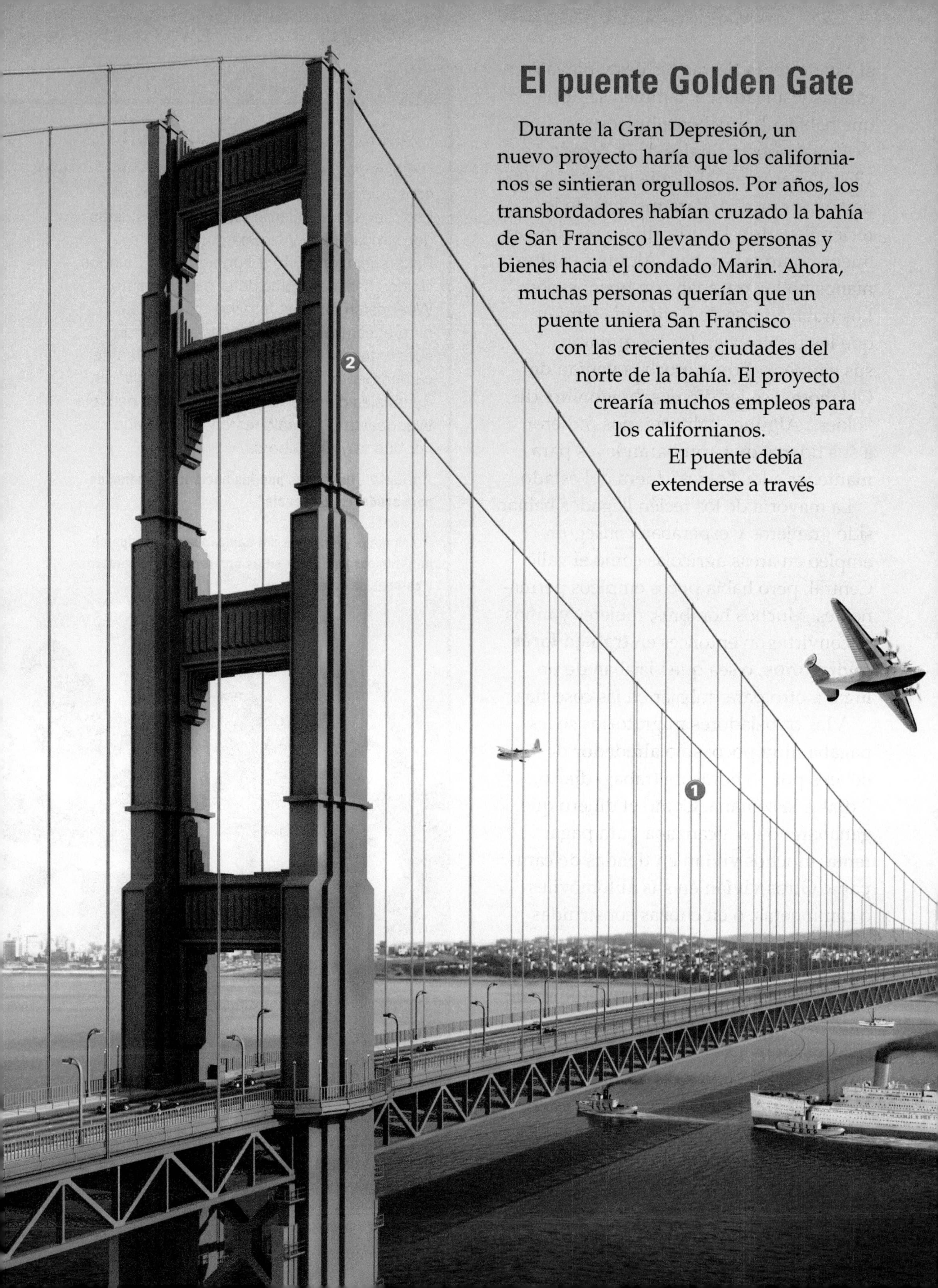

El puente Golden Gate

Durante la Gran Depresión, un nuevo proyecto haría que los californianos se sintieran orgullosos. Por años, los transbordadores habían cruzado la bahía de San Francisco llevando personas y bienes hacia el condado Marin. Ahora, muchas personas querían que un puente uniera San Francisco con las crecientes ciudades del norte de la bahía. El proyecto crearía muchos empleos para los californianos.

El puente debía extenderse a través

del **Golden Gate**, una angosta masa de agua que conecta la bahía de San Francisco con el océano Pacífico. El ingeniero principal **Joseph B. Strauss** y su equipo de trabajadores tardaron cuatro años en completar el proyecto.

La construcción del puente era un trabajo peligroso. A cientos de pies sobre el agua, los trabajadores debían enfrentar el viento, la lluvia y la niebla. De hecho, 19 trabajadores cayeron al vacío y salvaron sus vidas gracias a una red de seguridad que se había colgado debajo del puente.

El 27 de mayo de 1937, un enorme desfile celebró la inauguración del puente Golden Gate. El puente medía aproximadamente dos millas de longitud y era el más largo del mundo en aquella época. Ese día, una enorme multitud cruzó el puente a pie. Al día siguiente, el puente se abrió para los automóviles. Desde 1937, cerca de 2 millardos de automóviles y otros vehículos han cruzado el puente Golden Gate.

REPASO DE LA LECTURA **SACAR CONCLUSIONES**
¿Cómo ayudó el puente Golden Gate a los californianos durante la Gran Depresión?

Ayuda para los californianos

Además del Golden Gate, otros proyectos del gobierno de Estados Unidos ayudaron a los trabajadores de California. En 1933, en su primer discurso como presidente, **Franklin D. Roosevelt** dijo a los estadounidenses:

> **"Solo debemos temer al temor mismo . . . Nuestra tarea primordial y máxima es poner a trabajar a la gente."***

El presidente Roosevelt había prometido un "nuevo trato" para los estadounidenses. Se llamó Nuevo Trato a los programas que el gobierno implementó para ayudar a terminar con la Gran Depresión. Estos programas crearon empleos en la construcción de oficinas de correos, escuelas y carreteras. Uno de los programas contrataba personas para plantar árboles y realizar otros proyectos en beneficio del ambiente.

*Franklin D. Roosevelt. Discurso inaugural. 4 de marzo de 1933. www.archives.gov

Míralo *en detalle*

El puente Golden Gate

Como todos los puentes colgantes, el puente Golden Gate tiene una carretera suspendida, o colgada, de enormes cables. Estos cables pasan sobre unas torres altas y están anclados a tierra en cada extremo del puente.

1. **Si se pudieran extender los cables del puente, ¡darían tres vueltas alrededor de la Tierra!**
2. **Las torres miden 746 pies de altura y sostienen casi todo el peso de la carretera.**
3. **El puente mide 8,981 pies de longitud. El tramo más largo mide 4,200 pies.**

? Cualquier puente de la envergadura del Golden Gate tendría que soportar fuertes mareas y vientos. ¿Por qué crees que los constructores consideraron que un puente colgante sería el más adecuado para cruzar el Golden Gate?

...o de los programas contrataba a autores para que escribieran libros y a artistas para que pintaran murales. **Dorothea Lange** tomó fotografías de las familias que escapaban del Dust Bowl. Las fotografías de Lange influyeron para que el gobierno decidiera ayudar a los trabajadores agrícolas.

En el marco del Nuevo Trato, muchas personas fueron a trabajar en nuevos proyectos hídricos. En California se llevó a cabo el Proyecto Valle Central, o PVC. Este proyecto hídrico controlaba las inundaciones del río Sacramento y desviaba las aguas hacia el valle de San Joaquin.

REPASO DE LA LECTURA **RESUMIR**
Explica cómo los programas del Nuevo Trato ayudaron a California durante la Gran Depresión.

El canal Friant-Kern formó parte del Proyecto Valle Central.

Resumen

Durante la década de 1930, la Gran Depresión afectó la vida de los habitantes de California y del resto de Estados Unidos. Muchas personas abandonaron el Dust Bowl y se dirigieron a California en busca de trabajo. Los programas del gobierno ayudaron a crear empleos.

REPASO

1. ¿Cómo afectaron la Gran Depresión y el Dust Bowl a los californianos?
2. Usa el término **desempleo** para describir los efectos de una **depresión**.
3. ¿Cómo creía el presidente Roosevelt que los programas del Nuevo Trato podrían ayudar a terminar con la Gran Depresión?

RAZONAMIENTO CRÍTICO

4. DESTREZA DE ANÁLISIS ¿Cuál fue la relación entre el cierre de los bancos durante la Gran Depresión y el hecho de que las personas perdieran sus empleos?
5. **Escribe un artículo periodístico** Imagina que eres periodista de un periódico del valle Central. Acabas de conocer a un trabajador migratorio. Escribe un artículo acerca del viaje de esa persona y de sus esperanzas de una nueva vida.
6. Destreza clave **CAUSA Y EFECTO**

En una hoja de papel, copia y completa el organizador gráfico de abajo.

Causa	Efecto
Los bancos prestaron demasiado dinero.	
	Las personas perdieron sus ahorros.

Biografía

Integridad
Respeto
Responsabilidad
Equidad
Bondad
Patriotismo

Dorothea Lange

*"Ella . . . parecía saber que mis fotos podían ayudarla, entonces me ayudó a mí."**

Cuando era chica, a Dorothea Lange le gustaba observar a las personas. Este interés la llevó a tener una exitosa carrera como fotógrafa. Cuando Lange tenía 19 años, Arnold Genthe, un famoso fotógrafo, le regaló su primera cámara. Poco tiempo después, Lange comenzó a trabajar para fotógrafos de la ciudad de New York. Luego se mudó a San Francisco y abrió un estudio fotográfico.

Madre migratoria **es una de las fotografías más famosas de Dorothea Lange.**

En 1935, el gobierno de Estados Unidos la contrató para fotografiar a las víctimas del Dust Bowl y de la Gran Depresión. Sus fotografías, publicadas en periódicos y revistas, mostraban el sufrimiento de los pobres al resto de los estadounidenses. Pronto, el gobierno comenzó a implementar programas para ayudar a los trabajadores migratorios y a otras personas necesitadas.

*Dorothea Lange. Citada en *Popular Photography*. Febrero 1960.

La importancia del carácter

¿Cómo demostraba Dorothea Lange su bondad hacia las víctimas del Dust Bowl?

Biografía breve

1895 Nace

1919 Abre un estudio fotográfico

1935 Comienza a fotografiar campesinos estadounidenses por encargo del gobierno

Década de 1940 Toma fotografías de las familias japonesas americanas en los campos de reasentamiento

1965 Muere

Visita MULTIMEDIA BIOGRAPHIES en www.harcourtschool.com/hss para hallar biografías multimedia.

Tomar una decisión bien pensada

POR QUÉ ES IMPORTANTE

Todos los días, las personas toman decisiones. Algunas son más importantes que otras y deben pensarse más cuidadosamente. Por ejemplo, tal vez no tardes mucho en decidir lo que quieres desayunar. Sin embargo, puede que te tome mucho tiempo decidir qué carrera quieres estudiar cuando crezcas. Las decisiones difíciles tienen que pensarse más cuidadosamente porque sus resultados tendrán consecuencias a largo plazo. Una **consecuencia** es lo que ocurre a causa de una acción. Muchas de las decisiones que han tomado las personas a lo largo de la historia tienen consecuencias en tu vida actual.

LO QUE NECESITAS SABER

Tomar decisiones acertadas te ayudará a alcanzar tus metas. Para tomar una decisión bien pensada, sigue estos pasos.

Paso 1 **Haz una lista de opciones que puedan ayudarte a alcanzar tu meta.**

Paso 2 **Reúne la información que necesitarás para tomar una buena decisión.**

Paso 3 **Identifica las posibles consecuencias de cada opción. Decide qué opción tendrá mejores consecuencias.**

Paso 4 **Pon en práctica tu decisión.**

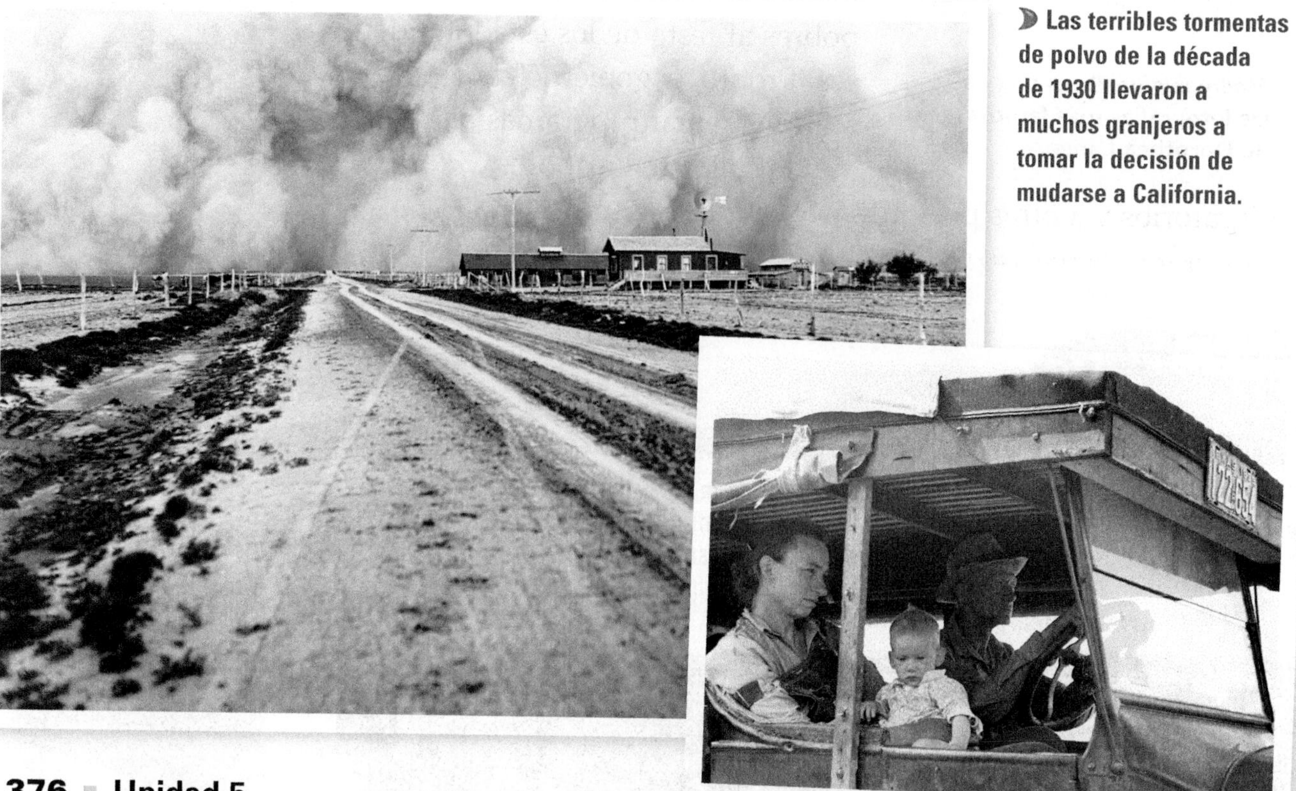

Las terribles tormentas de polvo de la década de 1930 llevaron a muchos granjeros a tomar la decisión de mudarse a California.

Para muchas personas, tener que vivir en campamentos migratorios fue una consecuencia de mudarse a California.

PRACTICA LA DESTREZA

Has leído que una terrible sequía afectó algunos estados agrícolas durante la Gran Depresión. La sequía creó el Dust Bowl, donde las enormes tormentas de polvo destruyeron las granjas. Recuerda lo que decidieron hacer muchos granjeros de la región del Dust Bowl. Piensa acerca de los desafíos que tuvieron que enfrentar como resultado de su decisión. Luego, responde las siguientes preguntas.

1. ¿Qué problemas tuvieron que enfrentar las personas que vivían en la región del Dust Bowl?
2. ¿Por qué muchas de esas personas decidieron mudarse a California? ¿Qué otras opciones tenían?
3. ¿Cuáles eran las ventajas y desventajas de mudarse a California? ¿Crees que las ventajas fueron mayores que las desventajas? ¿Por qué?

APLICA LO QUE APRENDISTE

Aplícalo Recuerda alguna decisión importante que hayas tomado en la escuela recientemente. Piensa acerca de cómo tomaste esa decisión. Identifica tus metas, la información que reuniste, las opciones que tenías y las consecuencias de cada opción. Si piensas en lo que hiciste, ¿crees que tomaste una decisión acertada? Puedes hablar acerca del tema con un compañero.

Lección 3

Tiempos

1905 — 1945 — 1985

1941 Estados Unidos entra en la Segunda Guerra Mundial

1942 Se envía a japoneses americanos a campos de reasentamiento

1945 Termina la Segunda Guerra Mundial

REFLEXIONA
¿Qué efectos tuvo la Segunda Guerra Mundial sobre California y sus habitantes?

- ✓ Explica cómo cambió California como resultado de la Segunda Guerra Mundial.
- ✓ Descubre dónde y por qué surgieron nuevas industrias en California durante la Segunda Guerra Mundial.

VOCABULARIO
pertrechos pág. 380
escasez pág. 380
bracero pág. 381
reciclar pág. 381
campo de reasentamiento pág. 382

PERSONAS
Henry J. Kaiser
David Gonzales
James Doolittle

LUGARES
Pearl Harbor
Fuerte Ord
Richmond
lago Tule
Manzanar

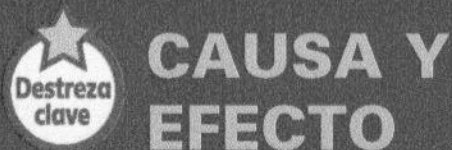

CAUSA Y EFECTO

Normas de California
HSS 4.4, 4.4.4, 4.4.5, 4.4.6

California y la Segunda Guerra Mundial

IMAGÍNATE ALLÍ

Es una fría mañana a principios de diciembre de 1941, en Oahu, Hawaii. Mientras contemplas las tranquilas aguas de **Pearl Harbor**, escuchas el sonido de unos aviones que se acercan. Una línea de aviones zumba a poca altura. Observas los círculos rojos en sus alas y te das cuenta de que se trata de aviones japoneses. ¡Están atacando Pearl Harbor!

Pearl Harbor, Hawaii, 7 de diciembre de 1941.

Soldados de todo el país recibieron entrenamiento en el Fuerte Ord y otras bases militares de California.

Los californianos y la Segunda Guerra Mundial

Desde 1939, muchos países combatían en la Segunda Guerra Mundial. De un lado estaban los aliados, integrados por Gran Bretaña, Francia y más tarde la Unión Soviética. Del otro lado, las Potencias del Eje, conformadas por Alemania, Italia y Japón.

Estados Unidos se había mantenido alejado del conflicto hasta 1941, cuando los japoneses atacaron Pearl Harbor. Durante ese ataque sorpresa, las bombas japonesas mataron a unos 2,400 estadounidenses y averiaron o destruyeron 21 barcos y 347 aviones. Al día siguiente, Estados Unidos declaró la guerra a Japón y entró en la Segunda Guerra Mundial.

Durante la Segunda Guerra Mundial, cerca de 750,000 hombres y mujeres de California se unieron a las fuerzas armadas. Miles partieron a luchar al Pacífico Sur. Muchos otros lucharon en África del Norte y en Europa.

Muchos soldados se entrenaron en las bases militares de California. Antes de la guerra, existían solo unas pocas bases militares en California. Cuando terminó la guerra, había docenas. El Fuerte Ord, cerca de Monterey, fue uno de los mayores centros de entrenamiento militar de Estados Unidos.

REPASO DE LA LECTURA **CAUSA Y EFECTO** **¿Cuál fue uno de los efectos que tuvo la Segunda Guerra Mundial sobre California?**

California envió tropas a combatir en la guerra.

El esfuerzo de la guerra, en casa

Mientras los soldados, marinos y pilotos californianos se encontraban lejos, combatiendo en la guerra, los californianos que se quedaron también contribuyeron a los esfuerzos de la guerra. Estados Unidos necesitaba barcos y aviones, y fábricas para hacer **pertrechos**, es decir, suministros militares y armas. También se requería combustible para aviones, barcos y tanques y se necesitaban alimentos.

California ayudó a satisfacer estas necesidades. Las compañías petroleras comenzaron a trabajar al máximo de su capacidad. Las compañías de aviación del sur de California ampliaron sus fábricas antiguas y construyeron fábricas nuevas en Burbank, Santa Monica, Long Beach y San Diego.

La construcción de barcos se convirtió en una gran industria en California. Durante la Segunda Guerra Mundial, uno de cada cuatro barcos se construía en California. Muchos barcos se construyeron en **Richmond**, en la fábrica de **Henry J. Kaiser**. Kaiser había ayudado a construir la presa Shasta, pero durante la guerra se concentró en la construcción de barcos.

Se produjo una **escasez**, o falta, de trabajadores locales para construir los barcos que se requerían para la guerra. Entonces, Kaiser hizo correr la voz por todo el país de que se necesitaban trabajadores. Llegaron miles de personas. Muchos de los trabajadores recién llegados a California eran afroamericanos del Sur. Durante la guerra, llegaron más de 300,000 afroamericanos para trabajar en los astilleros y otras industrias de California.

En fábricas de aviones, astilleros y acerías, las mujeres ocuparon muchos de los puestos que los hombres habían dejado para ir a la guerra.

La Segunda Guerra Mundial
1939
1941
1943
1945
1939
Alemania invade Polonia, dando comienzo a la Segunda Guerra Mundial
1941
Estados Unidos entra en la Segunda Guerra Mundial
1944
Para los aliados, la invasión a Francia en el Día D es un momento decisivo de la guerra
1945
Japón se rinde y la Segunda Guerra Mundial llega a su fin
BOMBERS RAID MANILA
Journal American
U. S. DECLARES WAR ON JAPAN

DESTREZA DE ANÁLISIS Analizar líneas cronológicas

¿Cuántos años duró la participación de Estados Unidos en la Segunda Guerra Mundial?

Miles de personas llegaron a California para trabajar en la industria de la aviación. Para satisfacer la necesidad de aviones de guerra, las compañías de aviación contrataron a más de 200,000 trabajadores. Tal como ocurría en otras industrias, un gran número de trabajadores de la industria de la aviación eran mujeres. Durante la guerra, muchas mujeres trabajaron por primera vez fuera de sus hogares. Trabajaron en fábricas, acerías, astilleros y oficinas. También se ocupaban de administrar granjas y negocios familiares.

En 1942, Estados Unidos y México crearon el Programa Bracero. Este programa trajo a trabajadores mexicanos, también llamados **braceros**, a California. Ellos realizaron muchas de las labores agrícolas en California durante y después de la guerra.

Los niños también contribuyeron con el esfuerzo de la guerra. Recolectaban metal, hule, papel y otros artículos que los militares podían **reciclar**, o volver a usar.

La población de California creció rápidamente gracias a los trabajadores que llegaron al estado para contribuir con los esfuerzos de la guerra. Durante los años de guerra, la población de California aumentó en más de 2 millones de habitantes. Algunas ciudades, como Los Angeles, estaban superpobladas y no se construían suficientes viviendas. Como los materiales para la construcción se necesitaban para la guerra, resultaba difícil que estuvieran disponibles para quienes estaban en el país.

REPASO DE LA LECTURA **CAUSA Y EFECTO**

¿Cómo afectó la Segunda Guerra Mundial a la población de California?

Los japoneses americanos y la guerra

Cuando se produjo el ataque a Pearl Harbor, vivían en Estados Unidos cerca de 125,000 personas de antepasados japoneses. La mayoría de los japoneses americanos vivían en California. Muchos de ellos habían nacido en este país y eran ciudadanos de Estados Unidos. El ataque a Pearl Harbor hizo que quisieran defender a Estados Unidos. De hecho, los japoneses americanos del equipo de combate del Regimiento 442 recibieron más medallas al valor que cualquier otro grupo del ejército.

Sin embargo, mucha gente en Estados Unidos temía que los japoneses americanos fueran leales a Japón. En febrero de 1942, el gobierno ordenó que cerca de 110,000 japoneses americanos fueran trasladados a campos de reasentamiento. Cada **campo de reasentamiento** era como una prisión.

En California había dos campos de reasentamiento, uno en **lago Tule** y el otro en **Manzanar**, en el valle del Owens. Los campos se habían construido apresuradamente y no contaban con calefacción ni aire acondicionado. Las familias compartían las áreas de lavandería y los servicios sanitarios. Los campos estaban cercados con cercos y alambre de púas.

A pesar de esas condiciones, los japoneses americanos intentaron por todos los medios que los campos se parecieran a sus hogares. Hicieron muebles con recortes de madera y metal, fundaron escuelas y equipos deportivos.

REPASO DE LA LECTURA **GENERALIZAR**

¿Por qué el gobierno de Estados Unidos envió a los japoneses americanos a vivir en campos de reasentamiento?

Aunque la vida en los campos de reasentamiento era difícil, los internados trataban de que su estancia allí fuera lo mejor posible. En los campos, los niños se divertían jugando al béisbol.

La guerra llega a su fin

Cuando terminó la guerra, en 1945, habían muerto millones de personas. De los cerca de 400,000 estadounidenses que perdieron la vida, más de 17,000 eran de California. **David Gonzales** y **James Doolittle** estaban entre los 13 soldados californianos que recibieron la Medalla de Honor del Congreso, la distinción militar más importante de Estados Unidos.

La vida de los japoneses americanos continuó siendo difícil después de la guerra. Luego de ser enviados a los campos de reasentamiento, muchos de ellos se quedaron sin hogares y sin empleos. En 1990, quienes habían estado internados en campos de reasentamiento y aún vivían, recibieron una disculpa oficial del gobierno de Estados Unidos.

REPASO DE LA LECTURA **SACAR CONCLUSIONES**
¿Por qué la vida de los japoneses americanos siguió siendo difícil después del fin de la guerra?

Un soldado abraza a su madre cuando regresa a su casa en Los Angeles después de la guerra.

Resumen

Muchos californianos lucharon en la Segunda Guerra Mundial. Los bienes que se producían en California ayudaron alos esfuerzos de la guerra. Durante ella, muchos japoneses americanos fueron encerrados en campos de reasentamiento.

REPASO

1. ¿Qué efectos tuvo la Segunda Guerra Mundial sobre California y sus habitantes?
2. Usa el término **reciclar** para explicar cómo ayudaron los niños a los esfuerzos de la Segunda Guerra Mundial.
3. ¿Cómo afectó la Segunda Guerra Mundial a los trabajadores de California?
4. ¿Por qué error del pasado pidió disculpas el gobierno de Estados Unidos en 1990?

RAZONAMIENTO CRÍTICO

5. DESTREZA DE ANÁLISIS ¿Por qué crees que California fue un lugar adecuado para las bases militares durante la Segunda Guerra Mundial?
6. **Haz un anuncio** Durante la Segunda Guerra Mundial, los anuncios del gobierno animaban a la población a unirse al esfuerzo de la guerra. Haz un anuncio que anime a realizar una tarea importante para ayudar en la guerra.
7. Destreza clave **CAUSA Y EFECTO**

En una hoja de papel, copia y completa el organizador gráfico de abajo.

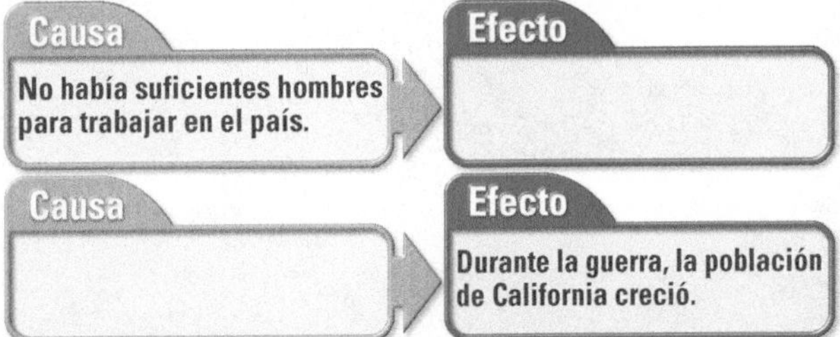

Causa
No había suficientes hombres para trabajar en el país.
Efecto
Causa
Efecto
Durante la guerra, la población de California creció.

Reasentamiento de los japoneses americanos

La población de Estados Unidos estaba dividida con respecto al trato que recibieron los japoneses americanos durante la Segunda Guerra Mundial. Muchas personas opinaban que los campos de reasentamiento constituían una garantía de seguridad ante ataques enemigos. Otros pensaban que el reasentamiento era un tratamiento injusto para esos compatriotas. A continuación, se presentan algunos puntos de vista sobre el reasentamiento de los japoneses americanos durante la Segunda Guerra Mundial.

En sus propias palabras

Asociación Japonesa Central

"Queremos vivir aquí [en Estados Unidos] en paz y armonía. Nuestra gente es 100% leal a América."

—De una declaración de la Asociación Japonesa Central en 1941. *Encyclopedia of Japanese American History: An A-to-Z Reference from 1868 to the Present* por Brian Niiya. Facts on File, 2000.

Norman Mineta, secretario de Transporte y ex detenido de un campo de reasentamiento

"Esos campos estaban cercados con alambre de púas, tenían torres de vigilancia y reflectores. Eran campos de concentración [prisiones terribles]. No hay duda de ello."

—de *USA Today*, vol. 112, no. 2468, mayo de 1984

NORMAN MINETA

JOHN RANKIN

John Rankin, ex miembro del Congreso

"Estoy a favor de capturar a cada japonés en América, Alaska y Hawaii para encerrarlos en campos de concentración . . ."

—del *Congressional Record*, 15 de diciembre de 1941

San Francisco News

"Si se quedan en zona de guerra, los japoneses estarán verdaderamente en peligro . . . La mejor manera de asegurarnos de que no les pase nada es trasladarlos a un lugar donde no puedan resultar heridos."

—de un editorial del periódico *San Francisco News*, 6 de marzo de 1942

GEORGE BUSH

George Bush, ex presidente de Estados Unidos

"Nunca podremos reparar por completo los errores del pasado. Pero podemos . . . reconocer que se cometieron graves injusticias contra los japoneses americanos durante la Segunda Guerra Mundial."

—de una carta pidiendo disculpas a los japoneses americanos, 1990

Es tu turno

DESTREZA DE ANÁLISIS **Analizar puntos de vista**
Habla acerca de por qué cada persona o grupo tenía el punto de vista que tenía acerca del reasentamiento de los japoneses americanos.

Aplícalo Como ciudadano de Estados Unidos, ¿cómo crees que te sentirías si te obligaran a vivir en un campo de reasentamiento?

Tiempos

1905

1915

1911
Las mujeres de California obtienen el derecho a votar en elecciones estatales

La lectura en los Estudios Sociales

Una **causa** es una acción o un evento que hace que algo ocurra.
Un **efecto** es lo que ocurre como resultado de esa acción o ese evento.

Destreza clave Causa y efecto

Completa este organizador gráfico para demostrar que comprendes las causas y los efectos del crecimiento y cambio de California desde comienzos del siglo XX hasta la Segunda Guerra Mundial. Una copia de este organizador gráfico aparece en la página 103 del cuaderno de Tarea y práctica.

Crecimiento y cambio

Causa	Efecto
La bolsa de valores se derrumba el 29 de octubre de 1929.	
Estados Unidos entra en la Segunda Guerra Mundial en 1941.	

Pautas de redacción de California

Escribe una narración Imagina que te mudaste del Medio Oeste a California para trabajar en un programa del Nuevo Trato en la década de 1930. Escribe una carta a un miembro de tu familia para contarle acerca de tu nuevo trabajo y tu vida en California.

Escribe un resumen Imagina que estás escribiendo un guión para un documental acerca de California durante la Segunda Guerra Mundial. En tu guión, escribe un resumen de las cosas que hicieron los californianos para colaborar con los esfuerzos de la guerra.

1925 — 1935 — 1945

1929
Comienza la Gran Depresión

BOMBERS RAID MANILA

U. S. DECLARES WAR ON JAPAN

1941
Estados Unidos entra en la Segunda Guerra Mundial

1942
Los japoneses americanos son enviados a campos de reasentamiento

Usa el vocabulario

Escribe una o dos oraciones que expliquen cómo se relaciona cada par de términos.

1. reforma (pág. 359), enmienda (pág. 359)
2. depresión (pág. 369), desempleo (pág. 369)
3. trabajador migratorio (pág. 371), bracero (pág. 381)
4. escasez (pág. 380), reciclar (pág. 381)

Usa la línea cronológica

Usa la línea cronológica de arriba para responder estas preguntas.

5. ¿En qué año obtuvieron las mujeres el derecho al voto en California?
6. ¿Cuántos años después de la Gran Depresión entró Estados Unidos en la Segunda Guerra Mundial?

Aplica las destrezas

Tomar una decisión bien pensada

7. Algunos californianos pidieron a sus líderes que aprobaran leyes para expulsar del estado a los "okies". Imagina que eres uno de esos líderes. ¿Qué tendrías en cuenta antes de tomar esa decisión?
8. Imagina que te han invitado a California para trabajar en una industria relacionada con los esfuerzos de la guerra. ¿Qué decidirías? ¿Cómo y por qué tomarías esa decisión?

Recuerda los datos

Responde estas preguntas.

9. ¿Benefició o perjudicó la inauguración del canal de Panamá a la economía de California?
10. ¿Cómo era la vida en California durante la Gran Depresión?
11. ¿Cómo trataban en California a la mayoría de las familias que llegaban del Dust Bowl?

Escribe la letra que corresponda a la respuesta correcta.

12. ¿Qué atrajo a los cineastas al sur de California?
    A las reformas del gobierno
    B automóviles más baratos
    C el puente Golden Gate
    D el clima templado
13. ¿Qué evento llevó a que Estados Unidos entrara en la Segunda Guerra Mundial?
    A la Gran Depresión
    B el descubrimiento de petróleo en California
    C el ataque de los japoneses a Pearl Harbor
    D el derrumbe de la bolsa de valores

Piensa críticamente

14. DESTREZA DE ANÁLISIS ¿Por qué los californianos sentían que era importante reformar el gobierno a principios del siglo XX?
15. DESTREZA DE ANÁLISIS ¿Cuál es la diferencia entre el punto de vista de muchos japoneses americanos acerca del trato que les dio el gobierno de Estados Unidos durante la Segunda Guerra Mundial y el punto de vista de muchos otros estadounidenses?

Destrezas de estudio

ESCRIBIR PARA APRENDER

Escribir acerca de lo que lees te ayudará a comprender y recordar mejor la información.

- **Muchos estudiantes escriben sobre su lectura en un diario de aprendizaje. Escribir un diario de aprendizaje puede resultar creativo y personal.**
- **Escribir acerca del texto te hace pensar en él.**
- **Escribir tus reacciones al texto lo vuelve más significativo para ti.**

Cambios después de la Segunda Guerra Mundial	
Aprendí	Mi reacción
La población de California creció cuando afroamericanos, braceros de México y soldados que regresaban de la Segunda Guerra Mundial decidieron vivir en el estado.	Esto probablemente haya hecho más diversa la población de California.

Aplica la destreza mientras lees

Mientras lees el capítulo, presta atención a información nueva e importante. Para llevar un registro de esa información, completa un diario de aprendizaje por cada lección.

Normas de Historia y Ciencias Sociales de California, Grado 4

4.4 Los estudiantes explican cómo California se convirtió en una potencia agrícola e industrial, siguiendo la transformación de la economía de California y su desarrollo político y económico desde la década de 1850.

CAPÍTULO 10

Hacia los tiempos modernos

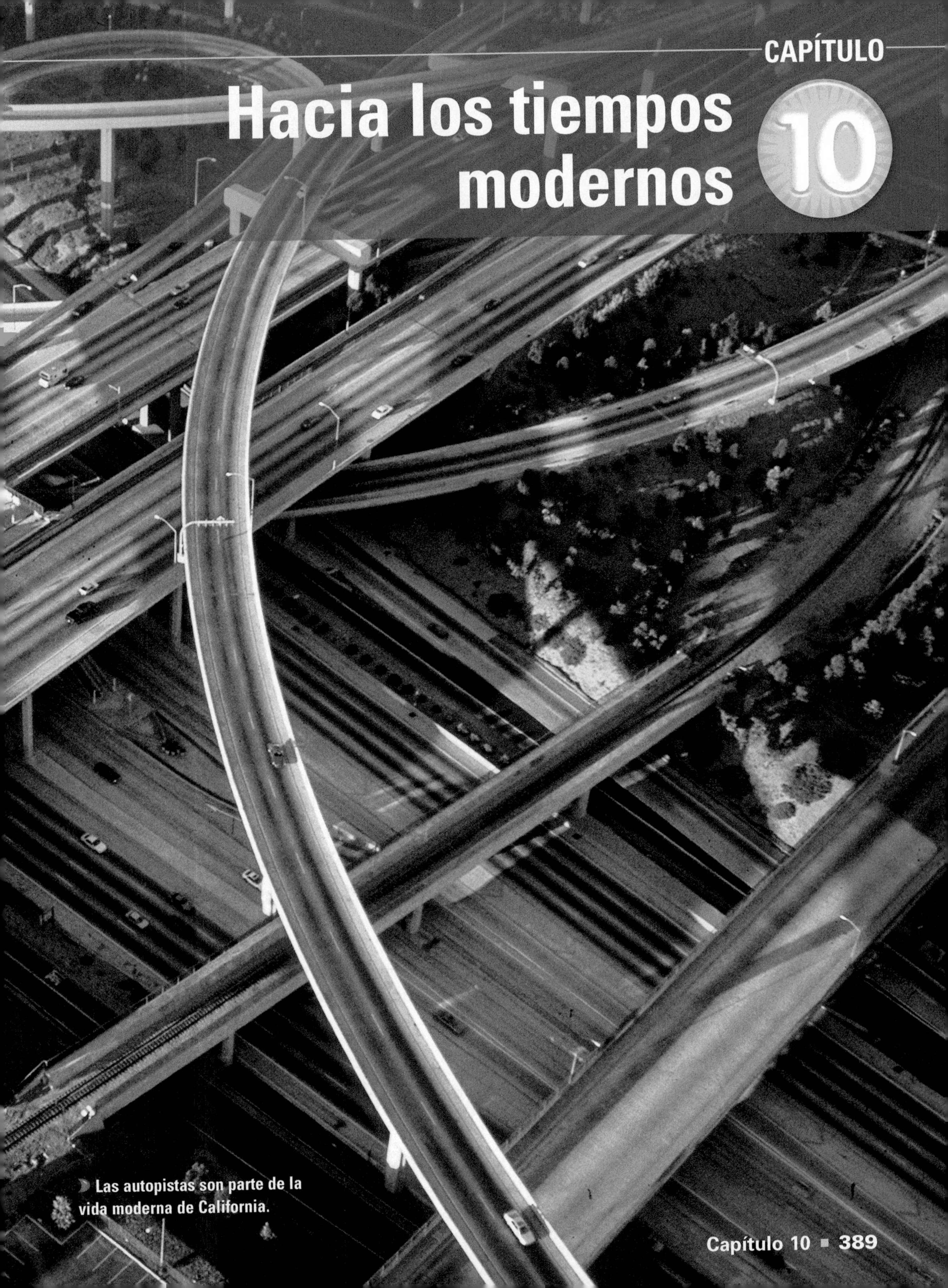

Las autopistas son parte de la vida moderna de California.

El camino de Amelia

por Linda Jacobs Altman
ilustrado por Enrique O. Sanchez

Los Martínez son una familia de trabajadores agrícolas migrantes. Esto significa que constantemente están en el camino, es decir, se mudan con frecuencia. Pero Amelia ya está cansada de estar siempre en los caminos. Sueña con vivir en un lugar que sea su hogar.

Era casi de noche cuando el carro oxidado y viejo de la familia se detuvo frente a la cabaña número doce de la granja.

—¿Es ésta la misma cabaña donde vivimos el año pasado? —preguntó Amelia, pero nadie se acordaba. A su familia parecía no importarle.

A Amelia sí le importaba. De un año a otro no quedaba indicio alguno de que ella hubiese vivido en ese lugar, hubiese asistido a la escuela del pueblo y hubiese trabajado en esas tierras. Amelia quería asentarse en un sitio permanente, quería echar raíces.

—Tal vez algún día —dijo su madre, pero ese maravilloso día nunca parecía llegar.

—Mamá, ¿dónde nací yo? —preguntó Amelia.

La señora Martínez pensó por un momento y sonrió.

—¿Dónde? Déjame ver. Debe haber sido en Yuba City porque recuerdo que estábamos recogiendo melocotones.

—Tienes razón, eran melocotones —dijo el señor Martínez—, lo que significa que naciste en junio.

Amelia suspiró. Otros padres recordaban días y fechas. Los suyos recordaban las cosechas. El señor Martínez tenía presente los acontecimientos importantes de la vida de acuerdo al ciclo interminable de las cosechas.

Al día siguiente, todos se levantaron al amanecer. Amelia y su familia recogieron manzanas desde las cinco hasta casi las ocho de la mañana. Aunque todavía tenía sueño, Amelia tenía que ser muy cuidadosa para no estropear la fruta.

Cuando terminó el trabajo de la mañana, a Amelia le punzaban las manos y le dolían los hombros. Tomó una manzana y salió corriendo hacia la escuela . . .

Este año . . . la maestra les dio la bienvenida a los estudiantes nuevos y les entregó rótulos para que escribieran sus nombres. La maestra llevaba un rótulo que decía SEÑORITA RAMOS.

Después, la señorita Ramos les pidió a los estudiantes que dibujaran lo que más desearan.

—Pinten algo que tenga un significado muy especial para ustedes.

Amelia sabía exactamente lo que haría.

Dibujó una hermosa casa blanca con un árbol en el patio. Apenas terminó, la señorita Ramos mostró el dibujo a la clase y luego pegó una estrella roja reluciente en la parte de arriba del papel.

Al final del día, todos los estudiantes de la clase sabían el nombre de Amelia. Por fin ella había encontrado un lugar donde quería quedarse.

Responde

1. ¿Cómo afectan las cosechas la vida de la familia Martínez?
2. ¿Crees que es difícil para los hijos de trabajadores agrícolas migrantes, como Amelia, asistir a la escuela? Explica tu respuesta.

Lección 1

Tiempos

1905 · 1945 · 1985

1947 California aprueba la creación de un sistema estatal de autopistas

1950 La población de California supera los 10 millones de habitantes

1959 Se inventa el chip de silicio

REFLEXIONA
¿Cómo creció y cambió California después de la Segunda Guerra Mundial?

- Identifica las razones del crecimiento de la población de California después de la Segunda Guerra Mundial.
- Explica dónde y por qué se desarrollaron algunas industrias en California después de la guerra.

VOCABULARIO
economía diversificada pág. 394
tecnología pág. 394
autopista pág. 395
viajar al trabajo pág. 395
expansión urbana pág. 395
tecnología avanzada pág. 396
chip de silicio pág. 396
aeroespacial pág. 396

PERSONAJES
Sally Ride

LUGARES
Fremont
Pasadena

Destreza clave **CAUSA Y EFECTO**

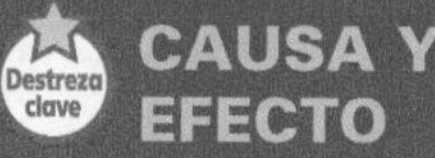
Normas de California
HSS 4.4, 4.4.4, 4.4.5, 4.4.6

Cambios después de la Segunda Guerra Mundial

IMAGÍNATE ALLÍ

La gasolina ya no escasea, como ocurría durante la guerra. Ahora parece que todo el mundo tiene automóvil nuevo y lo usa para ir a todas partes. Esperas que tu padre, en su nuevo automóvil, lleve hoy a la familia a uno de los nuevos restaurantes con servicio al auto. ¡Tus amigos te han dicho que puedes pedir la comida desde el carro y comer dentro de él! Esta es solo una de las maneras en que la vida ha cambiado desde que terminó la Segunda Guerra Mundial.

En las décadas de 1940 y 1950, muchos negocios de California aprovecharon la creciente popularidad del automóvil.

Nuevo auge en California

Durante la Segunda Guerra Mundial e inmediatamente después, la población de California creció rápidamente. En 1940, la población del estado era de casi 7 millones de habitantes. Para 1950, la cifra había superado los 10 millones.

Gran parte de ese crecimiento tuvo que ver con la guerra. Muchos de los trabajadores que habían conseguido empleo en California durante la guerra se quedaron en el estado cuando esta llegó a su fin. Entre esos trabajadores había afroamericanos. También se quedaron muchas personas que habían venido de México a plantar, cuidar y cosechar cultivos en California. Aunque cuando llegaron no eran ciudadanos estadounidenses, estos braceros jugaron un papel importante en el fortalecimiento de la industria agrícola de California.

Analizar gráficas **Entre 1940 y 1960, la población de California aumentó a más del doble.**

¿Aproximadamente en cuántos habitantes aumentó la población de California entre 1940 y 1960?

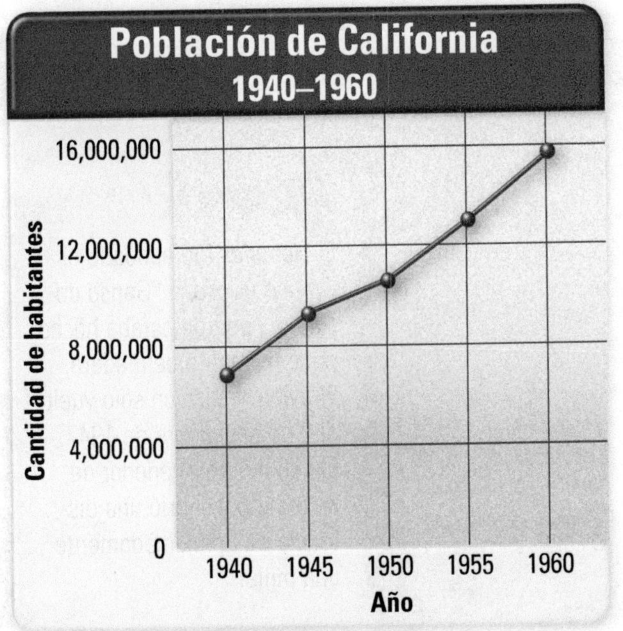

Además de los restaurantes con servicio al carro, los californianos podían ir en sus automóviles a los autocines.

Otro incremento de la población se produjo cuando unos 300,000 miembros de las fuerzas armadas volvieron a California después de la guerra. Gracias a la GI Bill of Rights, es decir, la declaración de derechos militares, los soldados podían recibir dinero del gobierno para ir a la universidad, capacitarse para trabajar o pagar una vivienda. Muchos se quedaron en California para comenzar una nueva vida.

El gran aumento de la población fue un desafío para los negocios, los servicios, las viviendas y los caminos existentes. Al mismo tiempo, dio a la economía de California la oportunidad de crecer.

REPASO DE LA LECTURA **CAUSA Y EFECTO**
¿Qué efecto tuvo la Segunda Guerra Mundial en la población de California?

Una potencia industrial

Antes de la guerra se habían desarrollado en California las industrias de la aviación, de la construcción de barcos, del petróleo y del cine. También se había desarrollado la agricultura comercial a gran escala. Usando sistemas de irrigación, las granjas de los valles Central e Imperial producían enormes cantidades de cultivos.

Después de la guerra, la economía del estado se diversificó. Una **economía diversificada** es una economía basada en muchas industrias. Las nuevas industrias producían ropa, calzado, productos químicos, refrigeradores y materiales para la construcción, tales como cemento.

La industria automotriz creció rápidamente después de la guerra. En **Fremont** se abrieron nuevas fábricas de automóviles. ¡Para diciembre de 2002, una fábrica de Fremont había producido 5 millones de vehículos!

En el condado Santa Clara se desarrolló la industria electrónica. Stanford Research Park pronto se convirtió en sede de compañías que producían tecnología electrónica. La **tecnología** es el uso de conocimientos o de herramientas para fabricar algo o realizar una actividad.

Estas nuevas industrias llevaron a un auge de la construcción ya que necesitaban fábricas y edificios de oficinas, y las personas que trabajaban allí necesitaban lugares donde vivir y donde hacer sus compras. Se construyeron nuevas casas, escuelas y edificios de oficinas. También se construyeron presas, diques y plantas de energía para producir electricidad y suministrar agua.

REPASO DE LA LECTURA **CAUSA Y EFECTO**
¿Qué llevó al auge de la construcción en California después de la Segunda guerra Mundial?

Los trabajadores de la compañía Hughes Aircraft en Culver City terminaron el hidroavión *Hercules* en 1947. El *Hercules* sigue siendo uno de los aviones más grandes que se han construído.

DATOS BREVES

El *Hercules* fue apodado el *Spruce Goose*, o "Ganso de Abeto", porque estaba hecho principalmente de madera. El avión realizó un solo vuelo, el 2 de noviembre de 1947. El vuelo duró alrededor de un minuto y cubrió una distancia de aproximadamente una milla.

La carretera Arroyo Seco (izquierda) unía Los Angeles con algunas subdivisiones, o comunidades, como la de arriba.

Californianos en movimiento

Cuando se inauguró la carretera Arroyo Seco en 1940, comenzó un nuevo capítulo en la historia de California. La carretera se conoció después como la autopista de Pasadena, la primera **autopista** del estado. Esta autopista ancha y de varios carriles no tiene cabinas de peaje, por lo que el tráfico allí puede moverse velozmente.

Durante la Segunda Guerra Mundial se construyeron pocas carreteras importantes en California. El tráfico de automóviles comenzó a aumentar y, cuando terminó la guerra, unos 3 millones de carros circulaban por las carreteras de California. En 1947, los legisladores del estado aprobaron la construcción de un sistema de autopistas de 12,500 millas. El sistema conectaría las ciudades y áreas metropolitanas más grandes del estado. Las nuevas autopistas permitían a los trabajadores **viajar al trabajo** más fácilmente. En consecuencia, los trabajadores podían vivir más lejos de su trabajo.

Cerca de las ciudades, empresas constructoras de California construyeron comunidades enteras. Algunas de esas comunidades, también llamadas subdivisiones, tenían cientos de casas que se veían prácticamente iguales. Las comunidades comenzaron a extenderse alejándose de los centros urbanos, y surgieron enormes suburbios cerca de ciudades como Los Angeles. El resultado fue la **expansión urbana**, o crecimiento hacia afuera de las áreas urbanas.

REPASO DE LA LECTURA **CAUSA Y EFECTO**

¿Qué causó la expansión rápida de las áreas urbanas de California a finales de la década de 1940?

Avances tecnológicos

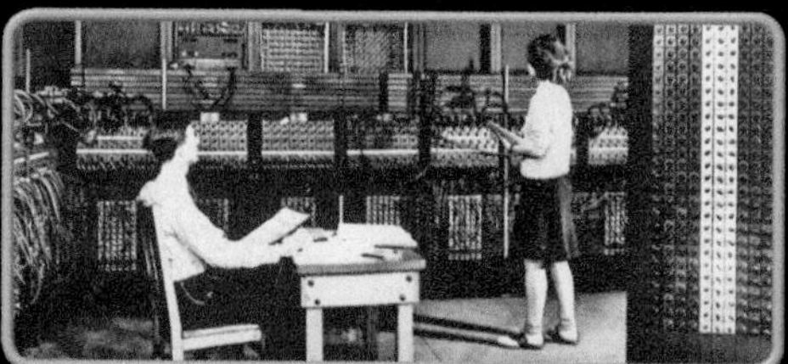

1945 Se fabrica la primera computadora electrónica.

1947 En la Base Edwards de la Fuerza Aérea, Chuck Yaeger pilotea un avión de prueba que supera la velocidad del sonido.

1959 Investigadores de California inventan el chip de silicio.

Hacia la era espacial

Cuando terminó la Segunda Guerra Mundial, la industria de la defensa siguió siendo importante para la economía de California. La industria de la defensa está formada por las bases militares y las fábricas que proveen los suministros. Después de la guerra, muchos científicos se quedaron en California para desarrollar computadoras, aviones de propulsión a chorro y otros nuevos avances. La Base Edwards de la Fuerza Aérea, en el condado Kern, pronto se convirtió en un importante campo de pruebas para los nuevos aviones.

Otros científicos trabajaron en las nuevas y numerosas industrias de **tecnología avanzada** de California, como la industria de las comunicaciones. Las industrias de tecnología avanzada son aquellas que inventan, construyen o usan computadoras y otra clase de equipos electrónicos. Tan solo en el área de San Francisco se abrieron más de 200 compañías electrónicas de tecnología avanzada.

En 1959 se produjo otro gran avance tecnológico. Investigadores de California inventaron el **chip de silicio**. El chip es un minúsculo dispositivo que puede almacenar millones de bits de información. Los chips hicieron más rápidas y pequeñas las computadoras, y que fabricarlas y comprarlas resultara más barato.

Las nuevas computadoras y los nuevos aviones hicieron posibles los viajes por el espacio. Los científicos californianos lideraron la industria **aeroespacial**, que construye y prueba aparatos para viajes aéreos y espaciales. Durante la década de 1950, Sacramento se convirtió en sede de pruebas y desarrollo de motores de cohete más grande de la nación.

En 1966, científicos del Laboratorio de Propulsión a Chorro de **Pasadena** guiaron una nave espacial no tripulada que descendió en la Luna y tres años más tarde, ayudaron a astronautas a llegar allí.

Discovery
United States
NASA

La tripulación de la nave *Apollo 11* desciende en la Luna.

1969

Steve Jobs y Steve Wozniak fundan una de las primeras compañías de computadoras personales que tuvieron éxito.

1976

Comienza el programa de transbordadores espaciales.

1981

En 1983, **Sally Ride**, nacida en California, se convierte en la primera mujer estadounidense en viajar al espacio.

REPASO DE LA LECTURA **CAUSA Y EFECTO**
¿De qué manera los avances tecnológicos generaron nuevas industrias en California?

Resumen

Durante la guerra y después de ella, la población de California creció. Los científicos lograron importantes adelantos en la industria aeroespacial y de computación.

REPASO

1. ¿Cómo creció y cambió California después de la Segunda Guerra Mundial?
2. Explica cómo la industria **aeroespacial** se convirtió en una industria de **tecnología avanzada**.
3. ¿Por qué la construcción de autopistas en California se volvió importante después de la Segunda Guerra Mundial?

RAZONAMIENTO CRÍTICO

4. DESTREZA DE ANÁLISIS **Aplícalo** ¿En qué se parecen las comunidades de las décadas de 1940 y 1950 a muchas de la actualidad?
5. ¿Cómo generó tanto oportunidades como desafíos para California el crecimiento de la población después de la guerra?
6. **Escribe un folleto publicitario** Eres alcalde en California en la década de 1950. Haz un folleto para lograr que trabajadores de otros estados se muden a tu ciudad.
7. Destreza clave **CAUSA Y EFECTO**
   En una hoja de papel, copia y completa el organizador gráfico de abajo.

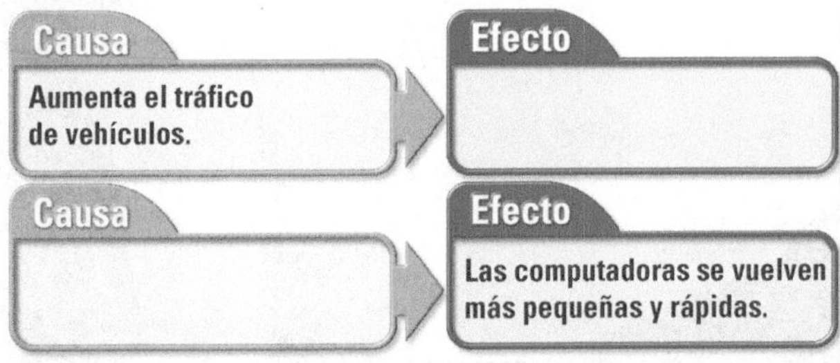
Causa
Aumenta el tráfico de vehículos.
Efecto
Causa
Efecto
Las computadoras se vuelven más pequeñas y rápidas.

Leer un mapa de carreteras

POR QUÉ ES IMPORTANTE

Cuando se planean viajes en automóvil, a menudo se usan mapas de carreteras. Un mapa de carreteras no solo muestra las carreteras que hay entre distintos lugares. También indica la distancia entre los lugares. Conocer las distancias puede ser útil al elegir las rutas más convenientes para ir de un lugar a otro.

LO QUE NECESITAS SABER

Los mapas de carreteras generalmente tienen un índice para ayudarte a ubicar los lugares. Imagina que quieres hallar Bakersfield en el mapa de la página 399. Busca Bakersfield en el índice. Al lado de Bakersfield, verás que dice *E-3*. Bakersfield está ubicada cerca de donde se cruzan *E* horizontal y *3* vertical.

En muchos mapas de carreteras, las carreteras están marcadas con pequeñas cuñas llamadas marcadores de distancia. El número entre dos cuñas indica la distancia en millas que cubre ese tramo de la carretera. Para calcular la distancia de un lugar a otro, suma las distancias de todos los tramos de carretera que hay entre los dos lugares.

Puedes usar un mapa de carreteras para conocer las rutas de las autopistas en California, como la Autopista 1.

PRACTICA LA DESTREZA

Usa el mapa que aparece abajo.

1. Usa el índice para hallar San Jose y Los Angeles en el mapa. ¿Qué carretera interestatal usarías para viajar entre esas dos ciudades?
2. ¿Qué carretera tomarías para ir de Fresno a Bakersfield? ¿Cuál es la distancia?

APLICA LO QUE APRENDISTE

DESTREZA DE ANÁLISIS Planea un viaje por carretera entre dos lugares de California. Usa un mapa de carreteras para decidir las mejores rutas y calcular la distancia en millas.

Practica tus destrezas con mapas y globos terráqueos con el **CD-ROM GeoSkills.**

Carreteras de California

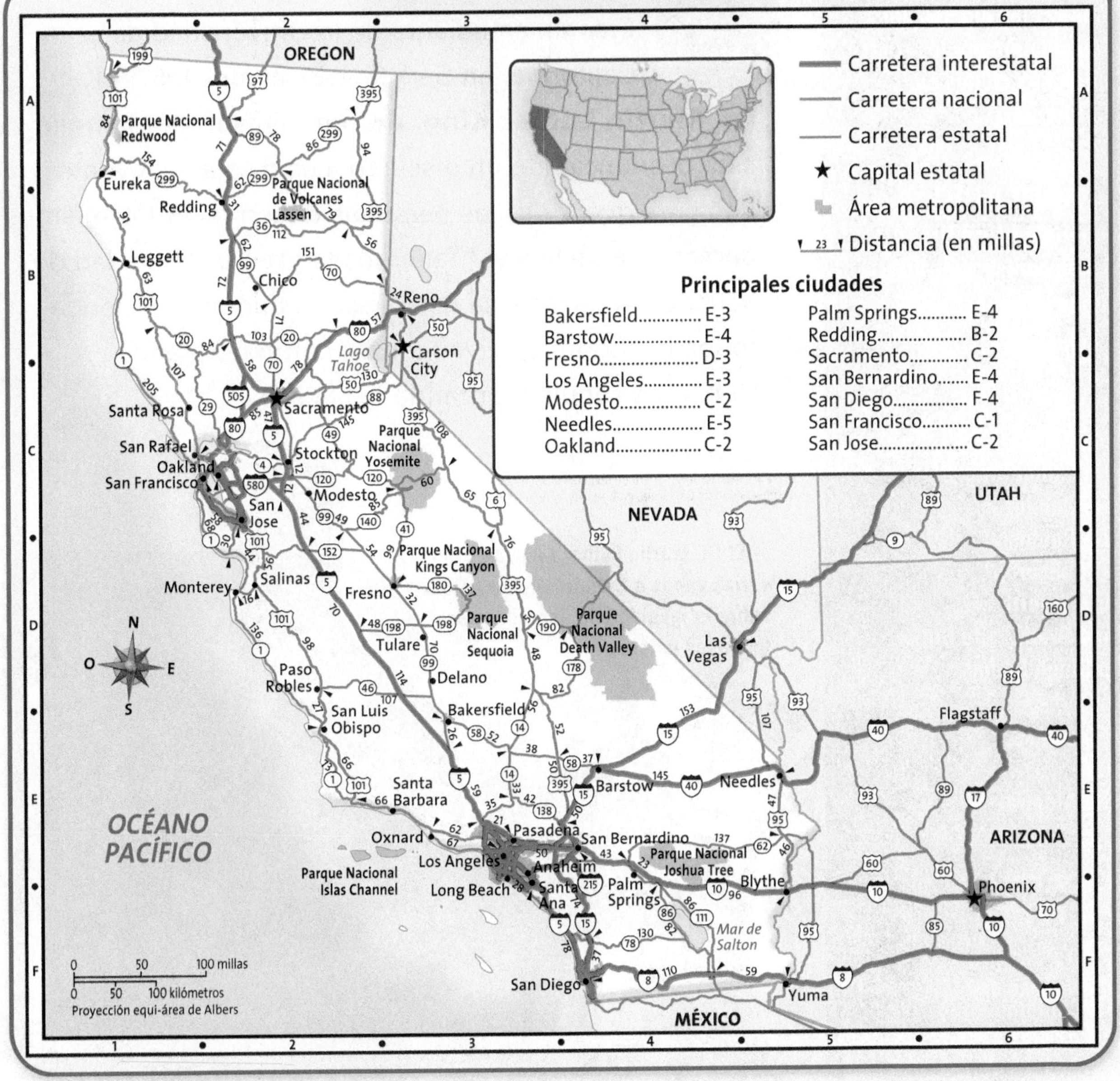

- Carretera interestatal
- Carretera nacional
- Carretera estatal
- ★ Capital estatal
- Área metropolitana
- 23 Distancia (en millas)

Principales ciudades

Ciudad	Cuadrícula	Ciudad	Cuadrícula
Bakersfield	E-3	Palm Springs	E-4
Barstow	E-4	Redding	B-2
Fresno	D-3	Sacramento	C-2
Los Angeles	E-3	San Bernardino	E-4
Modesto	C-2	San Diego	F-4
Needles	E-5	San Francisco	C-1
Oakland	C-2	San Jose	C-2

0 50 100 millas
0 50 100 kilómetros
Proyección equi-área de Albers

Lección 2

Tiempos

1905 · 1945 · 1985

1965
César Chávez lidera un boicot nacional contra el consumo de uvas

1969
Indios americanos toman la isla de Alcatraz en la bahía de San Francisco

REFLEXIONA
¿Cómo cambió California con la labor de grupos que buscaban la igualdad de derechos?

✓ Describe la lucha por la igualdad de derechos.

✓ Analiza los efectos del Movimiento por los derechos civiles en California.

VOCABULARIO
segregación pág. 401
derechos civiles pág. 401
sindicato laboral pág. 402
huelga pág. 403
boicot pág. 403

PERSONAJES
Martin Luther King, Jr.
Sylvia Mendez
Jackie Robinson
César Chávez
Dolores Huerta
Yvonne Brathwaite Burke
Dalip Singh Saund

LUGARES
Delano
isla de Alcatraz

CAUSA Y EFECTO

Normas de California
HSS 4.4, 4.4.6, 4.4.8

Derechos para todos los californianos

IMAGÍNATE ALLÍ

Eres un estudiante de la Universidad de California, en Berkeley. Es el año 1957. El **Dr. Martin Luther King, Jr.,** un ministro de Georgia, está pronunciando un discurso. Les dice a los oyentes que cree que todas las personas deben tener los mismos derechos ante la ley. "Tenemos la gran oportunidad de hacer de América una gran nación, una nación donde todos los hombres vivan juntos como hermanos . . . Debemos seguir avanzando hacia ese objetivo".*

*Martin Luther King, Jr. De un discurso pronunciado en la Universidad de California, en Berkeley, el 4 de junio de 1957.

El Dr. Martin Luther King, Jr., vino varias veces a California para hablar sobre la igualdad de derechos para todas las personas.

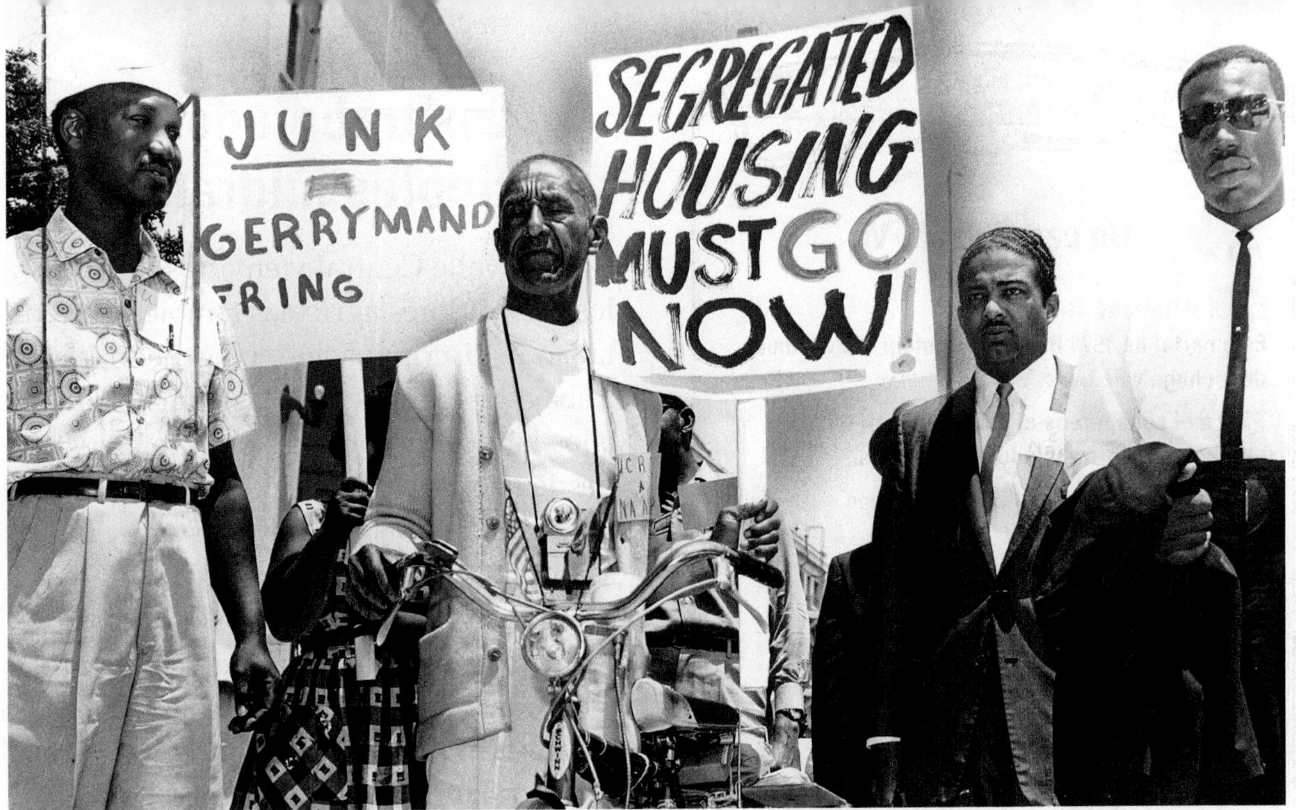

Los californianos lucharon por leyes de vivienda justas.

La lucha contra la discriminación

La economía de California experimentó un auge después de la Segunda Guerra Mundial, pero no todos disfrutaban de las mismas oportunidades. Algunos grupos, como los latinos, los afroamericanos y los asiáticos americanos, seguían enfrentando la discriminación en todo Estados Unidos. Por lo general, no podían acceder a los mejores empleos y no se les permitía vivir en ciertos vecindarios. A causa de esa **segregación**, sus hijos a menudo debían asistir a escuelas pobres.

En 1944, los padres de **Sylvia Mendez** quisieron enviarla a una escuela pública de Westminster, California, a la que solo asistían niños blancos. Cuando las autoridades de la escuela se negaron a admitirla porque la niña era mexicana americana, sus padres demandaron al distrito escolar y ganaron. La segregación en las escuelas de California llegó a su fin al año siguiente.

En 1947, **Jackie Robinson**, que había crecido en Pasadena, se convirtió en el primer afroamericano en jugar béisbol en las ligas mayores. Esto ayudó a terminar con la segregación en los deportes profesionales.

Durante las décadas de 1950 y 1960, más personas se unieron al Movimiento por los derechos civiles. Los **derechos civiles** son los derechos de los ciudadanos a un trato igualitario. Uno de los líderes del movimiento era el Dr. Martin Luther King, Jr. El Dr. King encabezó protestas pacíficas para resaltar la falta de derechos civiles. Con el tiempo, se eligieron líderes que apoyaban los derechos civiles y se aprobaron nuevas leyes de derechos civiles.

REPASO DE LA LECTURA **CAUSA Y EFECTO**
¿Qué cambio se produjo en el sistema escolar de California en la década de 1940?

Un cartel del UFW

DESTREZA DE ANÁLISIS **Analizar carteles**

Este cartel de 1978 llama a boicotear el consumo de lechuga y de uvas.

1 En el sol aparece el símbolo del UFW, o sea el Sindicato de Trabajadores Agrícolas.

2 Trabajadores agrícolas en un campo de lechuga.

¿Qué crees que representa el sol con el símbolo del UFW?

Los trabajadores agrícolas migratorios

En el valle Central y en otros lugares, los trabajadores agrícolas también enfrentaban la discriminación. En general, esos trabajadores y sus familias, muchos de ellos latinos, soportaban un trato injusto desde hacía muchos años. A principios de la década de 1960, las leyes establecían un salario mínimo de 1.25 dólares por hora. Sin embargo, la mayoría de los trabajadores agrícolas recibían aproximadamente 90 centavos por hora de trabajo.

Entonces, en 1962, **César Chávez**, **Dolores Huerta** y otros formaron un **sindicato laboral**. Un sindicato laboral es una organización de trabajadores.

El objetivo del sindicato era mejorar la vida de los trabajadores agrícolas. La Asociación Nacional de Trabajadores

En 1965, César Chávez encabezó una marcha en apoyo de la huelga de los recolectores de uva.

Dolores Huerta

Yvonne Brathwaite Burke

Dalip Singh Saund

Agrícolas, que más tarde se llamó Sindicato de Trabajadores Agrícolas (UFW), organizó a los trabajadores para exigir sueldos más altos, mejores viviendas y mejores condiciones de trabajo.

En 1965, Chávez encabezó una huelga de recolectores de uva en **Delano**, una población del valle Central. Una **huelga** es un tiempo en el que los trabajadores dejan de trabajar para hacer que los empleadores presten atención a sus peticiones.

Chávez también llamó a hacer un boicot al consumo de uvas. Un **boicot** es una forma de protesta en la que un grupo de personas decide no comprar algo hasta que se solucione un determinado problema. A medida que más personas se sumaban al boicot en todo el país, los productores de uva comenzaron a perder dinero. Finalmente, en 1970, los productores acordaron ofrecer a los trabajadores salarios más altos y mejores condiciones de trabajo. La huelga de los trabajadores y el boicot al consumo de uvas habían logrado su objetivo.

REPASO DE LA LECTURA **CAUSA Y EFECTO**
¿Qué efecto tuvo el boicot en los productores de uva de California?

Derechos civiles para otros grupos

En la década de 1960, al igual que otros grupos, las mujeres se habían sumado a la lucha por la igualdad de derechos. En 1972, **Yvonne Brathwaite Burke** se convirtió en la primera mujer afroamericana de California en ser elegida para la Cámara de Representantes de Estados Unidos. Pronto, mujeres asiáticas americanas y latinas de California fueron elegidas para ocupar cargos en el gobierno. En 1993, California se convirtió en el primer estado representado únicamente por mujeres, Barbara Boxer y Dianne Feinstein, en el Senado de Estados Unidos.

Los grupos asiáticos también enfrentaron la discriminación. Hasta 1952, las personas que provenían de países asiáticos no podían obtener la ciudadanía estadounidense. Durante la década de 1940, **Dalip Singh Saund**, un inmigrante sikh proveniente de India, trabajó para cambiar esa ley. En 1956, Saund se convirtió en el primer miembro sikh del Congreso.

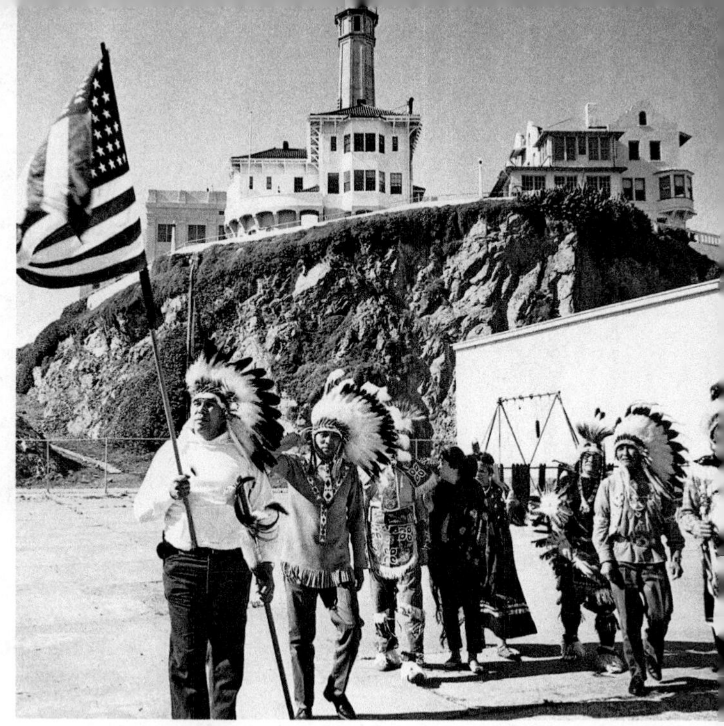

Los indios que tomaron la isla de Alcatraz en 1969 llamaron a su grupo "Indios de todas las tribus".

Los indios americanos fueron otro grupo que luchó por la igualdad de derechos en la década de 1960. Algunas tribus se unieron para exigir una mejor educación para los niños indios. Otros trabajaron para proteger sus derechos sobre las tierras de sus tribus.

En 1969, un grupo de indios americanos ocupó la **isla de Alcatraz**, en la bahía de San Francisco. En la isla, que en el pasado había pertenecido a los indios, se encontraba una antigua prisión de Estados Unidos. Para ellos, la isla era un símbolo de todas las tierras que alguna vez habían pertenecido a los indios americanos. Los manifestantes se quedaron en la isla por casi dos años haciendo así que se prestara atención al Movimiento por los derechos civiles de los indios americanos.

REPASO DE LA LECTURA GENERALIZAR
¿Por qué luchaban muchos de los grupos en las décadas de 1940, 1950 y 1960?

Resumen

En las décadas de 1940, 1950 y 1960, muchos grupos lucharon por la igualdad de derechos. Afroamericanos, latinos, asiáticos americanos e indios americanos trabajaron por obtener derechos civiles. Las mujeres lucharon para obtener igualdad de derechos.

REPASO

1. ¿Cómo cambió California con la labor de grupos que buscaban asegurar la igualdad de derechos?
2. Usa los términos **huelga** y **boicot** para describir cómo obtuvieron un mejor trato los trabajadores agrícolas de California.
3. ¿Por qué se formó el UFW? ¿Qué sucedió como resultado de su formación?

RAZONAMIENTO CRÍTICO

4. DESTREZA DE ANÁLISIS ¿Por qué crees que era importante para los líderes de los derechos civiles que las protestas fueran pacíficas?
5. **Haz un cartel** Elige uno de los grupos que lucharon por la igualdad de derechos. Haz un cartel que resalte uno de sus problemas importantes.
6. Destreza clave **CAUSA Y EFECTO**

En una hoja de papel, copia y completa el organizador gráfico de abajo.

Causa	Efecto
	California terminó con la segregación en las escuelas.
César Chávez llamó a un boicot al consumo de uvas.	

César Chávez

Integridad
Respeto
Responsabilidad
Equidad
Bondad
Patriotismo

*"Juntos, todas las cosas son posibles."**

César Chávez nació en una granja cerca de Yuma, Arizona, en 1927. Cuando tenía diez años, su familia tuvo que cerrar la granja. Los Chávez se mudaron a California, donde se hicieron trabajadores agrícolas migratorios.

La infancia de Chávez fue dura. Debía trabajar muchas horas, pero le pagaban poco. Como su familia se mudaba con frecuencia para hallar trabajo, asistió a más de 30 escuelas. Al terminar el octavo grado, Chávez abandonó la escuela para trabajar tiempo completo en los campos. De esa forma, ayudaba a su familia a ganarse la vida.

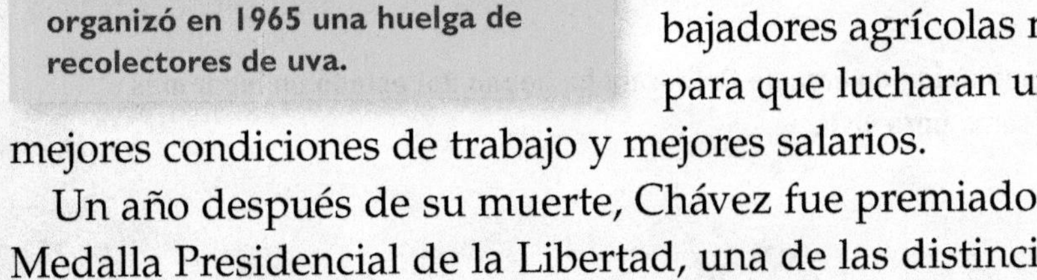

Como líder del UFW, César Chávez organizó en 1965 una huelga de recolectores de uva.

En 1962, Chávez ayudó a fundar la Asociación Nacional de Trabajadores Agrícolas que más tarde se conoce como Sindicato de Trabajadores Agrícolas. El propósito del sindicato era organizar a los trabajadores agrícolas migratorios para que lucharan unidos por mejores condiciones de trabajo y mejores salarios.

Un año después de su muerte, Chávez fue premiado con la Medalla Presidencial de la Libertad, una de las distinciones más importantes de la nación.

*César Chávez. De un discurso pronunciado durante su Ayuno por la vida, en 1988. www.ufw.org/cecstory.htm

La importancia del carácter

¿Cómo demostró César Chávez su profunda preocupación por las condiciones de vida de los trabajadores agrícolas migratorios?

Biografía breve

1927 Nace

1962 Chávez y otros organizan lo que sería el Sindicato de Trabajadores Agrícolas

1965 Encabeza una huelga y un boicot para ayudar a los recolectores de uva

1993 Muere

APRENDE en línea

Visita **MULTIMEDIA BIOGRAPHIES** en **www.harcourtschool.com/hss** para hallar biografías multimedia.

Lección 3

Tiempos

1905 · 1945 · 1985

1952
El Día de la Ciudadanía se convierte en día de fiesta nacional

1964
Por primera vez, California tiene más habitantes que cualquier otro estado

REFLEXIONA
¿Qué cambios produjeron en California la inmigración y la migración?

- ✓ Describe qué efectos tuvo la inmigración en la población de California.
- ✓ Explica cómo honran y celebran su cultura los habitantes de todo el estado.

VOCABULARIO
multicultural pág. 407
grupo étnico pág. 408
patrimonio cultural pág. 408

Destreza clave **CAUSA Y EFECTO**

Normas de California
HSS 4.4, 4.4.4

Un estado diverso

IMAGÍNATE ALLÍ

Miras por la ventanilla mientras el avión aterriza en San Francisco. Eres de Bangladesh, un país de Asia, pero San Francisco será ahora tu nuevo hogar. ¡Estás emocionado! Te preguntas cómo será tu nuevo hogar. El clima de Bangladesh es siempre caluroso. Elefantes y tigres viven en la jungla cercana al arrozal de tu familia. ¿Se parecerá San Francisco en algo a Bangladesh?

La población diversa de California ha hecho del estado un lugar más interesante para vivir.

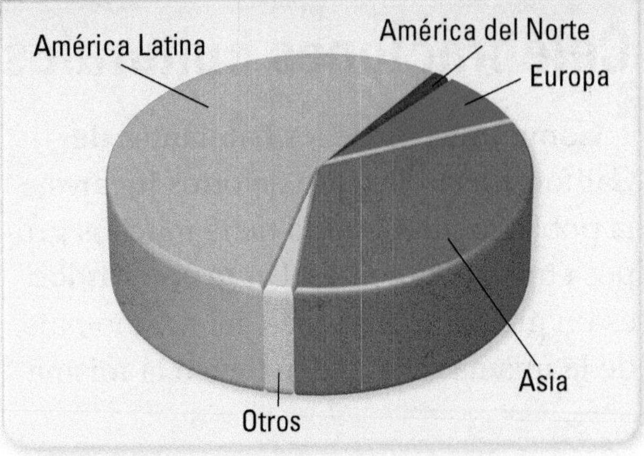

Analizar gráficas **Los habitantes de California provienen de muchas regiones y tienen orígenes diferentes.**

¿De qué región provenía en el año 2000 la mayoría de la población de California nacida en el extranjero?

Una población en auge

Actualmente, California tiene más de 35 millones de habitantes, es decir, más población que cualquier otro estado. Parte de este auge de población es resultado de la migración a California desde otros lugares de Estados Unidos. Otra parte se debe al aumento en la tasa de natalidad y a la inmigración.

Muchos inmigrantes han llegado de México, América Central y América del Sur. Otros han venido de Laos, Camboya y Vietnam. Esos tres países se encuentran en el sureste de Asia, una región devastada por la guerra. Otros inmigrantes asiáticos han venido de India, Bangladesh, las Filipinas, China y Corea del Sur. También han llegado inmigrantes de países europeos y de naciones africanas como Kenya y Nigeria.

Cada grupo de inmigrantes ha traído su propia cultura a California. La cultura de estos grupos se refleja en sus idiomas, comidas y creencias religiosas. Las diversas culturas de los inmigrantes han transformado a California en un estado **multicultural**.

Muchos inmigrantes de California son inmigrantes legales. Eso significa que tienen permiso del gobierno para vivir en Estados Unidos. Algunas personas, sin embargo, encuentran maneras de ingresar al país ilegalmente. El gobierno ha aprobado leyes que hacen más difícil para esos inmigrantes ilegales permanecer en Estados Unidos.

REPASO DE LA LECTURA **CAUSA Y EFECTO**
¿Cómo ha afectado la inmigración a la cultura de California?

Estos niños tocan tambores tradicionales japoneses en un festival.

Celebraciones culturales

Como muchos de los habitantes de California han llegado de otros lugares, la población del estado tiene muchos grupos étnicos diferentes. Un **grupo étnico** es un grupo de personas del mismo país, de la misma raza, o que tienen la misma cultura. Cada grupo étnico ha traido algo de su propia cultura a California.

Los californianos trabajan para mantener vivas sus culturas y para transmitir su historia y su patrimonio cultural a los demás. El **patrimonio cultural** incluye las tradiciones, creencias y costumbres del pasado que han sido transmitidas de generación en generación. Muchas ciudades tienen cada año festivales, o celebraciones culturales. En Los Angeles y San Diego, el festival del Cinco de Mayo da a conocer el patrimonio cultural mexicano. En Sonora, los habitantes de origen irlandés, escocés y galés realizan una Celebración Celta. En Yuba City, el Festival Punjabi Americano difunde el patrimonio cultural de la región del

CIVISMO

Instituciones democráticas

Todas las personas nacidas en Estados Unidos son ciudadanos de la nación. Los inmigrantes que llegan a Estados Unidos pueden seguir ciertos pasos para convertirse en ciudadanos.

En 1940, el Congreso de Estados Unidos resolvió que debía establecerse un día para rendir homenaje a los nuevos ciudadanos de la nación. Al principio, se llamó "I Am an American Day," o Día Soy un Americano. Más tarde, en 1952, se cambió el nombre a Día de la Ciudadanía. Se eligió el 17 de septiembre como Día de la Ciudadanía, porque la Constitución de Estados Unidos se firmó ese día en 1787. Este día rinde homenaje a todos los ciudadanos de Estados Unidos.

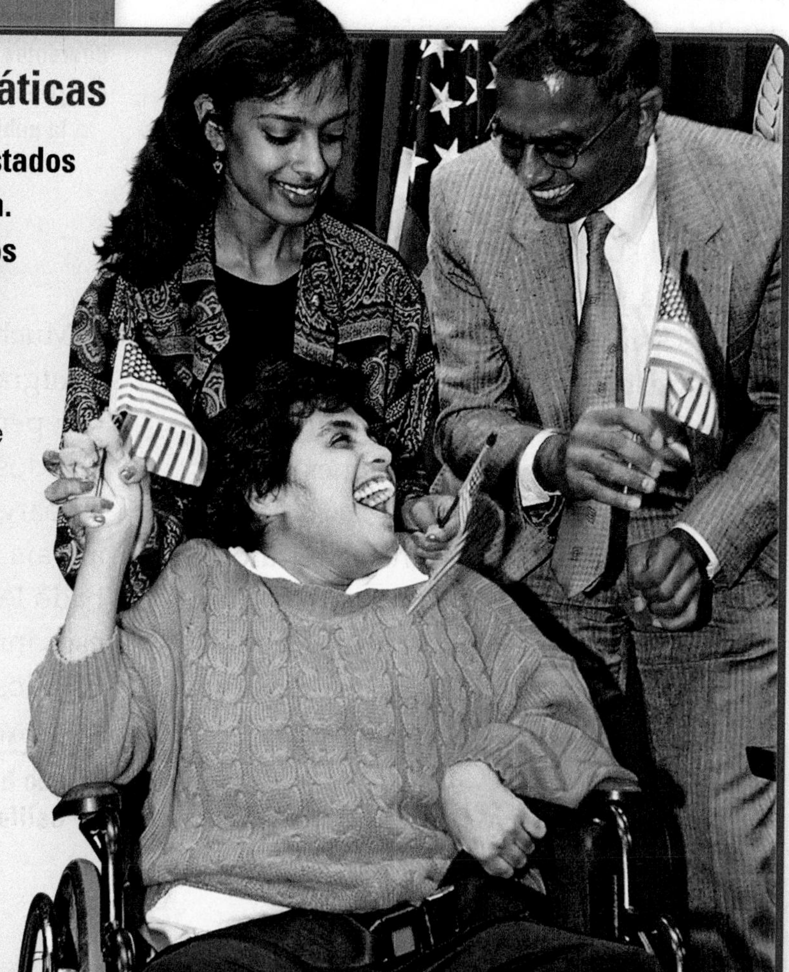

Punjab, en India. Muchos punjabíes pertenecen a la religión sikh. En el año 2004, unas 13,000 personas asistieron al festival para aprender sobre la cultura sikh.

Casi todos los festivales culturales incluyen comida, música, canciones y danzas tradicionales. En Los Angeles, el Día del Tambor de las Torres Watts se concentra en un solo instrumento musical. Personas de diferentes culturas escuchan y aprenden sobre música de tambores.

REPASO DE LA LECTURA **RESUMIR**
¿Cómo difunden los californianos el patrimonio cultural y la historia de diferentes grupos de personas?

Baile folclórico danés en Solvang (arriba) y un joven mariachi en el Festival de los Antiguos Días Españoles, en Santa Barbara (izquierda).

Resumen

California continúa atrayendo inmigrantes de muchas partes del mundo. Los diversos grupos de habitantes que hoy residen en California celebran y difunden sus culturas en los festivales.

REPASO

1. ¿Qué cambios produjeron en California la inmigración y la migración?
2. Usa el término **patrimonio cultural** para explicar por qué es importante celebrar festivales culturales.
3. ¿Qué puede aprender la gente en el Festival Punjabi Americano?

RAZONAMIENTO CRÍTICO

4. DESTREZA DE ANÁLISIS ¿Cómo se ha convertido California en un estado multicultural? ¿Cómo ha afectado eso la vida en California?
5. DESTREZA DE ANÁLISIS ¿Qué esperanzas comparten los inmigrantes de hoy con los del pasado?
6. **Escribe un párrafo** Piensa en cosas de tu comunidad que demuestren que es un lugar multicultural. Escribe un párrafo que describa esas cosas.
7. Destreza clave **CAUSA Y EFECTO**

En una hoja de papel, copia y completa el organizador gráfico de abajo.

Causa	Efecto
Continúan llegando inmigrantes a California.	
	California es un estado multicultural.

Tiempos

1945

1955

1945
Japón se rinde y la Segunda Guerra Mundial llega a su fin

1959
Se inventa el chip de silicio

La lectura en los Estudios Sociales

Una **causa** es una acción o un evento que hace que algo ocurra.
Un **efecto** es lo que ocurre como resultado de esa acción o ese evento.

Causa y efecto

Completa el organizador gráfico de abajo para demostrar que comprendes las causas y los efectos de eventos clave que ayudaron a dar forma a California en el medio siglo posterior a la Segunda Guerra Mundial. Una copia de este organizador gráfico aparece en la página 114 del cuaderno de Tarea y práctica.

Hacia los tiempos modernos

Causa	Efecto
Los trabajadores que llegan a California durante la guerra deciden quedarse.	
Algunos grupos de California enfrentan la discriminación.	

Pautas de redacción de California

Escribe un reporte Escribe un reporte que explique algunas maneras en que los habitantes de California trabajan para mantener viva su cultura. Incluye ejemplos mencionados en el Capítulo 10 y también otros que conozcas por tu propia experiencia.

Escribe un resumen Imagina que eres un historiador que escribe una entrada de una enciclopedia sobre California y su papel en los viajes espaciales. Escribe un breve resumen acerca de cómo ayudó California a desarrollar el programa espacial de Estados Unidos.

1965 1975 1985

1965
César Chávez encabeza un boicot nacional al consumo de uvas

1969
Indios americanos toman la isla de Alcatraz en la bahía de San Francisco

Usa el vocabulario

Identifica el término que corresponda a cada definición.

tecnología, pág. 394
viajar al trabajo, pág. 395
derechos civiles, pág. 401
huelga, pág. 403

1. ir del trabajo a la casa y viceversa
2. derecho de los ciudadanos a tener igual trato ante la ley
3. tiempo en que los trabajadores se niegan a trabajar para que se preste atención a sus peticiones
4. el uso de conocimientos o de herramientas para fabricar o hacer algo

Usa la línea cronológica

Usa la línea cronológica de arriba para responder estas preguntas.

5. ¿En qué década encabezó César Chávez un boicot al consumo de uvas y también los indios americanos tomaron la isla de Alcatraz?
6. ¿Cuántos años después de la Segunda Guerra Mundial se inventó el chip de silicio?

Aplica las destrezas

Leer un mapa de carreteras

7. Observa el mapa de la página 399. ¿Qué carreteras tomarías para ir desde Sacramento hasta Monterey?

Recuerda los datos

Responde estas preguntas.

8. ¿Cómo la construcción de autopistas cambió la ubicación de los lugares donde vivían las personas?
9. ¿Cómo ayudó César Chávez a mejorar la vida de los trabajadores agrícolas?
10. ¿Cómo han contribuido los inmigrantes a la cultura de California?

Escribe la letra que corresponda a la respuesta correcta.

11. ¿Cuál fue el efecto del aumento de población en California después de la Segunda Guerra Mundial?
    A una depresión
    B una escasez de trabajadores
    C un desastre natural
    D un auge de la construcción
12. ¿Cuál fue el resultado del Movimiento por los derechos civiles?
    A Líderes que apoyaban los derechos civiles fueron elegidos para cargos en el gobierno.
    B Se permitió la segregación en las escuelas.
    C Se construyeron más autopistas.
    D Las mujeres obtuvieron el derecho al voto.

Piensa críticamente

13. DESTREZA DE ANÁLISIS ¿Habrías participado en el boicot al consumo de uvas cultivadas en California en la década de 1960? ¿Por qué?
14. DESTREZA DE ANÁLISIS ¿Cómo contribuyeron los automóviles y las autopistas a la expansión urbana en California?

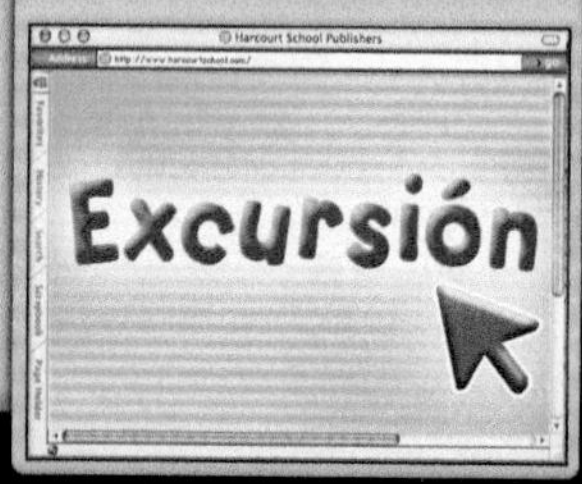

Museo Automovilístico Petersen

PREPÁRATE

Para la década de 1950, el automóvil ya se había convertido en parte importante de la vida diaria en Estados Unidos, especialmente en el sur de California. En el Museo Automovilístico Petersen, en Los Angeles, puedes ver cómo se desarrollaron los automóviles a lo largo de los años y cómo influyeron en la cultura del sur de California y de todo el mundo. Los visitantes pueden recorrer exposiciones de calles, que muestran cómo cambiaron los automóviles con el paso del tiempo. En el museo también se exhiben motocicletas, automóviles de carreras y carros de películas y de personas famosas. El centro May Family Discovery está repleto de objetos que pueden tocarse y también tiene un simulador de manejo.

OBSERVA

Estos automóviles de la década de 1950 estacionados afuera de una cafetería completan esta exhibición y resaltan las imágenes de esa época.

UBÍCALO

Hoy, los fabricantes de automóviles hechos por encargo toman carros de las décadas de 1940 y 1950 y los reconstruyen para hacer diseños especiales para coleccionistas.

Este puesto de comida con forma de perro es parte de una exposición de automóviles de la década de 1930.

Los visitantes pueden recorrer exposiciones de calles e interaccionar con los objetos que se exhiben, como esta gasolinera de la década de 1920.

UN PASEO VIRTUAL

Visita VIRTUAL TOURS en **www.harcourtschool.com/hss** para realizar un paseo virtual.

Repaso

LA GRAN IDEA

Crecimiento y cambio Durante el siglo veinte, las acciones humanas y los fenómenos naturales cambiaron California, Estados Unidos y el mundo.

Resumen

Resolver problemas

A principios del siglo XX, la apertura del canal de Panamá y la demanda de bienes durante la Primera Guerra Mundial hicieron crecer la economía de California. Cuando se produjo la Gran Depresión, personas de todo el país tuvieron que luchar para ganarse la vida. Muchos llegaron a California esperando hallar trabajo, pero los empleos eran escasos. Para combatir el alto desempleo, el gobierno contrató personas para trabajar en obras públicas.

La entrada del país en la Segunda Guerra Mundial dio trabajo a la población y trajo más habitantes al estado. Hacia el final de la guerra, la población de California era más numerosa y más diversa. Las industrias del estado habían crecido y se habían fortalecido. A partir de la década de 1940, los californianos lucharon por la igualdad y por los derechos civiles. Algunos se postularon para cargos públicos para producir cambios. Otros formaron sindicatos laborales y organizaron boicots y huelgas. Hoy, California sigue atrayendo a personas de todo el mundo. Estas personas aportan diversidad cultural al estado.

Ideas principales y vocabulario

Lee el resumen de arriba. Luego, responde las preguntas que siguen.

1. ¿Qué es el desempleo?
   - **A** suministros militares y armas
   - **B** cambiar algo para mejorarlo
   - **C** un momento en que fracasan muchos negocios
   - **D** el número de personas que no tiene trabajo

2. ¿Cómo respondió el gobierno a la Gran Depresión?
   - **A** Construyó el canal de Panamá.
   - **B** Contrató personas para trabajar en obras públicas.
   - **C** Concedió a las mujeres igual salario por igual trabajo.
   - **D** Creó sindicatos laborales.

3. ¿Qué son los derechos civiles?
   - **A** reglas de comportamiento
   - **B** huelgas y boicots
   - **C** cargos públicos
   - **D** trato igualitario ante la ley

4. ¿Cómo cambió la población de California durante la Segunda Guerra Mundial?
   - **A** Fue segregada.
   - **B** Disminuyó y se volvió menos diversa.
   - **C** Aumentó y se volvió más diversa.
   - **D** No cambió.

Recuerda los datos

Responde estas preguntas.

5. ¿Qué reformas ayudó a llevar a cabo Hiram Johnson como gobernador de California?
6. ¿Qué hizo que la industria cinematográfica se desarrollara en el sur de California?
7. ¿Cómo era la vida de los trabajadores migratorios durante la Gran Depresión?
8. ¿Qué ocurrió con los japoneses americanos que vivían en California?
9. ¿Cómo se diversificó la economía de California después de la guerra?

Escribe la letra que corresponda a la respuesta correcta.

10. ¿Después de cuál de estos eventos entró Estados Unidos en la Segunda Guerra Mundial?
    A la inauguración del canal de Panamá
    B el derrumbe de la bolsa de valores en 1929
    C el ataque a Pearl Harbor
    D la huelga de los recolectores de uva en 1965
11. Los automóviles ayudaron a producir la expansión urbana al
    A evitar el crecimiento de las áreas metropolitanas.
    B contaminar el aire.
    C usar gasolina.
    D permitir a las personas vivir en un lugar y trabajar en otro.
12. ¿Cuál era el nombre de la primera autopista de California?
    A autopista Arroyo Seco
    B Camino Real
    C Autopista 1
    D autopista Golden Gate
13. ¿Cómo mejoraron sus condiciones de trabajo los trabajadores agrícolas migratorios?
    A Pidieron que se comprara más uvas.
    B Formaron un sindicato e hicieron huelga.
    C Evitaron que se creara un sindicato.
    D Decidieron no protestar.

Piensa críticamente

14. **DESTREZA DE ANÁLISIS** ¿Cómo crees que el automóvil cambió la ubicación de los lugares donde vivían las personas?
15. **DESTREZA DE ANÁLISIS** Durante la década de 1960, muchos californianos lucharon por los derechos civiles, la igualdad en el lugar de trabajo y el trato justo hacia los trabajadores agrícolas. ¿Crees que actualmente continúa siendo importante luchar por la igualdad de derechos? Explica tu respuesta.

Aplica las destrezas

Leer un mapa de carreteras

DESTREZA DE ANÁLISIS Observa el mapa de carreteras que aparece abajo para responder estas preguntas.

16. ¿Cuántas millas hay de Bakersfield a Needles? ¿Qué carreteras tomarías para ir de un lugar al otro?
17. ¿Qué ruta tomarías para ir desde San Luis Obispo hasta el Parque Nacional Joshua Tree? ¿Qué otra ruta podrías tomar?

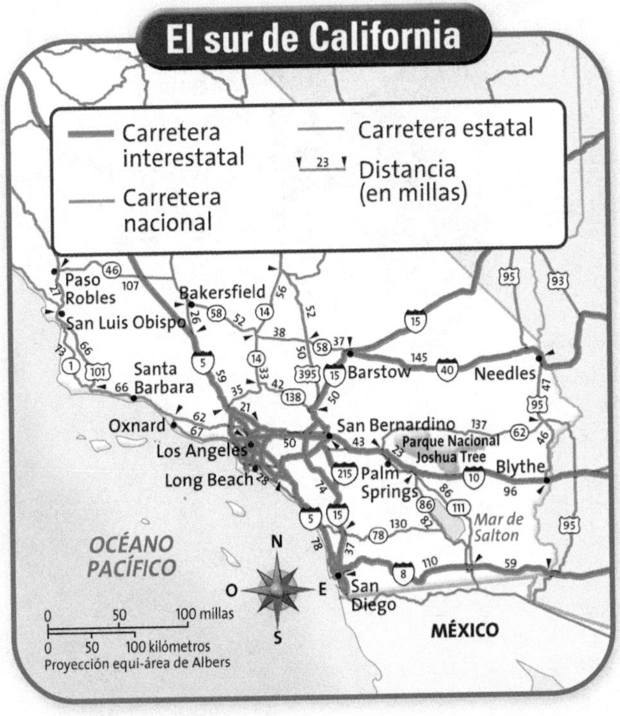

Unidad 5

Actividades

Lecturas adicionales

- ***César Chávez: "Sí, podemos"*** **por Josh Daniel.**

- ***El puente Golden Gate*** **por Belinda Hulin.**

- ***El frente interno*** **por Madeline Boskey.**

Muestra lo que sabes

Actividad de redacción

Escribe un resumen Elige una persona o un grupo de la unidad e imagina que te han elegido para escribir un discurso sobre esa persona o ese grupo. Tu discurso deberá resumir su contribución y dar detalles acerca de su influencia sobre otras personas. Asegúrate de incluir en tu discurso detalles importantes y de expresar las ideas principales.

Proyecto de la unidad

Diseña un álbum de recortes Diseña un álbum de recortes que honre a una persona, un evento o un logro importante de California en el siglo veinte. Escribe un breve párrafo que resuma los datos principales sobre esa persona, evento o logro. Incluye ilustraciones en tu álbum de recortes.

Visita ACTIVITIES en **www.harcourtshool.com/hss** para hallar otras actividades.

California hoy y mañana

COMIENZA CON LAS NORMAS

Normas de Historia y Ciencias Sociales de California

4.1 Los estudiantes demuestran una comprensión de las características físicas y humanas que definen los lugares y las regiones de California.

4.4 Los estudiantes explican cómo California se convirtió en una potencia agrícola e industrial, siguiendo la transformación de la economía de California y su desarrollo político y económico desde la década de 1850.

4.5 Los estudiantes comprenden las estructuras, funciones y poderes del gobierno local, estatal y federal, y describen la Constitución de Estados Unidos.

La gran idea

Gobierno y liderazgo

Los californianos están orgullosos de su historia, su gobierno y su patrimonio cultural.

Reflexiona

- ¿Qué industrias son importantes para la economía actual de California?
- ¿Qué importancia tienen las artes y el sistema de educación pública de California?
- ¿Cuáles son las funciones de cada nivel del gobierno?

Muestra lo que sabes

- Prueba de la Unidad 6

- Redacción: Un reportaje

- Proyecto de la unidad: Tablero de anuncios

SAN DIEGO
CA

Tiempos

California hoy y mañana

1994 Un fuerte terremoto sacude el sur de California

2001 California enfrenta escasez de energía eléctrica y apagones, pág. 451

1985

1990

1995

Al mismo tiempo

1986 Explota el transbordador espacial *Challenger*

1989 Cae el muro de Berlín, marcando el fin de la Guerra Fría

1993 Se forma la Unión Europea

California hoy y mañana

2003 Los californianos votan a favor de la destitución del gobernador Gray Davis, pág. 475

2003 Los incendios forestales arrasan más de 750,000 acres en el sur de California

Presente Más de 6 millones de estudiantes asisten a las escuelas públicas de California, pág. 447

2000

PRESENTE

2000 George W. Bush gana las elecciones presidenciales más reñidas de la historia de Estados Unidos

2001 Terroristas atacan el World Trade Center y el Pentágono

Unidad 6

Earl Warren

1891–1974

- Gobernador de California de 1943 a 1953
- Presidente de la Corte Suprema de Estados Unidos de 1953 a 1969

Paul R. Williams

1894–1980

- Arquitecto nacido en California
- Ayudó a diseñar el edificio Theme del Aeropuerto Internacional de Los Angeles, el YMCA de Hollywood, la tienda Saks Fifth Avenue en Beverly Hills y el edificio de la corte del condado Los Angeles

Personas

1890 | 1910 | 1930

- 1891 • Earl Warren
- 1894 • Paul R. Williams
- 1907 • John Wayne
- 1911 • Ronald Reagan
- 1933 • Dianne Feinstein

Dianne Feinstein

1933–

- Primera mujer que fue elegida alcaldesa de San Francisco, sirvió de 1978 a 1988
- Primera mujer californiana en formar parte del Senado; elegida por primera vez en 1992
- Reelegida como senadora en 1994 y nuevamente en 2000

Judith Baca

1946–

- Artista, creadora de *The Great Wall of Los Angeles,* un mural de media milla de extensión
- En 2001 recibió el Premio a la Educación de la asociación National Hispanic Heritage Awards

John Wayne

1907–1979

- Estrella de cine, célebre por representar héroes rudos en películas como "Los boinas verdes" y "Valor de ley"
- Intentó alistarse en el ejército durante la guerra de Vietnam pero fue rechazado debido a una antigua lesión y a su edad

Ronald Reagan

1911–2004

- Dos veces gobernador de California, de 1966 a 1974
- Dos veces presidente de Estados Unidos, de 1980 a 1988
- Hizo carrera como actor antes de entrar en la política

1950 1970 1990 PRESENTE

1974

1980

1979

2004

1946 • Judith Baca

1947 • Arnold Schwarzenegger

1952 • Amy Tan

Arnold Schwarzenegger

1947–

- Nacido en Austria; ganador de numerosos campeonatos de fisicoculturismo, incluyendo los de Mister Olimpia y Mister Universo
- Protagonista de numerosas películas de acción
- Elegido gobernador de California en 2003

Amy Tan

1952–

- Autora americana de origen chino que escribe acerca de crecer en la cultura china y en la cultura americana
- Su primer libro, *The Joy Luck Club*, fue llevado al cine

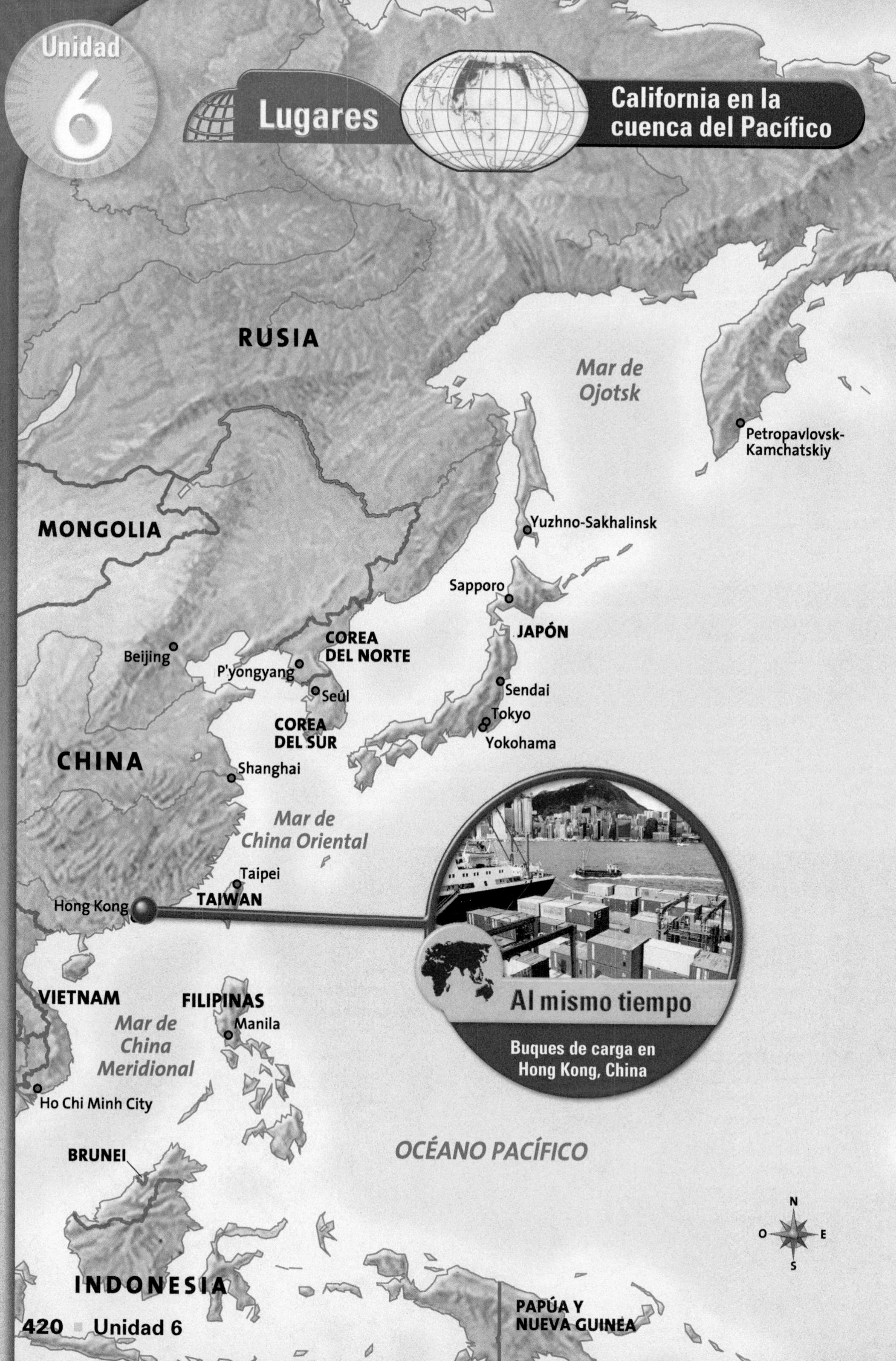
Unidad
6
Lugares
California en la cuenca del Pacífico
RUSIA
Mar de Ojotsk
Petropavlovsk-Kamchatskiy
Yuzhno-Sakhalinsk
MONGOLIA
Sapporo
JAPÓN
COREA DEL NORTE
Beijing
P'yongyang
Seúl
Sendai
Tokyo
Yokohama
COREA DEL SUR
CHINA
Shanghai
Mar de China Oriental
Taipei
TAIWAN
Hong Kong
VIETNAM
FILIPINAS
Manila
Mar de China Meridional
Ho Chi Minh City
OCÉANO PACÍFICO
BRUNEI
INDONESIA
PAPÚA Y NUEVA GUINEA
N
O
E
S
Al mismo tiempo
Buques de carga en Hong Kong, China

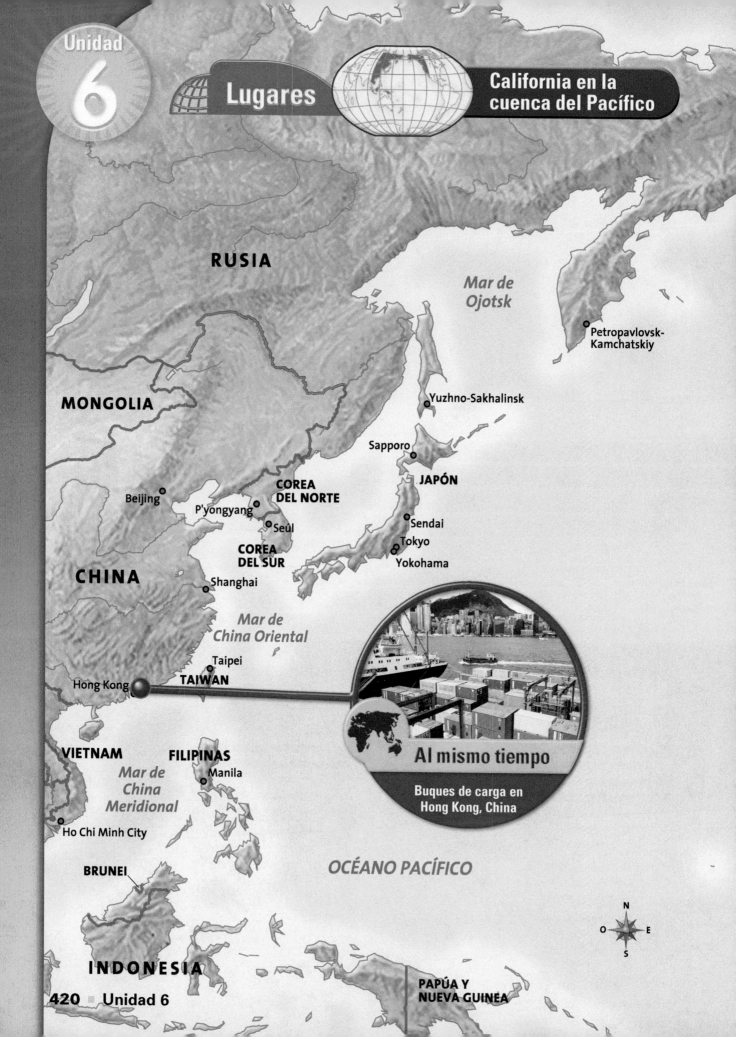

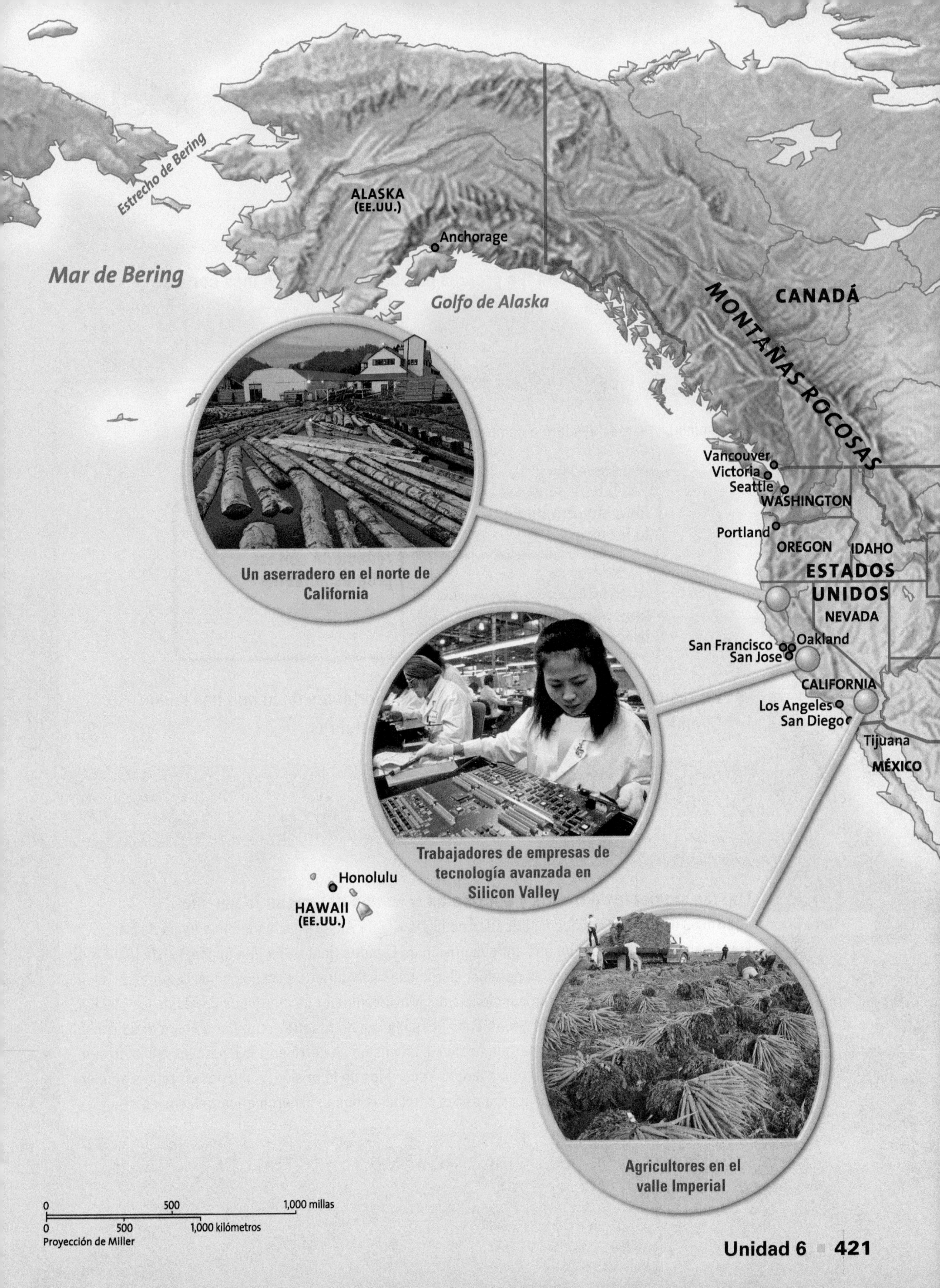

Un aserradero en el norte de California

Trabajadores de empresas de tecnología avanzada en Silicon Valley

Agricultores en el valle Imperial

Unidad 6

La lectura en los Estudios Sociales

Destreza clave

Resumir

Cuando resumes, das con tus propias palabras una versión más corta de lo que leíste.

Por qué es importante

Resumir un texto te ayudará a comprender y recordar la información más importante.

Dato clave
Idea importante de la lectura

Dato clave
Idea importante de la lectura

Resumen
Información importante que leíste, abreviada y redactada con tus propias palabras

✓ Un resumen incluye solo las ideas más importantes de lo que has leído.
✓ Cuando resumas, usa siempre tus propias palabras.

Practica la destreza

Lee los siguientes párrafos y escribe un resumen del segundo párrafo.

Datos

En 1969 un grupo de indios americanos ocupó la isla de Alcatraz, situada en la bahía de San Francisco, donde funcionaba una antigua prisión de Estados Unidos. En una época, la isla había sido territorio indio. Los manifestantes permanecieron en la isla durante casi dos años. La protesta ayudó a que muchas personas tomaran conciencia del Movimiento por los derechos civiles de los indios americanos. (Un grupo de indios americanos ocupó la isla de Alcatraz para dar a conocer su causa.)

Resumen

Hoy, la isla de Alcatraz es un parque nacional. La prisión se cerró en 1963, pero los edificios aún siguen en pie. Los guardias de parques dirigen recorridos de la prisión, y muchos visitantes acuden todos los años para oír historias acerca de los criminales que estuvieron encarcelados allí.

Aplica lo que aprendiste

 **Resumir Lee los siguientes párrafos y responde las preguntas.**

Proteger el ambiente de California

Durante la fiebre del oro, las personas dañaron ríos y arroyos. Desde entonces, los californianos han trabajado para resolver los problemas del ambiente causados por seres humanos. De hecho, los californianos son líderes en la protección del aire, el agua y el suelo.

Los esfuerzos por proteger los recursos naturales del estado comenzaron en el siglo XIX. En 1890, un naturalista llamado John Muir convenció al Congreso de la necesidad de proteger áreas naturales en California. Ese año, Yosemite, Sequoia y General Grant (hoy Kings Canyon) se convirtieron en los primeros parques nacionales de California.

A comienzos del siglo XX, el ambiente de California volvió a cambiar. En ese tiempo, se abrieron muchas fábricas y las personas comenzaron a usar el sistema de autopistas para viajar. Hacia la década de 1940, los gases que despedían los automóviles y las fábricas contaminaban el aire. El aire contaminado del sur de California se volvió peligroso para las personas, los animales y las plantas.

En 1959, el gobierno estatal aprobó una ley que establecía normas para la calidad del aire en California. Esa ley fue la primera de su tipo en la nación y establecía que las personas debían examinar y controlar los gases emitidos por fábricas, automóviles y camiones. Cuatro años después, el gobierno federal aprobó la Ley del Aire Limpio con el fin de fijar normas nacionales para la calidad del aire.

Luego, en 1970, el gobierno federal creó la Agencia de Protección Ambiental, *Environmental Protection Agency*. Esta agencia se encarga de proteger el ambiente y la salud de la población.

Resumir

1. **¿Cómo describirías los problemas ambientales que han enfrentado los californianos?**
2. **¿Qué actividades han causado la contaminación del aire en California?**
3. **¿Cómo ha respondido el gobierno ante los problemas ambientales?**

Diseñar automóviles especiales que consuman menos gasolina es una manera de proteger el ambiente.

Destrezas de estudio

OJEAR E IDENTIFICAR

Ojear e identificar pueden ayudarte a comprender lo que lees.

- **Para ojear, lee rápidamente el título de la lección y de cada sección. Observa las imágenes y lee las leyendas. Usa esta información para identificar los temas principales.**
- **Para identificar, busca rápidamente en el texto detalles específicos, como palabras o datos clave.**

OJEAR	IDENTIFICAR
Lección: Una economía moderna Idea principal: California tiene una economía fuerte y diversificada. Títulos/encabezados: Una economía fuerte, Tecnología y comercio Elementos visuales: ______	Palabras y datos clave • comercio internacional • La historia de California ha determinado su economía. • Silicon Valley • ______ • ______ • ______

Aplica la destreza mientras lees

Antes de leer, ojea el texto para encontrar la idea principal de cada sección. Luego, busca palabras clave. Si tienes preguntas sobre algún tema, identifica las respuestas en el texto.

Normas de Historia y Ciencias Sociales de California, Grado 4

4.1 Los estudiantes demuestran una comprensión de las características físicas y humanas que definen los lugares y las regiones de California.
4.4 Los estudiantes explican cómo California se convirtió en una potencia agrícola e industrial, siguiendo la transformación de la economía de California y su desarrollo político y económico desde la década de 1850.

CAPÍTULO

El estado dorado

11

Los fuegos artificiales del Día de la Independencia estallan sobre el puente Golden Gate, uno de los símbolos más queridos de California.

Comienza con un cuento

Las maravillosas torres de Watts

por Patricia Zelver
ilustrado por Frané Lessac
traducido por Aída Murga

California tiene un gran número de museos excelentes con bellas obras de arte. Sin embargo, una de las formas más extraordinarias de arte de nuestro estado surge de lo que una vez fue el patio interior de Simón Rodia, en Watts. Rodia pasó más de 30 años, desde 1921 hasta 1954, construyendo tres torres pintorescas en su vecindario, que ahora está ubicado en la parte central al sur de Los Angeles.

Lee para aprender cómo Rodia construyó sus torres de Watts.

El verdadero nombre del Viejo Sam era Simón Rodia. Él era un hombre pequeño que se vestía con overoles viejos, camisa sin mangas y un sombrero grasoso. Sus brazos y su cara estaban siempre cubiertos con polvo.

Simón Rodia había venido desde Italia cuando era un joven y hablaba con acento pronunciado. Compró un pequeño chalet en Watts, un vecindario pobre que era mitad pueblo mitad campo, afuera de los límites de la ciudad de Los Angeles. Horneaba su pan en un horno al aire libre que construyó, el cual era exactamente igual al horno que su mamá había usado en su viejo país. A veces, era amigable y sonreía a las personas con una sonrisa sin dientes; otras veces sus pensamientos parecían llevarlo a lugares distantes y no le hablaba a nadie.

El Viejo Sam trabajaba como obrero en la fábrica de azulejos Taylor. Todas las noches se bajaba del tranvía cargando un gran saco de azulejos multicolores hechos pedazos.

—¿Qué va a hacer el Viejo Sam con esos azulejos? —se preguntaba la gente.

Los fines de semana, el Viejo Sam caminaba hacia el lote vacío cerca de las vías del ferrocarril y recogía cosas que la gente pensaba que estaban mejor tiradas en la basura. Llevaba a su casa botellas azules de leche de magnesia, pedazos de loza de colores y hasta pedazos de espejos rotos. A veces, les pagaba a los niños del vecindario con centavos o galletas para que le llevaran botellas verdes de gaseosa vacías y sacos de conchas marinas.

—¿Qué es lo que el Viejo Sam quiere hacer con toda esa basura? —se preguntaba la gente.

El Viejo Sam usaba casi todo su dinero para comprar sacos de cemento, arena y acero. La gente podía escucharlo mientras trabajaba en su patio, detrás de una gran cerca.

—¿Qué será lo que hace el Viejo Sam? —se preguntaban.

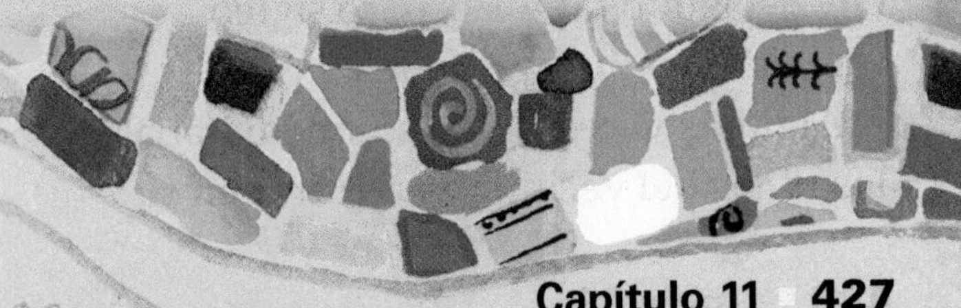

Un día, ante el asombro de los vecinos, algo extraño y bello se elevó por encima de la cerca del patio de Sam. Era una obra tejida de acero, cubierta con una superficie de concreto en donde el Viejo Sam había pegado pedacitos brillantes de azulejo, vidrio, espejos, loza y conchas marinas. ¿Estaba el Viejo Sam construyendo un castillo encantado? ¿El capitel de una iglesia? ¿Una torre en la que pudiera subir al cielo?

Todos contemplaron maravillados la creación del Viejo Sam.

Sam continuó su obra. Trabajó sin la ayuda de nadie durante treinta y tres años, en toda clase de climas, subiéndose bien alto y usando únicamente un cincho de los que utilizan las personas que limpian ventanas para prevenir una caída. Mientras trabajaba, escuchaba música de ópera en un gramófono viejo. Su cantante favorito era Enrico Caruso. Se podía escuchar al Viejo Sam cantando junto a él.

Los niños del vecindario crecieron y tuvieron sus propios hijos, quienes observaron las torres del Viejo Sam elevarse hacia el cielo. El Viejo Sam estaba envejeciendo también, pero siguió trabajando igual que antes.

Algunas veces el Viejo Sam invitaba a los niños del vecindario a entrar en su patio, que ahora estaba rodeado por una pared decorada. Allí, los niños encontraban una ciudad mágica con calles pequeñas, plazas y fuentes. Los caminos y paredes estaban cubiertos con patrones de estrellas de mar, figuras de corazones, conchas marinas, azulejos de colores decorados con pavo reales y un abejorro dorado. Pegado al cemento había toda clase de objetos curiosos que el Viejo Sam coleccionó durante años. El pico de una tetera. Una bota de vaquero. Agarraderos de grifos. Herraduras. Y hasta platos antiguos de *willow ware.*

Reporteros de periódicos escucharon sobre las torres, llegaron a verlas y hablaron con el Viejo Sam.

—¿Qué significan? —le preguntaron.

El Viejo Sam solamente se sonrió.

—¿Dónde están sus planos? —le dijeron.

El Viejo Sam señaló su cabeza.

—¿Por qué lo hizo? —le dijeron.

—Yo solamente sentí hacerlo —contestó el Viejo Sam.

La obra de Rodia ha sido preservada, y personas de todo el mundo continúan visitando sus torres maravillosas.

Responde

1. ¿Qué crees que significaban las torres de Watts para el Viejo Sam?
2. Haz una lista de los objetos de tu comunidad que podrías usar para crear una obra de arte. Haz un plan para tu obra.

Lección 1

Una economía moderna

REFLEXIONA

¿Cuáles son los sectores más importantes de la economía de California?

✓ Explica las razones del tamaño y la fortaleza de la economía de California.

✓ Describe las industrias que juegan un papel importante en la economía de California.

VOCABULARIO

comercio internacional pág. 431

producto de importación pág. 433

interdependencia pág. 433

procesamiento de alimentos pág. 434

industria de servicios pág. 435

turismo pág. 435

LUGARES

Silicon Valley

cuenca del Pacífico

RESUMIR

Normas de California

HSS 4.4, 4.4.6

IMAGÍNATE ALLÍ

Observas detenidamente el microchip que acabas de hacer. Pronto será sometido a pruebas en diferentes máquinas para saber si funciona. Si el microchip pasa las pruebas, se usará en una nueva y poderosa computadora. La empresa para la que trabajas es una de las muchas compañías de tecnología avanzada que hay en California. Este tipo de compañías representa un sector importante de la economía de California, una de las economías más importantes del mundo.

Los trabajadores de una planta constructora de aviones, en California, son entrenados para usar destrezas especiales. En otras compañías de tecnología avanzada, se entrenan personas para fabricar componentes para computadoras (arriba).

Una economía fuerte

Cada año, California genera alrededor de 1.4 billones de dólares en productos y servicios. De hecho, es líder nacional en la industria manufacturera, y su economía es más importante que la de muchos países.

Uno de los factores que contribuyen a que California tenga una economía fuerte es su geografía. Las amplias zonas de tierra cultivable hacen que California sea uno de los principales productores de vegetales, frutas y lácteos. Sus playas y montañas atraen a millones de visitantes. Además, su ubicación en el océano Pacífico resulta muy apropiada para el desarrollo del **comercio internacional**, o sea, el intercambio comercial con otros países. Hoy en día, California es líder nacional en materia de comercio internacional.

La historia de California también ha determinado su economía. La fiebre del oro, la construcción de los ferrocarriles, dos guerras mundiales y otros acontecimientos han favorecido el crecimiento de nuevas industrias.

La economía de California depende de las destrezas de sus habitantes. Los actores y las actrices de Los Angeles, los ingenieros de Santa Clara, los agricultores cerca de Fresno y los trabajadores portuarios de San Diego contribuyen a la economía del estado.

REPASO DE LA LECTURA **RESUMIR**
¿Qué hace que la economía de California sea una economía fuerte?

Analizar gráficas **La economía de California se conforma de varias industrias fuertes.**

¿Qué industria emplea más trabajadores en California?

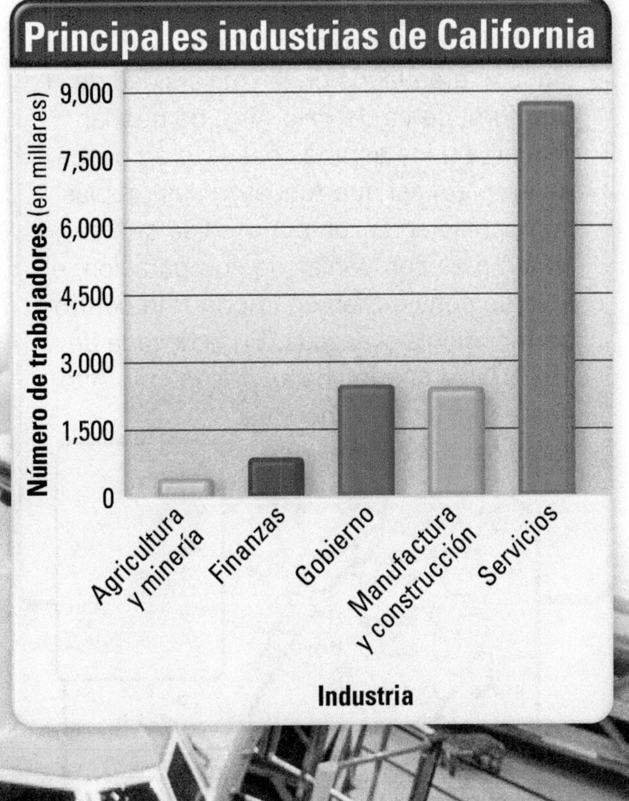

Manufactura de tecnología avanzada

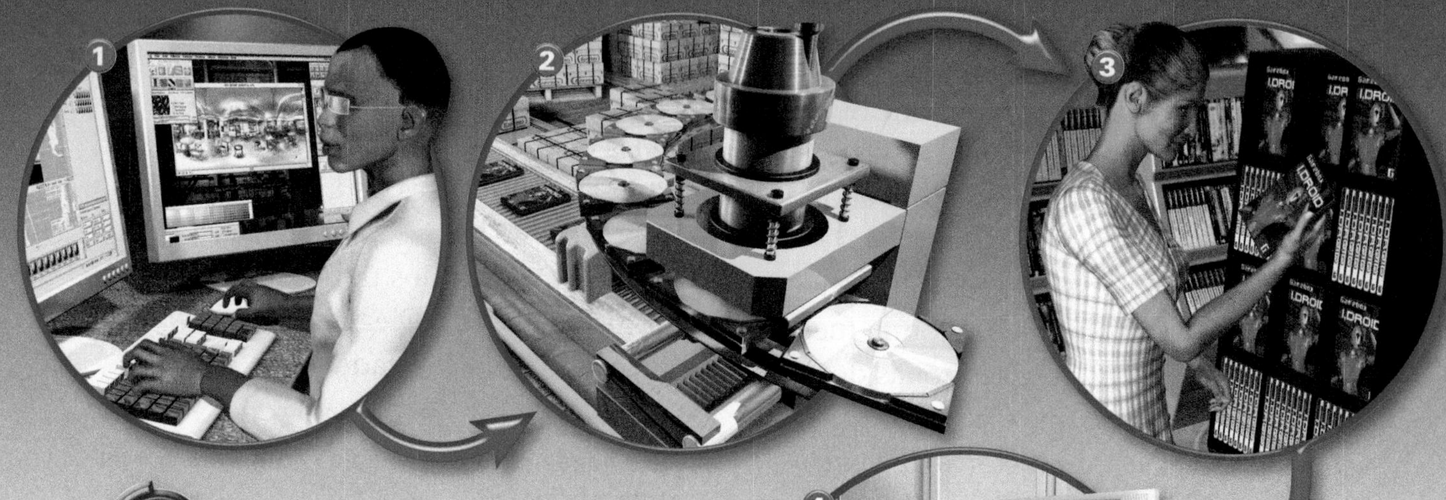

Analizar ilustraciones **Los juegos de vídeo son uno de los productos que se fabrican en Silicon Valley. 1 Los diseñadores usan computadoras para crear imágenes y sonidos. 2 Los trabajadores ensamblan los materiales. 3 Los juegos se envían a las tiendas para su venta. 4 Los usuarios disfrutan de los juegos en sus hogares.**

¿Qué pasos deben seguirse antes de enviar los juegos a las tiendas?

GEOGRAFÍA

Silicon Valley

Una de las razones por las que California se convirtió en centro de industrias de tecnología avanzada es que algunos graduados de la Universidad de Stanford, cerca de Palo Alto, no querían mudarse a los estados del este en busca de empleo, así que fundaron sus propias compañías en la zona. A medida que se abrían más compañías de computación, el área se convirtió en un importante centro de tecnología avanzada. En la década de 1970, la zona que abarca desde Palo Alto hasta San Jose comenzó a llamarse "Silicon Valley".

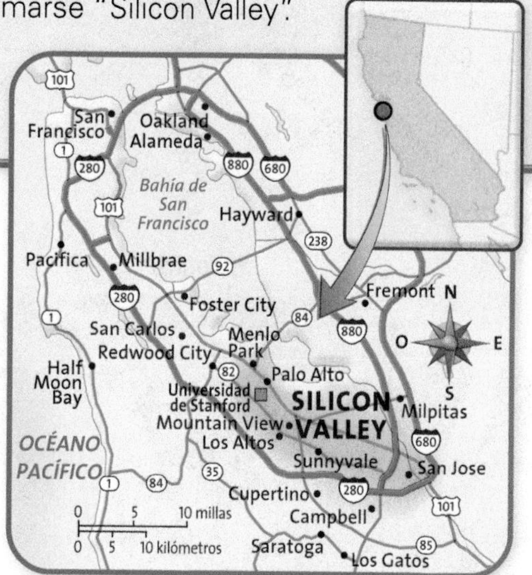

Tecnología y comercio

La tecnología avanzada desempeña un papel clave en la economía de California. En 1951, se abrieron las primeras compañías de tecnología avanzada cerca de Palo Alto y San Jose. Hoy en día hay tantas compañías de computación que la zona se conoce como **Silicon Valley**, porque las computadoras usan chips de silicio, que en inglés se dice silicon.

Compañías que se dedican a la tecnología avanzada se localizan también en otras partes de California, principalmente en los condados Orange, San Bernardino, Los Angeles, San Diego, San Mateo y Marin. Cerca de 400,000 californianos trabajan para este tipo de compañías.

Esta tecnología ha cambiado la forma de vivir de muchas personas. Los chips de silicio se usan en juguetes y otros artículos de la vida diaria. Además, hoy en día en casi la mitad de los hogares de Estados Unidos hay computadoras.

Muchos de los productos de tecnología avanzada de California se exportan a otros países. De hecho, casi la mitad de todos los productos de exportación de California pertenecen a esta industria. Otros importantes son las maquinarias y los alimentos.

Los productos de exportación de California y de otros estados se envían de California a otros puertos por la **cuenca del Pacífico.** Cada año, el estado exporta productos a Asia cuyo valor se acerca a los 50 millardos de dólares. California también envía muchos productos a México y Canadá.

Además de exportar, California recibe productos de otros países, o sea, **productos de importación**. Los principales de estos incluyen automóviles, artículos electrónicos y alimentos. Muchos llegan a puertos de California, como los de Los Angeles, Long Beach, San Diego, Oakland y San Francisco.

El comercio crea **interdependencia** entre los californianos y gente de otros lugares. Esto significa que la población de dos lugares depende mutuamente de los bienes y productos que ambos manufacturan.

REPASO DE LA LECTURA **GENERALIZAR**
¿Qué relación hay entre los productos de importación y la interdependencia?

Analizar tablas **Esta tabla muestra los principales socios comerciales de California.**

¿De qué país importa más productos California?

Principales socios comerciales de California, 2003

POSICIÓN	PRODUCTOS DE IMPORTACIÓN	PRODUCTOS DE EXPORTACIÓN
1	China	Japón
2	Japón	México
3	México	China
4	Corea	Corea
5	Taiwan	Taiwan
6	Malasia	Singapur
7	Alemania	Hong Kong
8	Tailandia	Australia

De la granja al mercado

Analizar diagramas
El tomate es uno de los principales cultivos de California.

? ¿Qué productos hechos con tomate podrías comprar en una tienda?

1 Los tomates se cultivan, luego se cosechan y se seleccionan.

2 Los tomates se procesan y se enlatan para el mercado.

3 Los consumidores compran salsa y ketchup.

Un gigante agrícola

California ha ocupado el primer lugar en producción agrícola en el país durante más de 50 años. Alrededor de la mitad de todas las frutas, vegetales y frutos secos que produce Estados Unidos se cultivan en California. La agricultura brinda empleo a más de 1 millón de californianos. Muchos trabajan como científicos, investigadores de campo o agricultores. California también ofrece empleos en el **procesamiento de alimentos**, o sea la cocción, el envasado, el secado, el congelamiento y la preparación de alimentos para el mercado.

La geografía de California es muy apropiada para la agricultura. El clima y el suelo favorecen el crecimiento de muchas especies de plantas. De hecho, California produce casi la totalidad de almendras, albaricoques, aceitunas, aguacates y uvas que se venden en Estados Unidos.

La tierra de California también es buena para la cría de animales de granja. La ganadería es muy importante para la economía del estado. Hoy en día, California es uno de los principales productores de lácteos y carne vacuna en Estados Unidos.

La mayoría de los alimentos producidos en California se consumen en Estados Unidos. Sin embargo, los californianos recaudan alrededor de 6 millardos de dólares al año por la exportación de alimentos. En Japón, Europa, Canadá, México y China se consumen alimentos producidos en California.

REPASO DE LA LECTURA **IDEA PRINCIPAL Y DETALLES** **¿Qué importancia tiene la agricultura para la economía de California?**

La industria de servicios

Las empresas que ofrecen servicios, en lugar de fabricar productos, pertenecen a la **industria de servicios**. Los cajeros, los camareros y los taxistas son trabajadores de la industria de servicios.

El **turismo**, o sea, el negocio de atender a los visitantes, genera mucho dinero para California. Más de 50 millones de turistas llegan al estado cada año. Los turistas apoyan la economía cuando se hospedan en hoteles, comen en restaurantes y compran recuerdos.

REPASO DE LA LECTURA **CAUSA Y EFECTO**
¿Cómo afectan los turistas a la industria de servicios del estado?

Resumen

La economía de California es fuerte debido a su historia, su geografía y su población. La industria manufacturera y la de servicios, así como la agricultura y el comercio internacional, son importantes para la economía de California.

REPASO

1. ¿Cuáles son los sectores más importantes de la economía de California?
2. Describe cómo los **productos de importación** forman parte del **comercio internacional**.
3. ¿Cómo ha afectado la geografía a la economía de California?

RAZONAMIENTO CRÍTICO

4. DESTREZA DE ANÁLISIS ¿Qué relación existe entre la historia de California y su economía moderna?
5. **Haz un folleto** Imagina que planeas abrir un negocio. Selecciona una industria e investiga acerca de los diferentes lugares de California donde podrías ubicar tu negocio. Haz un folleto que describa la empresa y su ubicación.
6. Destreza clave **RESUMIR**
   En una hoja de papel, copia y completa el organizador gráfico de abajo.

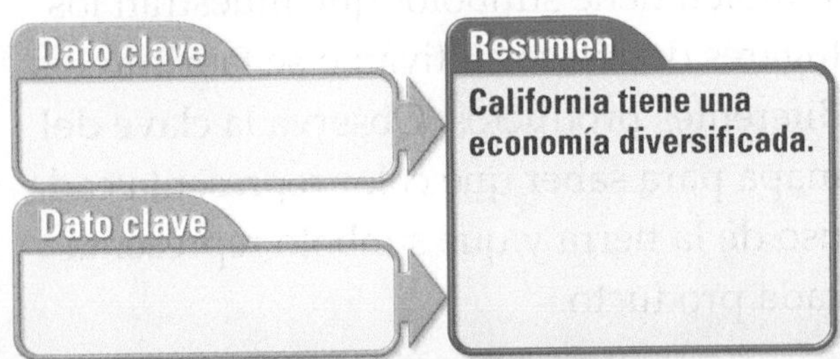

Los famosos parques temáticos de California reciben visitas de turistas de todo el mundo.

Leer un mapa de uso de la tierra y productos

POR QUÉ ES IMPORTANTE

¿Dónde se fabrica la mayoría de los productos de California? ¿En qué partes del estado se encuentran las granjas? Para hallar las respuestas a estas preguntas, necesitas un mapa que muestre el **uso de la tierra**, o sea, cómo se emplea la mayor parte de la tierra de un lugar.

LO QUE NECESITAS SABER

El mapa de la página 437 es un mapa de uso de la tierra y productos de California. El mapa tiene colores que indican cómo se usa la mayor parte de la tierra de un lugar. También tiene símbolos que muestran los lugares donde se cultivan o se fabrican los diferentes productos. Observa la clave del mapa para saber qué color representa cada uso de la tierra y qué símbolo representa cada producto.

PRACTICA LA DESTREZA

Observa el mapa de uso de la tierra y productos para responder las siguientes preguntas.

1. ¿Qué color muestra las áreas donde la tierra se usa para la manufactura?
2. ¿Dónde están las regiones de California que producen uvas?
3. ¿Qué partes de California casi no se utilizan con fines económicos?

APLICA LO QUE APRENDISTE

DESTREZA DE ANÁLISIS **Aplícalo** Dibuja un mapa de los usos que se le da a la tierra cercana a tu comunidad. Usa el mapa de la página 437 y libros de consulta para saber cómo se usa la tierra en esa zona. Incluye una clave del mapa.

Practica tus destrezas con mapas y globos terráqueos con el **CD-ROM GeoSkills**

Las tierras y las aguas de la costa de California se usan para obtener madera, pescar y sembrar.

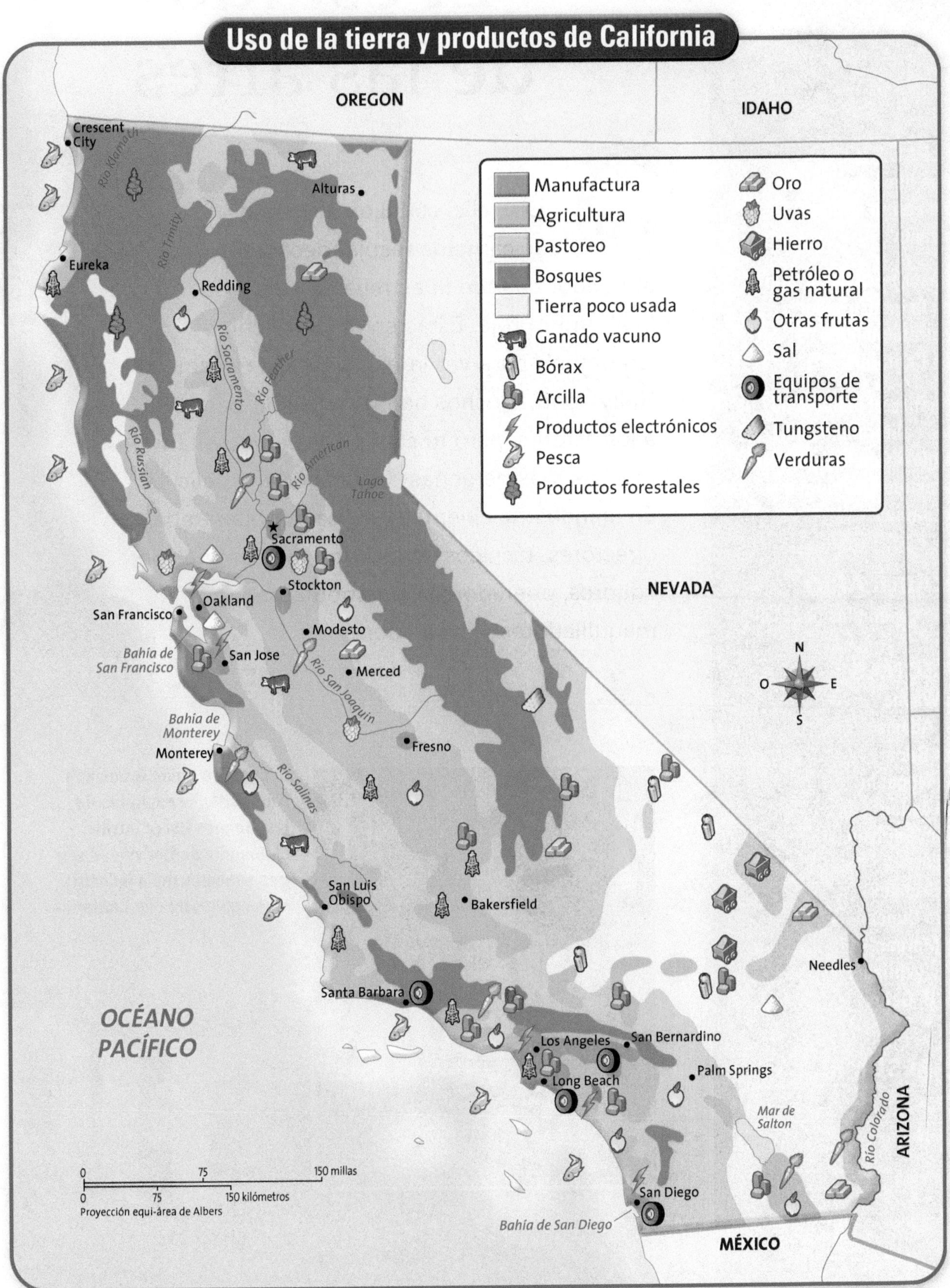
Uso de la tierra y productos de California
OREGON
IDAHO
NEVADA
ARIZONA
MÉXICO
OCÉANO PACÍFICO
Manufactura
Agricultura
Pastoreo
Bosques
Tierra poco usada
Ganado vacuno
Bórax
Arcilla
Productos electrónicos
Pesca
Productos forestales
Oro
Uvas
Hierro
Petróleo o gas natural
Otras frutas
Sal
Equipos de transporte
Tungsteno
Verduras
N
O
E
S
Crescent City
Eureka
Alturas
Redding
Sacramento
Stockton
Oakland
San Francisco
San Jose
Modesto
Merced
Fresno
Monterey
San Luis Obispo
Bakersfield
Santa Barbara
Los Angeles
San Bernardino
Long Beach
Palm Springs
San Diego
Needles
Río Klamath
Río Trinity
Río Sacramento
Río Feather
Río Russian
Río American
Lago Tahoe
Bahía de San Francisco
Río San Joaquín
Bahía de Monterey
Río Salinas
Mar de Salton
Río Colorado
Bahía de San Diego
0
75
150 millas
0
75
150 kilómetros
Proyección equi-área de Albers

Destrezas con mapas y globos terráqueos

Lección 2

El estado de las artes

REFLEXIONA
¿Qué hace que California sea un centro cultural importante?

- ✓ Describe el desarrollo de la industria del entretenimiento en California.
- ✓ Analiza el impacto de los californianos del siglo XX en el desarrollo artístico y cultural de la nación.

VOCABULARIO
efectos especiales pág. 439

PERSONAS
John Wayne
Ansel Adams
Judith Baca
Isamu Noguchi
Jack London
William Saroyan
Amy Tan
Dave Brubeck
Isadora Duncan
Julia Morgan
Paul R. Williams
Frank O. Gehry

Destreza clave
RESUMIR

Normas de California
HSS 4.4, 4.4.9

IMAGÍNATE ALLÍ

¡Clic, clic, clic! Los flashes de las cámaras resplandecen a tu alrededor cuando la estrella de cine pisa la alfombra roja. Estás en el teatro chino Grauman's para ver la película más reciente de Hollywood. Muchos han venido solo para ver a los actores, pero tú sabes que se necesitan muchas más personas para hacer una película. En la industria cinematográfica también trabajan directores, técnicos de sonido y de iluminación, editores, operadores de computadoras, maquilladores y diseñadores.

El teatro chino Grauman's (izquierda), la estatuilla de los premios Oscar (arriba) y el anuncio de Hollywood son tres símbolos de la industria cinematográfica de California.

¡Luces, cámara, acción!

La industria cinematográfica ha sido importante en California desde principios del siglo XX. Durante las décadas de 1930 y 1940, período que se conoce como la Época de Oro de Hollywood, las compañías cinematográficas realizaban alrededor de 400 películas por año. A estas compañías también se las llamaba estudios.

Con el tiempo, los estudios comenzaron a ser conocidos por el tipo de películas que hacían. Por ejemplo, el estudio Walt Disney hacía películas de dibujos animados. El estudio Warner Brothers era célebre por sus películas de acción y el Metro-Goldwyn-Mayer, por sus estrellas de cine. Otros estudios hacían películas de vaqueros, musicales o comedias.

Muchos actores también se hicieron famosos por representar determinado tipo de papeles. Uno de ellos fue **John Wayne.** Nació en Iowa pero se mudó a California cuando tenía seis años. Wayne hizo más de 170 películas, muchas de ellas de vaqueros.

Los trabajadores de la industria cinematográfica a menudo usan computadoras para hacer los efectos especiales de las películas.

Hoy en día, las compañías cinematográficas de California continúan haciendo muchas películas y programas de televisión. Algunos de estos programas tienen sorprendentes efectos especiales. Los **efectos especiales** se usan para lograr que las cosas que no son reales parezcan reales en las películas. La tecnología permite a los cineastas hacer que un viaje espacial imaginario se vea tan real como un paseo en auto por el barrio.

REPASO DE LA LECTURA **RESUMIR**

¿Qué fue la Época de Oro de Hollywood?

El artista David Hockney se inspiró en el paisaje del sur de California para pintar "Autopista de la costa del Pacífico y Santa Monica" en 1993.

Las artes en California

Un gran número de artistas talentosos vive en California. Para mostrar las obras de estos artistas, el estado tiene muchos teatros, auditorios y museos. En el Centro J. Paul Getty de Los Angeles, los visitantes pueden admirar grandes obras de arte de todo el mundo. En el Museo Oakland de California se exponen obras de arte de California que datan desde el siglo XIX hasta nuestros días, incluyendo pinturas de la época de la fiebre del oro.

California también tiene museos dedicados a la historia y la cultura de ciertos grupos. El Museo Afroamericano de California está en Los Angeles. El Museo Estatal del Indio de California se encuentra en Sacramento. El Museo de Arte Asiático, en San Francisco, exhibe obras de artistas de Asia. Muchos artistas chicanos, o de ascendencia cultural mexicana, exponen sus obras en el Centro Cultural de la Raza, en San Diego.

California ha sido el hogar de excelentes artistas de todo tipo durante mucho tiempo. Las fotografías de **Ansel Adams** capturan la belleza agreste del paisaje californiano. La pintora **Judith Baca** hace enormes diseños en paredes, llamados murales. Para pintar los murales, trabaja con cientos de personas. Muchos de los pintores que colaboran con Baca son adolescentes. Uno de sus murales, *The Great Wall of Los Angeles,* cuenta la historia de los grupos étnicos de California.

Isamu Noguchi

Una escultura de Isamu Noguchi

Judith Baca

Amy Tan

Dave Brubeck

fue un escultor nacido en Los Angeles. Sus grandes esculturas, jardines de piedra e incluso patios de juego lo hicieron famoso.

En California también nacieron muchos escritores. El autor **Jack London,** que se crió en la zona de la bahía de San Francisco, escribió muchos emocionantes cuentos de aventuras. El escritor armenio americano **William Saroyan** escribió sobre las alegrías y las penas de los inmigrantes. **Amy Tan** continúa escribiendo sobre las experiencias de los chino americanos.

California también ha dado al mundo músicos y bailarines de gran talento. **Dave Brubeck,** de Concord, formó un famoso grupo de jazz en la década de 1950. **Isadora Duncan,** nacida en San Francisco en 1878, creó nuevos estilos de danza basados en las antiguas tragedias griegas. El estilo de Duncan influyó

Los visitantes del Centro J. Paul Getty, en Los Angeles, pueden disfrutar del arte y de la arquitectura a la vez.

La sala de conciertos Walt Disney, en Los Angeles

enormemente en los bailarines que la sucedieron. California también ha sido el hogar de arquitectos notables. **Julia Morgan** diseñó el castillo Hearst en San Simeon. **Paul R. Williams** colaboró en el diseño del edificio Theme, en el Aeropuerto Internacional de Los Angeles. **Frank O. Gehry** diseñó la sala de conciertos Walt Disney, en Los Angeles.

REPASO DE LA LECTURA **RESUMIR**
¿Cómo han influido los californianos en las artes?

Resumen

Los californianos han influido en el cine, las artes plásticas, la música, la literatura, la danza y la arquitectura. Muchos museos mundialmente famosos ofrecen la oportunidad de disfrutar del arte y la cultura en California. A menudo, las obras de los artistas de California plasman la belleza natural del estado.

REPASO

1. ¿Qué hace que California sea un centro cultural importante?
2. Usa la expresión **efectos especiales** para describir cómo se hacen las películas en Hollywood.
3. Menciona a cuatro artistas de California y describe el tipo de trabajo que realizan.

RAZONAMIENTO CRÍTICO

4. **Aplícalo** ¿Qué tipo de expresión artística es más importante para ti? ¿Por qué?
5. DESTREZA DE ANÁLISIS ¿Crees que fomentar las artes es importante para California? ¿Por qué?
6. **Haz una tabla** En una tabla, clasifica a los californianos acerca de los cuales hayas leído en esta lección, como artistas, escritores, músicos, bailarines o arquitectos.
7. Destreza clave **RESUMIR**

En una hoja de papel, copia y completa el organizador gráfico de abajo.

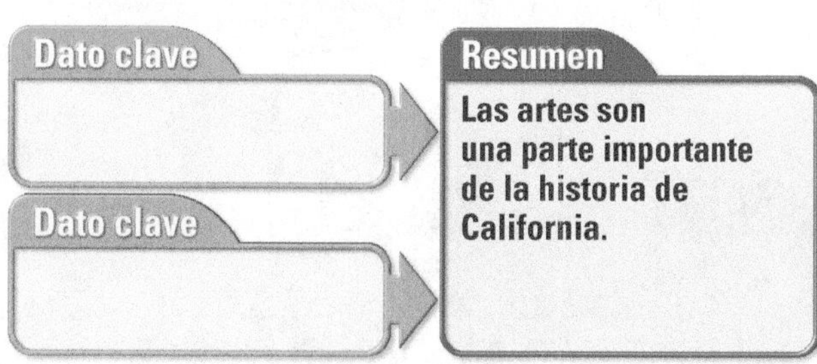
Dato clave
Dato clave
Resumen
Las artes son una parte importante de la historia de California.

Walt Disney

Biografía

Integridad

Respeto

Responsabilidad

Equidad

Bondad

Patriotismo

Walt Disney se interesó por el dibujo desde muy pequeño. Tomó clases de dibujo en la escuela primaria y, con los años, se dio cuenta de que quería convertirse en director de cine o en caricaturista.

Walt Disney explica cómo será el nuevo medio de transporte en el parque temático.

Después de la Primera Guerra Mundial, Disney comenzó a trabajar como dibujante publicitario. En 1923 se mudó a Los Angeles, donde fundó un estudio cinematográfico. En 1928, presentó el ratón Mickey al mundo en *Steamboat Willie*, la primera cinta sonora de dibujos animados. En 1937, estrenó el primer largometraje de dibujos animados, *Blancanieves y los siete enanos*. Luego realizó muchas películas más.

Con el dinero que ganó de sus películas, Walt Disney construyó Disneylandia, un parque temático que se inauguró en 1955. Disney dijo: "Disneylandia nunca terminará de construirse. Seguirá creciendo siempre que haya imaginación en el mundo".*

*Walt Disney. De un discurso pronunciado en la inauguración de Disneylandia. 17 de julio de 1955.

La importancia del carácter

¿Cómo sabes que Walt Disney respetaba la imaginación y la creatividad?

Biografía breve

1901 Nace

1966 Muere

1923 Se muda a Los Angeles para trabajar en la industria cinematográfica

1928 Presenta al ratón Mickey, su personaje animado más famoso

1937 La película de Disney, *Blancanieves y los siete enanos*, es un gran éxito

1955 Se inaugura Disneylandia en Anaheim, California

APRENDE en línea

Visita MULTIMEDIA BIOGRAPHIES en www.harcourtschool.com/hss para hallar biografías multimedia.

FUENTES PRIMARIAS

Las fotografías de Ansel Adams

Cuando era niño, Ansel Adams vivía en San Francisco. Era hijo único y tenía problemas de adaptación en la escuela, pasaba mucho tiempo solo y al aire libre. Años después, se unió al Club Sierra, un grupo que se dedica a proteger el ambiente natural.

En 1922, Adams publicó por primera vez sus fotografías en el Boletín del Club Sierra. A partir de ese momento, se hizo muy conocido por sus fotografías en blanco y negro de la naturaleza.

Ansel Adams usaba una cámara como esta para tomar algunas de sus fotografías.

Al accionar este interruptor, el fotógrafo abre el obturador que permite la entrada de luz a través de la lente.

La lente filtra la luz y proyecta la imagen en la placa fotográfica.

La imagen que toma el fotógrafo se registra en una placa fotográfica.

Flores de cornejo en el Parque Nacional Yosemite

DESTREZA DE ANÁLISIS

Analizar objetos del pasado

1. ¿Qué tienen en común muchas de las fotografías de Ansel Adams?
2. ¿Cómo describirías el estilo de las fotografías de Adams?
3. ¿Crees que la obra de Adams podría inspirar a otros fotógrafos? Explica tu respuesta.

Visita PRIMARY SOURCES en **www.harcourtschool.com/hss** para hallar fuentes primarias.

Un árbol cubierto de nieve en el Parque Nacional Yosemite

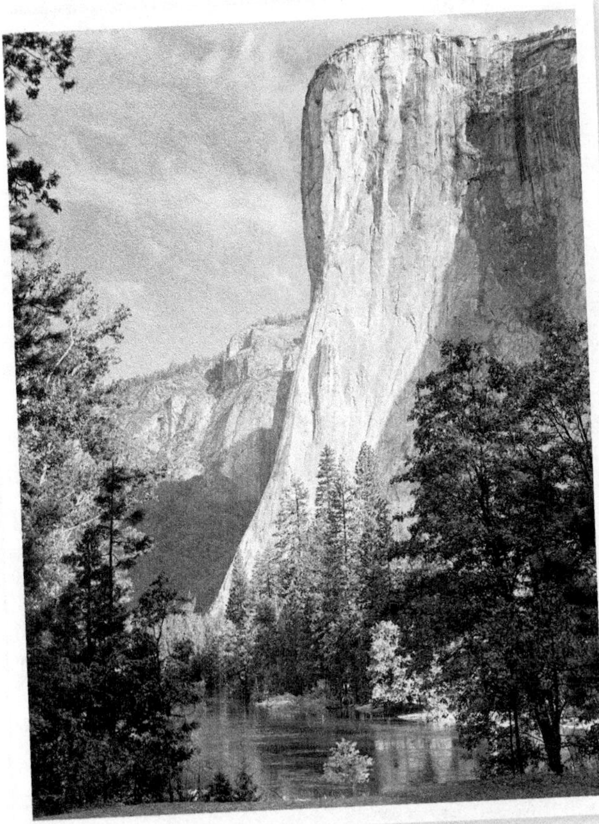

El Capitan, en el Parque Nacional Yosemite

Lección 3

La educación en California

REFLEXIONA

¿Cómo contribuye la educación a asegurar un futuro brillante para California?

- ✓ **Describe cómo y por qué se desarrolló el sistema de educación pública de California.**
- ✓ **Explica cómo se financia y cómo funciona la educación pública de California hoy en día.**

VOCABULARIO

escuela pública pág. 447
escuela privada pág. 447
generación pág. 449

PERSONAS

Robert Semple

RESUMIR

Normas de California
HSS 4.4, 4.4.8

IMAGÍNATE ALLÍ

Observas, con tus compañeros, unas lombrices rojas que se retuercen dentro de un recipiente lleno de papel picado y desperdicios vegetales de la cafetería escolar. Las lombrices descomponen la basura hasta transformarla en un material terroso y oscuro llamado abono orgánico.

Esta es una de las maneras en la que los estudiantes de tu escuela aprenden acerca del mundo que los rodea. Al igual que los estudiantes de otros lugares, leen, escuchan a los maestros y se escuchan entre sí. Las escuelas te brindan la oportunidad de tener un futuro brillante.

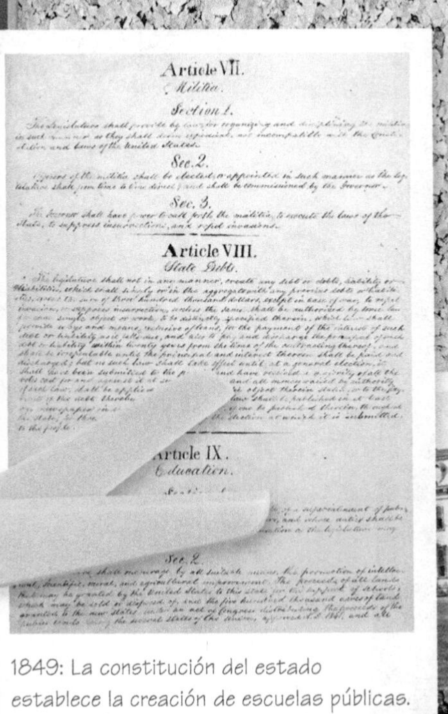

Article VII.
Militia.
Section 1.
Sec. 2.
Sec. 3.
Article VIII.
State Debts.
Article IX.
Education.
Sec. 2.

1849: La constitución del estado establece la creación de escuelas públicas.

1850: Se inaugura en San Francisco la primera escuela pública de California financiada con dinero de los impuestos.

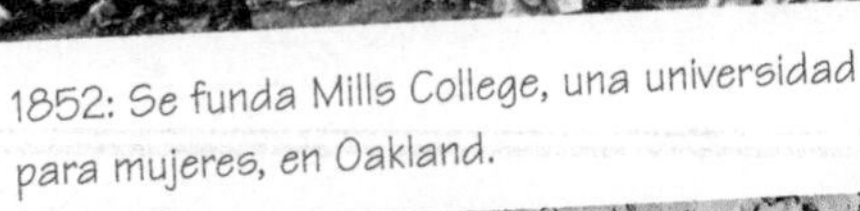

1852: Se funda Mills College, una universidad para mujeres, en Oakland.

Las escuelas de California

En 1849, durante la primera Asamblea Constituyente de California, el delegado **Robert Semple** dijo:

> "Si las personas van a gobernarse a sí mismas . . . deben recibir educación; deben educar a sus hijos."*

Cuando California se convirtió en estado, la nueva constitución estatal estableció la creación de **escuelas públicas.** La primera, financiada con los impuestos de la ciudad, se inauguró en San Francisco en 1850. Más tarde, en 1856, se inauguró allí la primera escuela secundaria pública.

Hoy, más de 6 millones de estudiantes asisten a escuelas públicas de California, más que en ningún otro estado. Hay cerca de 9,000 escuelas, que se financian con impuestos de la ciudad, del condado y del estado.

Más de 600,000 estudiantes de California asisten a **escuelas privadas**. Por lo general, estas escuelas no reciben dinero de impuestos, sino que son financiadas por individuos o grupos privados. Para estudiar allí, usualmente se hace un pago. En California han existido escuelas privadas desde la época en que los españoles gobernaban Alta California.

REPASO DE LA LECTURA **RESUMIR**
¿Cómo surgieron las escuelas públicas en California?

*Will C. Wood, Superintendente Estatal de Enseñanza Pública. De *The Bulletin.* Diamond Jubilee Edition. 1925.

1960: El gobernador Pat Brown ayuda a aprobar la Ley Donahue de Educación Superior, que organiza el sistema universitario de California.

Hoy: Más de 6 millones de estudiantes asisten a la escuela en California.

Cada año, miles de estudiantes se gradúan de las universidades (derecha). Como parte de sus estudios, muchos alumnos realizan investigaciones científicas (arriba).

Educación para el futuro

La primera constitución de California también establecía la creación de un sistema de universidades estatales. Hoy, California tiene el sistema universitario más grande de Estados Unidos. Las universidades públicas reciben dinero del gobierno estatal. Sin embargo, los estudiantes también deben pagar para poder asistir. Varios programas estatales y nacionales ayudan a los estudiantes que no pueden pagar el costo.

El sistema universitario de California incluye 9 dependencias de la Universidad de California y 22 campus de la Universidad Estatal de California. Además de las grandes universidades, California también tiene muchas universidades comunitarias que ofrecen carreras de dos años. Algunos estudiantes eligen universidades privadas. Una de las primeras del estado, Mills College, se fundó en 1852 como una universidad para mujeres.

El objetivo del sistema educativo de California es preparar a los estudiantes para el futuro. Los que han recibido educación tienen la capacitación necesaria para pensar en distintas maneras de mejorar el estado. Ayudan al crecimiento de las empresas y piensan en nuevas maneras de proteger el ambiente para las generaciones futuras. Una

generación es un grupo de personas que nacen y viven aproximadamente en la misma época. Los que han recibido educación también pueden comunicarse mejor con otros para realizar proyectos, convirtiéndolos así en ciudadanos más activos.

REPASO DE LA LECTURA **IDEA PRINCIPAL Y DETALLES** **¿Cómo se financian las universidades públicas?**

Resumen

Desde la primera Asamblea Constituyente de California, las escuelas públicas y privadas han sido importantes para los californianos. Una buena educación ayuda a preparar a los estudiantes para el futuro.

Pasadena es sede del Tazón de las Rosas, un torneo entre los principales equipos universitarios de fútbol americano.

WELCOME TO THE PASADENA ROSE BOWL

REPASO

1. ¿Cómo contribuye la educación a asegurar un futuro brillante para California?
2. Explica la diferencia entre **escuela pública** y **escuela privada**.
3. ¿Por qué los californianos que han recibido educación son ciudadanos más activos?

RAZONAMIENTO CRÍTICO

4. DESTREZA DE ANÁLISIS ¿Crees que el sistema educativo de California necesitará seguir creciendo y desarrollándose? Explica tu respuesta.

5. **Plan para el futuro** Piensa en algunos empleos que te gustaría tener en el futuro. Elige uno y escribe un párrafo que describa la educación que necesitarás para desempeñar ese trabajo.

6. Destreza clave **RESUMIR**

En una hoja de papel, copia y completa el organizador gráfico de abajo.

Dato clave	Resumen
California tiene un sistema de educación pública.	
Dato clave	

Lección 4

Superar los desafíos

REFLEXIONA

¿Cuáles son algunos de los desafíos que enfrentarán los californianos en el siglo XXI?

- **Describe cómo los californianos usan los recursos naturales para generar energía.**
- **Explica cómo los californianos planean el futuro de su estado.**

VOCABULARIO

crisis de energía pág. 451
planeamiento a largo plazo pág. 451
conservación pág. 451
renovable pág. 451
no renovable pág. 451
contaminación pág. 451
déficit pág. 452

Destreza clave **RESUMIR**

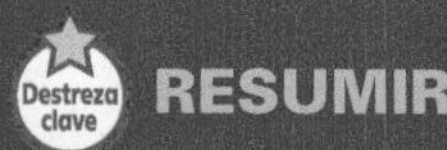

HSS 4.1, 4.4

IMAGÍNATE ALLÍ

Estás leyendo un buen libro cuando de pronto se va la luz. Miras por la ventana y ves que el resto de las casas de la cuadra también están a oscuras. ¿Acaso se cayó algún cable de alta tensión? ¿Ocurrió algún accidente en la central eléctrica local? Enciendes una radio de baterías pero no hay ningún informe de cables caídos ni de accidentes. Desconcertado, te preguntas qué otra cosa pudo haber provocado el apagón.

En ocasiones, en los últimos años, California no ha tenido suficiente electricidad para satisfacer las necesidades de su creciente población.

Planes para el futuro

A medida que California ha crecido, se han construido proyectos hídricos y plantas productoras de energía. Sin embargo, durante la década de 1990 y comienzos de la de 2000, California tuvo que enfrentar una crisis de energía. Una **crisis de energía** se produce cuando no hay suficiente energía eléctrica para satisfacer la demanda.

Los californianos intentan prevenir la escasez de energía y otros problemas a través de un **planeamiento a largo plazo**, o sea tomando decisiones que influirán en la vida futura. La **conservación**, o protección y uso prudente de los recursos naturales, es un ejemplo de planeamiento a largo plazo.

Los recursos naturales están presentes en casi todas las cosas que las personas necesitan. Algunos recursos, como los árboles, son **renovables**. Pueden generarse nuevamente por la naturaleza o el ser humano. Otros recursos, como el petróleo o los minerales, se consideran **no renovables**. No pueden volver a generarse.

A menudo, las actividades humanas causan contaminación. La **contaminación** incluye todo aquello que ensucia o inutiliza un recurso natural. Los californianos trabajan para satisfacer sus crecientes necesidades y al mismo tiempo reducir la contaminación. Por su parte, los investigadores han encontrado maneras de fabricar productos, como automóviles, que contaminan menos. También buscan nuevas maneras de generar energía a partir de recursos renovables.

REPASO DE LA LECTURA **RESUMIR**
¿Cuáles son los dos tipos de recursos naturales?

Este grupo de voluntarios limpia la playa después de un derrame de petróleo en Newport Beach. Los derrames de petróleo en el océano pueden dañar la vida silvestre y arruinar las playas.

El futuro económico de California

Los californianos también recurren al planeamiento a largo plazo cuando toman decisiones económicas. El gobierno del estado ofrece servicios para ayudar a los ciudadanos, las empresas, las granjas, las escuelas y el ambiente. Para pagar estos servicios, el estado recauda dinero a través de los impuestos. Si el estado no logra recaudar suficiente dinero, puede pedir préstamos.

En años recientes, California y muchos otros gobiernos estatales han enfrentado déficits en sus presupuestos. Un **déficit** significa que el estado ha gastado más dinero del que tiene. Por lo tanto, debe pedir dinero prestado para continuar brindando servicios. Cuando eso ocurre, los líderes del estado deben hallar la manera de pagar el déficit del presupuesto. También deben buscar la manera de que el gobierno estatal siga funcionando sin que eso genere un déficit mayor.

Como la población de California es muy numerosa, y sigue creciendo, el

Analizar gráficas **El dinero de los impuestos del estado se usa para pagar muchos servicios estatales, como la construcción de carreteras (abajo).**

¿A qué servicios destina California la mayor parte del dinero de los impuestos?

estado enfrentará muchos desafíos en el futuro. Pero a través de la educación, la investigación y el planeamiento a largo plazo, los californianos tienen la posibilidad de asegurar un futuro brillante para el estado.

REPASO DE LA LECTURA **SACAR CONCLUSIONES**
¿Cómo crees que los californianos superarán el déficit en el presupuesto?

Resumen

A medida que California crece, enfrenta ciertos desafíos. La investigación y la educación ayudarán a que los californianos encuentren maneras de conservar los recursos naturales y reducir la contaminación. A través del planeamiento, podrán asegurarse de que haya suficiente energía para el estado y suficiente dinero para continuar brindando servicios.

REPASO

1. ¿Cuáles son algunos de los desafíos que enfrentarán los californianos en el siglo XXI?
2. ¿De qué manera la energía generada por un **recurso renovable** podría prevenir la escasez energética?
3. ¿Qué han hecho los californianos para ayudar a proteger el ambiente del estado?

RAZONAMIENTO CRÍTICO

4. DESTREZA DE ANÁLISIS ¿Por qué la conservación de recursos seguirá siendo necesaria en el futuro?
5. **Diseña un botón** Diseña un botón o un adhesivo para el parachoques que proponga una manera de conservar un recurso natural. Explica cómo ayudará tu idea a conservar ese recurso natural.
6. Destreza clave **RESUMIR**

En una hoja de papel, copia y completa el organizador gráfico de abajo.

Dato clave	Resumen
Los californianos trabajan para proteger los recursos naturales.	
Dato clave	

Resolver un problema

POR QUÉ ES IMPORTANTE

Piensa en algunos problemas que hayas tenido que resolver en estas últimas semanas. Tal vez tuviste dificultades para aprender a hacer algo nuevo. Posiblemente no te fue tan bien como pensabas en una prueba y quieras mejorar para la próxima vez. O tal vez no te alcanzó el dinero para comprar algo que realmente querías.

Todas las personas tienen problemas en algún momento. Aprender a resolver un problema es una destreza importante que puedes usar ahora y en el futuro.

Estos molinos de viento en Tracy, California, usan la energía del viento para mover las máquinas que generan electricidad.

LO QUE NECESITAS SABER

Estos son algunos pasos que puedes seguir para resolver un problema.

Paso 1 **Identifica el problema.**

Paso 2 **Busca más información acerca del problema. Identifica la causa o las causas del problema.**

Paso 3 **Piensa en posibles soluciones para el problema.**

Paso 4 **Analiza las ventajas y las desventajas de cada solución.**

Paso 5 **Elige la mejor solución y haz un plan para llevarla a cabo.**

Paso 6 **Sigue tu plan. Luego, piensa si tu solución fue buena. ¿Resolviste el problema? De no ser así, intenta otras soluciones hasta que el problema quede resuelto.**

PRACTICA LA DESTREZA

En esta lección has leído acerca de las dificultades de California para ofrecer fuentes confiables de energía. Piensa qué podría hacerse para evitar la escasez de energía. Luego, responde las siguientes preguntas.

1. ¿Cómo podría reducirse la demanda de energía eléctrica en California?
2. ¿Cómo podría aumentarse el suministro de energía eléctrica en California?
3. ¿Cuál crees que sería la mejor solución para evitar la escasez de energía en el futuro?

Los paneles solares recolectan la energía del sol.

APLICA LO QUE APRENDISTE

Aplícalo Observa tu comunidad e identifica un problema que consideres importante. Luego, para resolver este problema, sigue los pasos que se mencionan en la sección "Lo que necesitas saber". Presenta tus ideas a tus compañeros de clase.

La lectura en los Estudios Sociales

Cuando **resumes,** vuelves a expresar con tus propias palabras los puntos clave o las ideas más importantes.

Resumir

Completa este organizador gráfico para mostrar lo que has aprendido acerca de las industrias, las actividades y las instituciones de California. Una copia de este organizador gráfico aparece en la página 126 del cuaderno de Tarea y práctica.

El estado dorado

Dato clave

California tiene una poderosa economía basada en el comercio internacional, en la agricultura y en las industrias de tecnología avanzada y de servicios.

Dato clave

El sistema educativo de California prepara a los estudiantes para el futuro.

Resumen

Pautas de redacción de California

Escribe un resumen Imagina que trabajas para proteger y preservar el ambiente de California. Escribe un artículo que resuma los recursos naturales de California que requieran protección.

Escribe un reporte Escribe un reporte acerca del sistema de escuelas públicas de California. Incluye información acerca de la historia de las escuelas, de cómo están organizadas y de dónde provienen los fondos para su mantenimiento.

Usa el vocabulario

Usa cada una de las siguientes palabras del vocabulario para escribir oraciones que ayuden a explicar su significado.

1. **comercio internacional**, pág. 431
2. **producto de importación**, pág. 433
3. **industria de servicios**, pág. 435
4. **efectos especiales**, pág. 439
5. **conservación**, pág. 451
6. **no renovable**, pág. 451
7. **contaminación**, pág. 451
8. **déficit**, pág. 452

Aplica las destrezas

DESTREZA DE ANÁLISIS **Leer un mapa de uso de la tierra y productos** Usa el mapa de la página 437 para responder estas preguntas.

9. ¿Cómo se usa la mayor parte de la tierra cerca de Bakersfield?
10. ¿Cómo se usa la mayor parte de la tierra en los alrededores de Fresno?
11. ¿Cerca de qué ciudad encontrarías la mayor producción de sal del estado?
12. ¿Qué tipos de productos encontrarías en Los Angeles?

Resolver un problema

13. Imagina que eres el gobernador de California durante la crisis de energía de la década de 1990. ¿Qué preguntas podrías hacer para hallar una solución al problema?

Recuerda los datos

Responde estas preguntas.

14. ¿Cómo se beneficia económicamente California de su ubicación en el océano Pacífico?
15. ¿Por qué se dice que California es un gigante agrícola?
16. ¿Cómo ha influido la tecnología en los tipos de película que se realizan?

Escribe la letra que corresponda a la respuesta correcta.

17. ¿Cómo se llama la zona del norte de California que tiene muchas compañías de computación?
    A High-Tech Valley
    B Valle de San Joaquin
    C Silicon Valley
    D Death Valley
18. ¿Qué autor o autora escribe acerca de la cultura de los chino americanos?
    A Jack London
    B William Saroyan
    C Robert Frost
    D Amy Tan

Piensa críticamente

19. ¿De qué sector de la economía de California sería más difícil prescindir? ¿Por qué?
20. DESTREZA DE ANÁLISIS ¿Cómo sería California si los cineastas no hubieran llegado a Hollywood a principios del siglo XX? Explica tu respuesta.

Destrezas de estudio

FORMULAR PREGUNTAS

Formular preguntas mientras lees te ayudará a comprender lo que estás aprendiendo.

- **Formula preguntas mientras lees. Piensa cómo y por qué ocurrieron los eventos y cómo se relacionan los eventos y las ideas.**
- **Usa las preguntas para guiar tu lectura. Busca las respuestas mientras lees.**

Los californianos y el gobierno	
Preguntas	Respuestas
¿Por qué es importante la Constitución de Estados Unidos?	Porque determina la forma de gobierno de Estados Unidos y puede ser modificada para adecuarla a las cambiantes necesidades o deseos del pueblo.

Aplica la destreza mientras lees

Mientras lees, escribe todas las preguntas que tengas acerca de eventos, ideas, fuentes primarias, personas o lugares que se mencionan en el capítulo. Luego, lee para buscar las respuestas.

Normas de Historia y Ciencias Sociales de California, Grado 4

4.5 Los estudiantes comprenden las estructuras, funciones y poderes del gobierno local, estatal y federal, y describen la Constitución de Estados Unidos.

CAPÍTULO

Los californianos y el gobierno

De visita en el Capitolio Estatal de California, en Sacramento.

Comienza con una canción

¡Te quiero, California!

por F. B. Silverwood

En 1951, la legislatura estatal de California eligió "¡Te quiero, California!", como la canción representativa del estado. Sin embargo, no fue sino hasta 1988 que se convirtió oficialmente en la canción del estado.

Te quiero, California, mi tierra verdadera,
En invierno y en verano, en otoño y primavera.
Adoro tus montañas y tus fértiles praderas;
Tus playas y tu costa, el océano que me espera.

Estribillo:
En tus hermosos y floridos valles
Y en las sierras de nieve coronadas,
Allí quiero estar, junto al mar azul,
Aspirando la brisa perfumada.
Hogar, dulce hogar, cuando te miro
Veo que fue la Naturaleza pródiga.
Sé que aquí exhalaré mi último suspiro
Por mi soleada California.

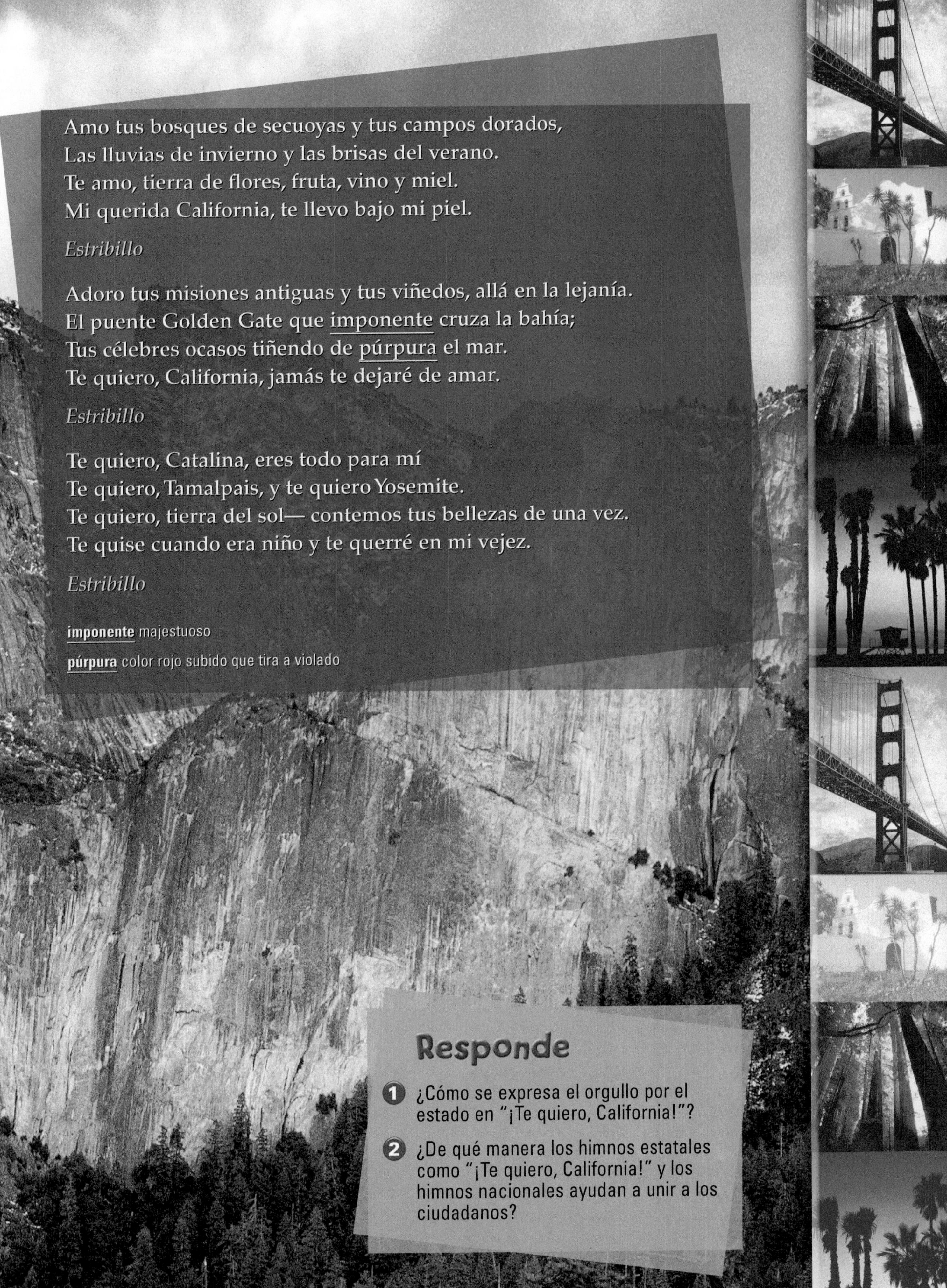

Amo tus bosques de secuoyas y tus campos dorados,
Las lluvias de invierno y las brisas del verano.
Te amo, tierra de flores, fruta, vino y miel.
Mi querida California, te llevo bajo mi piel.

Estribillo

Adoro tus misiones antiguas y tus viñedos, allá en la lejanía.
El puente Golden Gate que imponente cruza la bahía;
Tus célebres ocasos tiñendo de púrpura el mar.
Te quiero, California, jamás te dejaré de amar.

Estribillo

Te quiero, Catalina, eres todo para mí
Te quiero, Tamalpais, y te quiero Yosemite.
Te quiero, tierra del sol— contemos tus bellezas de una vez.
Te quise cuando era niño y te querré en mi vejez.

Estribillo

imponente majestuoso

púrpura color rojo subido que tira a violado

Responde

1. ¿Cómo se expresa el orgullo por el estado en "¡Te quiero, California!"?
2. ¿De qué manera los himnos estatales como "¡Te quiero, California!" y los himnos nacionales ayudan a unir a los ciudadanos?

Lección 1

Un plan de gobierno

REFLEXIONA
¿Por qué es importante la Constitución de Estados Unidos?

- ✓ Explica la estructura y el propósito del gobierno de Estados Unidos.
- ✓ Describe los poderes que comparten el gobierno federal, el estatal y el local, y explica las diferencias y las semejanzas entre los niveles de poder.

VOCABULARIO
democracia pág. 463
federal pág. 463
gabinete pág. 465
impuesto pág. 466

PERSONAS
Dianne Feinstein
Barbara Boxer
Herbert Hoover
Richard Nixon
Ronald Reagan
Stephen J. Field
Earl Warren
Anthony Kennedy

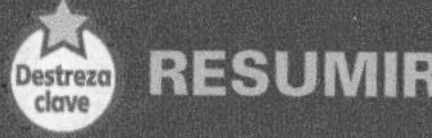

RESUMIR

Normas de California
HSS 4.5, 4.5.1, 4.5.3

IMAGÍNATE ALLÍ

Desde el patio trasero de tu casa, ubicada sobre una colina, miras el centro de Los Angeles. Hay días en los que apenas puedes ver la ciudad, pero hoy el cielo está despejado. Sabes que en Estados Unidos hay una Ley de Aire Limpio. Sabes que California tiene leyes similares. Tal vez también existan en tu comunidad. Pero, ¿qué nivel de gobierno es responsable de garantizar la limpieza del aire en tu comunidad? Lo más probable es que cada nivel de gobierno desempeñe un papel.

Esta pintura de Howard Chandler Christy muestra la firma de la Constitución de Estados Unidos, en 1787.

La Constitución

Estados Unidos es una democracia. Una **democracia** es una forma de gobierno en la que el pueblo gobierna, ya sea tomando decisiones él mismo o eligiendo a otros para que tomen las decisiones en su nombre. En una democracia, el pueblo decide a través del voto.

La Constitución de Estados Unidos fue redactada en 1787. Es el plan para nuestro gobierno nacional, o **federal**. En ella se explica cómo está organizado el gobierno federal y cuál es su objetivo. La Constitución afirma que el gobierno trabajará por la justicia y la paz, defenderá la nación y garantizará su bienestar.

La Constitución también otorga a los estados el derecho de formar sus propios gobiernos. A su vez, los estados permiten la formación de gobiernos locales de las zonas dentro de sus límites. Por lo tanto, Estados Unidos tiene tres niveles de gobierno: nacional, estatal y local.

Los tres niveles comparten el poder para gobernar. Sin embargo, la Constitución es la ley suprema, o sea, la más importante de todo el territorio. La Constitución se actualiza a través de enmiendas. Las primeras diez enmiendas, conocidas como Declaración de Derechos, enumeran las libertades que se prometen a todos los ciudadanos de Estados Unidos.

REPASO DE LA LECTURA **RESUMIR**

¿Qué es la Constitución de Estados Unidos?

El gobierno federal

El gobierno federal tiene su sede en Washington, D.C. La Constitución de Estados Unidos divide el gobierno federal en tres ramas o poderes: poder legislativo, poder ejecutivo y poder judicial. La Constitución de Estados Unidos afirma que ninguno de estos poderes puede decidir por encima de los otros dos.

El Congreso es el poder legislativo, o sea, el que hace las leyes para toda la nación. Está formado por dos cámaras: el Senado y la Cámara de Representantes. El Senado tiene 100 miembros. Cada estado elige dos senadores. California pasó a la historia como el primer estado que eligió a mujeres, **Dianne Feinstein** y **Barbara Boxer,** para ocupar sus dos asientos en el Senado.

La Cámara de Representantes tiene 435 miembros. El número de representantes que elige cada estado depende de la cantidad de ciudadanos que tenga. Los estados con mayor población, como California, Texas y New York, tienen más representantes. California es el estado con más representantes, ya que tiene 53.

El poder ejecutivo se asegura de que se apliquen las leyes aprobadas por el Congreso. El presidente encabeza el poder ejecutivo. Tres californianos han

CIVISMO

Principios democráticos

"Esta Constitución, y las leyes de Estados Unidos...serán la ley suprema de la nación..."*

Aunque la Constitución de Estados Unidos es la ley suprema en todo el territorio, el poder del gobierno tiene límites. De acuerdo con la Declaración de Derechos de la Constitución, todos los ciudadanos tienen garantizados ciertos derechos, entre ellos: la libertad de expresión, la libertad de culto y la libertad de prensa. Ningún nivel de gobierno puede ignorar los derechos que la Constitución protege, a menos que se demuestre que una persona es culpable de un delito grave.

*del artículo VI de la Constitución de Estados Unidos

Una estatua que representa la justicia

El edificio del Capitolio de Estados Unidos, en Washington, D.C.

ocupado la silla presidencial de Estados Unidos: **Herbert Hoover, Richard Nixon** y **Ronald Reagan.** El poder ejecutivo también incluye al vicepresidente y al gabinete presidencial. El **gabinete** es un grupo integrado por los consejeros más importantes del presidente.

El poder judicial está compuesto por la Corte Suprema de Estados Unidos y por todas las cortes federales.

Los magistrados, o jueces, de la Corte Suprema, son designados por el presidente y aprobados por el Senado. Una vez aprobados, los jueces ocupan el cargo durante toda su vida.

Tres californianos han sido miembros de la Corte Suprema. El presidente Abraham Lincoln designó a **Stephen J. Field** en 1863. **Earl Warren** fue presidente, o juez principal, de la Corte Suprema de 1953 a 1969 y **Anthony Kennedy** es actualmente uno de los magistrados.

La Corte Suprema decide si las leyes aprobadas por el Congreso o las acciones del presidente respetan la Constitución. También decide si las leyes y las cortes de California y del resto de los estados cumplen con la Constitución. Las decisiones que toma la Corte Suprema se aplican a todas las personas de Estados Unidos.

REPASO DE LA LECTURA **RESUMIR**

¿Qué tareas desempeña cada uno de los tres poderes del gobierno federal?

Analiza las tablas **Ninguno de los poderes del gobierno federal tiene más poder que los otros.**

¿Por qué crees que el gobierno federal tiene tres poderes?

Poderes del gobierno federal

PODER LEGISLATIVO	PODER EJECUTIVO	PODER JUDICIAL
Hace las leyes	Hace que se cumplan las leyes de la nación, es decir, se ocupa de que se apliquen	Decide si las leyes se han violado o si están en contra de lo establecido por la Constitución

Diferentes niveles de gobierno

Los niveles del gobierno —federal, estatal y local— se parecen en varios aspectos. Por ejemplo, los gobiernos federal y estatal se rigen por constituciones escritas, y las tareas que desempeñan se dividen entre tres poderes.

Todos los niveles de gobierno operan solo con el consentimiento, o la aprobación, de los ciudadanos. Cada nivel debe obedecer la Constitución y las leyes aprobadas por el Congreso de Estados Unidos. Y cada nivel debe cumplir con la ley. Esto significa que el gobierno y los funcionarios elegidos deben obedecer las mismas leyes que el resto de los ciudadanos.

Los niveles de gobierno comparten algunas tareas. Cada uno de ellos hace leyes y se asegura de que se cumplan. Todos los niveles de gobierno recaudan impuestos. Un **impuesto** es dinero que el gobierno recauda de sus ciudadanos, a menudo para pagar por servicios. El dinero de los impuestos se usa también para pagar los salarios de los empleados públicos y atender las necesidades del gobierno.

Aunque tienen muchas características en común, los niveles de gobierno también tienen diferencias importantes. Por ejemplo, solo el gobierno federal tiene la facultad de declarar la guerra a otra nación. El gobierno federal también controla las fuerzas militares de la nación.

Los gobiernos locales gobiernan condados y ciudades. El gobierno estatal, con sede en Sacramento, gobierna todo el estado. El gobierno federal gobierna todo el país desde Washington, D.C.

Solo el gobierno federal tiene la facultad de imprimir dinero y abrir oficinas de correo. También administra el comercio entre los estados y entre Estados Unidos y otros países. El gobierno federal también tiene otros deberes, que incluyen el cuidado de los parques nacionales y sitios históricos.

Las leyes creadas por los tres niveles de gobierno son diferentes y se aplican a distintos grupos de personas, mientras que las leyes aprobadas por el Congreso de Estados Unidos se aplican a todas las personas en el país. Las leyes aprobadas por la legislatura estatal de California solo se aplican a las personas que viven allí. Los gobiernos locales aprueban leyes que se aplican a los habitantes de un condado, una ciudad o un pueblo en particular.

Cada nivel de gobierno tiene sus propias cortes. No obstante, la decisión final en la resolución de disputas está en manos de la corte más alta, la Corte Suprema de Estados Unidos. Las cortes estatales se ocupan de casos relacionados con las leyes del estado, y las cortes locales atienden casos relacionados con leyes locales.

Los gobiernos estatales y locales también tienen responsabilidades especiales. Por ejemplo, los gobiernos estatales emiten las licencias de conducir. Los gobiernos estatales y locales organizan elecciones y se ocupan de la salud y la seguridad de los ciudadanos.

REPASO DE LA LECTURA COMPARAR Y CONTRASTAR ¿Qué tienen en común el gobierno federal, el estatal y el local?

Analizar diagramas

¿Qué nivel de gobierno tiene, por lo general, poder sobre un área mayor, el gobierno estatal o el gobierno del condado?

Responsabilidades compartidas

Aunque las tareas del gobierno federal, del estatal y del local son diferentes, comparten responsabilidades y facultades para alcanzar sus objetivos. Por ejemplo, cada nivel recauda impuestos y solicita préstamos para financiar programas públicos.

La mayoría de los gobiernos locales recauda impuestos a la propiedad de viviendas, empresas y granjas. El gobierno federal y algunos gobiernos estatales también recaudan impuestos a los ingresos, es decir, sobre la cantidad de dinero que ganan las personas. Los estados también recaudan dinero de impuestos a las ventas, es decir, impuestos sobre los bienes que compran las personas.

A menudo, los tres niveles trabajan en conjunto. Por ejemplo, los gobiernos locales se encargan de las tuberías de agua de su área, los estatales se encargan de los embalses y canales que juntan y transportan el agua, y en grandes proyectos hídricos, el gobierno federal da a los estados el dinero para su realización. También trabajan juntos para garantizar la salud pública y la seguridad. Por ejemplo, los gobiernos locales vigilan las fuentes de contaminación del aire en sus regiones y algunos estados hacen pruebas a los automóviles y camiones para asegurarse de que no contaminen.

Analizar tablas **Los gobiernos local, estatal y federal comparten facultades que les permiten trabajar en conjunto para ayudar a las personas.**

¿Por qué crees que cada nivel de gobierno tiene la facultad de recaudar impuestos?

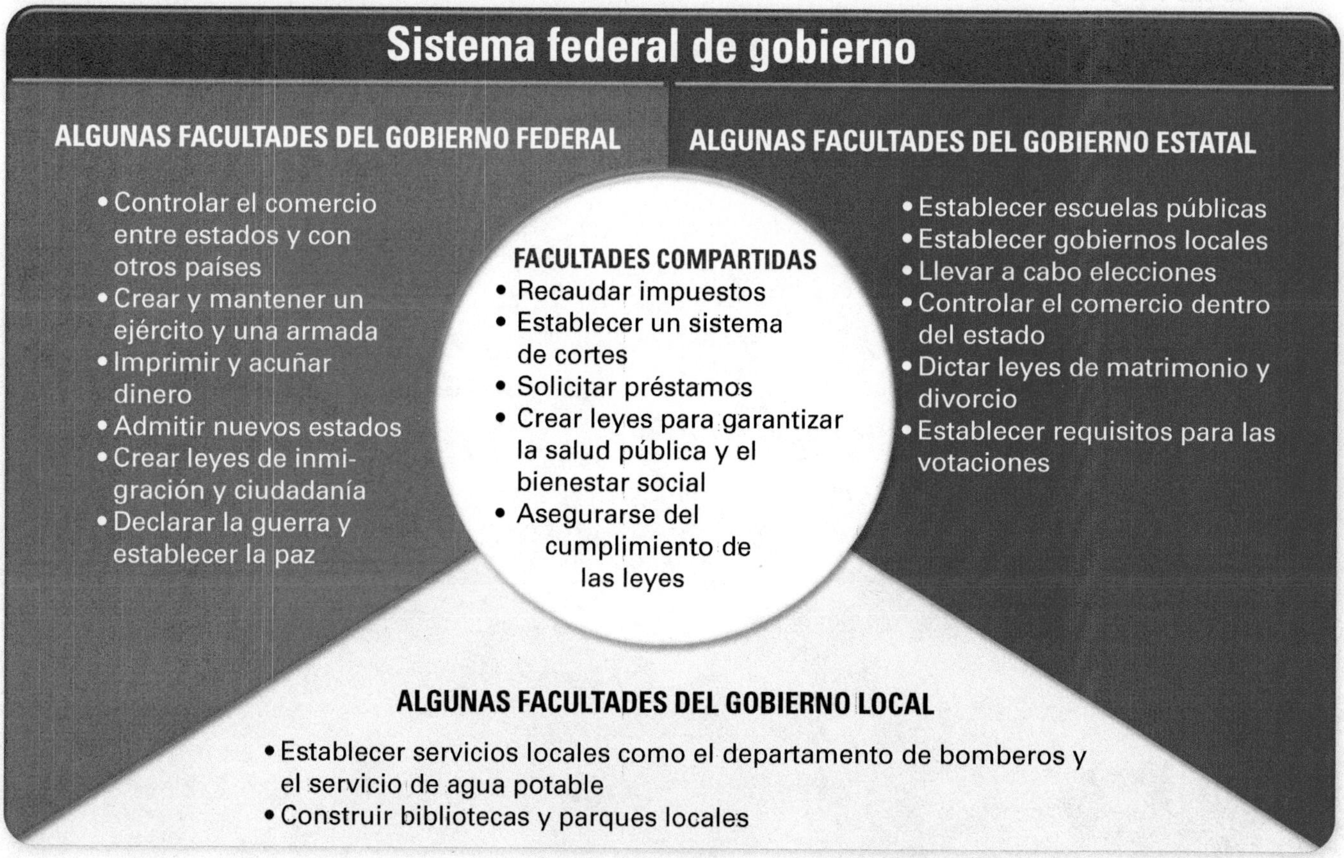

Sistema federal de gobierno

ALGUNAS FACULTADES DEL GOBIERNO FEDERAL

- Controlar el comercio entre estados y con otros países
- Crear y mantener un ejército y una armada
- Imprimir y acuñar dinero
- Admitir nuevos estados
- Crear leyes de inmigración y ciudadanía
- Declarar la guerra y establecer la paz

ALGUNAS FACULTADES DEL GOBIERNO ESTATAL

- Establecer escuelas públicas
- Establecer gobiernos locales
- Llevar a cabo elecciones
- Controlar el comercio dentro del estado
- Dictar leyes de matrimonio y divorcio
- Establecer requisitos para las votaciones

FACULTADES COMPARTIDAS

- Recaudar impuestos
- Establecer un sistema de cortes
- Solicitar préstamos
- Crear leyes para garantizar la salud pública y el bienestar social
- Asegurarse del cumplimiento de las leyes

ALGUNAS FACULTADES DEL GOBIERNO LOCAL

- Establecer servicios locales como el departamento de bomberos y el servicio de agua potable
- Construir bibliotecas y parques locales

DESTREZA DE ANÁLISIS Analizar mapas El gobierno federal tiene a su cargo 8 parques nacionales, 18 bosques nacionales y una costa nacional en California. El gobierno estatal tiene a su cargo aproximadamente 100 parques estatales.

Lugares ¿Qué parque nacional está más cerca de Palm Springs?

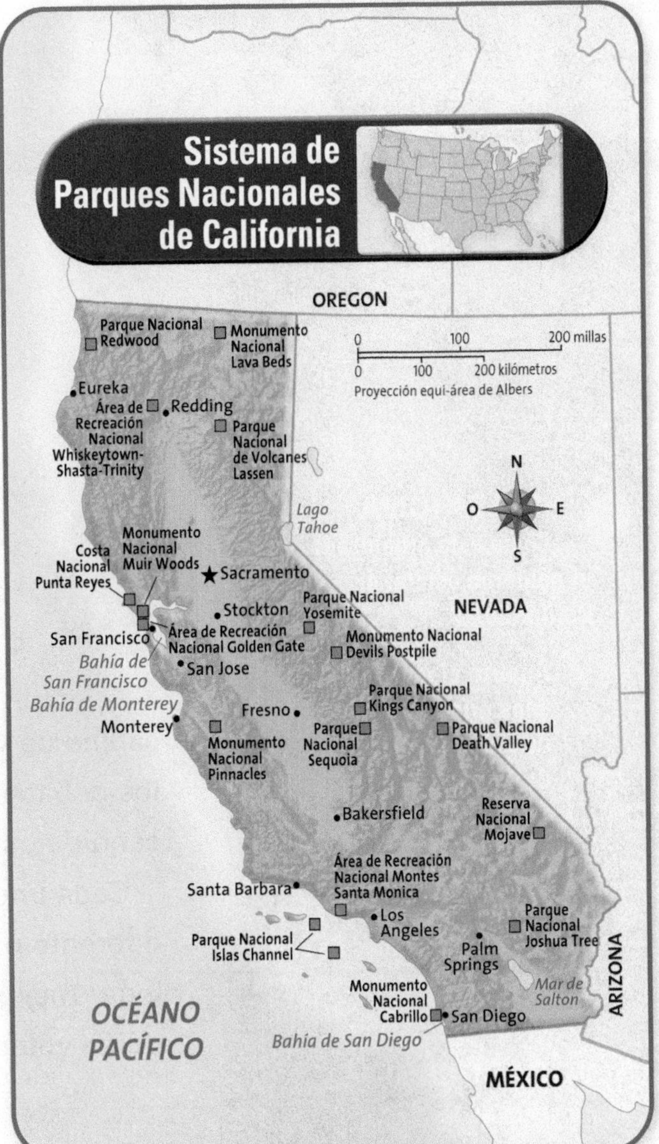

El gobierno federal, a su vez, establece normas nacionales para garantizar la calidad del aire. Así, los niveles de gobierno trabajan juntos por el bien de todos.

REPASO DE LA LECTURA **RESUMIR**

¿Cuáles son algunas de las cosas que brindan los niveles de gobierno al trabajar juntos?

Resumen

El gobierno de Estados Unidos está dividido en tres niveles: federal, estatal y local. El gobierno federal y el estatal tienen tres poderes. Los tres niveles de gobierno trabajan en conjunto y comparten responsabilidades.

REPASO

1. ¿Por qué es importante la Constitución de Estados Unidos?
2. Usa el término **gabinete** en una oración que explique las tareas del poder ejecutivo del gobierno federal.
3. ¿De qué maneras es el gobierno federal más poderoso que los gobiernos estatales o locales?

RAZONAMIENTO CRÍTICO

4. DESTREZA DE ANÁLISIS ¿Por qué crees que los autores de la Constitución de Estados Unidos establecieron tres poderes de gobierno?
5. ¿Cómo ayuda el gobierno federal a unir a los habitantes de California con los de los otros estados?
6. **Escribe un folleto** Piensa acerca de las cosas que una persona recién llegada a Estados Unidos debería saber acerca de la Constitución. Escribe un folleto que describa la Constitución.
7. Destreza clave **RESUMIR**

En una hoja de papel, copia y completa el organizador gráfico de abajo.

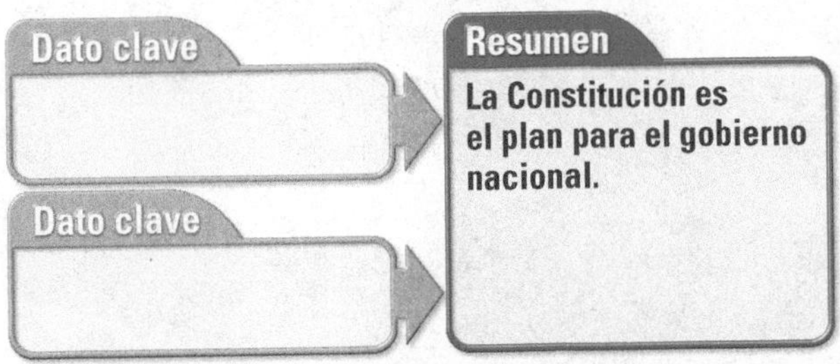

Lección 2

El gobierno estatal de California

REFLEXIONA

¿Cómo está organizado el gobierno estatal de California?

- **Analiza el propósito y los principios clave de la Constitución de California.**
- **Describe las funciones de cada uno de los poderes del gobierno estatal y las responsabilidades de sus funcionarios.**

VOCABULARIO

proyecto de ley pág. 472
presupuesto pág. 473
vetar pág. 473
destituir pág. 475
iniciativa pág. 475
petición pág. 475
referéndum pág. 476

PERSONAS

Ronald M. George
Gray Davis
Arnold Schwarzenegger

LUGARES

Sacramento

RESUMIR

Normas de California
HSS 4.5, 4.5.2, 4.5.3, 4.5.4

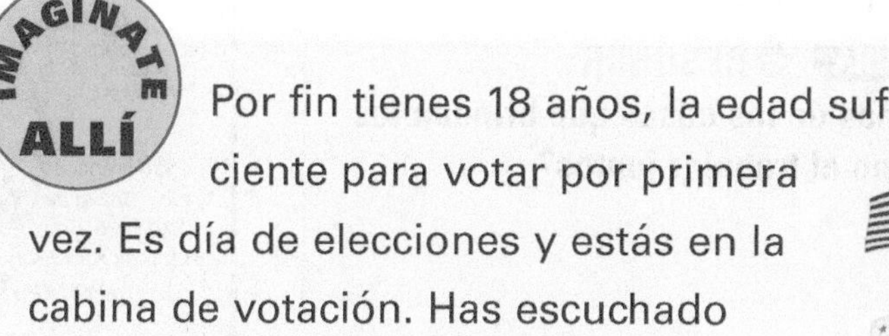

IMAGÍNATE ALLÍ

Por fin tienes 18 años, la edad suficiente para votar por primera vez. Es día de elecciones y estás en la cabina de votación. Has escuchado los debates, o discusiones, de los candidatos a los cargos públicos.

Cada uno de ellos tiene un plan diferente para hacer del estado un lugar mejor. Ahora debes decidir por quién votar.

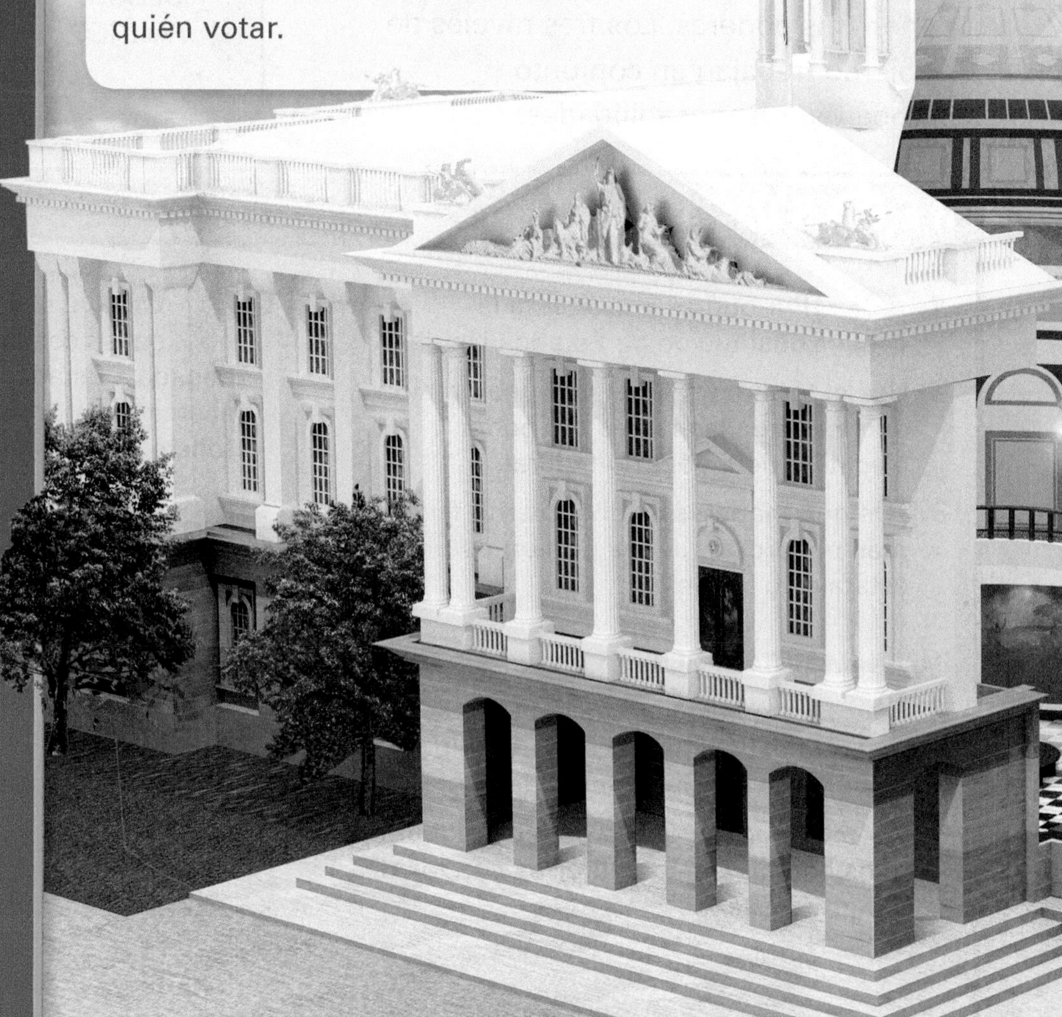

La Constitución de California

Antes de asumir su cargo, los funcionarios electos y los empleados del gobierno estatal de California hacen una promesa pública que comienza con estas palabras:

> "Cumpliré y defenderé la Constitución de Estados Unidos y la Constitución del estado de California . . ."*

Al hacer este juramento, prometen cumplir las leyes que ambos documentos establecen.

La Constitución de California es el plan escrito para el gobierno estatal. En muchos aspectos, es similar a la Constitución de Estados Unidos.

Al igual que la Constitución de Estados Unidos, la Constitución de California establece un gobierno con tres poderes, que sigue el modelo de los poderes ejecutivo, legislativo y judicial del gobierno federal.

Otra parte de la Constitución de California, la Declaración de Derechos, enumera los derechos y libertades de los ciudadanos. Gran parte de estos derechos y libertades también están incluidos en la Constitución de Estados Unidos.

REPASO DE LA LECTURA **RESUMIR**
¿Cuál es el propósito de la Constitución de California?

*Del Juramento del cargo de California. Constitución de California, Artículo 20 miscellaneous subjects. www.leginfo.ca.gov.

Míralo en detalle

El Capitolio Estatal

El edificio del capitolio del estado de California está en Sacramento y se terminó de construir en 1874.

1. **cúpula del capitolio**
2. **las oficinas históricas**
3. **Cámara del Senado Estatal**

¿Qué poder del gobierno estatal tiene su sede en el edificio del capitolio?

El Gran Sello del Estado de California

DESTREZA DE ANÁLISIS **Analizar objetos del pasado** **El sello del estado de California se usa en todos los documentos oficiales del estado.**

1. **El sello exhibe el lema de California, *Eureka*, que significa "lo he encontrado".**
2. **Minerva, la diosa romana de la sabiduría, sostiene un escudo con 31 estrellas. Las estrellas representan el número de estados que tenía la Unión en la época en que California se incorporó a Estados Unidos.**
3. **Las uvas y el trigo a los pies de Minerva simbolizan los numerosos productos agrícolas de California.**

¿Por qué piensas que el sello también muestra un oso pardo, un minero y barcos?

La legislatura de California

En California, el poder legislativo se llama Legislatura Estatal de California y es similar, en muchos aspectos, al Congreso de Estados Unidos. La legislatura estatal tiene dos partes, conocidas como cámaras: el Senado y la Asamblea. Sus miembros representan los diferentes distritos, o partes, del estado.

El Senado de California tiene 40 miembros, llamados senadores. Los votantes de cada distrito eligen senadores estatales para ocupar el cargo por cuatro años. Un senador no puede ocupar el cargo por más de dos períodos. La Asamblea de California tiene 80 miembros. Sus cargos duran dos años y no pueden ser ocupados por más de tres períodos.

Las dos cámaras se reúnen en el capitolio estatal, en **Sacramento.** Los miembros de cada cámara pueden presentar **proyectos de ley**, o propuestas

Los miembros de la legislatura estatal se reúnen en el edificio del capitolio para discutir, debatir y aprobar leyes.

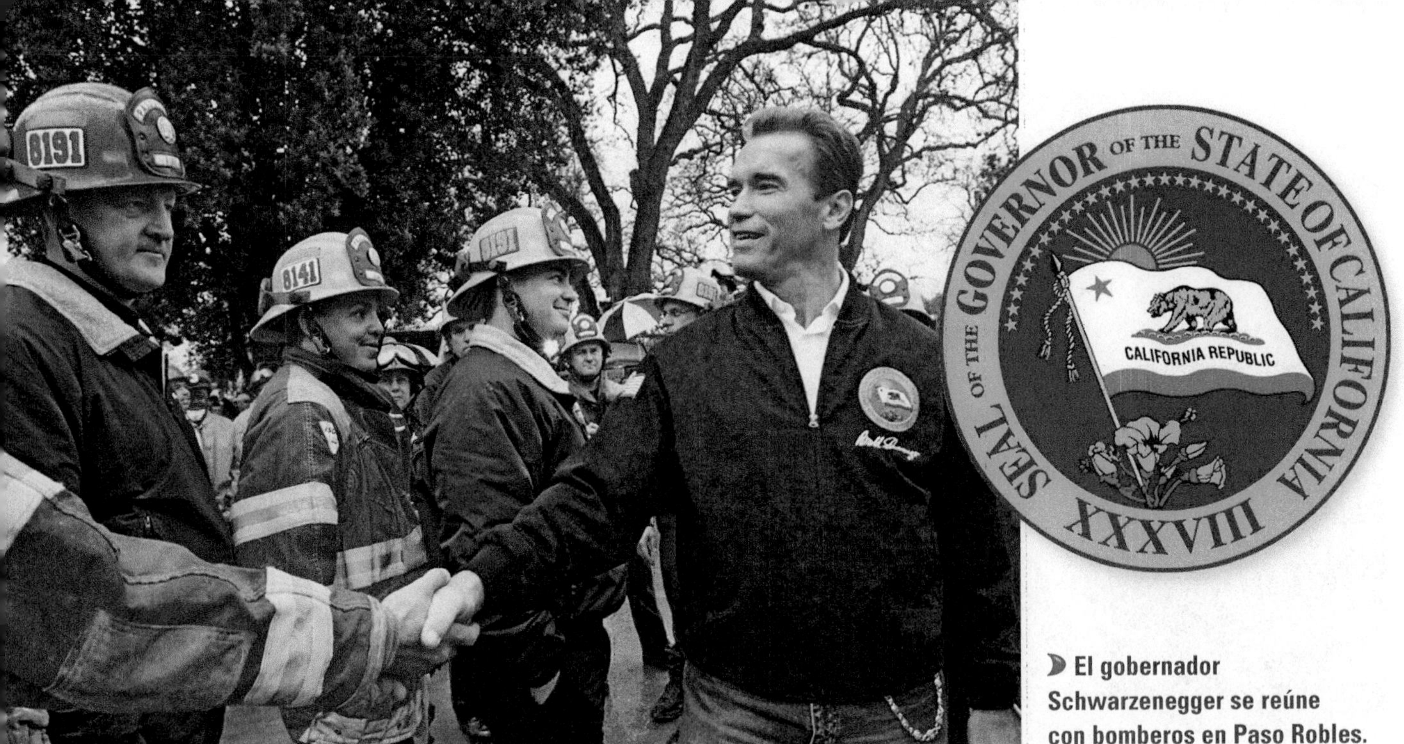

El gobernador Schwarzenegger se reúne con bomberos en Paso Robles.

para nuevas leyes. Primero, cada cámara diseña sus proyectos de ley. Después, los proyectos que son aprobados, o aceptados, por una de las cámaras, se envían a la otra cámara para su aprobación.

La legislatura estatal también decide cómo se gastarán los impuestos recaudados por el estado. Esos impuestos se destinan al funcionamiento del gobierno, así como a construir caminos, edificios, escuelas y parques, y a elaborar programas de ayuda a los ciudadanos.

REPASO DE LA LECTURA **RESUMIR**
¿Cuáles son las dos cámaras de la legislatura estatal de California?

El poder ejecutivo de California

El gobernador es el líder del poder ejecutivo estatal. Los votantes del estado eligen al gobernador para cumplir un mandato de cuatro años. Además de aplicar las leyes, la oficina del gobernador crea un **presupuesto**, es decir, un plan escrito que indica a qué se destinará el dinero del estado. El gobernador entrega el presupuesto a la legislatura para su aprobación. El gobernador también puede presentar proyectos de ley a la legislatura.

Todos los proyectos de ley deben ser aprobados por las dos cámaras de la legislatura. Si son aprobados, el gobernador debe revisarlos, y si los firma, se convierten en ley. Si no toma ninguna decisión en cuanto a algún proyecto, este se convierte en ley después de 12 días.

El gobernador puede **vetar**, o sea, rechazar un proyecto. Aun así, la legislatura puede aprobar el proyecto vetado, pero para hacerlo necesita el voto a favor de dos tercios de los miembros de ambas cámaras. El gobernador también elige funcionarios para dirigir organismos y departamentos de gobierno, como el Departamento de Automotores.

REPASO DE LA LECTURA **SACAR CONCLUSIONES**
¿Cómo puede el gobernador de California impedir que un proyecto de ley se convierta en ley?

El presidente de la Corte Suprema Ronald George (izquierda) toma el juramento a los magistrados Marvin Baxter, Kathryn Werdegar y Carlos Moreno (de izquierda a derecha).

El poder judicial de California

El poder judicial está formado por todas las cortes del estado. Los jueces estatales se aseguran de que las leyes de California se apliquen de manera justa.

También deciden si las leyes concuerdan con la constitución del estado.

La Corte Suprema de California es la corte más alta del estado. Está formada por varios jueces, llamados magistrados. Uno de ellos es elegido presidente de la Corte Suprema. En la actualidad, **Ronald M. George** ocupa ese cargo.

La Corte Suprema interviene en casos relacionados con los derechos y las libertades de los ciudadanos de California. Los magistrados también se ocupan de temas relacionados con la Constitución de California.

Bajo la Corte Suprema de California, existen seis cortes de apelación. En términos legales, apelar significa pedir otro juicio. Las cortes de apelación actúan en los casos en que se cuestiona alguna decisión tomada por una corte más baja. Los jueces analizan los argumentos de ambas partes y luego deciden si apoyan o rechazan la decisión de la corte más baja.

Los magistrados de la Corte Suprema y de las cortes de apelación son designados por el gobernador. Después, se pide a los votantes que aprueben las propuestas del gobernador. Si son aprobados, los magistrados ocupan su cargo durante 12 años. Los jueces de las cortes más bajas son elegidos directamente por los votantes.

REPASO DE LA LECTURA **GENERALIZAR**

¿Por qué es importante la Corte Suprema de California?

Los votantes de California

La Constitución de California otorga a sus votantes algunas facultades especiales que no tienen los votantes de otros estados.

En todos los estados, los votantes eligen al gobernador y a los miembros de la legislatura estatal. En California, y en algunos otros estados, los votantes también pueden **destituir** a sus funcionarios, o sea, removerlos del cargo. En el otoño de 2003, por primera vez en la historia de California, los ciudadanos votaron a favor de la destitución del gobernador **Gray Davis.** Para ocupar su lugar, eligieron a **Arnold Schwarzenegger.**

Los votantes de California también tienen la facultad de aprobar iniciativas. Una **iniciativa** es una ley hecha directamente por los votantes, no por los legisladores.

Para que una iniciativa sea aprobada, los votantes firman una petición en la que declaran que quieren una nueva ley. Una **petición** es una solicitud firmada para que se lleve a cabo una acción. Si la petición reúne suficientes firmas, la iniciativa se presenta a todos los votantes de California en las siguientes elecciones. Si más de la mitad de los votantes la apoyan, la iniciativa se convierte en ley. Del mismo modo, los ciudadanos de California también pueden modificar la constitución del estado.

CIVISMO

Principios democráticos

"Todo poder político emana del pueblo... el pueblo tiene el derecho de modificar o reformar [el gobierno] cuando el bien público lo requiera."*

En 1911, los líderes modificaron la Constitución de California con el fin de permitir la destitución, la iniciativa y el referéndum. Recientemente, los ciudadanos de California ejercieron su derecho a pedir la destitución de cualquier funcionario elegido. En una elección especial organizada en 2003, los californianos votaron para decidir si el gobernador Gray Davis debía ser destituido. También votaron para decidir quién lo reemplazaría en caso de ser así.

Aproximadamente 9 millones de californianos votaron en la elección. Cerca de 5 millones de votantes estuvieron a favor de destituir al gobernador Davis. Para reemplazarlo en el cargo, más de 4 millones de votantes eligieron a Arnold Schwarzenegger.

*de la Constitución del Estado de California, Artículo II, Sección 1

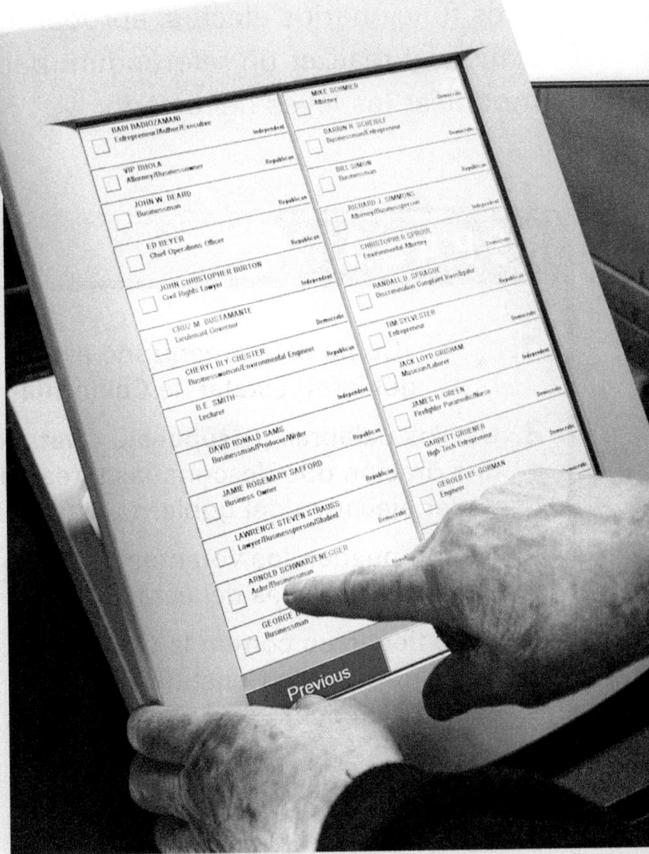

En 2003, los californianos votaron para decidir quién sustituiría al gobernador Gray Davis.

Si los votantes no están de acuerdo con alguna de las leyes aprobadas por el gobierno estatal, pueden tomar diferentes acciones para cambiarla. Pueden firmar una petición para que se lleve a cabo un referéndum. Un **referéndum** es una elección en la cual los votantes deciden si conservan o no una ley existente.

REPASO DE LA LECTURA **RESUMIR**
¿De qué manera los procesos de destitución, iniciativa y referéndum otorgan poder a los votantes?

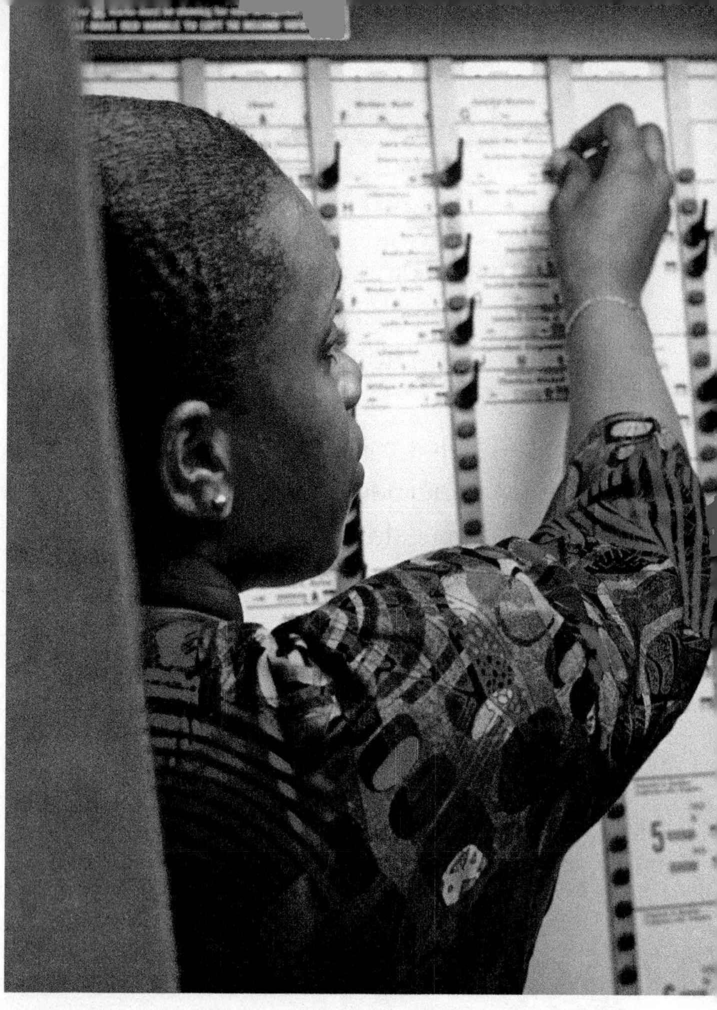

Para los votantes de California, cada elección es una oportunidad de participar en el gobierno.

Resumen

La Constitución de California establece un gobierno con tres poderes. Los votantes de California eligen al gobernador, a los miembros de la legislatura y a los jueces. También pueden destituir a los funcionarios electos, aprobar iniciativas y realizar un referéndum para modificar las leyes del estado.

REPASO

1. ¿Cómo está organizado el gobierno estatal de California?
2. Usa las palabras **presupuesto** y **vetar** en una oración que describa las tareas del poder ejecutivo del gobierno estatal.
3. ¿Cómo pueden los votantes de California modificar las leyes del estado?
4. ¿Qué tienen en común la Constitución de California y la Constitución de Estados Unidos?

RAZONAMIENTO CRÍTICO

5. DESTREZA DE ANÁLISIS ¿Por qué es importante para los votantes de California tener la posibilidad de modificar las leyes de su estado?
6. **Pronuncia un discurso** Imagina que eres uno de los líderes del gobierno estatal, por ejemplo, el gobernador o el presidente de la Corte Suprema. En un discurso a tus compañeros, describe tu trabajo y explica por qué es importante.
7. Destreza clave **RESUMIR**

En una hoja de papel, copia y completa el organizador gráfico de abajo.

Dato clave	Resumen
El gobernador hace cumplir las leyes.	
El gobernador puede vetar un proyecto de ley.	

Ronald Reagan

Biografía

Integridad
Respeto
Responsabilidad
Equidad
Bondad
Patriotismo

*"Conciudadanos, nuestra nación está lista para la grandeza. Debemos hacer lo que sabemos que es correcto, y poner en ello toda nuestra voluntad."**

Ronald Wilson Reagan nació en Illinois, en 1911. Pasó su infancia en la ciudad de Dixon. Durante su adolescencia trabajó como salvavidas y rescató a 77 personas. Después de terminar la universidad, Reagan trabajó en la radio como locutor deportivo. En 1937, se mudó a Hollywood para convertirse en actor de cine. Fue protagonista de muchas películas y durante varios años ocupó el cargo de presidente del sindicato de actores.

Ronald Reagan pronuncia un discurso como gobernador de California en 1966.

Reagan también participó activamente en la política. En 1966, fue elegido por primera vez como gobernador de California, puesto que ocupó dos veces. En 1980, y nuevamente en 1984, fue elegido presidente de Estados Unidos.

Como presidente, Reagan trabajó para reducir el gobierno federal y para mantener la fortaleza de Estados Unidos ante los enemigos de la democracia.

*Del discurso pronunciado por Ronald Reagan al asumir por segunda vez la presidencia, 21 de enero de 1985.

La importancia del carácter

¿Cómo demuestran las palabras y los actos de Ronald Reagan su patriotismo hacia Estados Unidos?

Biografía breve

1911 Nace

2004 Muere

1966 Elegido para el primero de sus dos mandatos como gobernador de California

1980 Elegido para el primero de sus dos mandatos como presidente de Estados Unidos

1994 Anuncia que padece el mal de Alzheimer, una enfermedad que ataca el cerebro

Visita MULTIMEDIA BIOGRAPHIES en www.harcourtschool.com/hss para hallar biografías multimedia.

Destrezas con tablas y gráficas

Leer un organigrama

POR QUÉ ES IMPORTANTE

Cierto tipo de información se comprende mejor cuando se presenta gráficamente. El dibujo de esta página es un organigrama. Un **organigrama** es un dibujo que muestra los pasos de un proceso. Las flechas te ayudan a seguir el orden de esos pasos.

LO QUE NECESITAS SABER

El organigrama muestra la manera en que el gobierno estatal de California hace nuevas leyes. El primer cuadro del organigrama muestra el primer paso en el proceso de aprobación de una ley: un miembro del Senado o de la Asamblea de California redacta un proyecto de ley. Cualquiera de las dos cámaras puede proponer un proyecto de ley.

En el segundo paso, el proyecto es enviado a un comité especial. Un comité es un pequeño grupo de legisladores de alguna de las cámaras de la legislatura. Sus miembros analizan el proyecto y

Cómo un proyecto de ley se convierte en ley

Un miembro de la Asamblea o del Senado de California redacta un proyecto de ley.
Un comité analiza el proyecto e informa sobre él al resto de la Asamblea o del Senado. La mayoría de los miembros de la Asamblea y del Senado votan a favor del proyecto.
El gobernador firma el proyecto de ley.
O

luego, si creen que el proyecto puede convertirse en una buena ley, se lo comunican al resto de los miembros de la cámara.

Lee los pasos que siguen en el organigrama para descubrir qué más debe ocurrir para que un proyecto de ley se convierta en ley.

PRACTICA LA DESTREZA

Responde estas preguntas.

1. ¿Qué ocurre después de que la Asamblea y el Senado aprueban un proyecto de ley?
2. ¿Qué puede hacer el gobernador después de recibir el proyecto?
3. ¿Cómo puede convertirse en ley un proyecto que ha sido vetado por el gobernador?

APLICA LO QUE APRENDISTE

Aplícalo Con un compañero diseña un proceso de toma de decisiones. Haz un organigrama que muestre los pasos y explique cómo se relacionan. Escribe cada paso en una tira de papel. Luego, ordena las tiras y pégalas en una cartulina. Conecta los pasos con flechas. Elige un título y presenta tu trabajo a la clase.

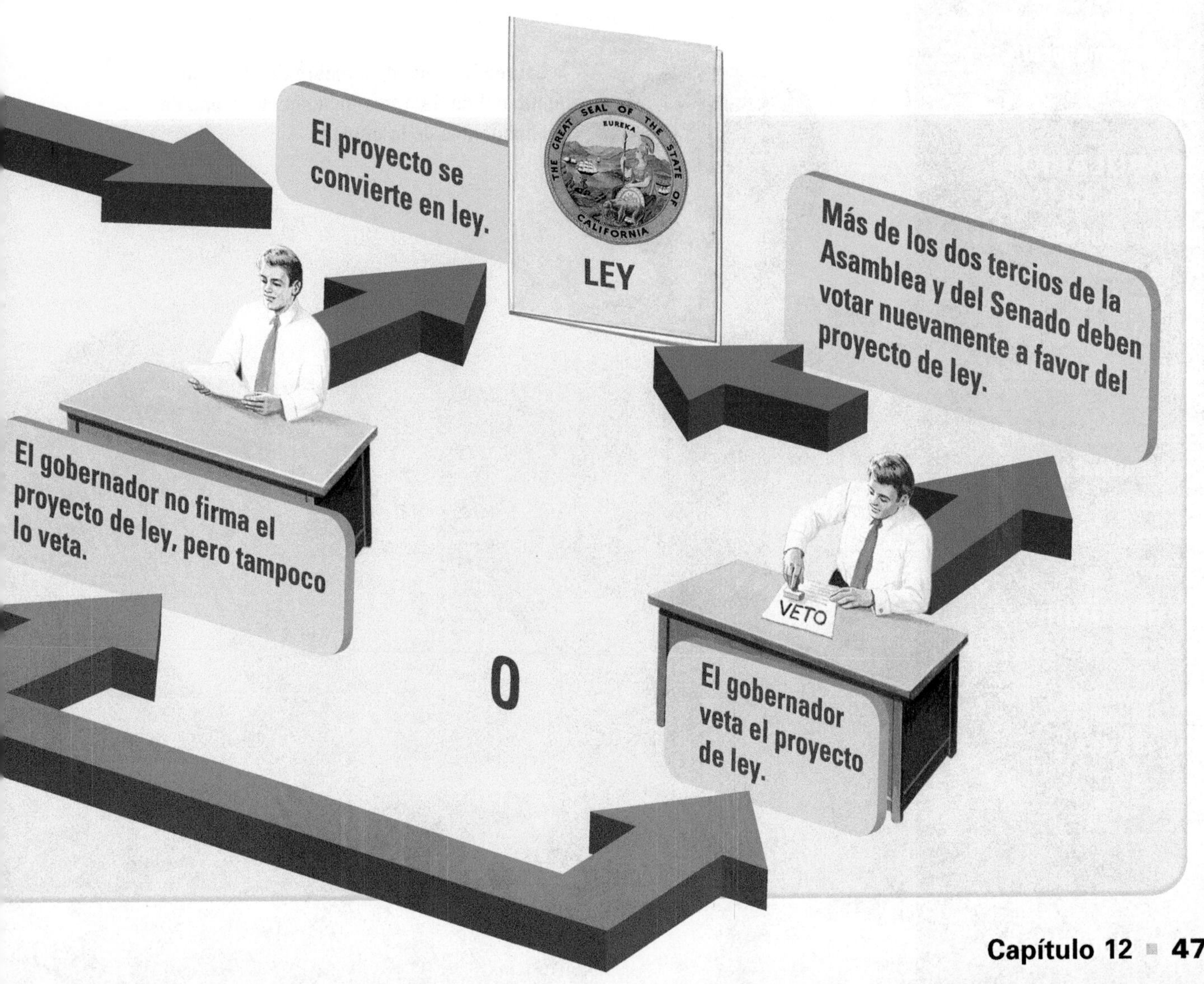
El proyecto se convierte en ley.
THE GREAT SEAL OF THE STATE OF CALIFORNIA
EUREKA
LEY
Más de los dos tercios de la Asamblea y del Senado deben votar nuevamente a favor del proyecto de ley.
El gobernador no firma el proyecto de ley, pero tampoco lo veta.
O
VETO
El gobernador veta el proyecto de ley.

Destrezas con tablas y gráficas

Lección 3

Los gobiernos locales

REFLEXIONA
¿Cómo están organizados los gobiernos locales de California, y qué tareas desempeñan?

- ✓ Resume cómo están organizados los gobiernos locales de California.
- ✓ Describe la función de cada parte de los gobiernos locales de California.
- ✓ Explica las funciones de las formas especiales de gobierno local de California.

VOCABULARIO
condado pág. 481
capital de condado pág. 481
junta de supervisores pág. 481
juicio con jurado pág. 482
municipal pág. 483
administrador municipal pág. 484
distrito especial pág. 485
cuerpo regional pág. 485
ranchería pág. 486
soberano pág. 486

RESUMIR

Normas de California
HSS 4.5, 4.5.3, 4.5.5

IMAGÍNATE ALLÍ

Han pasado varios meses desde que la ciudad cerró su parque por reparaciones. Ahora caminas por el nuevo patio de juegos, pasas junto a canteros de flores recién plantadas, y te sumas a un numeroso grupo de personas que están reunidas frente a un escenario. Poco después llega la alcaldesa y pronuncia un discurso para agradecer a todas las personas que trabajaron en el arreglo del parque. Luego, corta una cinta e inaugura las obras.

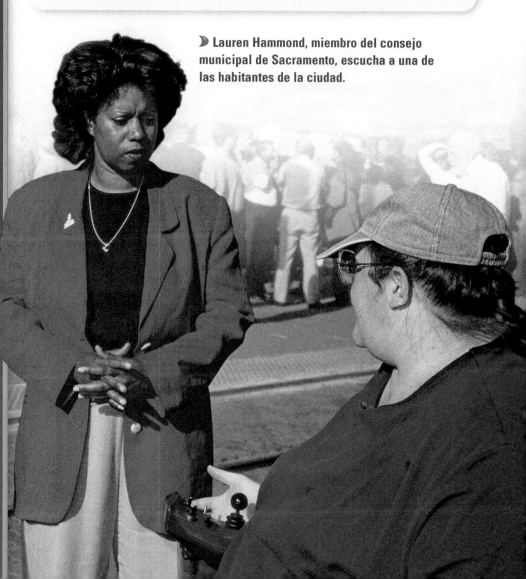

Lauren Hammond, miembro del consejo municipal de Sacramento, escucha a una de las habitantes de la ciudad.

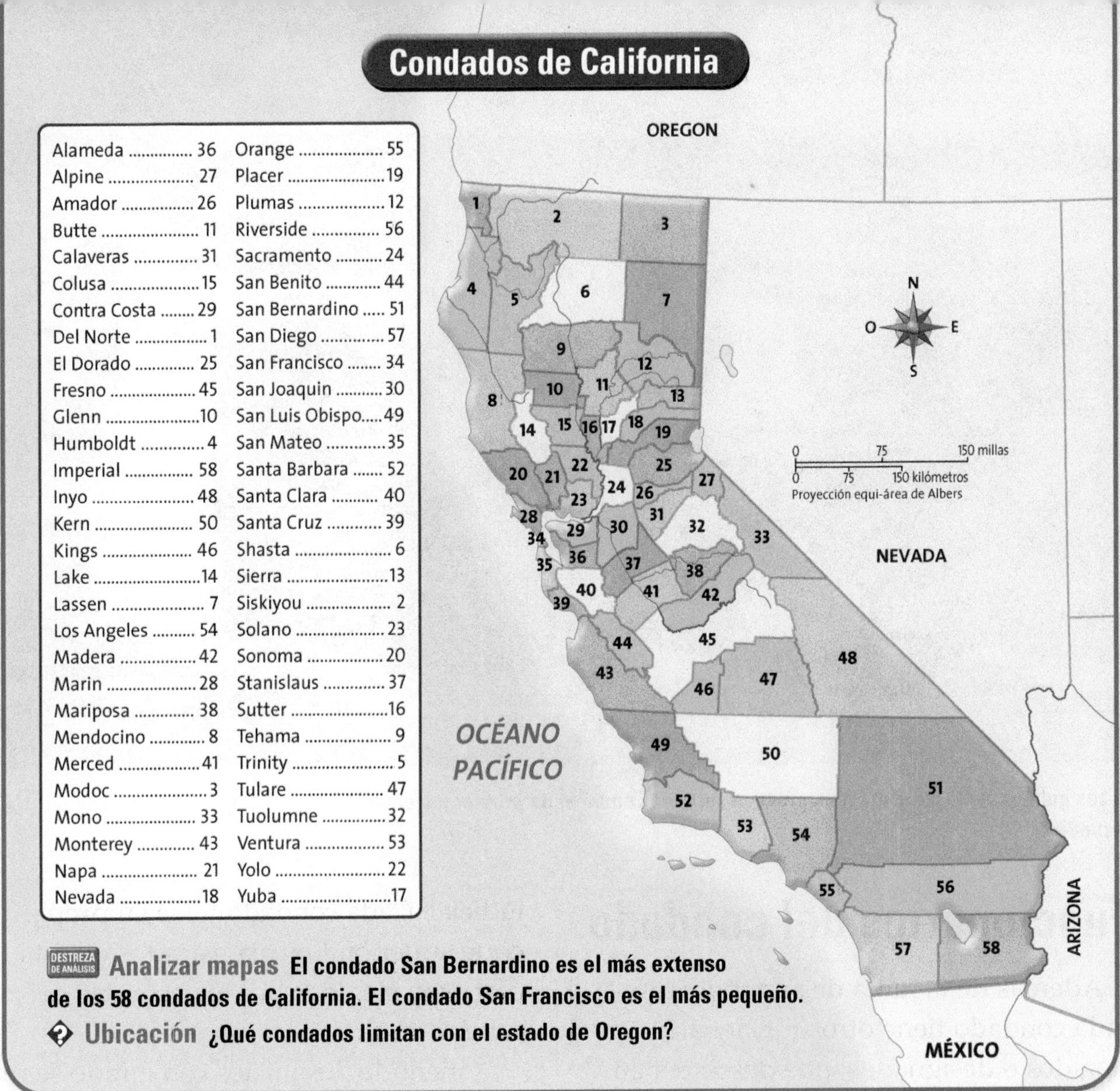

DESTREZA DE ANÁLISIS **Analizar mapas** **El condado San Bernardino es el más extenso de los 58 condados de California. El condado San Francisco es el más pequeño.**

Ubicación ¿Qué condados limitan con el estado de Oregon?

Gobiernos de condado

Además del gobierno estatal, California tiene gobiernos de condado y de la ciudad. Estos gobiernos locales hacen leyes que se aplican solo en su condado o ciudad. El nivel más alto de gobierno local es el gobierno de condado. Un **condado** es una parte de un estado.

El centro de cada gobierno de condado se llama capital de condado. Una **capital de condado** es la ciudad donde están las principales autoridades del gobierno del condado.

Los votantes de cada condado eligen a un grupo de personas para dirigir el gobierno. Ese grupo se llama **junta de supervisores**. En la mayoría de los condados, los miembros de la junta realizan las tareas de los poderes ejecutivo y legislativo. Hacen leyes y deciden en qué gastar los impuestos recaudados. Los gobiernos de condado realizan una amplia variedad de tareas, desde administrar los aeropuertos hasta coordinar la recolección de basura.

REPASO DE LA LECTURA **RESUMIR**

¿Qué tareas realiza la junta de supervisores en la mayoría de los gobiernos de condado?

Los gobiernos de los condados proveen servicios como el de protección contra incendios.

Funcionarios del condado

Además de la junta de supervisores, cada condado tiene otros funcionarios, elegidos o designados, que desempeñan una variedad de tareas: aplican las leyes, garantizan elecciones limpias y proveen servicios de salud.

Cada condado tiene un alguacil elegido por los votantes. El trabajo del alguacil consiste en proteger a los habitantes y asegurarse de que se cumplan las leyes. También es responsable de las cárceles del condado.

Otros funcionarios del condado son el tesorero y el fiscal de distrito. El tesorero controla el dinero que se recauda de los impuestos y paga las cuentas. El fiscal de distrito representa al condado en los juicios.

Al igual que en el gobierno estatal y el federal, los condados tienen un poder judicial. Cada condado tiene su propia corte superior. Los magistrados de esta corte son elegidos por los votantes del condado.

A menudo, los juicios con jurado se realizan en las cortes superiores. Un **juicio con jurado** se realiza en presencia de un jurado, que es un grupo de ciudadanos que se encarga de decidir si la persona juzgada es culpable o inocente.

Cada condado cuenta con una oficina de educación, dirigida por un superintendente de escuelas elegido por votación. Esta oficina trabaja en conjunto con el consejo estatal de educación y con los distritos escolares locales con el objetivo de brindar una educación de calidad a todos los estudiantes del condado.

REPASO DE LA LECTURA **IDEA PRINCIPAL Y DETALLES** **¿Cuáles son algunas de las tareas que realizan los funcionarios de los gobiernos de condado?**

Gobiernos municipales

California tiene 478 comunidades que están organizadas como ciudades. Más de las tres cuartas partes de los californianos viven en ciudades. Por esta razón, el gobierno **municipal**, o gobierno de la ciudad, a menudo es el que tiene un efecto más directo sobre la vida de los ciudadanos.

Los gobiernos municipales aprueban leyes locales y garantizan su cumplimiento. Proveen varios servicios, como el de protección policial y el de bomberos. Establecen y mantienen escuelas, bibliotecas, parques, cárceles y otras instalaciones. Además, dirigen los programas de reciclaje de la ciudad, mantienen las calles en buenas condiciones y se ocupan de muchas otras tareas importantes.

La Constitución de California describe dos clases de ciudades: las ciudades regidas por leyes generales y las ciudades "charter", regidas por una serie de leyes especiales. Las ciudades regidas por leyes generales siguen las normas de la legislatura estatal. Cerca de tres cuartas partes de las ciudades de California están regidas por leyes generales.

Las ciudades charter pueden formarse en comunidades de 3,500 personas o más. Las leyes especiales de estas ciudades están incluidas en un documento oficial que indica cómo está formado el gobierno de una ciudad. A diferencia de las regidas por leyes generales, las ciudades charter establecen sus propias normas de gobierno. Habitualmente, las ciudades regidas por leyes generales siguen las normas establecidas en la constitución del estado.

REPASO DE LA LECTURA **IDEA PRINCIPAL Y DETALLES** **¿Cuáles son las dos clases de ciudades descritas en la Constitución de California?**

Este oficial (derecha) trabaja en el Departamento de Policía, en una zona de San Francisco conocida como Japantown, o barrio japonés. La recolección de basura (abajo) es otro de los servicios que proveen los gobiernos de las ciudades.

Formas de gobierno municipal

Las ciudades tienen distintas formas de gobierno municipal. Muchas ciudades están organizadas según el modelo alcalde-consejo. En este tipo de gobierno, los votantes eligen un alcalde y un consejo municipal. El alcalde encabeza el poder ejecutivo. Se asegura de que se apliquen las leyes de la ciudad y designa funcionarios para que dirijan los departamentos del gobierno municipal.

En la forma de gobierno alcalde-consejo, el consejo actúa como poder legislativo. Dicta las leyes de la ciudad y recauda impuestos. Muchas grandes ciudades de California usan esta forma de gobierno.

Otras ciudades organizan sus gobiernos municipales según el modelo consejo-administrador. Aproximadamente tres cuartas partes de las ciudades de California tienen esta forma de gobierno municipal.

En la forma consejo-administrador, los votantes eligen un consejo municipal para que dicte las leyes. A menudo no eligen al alcalde, sino que el consejo municipal nombra a uno de sus miembros para ocupar ese puesto. El alcalde representa a la ciudad en ocasiones importantes. El consejo también contrata a un **administrador municipal**, que trabaja bajo su dirección. A su vez, el administrador municipal contrata a los funcionarios de los distintos departamentos de gobierno.

REPASO DE LA LECTURA **IDEA PRINCIPAL Y DETALLES** **¿Cuáles son las dos formas de gobierno municipal en California?**

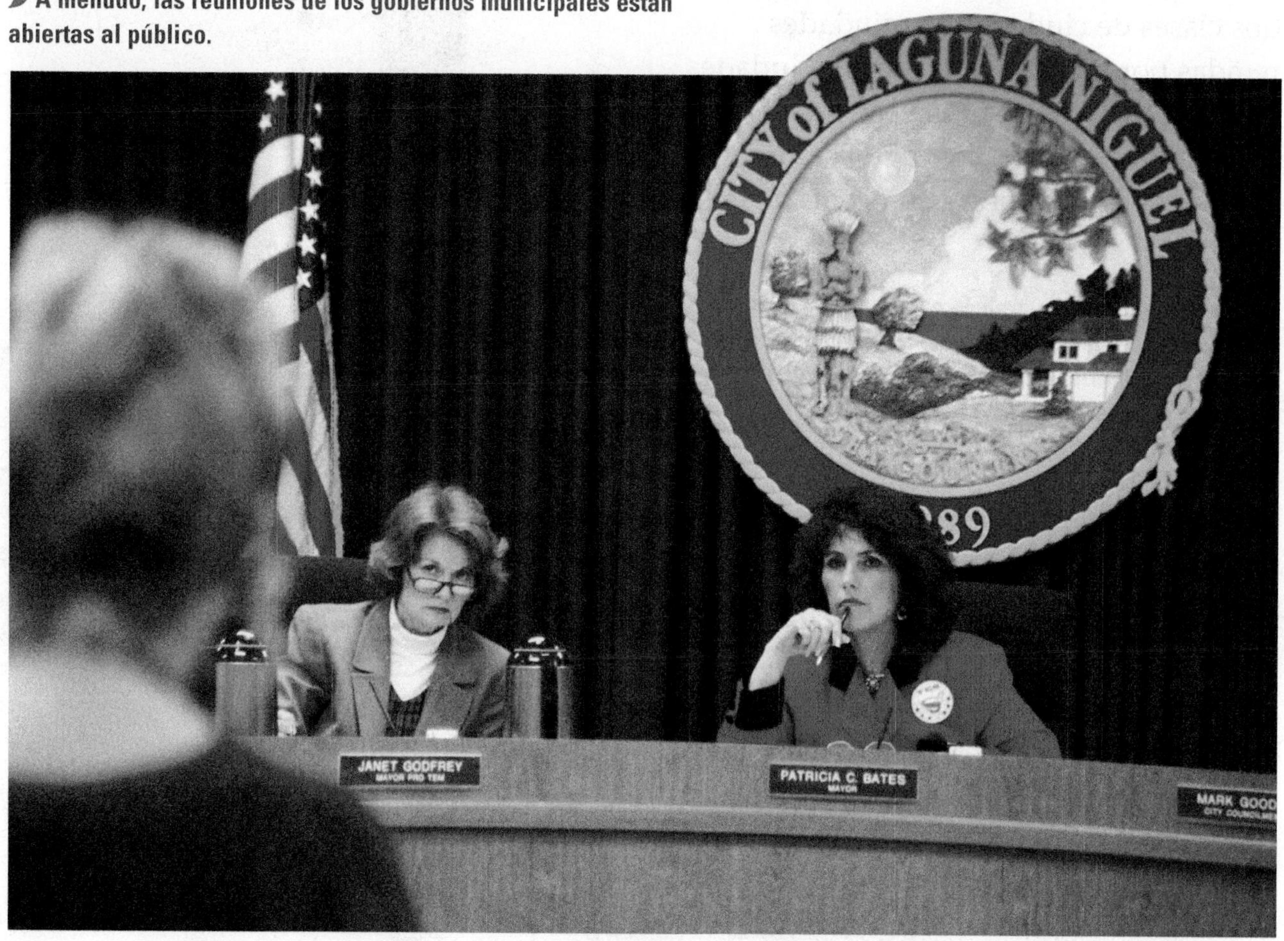

A menudo, las reuniones de los gobiernos municipales están abiertas al público.

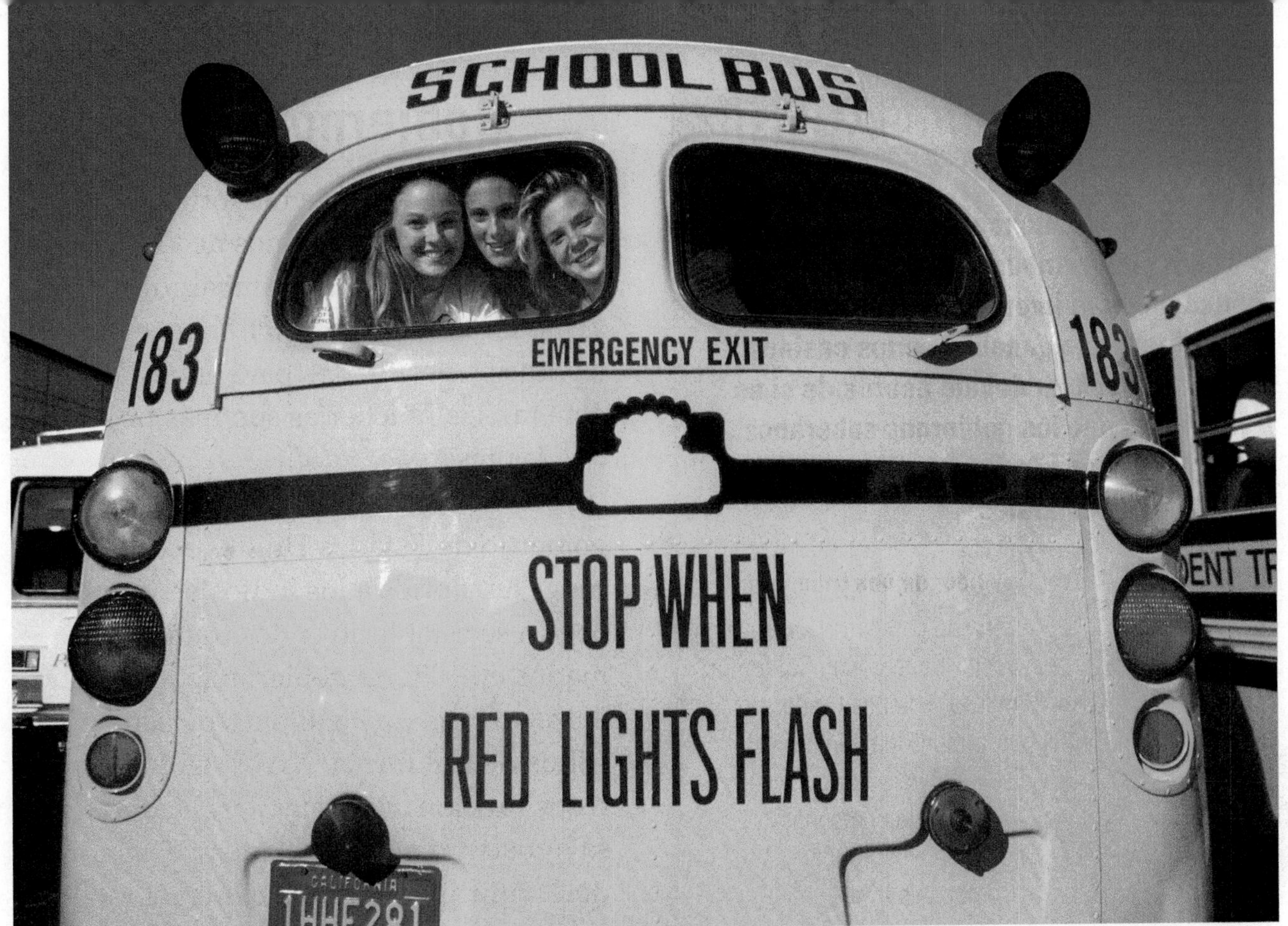

En California hay más de 1,050 distritos escolares que ayudan a administrar más de 9,050 escuelas públicas del estado.

Distritos especiales y cuerpos regionales

California también tiene otra forma de gobierno local llamada distrito especial. Los **distritos especiales** son grupos que se forman para prestar ciertos servicios o enfrentar ciertos problemas. A veces se encargan de proveer servicios que no ofrecen los gobiernos municipales o del condado. Además, están autorizados a recaudar dinero para mejorar servicios o solucionar problemas.

En ocasiones, varios gobiernos trabajan en conjunto para dirigir un distrito especial. Los distritos escolares, de agua, de riego y de control de inundaciones son ejemplos de distritos especiales.

Cuando se trata de enfrentar problemas que afectan a grandes regiones, los californianos pueden formar grupos especiales de gobierno, llamados cuerpos regionales. Un **cuerpo regional** es un grupo integrado por personas de varias ciudades o condados que trabajan en conjunto con el fin de crear un plan para una región extensa.

La Comisión Metropolitana de Transporte es uno de los cuerpos regionales del área de la bahía de San Francisco. Entre otras cosas, decide cómo se usará el dinero federal destinado a los proyectos de transporte en el área.

REPASO DE LA LECTURA **SACAR CONCLUSIONES**
¿Por qué crees que el trabajo conjunto en proyectos de transporte podría ayudar a varios condados?

Puntos de vista

En 2003, el entonces gobernador Gray Davis pidió a tribus de indios de California que pagaran impuestos estatales por el dinero que ganaban en los casinos. Eso provocó un debate acerca de si es correcto que los gobiernos soberanos de los indios paguen impuestos a los gobiernos estatales.

Ivan Makil, **líder de una tribu**

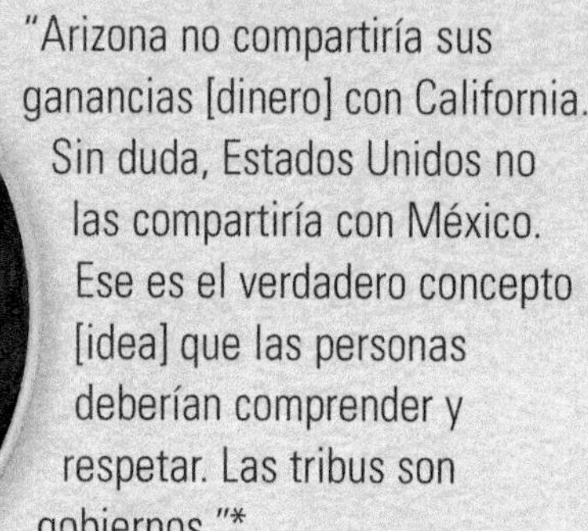

"Arizona no compartiría sus ganancias [dinero] con California. Sin duda, Estados Unidos no las compartiría con México. Ese es el verdadero concepto [idea] que las personas deberían comprender y respetar. Las tribus son gobiernos."*

*De *The Mercury News,* 20 de abril de 2003. www.mercurynews.com

Arnold Schwarzenegger, **gobernador de California**

"Yo respeto la soberanía de nuestras tribus indígenas y creo que, a su vez, ellas respetan la situación económica que enfrenta California . . . Trabajaré con las tribus que tienen casas de juego para que California reciba su parte justa de los ingresos que se obtienen del juego."*

*Del Informe de Gobierno Estatal 6 de enero del 2004 http://www.governor.ca.gov

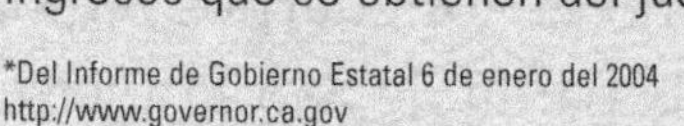

Es tu turno

DESTREZA DE ANÁLISIS **Analizar puntos de vista**

1. **¿Cuál es el punto de vista de cada una de las personas de arriba acerca de si los casinos deben o no pagar impuestos?**
2. **¿Por qué crees que no están de acuerdo?**

Gobiernos indios

En la actualidad, la mayoría de los 330,000 indios americanos de California viven en ciudades. Sin embargo, algunos viven en reservas o **rancherías**, es decir, territorios destinados para ellos. Por lo general, las rancherías son más pequeñas que las reservas.

A comienzos de la década de 1850, el gobierno de Estados Unidos accedió a ceder territorios a los indios de California. Según se estableció en los tratados firmados en 1852, el gobierno federal debía entregar más de 7 millones de acres a las tribus de California. No obstante, numerosos funcionarios estatales y federales se opusieron a esos tratados y los indios de California nunca recibieron el total de esos territorios. Para 1900, tan solo unos 6,000 de los 16,000 indios de California habían recibido tierras en las reservas.

Actualmente, el gobierno federal reconoce la existencia de 109 tribus indias en California. Estas tribus tienen derecho a formar un gobierno **soberano**, es decir, un gobierno libre e independiente en sus territorios. En muchos aspectos, una tribu con este tipo de gobierno se considera una nación. La tribu se gobierna a sí misma, sin intervención del gobierno federal, estatal o local.

Numerosas tribus tienen constituciones que indican cómo deben formarse sus gobiernos. La mayoría está gobernada por un consejo tribal, o sea, un grupo de líderes elegidos por miembros de la tribu. Muchas tribus también tienen sus propias leyes y cuentan con cortes para resolver desacuerdos.

En 1976, el gobierno estatal formó la Comisión del Patrimonio Cultural Indio de California, *California Native American Heritage Commission*. Los indios de esa comisión trabajan con el gobierno federal, el estatal y el tribal con el fin de proteger y preservar su cultura y los territorios indios que son importantes por su significado histórico y religioso.

REPASO DE LA LECTURA **COMPARAR Y CONTRASTAR** **¿Cuál es la diferencia entre las reservas y las rancherías?**

Resumen

Los gobiernos de los condados y de las ciudades de California se encargan de tareas que no realiza el gobierno estatal. Los distritos especiales y los cuerpos regionales se ocupan de problemas que no dependen de los gobiernos estatales, del condado o de la ciudad. Los indios de las reservas y rancherías tienen derecho a formar su propio gobierno, elegir a sus líderes, hacer leyes y aplicarlas.

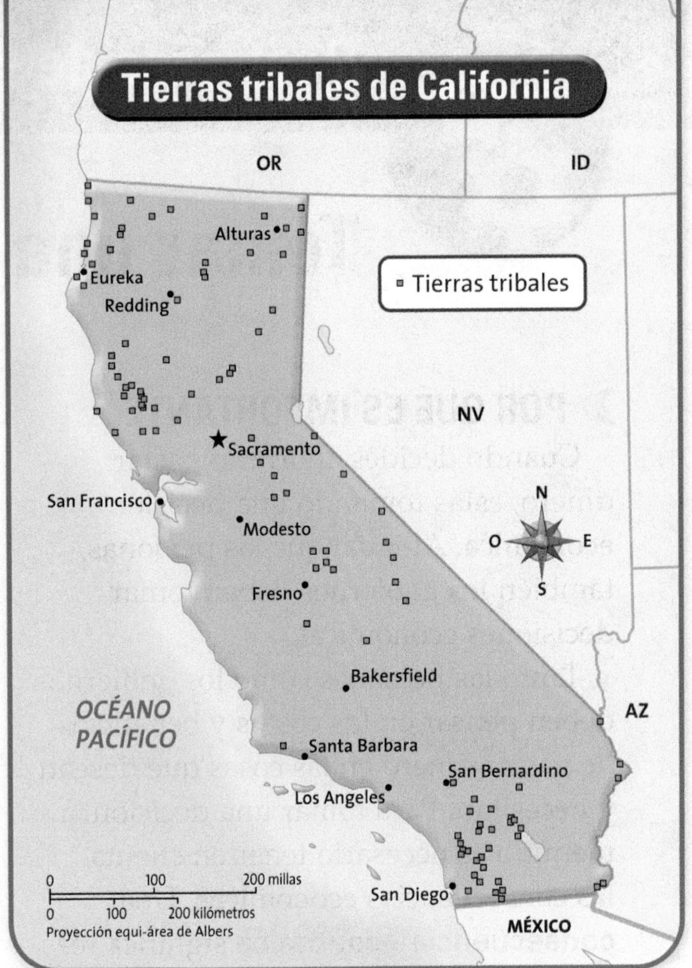

DESTREZA DE ANÁLISIS **Analizar mapas** **Este mapa muestra los territorios actuales de las tribus indias de California.**

Regiones **¿En qué partes de California se encuentra la mayoría de las tierras tribales?**

REPASO

1. ¿Cómo están organizados los gobiernos locales de California, y qué tareas desempeñan?
2. ¿Para qué se forman los **cuerpos regionales**?
3. ¿Qué forma de gobierno local es un distrito escolar?

RAZONAMIENTO CRÍTICO

4. DESTREZA DE ANÁLISIS ¿Cuáles son los costos y los beneficios que deben evaluar el alcalde o el consejo de una ciudad al decidir la reparación de un parque local?
5. DESTREZA DE ANÁLISIS ¿Por qué crees que el número de condados de California creció de 27 en 1850 a 58 hoy en día, aun cuando el territorio del estado no ha aumentado?
6. **Crea un folleto del gobierno municipal** Haz un folleto ilustrado acerca del gobierno de tu ciudad. Indica cómo está gobernada y qué servicios se brindan a sus habitantes.
7. Destreza clave **RESUMIR**

En una hoja de papel, copia y completa el organizador gráfico de abajo.

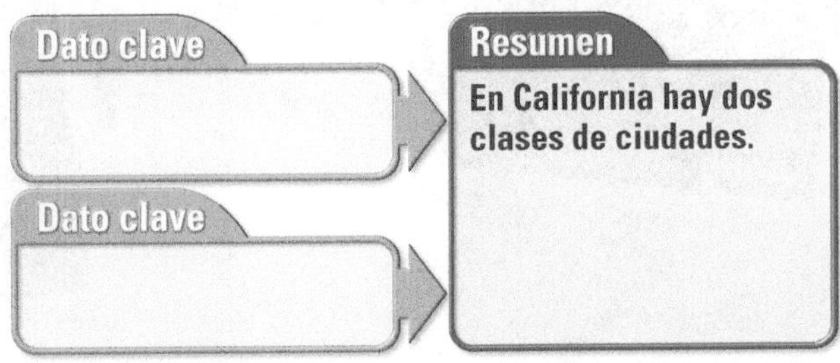

Tomar una decisión económica

POR QUÉ ES IMPORTANTE

Cuando decides ahorrar o gastar dinero, estás tomando una decisión económica. Al igual que las personas, también los gobiernos deben tomar decisiones económicas.

Tanto las personas como los gobiernos deben pensar en los costos y beneficios de gastar dinero en las cosas que desean y necesitan. Para tomar una decisión, a menudo es necesario tener en cuenta las consecuencias económicas. Una **consecuencia económica** significa renunciar a algo para obtener otra cosa a cambio. La cosa a la que se renuncia recibe el nombre de **costo de oportunidad**.

LO QUE NECESITAS SABER

Los siguientes pasos pueden ayudarte a tomar una buena decisión económica.

Paso 1 **Identifica tu objetivo y los recursos que tienes para lograrlo.**

Paso 2 **Identifica las alternativas.**

Paso 3 **Reflexiona acerca de las ventajas y desventajas de cada alternativa.**

Paso 4 **Elige e identifica el costo de oportunidad de cada opción.**

Las personas toman decisiones económicas cuando usan los bancos (izquierda) o adquieren bienes o servicios.

PRACTICA LA DESTREZA

Imagina que eres el alcalde de una ciudad de California. El gobierno municipal dispone de dinero para realizar un proyecto público. Hay suficiente dinero para hacer un sendero para bicicletas o una cancha de básquetbol, pero no para ambos. ¿Qué proyecto aprobarías? ¿Por qué?

Piensa en los datos y las preguntas de abajo y sigue los pasos. Luego, toma tu decisión.

1. Un sendero para bicicletas ofrecería más seguridad a las personas que usan bicicletas para ir al trabajo o por diversión.
2. Una cancha de básquetbol les daría a las personas un lugar para jugar, y podría usarse para realizar programas extraescolares.
3. ¿Cuáles son las consecuencias económicas de cada opción? ¿Cuáles son los costos de oportunidad?

APLICA LO QUE APRENDISTE

ANALYSIS SKILL **Aplícalo** Imagina que tienes 5 dólares para gastar. Quieres comprar un libro y alquilar una película, pero el dinero no te alcanza para hacer ambas cosas. Explica a un compañero las consecuencias económicas y los costos de oportunidad de tu decisión.

Algunas comunidades han usado parte de su presupuesto para construir senderos públicos para bicicletas.

Civismo

Ser un ciudadano activo

VOTA

Yo Voté

"Votar es como saldar una deuda: un deber que debe cumplirse cuando es posible hacerlo."*

—Presidente Rutherford B. Hayes

Los autores de la Constitución de Estados Unidos no estaban seguros de que su gobierno fuera a durar. Ninguna otra nación había tenido jamás un gobierno como el que describía la Constitución. Ningún otro pueblo había tenido nunca los derechos de que gozaban los ciudadanos americanos. Los ciudadanos tendrían la responsabilidad de hacer funcionar el gobierno y de proteger sus libertades. El país necesitaría ciudadanos responsables y activos.

Los ciudadanos activos votan. Además, leen periódicos y libros, y miran o escuchan

*De *Diary and Letters of Rutherford Birchard Hayes: Nineteenth President of the United States*, 1879.

Los ciudadanos leen el periódico para mantenerse informados.

¡ORGULLOSO DE SER
REPUBLICANO!

Cuando las personas votan, eligen apoyar a un determinado partido político (arriba).

programas de noticias para informarse acerca de distintos temas. También pueden ofrecerse como voluntarios para registrar a otros votantes, colaborar en los lugares de votación, trabajar con los candidatos y asistir a mítines políticos.

Además de los derechos protegidos por la Constitución de Estados Unidos, los californianos tienen derechos especiales que les concede la constitución del estado. En California, los ciudadanos pueden destituir a los funcionarios estatales, aprobar iniciativas y realizar un referéndum.

Al ejercer sus derechos, los ciudadanos activos de California pueden trabajar para mejorar su gobierno y sus comunidades. Algunos líderes de California, como William Byron Rumford, Odis Jackson, César Chávez y Dolores Huerta, fueron ciudadanos activos que ejercieron sus derechos constitucionales para luchar por un trato justo.

Piensa

Aplícalo ¿Por qué es importante ser un ciudadano activo?

Para que una democracia funcione, el gobierno necesita ciudadanos activos y comprometidos. Estas personas firman una petición para que su gobierno local construya un paso peatonal en un cruce peligroso.

La lectura en los Estudios Sociales

Cuando **resumes,** vuelves a expresar con tus propias palabras los puntos clave o las ideas más importantes.

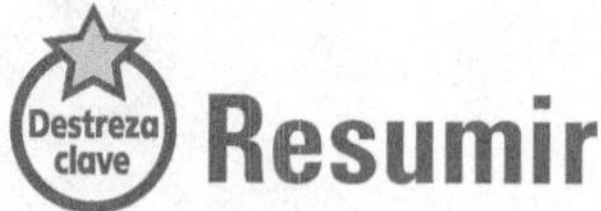

Completa este organizador gráfico para resumir cómo el gobierno federal, el estatal y el local trabajan en conjunto por el bien de todos los ciudadanos. Una copia de este organizador gráfico aparece en la página 138 del cuaderno de Tarea y práctica.

Los californianos y el gobierno

Dato clave

Todos los niveles de gobierno funcionan solo con la aprobación de los ciudadanos.

Dato clave

Cada nivel de gobierno solo puede existir según leyes escritas aceptadas por el pueblo.

Resumen

Pautas de redacción de California

Escribe un resumen Imagina que debes explicar a un grupo de alumnos de segundo grado el funcionamiento de los niveles de gobierno estatal y local de California. Escribe un discurso que resuma cómo está organizado cada nivel.

Escribe un reporte Escribe un reporte acerca de alguno de los funcionarios públicos electos que se mencionan en este capítulo. Explica los deberes de la persona que ocupa ese cargo e indica por qué su labor es importante para el funcionamiento del gobierno.

Usa el vocabulario

Usa una palabra de la lista para completar cada oración.

democracia, pág. 463

federal, pág. 463

presupuesto, pág. 473

vetar, pág. 473

destituir, pág. 475

condado, pág. 481

1. Los votantes de California pueden ______ al gobernador.
2. El gobernador decidió ______ el proyecto de ley.
3. La Corte Suprema de Estados Unidos es parte del gobierno ______.
4. San Bernardino es el ______ más extenso de California.
5. El nuevo ______ estatal destina más dinero a programas extraescolares.
6. En una ______, el pueblo decide a través del voto.

Aplica las destrezas

Leer un organigrama

7. Examina el organigrama de las páginas 478 y 479 para responder la pregunta. ¿Qué ocurre antes de que los miembros de la Asamblea y el Senado de California voten un proyecto de ley?

Tomar una decisión económica.

8. DESTREZA DE ANÁLISIS Piensa en una decisión económica que hayas tomado recientemente, o que haya tomado alguien que conozcas. ¿Qué consecuencias económicas debieron tener en cuenta? ¿Cuáles fueron los costos de oportunidad?

Recuerda los datos

Responde estas preguntas.

9. ¿Qué tienen en común las tareas que realizan un senador de Estados Unidos, un miembro de la asamblea estatal y un supervisor de condado?
10. ¿Qué poder del gobierno estatal de California prepara el presupuesto del estado?
11. ¿Qué facultades especiales tienen los votantes de California, a diferencia de los votantes de otros estados?
12. ¿Qué derechos especiales tienen las tribus indias de California?

Escribe la letra que corresponda a la respuesta correcta.

13. ¿Cuál es el nivel más alto de gobierno local en California?
    A gobierno municipal
    B gobierno de condado
    C distrito escolar
    D Corte Suprema estatal
14. ¿Quién encabeza el poder ejecutivo estatal?
    A el gobernador
    B el alguacil de condado
    C el presidente de Estados Unidos
    D el presidente de la Corte Suprema

Piensa críticamente

15. DESTREZA DE ANÁLISIS ¿Crees que es una buena idea que los votantes tengan la facultad de destituir funcionarios? Explica tu respuesta.
16. ¿Por qué crear un distrito especial o un cuerpo regional puede ayudar a solucionar un problema?

Parque Balboa

PREPÁRATE

En 1868, los líderes de San Diego reservaron 1,400 acres de tierra para construir un parque público. Hoy en día, es conocido como Parque Balboa, el parque urbano de cultura más grande de Estados Unidos. En el parque funcionan 15 museos, 85 organizaciones recreativas y culturales y numerosos grupos artísticos. Tiene un gran complejo deportivo donde se puede jugar tenis y golf, nadar o pasear en bicicleta.

También es posible visitar el Jardín Japonés de la Amistad, la Casa de las Relaciones Pacíficas, el Centro World Beat y el Centro Cultural de la Raza. Además, en el Parque Balboa está el zoológico de San Diego, que tiene miles de animales. Las numerosas atracciones del Parque Balboa permiten a los visitantes explorar el mundo del arte, de la cultura y de la naturaleza.

UBÍCALO

OBSERVA

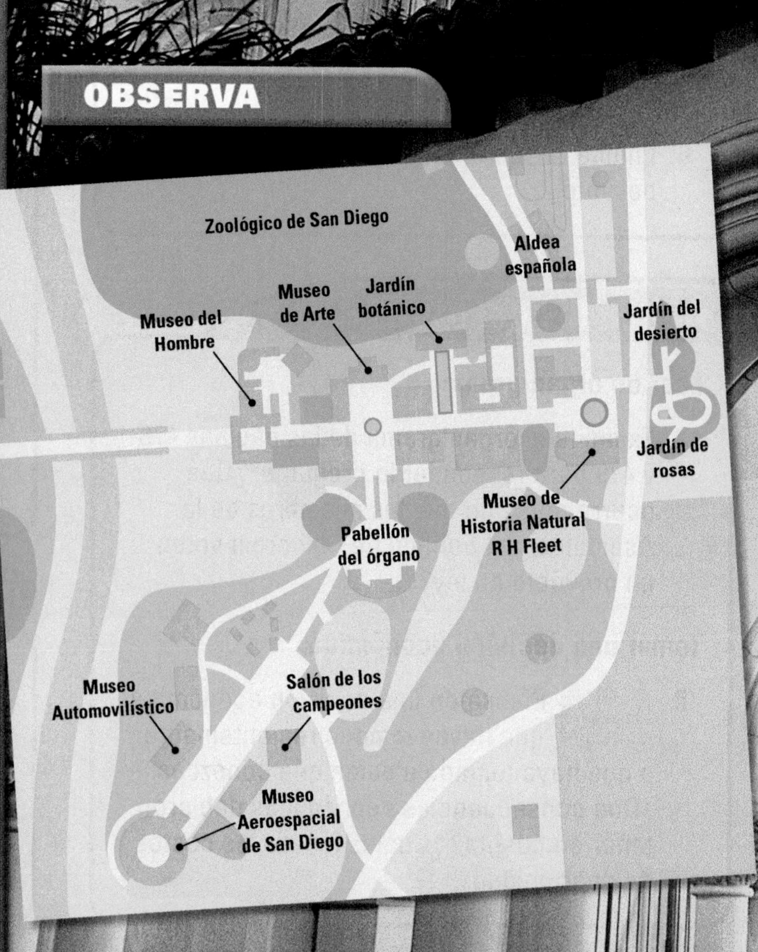

En el zoológico de San Diego, que tiene más de 4,000 animales, ¡puedes ver desde una pequeña oruga hasta un oso polar gigante!

En el Museo Aeroespacial del Parque Balboa puedes ver aviones históricos como este.

El Jardín Botánico del Parque Balboa tiene más de 2,000 plantas diferentes.

UN PASEO VIRTUAL

APRENDE en línea

Visita VIRTUAL TOURS en **www.harcourtschool.com/hss** para realizar un paseo virtual.

Repaso

LA GRAN IDEA

Gobierno y liderazgo Los californianos están orgullosos de su historia, su gobierno y su patrimonio cultural.

Resumen

Crear un estado próspero

California ha crecido y prosperado gracias a múltiples factores, como sus pobladores, su ubicación, su historia y su gobierno. La economía del estado depende de la destreza de sus habitantes para desarrollar diferentes industrias, como la agricultura, la electrónica, la cinematografía y el turismo. Además, su ubicación también ayuda su economía, ya que se encuentra en la costa del océano Pacífico, lo que la convierte en un centro para el comercio con otros países de la cuenca del Pacífico.

Para el buen funcionamiento del estado, los californianos dependen de que los líderes y funcionarios del gobierno local, del estatal y del federal trabajen en conjunto con el objetivo de desarrollar proyectos públicos y resolver temas importantes. Los funcionarios estatales deben respetar la Constitución de Estados Unidos y la Constitución de California, así como las leyes aprobadas por los legisladores locales, estatales y federales. El gobierno estatal desarrolla diferentes tareas, que incluyen hacer leyes y usar el dinero recaudado a través de los impuestos para garantizar la salud, la seguridad y el bienestar social de todos los californianos.

Ideas principales y vocabulario

Lee el resumen de arriba. Luego, responde las siguientes preguntas.

1. ¿Qué significa el término turismo?
   - **A** películas filmadas a color
   - **B** países de la cuenca del Pacífico
   - **C** productos agrícolas
   - **D** el negocio de atender a los visitantes

2. ¿Cuál es uno de los principales beneficios de que California esté ubicado en la costa del océano Pacífico?
   - **A** comercio con otros países de la cuenca del Pacífico
   - **B** proyectos públicos a lo largo de la costa
   - **C** tierras fértiles para la agricultura
   - **D** costa rocosa para películas de acción

3. ¿Qué significa federal?
   - **A** poderoso
   - **B** local
   - **C** nacional
   - **D** internacional

4. ¿Qué leyes prometen obedecer los funcionarios estatales de California?
   - **A** las leyes federales, locales y estatales
   - **B** solo las leyes federales
   - **C** solo las leyes estatales
   - **D** solo las leyes locales

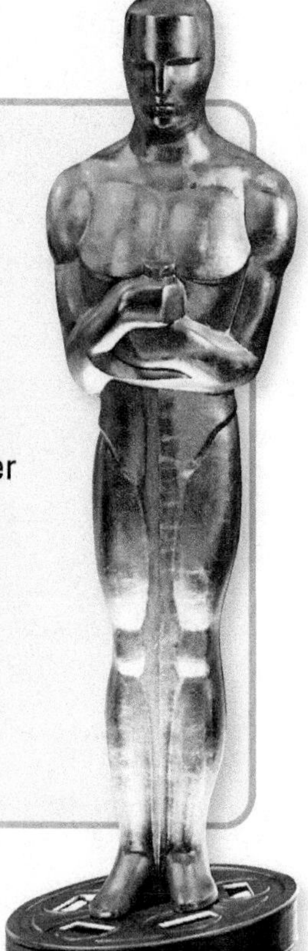

Recuerda los datos

Responde estas preguntas.

5. ¿Cómo se beneficia California del comercio internacional?
6. ¿A qué países exporta productos agrícolas California?
7. ¿Cuáles son algunas de las facultades que tiene el gobierno federal que no tienen los gobiernos estatales?
8. ¿Cuáles son los tres poderes del gobierno estatal de California? ¿Qué tareas desempeña cada uno?
9. ¿De qué manera pueden los votantes de California hacer nuevas leyes o suprimir leyes existentes sin que intervenga la legislatura del estado?
10. ¿Cómo obtiene el estado el dinero para pagar los servicios que provee a sus habitantes y a sus empresas?

Escribe la letra que corresponda a la respuesta correcta.

11. ¿Cuál de las siguientes personas se destacó en la arquitectura?
    A Julia Morgan
    B Amy Tan
    C Judith Baca
    D Ansel Adams
12. ¿Por qué California tiene la mayor cantidad de legisladores en la Cámara de Representantes de Estados Unidos?
    A California es el estado con mayor población.
    B California tiene los mejores líderes.
    C California realiza más elecciones que ningún otro estado.
    D California es el estado con el territorio más extenso.
13. ¿Cómo removieron de su cargo los votantes de California al gobernador Davis?
    A por medio de un debate
    B por medio de un veto
    C por medio de una destitución
    D por medio de un juicio

Piensa críticamente

14. DESTREZA DE ANÁLISIS ¿Por qué tener una economía variada puede ser importante para un estado y sus trabajadores?
15. ¿Qué nivel de gobierno crees que tiene mayor impacto en tu vida? Explica tu respuesta.

Aplica las destrezas

Leer un mapa de uso de la tierra y productos

DESTREZA DE ANÁLISIS Observa el mapa de uso de la tierra que se muestra abajo para responder estas preguntas.

16. ¿Cómo se usa la mayor parte de la tierra en el área de Los Angeles?
17. ¿Cuál es el uso más común que se le da a la tierra en el noroeste del estado? ¿Y en el valle Central?

Uso de la tierra en California

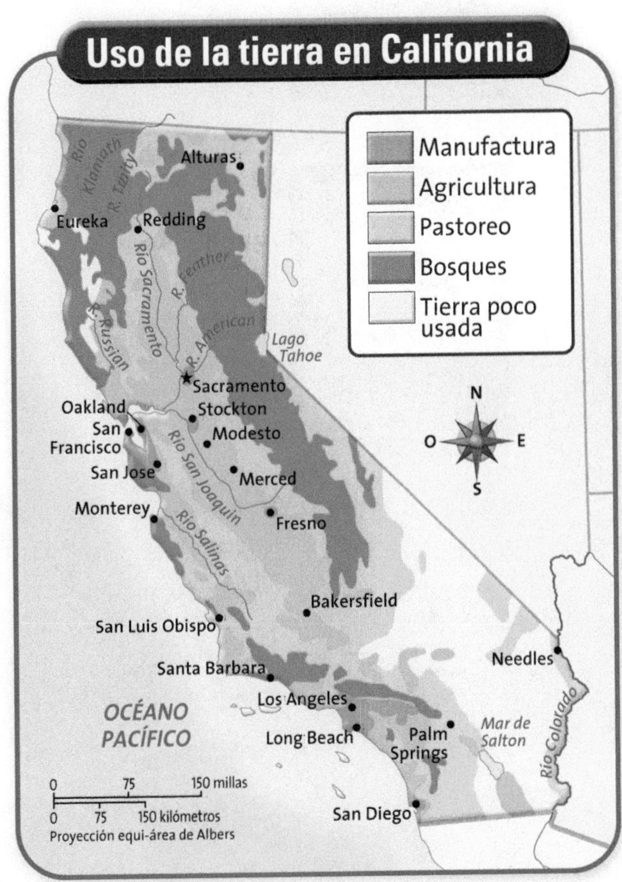

Actividades

Lecturas adicionales

- *Los californianos del siglo XX* por Lisa Jo Rudy.

- *La creación del Parque Nacional Yosemite* por Lisa Jo Rudy.

- *Sacramento: La capital* por Sheila Sweeny.

Muestra lo que sabes

Actividad de redacción

Escribe un reportaje Escribe un reportaje breve acerca de un aspecto de la vida actual en California, por ejemplo la educación, el gobierno, el arte o la economía. Tu reportaje debe plantear una pregunta sobre el tema que hayas elegido. Usa los datos y los detalles para responderla. Si es posible, reúne información de más de una fuente.

Proyecto de la unidad

Hagan un tablero de anuncios de California Hagan un tablero de anuncios para exponer las características de California hoy en día. Incluyan fotografías e ilustraciones de personas, lugares y eventos que sean importantes para el estado y para su comunidad. Escriban textos breves sobre las personas, lugares y eventos que muestren en su tablero de anuncios.

Visita ACTIVITIES en **www.harcourtschool.com/hss** para hallar otras actividades.

Para tu referencia

El mundo: Mapa político

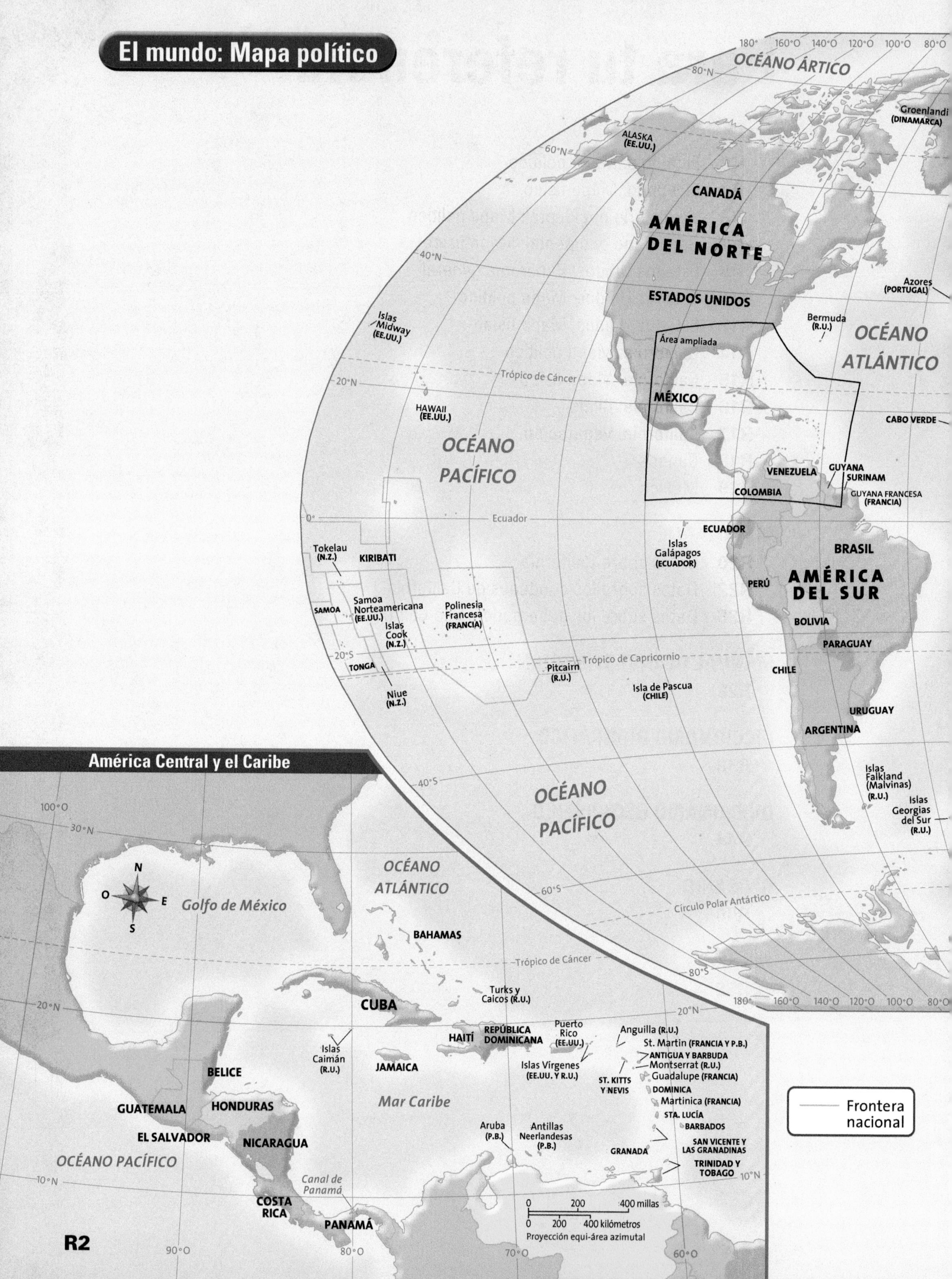

OCÉANO ÁRTICO
Groenlandia (DINAMARCA)
ALASKA (EE.UU.)
CANADÁ
AMÉRICA DEL NORTE
ESTADOS UNIDOS
Azores (PORTUGAL)
Bermuda (R.U.)
OCÉANO ATLÁNTICO
Islas Midway (EE.UU.)
Área ampliada
Trópico de Cáncer
MÉXICO
HAWAII (EE.UU.)
CABO VERDE
OCÉANO PACÍFICO
VENEZUELA
GUYANA
SURINAM
GUYANA FRANCESA (FRANCIA)
COLOMBIA
Ecuador
ECUADOR
Islas Galápagos (ECUADOR)
BRASIL
Tokelau (N.Z.)
KIRIBATI
AMÉRICA DEL SUR
PERÚ
SAMOA
Samoa Norteamericana (EE.UU.)
Polinesia Francesa (FRANCIA)
Islas Cook (N.Z.)
BOLIVIA
PARAGUAY
Trópico de Capricornio
TONGA
Pitcairn (R.U.)
CHILE
Isla de Pascua (CHILE)
Niue (N.Z.)
URUGUAY
ARGENTINA
Islas Falkland (Malvinas) (R.U.)
Islas Georgias del Sur (R.U.)
OCÉANO PACÍFICO
Círculo Polar Antártico
América Central y el Caribe
OCÉANO ATLÁNTICO
N
O
E
S
Golfo de México
BAHAMAS
Trópico de Cáncer
Turks y Caicos (R.U.)
CUBA
HAITÍ
REPÚBLICA DOMINICANA
Puerto Rico (EE.UU.)
Anguilla (R.U.)
St. Martin (FRANCIA Y P.B.)
ANTIGUA Y BARBUDA
Montserrat (R.U.)
Guadalupe (FRANCIA)
DOMINICA
Martinica (FRANCIA)
STA. LUCÍA
BARBADOS
SAN VICENTE Y LAS GRANADINAS
GRANADA
TRINIDAD Y TOBAGO
Islas Vírgenes (EE.UU. Y R.U.)
ST. KITTS Y NEVIS
Islas Caimán (R.U.)
JAMAICA
BELICE
GUATEMALA
HONDURAS
Mar Caribe
EL SALVADOR
NICARAGUA
Aruba (P.B.)
Antillas Neerlandesas (P.B.)
OCÉANO PACÍFICO
Canal de Panamá
COSTA RICA
PANAMÁ
0 200 400 millas
0 200 400 kilómetros
Proyección equi-área azimutal
Frontera nacional

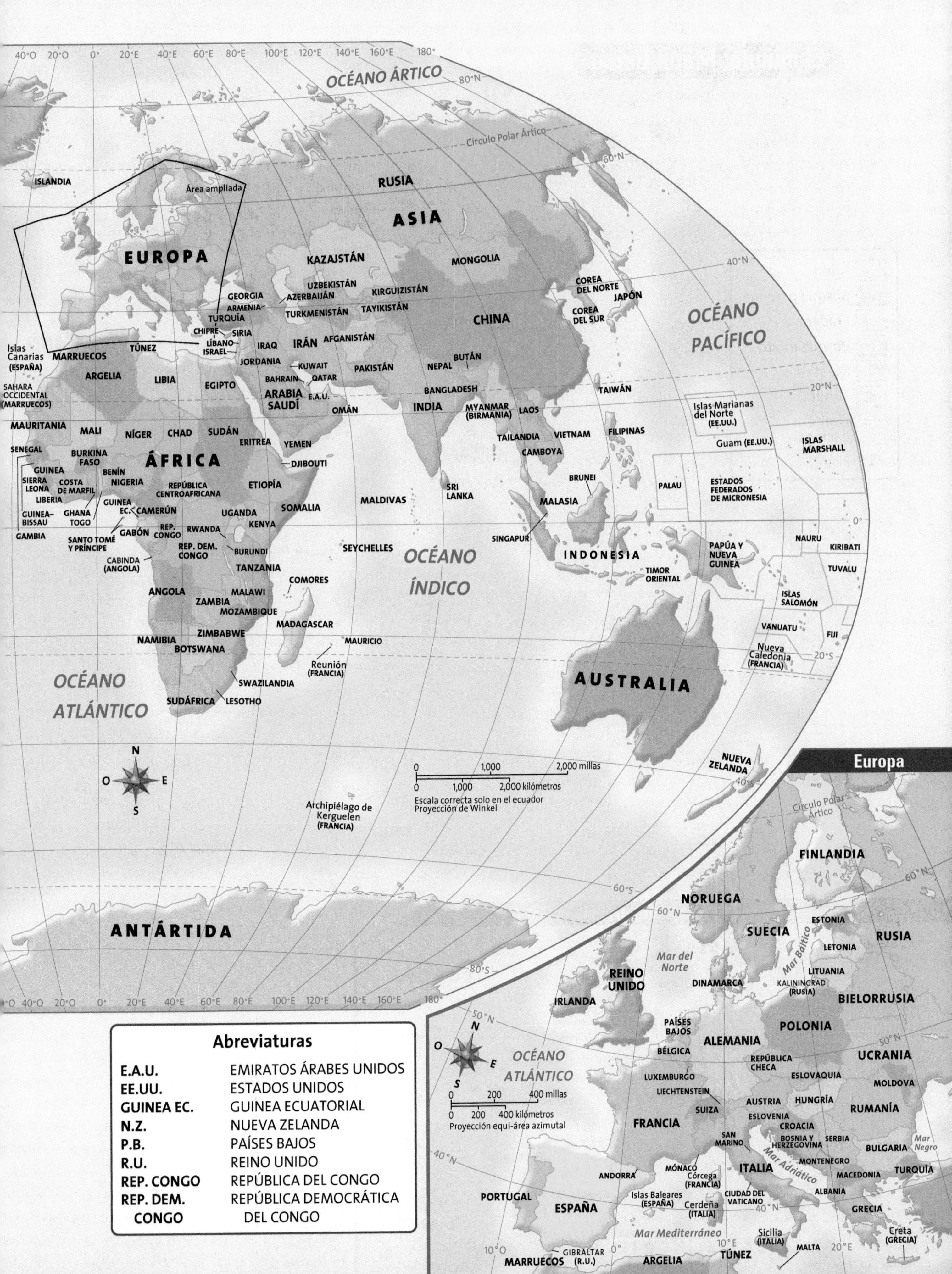

OCÉANO ÁRTICO
Círculo Polar Ártico
ISLANDIA
Área ampliada
RUSIA
ASIA
EUROPA
KAZAJSTÁN
MONGOLIA
UZBEKISTÁN
GEORGIA
AZERBAIJÁN
ARMENIA
KIRGUIZISTÁN
COREA DEL NORTE
JAPÓN
TURQUÍA
TURKMENISTÁN
TAYIKISTÁN
COREA DEL SUR
CHINA
OCÉANO PACÍFICO
CHIPRE
SIRIA
Islas Canarias (ESPAÑA)
MARRUECOS
TÚNEZ
LÍBANO
ISRAEL
IRAQ
IRÁN
AFGANISTÁN
JORDANIA
KUWAIT
BUTÁN
NEPAL
PAKISTÁN
ARGELIA
LIBIA
EGIPTO
BAHRAIN
QATAR
SAHARA OCCIDENTAL (MARRUECOS)
ARABIA SAUDÍ
E.A.U.
BANGLADESH
TAIWÁN
OMÁN
INDIA
MYANMAR (BIRMANIA)
LAOS
Islas Marianas del Norte (EE.UU.)
MAURITANIA
MALI
NÍGER
CHAD
SUDÁN
ERITREA
YEMEN
TAILANDIA
VIETNAM
FILIPINAS
Guam (EE.UU.)
ISLAS MARSHALL
SENEGAL
BURKINA FASO
ÁFRICA
DJIBOUTI
CAMBOYA
GUINEA
BENÍN
SIERRA LEONA
COSTA DE MARFIL
NIGERIA
REPÚBLICA CENTROAFRICANA
ETIOPÍA
SRI LANKA
BRUNEI
PALAU
ESTADOS FEDERADOS DE MICRONESIA
LIBERIA
GUINEA EC.
CAMERÚN
MALDIVAS
MALASIA
GUINEA-BISSAU
GHANA
TOGO
UGANDA
SOMALIA
KENYA
GAMBIA
GABÓN
REP. CONGO
RWANDA
SANTO TOMÉ Y PRÍNCIPE
SINGAPUR
NAURU
KIRIBATI
REP. DEM. CONGO
BURUNDI
SEYCHELLES
OCÉANO ÍNDICO
INDONESIA
PAPÚA Y NUEVA GUINEA
CABINDA (ANGOLA)
TANZANIA
TIMOR ORIENTAL
TUVALU
COMORES
ANGOLA
MALAWI
ZAMBIA
MOZAMBIQUE
ISLAS SALOMÓN
MADAGASCAR
VANUATU
ZIMBABWE
FIJI
NAMIBIA
MAURICIO
BOTSWANA
Nueva Caledonia (FRANCIA)
Reunión (FRANCIA)
OCÉANO ATLÁNTICO
SWAZILANDIA
AUSTRALIA
SUDÁFRICA
LESOTHO
N
O
E
S
0 1,000 2,000 millas
0 1,000 2,000 kilómetros
Escala correcta solo en el ecuador
Proyección de Winkel
NUEVA ZELANDA
Archipiélago de Kerguelen (FRANCIA)
ANTÁRTIDA
40°O 20°O 0° 20°E 40°E 60°E 80°E 100°E 120°E 140°E 160°E 180°
80°N
60°N
40°N
20°N
0°
20°S
40°S
60°S
80°S
Europa
Círculo Polar Ártico
FINLANDIA
NORUEGA
SUECIA
ESTONIA
RUSIA
Mar del Norte
Mar Báltico
LETONIA
LITUANIA
REINO UNIDO
DINAMARCA
KALININGRAD (RUSIA)
IRLANDA
BIELORRUSIA
PAÍSES BAJOS
POLONIA
ALEMANIA
BÉLGICA
OCÉANO ATLÁNTICO
REPÚBLICA CHECA
UCRANIA
LUXEMBURGO
ESLOVAQUIA
MOLDOVA
LIECHTENSTEIN
0 200 400 millas
0 200 400 kilómetros
Proyección equi-área azimutal
AUSTRIA
HUNGRÍA
RUMANÍA
SUIZA
ESLOVENIA
FRANCIA
CROACIA
SAN MARINO
BOSNIA Y HERZEGOVINA
SERBIA
Mar Negro
BULGARIA
Mar Adriático
MONTENEGRO
MÓNACO
ITALIA
TURQUÍA
ANDORRA
Córcega (FRANCIA)
MACEDONIA
ALBANIA
PORTUGAL
ESPAÑA
Islas Baleares (ESPAÑA)
CIUDAD DEL VATICANO
Cerdeña (ITALIA)
GRECIA
Mar Mediterráneo
Sicilia (ITALIA)
Creta (GRECIA)
MALTA
MARRUECOS
GIBRALTAR (R.U.)
ARGELIA
TÚNEZ
50°N
40°N
60°N
10°O
0°
10°E
20°E

Abreviaturas

E.A.U.	EMIRATOS ÁRABES UNIDOS
EE.UU.	ESTADOS UNIDOS
GUINEA EC.	GUINEA ECUATORIAL
N.Z.	NUEVA ZELANDA
P.B.	PAÍSES BAJOS
R.U.	REINO UNIDO
REP. CONGO	REPÚBLICA DEL CONGO
REP. DEM. CONGO	REPÚBLICA DEMOCRÁTICA DEL CONGO

El mundo: Mapa físico

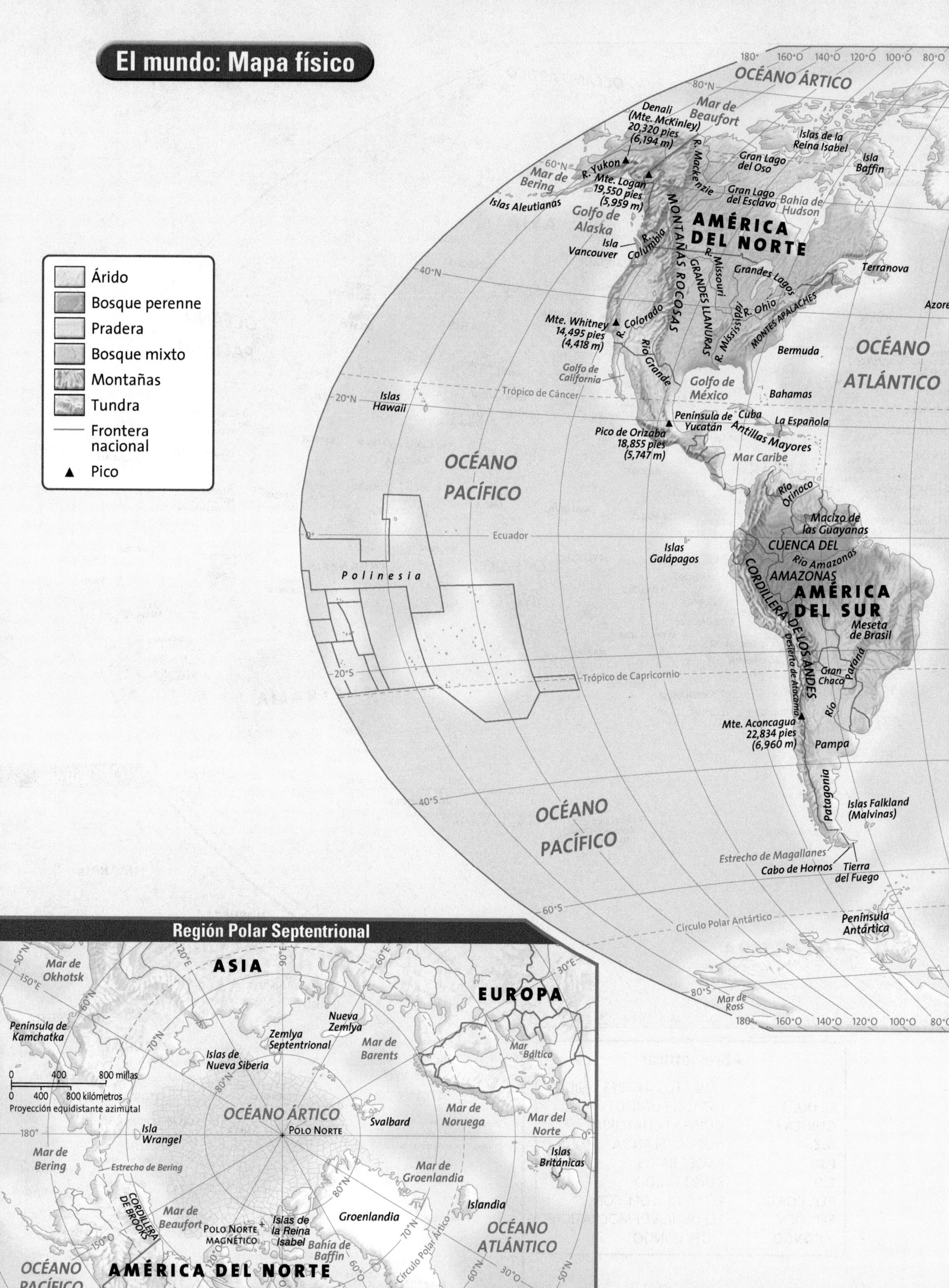

Árido
Bosque perenne
Pradera
Bosque mixto
Montañas
Tundra
Frontera nacional
Pico
OCÉANO ÁRTICO
Mar de Beaufort
Denali (Mte. McKinley) 20,320 pies (6,194 m)
Mte. Logan 19,550 pies (5,959 m)
Mar de Bering
Islas Aleutianas
Golfo de Alaska
R. Yukon
R. Mackenzie
Gran Lago del Oso
Gran Lago del Esclavo
Islas de la Reina Isabel
Isla Baffin
Bahía de Hudson
AMÉRICA DEL NORTE
MONTAÑAS ROCOSAS
Isla Vancouver
R. Columbia
R. Missouri
GRANDES LLANURAS
Grandes Lagos
Terranova
Azores
R. Ohio
MONTES APALACHES
R. Mississippi
Mte. Whitney 14,495 pies (4,418 m)
R. Colorado
Río Grande
Bermuda
OCÉANO ATLÁNTICO
Golfo de California
Trópico de Cáncer
Golfo de México
Bahamas
Islas Hawaii
Península de Yucatán
Cuba
La Española
Antillas Mayores
Pico de Orizaba 18,855 pies (5,747 m)
Mar Caribe
OCÉANO PACÍFICO
Río Orinoco
Macizo de las Guayanas
Ecuador
Islas Galápagos
CUENCA DEL AMAZONAS
Río Amazonas
Polinesia
AMÉRICA DEL SUR
CORDILLERA DE LOS ANDES
Meseta de Brasil
Desierto de Atacama
Gran Chaco
Paraná
Trópico de Capricornio
Río
Mte. Aconcagua 22,834 pies (6,960 m)
Pampa
Patagonia
Islas Falkland (Malvinas)
Estrecho de Magallanes
Cabo de Hornos
Tierra del Fuego
Círculo Polar Antártico
Península Antártica
Mar de Ross
180° 160°O 140°O 120°O 100°O 80°O
80°N 60°N 40°N 20°N 0° 20°S 40°S 60°S 80°S
Región Polar Septentrional
ASIA
EUROPA
Mar de Okhotsk
Península de Kamchatka
Zemlya Septentrional
Nueva Zemlya
Mar de Barents
Islas de Nueva Siberia
Mar Báltico
0 400 800 millas
0 400 800 kilómetros
Proyección equidistante azimutal
OCÉANO ÁRTICO
POLO NORTE
Svalbard
Mar de Noruega
Mar del Norte
Isla Wrangel
Islas Británicas
Mar de Bering
Estrecho de Bering
Mar de Groenlandia
CORDILLERA DE BROOKS
Mar de Beaufort
POLO NORTE MAGNÉTICO
Islas de la Reina Isabel
Groenlandia
Islandia
Bahía de Baffin
Círculo Polar Ártico
OCÉANO ATLÁNTICO
OCÉANO PACÍFICO
AMÉRICA DEL NORTE

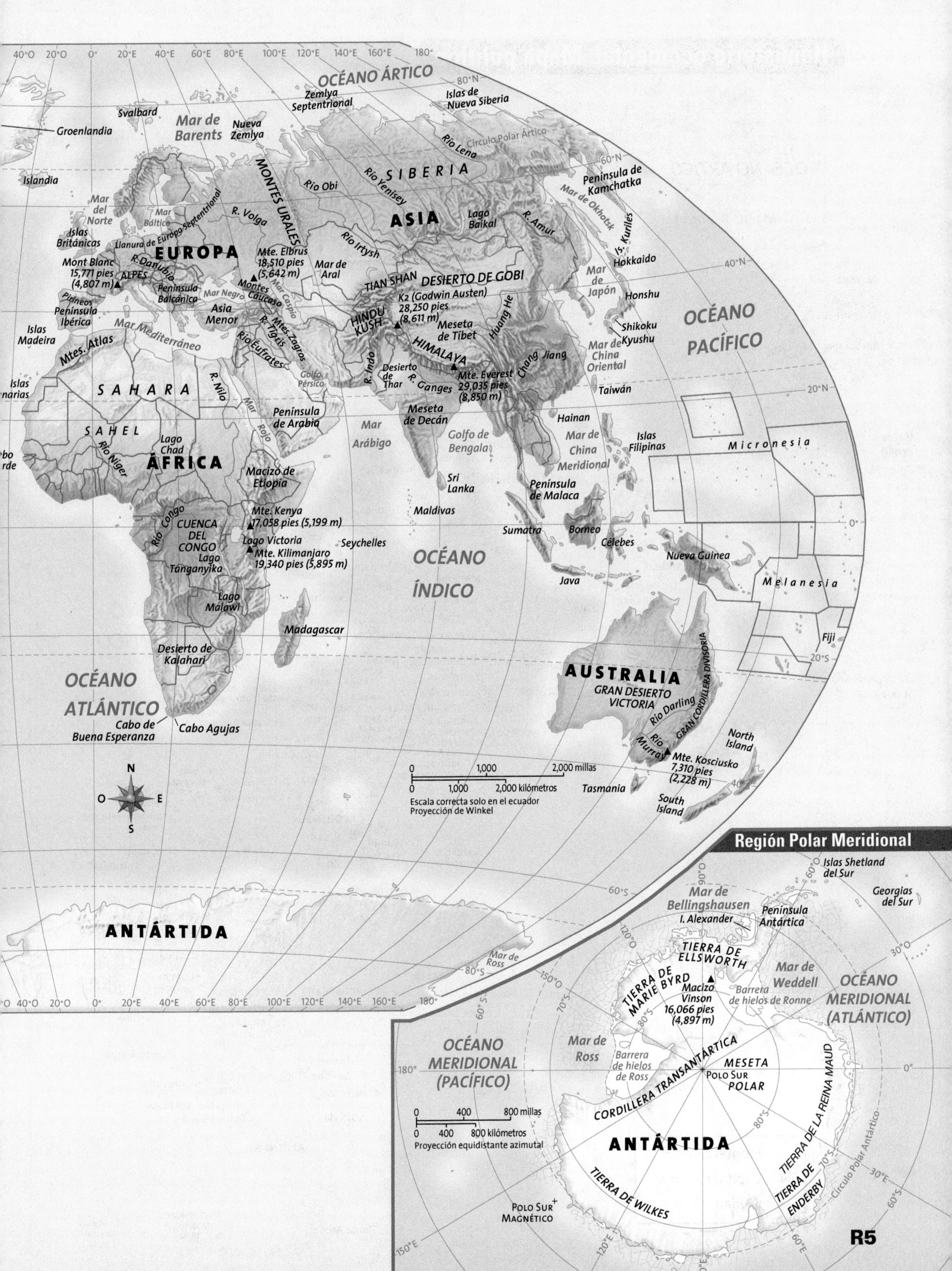

OCÉANO ÁRTICO
Zemlya Septentrional
Islas de Nueva Siberia
Svalbard
Mar de Barents
Nueva Zemlya
Groenlandia
Círculo Polar Ártico
Río Lena
Islandia
MONTES URALES
SIBERIA
Río Yenisey
Río Obi
Península de Kamchatka
Mar de Okhotsk
Mar del Norte
Mar Báltico
Llanura de Europa Septentrional
R. Volga
ASIA
Lago Baikal
R. Amur
Is. Kuriles
Islas Británicas
EUROPA
Mte. Elbrus 18,510 pies (5,642 m)
Río Irtysh
Hokkaido
Mont Blanc 15,771 pies (4,807 m)
R. Danubio
ALPES
Mar de Aral
Mar Caspio
TIAN SHAN
DESIERTO DE GOBI
Mar de Japón
Montes Cáucaso
Península Balcánica
Mar Negro
K2 (Godwin Austen) 28,250 pies (8,611 m)
Honshu
Pirineos
Península Ibérica
Asia Menor
Mtes. Zagros
R. Tigris
HINDU KUSH
Meseta de Tíbet
Huang He
OCÉANO PACÍFICO
Shikoku
Kyushu
Islas Madeira
Mar Mediterráneo
Río Éufrates
Mar de China Oriental
Mtes. Atlas
HIMALAYA
Chang Jiang
Islas Canarias
R. Nilo
Golfo Pérsico
R. Indo
Desierto de Thar
R. Ganges
Mte. Everest 29,035 pies (8,850 m)
SAHARA
Taiwán
Península de Arabia
Meseta de Decán
Mar Rojo
Hainan
SAHEL
Mar Arábigo
Golfo de Bengala
Mar de China Meridional
Islas Filipinas
Micronesia
Lago Chad
Río Níger
ÁFRICA
Cabo Verde
Macizo de Etiopía
Sri Lanka
Península de Malaca
Mte. Kenya 17,058 pies (5,199 m)
Maldivas
Río Congo
CUENCA DEL CONGO
Sumatra
Borneo
Lago Victoria
Seychelles
Mte. Kilimanjaro 19,340 pies (5,895 m)
Célebes
Lago Tanganyika
OCÉANO ÍNDICO
Nueva Guinea
Java
Melanesia
Lago Malawi
Madagascar
Fiji
Desierto de Kalahari
GRAN CORDILLERA DIVISORIA
AUSTRALIA
GRAN DESIERTO VICTORIA
OCÉANO ATLÁNTICO
Río Darling
Cabo de Buena Esperanza
Cabo Agujas
Río Murray
North Island
Mte. Kosciusko 7,310 pies (2,228 m)
0 1,000 2,000 millas
0 1,000 2,000 kilómetros
Escala correcta solo en el ecuador
Proyección de Winkel
Tasmania
South Island
N
O
E
S
ANTÁRTIDA
Mar de Ross
40°O 20°O 0° 20°E 40°E 60°E 80°E 100°E 120°E 140°E 160°E 180°
80°N 60°N 40°N 20°N 0° 20°S 40°S 60°S 80°S
Región Polar Meridional
Islas Shetland del Sur
Georgias del Sur
Mar de Bellingshausen
Península Antártica
I. Alexander
TIERRA DE ELLSWORTH
Mar de Weddell
TIERRA DE MARIE BYRD
Macizo Vinson 16,066 pies (4,897 m)
Barrera de hielos de Ronne
OCÉANO MERIDIONAL (ATLÁNTICO)
OCÉANO MERIDIONAL (PACÍFICO)
Mar de Ross
Barrera de hielos de Ross
CORDILLERA TRANSANTÁRTICA
POLO SUR
MESETA POLAR
TIERRA DE LA REINA MAUD
0 400 800 millas
0 400 800 kilómetros
Proyección equidistante azimutal
ANTÁRTIDA
TIERRA DE WILKES
TIERRA DE ENDERBY
Círculo Polar Antártico
Polo Sur Magnético

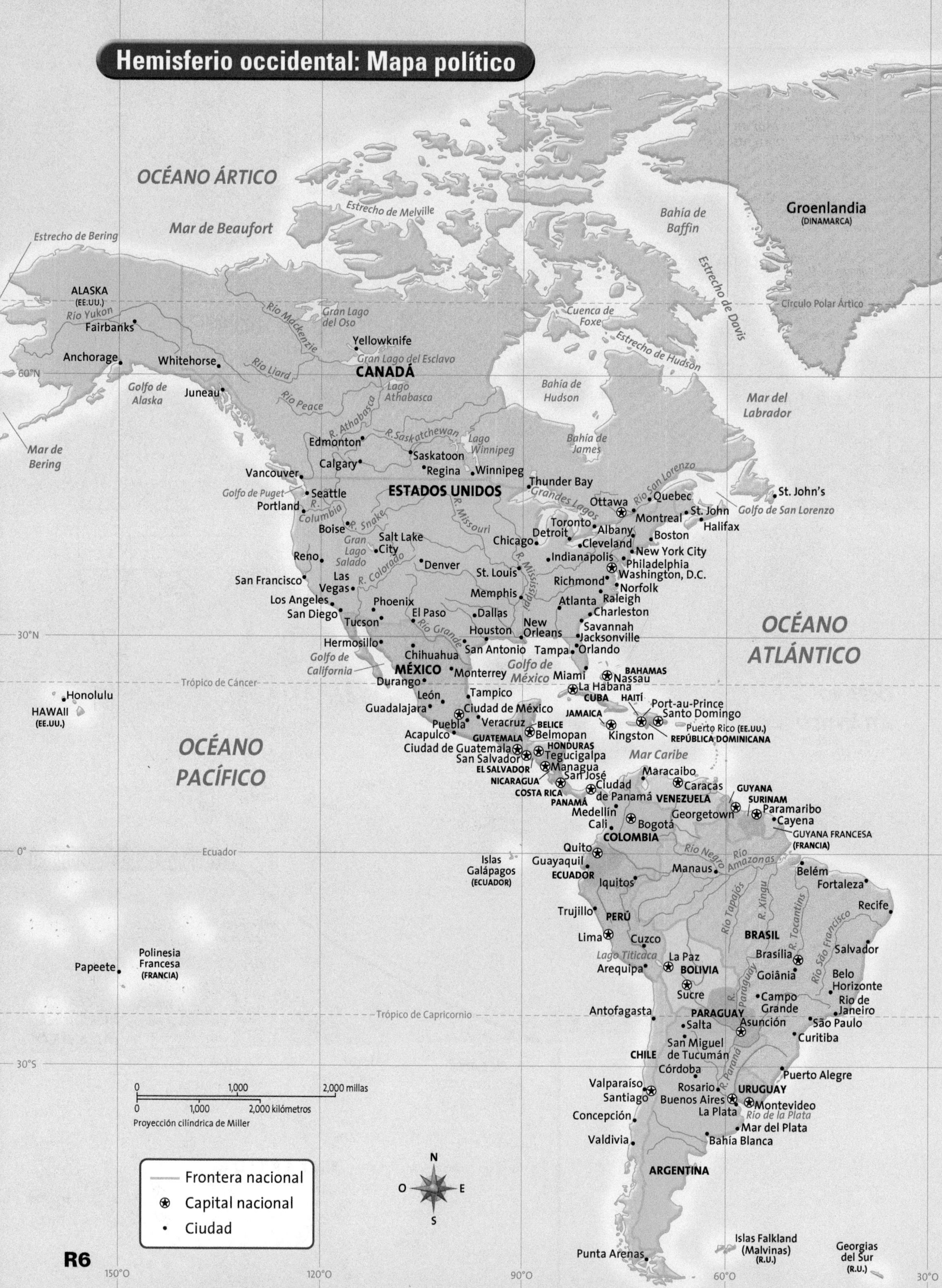

Hemisferio occidental: Mapa político
OCÉANO ÁRTICO
Mar de Beaufort
Estrecho de Bering
Estrecho de Melville
Bahía de Baffin
Groenlandia
(DINAMARCA)
Estrecho de Davis
Círculo Polar Ártico
ALASKA
(EE.UU.)
Río Yukon
Fairbanks
Anchorage
Whitehorse
Juneau
Golfo de Alaska
Mar de Bering
Río Mackenzie
Gran Lago del Oso
Yellowknife
Gran Lago del Esclavo
Río Liard
CANADÁ
Lago Athabasca
Río Peace
R. Athabasca
R. Saskatchewan
Lago Winnipeg
Cuenca de Foxe
Estrecho de Hudson
Bahía de Hudson
Bahía de James
Mar del Labrador
Edmonton
Saskatoon
Calgary
Regina
Winnipeg
Vancouver
Thunder Bay
Golfo de Puget
Seattle
Portland
R. Columbia
ESTADOS UNIDOS
Grandes Lagos
Río San Lorenzo
Ottawa
Quebec
St. John's
Golfo de San Lorenzo
Montreal
St. John
Halifax
Boise
R. Snake
R. Missouri
Toronto
Detroit
Albany
Boston
Gran Lago Salado
Salt Lake City
Chicago
Cleveland
New York City
Reno
R. Colorado
Denver
Indianapolis
Philadelphia
San Francisco
Las Vegas
St. Louis
Washington, D.C.
R. Mississippi
Richmond
Norfolk
Los Angeles
Phoenix
Memphis
Atlanta
Raleigh
San Diego
Tucson
El Paso
Dallas
Charleston
Savannah
Jacksonville
Río Grande
Houston
New Orleans
OCÉANO ATLÁNTICO
Hermosillo
San Antonio
Tampa
Orlando
Golfo de California
Chihuahua
Golfo de México
MÉXICO
Monterrey
Miami
BAHAMAS
Nassau
Durango
La Habana
CUBA
Trópico de Cáncer
Honolulu
HAWAII
(EE.UU.)
León
Tampico
HAITÍ
Port-au-Prince
Guadalajara
Ciudad de México
Santo Domingo
JAMAICA
Puebla
Veracruz
BELICE
Kingston
Puerto Rico (EE.UU.)
Acapulco
Belmopan
REPÚBLICA DOMINICANA
GUATEMALA
OCÉANO PACÍFICO
Ciudad de Guatemala
HONDURAS
Tegucigalpa
Mar Caribe
San Salvador
EL SALVADOR
Managua
NICARAGUA
San José
Maracaibo
Caracas
GUYANA
COSTA RICA
Ciudad de Panamá
PANAMÁ
VENEZUELA
SURINAM
Paramaribo
Medellín
Georgetown
Cayena
Cali
Bogotá
GUYANA FRANCESA
(FRANCIA)
COLOMBIA
Quito
Ecuador
Río Negro
Río Amazonas
Islas Galápagos
(ECUADOR)
Guayaquil
ECUADOR
Manaus
Belém
Iquitos
Fortaleza
R. Xingu
Río Tapajós
R. Tocantins
Recife
Trujillo
PERÚ
BRASIL
Río São Francisco
Lima
Cuzco
Salvador
Lago Titicaca
La Paz
Brasilia
Polinesia Francesa
(FRANCIA)
Papeete
Arequipa
BOLIVIA
Goiânia
Sucre
R. Paraguay
Belo Horizonte
Campo Grande
Río de Janeiro
Antofagasta
Trópico de Capricornio
PARAGUAY
Salta
Asunción
São Paulo
Curitiba
San Miguel de Tucumán
CHILE
R. Paraná
Córdoba
Puerto Alegre
Valparaíso
Rosario
URUGUAY
Santiago
Buenos Aires
Montevideo
La Plata
Río de la Plata
Concepción
Mar del Plata
Valdivia
Bahía Blanca
ARGENTINA
Islas Falkland (Malvinas)
(R.U.)
Georgias del Sur
(R.U.)
Punta Arenas
60°N
30°N
0°
30°S
150°O
120°O
90°O
60°O
30°O
0 1,000 2,000 millas
0 1,000 2,000 kilómetros
Proyección cilíndrica de Miller
Frontera nacional
Capital nacional
Ciudad
N
O
E
S

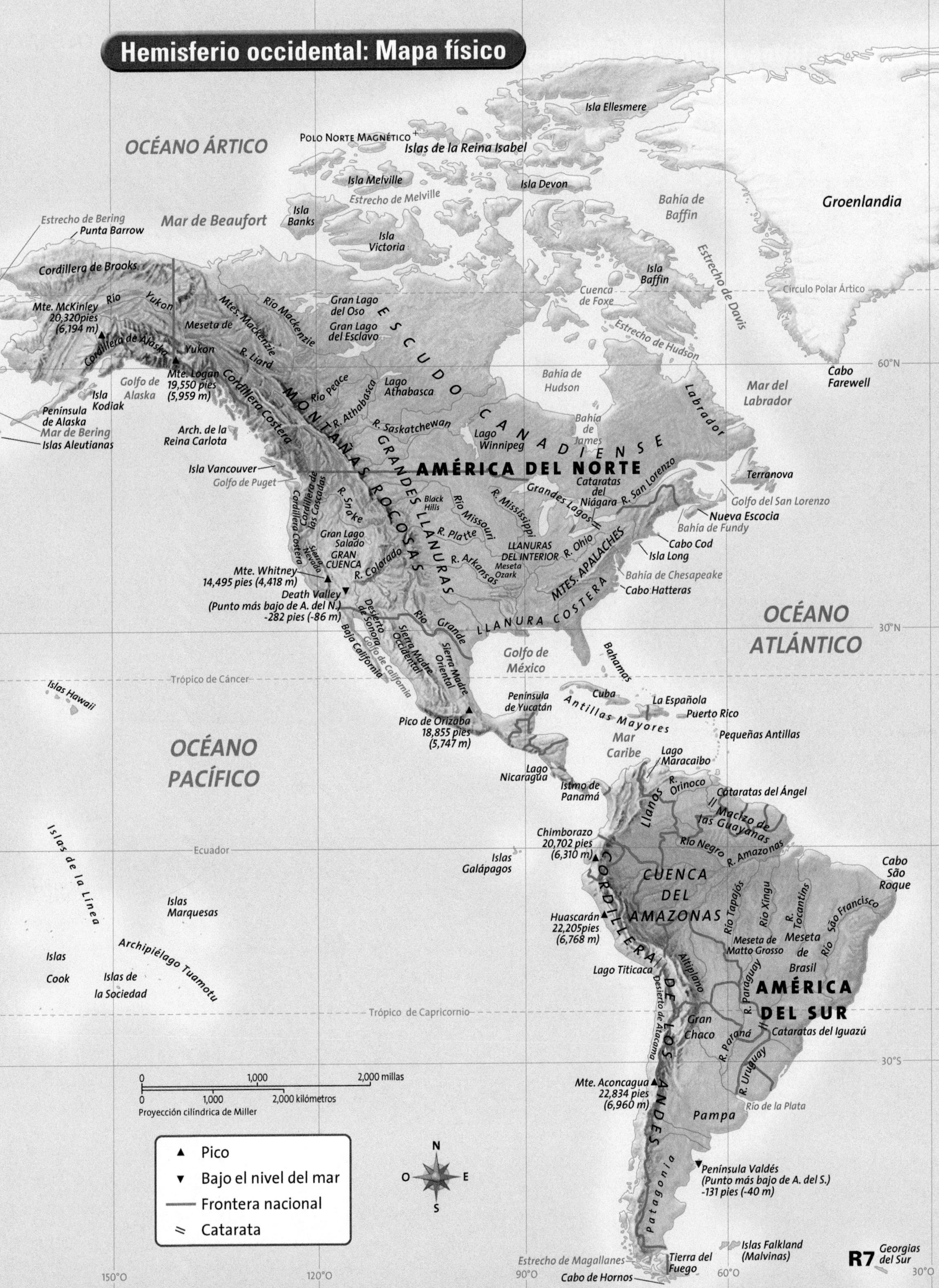
Hemisferio occidental: Mapa físico
OCÉANO ÁRTICO
Polo Norte Magnético
Isla Ellesmere
Islas de la Reina Isabel
Isla Melville
Isla Devon
Estrecho de Melville
Bahía de Baffin
Groenlandia
Estrecho de Bering
Punta Barrow
Mar de Beaufort
Isla Banks
Isla Victoria
Isla Baffin
Estrecho de Davis
Cordillera de Brooks
Cuenca de Foxe
Círculo Polar Ártico
Mte. McKinley 20,320pies (6,194 m)
Río Yukon
Mtes. Mackenzie
Río Mackenzie
Gran Lago del Oso
Gran Lago del Esclavo
ESCUDO CANADIENSE
Estrecho de Hudson
Meseta de Yukon
Cordillera de Alaska
Mte. Logan 19,550 pies (5,959 m)
R. Liard
Cabo Farewell
Golfo de Alaska
Isla Kodiak
Península de Alaska
Mar de Bering
Islas Aleutianas
Cordillera Costera
Río Peace
R. Athabasca
Lago Athabasca
Bahía de Hudson
Labrador
Mar del Labrador
Arch. de la Reina Carlota
R. Saskatchewan
Lago Winnipeg
Bahía de James
MONTAÑAS ROCOSAS
GRANDES LLANURAS
AMÉRICA DEL NORTE
Isla Vancouver
Golfo de Puget
Terranova
Cataratas del Niágara
R. San Lorenzo
Golfo del San Lorenzo
Cordillera de las Cascadas
Cordillera Costera
R. Snake
Black Hills
Río Missouri
R. Mississippi
Grandes Lagos
Nueva Escocia
Bahía de Fundy
Gran Lago Salado
Sierra Nevada
GRAN CUENCA
R. Platte
LLANURAS DEL INTERIOR
R. Ohio
Cabo Cod
Isla Long
R. Colorado
R. Arkansas
Meseta Ozark
MTES. APALACHES
Bahía de Chesapeake
Mte. Whitney 14,495 pies (4,418 m)
Cabo Hatteras
Death Valley (Punto más bajo de A. del N.) -282 pies (-86 m)
Desierto de Sonora
Río Grande
LLANURA COSTERA
OCÉANO ATLÁNTICO
Baja California
Golfo de California
Sierra Madre Occidental
Sierra Madre Oriental
Golfo de México
Bahamas
Trópico de Cáncer
Islas Hawaii
Península de Yucatán
Cuba
Antillas Mayores
La Española
Puerto Rico
Pequeñas Antillas
Pico de Orizaba 18,855 pies (5,747 m)
Mar Caribe
OCÉANO PACÍFICO
Lago Maracaibo
Lago Nicaragua
Istmo de Panamá
R. Orinoco
Llanos
Cataratas del Ángel
Macizo de las Guayanas
Islas de la Línea
Chimborazo 20,702 pies (6,310 m)
Río Negro
R. Amazonas
Ecuador
Islas Galápagos
Cabo São Roque
CUENCA DEL AMAZONAS
Islas Marquesas
Huascarán 22,205pies (6,768 m)
Río Tapajós
Río Xingu
R. Tocantins
Río São Francisco
Meseta de Matto Grosso
Meseta de Brasil
Archipiélago Tuamotu
CORDILLERA DE LOS ANDES
Altiplano
Islas Cook
Islas de la Sociedad
Lago Titicaca
Desierto de Atacama
R. Paraguay
AMÉRICA DEL SUR
Trópico de Capricornio
Gran Chaco
R. Paraná
Cataratas del Iguazú
R. Uruguay
0 1,000 2,000 millas
0 1,000 2,000 kilómetros
Proyección cilíndrica de Miller
Mte. Aconcagua 22,834 pies (6,960 m)
Río de la Plata
Pampa
Pico
Bajo el nivel del mar
Frontera nacional
Catarata
N
O
E
S
Península Valdés (Punto más bajo de A. del S.) -131 pies (-40 m)
Patagonia
Islas Falkland (Malvinas)
Georgias del Sur
Estrecho de Magallanes
Tierra del Fuego
Cabo de Hornos
60°N
30°N
30°S
150°O
120°O
90°O
60°O
30°O

Estados Unidos: Panorama general

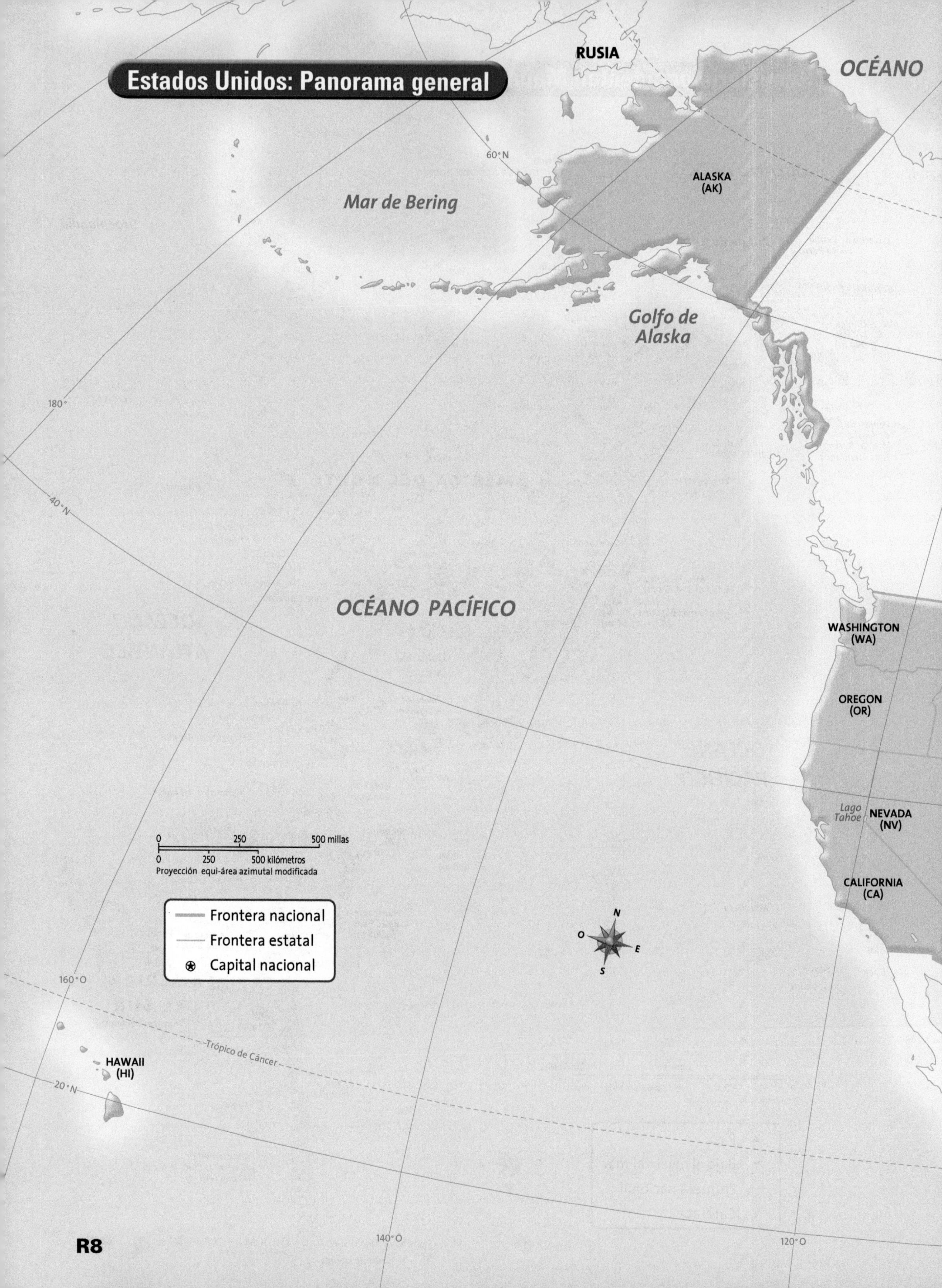
RUSIA
OCÉANO
ALASKA
(AK)
60° N
Mar de Bering
Golfo de
Alaska
180°
40° N
OCÉANO PACÍFICO
WASHINGTON
(WA)
OREGON
(OR)
Lago
Tahoe
NEVADA
(NV)
CALIFORNIA
(CA)
0
250
500 millas
0
250
500 kilómetros
Proyección equi-área azimutal modificada
Frontera nacional
Frontera estatal
Capital nacional
N
O
E
S
160° O
Trópico de Cáncer
HAWAII
(HI)
20° N
140° O
120° O

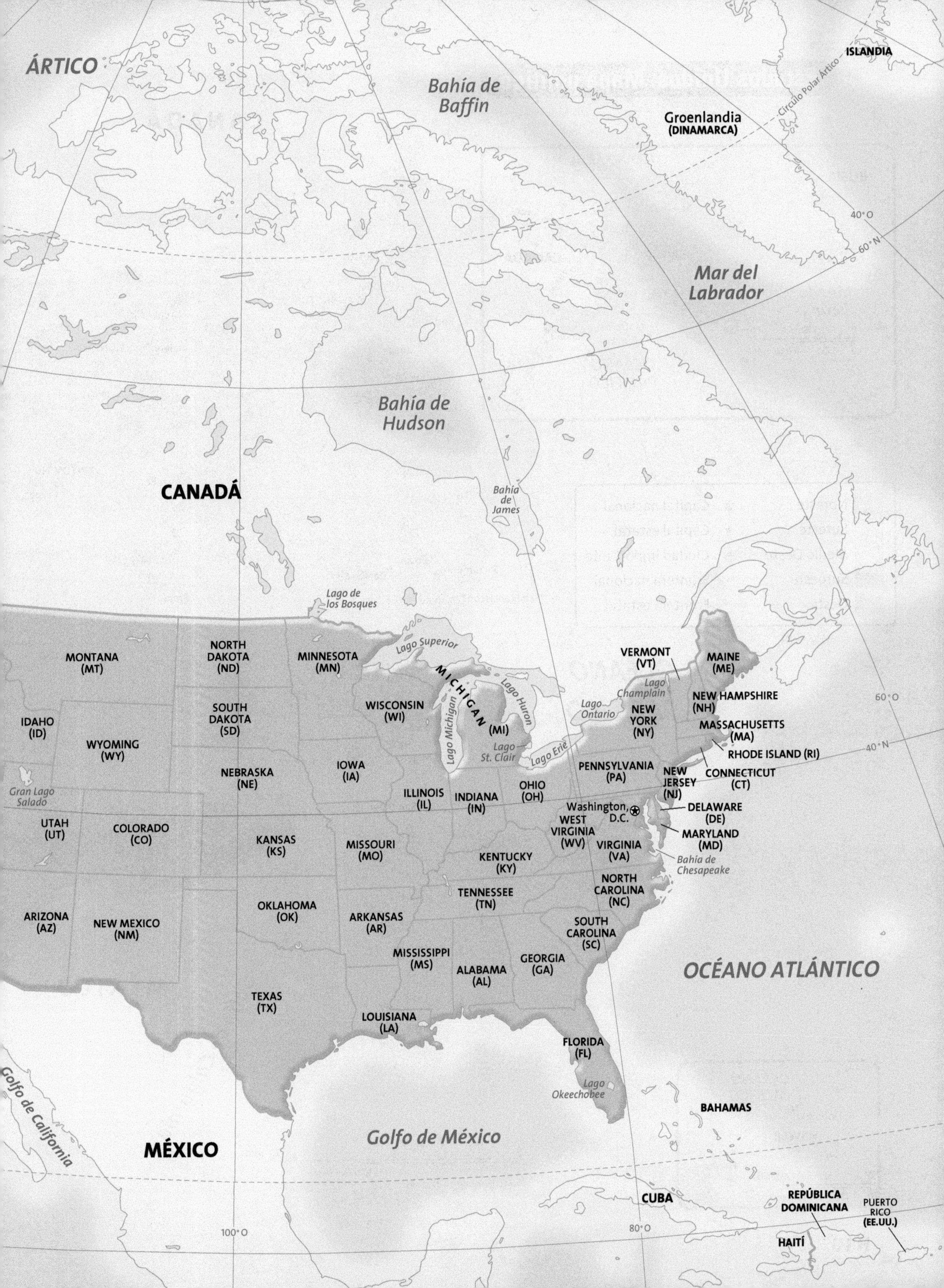
ÁRTICO
Bahía de Baffin
ISLANDIA
Círculo Polar Ártico
Groenlandia
(DINAMARCA)
40° O
60° N
Mar del Labrador
Bahía de Hudson
CANADÁ
Bahía de James
Lago de los Bosques
Lago Superior
MICHIGAN
(MI)
Lago Michigan
Lago Huron
Lago St. Clair
Lago Erie
Lago Ontario
Lago Champlain
60° O
40° N
MONTANA
(MT)
NORTH DAKOTA
(ND)
MINNESOTA
(MN)
VERMONT
(VT)
MAINE
(ME)
SOUTH DAKOTA
(SD)
WISCONSIN
(WI)
NEW HAMPSHIRE
(NH)
IDAHO
(ID)
WYOMING
(WY)
NEW YORK
(NY)
MASSACHUSETTS
(MA)
RHODE ISLAND (RI)
NEBRASKA
(NE)
IOWA
(IA)
PENNSYLVANIA
(PA)
NEW JERSEY
(NJ)
CONNECTICUT
(CT)
Gran Lago Salado
ILLINOIS
(IL)
INDIANA
(IN)
OHIO
(OH)
Washington, D.C.
DELAWARE
(DE)
UTAH
(UT)
COLORADO
(CO)
KANSAS
(KS)
MISSOURI
(MO)
WEST VIRGINIA
(WV)
MARYLAND
(MD)
KENTUCKY
(KY)
VIRGINIA
(VA)
Bahía de Chesapeake
NORTH CAROLINA
(NC)
TENNESSEE
(TN)
ARIZONA
(AZ)
NEW MEXICO
(NM)
OKLAHOMA
(OK)
ARKANSAS
(AR)
SOUTH CAROLINA
(SC)
MISSISSIPPI
(MS)
ALABAMA
(AL)
GEORGIA
(GA)
OCÉANO ATLÁNTICO
TEXAS
(TX)
LOUISIANA
(LA)
FLORIDA
(FL)
Lago Okeechobee
Golfo de California
BAHAMAS
MÉXICO
Golfo de México
CUBA
REPÚBLICA DOMINICANA
PUERTO RICO
(EE.UU.)
HAITÍ
100° O
80° O

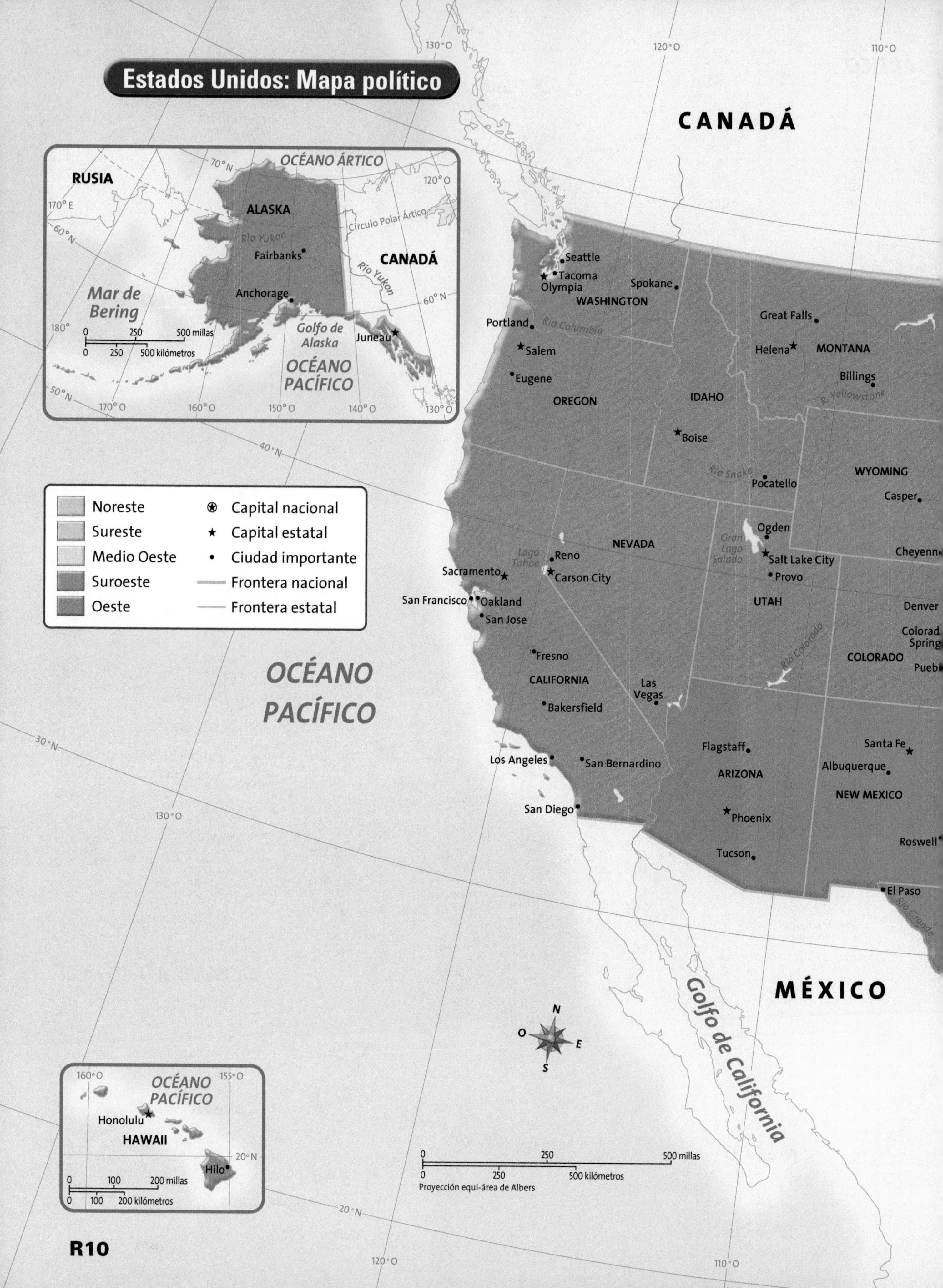

Estados Unidos: Mapa político
CANADÁ
OCÉANO ÁRTICO
RUSIA
ALASKA
Río Yukon
Círculo Polar Ártico
Fairbanks
CANADÁ
Mar de Bering
Anchorage
Golfo de Alaska
Juneau
OCÉANO PACÍFICO
0 250 500 millas
0 250 500 kilómetros
Noreste
Sureste
Medio Oeste
Suroeste
Oeste
Capital nacional
Capital estatal
Ciudad importante
Frontera nacional
Frontera estatal
Seattle
Tacoma
Olympia
WASHINGTON
Spokane
Portland
Río Columbia
Salem
Eugene
OREGON
Great Falls
Helena
MONTANA
Billings
R. Yellowstone
IDAHO
Boise
Río Snake
Pocatello
WYOMING
Casper
NEVADA
Ogden
Gran Lago Salado
Salt Lake City
Provo
Cheyenne
Lago Tahoe
Reno
Sacramento
Carson City
San Francisco
Oakland
San Jose
UTAH
Denver
Colorado Springs
COLORADO
Pueblo
Río Colorado
Fresno
CALIFORNIA
Las Vegas
OCÉANO PACÍFICO
Bakersfield
Flagstaff
Santa Fe
Los Angeles
San Bernardino
ARIZONA
Albuquerque
NEW MEXICO
San Diego
Phoenix
Roswell
Tucson
El Paso
Río Grande
MÉXICO
Golfo de California
N
O
E
S
0 250 500 millas
0 250 500 kilómetros
Proyección equi-área de Albers
OCÉANO PACÍFICO
Honolulu
HAWAII
Hilo
0 100 200 millas
0 100 200 kilómetros

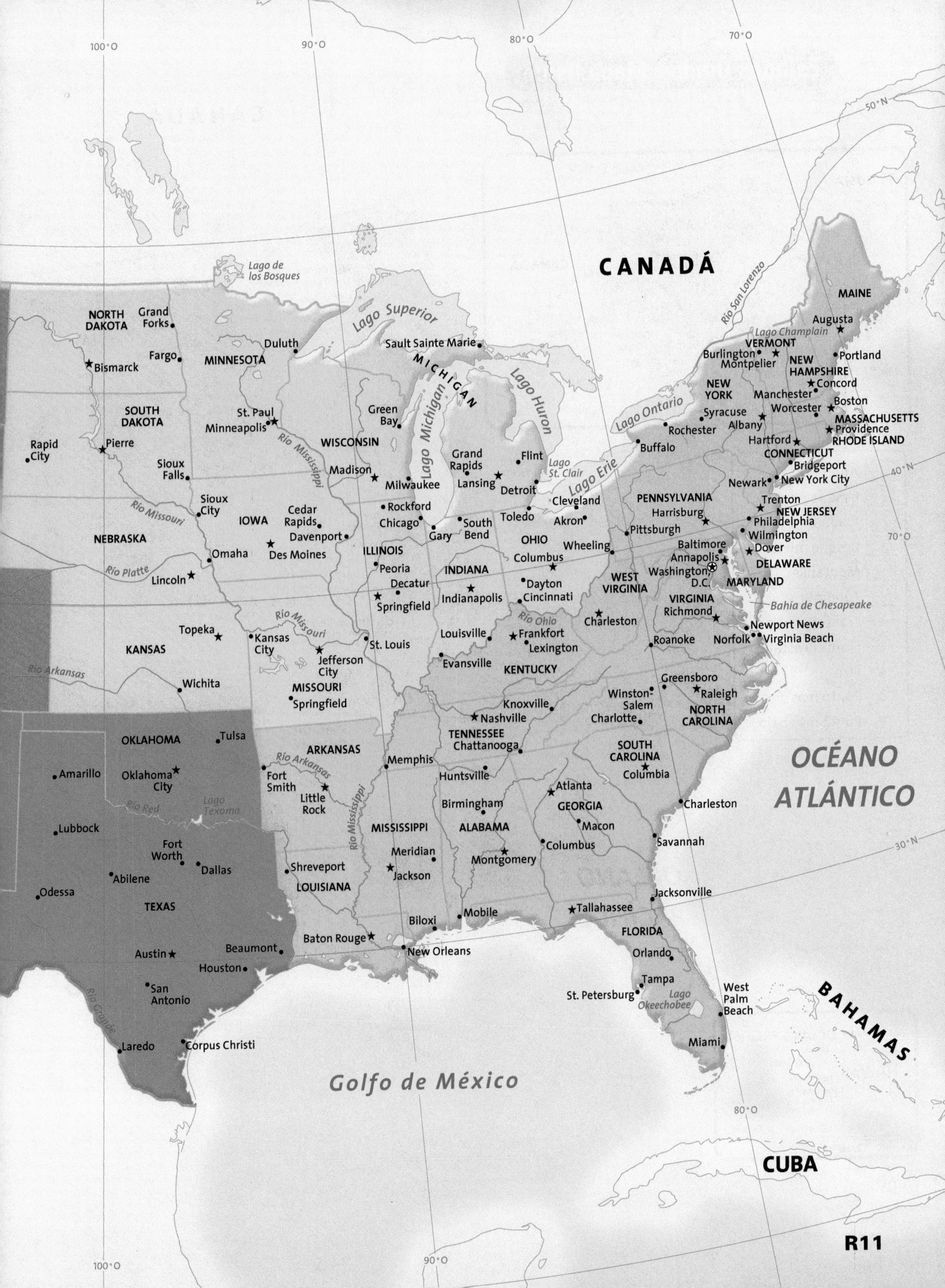
CANADÁ
OCÉANO ATLÁNTICO
Golfo de México
BAHAMAS
CUBA
Lago de los Bosques
Lago Superior
Lago Michigan
Lago Huron
Lago Ontario
Lago Erie
Lago St. Clair
Lago Champlain
Río San Lorenzo
Río Mississippi
Río Missouri
Río Platte
Río Arkansas
Río Ohio
Río Red
Lago Texoma
Río Grande
Bahía de Chesapeake
Lago Okeechobee
NORTH DAKOTA
SOUTH DAKOTA
NEBRASKA
KANSAS
OKLAHOMA
TEXAS
MINNESOTA
IOWA
MISSOURI
ARKANSAS
LOUISIANA
WISCONSIN
ILLINOIS
MICHIGAN
INDIANA
OHIO
KENTUCKY
TENNESSEE
MISSISSIPPI
ALABAMA
GEORGIA
FLORIDA
SOUTH CAROLINA
NORTH CAROLINA
VIRGINIA
WEST VIRGINIA
PENNSYLVANIA
NEW YORK
MAINE
VERMONT
NEW HAMPSHIRE
MASSACHUSETTS
RHODE ISLAND
CONNECTICUT
NEW JERSEY
DELAWARE
MARYLAND
Grand Forks
Bismarck
Fargo
Rapid City
Pierre
Sioux Falls
Sioux City
Omaha
Lincoln
Topeka
Kansas City
Wichita
Tulsa
Oklahoma City
Amarillo
Lubbock
Fort Worth
Dallas
Abilene
Odessa
Austin
San Antonio
Houston
Beaumont
Laredo
Corpus Christi
Duluth
St. Paul
Minneapolis
Cedar Rapids
Davenport
Des Moines
Jefferson City
Springfield
St. Louis
Fort Smith
Little Rock
Shreveport
Baton Rouge
New Orleans
Green Bay
Madison
Milwaukee
Rockford
Chicago
Peoria
Decatur
Springfield
Sault Sainte Marie
Grand Rapids
Lansing
Flint
Detroit
Gary
South Bend
Toledo
Cleveland
Akron
Columbus
Dayton
Cincinnati
Indianapolis
Louisville
Frankfort
Lexington
Evansville
Knoxville
Nashville
Chattanooga
Memphis
Huntsville
Birmingham
Meridian
Jackson
Montgomery
Biloxi
Mobile
Atlanta
Macon
Columbus
Tallahassee
Jacksonville
Orlando
Tampa
St. Petersburg
West Palm Beach
Miami
Savannah
Charleston
Columbia
Charlotte
Winston-Salem
Greensboro
Raleigh
Roanoke
Richmond
Norfolk
Newport News
Virginia Beach
Charleston
Wheeling
Pittsburgh
Harrisburg
Baltimore
Annapolis
Washington, D.C.
Dover
Wilmington
Philadelphia
Trenton
Newark
New York City
Bridgeport
Hartford
Providence
Boston
Worcester
Manchester
Concord
Portland
Augusta
Burlington
Montpelier
Albany
Syracuse
Rochester
Buffalo
100°O
90°O
80°O
70°O
50°N
40°N
30°N

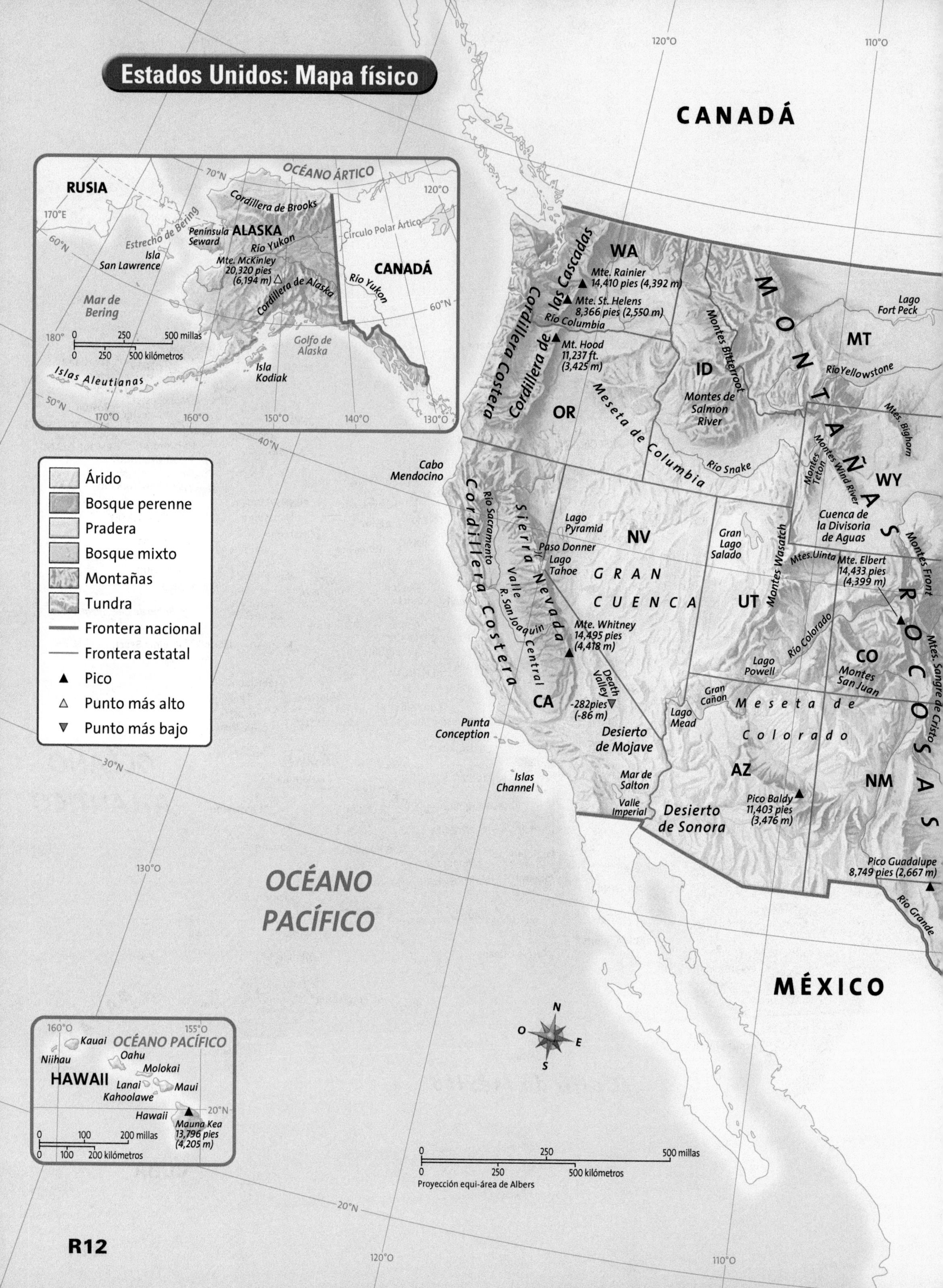

Estados Unidos: Mapa físico
CANADÁ
MÉXICO
OCÉANO PACÍFICO
RUSIA
OCÉANO ÁRTICO
Cordillera de Brooks
Estrecho de Bering
Península Seward
ALASKA
Círculo Polar Ártico
Río Yukon
Isla San Lawrence
Mte. McKinley 20,320 pies (6,194 m)
Cordillera de Alaska
Mar de Bering
Golfo de Alaska
Isla Kodiak
Islas Aleutianas
0 250 500 millas
0 250 500 kilómetros
Árido
Bosque perenne
Pradera
Bosque mixto
Montañas
Tundra
Frontera nacional
Frontera estatal
Pico
Punto más alto
Punto más bajo
WA
OR
CA
ID
NV
UT
AZ
MT
WY
CO
NM
Mte. Rainier 14,410 pies (4,392 m)
Mte. St. Helens 8,366 pies (2,550 m)
Cordillera de las Cascadas
Cordillera Costera
Río Columbia
Mt. Hood 11,237 ft. (3,425 m)
Meseta de Columbia
Montes Bitterroot
Montes de Salmon River
Río Snake
MONTAÑAS ROCOSAS
Lago Fort Peck
Río Yellowstone
Mtes. Bighorn
Montes Teton
Montes Wind River
Cuenca de la Divisoria de Aguas
Montes Front
Cabo Mendocino
Río Sacramento
Sierra Nevada
Lago Pyramid
Paso Donner
Lago Tahoe
Valle Central
R. San Joaquín
GRAN CUENCA
Gran Lago Salado
Montes Wasatch
Mtes.Uinta
Mte. Elbert 14,433 pies (4,399 m)
Mte. Whitney 14,495 pies (4,418 m)
Death Valley
-282pies (-86 m)
Río Colorado
Lago Powell
Montes San Juan
Mtes. Sangre de Cristo
Gran Cañón
Lago Mead
Meseta de Colorado
Punta Conception
Desierto de Mojave
Islas Channel
Mar de Salton
Valle Imperial
Desierto de Sonora
Pico Baldy 11,403 pies (3,476 m)
Pico Guadalupe 8,749 pies (2,667 m)
Río Grande
N
O
E
S
Kauai
Niihau
Oahu
Molokai
HAWAII
Lanai
Maui
Kahoolawe
Hawaii
Mauna Kea 13,796 pies (4,205 m)
0 100 200 millas
0 100 200 kilómetros
0 250 500 millas
0 250 500 kilómetros
Proyección equi-área de Albers

CANADÁ
OCÉANO ATLÁNTICO
Golfo de México
BAHAMAS
CUBA
GRANDES LLANURAS
LLANURAS DEL INTERIOR
LLANURAS CENTRALES
MONTES APALACHES
PIEDEMONTE
LLANURA COSTERA
Meseta Ozark
ME
NH
VT
MA
RI
CT
NY
NJ
PA
DE
MD
VA
WV
NC
SC
GA
FL
AL
MS
TN
KY
OH
IN
IL
MI
WI
MN
IA
MO
AR
LA
TX
OK
KS
NE
SD
ND
Lago de los Bosques
Lago Red Superior
Lago Red Inferior
Cordillera de Mesabi
Isla Royale
Lago Superior
Península Keweenaw
Alta Península
Lago Sakakawea
Lago Leech
Lago Mille Lacs
Lago Oahe
Black Hills
Río Missouri
Río Mississippi
Río Wisconsin
Lago Winnebago
Lago Michigan
Baja Península
Lago Huron
Lago St. Clair
Lago Erie
Lago Ontario
Cataratas del Niágara
Lagos Finger
Montes Adirondack
Lago Champlain
Río San Lorenzo
Lago Moosehead
Mte. Katahdin 5,269 pies (1,606 m)
Mte. Washington 6,288 pies (1,917 m)
Mtes. White
Mtes. Green
R. Connecticut
R. Hudson
Cabo Ann
Cabo Cod
Isla Long
Mtes. Allegheny
R. Potomac
Bahía de Delaware
Cabo Charles
Bahía de Chesapeake
R. James
R. Roanoke
Estrecho Albemarle
Cabo Hatteras
Río del Cabo Fear
Cabo Fear
Río Ohio
Río Wabash
Río Illinois
Sand Hills
R. North Platte
Río Platte
R. South Platte
Smoky Hills
Red Hills
Lago Ozarks
Embalse Harry S. Truman
Lago Barkley
Paso de Cumberland
Mte. Mitchell 6,684 pies (2,037 m)
R. Cumberland
R. Tennessee
Río Arkansas
Río Canadian
Montes Ouachita
Lago Texoma
Río Red
Llano Estacado
Río Sabine
Embalse Toledo Bend
Río Brazos
Río Pecos
Meseta Edwards
Río Colorado
Embalse Sam Rayburn
Lago Maurepas
Lago Pontchartrain
Bahía de Galveston
Delta del Mississippi
Bahía de Mobile
Río Grande
R. Tombigbee
R. Alabama
R. Chattahoochee
Mte. Stone
Lago Clark Hill
Río Savannah
R. Ocmulgee
R. Oconee
R. Altamaha
Pantano Okefenokee
Río St. Johns
Cabo Cañaveral
Bahía de Tampa
Lago Okeechobee
Everglades
Cabo Sable
Cayos de Florida
Estrecho de Florida
100°O
90°O
80°O
70°O
50°N
40°N
30°N

California: Mapa político
OREGON
IDAHO
NEVADA
ARIZONA
MÉXICO
OCÉANO PACÍFICO
Capital estatal
Capital del condado
Otra ciudad
Frontera nacional
Frontera estatal
Frontera del condado
Crescent City
DEL NORTE
Yreka
SISKIYOU
MODOC
Alturas
Lago Goose
HUMBOLDT
Eureka
Weaverville
TRINITY
SHASTA
Lago Shasta
Redding
LASSEN
Susanville
Red Bluff
TEHAMA
PLUMAS
Quincy
MENDOCINO
GLENN
Willows
Chico
BUTTE
SIERRA
Downieville
Oroville
Nevada City
NEVADA
COLUSA
Colusa
YUBA
Ukiah
LAKE
Lakeport
Yuba City
Marysville
SUTTER
PLACER
Truckee
Lago Tahoe
Lago Pyramid
YOLO
Auburn
SONOMA
Woodland
Placerville
Santa Rosa
NAPA
EL DORADO
Markleeville
Sacramento
ALPINE
Sonoma
Napa
SACRAMENTO
AMADOR
Petaluma
Fairfield
Jackson
MARIN
SOLANO
CALAVERAS
San Andreas
Bridgeport
San Rafael
Martinez
Stockton
Berkeley
CONTRA COSTA
SAN JOAQUIN
TUOLUMNE
Sonora
Lago Mono
San Francisco
SAN FRANCISCO
Oakland
ALAMEDA
Bahía de San Francisco
Modesto
MONO
STANISLAUS
MARIPOSA
Mariposa
Redwood City
SAN MATEO
San Jose
SANTA CLARA
Merced
MADERA
SANTA CRUZ
Santa Cruz
MERCED
Madera
FRESNO
Bahía de Monterey
Hollister
Salinas
SAN BENITO
Fresno
Independence
Monterey
MONTEREY
Hanford
Visalia
Tulare
KINGS
TULARE
INYO
Lago Mead
SAN LUIS OBISPO
San Luis Obispo
Ridgecrest
Bakersfield
KERN
Santa Maria
SANTA BARBARA
Barstow
Needles
Lompoc
SAN BERNARDINO
Santa Barbara
VENTURA
Santa Clarita
Ventura
Oxnard
LOS ANGELES
Glendale
Pasadena
San Bernardino
Los Angeles
Riverside
Torrance
Anaheim
Palm Springs
Long Beach
Huntington Beach
Santa Ana
RIVERSIDE
Blythe
ORANGE
Mar de Salton
Oceanside
Escondido
IMPERIAL
SAN DIEGO
San Diego
El Centro
Bahía de San Diego
Río Klamath
Río Trinity
Río Eel
Río Pit
Río Sacramento
R. Feather
R. American
Río Russian
R. Stanislaus
Río San Joaquín
Río Kings
Río Salinas
Kern
Río Cuyama
Río Santa Ynez
R. Santa Clara
Río Colorado
N
O
E
S
0
75
150 millas
0
75
150 kilómetros
Proyección equi-área de Albers
42°N
41°N
40°N
39°N
38°N
37°N
36°N
35°N
34°N
33°N
32°N
124°O
123°O
122°O
121°O
120°O
119°O
118°O

California: Mapa físico

OREGON
IDAHO
NEVADA
ARIZONA
MÉXICO

Frontera nacional
Frontera estatal
Pico
Punto más alto
Punto más bajo

Río Klamath
Montes Klamath
Cordillera de las Cascadas
Monte Shasta 14,162 pies (4,317 m)
Lago Goose
Mtes. Warner
Pit
Río
Lago Clair Engle
Río Trinity
Mtes. Trinity
Bahía de Humboldt
Lago Shasta
Pico Lassen 10,457 pies (3,187 m)
Lago Eagle
Río Eel
Cordillera
R. Sacramento
Valle de Sacramento
Lago Almanor
Lago Pyramid
Lago Oroville
Río Yuba
Río Feather
Lago Clear
Río Russian
Costera
Río American
Lago Tahoe
Sierra
Lago Folsom
Lago Berryessa
Valle de Napa
Islas Farallon
Valle de San Joaquin
Río Stanislaus
Lago Mono
Río San Joaquin
Río Merced
Lago McClure
Nevada
Pico White Mountain 14,246 pies (4,342 m)
Bahía de San Francisco
Montes Santa Cruz
Embalse San Luis
Río San Joaquin
Embalse Pine Flat
Pico North Palisade 14,242 pies (4,341 m)
Bahía de Monterey
Cordillera Costera
Montes Diablo
Río Kings
Monte Williamson 14,370 pies (4,380 m)
Monte Whitney 14,495 pies (4,418 m)
Montes Panamint
Death Valley
Lago Mead
Valle de Salinas
Río Salinas
Montes Santa Lucia
Lago Nacimiento
Río Kern
Lago Isabella
-282 pies (-86 m)
Lago Mojave
Montes Temblor
Monte Pinos 8,831 pies (2,692 m)
Montes Tehachapi
R. Cuyama
Desierto de Mojave
Río Santa Ynez
Valle Santa Clara
R. Santa Clara
Lago Havasu
Canal de Santa Barbara
Montes San Gabriel
Mtes. San Bernardino
Islas Channel
Mtes. San Jacinto
Valle Coachella
Desierto de Colorado
Mar de Salton
Río Colorado
OCÉANO PACÍFICO
Mtes. Laguna
R. Alamo
R. New
Valle Imperial
Bahía de San Diego

N
O
E
S

0 75 150 millas
0 75 150 kilómetros
Proyección equi-área de Albers

42°N
41°N
40°N
39°N
38°N
37°N
36°N
35°N
34°N
33°N
32°N
124°O
123°O
122°O
121°O
120°O
119°O
118°O

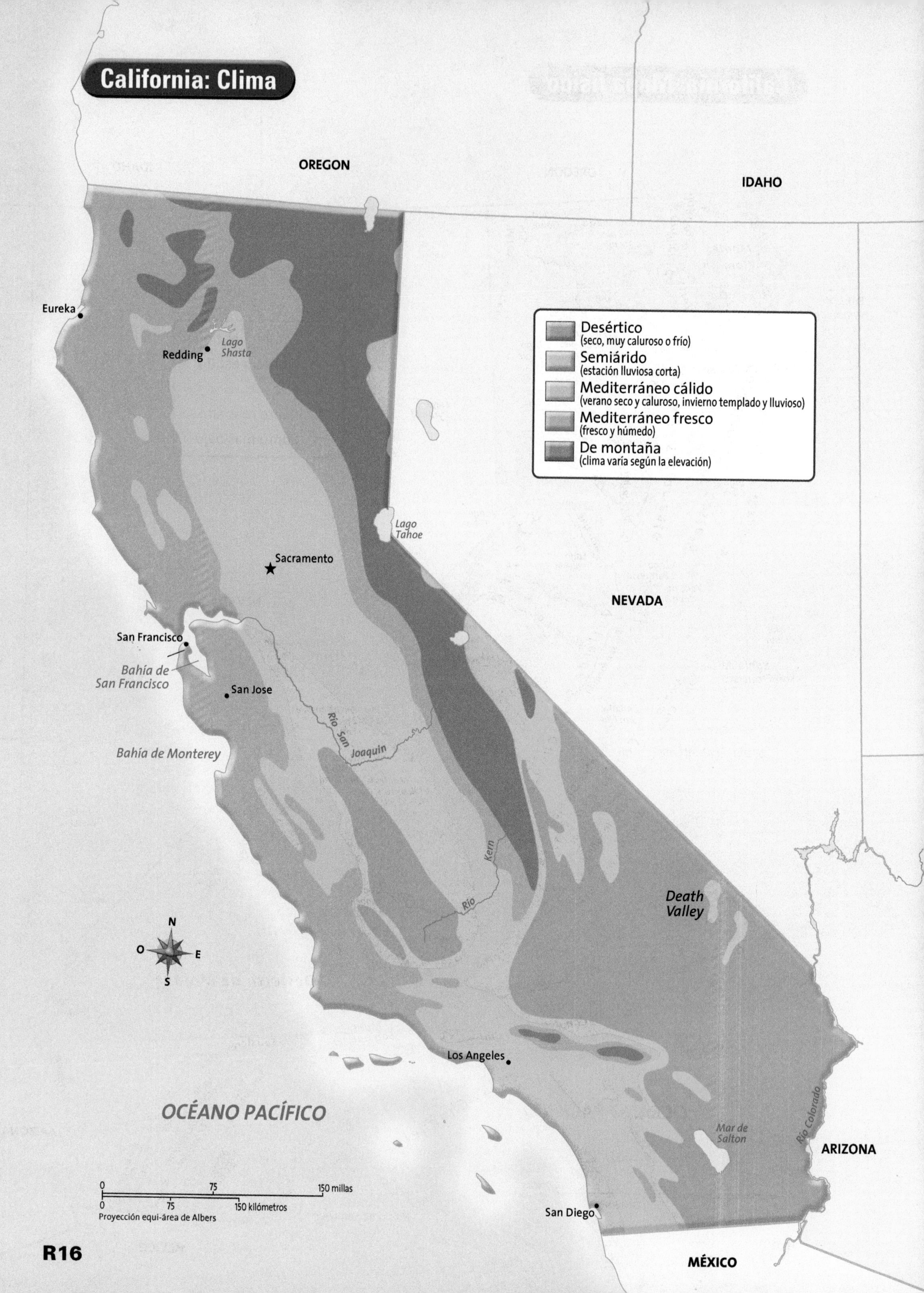
California: Clima
OREGON
IDAHO
NEVADA
ARIZONA
MÉXICO
OCÉANO PACÍFICO
Desértico
(seco, muy caluroso o frío)
Semiárido
(estación lluviosa corta)
Mediterráneo cálido
(verano seco y caluroso, invierno templado y lluvioso)
Mediterráneo fresco
(fresco y húmedo)
De montaña
(clima varía según la elevación)
Eureka
Redding
Lago Shasta
Lago Tahoe
Sacramento
San Francisco
Bahía de San Francisco
San Jose
Bahía de Monterey
Río San Joaquin
Río Kern
Death Valley
Los Angeles
Mar de Salton
Río Colorado
San Diego
N
O
E
S
0
75
150 millas
0
75
150 kilómetros
Proyección equi-área de Albers

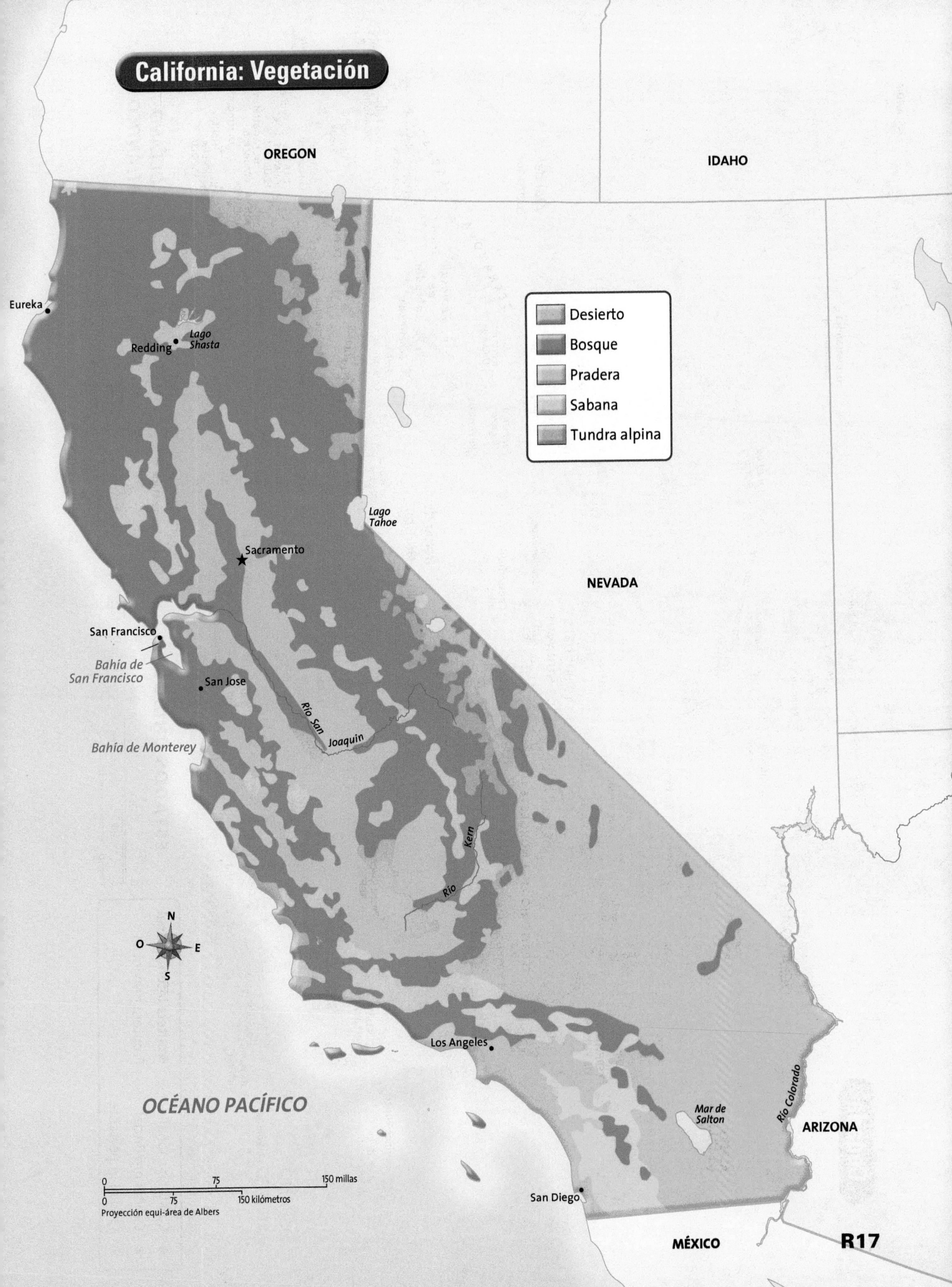
California: Vegetación
OREGON
IDAHO
NEVADA
ARIZONA
MÉXICO
Desierto
Bosque
Pradera
Sabana
Tundra alpina
Eureka
Redding
Lago Shasta
Lago Tahoe
Sacramento
San Francisco
Bahía de San Francisco
San Jose
Bahía de Monterey
Río San Joaquin
Río Kern
Los Angeles
San Diego
Mar de Salton
Río Colorado
OCÉANO PACÍFICO
N
O
E
S
0
75
150 millas
0
75
150 kilómetros
Proyección equi-área de Albers

Canadá

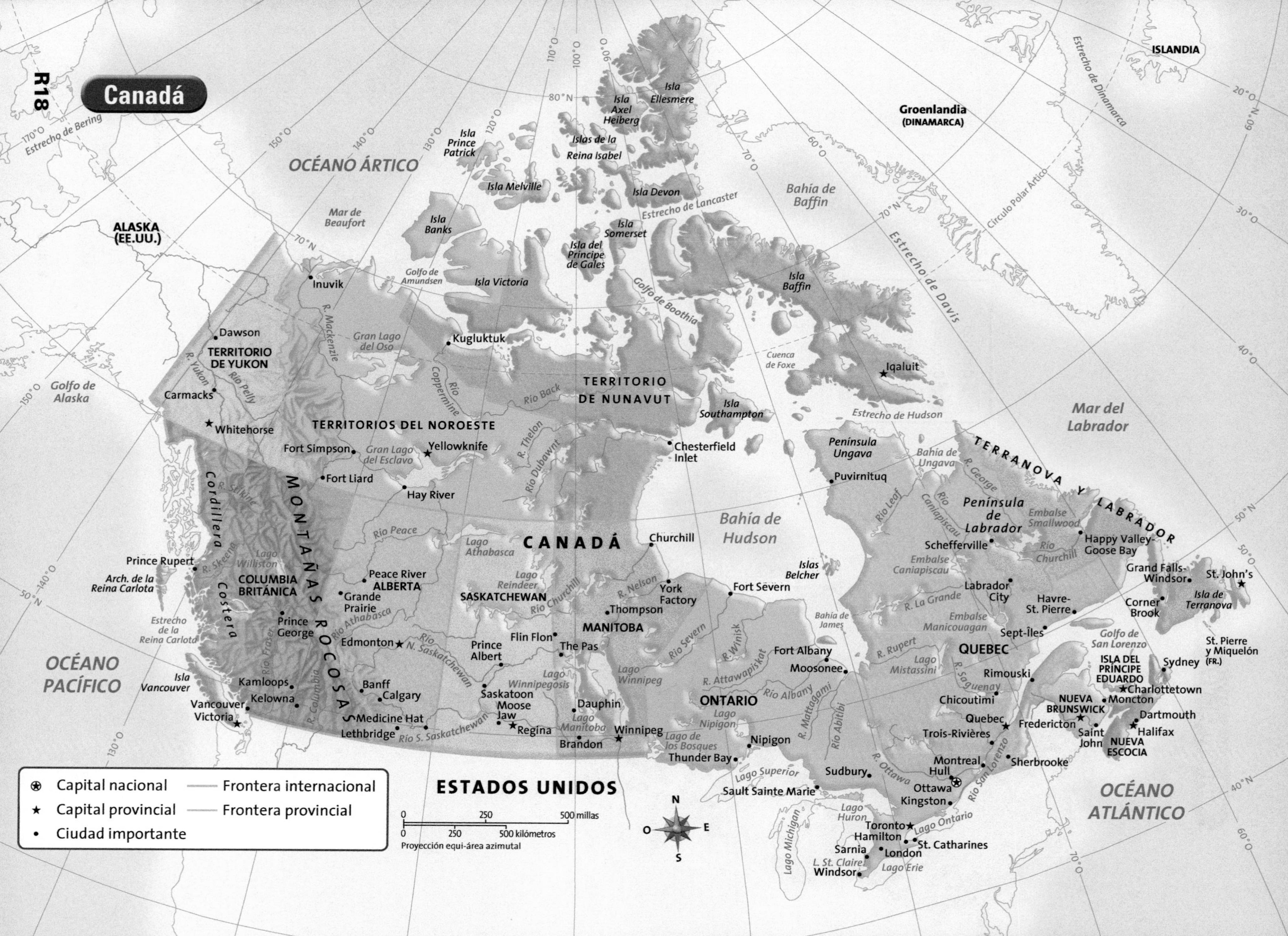

OCÉANO ÁRTICO
OCÉANO PACÍFICO
OCÉANO ATLÁNTICO
ALASKA (EE.UU.)
Groenlandia (DINAMARCA)
ISLANDIA
ESTADOS UNIDOS
CANADÁ
Estrecho de Bering
Golfo de Alaska
Mar de Beaufort
Golfo de Amundsen
Bahía de Baffin
Estrecho de Davis
Estrecho de Dinamarca
Círculo Polar Ártico
Estrecho de Lancaster
Golfo de Boothia
Cuenca de Foxe
Estrecho de Hudson
Mar del Labrador
Bahía de Hudson
Bahía de James
Bahía de Ungava
Golfo de San Lorenzo
Estrecho de la Reina Carlota
Isla Ellesmere
Isla Axel Heiberg
Islas de la Reina Isabel
Isla Prince Patrick
Isla Melville
Isla Devon
Isla Somerset
Isla del Príncipe de Gales
Isla Banks
Isla Victoria
Isla Baffin
Isla Southampton
Islas Belcher
Isla Vancouver
Arch. de la Reina Carlota
Isla de Terranova
TERRITORIO DE YUKON
TERRITORIOS DEL NOROESTE
TERRITORIO DE NUNAVUT
COLUMBIA BRITÁNICA
ALBERTA
SASKATCHEWAN
MANITOBA
ONTARIO
QUEBEC
TERRANOVA Y LABRADOR
NUEVA BRUNSWICK
ISLA DEL PRÍNCIPE EDUARDO
NUEVA ESCOCIA
St. Pierre y Miquelón (FR.)
MONTAÑAS ROCOSAS
Cordillera Costera
Península Ungava
Península de Labrador
R. Yukon
Río Pelly
R. Mackenzie
Gran Lago del Oso
Gran Lago del Esclavo
Río Coppermine
Río Back
R. Thelon
Río Dubawnt
Río Peace
Lago Athabasca
Lago Reindeer
Río Churchill
R. Nelson
Río Athabasca
Río N. Saskatchewan
Río S. Saskatchewan
Lago Winnipegosis
Lago Manitoba
Lago Winnipeg
Lago de los Bosques
Río Severn
R. Winisk
R. Attawapiskat
Río Albany
R. Mattagami
Río Abitibi
Lago Nipigon
Lago Superior
Lago Michigan
Lago Huron
L. St. Claire
Lago Erie
Lago Ontario
R. Ottawa
Río San Lorenzo
R. Saguenay
Lago Mistassini
R. Rupert
R. La Grande
Embalse Caniapiscau
Río Caniapiscau
Embalse Manicouagan
Río Leaf
R. George
Embalse Smallwood
Río Churchill
R. Stikine
R. Skeena
Lago Williston
Río Fraser
R. Columbia
Dawson
Carmacks
Whitehorse
Inuvik
Kugluktuk
Fort Simpson
Fort Liard
Yellowknife
Hay River
Chesterfield Inlet
Iqaluit
Puvirnituq
Prince Rupert
Prince George
Kamloops
Kelowna
Vancouver
Victoria
Peace River
Grande Prairie
Edmonton
Banff
Calgary
Medicine Hat
Lethbridge
Prince Albert
Saskatoon
Moose Jaw
Regina
Flin Flon
The Pas
Thompson
Churchill
York Factory
Dauphin
Brandon
Winnipeg
Fort Severn
Fort Albany
Moosonee
Nipigon
Thunder Bay
Sault Sainte Marie
Sudbury
Toronto
Hamilton
St. Catharines
London
Sarnia
Windsor
Kingston
Ottawa
Hull
Montreal
Trois-Rivières
Quebec
Sherbrooke
Chicoutimi
Rimouski
Sept-Îles
Havre-St. Pierre
Labrador City
Schefferville
Happy Valley-Goose Bay
Grand Falls-Windsor
Corner Brook
St. John's
Sydney
Charlottetown
Moncton
Fredericton
Saint John
Dartmouth
Halifax
80° N
70° N
60° N
50° N
40° N
170° O
150° O
140° O
130° O
120° O
110° O
100° O
90° O
70° O
60° O
40° O
30° O
20° O
Capital nacional
Capital provincial
Ciudad importante
Frontera internacional
Frontera provincial
0
250
500 millas
0
250
500 kilómetros
Proyección equi-área azimutal
N
S
E
O

México

ESTADOS UNIDOS

MÉXICO

Golfo de México

OCÉANO PACÍFICO

Golfo de California

Bahía de Campeche

Mar Caribe

Canal de Yucatán

Golfo de Tehuantepec

Istmo de Tehuantepec

Península de Yucatán

Desierto de Sonora

Baja California

SIERRA MADRE OCCIDENTAL

SIERRA MADRE ORIENTAL

SIERRA MADRE DEL SUR

Río Grande

Río Bravo

R. Yaqui

R. Conchos

R. Santiago

R. Lerma

Lago Chapala

Río Balsas

R. Usumacinta

Trópico de Cáncer

30°N

20°N

110°O

100°O

90°O

N

S

E

O

BAJA CALIFORNIA

BAJA CALIFORNIA SUR

SONORA

CHIHUAHUA

COAHUILA

NUEVO LEÓN

TAMAULIPAS

SINALOA

DURANGO

ZACATECAS

SAN LUIS POTOSÍ

NAYARIT

AGUASCALIENTES

GUANAJUATO

QUERÉTARO

HIDALGO

JALISCO

COLIMA

MICHOACÁN

MÉXICO

DISTRITO FEDERAL

MORELOS

TLAXCALA

PUEBLA

VERACRUZ

GUERRERO

OAXACA

TABASCO

CHIAPAS

CAMPECHE

YUCATÁN

QUINTANA ROO

BELICE

GUATEMALA

HONDURAS

EL SALVADOR

Tijuana

Mexicali

Ensenada

Puerto Peñasco

Nogales

Ciudad Juárez

Nueva Casas Grandes

Villa Ahumada

Hermosillo

Chihuahua

Guaymas

Ciudad Obregón

Delicias

Navojoa

Hidalgo del Parral

Nuevo Laredo

Monclova

Loreto

Los Mochis

Reynosa

Matamoros

Torreón

Saltillo

Monterrey

Culiacán

La Paz

Concepción del Oro

Durango

Ciudad Victoria

San Lucas

Mazatlán

Fresnillo

Ciudad Mante

Zacatecas

Tampico

San Luis Potosí

Ciudad de Valles

Aguascalientes

San Blas

Tepic

León

Irapuato

Guanajuato

Poza Rica

Puerto Vallarta

Guadalajara

Querétaro

Ciudad de México

Pachuca

Jalapa Enríquez

Morelia

Toluca

Tlaxcala

Veracruz

Puebla

Cuernavaca

Uruapán

Colima

Tecomán

Lázaro Cárdenas

Chilpancingo

Acapulco

Oaxaca

Salina Cruz

Puerto Escondido

Coatzacoalcos

Villahermosa

Ciudad del Carmen

Campeche

Mérida

Cancún

Chetumal

Tuxtla Gutiérrez

Comitán

Tapachula

Guadalupe

Isla Cedros

Punta Eugenia

Cabo San Lucas

Islas Marías

Cabo Corrientes

Islas Revillagigedo

Isla Socorro

Isla Cozumel

Frontera internacional

Frontera estatal

Capital nacional

Capital estatal

Ciudad importante

0 150 300 millas

0 150 300 kilómetros

Proyección equi-área azimutal

Almanaque

DATOS SOBRE CALIFORNIA

 TERRITORIO	 EXTENSIÓN	CLIMA	POBLACIÓN*	PRINCIPALES PRODUCTOS Y RECURSOS
	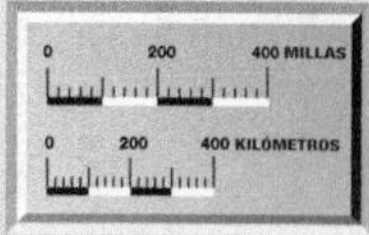			
CALIFORNIA				
Punto más alto: Mte. Whitney en la sierra Nevada 14,495 pies **Punto más bajo:** El Death Valley, 282 pies por debajo del nivel del mar	**Superficie:** 158,648 millas cuadradas **Mayor distancia norte/sur:** 646 millas **Mayor distancia este/oeste:** 560 millas **Línea costera:** 840 millas	**Temperatura promedio:** 75°F en julio, 44°F en enero **Precipitación anual promedio:** 22 pulgadas	**Población total:** 33,871,648* **Densidad de población:** 217,2 habitantes por milla cuadrada **Distribución de la población:** 94,5 % urbana, 5,5 % rural *última cifra disponible	**Cultivos:** Uvas, productos hortícolas, algodón, almendras, heno, lechugas, tomates, fresas, naranjas, brócoli, zanahorias **Ganadería:** Ganado vacuno, aves de corral, ovejas **Pesca:** Erizos marinos, cangrejos, calamares, atún **Madera:** Abeto, pino, secuoya **Manufacturas:** Computadoras y equipos electrónicos, productos alimenticios, productos farmacéuticos, equipo de transporte **Minería:** Petróleo, gas natural, arena y grava, boro, oro, plata, asbesto, yeso

California es el estado que ocupa el tercer lugar en extensión en Estados Unidos. Solo Texas y Alaska son más grandes.

La temperatura más baja que se ha registrado en California ha sido de -45°F, en Boca, el 20 de enero de 1937. La más alta en California, y en todo el territorio de Estados Unidos, ha sido de 134°F, en el Death Valley el 10 de julio de 1913.

California tiene más habitantes que ningún otro estado. Uno de cada ocho habitantes de Estados Unidos vive en California.

GOBIERNO

Funcionarios electos: Términos de 4 años: gobernador, vicegobernador, secretario de estado, director financiero, fiscal general, tesorero, superintendente de educación pública

Senado estatal: 40 senadores, términos de 4 años

Asamblea estatal: 80 miembros, términos de 2 años

Condados: 58

Senadores de Estados Unidos: 2 senadores, términos de 6 años

Representantes de Estados Unidos: 53 representantes, términos de 2 años

SÍMBOLOS ESTATALES

Animal: Oso pardo

Pájaro: Codorniz californiana

Colores: Azul y oro

Danza: West Coast Swing

Pez: Trucha dorada

Flor: Amapola dorada

Danza folclórica: Square dance

Fósil: Tigre dientes de sable

Piedra preciosa: Benitoíta

Insecto: Mariposa faz canina

Pez marino: Pez dorado

Mamífero marino: Ballena gris californiana

Mineral: Oro

Reptil: Tortuga del desierto

Piedra: Serpentina

Suelo: La tierra de San Joaquin

Árbol: Secuoya de California

El árbol más alto del mundo que aún está en pie se encuentra en el condado Mendocino, en California. Esta secuoya de 367 pies tiene la altura de un edificio de 37 pisos, ¡y sigue creciendo!

Aun después de la fiebre del oro de 1849, geólogos expertos aseguran que solo se ha descubierto el 10% del oro de California.

La constitución estatal de California es muy voluminosa: tiene más de 10.000 páginas y ha sido modificada más de 500 veces desde 1879.

Almanaque

Datos sobre los condados de California

Nombre del condado	Capital de condado	Población*	Establecido en el año	Origen del nombre
Alameda	Oakland	1,443,741	1853	lugar donde hay álamos
Alpine	Markleeville	1,208	1864	la montañosa sierra Nevada
Amador	Jackson	35,100	1854	José María Amador, colono
Butte	Oroville	203,171	1850	Sutter Buttes o el río Butte
Calaveras	San Andreas	40,554	1850	esqueleto, conjunto de huesos
Colusa	Colusa	18,804	1850	aldea de los indios patwin
Contra Costa	Martinez	948,816	1850	la costa opuesta
Del Norte	Crescent City	27,507	1857	norteño
El Dorado	Placerville	156,299	1850	de oro
Fresno	Fresno	799,407	1856	del árbol fresno
Glenn	Willows	26,453	1891	Hugh J. Glenn, médico y productor de trigo
Humboldt	Eureka	126,518	1853	Friedrich Heinrich Alexander von Humboldt, naturalista alemán
Imperial	El Centro	142,361	1907	Compañía Imperial Land
Inyo	Independence	17,945	1866	palabra india que significa "donde habita el gran espíritu"
Kern	Bakersfield	661,645	1866	Edward M. Kern, topógrafo y artista

*Últimas cifras demográficas disponibles

Nombre del condado	Capital de condado	Población*	Establecido en el año	Origen del nombre
Kings	Hanford	129,461	1893	río Kings
Lake	Lakeport	58,309	1861	lago Clear
Lassen	Susanville	33,828	1864	Peter Lassen, pionero
Los Angeles	Los Angeles	9,519,338	1850	los ángeles
Madera	Madera	123,109	1893	la madera
Marin	San Rafael	247,289	1850	Marin, mítico líder indio; o marinero
Mariposa	Mariposa	17,130	1850	las mariposas
Mendocino	Ukiah	86,265	1850	Antonio de Mendoza o Lorenzo Suárez de Mendoza, virreyes de la Nueva España
Merced	Merced	210,554	1855	río Merced, "merced" significa piedad
Modoc	Alturas	9,449	1874	tribu india modoc
Mono	Bridgeport	12,853	1861	tribu de los indios shoshones
Monterey	Salinas	401,762	1850	conde de Monterey, virrey de la Nueva España, o bahía de Monterey
Napa	Napa	124,279	1850	palabra de los indios wappo o pomo que posiblemente significa "aldea" o "pez"
Nevada	Nevada City	92,033	1851	la sierra Nevada, "nevada" significa cubierta de nieve
Orange	Santa Ana	2,846,289	1889	naranja
Placer	Auburn	248,399	1851	depósitos de oro superficiales

*Últimas cifras demográficas disponibles

Nombre del condado	Capital de condado	Población*	Establecido en el año	Origen del nombre
Plumas	Quincy	20,824	1854	río Feathers, en español, "plumas"
Riverside	Riverside	1,545,387	1893	ubicado cerca del río
Sacramento	Sacramento	1,223,499	1850	Sagrado Sacramento
San Benito	Hollister	53,234	1874	San Benito
San Bernardino	San Bernardino	1,709,434	1853	San Bernardino de Siena
San Diego	San Diego	2,813,833	1850	San Diego
San Francisco	San Francisco	776,733	1850	San Francisco de Asís
San Joaquin	Stockton	563,598	1850	San Joaquín
San Luis Obispo	San Luis Obispo	246,681	1850	San Luis de Toulouse
San Mateo	Redwood City	707,161	1856	San Mateo
Santa Barbara	Santa Barbara	399,347	1850	Santa Bárbara
Santa Clara	San Jose	1,682,585	1850	Santa Clara de Asís
Santa Cruz	Santa Cruz	255,602	1850	Santa Cruz
Shasta	Redding	163,256	1850	tribu india de los shasta
Sierra	Downieville	3,555	1852	la sierra Nevada; sierra significa cadena montañosa
Siskiyou	Yreka	44,301	1852	"caballo de cola corta" en el idioma cree o "seis piedras grandes" en francés
Solano	Fairfield	394,542	1850	jefe solano o San Francisco Solano

*Últimas cifras demográficas disponibles

Nombre del condado	Capital de condado	Población*	Establecido en el año	Origen del nombre
Sonoma	Santa Rosa	458,614	1850	jefe tsonoma o palabra de los indio wintu, posiblemente signifique "nariz"
Stanislaus	Modesto	446,997	1854	jefe Estanislao
Sutter	Yuba City	78,930	1850	John Augustus Sutter
Tehama	Red Bluff	56,039	1856	palabra india, posiblemente significa "tierras bajas" o "poco profundas"
Trinity	Weaverville	13,022	1850	río Trinity
Tulare	Visalia	368,021	1852	"torrente" o "caña" en español, posiblemente de la palabra azteca "cattail"
Tuolumne	Sonora	54,501	1850	palabra india que significa "grupo de wigwams de piedras"
Ventura	Ventura	753,197	1873	San Buenaventura
Yolo	Woodland	168,660	1850	tribu indígena yolo, posiblemente signifique "lugar de abundantes torrentes"
Yuba	Marysville	60,219	1850	aldea india maidu o nombre tribal

*Últimas cifras demográficas disponibles

Almanaque

Datos sobre los gobernadores de California

Gobernador	Nacimiento/ Muerte	Lugar de nacimiento	Partido político	Término
Peter Burnett	(1807–1895)	Nashville, Tennessee	Demócrata Independiente	1849–1851
John McDougall	(c.1818–1866)	Condado Ross, Ohio	Demócrata Independiente	1851–1852
John Bigler	(1805–1871)	Carlisle, Pennsylvania	Demócrata	1852–1856
Neely Johnson	(1825–1872)	Johnson Township, Indiana	Americano (Know-Nothing)	1856–1858
John Weller	(1812–1875)	Montgomery, Ohio	Demócrata	1858–1860
Milton Latham	(1827–1882)	Columbus, Ohio	Demócrata	1860
John Downey	(1827–1894)	Condado Roscommon, Irlanda	Demócrata	1860–1862
Leland Stanford	(1824–1893)	Watervliet, New York	Republicano	1862–1863
Frederick Low	(1828–1894)	Frankfort, Maine	Unión	1863–1867
Henry H. Haight	(1825–1878)	Rochester, New York	Demócrata	1867–1871
Newton Booth	(1825–1892)	Salem, Indiana	Republicano	1871–1875
Romualdo Pacheco	(1831–1899)	Santa Barbara, California	Republicano	1875
William Irwin	(1827–1886)	Condado Butler, Ohio	Demócrata	1875–1880
George Perkins	(1839–1923)	Kennebunkport, Maine	Republicano	1880–1883
George Stoneman	(1822–1894)	Busti, New York	Demócrata	1883–1887
Washington Bartlett	(1824–1887)	Savannah, Georgia	Demócrata	1887
Robert Waterman	(1826–1891)	Fairfield, New York	Republicano	1887–1891
Henry Markham	(1840–1923)	Wilmington, New York	Republicano	1891–1895
James Budd	(1851–1908)	Janesville, Wisconsin	Demócrata	1895–1899

Gobernador	Nacimiento/ Muerte	Lugar de nacimiento	Partido político	Término
Henry Gage	(1852–1924)	Geneva, New York	Republicano	1899–1903
George Pardee	(1857–1941)	San Francisco, California	Republicano	1903–1907
James Gillett	(1860–1937)	Viroqua, Wisconsin	Republicano	1907–1911
Hiram Johnson	(1866–1945)	Sacramento, California	Republicano	1911–1917
William Stephens	(1859–1944)	Eaton, Ohio	Republicano	1917–1923
Friend William Richardson	(1865–1943)	Condado Friends Colony, Michigan	Republicano	1923–1927
Clement Calhoun Young	(1869–1947)	Lisbon, New Hampshire	Republicano	1927–1931
James Rolph	(1869–1934)	San Francisco, California	Republicano	1931–1934
Frank Merriam	(1865–1955)	Hopkinton, Iowa	Republicano	1934–1939
Culbert Olson	(1876–1962)	Fillmore, Utah	Demócrata	1939–1943
Earl Warren	(1891–1974)	Los Angeles, California	Republicano	1943–1953
Goodwin Knight	(1896–1970)	Provo, Utah	Republicano	1953–1959
Edmund G. Brown	(1905–1996)	San Francisco, California	Demócrata	1959–1967
Ronald Reagan	(1911–2004)	Tampico, Illinois	Republicano	1967–1975
Edmund G. Brown, Jr.	(1938–)	San Francisco, California	Demócrata	1975–1983
George Deukmejian	(1928–)	Ciudad de New York, New York	Republicano	1983–1991
Pete Wilson	(1933–)	Lake Forest, Illinois	Republicano	1991–1999
Gray Davis	(1942–)	Ciudad de New York, New York	Demócrata	1999–2003
Arnold Schwarzenegger	(1947–)	Thal Styria, Austria	Republicano	2003–

Manual de investigación

Antes de escribir un reporte o completar un proyecto, debes reunir información sobre tu tema. Puedes encontrar parte de la información en tu libro de texto. Otras fuentes de información son los recursos tecnológicos, los recursos impresos y los recursos de la comunidad.

Recursos tecnológicos

- Internet
- Discos de computadora
- Televisión y radio

Recursos impresos

- Almanaques
- Atlas
- Diccionarios
- Enciclopedias
- Libros de no ficción
- Publicaciones periódicas
- Diccionarios de sinónimos

Recursos de la comunidad

- Maestros
- Conservadores de museos
- Líderes comunitarios
- Ciudadanos mayores

Recursos tecnológicos

Los principales recursos tecnológicos que puedes usar para buscar información son Internet y los discos de computadora. Tu escuela o la biblioteca local pueden tener algún CD–ROM o DVD que contenga información sobre el tema que investigas. Otros medios, como la televisión y la radio, también pueden ser buenas fuentes de información actualizada.

Cómo usar Internet

En Internet hay muchísima información. Si te conectas a Internet con una computadora, podrás leer documentos, ver imágenes y obras de arte, escuchar música, hacer un paseo virtual por un museo y leer sobre sucesos actuales. Recuerda que algunos sitios en Internet pueden contener errores o información incorrecta. Para obtener información correcta, asegúrate de visitar solamente sitios confiables, como los de museos y organismos gubernamentales. Además, trata de hallar dos o más sitios que tengan la misma información.

Planifica tu búsqueda

- Identifica el tema que investigarás.
- Haz una lista de preguntas que quieras responder sobre el tema.
- Haz una lista de palabras o expresiones clave que puedan usarse para escribir o hablar del tema.
- Busca buenos recursos en línea para encontrar las respuestas a tus preguntas.

Usar un motor de búsqueda

Un motor de búsqueda es un conjunto de sitios en Internet que se agrupan a partir de una palabra o un grupo de palabras clave. Existen numerosos motores de búsqueda. Puedes pedirle a un bibliotecario, a un maestro o a uno de tus padres que te sugiera qué motor de búsqueda usar.

Búsqueda por tema Para buscar por tema, usa un motor de búsqueda. Elige alguna de las palabras o expresiones de la lista que hiciste al planificar la búsqueda y escríbelas en la barra del motor de búsqueda que tienes en pantalla. Luego, haz un clic en BUSCAR (SEARCH) o IR (GO). Verás una lista de los sitios en Internet relacionados con el tema. Haz un clic en los sitios que consideres que te serán más útiles. Si los que aparecen en la lista no son suficientes, elige otra palabra clave o expresión relacionada con el tema y busca nuevamente.

Búsqueda por dirección Cada sitio en Internet tiene su propia dirección, que se conoce como localizador uniforme de recursos o, URL (*Uniform Resource Locator*). Para llegar a un sitio en Internet a través de su URL, simplemente escribe la dirección en el recuadro LUGAR/IR A (LOCATION/GO) que aparece en tu pantalla y haz clic en IR (GO) o presiona ENTER.

Dirección http:// www.harcourtschool.com

Usar marcadores La lista de marcadores es una herramienta que se usa para guardar y organizar direcciones URL. Si encuentras un sitio en Internet que te parece particularmente útil, puedes guardar su URL para regresar a esa dirección mas rápida y fácilmente en el futuro. Haz un clic en MARCADORES o FAVORITOS (BOOKMARKS or FAVORITES), en la parte superior de tu pantalla, y elige AGREGAR (ADD). Tu computadora copiará el URL y lo guardará.

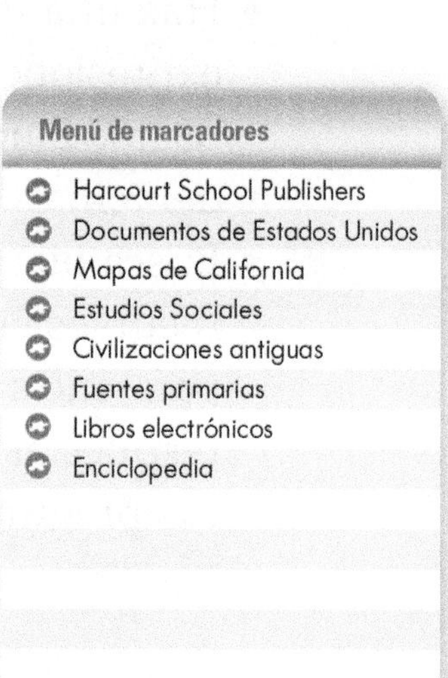

Recursos impresos

En las bibliotecas, los libros se ordenan mediante un sistema de números. Cada libro tiene su propio número, llamado número de catálogo. El número de catálogo indica en qué parte de la biblioteca se encuentra el libro. Algunos libros de referencia, como las enciclopedias, a menudo se hallan en una sección especial. En esa sección, cada libro está marcado con R o RE en el lomo, que indica *referencia*. La mayoría de esos libros solo pueden consultarse en la biblioteca. Muchas bibliotecas tienen también una sección especial de publicaciones periódicas, que incluye revistas y periódicos.

Almanaques

Un almanaque es un libro o un recurso electrónico que contiene datos sobre diferentes temas. Los temas están ordenados alfabéticamente en un índice, y muchos de los datos estadísticos que incluyen números y fechas se muestran a través de tablas o gráficas. Cada año se publican nuevos almanaques que tienen la información más actualizada.

Atlas

Un atlas es un libro de mapas que brinda información sobre lugares. Distintos tipos de atlas muestran diferentes lugares en distintas épocas. Tu maestro o tu bibliotecario pueden ayudarte a hallar el tipo de atlas que necesitas para tu investigación.

Diccionarios

El diccionario muestra la ortografía correcta de las palabras y da sus definiciones o significados. En inglés, también indica la pronunciación de las palabras, o sea, cómo decirlas en voz alta. Además, muchos diccionarios tienen listas de palabras extranjeras, abreviaturas, personajes conocidos y nombres de lugares.

demanda. 1: Petición. **2:** El deseo o necesidad de un producto o servicio.
dependiente. 1: El que depende de otro. **2:** Empleado de comercio.
depositar. 1: Poner dinero en una cuenta bancaria. **2:** Poner una cosa cuidadosamente en un sitio.

Entrada de diccionario

Enciclopedias

Una enciclopedia es un libro, o un conjunto de libros, que ofrece información sobre muchos temas distintos. Los temas están ordenados alfabéticamente. Una enciclopedia es una buena fuente de consulta para comenzar una investigación. Además de textos, las enciclopedias electrónicas a menudo tienen sonido y videoclips.

Capitol, United States, houses the United States legislative branch, or Congress. The Capitol building is in Washington, D.C., on Capitol Hill. The Capitol is a government building and a symbol of the United States. Visitors from different countries visit the Capitol each year. The public can go inside and see where the House of Representatives and the Senate meet.

In 1792 the government held a special contest. Architects from around the country competed to see whose design for the Capitol would be chosen. Amateur architect and doctor William Thornton submitted the winning entry. In 1793, construction of the Capitol began. Congress held its first meeting in the new Capitol in 1800. During the War of 1812, British troops set fire to the building in the year 1814. Congress could not return to the Capitol until 1819.

The Capitol is modeled on the architecture used by Romans. The Capitol's 540 rooms include offices and reception rooms. In these rooms are keepsakes from United States history and works of art from memorable artists. The center of the Capitol, also known as the Rotunda, is beneath the dome. It is more than 95 feet in diameter and 185 feet high. The large center dome is painted white to match the rest of the marble building. On top of the dome is the Statue of Freedom. The statue is a woman with a headdress of eagle feathers, holding a shield and sword.

Many state funerals for famous United States citizens, such as Abraham Lincoln and Ronald Reagan, have been held in the Rotunda under the dome ceiling. Painted in 1865, *The Apotheosis of George Washington* by an Italian painter Constantino Brumidi, decorates the dome ceiling.

To the north of the Rotunda is the Senate wing of the Capitol. This wing has rooms open to the public where visitors can watch the Senate in session. The old Supreme court chamber is also housed in this wing. The chamber looks much like it did in 1859. This is where the court met during 1810 to 1859. The President's room is also located on the Senate side. It is one of the most decorated rooms. Portraits of George Washington and a large bronze chandelier decorate this room.

South of the Rotunda is the House of Representatives' wing. Located in this wing are the House Chamber and the Statuary Hall. The House Chamber has rooms open to the public for viewing. The Statuary Hall contains statues of notable Americans. In 1857, an extension to the House wing was completed. Thomas Ustick Walter, co-founder of the American Institute of Architects, built it. Walter is responsible for the fireproof cast-iron dome on top of the building's center completed in 1866. It replaced the small wood-constructed dome built in 1824.

In 1962, architect J. George Stewart completed the eastward expansion of the Capitol's center. Today, the Capitol covers 4 acres and has five levels. It is part of the Capitol Complex.

The Capitol Complex consists of the United States Botanical Garden Conservatory, United States Supreme Court, office buildings for the House of Representatives and Senate, and the Library of Congress.

Chapter 1 · 217

Artículo de enciclopedia

Libros de no ficción

Un libro de no ficción contiene datos sobre personas, lugares y cosas reales. En una biblioteca, todos los libros de no ficción están ordenados por categorías de acuerdo con su número de catálogo. Para hallar el número de catálogo de un libro, se usa un fichero o un catálogo computarizado. El catálogo te permite buscar un libro por tema, autor o título.

Publicaciones periódicas

Las publicaciones periódicas aparecen con una frecuencia diaria, semanal o mensual. Son buenas fuentes para obtener información actualizada sobre temas que todavía no figuran en los libros. Muchas bibliotecas tienen una guía de artículos periodísticos, clasificados por tema. Dos de esas guías son: *Children's Magazine Guide* y *Readers's Guide to Periodical Literature.* Las entradas en las guías generalmente se ordenan alfabéticamente, por tema, autor o título.

Diccionarios de sinónimos

El diccionario de sinónimos contiene palabras que significan lo mismo o casi lo mismo que otra palabra. También incluye antónimos, es decir, palabras que significan lo contrario. El diccionario de sinónimos puede ayudarte a encontrar palabras que describan mejor tu tema y enriquezcan tu redacción.

MANUAL DE INVESTIGACIÓN

Recursos en la comunidad

En muchos casos, las personas de tu comunidad pueden darte información sobre el tema que estás investigando. A través de preguntas bien pensadas, puedes obtener valiosos datos, opiniones o puntos de vista. Antes de hablar con alguien, pídele siempre permiso a un maestro o a uno de tus padres.

Escuchar para obtener información

Es importante planificar las entrevistas que forman parte de tu investigación. Planificar te ayudará a reunir los datos que necesites. Sigue estos consejos mientras reúnes información de las personas de tu comunidad.

Antes

- Investiga más sobre el tema del que desees conversar.
- Piensa qué tipo de información te hace falta.
- Piensa en la mejor manera de reunir la información que necesites.
- Haz una lista de las personas a las que quieras entrevistar.
- Haz una lista de las preguntas que quieras hacer.

Durante

- Al hacer las preguntas, habla con voz clara y alta.
- Escucha atentamente. Asegúrate de estar obteniendo la información que necesitas. Tal vez se te ocurran preguntas nuevas a partir de lo que escuches.
- Sé cortés. No hables cuando la otra persona esté hablando.
- A medida que escuches, escribe con tus propias palabras las ideas y los detalles importantes. Tomar notas te ayudará a recordar lo que escuches.
- Anota las palabras exactas del entrevistado para poder incluir citas en tu reporte. Si es posible, usa una grabadora. Recuerda pedir permiso a tu entrevistado antes de grabar la conversación.

Después

- Agradece a la persona con la que hablaste.
- Más tarde, escríbele también una nota de agradecimiento.

Escribir para obtener información

Para obtener información, también puedes escribir a las personas de tu comunidad. Puedes enviarles un correo electrónico o una carta. Cuando escribas, ten presente las siguientes ideas:

- Escribe con letra clara o usa una computadora.
- Indica quién eres y por qué estás escribiendo.
- Verifica cuidadosamente tu ortografía y puntuación.
- Si escribes una carta, adjunta un sobre estampillado con tu nombre y dirección para que la persona pueda enviarte una respuesta.
- Dale las gracias a la persona.

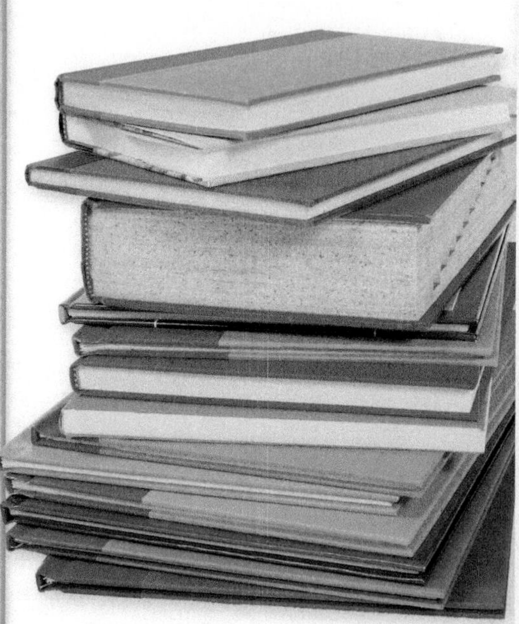

222 Central Avenue
Bakersfield, CA 93301
25 de octubre de 20– –

Secretaría de Turismo
At.: Sra. Stephanie Nguyen
123 Main Street
Sacramento, CA 94211

Estimada Sra. Nguyen:
Mi nombre es David Thomas y le escribo esta carta para saber si usted puede enviarme alguna información sobre lugares de interés turístico en el estado de California. Mi familia planea unas vacaciones para el próximo mes y nos gustaría visitar algunas de las atracciones de la zona norte del estado. Por favor, envíeme un folleto que detalle los paisajes de interés y un mapa de carreteras. Tengo entendido que ese es un servicio que ustedes brindan a quienes planean vacaciones en la región. Estoy entusiasmado con la idea de visitar esa zona del estado.

Gracias por su ayuda.
Atentamente,

David Thomas

David Thomas
222 Central Avenue
Bakersfield, CA 93301

Secretaría de Turismo
At.: Sra. Stephanie Nguyen
123 Main Street
Sacramento, CA 94211

Escribir reportes

Reportes escritos

Tu maestro puede pedirte que escribas un reporte sobre la información que has obtenido. Saber cómo redactar un reporte te ayudará a usar la información adecuadamente. Los siguientes consejos te ayudarán al escribir tu reporte.

Antes de escribir

- Elige una idea o tema principal.
- Piensa en preguntas acerca del tema. Las preguntas deberán ser claras y concentrarse en ideas específicas.
- Recopila información de más de una fuente. Puedes usar recursos impresos, recursos tecnológicos o recursos de la comunidad. Asegúrate de buscar las respuestas a tus preguntas.
- Toma apuntes de la información que encuentres.
- Revisa tus apuntes para asegurarte de que tienes la información necesaria. Anota ideas y detalles sobre el tema para incluirlos en tu reporte.
- Usa tus apuntes para hacer un esquema de la información que hallaste. Organiza tus ideas de manera que sean fáciles de entender.

Borrador

El edificio del capitolio de California

I. Dónde, cuándo y por qué se construyó el edificio del capitolio

A. El edificio del capitolio se construyó en Sacramento.

1. En 1849, la capital estaba en San Jose.
2. En 1852, la capital se trasladó de San Jose a Vallejo.
3. Más tarde, la capital se trasladó a Benicia, y luego a Sacramento.

B. La población de California aumentó y fue necesario construir un edificio para el capitolio.

1. Las personas querían un símbolo que representara al estado de California.
2. En 1854, el edificio de la legislatura estatal en Sacramento se convirtió en el nuevo edificio del capitolio.

C. En el edificio del capitolio se toman muchas decisiones importantes.

1. Los representantes del gobierno crean nuevas leyes.
2. Los funcionarios del gobierno se reúnen para tratar asuntos del estado de California.

D. Para ser un buen ciudadano es importante tener información acerca del capitolio del estado.

1. El edificio tiene información que todo el mundo debería saber.
2. Los ciudadanos votan para elegir a sus representantes.

Bibliografía

Hernandez, Elizabeth. *Sacramento Through the Years.* San Antonio, Texas: Old Alamo Press, 2004.

Wyatt, Adam. *The History of California.* Philadelphia, Pennsylvania: Scenic River Publishing, 2003.

Ficha bibliográfica

Wyatt, Adam. *The History of California.* Philadelphia, Pennsylvania: Scenic River Publishing, 2003, pág. 25.

San Jose fue la primera capital estatal de California. Más tarde, en 1854, el gobierno estatal se trasladó a Sacramento.

EL EDIFICIO DEL CAPITOLIO DE CALIFORNIA

Apuntes de la lectura	Apuntes de la clase
• La Legislatura de California se reunió por primera vez en el edificio del capitolio en 1869 • Los representantes del gobierno crean las leyes en el edificio del capitolio • Allí, los representantes del gobierno votan sobre asuntos que tratan • En 1849, la capital de California era San Jose • En 1852, la capital se trasladó a Vallejo • El edificio de la legislatura estatal en Sacramento se convirtió en el nuevo edificio del capitolio	• Los visitantes pueden recorrer las oficinas del fiscal general de California, del secretario de estado, del tesorero y del gobernador • Afuera del edificio hay una estatua de Junípero Serra • El edificio está rodeado por un jardín de 40 acres • La capital se trasladó de San Jose a Vallejo y finalmente a Sacramento, donde el edificio de la legislatura estatal se convirtió en el capitolio • El edificio del capitolio es un símbolo para los californianos • El capitolio se construyó a partir del edificio de la legislatura y estatal y se completó en cuatro años

Citar fuentes

Una parte importante de la investigación y la redacción es citar, o mencionar, las fuentes. Cuando citas una fuente, conservas un registro escrito de dónde obtuviste la información. La lista de fuentes forma la bibliografía. Una bibliografía es una lista de los libros, publicaciones periódicas y otras fuentes que usaste para obtener la información para tu reporte.

Escribir un borrador

- Usa tus apuntes y tu esquema para escribir un borrador de tu reporte. Ten presente que tu objetivo es dar la información.
- Escribe en forma de párrafos. Desarrolla tu tema a través de datos, detalles, ejemplos y explicaciones. Cada párrafo debe centrarse en una nueva idea.
- Formula todas tus ideas por escrito. Puedes corregir errores y hacer cambios en el paso siguiente.

Revisar

- Lee nuevamente tu borrador. ¿Tiene sentido? ¿Tiene una introducción, un desarrollo y una conclusión? ¿Has respondido todas tus preguntas?
- Vuelve a escribir las oraciones que sean poco claras o que estén mal expresadas. Cambia de lugar las oraciones que parezcan mal ubicadas.
- Cuando sea necesario, agrega detalles para respaldar tus ideas.
- Si hay demasiadas oraciones parecidas, acorta o alarga algunas para que tu reporte sea más atractivo.
- Revisa todas las citas para asegurarte de que hayas usado las palabras exactas del entrevistado y de que hayas anotado correctamente las fuentes.

Corregir y editar

- Revisa tu reporte para verificar que no contenga errores.
- Corrige los errores de ortografía, puntuación y uso de mayúsculas.

Publicar

- Haz una copia limpia y clara de tu reporte.
- Incluye ilustraciones, mapas o dibujos que ayuden a explicar el tema.

Borrador

Allison Cesareo
Estudios Sociales

Una historia del edificio del capitolio en Sacramento, California

El edificio del Capitolio de Sacramento California es un lugar muy importante. El edificio del capitolio es el sitio donde trabaja nuestro gobierno estatal para crear nuevas leyes. También es el sitio donde nuestros funcionarios de gobierno se reúnen para debati acerca de los asuntos importantes de California. Muchas personas ignoran la historia del edificio del capitolio porque se construyó mucho antes del nacimiento de la malloría de lo californianos de hoy. Existen muchos datos históricos interesantes acerca del edificio del capitalio de Sacramento, California. Es importante saber quién tomó la decisión de construirlo, dónde y cuándo se construyó y qué ocurre hoy en día en el edificio del capitolio.

Las oficinas de nuestro gobierno no siempre estuvieron ubicadas en el edificio del capitolio en Sacramento. Hace mucho tiempo, la capital de California estaba en San Jose en el año 1849. En 1852 la capital de California se trasladó desde San jose a Vallejo, Californ En esa época, Vallejo no era un buen lugar para un edificio del capitolio. Los trabajos de construcción tomaban mucho tiempo y eran bastante costosos. Entonces, en 1853, la capi se trasladó a Benicia y permaneció allí hasta que la ciudad de Sacramento ofreció el edific de la corte como sede para el nuevo capitolio. En 1854, la corte de Sacramento se converti en la nueva legislatura estatal. El edificio donde se realizó la primera reunión no es el mis donde actualmente funciona el capitolio. Cuando la capital se trasladó a Sacramento, los miembros de la legislatura estaban felices de poder contar con un lugar de reunión que fuera un símbolo del gran estado de California. Sin embargo, poco tiempo después la ciudad comenzó a crecer y, a medida que la población aumentaba, surgió la necesidad de construir un nuevo capitolio.

Copia final

Allison Cesareo
Estudios Sociales

Una historia del edificio del capitolio en Sacramento, California

El edificio del capitolio en Sacramento, California, es un lugar muy importante. El edificio del capitolio es el sitio donde trabaja nuestro gobierno estatal para crear nuevas leyes. También es el sitio donde nuestros funcionarios de gobierno se reúnen para debatir acerca de los asuntos importantes de California. Muchas personas ignoran la historia del edificio del capitolio porque se construyó mucho antes del nacimiento de la mayoría de los californianos de hoy. Existen muchos datos históricos interesantes acerca del edificio del capitolio, que está ubicado en Sacramento, California. Es importante saber dónde y cuándo se construyó y qué ocurre hoy en día en el edificio del capitolio.

Las oficinas de nuestro gobierno no siempre estuvieron ubicadas en el edificio del capitolio de Sacramento. En 1849, la capital de California estaba en San Jose. En 1852, la capital de California se trasladó desde San Jose a Vallejo, California. En esa época, Vallejo no era un buen lugar para un edificio del capitolio porque los trabajos de construcción tomaban mucho tiempo y eran bastante costosos. En 1853, la capital de California se trasladó a Benicia y permaneció allí hasta que la ciudad de Sacramento ofreció el edificio de la corte como sede para el nuevo capitolio. En 1854, la corte de Sacramento se convirtió en la nueva legislatura estatal. El edificio donde se realizó la primera reunión en 1854 no es el mismo donde actualmente funciona el capitolio.

Cuando la capital se trasladó a Sacramento, los miembros de la legislatura estaban felices de poder contar con un hermoso lugar de reunión que, además, fuera un símbolo del gran estado de California. Sin embargo, poco tiempo después, la ciudad comenzó a crecer y a medida que la población aumentaba, surgió la necesidad de construir un nuevo capitolio.

Marcas de corrección y sus significados	
Marca	**Significado**
∧	**Insertar palabra.**
∧,	**Insertar coma.**
¶	**Comenzar nuevo párrafo.**
≡ cap	**Usar letra mayúscula.**
℘	**Borrar.**
lc	**Usar letra minúscula.**

Presentaciones orales

A veces, pueden pedirte que hagas una presentación oral. Al igual que un reporte escrito, el propósito de una presentación oral es dar información. Estos consejos te ayudarán a preparar una presentación oral:

- Sigue los pasos enumerados en la sección "Antes de escribir" para reunir y organizar la información.
- Usa tus apuntes para planificar y organizar tu exposición. Incluye una introducción y una conclusión en tu reporte.
- Prepara tarjetas con apuntes que puedas consultar mientras hablas.
- Prepara recursos visuales tales como ilustraciones, diagramas, mapas u otros elementos gráficos que ayuden a los oyentes a comprender mejor el tema.
- Practica tu presentación.
- Asegúrate de hablar con voz clara y alta. Mantén el interés de tus oyentes utilizando expresiones faciales y movimientos de las manos.

Diccionario biográfico

El diccionario biográfico provee información acerca de muchas de las personas mencionadas en este libro. También incluye otros californianos famosos que pueden interesarte. Los nombres están ordenados alfabéticamente por apellido. Después de cada nombre, encontrarás las fechas de nacimiento y muerte de la persona, si estas fechas se conocen. Si la persona todavía vive, solo se señala su fecha de nacimiento. Luego aparece una breve descripción de sus logros principales. A continuación está el número de la página donde se encuentra la información más importante de la persona (en el Índice puedes ver otras páginas de referencia). Los nombres que aparecen en la parte superior de cada página te ayudarán a encontrar más rápido el nombre que buscas.

DICCIONARIO BIOGRÁFICO

A

Abdul-Jabbar, Kareem *1947–* Estrella de básquetbol que jugó en la Universidad de California, Los Ángeles, y en Los Angeles Lakers.

Abiko, Kyutaro *1865–1936* Fundador de la colonia Yamato en el valle Central, una comunidad agrícola de 3,000 acres para inmigrantes japoneses. pág. 315

Adams, Ansel *1902–1984* Fotógrafo reconocido por sus imágenes del Oeste y de la sierra Nevada. pág. 444

Allensworth, Allen *1842–1914* Uno de los fundadores de Allensworth, un pueblo establecido por afroamericanos. pág. 321

Anza, Juan Bautista de *1736–1788?* Soldado español que guió a los colonos por una nueva ruta terrestre hasta Alta California en 1774. pág. 122

Asisara, Lorenzo *1819–?* Indio de California, nacido y criado en la misión de Santa Cruz. pág. 152

Austin, Mary *1868–1934* Escritora estadounidense que se mudó a California en 1888. pág. 317

B

Baca, Judith *1946–* Artista que realizó un mural titulado *The Great Wall of Los Angeles* durante las décadas de 1970 y 1980. pág. 440

Bartleson, John Líder, junto con John Bidwell, de la expedición Bartleson–Bidwell. En 1841, este fue el primer grupo de colonos estadounidenses en llegar a California por tierra. pág. 200

Beckwourth, James *1798–1866* Explorador y trampero; durante las décadas de 1830 y 1840 viajó varias veces por tierra a California. El paso Beckwourth lleva su nombre. pág. 195

Bering, Vitus *1681–1741* Explorador danés que navegó al servicio de Rusia; descubrió que América del Norte y Asia eran continentes separados. pág. 119

Bidwell, John *1819–1900* Líder de la expedición Bartleson–Bidwell, junto con John Bartleson. En 1841, este fue el primer grupo de colonos estadounidenses en llegar a California por tierra. pág. 200

Bono, Sonny *1935–1998* Cantante y compositor que fue elegido alcalde de Palm Springs y, más tarde, miembro de la Cámara de Representantes de Estados Unidos.

Boxer, Barbara *1940–* Senadora de Estados Unidos por California; elegida por primera vez en 1992. pág. 464

Bradley, Thomas *1917–1998* Primer alcalde afroamericano de Los Angeles; ocupó su cargo entre 1973 y 1993.

Brannan, Samuel *1819–1889* Empresario de San Francisco; fue el primero en anunciar el descubrimiento de oro en California, en 1848. pág. 227

Brathwaite Burke, Yvonne W. *1932–* Primera mujer afroamericana en la Asamblea Estatal de California, en 1966; primera mujer afroamericana de California en ser elegida para la Cámara de Representantes de Estados Unidos, en 1972; fue elegida supervisora del condado Los Angeles en 1992. pág. 403

Briones de Miranda, Juana *1802?–1889* Propietaria del Rancho La Purísima Concepción, en las cercanías de San Jose, durante el período del dominio mexicano. pág. 169

Brubeck, Dave *1920–* Célebre pianista de jazz de Concord; formó el grupo Dave Brubeck Quartet. pág. 441

Burbank, Luther *1849–1926* Científico que mezcló semillas de diferentes plantas para crear nuevas y mejores variedades. La ciudad de Burbank lleva su nombre. pág. 304

Burnett, Peter H. *1807–1895* Primer gobernador de California, de 1849 a 1851. pág. 249

Butterfield, John *1801–1869* Fundador del primer servicio regular de correo entre California y el Este. pág. 280

C

Cabrillo, Juan Rodríguez *1499?–1543* Explorador español; llegó a la bahía de San Diego en 1542. pág. 112

Carlos III *1716–1788* Rey español; ordenó la colonización de Alta California en la década de 1760. pág. 118

Carson, Kit *1809–1868* Explorador que condujo a John C. Frémont a California. El paso Carson, en la sierra Nevada, lleva su nombre. pág. 214

Castro, José *1810?–1860?* General a cargo del ejército mexicano en California durante la revuelta de la Bandera del Oso. pág. 209

Cermeño, Sebastián Rodríguez Comerciante español que navegó desde las Filipinas hasta California en 1595. pág. 114

Chaffey, George *1848–1932* Ingeniero; trabajó en los sistemas de irrigación del sur de California a finales del siglo XIX y comienzos del siglo XX. pág. 305

Chávez, César *1927–1993* Líder sindical y organizador del Sindicato de Trabajadores Agrícolas. pág. 405

Clappe, Louise *1819–1906* Escritora; escribió una serie de cartas donde describió su vida como mujer en un campamento minero durante la fiebre del oro. pág. 233

Cook, James *1728–1779* Explorador inglés que navegó por el mundo y cartografió las costas del este de Canadá, Australia, Nueva Zelanda y el oeste de América del Norte. pág. 119

Cortés, Hernán *1485–1547* Conquistador español; derrotó a los aztecas y se posesionó de Baja California en nombre de España. pág. 111

Crespí, Juan *1721–1782* Misionero y explorador español; junto con Junípero Serra, viajó a California a finales de la década de 1760 y comienzos de la década de 1770. pág. 120

Crocker, Charles *1822–1888* Miembro de los "Big four" grupo que administró las compañías de ferrocarril Central Pacific y Southern Pacific durante la segunda mitad del siglo XIX. pág. 288

D

Dana, Richard Henry *1815–1882* Autor del libro *Two Years Before the Mast,* donde relataba sus viajes a California. pág. 160

Davis, Gray *1942–* Gobernador de California elegido en 1998; en 2003 se convirtió en el primer gobernador en ser destituido. pág. 475

Davis, William *1822–1909* Empresario y escritor, autor de *Sixty Years in California,* publicado en 1889. pág. 165

DiMaggio, Joe *1914–1999* Jugador profesional de béisbol, originario de Martinez. Jugó en el equipo New York Yankees.

Disney, Walt *1901–1966* Creador de dibujos animados y personajes populares para niños. En 1955, construyó Disneylandia, en Anaheim. pág. 443

Doheny, Edward *1856–1935* Descubrió petróleo en Los Angeles en 1892. pág. 324

Donner, Eliza *1843–1922* Hija de George Donner; viajó a California con el grupo Donner y luego escribió acerca de su travesía. pág. 205

Donner, George *1784–1847* Líder de la expedición del grupo Donner, que viajó desde Missouri hasta California en 1846. pág. 202

Donner, Jacob *1790–1846* Junto con su hermano George Donner lideró la expedición del grupo Donner. pág. 202

Doolittle, James *1896–1993* General del ejército de Estados Unidos nacido en Alameda; recibió la Medalla de Honor del Congreso. pág. 383

Douglas, Donald *1892–1981* Fundador de una compañía de aviación en Los Angeles, en 1920.

Drake, Francis *1543?–1596* Primer explorador inglés en llegar a la costa del Pacífico de las Américas y a lo que hoy es California. pág. 113

Duncan, Isadora *1878–1927* Bailarina estadounidense originaria de San Francisco. pág. 441

Eastwood, Clint *1930–* Actor y director de cine; ocupó el cargo de alcalde de Carmel desde 1986 hasta 1988.

Echeandía, José María *?–1855* Gobernador de California bajo el dominio mexicano, desde 1824 hasta 1831. pág. 192

Espinosa, Fermina *1779?–1865?* Propietaria de un rancho en California.

Eu, March Fong *1927–* Primera mujer asiática americana en ser elegida para la Asamblea Estatal de California, en 1966.

F

Feinstein, Dianne *1933–* Senadora de Estados Unidos por California, elegida por primera vez en 1992. Ocupó el cargo de alcaldesa de San Francisco desde 1978 hasta 1988. pág. 464

Field, Stephen J. *1816–1899* Magistrado de la Corte Suprema de California. pág. 465

Figueroa, José *1792?–1843?* Gobernador de California bajo el dominio mexicano, desde 1833 hasta 1835. pág. 152

Frémont, Jessie Ann Benton *1824–1902* Esposa del explorador John C. Frémont; le ayudó a escribir un popular libro acerca del oeste de Estados Unidos. pág. 201

Frémont, John C. *1813–1890* Explorador del oeste de Estados Unidos en la década de 1840. Más tarde, fue líder de la revuelta de la Bandera del Oso, y uno de los dos primeros senadores de Estados Unidos por California. Candidato presidencial en 1856. pág. 201

Fry, Johnny *1840–1863* Primer jinete del Pony Express en viajar de este a oeste. pág. 281

Gálvez, José de *1729–1787* Funcionario del gobierno de la Nueva España; envió expediciones a las bahías de San Diego y Monterey en 1769. pág. 120

Gehry, Frank O. *1929–* Arquitecto de Santa Monica. Diseñó numerosos edificios importantes, incluyendo la sala de conciertos Walt Disney, en Los Angeles. pág. 442

George, Ronald M. *1940–* Presidente de la Corte Suprema de California, designado en 1996. pág. 474

Giannini, Amadeo Pietro *1870–1949* Banquero; su banco se convirtió en el que actualmente es uno de los más grandes del mundo. pág. 332

Gibbs, Mifflin *1823–1915* Fundador del *Mirror of the Times,* el primer periódico de California propiedad de afroamericanos. pág. 240

Gillespie, Archibald Marino de Estados Unidos; junto con John C. Frémont, se convirtió en líder de los Abanderados del Oso. pág. 214

Gonzales, David M. *1923–1945* Originario de Pacoima, recibió la Medalla de Honor del Congreso. pág. 383

Gwin, William M. *1805–1885* Uno de los dos primeros senadores de Estados Unidos por California; ejerció desde 1850 hasta 1855 y desde 1857 hasta 1861. pág. 250

Hallidie, Andrew Smith *1836–1900* Inventor del tranvía. pág. 340

Hamilton, Billy Primer jinete del Pony Express en viajar de oeste a este a través de la sierra Nevada. pág. 281

Hearst, Phoebe Apperson *1842–1919* Una de las fundadoras de la organización National PTA; madre de William Randolph Hearst.

Hearst, William Randolph *1863–1951* Político y editor del *Examiner,* un periódico de San Francisco.

Hidalgo y Costilla, Miguel 1753–1811 Sacerdote mexicano. Su discurso de 1810, conocido como el *Grito de Dolores,* marcó el comienzo de la guerra por la independencia de México. pág. 149

Hoover, Herbert *1874–1964* Trigésimo primer presidente de Estados Unidos; residente de California. pág. 465

Hopkins, Mark *1813–1878* Miembro de los "Big four", grupo que administró las compañías de ferrocarril Central Pacific y Southern Pacific durante la segunda mitad del siglo XIX. pág. 288

Hoya, Oscar de la *1973–* Boxeador de la zona este de Los Angeles; obtuvo una medalla de oro en los juegos olímpicos de 1992.

Huerta, Dolores *1930–* Líder sindical y organizadora del Sindicato de Trabajadores Agrícolas. pág. 402

Hughes, Howard *1905–1976* Piloto e importante líder empresarial de la aviación de California.

Huntington, Collis P. *1821–1900* Miembro de los "Big four", grupo que administró las compañías de ferrocarril Central Pacific y Southern Pacific durante la segunda mitad del siglo XIX. pág. 288

Ishi *1861?–1916* Considerado como el último sobreviviente de los yahi, una tribu de indios de California. pág. 93

Jackson, Helen Hunt *1830–1885* Escritora; en la década de 1880 hizo notar el maltrato que el gobierno de Estados Unidos daba a los indios americanos.

Jackson, Odis Abogado afroamericano; protestó cuando un constructor se rehusó a venderle una casa en un nuevo barrio de Los Angeles, en 1963. pág. 491

Jobs, Steven *1955–* Diseñador de computadoras; junto con Steven Wozniak, fundó una exitosa compañía de computadoras personales en Silicon Valley, en 1976. pág. 397

Johnson, Hiram *1866–1945* Gobernador de California entre 1911 y 1917, y senador de Estados Unidos de 1917 a 1945. pág. 358

José, Nicolás Indio californiano; en 1785 lideró una rebelión en la misión de San Gabriel. pág. 136

Joyner-Kersee, Jackie *1962–* Graduada de la Universidad de California, en Los Angeles; obtuvo la medalla de oro en el pentatlón y salto en largo en los juegos olímpicos de 1988 y en el heptatlón en los juegos olímpicos de 1992.

Judah, Theodore D. *1826–1863* Ingeniero que fundó la compañía de ferrocarril Central Pacific y trazó los planos de la ruta del primer ferrocarril transcontinental. pág. 287

Kaiser, Henry *1882–1967* Líder empresarial; en sus astilleros se construyeron muchos de los barcos que usaron las fuerzas armadas de Estados Unidos durante la Segunda Guerra Mundial. pág. 380

Kearny, Stephen Watts *1794–1848* General del ejército de Estados Unidos durante la guerra entre México y Estados Unidos. pág. 214

Keith, William *1839–1911* Artista escocés famoso por sus cuadros del valle de Yosemite. pág. 317

Kennedy, Anthony *1936–* Magistrado de la Corte Suprema de Estados Unidos, originario de Sacramento. pág. 465

Kientepoos, jefe *1837?–1873* Jefe de los indios modoc, también conocido como capitán Jack. pág. 320

King, Martin Luther, Jr. *1929–1968* Líder afroamericano del Movimiento por los derechos civiles. Luchó para poner fin a la segregación a través de protestas pacíficas. pág. 400

Kwan, Michelle *1980–* Patinadora artística originaria de Torrance.

Lange, Dorothea *1895–1965* Fotógrafa reconocida por sus retratos de familias y trabajadores migratorios tomadas durante la década de 1930. pág. 375

Leidesdorff, William *1810–1848* Afroamericano que construyó el primer hotel en San Francisco y ayudó a fundar la primera escuela en la década de 1840.

Lockheed, Allan *1889–1969* Junto con su hermano Malcolm y John K. Northrop, fundó una compañía de aviación en California a comienzos del siglo XX.

Lockheed, Malcolm *1887–1958* Junto con su hermano Allan y John K. Northrop, fundó una compañía de aviación en California a comienzos del siglo XX.

London, Jack *1876–1916* Autor originario de San Francisco; escribió relatos de aventuras, incluyendo *The Call of the Wild*. pág. 441

López, Nancy *1957–* Jugadora profesional de golf; originaria de Torrance.

Lu Ng Inmigrante de China que llegó a California durante la fiebre del oro. pág. 229

M

Marsh, John *1799–1856* Pionero estadounidense; se estableció en Los Angeles en 1836. pág. 200

Marshall, James *1810–1885* Carpintero de Sutter's Mill; en 1848, aseguró haber sido el primero en descubrir oro en el lugar, hecho que provocó la fiebre del oro de California. pág. 227

Martin, Glenn *1886–1955* Construyó la primera fábrica de aviones de California, en Santa Ana, en 1909. pág. 363

Mason, Biddy *1818–1891* Nació siendo esclava y se convirtió en una de las afroamericanas más adineradas de Los Angeles a finales del siglo XIX. Donó mucho de su dinero y tiempo para ayudar a otros. pág. 253

Mayer, Louis B. *1885–1957* Propietario de un estudio cinematográfico en Los Angeles que después se convirtió en el estudio Metro-Goldwyn-Mayer, o MGM. pág. 365

Maynard, Robert *1937–1993* Propietario del *Oakland Tribune* durante la década de 1980; fue el primer afroamericano dueño de un importante periódico metropolitano de Estados Unidos.

Megquier, Mary Jane Una de "los del cuarenta y nueve", que llegó a California con su esposo, Thomas, en busca de oro. pág. 240

Mendez, Sylvia *1936–* Su demanda judicial puso fin a la segregación en las escuelas de California. pág. 401

Molina, Gloria *1948–* Primera mujer hispana en ser elegida para la Asamblea Estatal de California, en 1982, y para el consejo municipal de Los Angeles en 1987.

Morgan, Julia *1872–1957* Arquitecta de San Francisco que diseñó el castillo Hearst en San Simeon. pág. 442

Morrow, Irving *1884–1952* Uno de los diseñadores del puente Golden Gate.

Morse, Samuel F. B. *1791–1872* Inventor; desarrolló el telégrafo y el código Morse. pág. 284

Muir, John *1838–1914* Líder naturalista y conservacionista. pág. 25

Mulholland, William *1855–1935* Ingeniero que diseñó el acueducto de Los Angeles. pág. 325

N

Nahl, Charles Christian *1818–1878* Pintor nacido en Alemania, famoso por recrear la vida en las minas de oro de California. También diseñó el oso que aparece en la bandera del estado de California. pág. 317

Neve, Felipe de *1728–1784* Gobernador de Alta California de 1777 a 1782. pág. 130

Ng Poon Chew *1866–1931* Inmigrante chino; estableció el primer periódico escrito en chino en California.

Nixon, Richard *1913–1994* Trigésimo séptimo presidente de Estados Unidos, nacido en Yorba Linda. pág. 465

Noguchi, Isamu *1904–1988* Escultor de Los Angeles. pág. 440

Nolan, Mae Ella *1886–1973* Primera mujer de California elegida para la Cámara de Representantes de Estados Unidos; elegida en 1922.

Northrop, John K. *1895–1981* Junto con los hermanos Lockheed, fundó una compañía de aviación en California a principios del siglo XX.

Ochoa, Ellen *1958–* Astronauta de Los Angeles; voló en el transbordador espacial *Discovery* en 1993.

Pattie, James Ohio *1804–1850?* Explorador que viajó a California con su padre, Sylvester Pattie. pág. 193

Pattie, Sylvester Explorador que viajó a California con su hijo, James Ohio Pattie. pág. 193

Patton, George *1885–1945* General del ejército de Estados Unidos, nacido en San Gabriel.

Pelosi, Nancy *1940–* Miembro de la Cámara de Representantes de Estados Unidos por California; primera mujer en liderar un partido político importante en el Congreso.

Pico, Andrés *1810–1876* General californio durante la guerra entre México y Estados Unidos. pág. 216

Pico, Pío *1801–1894* Último gobernador mexicano de Alta California; ejerció de 1845 a 1846. Hermano de Andrés Pico. pág. 158

Polk, James K. *1795–1849* Undécimo presidente de Estados Unidos. pág. 207

Portolá, Gaspar de *1723?–1784?* Capitán del ejército y funcionario del gobierno español; en 1769, lideró una expedición a Alta California para establecer colonias. pág. 120

R

Reagan, Ronald *1911–2004* Cuadragésimo presidente de Estados Unidos. Residente de California, también fue gobernador del estado de 1967 a 1975. pág. 477

Reed, Virginia *1833–1921* Hija de James Reed, uno de los líderes del grupo Donner. pág. 203

Ride, Sally *1951–* Astronauta originaria de Encino. Primera mujer estadounidense en viajar al espacio, en 1983, en el transbordador espacial *Challenger.* pág. 397

Riley, Bennett *1787–1853* General militar y gobernador de California cuando la región se independizó de México; convocó a una asamblea donde se tomaron decisiones sobre el futuro de California, contribuyendo así a que California se convirtiera en estado. pág. 247

Rivera, Diego *1886–1957* Artista mexicano conocido por sus murales, incluyendo aquellos que pintó para el San Francisco's Art Institute y el City College.

Rivera y Moncada, Fernando *1711?–1782?* Capitán del ejército español; en 1769, lideró una expedición a Alta California para establecer colonias. pág. 120

Robinson, John (Jackie) *1919–1972* Atleta de la Universidad de California en Los Angeles; en 1947 se convirtió en el primer afroamericano en jugar en las ligas mayores de béisbol. pág. 401

Rodia, Simon (Sam) *1879–1965* Artista que en la década de 1920 construyó las torres de Watts en el barrio Watts, en Los Angeles. pág. 426

Roosevelt, Franklin D. *1882–1945* Trigésimo segundo presidente de Estados Unidos. pág. 373

Roosevelt, Theodore *1858–1919* Vigésimo sexto presidente de Estados Unidos. pág. 329

Roybal-Allard, Lucille *1941–* Primera mujer hispana de California elegida para la Cámara de Representantes de Estados Unidos; elegida en 1992.

Ruíz, Bernarda *1802–1880* Mujer californiana que convenció a John C. Frémont de no castigar a los californios que habían luchado contra los estadounidenses en la guerra entre México y Estados Unidos. pág. 216

Russell, William H. Fundador del Pony Express.

Ryan, T. Claude *1898–1982* Constructor del avión *Spirit of St. Louis,* que usó Charles Lindbergh para cruzar el océano Atlántico en 1927.

S

Sánchez, José Bernardo *1778–1831* Jefe de la misión de San Gabriel que recibió al explorador Jedediah Strong Smith a finales de la década de 1820. pág. 192

Saroyan, William *1908–1981* Escritor armenio americano, originario de Fresno. pág. 441

Saund, Dalip Singh *1899–1973* Primer estadounidense de origen asiático en ser elegido para el Congreso de Estados Unidos; ejerció su cargo de 1957 a 1963. pág. 403

Schwarzenegger, Arnold *1947–* Gobernador de California, elegido en 2003 para reemplazar al gobernador destituido Gray Davis. Actor de Hollywood y culturista profesional. pág. 475

Seidner, Cheryl A. *1950–* Líder india americana; en 1996 fue elegida presidenta de la tribu wiyot. pág. 89

Semple, Robert Delegado de la primera Asamblea Constituyente de California en 1849. pág. 447

Serra, Junípero *1713–1784* Sacerdote español que fundó numerosas misiones en California entre 1769 y 1784. pág. 123

Severance, Caroline *1820–1914* Líder del movimiento por los derechos de la mujer en California. pág. 359

Shima, George *1865–1926* Inmigrante japonés que se conoció como el "rey de la papa" porque producía la mayoría de las papas que se cultivaban en California a comienzos del siglo XX. pág. 307

Sloat, John D. *1781–1867* Comandante de la armada de Estados Unidos durante la guerra entre México y Estados Unidos; se apoderó de la ciudad de Monterey. pág. 213

Smith, Jedediah Strong *1799–1831* Explorador y trampero; viajó por tierra hasta California a finales de la década de 1820. pág. 192

Solá, Pablo Vicente de *1761?–1826?* Último gobernador español de California antes de la guerra por la independencia de México. pág. 151

Stanford, Leland *1824–1893* Miembro de los "Big four", grupo que administró las compañías de ferrocarril Central Pacific y Southern Pacific durante la segunda mitad del siglo XIX. También fue gobernador de California de 1862 a 1863. pág. 288

Stearns, Abel *1789–1871* Uno de los primeros colonos de California. pág. 199

Steinbeck, John *1902–1968* Autor originario de Salinas; en su novela *Las uvas de la ira,* describió las experiencias de los inmigrantes que viajaban a California. pág. 371

Stockton, Robert F. *1795–1866* Oficial del ejército de Estados Unidos durante la guerra entre México y Estados Unidos. pág. 214

Strauss, Joseph B. *1870–1938* Ingeniero estadounidense; diseñó y supervisó la construcción del puente Golden Gate. pág. 373

Strauss, Levi *1830–1902* Inmigrante alemán que llegó a California durante la fiebre del oro; hizo fortuna vendiendo a los mineros pantalones de lona y más tarde de dril de algodón. pág. 238

Strong, Harriet Russell *1844–1929* Californiana que trabajó para mejorar los cultivos de California. pág. 304

Sutter, John Augustus *1803–1880* Inmigrante suizo que fundó el Fuerte Sutter en el valle Central. En 1848 se descubrió oro cerca de su aserradero. pág. 199

Tac, Pablo *1822–1841* Indio luiseño; escribió un diario acerca de su vida en la misión de San Luis Rey. pág. 138

Tan, Amy *1952–* Autora chino americana originaria de Oakland. pág. 441

Tibbets, Eliza *1825–1898* Productora de naranjas; sus naranjas sin semillas impulsaron la industria de los cítricos de California a finales del siglo XIX. Esposa de Luther Calvin Tibbets. pág. 303

Tibbets, Luther Calvin Productor de naranjas; sus naranjas sin semillas impulsaron la industria de los cítricos de California a finales del siglo XIX. Esposo de Eliza Tibbets. pág. 303

Toypurina *1761–1799* Mujer gabrielina que alentó a los indios a rebelarse en la misión de San Gabriel. pág. 136

Uchida, Yoshiko *1921–1992* Autora estadounidense de origen japonés nacida en Berkeley. En el libro *The Invisible Thread,* escribió acerca de sus experiencias en un campo de reasentamiento durante la Segunda Guerra Mundial.

Valdez, Luis *1940–* Director y dramaturgo; fundó El Teatro Campesino y es considerado el padre del teatro mexicano americano.

Vallejo, Mariano *1808–1890* Propietario de un rancho en California y general mexicano que se rindió ante los Abanderados del Oso en 1846. pág. 159

Vischer, Edward Trabajador de un rancho; vivió en California durante el período del gobierno mexicano. pág. 166

Vizcaíno, Sebastián *1550?–1616* Explorador español que navegó hasta la bahía de Monterey a principios del siglo XVII y recomendó establecer colonias españolas allí. pág. 114

Vuich, Rose Ann Primera mujer en el Senado Estatal de California, elegida en 1976.

W

Walker, Joseph Reddeford *1798–1876* Explorador; en 1834, descubrió una ruta a través de las montañas de la sierra Nevada, conocida más tarde como paso Walker. pág. 194

Warren, Earl *1891–1974* Gobernador de California de 1943 a 1953; presidente de la Corte Suprema de Estados Unidos entre 1953 y 1969. pág. 465

Watson, Diane E. *1933–* Primera mujer afroamericana en el Senado Estatal de California, elegida en 1978.

Wayne, John *1907–1979* Actor; conocido por sus actuaciones en películas de vaqueros. pág. 439

Wiggin, Kate Douglas *1856–1923* Maestra y escritora; en 1878 fundó el primer jardín de niños gratuito en San Francisco. pág. 317

Williams, Paul R. *1894–1980* Arquitecto del sur de California; diseñador del edificio Theme, en el Aeropuerto Internacional de Los Angeles. pág. 442

Williams, Serena *1981–* Jugadora profesional de tenis; creció en Compton, California.

Williams, Venus *1980–* Jugadora profesional de tenis; creció en Compton, California.

Wozniak, Steven *1950–* Diseñador de computadoras; junto con Steven Jobs, fundó en 1976 una exitosa compañía de computadoras personales en Silicon Valley. pág. 397

Yamaguchi, Kristi *1971–* Patinadora sobre hielo nacida en Fremont; obtuvo una medalla de oro en los juegos olímpicos de 1992.

Yeager, Chuck *1923–* Piloto de pruebas de la Fuerza Aérea de Estados Unidos; en 1947 se convirtió en el primer piloto en volar a velocidades supersónicas en la Base Edwards de la Fuerza Aérea, en California. pág. 396

Yee Fung Cheung *1825?–1907* Inmigrante chino que se convirtió en un herbolario muy respetado en California durante la segunda mitad del siglo XIX. pág. 293

Young, Ewing *1792?–1841* Trampero y explorador; ayudó a desarrollar el Antiguo Sendero Español a comienzos de la década de 1830. pág. 194

Diccionario geográfico

El diccionario geográfico te ayudará a ubicar los lugares que se mencionan en este libro. Los nombres de los lugares están ordenados alfabéticamente. Después de cada nombre se ofrece una breve descripción del lugar y se indica su ubicación absoluta, es decir, su latitud y su longitud. Finalmente, aparece el número de página donde podrás ubicar cada lugar en un mapa. Las palabras que aparecen en la parte superior de cada página te ayudarán a encontrar más fácilmente el nombre del lugar que buscas.

A

Alameda Ciudad construida en una isla; importante puerto del área de la bahía de San Francisco. (38°N, 122°O) pág. 432

Alcatraz, isla de Isla en la bahía de San Francisco; sitio de una antigua prisión donde se realizó una protesta por los derechos civiles de los indios. pág. 315

Almanor, lago Lago del noreste de California. pág. R15

Alta California La parte superior de California; nombre usado por los españoles para describir la franja de tierra que controlaban en la costa del océano Pacífico y arriba de Baja California. pág. 113.

Alturas Ciudad en el noreste de California; capital del condado Modoc. (41°N, 121°O) pág. 39

American, río Afluente del río Sacramento. pág. 27

Anaheim Extensa ciudad del suroeste de California. (34°N, 118°O) pág. 17

Angel, isla Isla ubicada en la bahía de San Francisco, antiguo centro de llegada de inmigrantes; parque estatal desde 1963. pág. 315

Antiguo Sendero Español Sendero que se extendía desde Santa Fe, New Mexico, hasta el sur de California. pág. 202

Auburn Ciudad del este de California, al noreste de Sacramento; capital del condado Placer. (39°N, 121°O) pág. R14

B

Baja California La parte inferior de California; península del noroeste de México que limita con el sur de California. pág. 113

Bakersfield Ciudad en el valle de San Joaquin; capital del condado Kern. (35°N, 119°O) pág. 17

Barstow Ciudad del sur de California. (35°N, 117°O) pág. 39

Bear, río Afluente del río Feather. pág. 232

Beckwourth, Paso Paso de montaña que atraviesa la sierra Nevada; recibió su nombre en honor al explorador James Beckwourth. pág. 202

Berkeley Ciudad de la zona de la bahía de San Francisco; sitio donde está ubicada la Universidad de California. (38°N, 122°O) pág. 335

Berryessa, lago Lago del norte de California. pág. R15

Big Pine Pueblo en el valle del Owens. (37°N, 118°O) pág. 326

Bishop Ciudad del este de California, en el valle del Owens. (37°N, 118°O) pág. 326

Blythe Ciudad del sureste de California, cerca del río Colorado. (34°N, 115°O) pág. 399

Bodega, bahía de Pequeño puerto natural en la costa de California, al norte de San Francisco. pág. 160

Brawley Ciudad en el valle Imperial. (33°N, 116°O) pág. 305

Bridgeport Aldea del este de California; capital del condado Mono. (38°N, 119°O) pág. R14

Burbank Ciudad al norte de Los Angeles. (34°N, 118°O) pág. R14

C

Calexico Ciudad del sur de California, en la frontera con México. (33°N, 115°O) pág. 305

California, golfo de Parte del océano Pacífico situada frente a la costa noroeste de México. pág. 113

Cascadas, cordillera de las Cadena montañosa que se extiende al norte de la sierra Nevada. pág. 20

Central, valle Una de las cuatro regiones naturales de California. pág. 20

Channel, islas Grupo de ocho islas ubicadas frente a la costa sur de California. pág. 20

Chico Ciudad del norte de California, al norte de Sacramento; sede de la Universidad Estatal de California. (40°N, 122°O) pág. 17

Chocolate, montes Cadena montañosa del sur de California, en el valle Imperial. pág. 305

Clair Engle, lago Lago del noroeste de California. (41°N, 123°O) pág. R15

Clear, lago Lago del norte de California. (39°N, 123°O) pág. R15

Coachella Ciudad del sureste de California. (34°N, 116°O) pág. 305

Coachella, valle de Valle en la región desértica de California. pág. R15

Coloma Pueblo a orillas del río American. (39°N, 121°O) pág. 232

Colorado, desierto de Desierto al sur del desierto de Mojave. pág. 20

Colorado, río Río que fluye desde Colorado hasta el golfo de California; forma una parte del límite entre California y Arizona. pág. 20

Colusa Ciudad en la parte norte del centro de California, a orillas del río Sacramento, capital del condado Colusa. (39°N, 122°O) pág. R14

Conception, punta Faja de tierra que se interna en el océano Pacífico; ubicada al sur del condado Santa Barbara. pág. 113

Coronel Allensworth, Parque Histórico Estatal Parque histórico estatal situado en Allensworth, un pueblo fundado por el coronel Allen Allensworth en 1908; único pueblo de California fundado y gobernado por afroamericanos. pág. 319

Costera, cordillera Numerosas cadenas montañosas pequeñas que se extienden a lo largo de la costa de California, hacia el norte, hasta Oregon y Washington. pág. 20

Cosumnes, río Afluente del río Mokelumne. pág. 232

Crescent City Ciudad en la costa noroeste de California; capital del condado Del Norte. (42°N, 124°O) pág. 17

Cuyama, río Río del sur de California. pág. R15

Death Valley El punto más bajo de California y del hemisferio occidental; ubicado a 282 pies bajo el nivel del mar. pág. 27

Death Valley, Parque Nacional Parque nacional situado en el este de California. pág. 469

Delano Pueblo situado en el valle Central. (36°N, 119°O) pág. 399

Diablo, montes Una de las cadenas montañosas que forman parte de la cordillera Costera. pág. R15

Downieville Pueblo del noreste de California, al noreste de Sacramento; capital del condado Sierra; originalmente era un pueblo minero. (40°N, 121°O) pág. 232

Dust Bowl Región que comprende partes de Oklahoma, Texas, Kansas, Colorado y New Mexico, y que sufrió una gran sequía y tormentas de polvo en la década de 1930. pág. 370

Eagle, lago Lago del norte de California. pág. R15

Eel, río Río del noroeste de California. pág. 63

El Camino Real Sendero que conectaba las misiones y presidios de Alta California. pág. 127

El Centro Ciudad del extremo sureste de California; capital del condado Imperial. (33°N, 116°O) pág. 305

Escondido Ciudad del extremo suroeste de California, al norte de San Diego. (33°N, 117°O) pág. 95

Eureka Ciudad ubicada en la costa noroeste de California; capital del condado Humboldt. (41°N, 124°O) pág. 17

Fairfield Ciudad de la parte central de California, al suroeste de Sacramento; capital del condado Solano. (38°N, 122°O) pág. R14

Farallon, islas Grupo de islas pequeñas y rocosas ubicadas frente a la costa central de California. pág. R15

Feather, río Afluente del río Sacramento. pág. 20

Florin Ciudad en la parte central de California, al sur de Sacramento; fundada por inmigrantes japoneses. (38°N, 121°O) pág. 22

Folsom, lago Lago en la parte norte del centro de California. pág. R15

Fremont Ciudad del oeste de California, al sureste de Oakland. (38°N, 122°O) pág. 432

Fresno Ciudad ubicada en el valle de San Joaquin; capital del condado Fresno. (37°N, 120°O) pág. 17

Fuerte Ross, Parque Histórico Estatal del Parque histórico estatal; sitio de un asentamiento ruso construido en 1812 en el norte de California. pág. 160

Fuerte Sutter Asentamiento también conocido como Nueva Helvetia o Nueva Switzerland. Construido por John Sutter cerca de los ríos Sacramento y American. (39°N, 121°O) pág. 198

Golden Gate Estrecha masa de agua que conecta la bahía de San Francisco con el océano Pacífico. (38°N, 122°O) pág. 315

Goose, lago Lago del noreste de California, en la frontera entre California y Oregon. pág. R15

Hanford Ciudad en la parte suroeste del centro de California; capital del condado Kings. (36°N, 120°O) pág. R14

Healdsburg Ciudad del oeste de California, al noroeste de Santa Rosa. (39°N, 123°O) pág. 160

Hemisferio norte Mitad de la Tierra situada al norte del ecuador. pág. 16

Hemisferio occidental Mitad de la Tierra conformada por América del Norte y América de Sur y las aguas e islas que las rodean. California está ubicada en Estados Unidos, en América del Norte, en el hemisferio occidental. pág. 16

Hemisferio oriental Mitad de la Tierra conformada por Europa, Asia, África, Australia y las aguas e islas que los rodean. pág. 16

Hemisferio sur Mitad de la Tierra situada al sur del ecuador. pág. 16

Hetch Hetchy, acueducto Proyecto hídrico que terminó de construirse en 1931 y lleva agua desde el valle Hetch Hetchy hasta San Francisco. pág. 335

Hetch Hetchy, embalse Lago de la parte central de California, formado por la presa O'Shaughnessy. pág. 335

Hetch Hetchy, valle Valle ubicado en la sierra Nevada, en el Parque Nacional Yosemite. pág. 335

Hollister Ciudad del oeste de California, al este de la bahía de Monterey; capital del condado San Benito. (37ºN, 121ºO) pág. R14

Hollywood Distrito de Los Angeles; centro de la industria cinematográfica. (34ºN, 118ºO) pág. 415

Holtville Ciudad ubicada en el valle Imperial. (33ºN, 115ºO) pág. 305

Humboldt, bahía de Puerto natural en la costa norte de California (41ºN, 124ºO) pág. 27

Huntington Beach Ciudad ubicada en la costa sur de California (34ºN, 118ºO) pág. R14

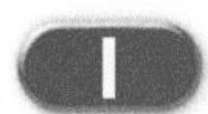

Imperial Ciudad ubicada en el extremo sureste de California, en el valle Imperial, al norte de El Centro. (33ºN, 116ºO) pág. 305

Imperial, valle Valle de la región desértica de California, cerca de la frontera con México. pág. 305

Independence Pueblo ubicado en el este de California, al este de Fresno; capital del condado Inyo. (37ºN, 118ºO) pág. 39

Indio Ciudad del sureste de California, al sureste de San Bernardino. (34ºN, 116ºO) pág. 305

Isabella, lago Lago del sur de California. pág. R15

Islas Channel, Parque Nacional Parque nacional ubicado frente a la costa sur de California; tiene señales de actividad volcánica. pág. 469

Jackson Ciudad de la parte central de California; capital del condado Amador. (38ºN, 121ºO) pág. R14

Joshua Tree, Parque Nacional Parque nacional ubicado en el sur de California; conocido por su inusual vegetación desértica. pág. 469

Kern, río Río en la parte sur del centro de California. pág. R15

Kings Canyon, Parque Nacional Parque nacional ubicado a orillas del río Kings, en la parte sur del centro de California, en la sierra Nevada; célebre por sus inusuales cañones. pág. 469

Klamath, montes Una de las cadenas montañosas que forman parte de la cordillera Costera. pág. 20

Klamath, río Río del noroeste de California. pág. 27

Lakeport Ciudad del oeste de California, capital del condado Lake. (39ºN, 123ºO) pág. R14

Lassen, Parque Nacional de Volcanes Parque nacional ubicado en el noreste de California, en la cordillera de las Cascadas. pág. 469

Lassen, pico Volcán de 10,457 pies de altura; está ubicado en la cordillera de las Cascadas, en el Parque Nacional de Volcanes Lassen. Su última erupción fue en 1921. pág. 27

Lompoc Ciudad del suroeste de California, cerca del océano Pacífico. (35ºN, 120ºO) pág. 95

Lone Pine Pueblo ubicado en el valle del Owens. (36ºN, 118ºO). pág. 326

Long Beach Ciudad en la región costera de California, unas 20 millas al sur de Los Angeles. (34ºN, 118ºO) pág. 29

Los Altos Ciudad ubicada en el valle Santa Clara, cerca de San Jose. (37ºN, 122ºO) pág. 432

Los Angeles Ciudad del suroeste de California; el área metropolitana de Los Angeles tiene más de 15 millones de habitantes; capital del condado Los Angeles. (34ºN, 118ºO) pág. 17

Los Angeles, acueducto Acueducto que lleva agua desde el río Owens hasta Los Angeles. pág. 326

Los Angeles, río Río ubicado en Los Angeles; antes de la construcción del acueducto de Los Angeles, era la fuente de casi toda el agua que usaba la ciudad. pág. 326

Madera Ciudad del centro de California, a 20 millas de Fresno; capital del condado Madera. (37ºN, 120ºO) pág. 17

Mariposa Asentamiento no incorporado, ubicado en el centro de California; capital del condado Mariposa. (37ºN, 120ºO) pág. R14

Markleeville Pueblo del este de California; capital del condado Alpine. (39ºN, 120ºO) pág. R14

Martinez Ciudad del oeste de California; capital del condado Contra Costa. (38ºN, 122ºO) pág. R14

Marysville Ciudad en la parte norte del centro de California; capital del condado Yuba. (39ºN, 122ºO) pág. R14

Mendocino, cabo Punta de tierra que se interna en el océano Pacífico, en lo que actualmente es el condado Humboldt. pág. 113

DICCIONARIO GEOGRÁFICO

Merced Ciudad del centro de California; capital del condado Merced. (37°N, 120°O) pág. 296

Merced, río Afluente del río San Joaquin. pág. 232

Modesto Ciudad ubicada a orillas del río Tuolumne, en el centro de California; capital del condado Stanislaus. (38°N, 121°O) pág. 17

Mojave, desierto de Extensa área desértica ubicada entre la parte sur de la sierra Nevada y el río Colorado. pág. 20

Mokelumne, río Afluente del río San Joaquin. pág. 232

Mono, lago Lago del este de California, cerca de Nevada. pág. 326

Monterey Pueblo histórico ubicado en la costa de California; primera capital del estado de California. (37°N, 122°O) pág. 17

Monterey, bahía de Puerto natural cerca de Monterey. pág. 20

Monumento Nacional a Cabrillo Monumento nacional en el suroeste de California, donde Juan Rodríguez Cabrillo divisó tierra por primera vez, en 1542. pág. 469

Monumento Nacional Devils Postpile Monumento nacional situado en el condado Madera, en la parte central de California; tiene inusuales formaciones rocosas que se asemejan a postes de cercas. pág. 469

Monumento Nacional Lava Beds Monumento Nacional ubicado en el norte de California; conocido por sus paisajes volcánicos. pág. 469

Monumento Nacional Muir Woods Monumento Nacional ubicado 12 millas al noroeste de San Francisco. pág. 469

Monumento Nacional Pinnacles Monumento Nacional ubicado en la parte oeste del centro de California; se caracteriza por sus formaciones rocosas en espiral. pág. 469

N

Napa Ciudad en la parte oeste del centro de California; capital del condado Napa. (38°N, 122°O) pág. R14

Napa, valle de Valle ubicado en la cordillera Costera, al norte de San Francisco. pág. R15

Needles Ciudad del sureste de California; ubicada a orillas del río Colorado. (35°N, 115°O) pág. 17

Nevada City Ciudad del este de California; capital del condado Nevada. (39°N, 121°O) pág. R14

Nevada, sierra La cadena montañosa más grande de California; se extiende hacia el norte y hacia el sur a través de gran parte del este del estado. pág. 20

New, río Río del sur de California. pág. 305

O

Oakland Gran ciudad y puerto del norte de California; ubicada en la bahía de San Francisco, frente a la ciudad de San Francisco; capital del condado Alameda. (38°N, 122°O) pág. 17

Oceanside Ciudad ubicada en el extremo suroeste de California. (33°N, 117°O) pág. 95

Oroville Ciudad en la parte norte del centro de California, a orillas del río Feather; capital del condado Butte. (40°N, 122°O) pág. R14

Oroville, lago Embalse ubicado en el norte de California; formado por la presa Oroville. pág. R15

Owens, lago Lago que recibe las aguas del río Owens; en la actualidad está casi seco. pág. 326

Owens, río Río que fluye a través de la sierra Nevada; el agua de este río es desviada hacia el acueducto de Los Angeles para abastecer la ciudad de Los Angeles. pág. 326

Oxnard Ciudad del suroeste de California. (34°N, 119°O) pág. 399

P

Pacífico, cuenca del Tierras rodeadas por el océano Pacífico y tierras que se encuentran en sus orillas. pág. 420

Palm Springs Ciudad del sur de California. (34°N, 117°O) pág. 17

Palo Alto Ciudad ubicada en el valle Santa Clara; sitio donde está ubicada la Universidad de Stanford. (37°N, 122°O) pág. 432

Panamá, istmo de Estrecha franja de tierra en América Central; conecta América del Norte y América del Sur. pág. 229

Panamint, montes Cadena montañosa ubicada en el este de California, al oeste del Death Valley; su punto más alto es el pico Telescope, de 11,049 pies. pág. R15

Pasadena Ciudad del noreste de Los Angeles. (34°N, 118°O) pág. 399

Paso Robles Ciudad del suroeste de California, a orillas del río Salinas. (35°N, 120°O) pág. 399

Petaluma Ciudad del oeste de California, ubicada a orillas del río Petaluma y al sur de Santa Rosa; sitio de un antiguo rancho que perteneció a Mariano Vallejo. (38°N, 123°O) pág. 158

Pinos, monte El pico más alto de la cordillera Costera, con una elevación de 8,831 pies. pág. 27

Pit, río Afluente del río Sacramento. pág. R15

Placerville Ciudad ubicada en el valle Central; capital del condado El Dorado; se fundó como pueblo minero. (39°N, 121°O) pág. 232

Polo Norte Punto más al norte en la Tierra. (90°N) pág. 16

Polo Sur Punto más al sur en la Tierra. (90°S) pág. 16

Punta Reyes, Costa Nacional Costa Nacional que se extiende a lo largo de la costa de California, al norte de la bahía de San Francisco. pág. 469

Quincy Aldea no incorporada ubicada en el noreste de California; capital del condado Plumas. (40°N, 121°O) pág. R14

Rancho Domínguez Rancho ubicado en el sur de California; sitio de una batalla entre soldados estadounidenses y californios durante la guerra entre México y Estados Unidos. pág. 215

Red Bluff Ciudad del norte de California; capital del condado Tehama. (40°N, 122°O) pág. R14

Redding Ciudad del norte de California, ubicada a orillas del río Sacramento; capital del condado Shasta. (41°N, 122°O) pág. 17

Redwood City Ciudad del oeste de California, ubicada al oeste de la bahía de San Francisco; capital del condado San Mateo. (37°N, 122°O) pág. R14

Redwood, Parque Nacional Parque nacional situado a lo largo de la costa noroeste de California; sus bosques de árboles antiguos incluyen algunos de los más altos del mundo. pág. 469

Ridgecrest Ciudad del sur de California, ubicada al norte de Bakersfield. (36°N, 118°O) pág. 326

Riverside Ciudad del sur de California, ubicada al este de Los Angeles; capital del condado Riverside. (34°N, 117°O) pág. 95

Russian, río Río del noroeste de California. pág. 160

Sacramento Ciudad ubicada en el valle Central; capital estatal de California; capital del condado Sacramento. (39°N, 121°O) pág. 22

Sacramento, río Río que fluye a través del valle del Sacramento. pág. 20

Sacramento, valle del Valle que forma la parte norte del valle Central. pág. 20

Salinas Ciudad del oeste de California; capital del condado Monterey. (37°N, 122°O) pág. 399

Salinas, río Río del oeste de California. pág. 326

Salton, mar de Uno de los dos lagos más grandes de California; ubicado en el valle Imperial. pág. 305

San Andreas Pueblo del centro de California; capital del condado Calaveras. (38°N, 121°O) pág. R14

San Andrés, falla de Falla de más de 600 millas de longitud que comienza frente a la costa norte de California y continúa hacia el sureste. pág. 42

San Bernardino Ciudad ubicada unas 55 millas al este de Los Angeles; capital del condado San Bernardino. (34°N, 117°O) pág. 17

San Bernardino, montes Cadena montañosa del sur de California. pág. 27

San Diego Ciudad ubicada 12 millas al norte de la frontera entre California y México; capital del condado San Diego. (33°N, 117°O) pág. 17

San Diego de Alcalá, misión de Primera misión española establecida en Alta California; fundada en 1769 por el padre Serra, en San Diego. pág. 127

San Diego, bahía de Puerto natural cercano a San Diego. (33°N, 117°O) pág. 20

San Francisco Ciudad del norte de California; capital del condado San Francisco. (38°N, 122°O) pág. 27

San Francisco, bahía de Puerto natural cercano a la ciudad de San Francisco. (38°N, 122°O) pág. 27

San Gabriel Ciudad ubicada a unas 10 millas al este de Los Angeles. (34°N, 118°O) pág. 193

San Jacinto, montes Cadena montañosa ubicada al sureste de Los Angeles, cerca de los montes San Bernardino. pág. 120

San Joaquin, río Río que fluye a través del valle de San Joaquin. pág. 20

San Joaquin, valle de Valle que forma la parte sur del valle Central. pág. 20

San Jose Ciudad en la parte oeste del centro de California; capital del condado Santa Clara. (37°N, 122°O) pág. 17

San Juan Capistrano Ciudad ubicada en el condado Orange; sede de una misión fundada por el padre Serra en 1776. pág. 152

San Luis Obispo Ciudad cercana a la costa de California, a mitad de camino entre Los Angeles y San Francisco; capital del condado San Luis Obispo. (35°N, 121°O) pág. 39

San Luis, embalse Lago del centro de California; formado por la presa San Luis. (37°N, 121°O) pág. R15

San Pascual Pueblo del sur de California donde combatieron los soldados del general Kearny y los de Andrés Pico, en 1846, durante la guerra entre México y Estados Unidos. (33°N, 117°O) pág. 215

San Pedro, bahía de Masa de agua frente a la costa sur de California; incluye el puerto artificial de Los Angeles. pág. 326

San Rafael Ciudad del oeste de California; capital del condado Marin. (38°N, 123°O) pág. 399

Santa Ana Ciudad del suroeste de California; capital del condado Orange. (34°N, 118°O) pág. 399

Santa Barbara Ciudad situada a lo largo de la costa central de California; capital del condado Santa Barbara. (34°N, 120°O) pág. 17

Santa Barbara, canal de Masa de agua que separa el territorio continental de California de las islas Channel. pág. 71

Santa Clara, río Río del sur de California. pág. 326

Santa Cruz Ciudad ubicada en el extremo norte de la bahía de Monterey; capital del condado Santa Cruz. (37°N, 122°O) pág. 17

Santa Cruz, montes Una de las cadenas montañosas que forman la cordillera Costera. pág. R15

Santa Lucia, montes Una de las cadenas montañosas que forman la cordillera Costera. pág. R15

Santa Monica Ciudad ubicada en la costa sur de California, al oeste de Los Angeles. (34°N, 118°O) pág. 95

Santa Rosa Ciudad ubicada 50 millas al noroeste de San Francisco, en el valle Sonoma; capital del condado Sonoma. (38°N, 123°O) pág. 399

Santa Ynez, río Río del sur de California. pág. R15

Sausalito Ciudad del oeste de California; ubicada en la bahía de San Francisco, al noroeste de San Francisco. (38°N, 122°O) pág. 315

Sebastopol Ciudad del oeste de California, al suroeste de Santa Rosa. (38°N, 123°O) pág. 160

Sendero de California Ruta terrestre que seguían los colonos a mediados del siglo XIX para ir de Missouri a California. pág. 202

Sequoia, Parque Nacional Parque nacional ubicado en la región sur del centro de California, en la sierra Nevada; establecido en 1890; incluye el monte Whitney. pág. 469

Shasta, lago Embalse del norte de California; formado por la presa Shasta. pág. R15

Shasta, monte Pico ubicado en la cordillera de las Cascadas; tiene una elevación de 14,162 pies. pág. 27

Silicon Valley Área del oeste de California, ubicada entre San Jose y Palo Alto; su nombre se refiere al desarrollo en esta zona de la industria de la computación, que produce y utiliza chips de silicio. pág. 432

Sonoma Ciudad ubicada al norte de San Francisco. (38°N, 122°O) pág. 157

Sonora Ciudad del centro de California; capital del condado Tuolumne. (38°N, 120°O) pág. R14

Stanislaus, río Afluente del río San Joaquin. pág. 232

Stockton Ciudad en el valle de San Joaquin, capital del condado San Joaquin. (38°N, 121°O) pág. 17

Susanville Ciudad en el noreste de California, capital del condado Lassen. (40°N, 121°O) pág. R14

Sutter's Mill Lugar ubicado en Coloma donde se encontró oro en California en 1848. (39°N, 121°O) pág. 227

Tahoe, lago Uno de los dos lagos más grandes de California; ubicado en la sierra Nevada, en la frontera entre California y Nevada. pág. 17

Trinity, río Río del norte de California. pág. 63

Tulare Ciudad en la parte sur del centro de California. (36°N, 119°O) pág. 296

Tuolumne, río Afluente del río San Joaquin; sitio donde se encuentra la presa que abastece de agua a San Francisco. pág. 232

Ukiah Ciudad del oeste de California, a orillas del río Russian; capital del condado Mendocino. (39°N, 123°O) pág. R14

Ventura Ciudad del suroeste de California; capital del condado Ventura. (34°N, 119°O) pág. 95

Visalia Ciudad del centro de California; capital del condado Tulare. (36°N, 119°O) pág. R14

Walker, paso Paso de montaña a través de la sierra Nevada; lleva su nombre en honor al explorador Joseph Reddeford Walker. pág. 193

Weaverville Asentamiento no incorporado, ubicado en el noroeste de California; capital del condado Trinity. (41°N, 123°O) pág. R14

Whitney, monte El pico más alto de California; está ubicado en la sierra Nevada y tiene una elevación de 14,495 pies pág. 27

Willows Ciudad del norte de California; capital del condado Glenn. (40°N, 122°O) pág. R14

Woodland Ciudad en la parte norte del centro de California; capital del condado Yolo. (39°N, 122°O) pág. R14

Yosemite, Parque Nacional Parque nacional ubicado en la parte central de la sierra Nevada; establecido en 1890. pág. 469

Yreka Ciudad del norte de California; capital del condado Siskiyou. (42°N, 123°O) pág. R14

Yuba City Ciudad en la parte norte del centro de California, ubicada a orillas del río Feather; capital del condado Sutter. (39°N, 122°O) pág. R14

Yuba, río Afluente del río Feather. pág. 232

Glosario

El glosario contiene palabras importantes de Historia y Estudios Sociales, y sus definiciones. Las palabras están ordenadas alfabéticamente. Al final de cada definición aparece el número de la página donde la palabra se usa por primera vez en este libro. Las palabras que aparecen en la parte superior de cada página te ayudarán a encontrar más rápido la palabra que buscas.

A

acción Título que representa la participación en la propiedad de una empresa. pág. 369

acueducto Gran conducto o canal que lleva agua de un lugar a otro. pág. 325

acuerdo Convenio donde cada lado de un conflicto renuncia a algo de lo que quiere. pág. 250

adaptarse Modificar el modo de vida para ajustarse al ambiente. pág. 41

administrador municipal Persona contratada por el consejo municipal para gobernar la ciudad, bajo la dirección del consejo. pág. 484

aeroespacial Relativo a la construcción y prueba de aparatos para viajes aéreos y espaciales. pág. 396

afluente Río que desemboca en un río más grande. pág. 22

agricultor arrendatario Agricultor que paga una renta para usar una porción de tierra. pág. 302

agricultura Cultivo de la tierra. pág. 87

alcalde Presidente municipal de los pueblos en la California española. pág. 131

altitud Altura del terreno. pág. 26

ambiente físico Características físicas, accidentes geográficos y clima de un lugar. pág. 35

antepasado Uno de los antiguos integrantes de una familia. pág. 57

área metropolitana Gran ciudad, con las ciudades cercanas y sus suburbios. pág. 36

árido Seco o que recibe poca lluvia. pág. 87

asamblea Reunión importante. pág. 247

auge Época de rápido crecimiento económico. pág. 324

autopista Carretera amplia y de varios carriles, sin cruces ni semáforos. pág. 395

aviación Industria que se dedica a la construcción y el vuelo de aviones. pág. 363

B

beneficio Algo que ayuda o que se obtiene. pág. 111

bien de consumo Producto que se fabrica para que las personas lo usen. pág. 362

boicot Forma de protesta en la que un grupo de personas decide no comprar algo hasta que se solucione un determinado problema. pág. 403

bracero Trabajador mexicano que llegó a trabajar a California durante la Segunda Guerra Mundial. pág. 381

C

californio Nombre que se daban a sí mismos los hispanohablantes de Alta California. pág. 151

campo de reasentamiento Campamento, similar a una prisión, adonde fueron enviados los japoneses americanos después del ataque a Pearl Harbor. pág. 382

canal Conducto para agua que se hace en la tierra. pág. 305

capital de condado Ciudad donde están las principales autoridades del gobierno de condado. pág. 481

característica física Característica de origen natural, como una montaña o un río. pág. I14
característica humana Elemento creado por los humanos, como edificios o puentes. pág. I14
caravana de carromatos Grupo de carromatos jalados por caballos o bueyes. pág. 200
causa Algo que hace que otra cosa ocurra. pág. 154
ceremonia Celebración para conmemorar un evento cultural o religioso. pág. 64
cesión de tierra Tierra que regala el gobierno. pág. 157
chamán Líder religioso. pág. 64
chip de silicio Dispositivo minúsculo que puede almacenar millones de bits de información. pág. 396
clasificar Agrupar información. pág. 74
clima Tipo de tiempo que un lugar tiene más frecuentemente, año tras año. pág. 29
colonia Asentamiento gobernado por un país que está lejos del asentamiento. pág. 119
comercio Intercambio, o compra y venta, de mercancías. pág. 67
comercio internacional Intercambio comercial con otros países. pág. 431
competencia Rivalidad entre dos o más empresas que tratan de conseguir la mayor cantidad de clientes o vender la mayor cantidad de productos. pág. 296
comunicación Envío y recepción de información. pág. 279
condado Parte de un estado. pág. 481
Congreso La rama del gobierno de Estados Unidos que dicta las leyes. pág. 250
conquistador Cualquiera de los exploradores españoles en las Américas. pág. 111
consecuencia Lo que ocurre a causa de una acción. pág. 376
consecuencia económica Renunciar a una cosa a cambio de otra. pág. 488
conservación Protección y uso prudente de los recursos naturales. pág. 451
constitución Plan de gobierno. pág. 249
consumidor Persona que compra un bien o paga por un servicio. pág. 238
contaminación Todo lo que ensucia o inutiliza un recurso natural. pág. 451
continente Una de las siete extensiones de terreno más grandes de la Tierra. pág. I16
cooperar Trabajar en conjunto. pág. 71
corriente oceánica Corriente de agua que fluye por el océano. pág. 114
costo Valor de lo que una persona cede a cambio de obtener otra cosa. pág. 111
costo de oportunidad Algo a lo que una persona renuncia a cambio de obtener otra cosa. pág. 488
costumbre Manera habitual de hacer las cosas. pág. 138
criollo Persona nacida en México de padres españoles. pág. 149
crisis de energía Crisis que se produce cuando no hay suficiente energía eléctrica para satisfacer la demanda. pág. 451
cronología Orden por fechas. pág. I3
cuadrícula Patrón de líneas que se entrecruzan y dividen en cuadrados un mapa u otro elemento. pág. I22
cuerpo regional Grupo integrado por personas de varias ciudades o condados que trabajan en conjunto con el fin de crear un plan para una región extensa. pág. 485
cultura Modo de vida. pág. 59

década Período de diez años. pág. 132
déficit Resultado de gastar más dinero del que se tiene disponible. pág. 452
delegado Persona elegida para hablar y actuar en representación de las personas que la eligieron. pág. 247

delta Terreno formado con los sedimentos que arrastran los ríos. pág. 22

demanda Necesidad o deseo de las personas por comprar ciertos productos o servicios. pág. 191

democracia Forma de gobierno en la que el pueblo gobierna, ya sea tomando decisiones él mismo o eligiendo a otros para que tomen las decisiones en su nombre. pág. 463

densidad de población Número de personas que viven en un área de determinado tamaño. pág. 38

denuncio Área que un minero afirmaba que le pertenecía. pág. 230

depresión Época en la que hay muy poco empleo y las personas tienen muy poco dinero. pág. 369

derecho Libertad que posee una persona. pág. 213

derechos civiles Derecho de todos los ciudadanos a un trato igualitario. pág. 401

desempleo Número de personas sin trabajo. pág. 369

destino manifiesto Idea que afirmaba que Estados Unidos debía expandirse desde el océano Atlántico hasta el océano Pacífico. pág. 207

destituir Remover de su cargo a un funcionario del gobierno. pág. 475

diligencia Carruaje cerrado jalado por caballos. pág. 280

dique Muro alto de tierra que ayuda a controlar las inundaciones. pág. 305

discriminación Trato injusto que se da a ciertas personas a causa de su religión, raza o lugar de nacimiento. pág. 242

diseño Mapa dibujado a mano que muestra los límites de una cesión de tierra. pág. 157

distrito especial Grupo que se forma para prestar ciertos servicios o enfrentar ciertos problemas. pág. 485

división del trabajo Distribución de diferentes tareas entre diferentes trabajadores. pág. 79

economía forma en que los habitantes de un lugar o región usan los recursos para satisfacer sus necesidades. pág. 135

economía diversificada Economía basada en muchas industrias. pág. 394

ecuador Línea imaginaria que divide la Tierra en el hemisferio norte y el hemisferio sur. págs. I16, 13

efecto especial Técnica que se usa para lograr que las cosas que no son reales parezcan reales en las películas. pág. 439

efecto Lo que ocurre como resultado de una acción. pág. 154

embalse Lago creado por el hombre para juntar y almacenar agua. pág. 325

empresario Persona que establece una nueva empresa. pág. 238

encañizada Estructura similar a una cerca que se colocaba a lo ancho de los ríos para atrapar peces. pág. 64

energía hidroeléctrica Electricidad que se produce usando la fuerza del agua. pág. 325

enmienda Agregado o cambio a la constitución. pág. 359

escala del mapa Parte de un mapa que indica la relación entre las distancias en el mapa y las distancias reales. pág. I21

escasez Falta de algo. pág. 380

escaso Limitado. pág. 44

escuela privada Escuela fundada y dirigida por individuos o grupos privados y no por un departamento gubernamental. pág. 447

escuela pública Escuela gratuita para los estudiantes, financiada con impuestos y dirigida por un departamento gubernamental. pág. 447

especializarse Ocuparse solamente en un tipo de trabajo y aprender a hacerlo bien. pág. 79

evidencia Prueba. pág. I3

excedente Cantidad sobrante. pág. 58

expansión urbana Crecimiento hacia afuera de las áreas urbanas. pág. 395

expedición Viaje a una zona con el propósito de conocerla mejor. pág. 120

explorador Alguien que establece nuevas rutas para que otros las sigan. pág. 192

exportar Enviar bienes a otros países para venderlos; vender productos a personas de otro país. pág. 301

falla Grieta en la superficie de la Tierra. pág. 42

federal Nacional. pág. 463

ferrocarril transcontinental Ferrocarril que cruzaba América del Norte y unía la costa del Atlántico con la del Pacífico. pág. 287

fértil Bueno para cultivar. pág. 22

ficción Relato inventado. pág. 204

fiebre del oro Enorme desplazamiento de personas hacia un lugar en busca de oro. pág. 227

fiesta Celebración. pág. 167

frontera Tierra ubicada más allá de las zonas pobladas de un país. pág. 191

fuente documental Fuente de información que a menudo se produce en la misma época en que ocurre un evento; su autor es alguien que participó en él o lo presenció. pág. 204

fuente primaria Registro hecho por personas que presenciaron o participaron en eventos del pasado. pág. 124

fuente secundaria Registro de un evento histórico hecho por personas que no lo presenciaron. pág. 124

gabinete Grupo integrado por los consejeros más importantes del presidente. pág. 465

galeón Gran barco mercante español. pág. 114

generación Grupo de personas que nacen y viven aproximadamente en la misma época. pág. 449

glaciar Masa de hielo de gran tamaño que se desplaza lentamente. pág. 57

gobierno Sistema que sirve para decidir qué es lo mejor para un grupo de personas. pág. 70

gráfica de barras dobles Tipo de gráfica de barras que permite comparar dos conjuntos de números. pág. 336

gráfica lineal Gráfica que usa una línea para mostrar cambios a medida que transcurre el tiempo. pág. 244

granero Lugar para almacenar bellotas y granos. pág. 78

granja comercial Granja que cultivaba con el único objetivo de vender sus cosechas. pág. 301

grupo étnico Grupo de personas del mismo país, de la misma raza, o que tienen la misma cultura. pág. 408

hacienda Casa principal de un rancho. pág. 159

hecho Declaración que se puede comprobar para así demostrar que es verdadera. pág. 196

hemisferio Una mitad de la Tierra. págs. I17, 13

huelga Tiempo en el que los trabajadores dejan de trabajar para hacer que los empleadores presten atención a sus peticiones. pág. 403

húmedo Ligeramente mojado o cargado de vapor de agua. pág. 32

huso horario Región en la cual se usa la misma hora. pág. 298

impuesto Dinero que el gobierno recauda de sus ciudadanos, a menudo para pagar por servicios. pág. 466

independencia Libertad. pág. 149

industria Todas las empresas que elaboran un tipo de producto o proveen un tipo de servicio. pág. 41

industria de servicios Empresas que ofrecen servicios en lugar de fabricar productos. pág. 435

inflación Aumento repentino de los precios. pág. 239

iniciativa Ley hecha directamente por los votantes y no por los legisladores. pág. 475

inmigración Proceso en el cual las personas dejan un país para vivir en otro. pág. 315

inmigrante Persona que deja su país para vivir en otro. pág. 199

interdependencia Dependencia mutua para obtener bienes o servicios. pág. 433

interpretar Explicar. pág. I3

invertir Comprar algo, como una acción o una parte de una empresa, con la esperanza de que su valor aumente en el futuro. pág. 288

investigar Estudiar en profundidad. pág. I2

irrigación El uso de canales, diques o tuberías para llevar agua a lugares secos. pág. 23

istmo Franja muy angosta de tierra que une dos masas de tierra más grandes. pág. 228

juicio con jurado Juicio en el que un grupo de ciudadanos se encarga de decidir si la persona acusada de un delito debe ser declarada culpable o inocente. pág. 482

junta de supervisores Grupo de personas elegidas para gobernar un condado. pág. 481

labor Trabajo o tarea. pág. 166

legislatura Grupo de funcionarios elegidos para dictar leyes. pág. 249

leyenda del mapa Parte de un mapa que explica qué representan los símbolos que se usan en el mapa; también se conoce como clave del mapa. pág. I20

leyenda Relato transmitido de generación en generación. pág. 60

límite político Línea imaginaria que marca las fronteras de un país. pág. 218

limo Finos granos de arcilla y piedra. pág. 87

líneas de latitud Líneas que van de este a oeste en mapas o globos terráqueos. Se miden en grados hacia el norte o hacia el sur a partir del ecuador. pág. 16

líneas de longitud Líneas que van de norte a sur en mapas o globos terráqueos. Se miden en grados hacia el este o hacia el oeste a partir del primer meridiano. pág. 16

líneas de sombreado Patrón de líneas diagonales que a menudo se usa en mapas históricos para mostrar territorios reclamados por dos o más países. pág. 219

los del cuarenta y nueve Personas que llegaron a California en busca de oro en 1849. pág. 228

llanura costera Área de tierras bajas que se extiende a lo largo de la costa. pág. 20

M

manantial Agua que surge de aberturas en la tierra. pág. 85

mapa de recuadro Mapa pequeño dentro de otro más grande. pág. I20

mapa de ubicación Pequeño mapa o globo terráqueo que indica la ubicación del área que se muestra en el mapa principal con relación a un estado, a un continente o al mundo. pág. I21

mestizo Persona de ascendencia india y europea que vivía en México o en otra parte de la Nueva España. pág. 149

migración Movimiento de personas de un lugar a otro dentro de un país. pág. 315

misión Asentamiento religioso. pág. 119

misionero Alguien que enseña religión a otras personas. pág. 119

modificar Cambiar. pág. 37

multicultural Que tiene muchas culturas diferentes. pág. 407

municipal Relativo a una ciudad. pág. 483

N

naturalista Persona que estudia la naturaleza y trabaja para protegerla. pág. 335

neófito Persona recién convertida a la fe católica. pág. 135

nivel del mar Nivel de la superficie del océano. pág. 24

no renovable Recurso que ni la naturaleza ni los seres humanos pueden volver a generar. pág. 451

O

objeto del pasado Algo hecho por personas en otra época. pág. 60

ocupante ilegal Persona que vive en un lugar sin autorización. pág. 209

oferta Cantidad de un bien o servicio que se ofrece a la venta. pág. 191

opinión Declaración que dice lo que una persona piensa o cree. pág. 196

organigrama Dibujo que muestra los pasos de un proceso. pág. 478

P

paso Camino entre montañas de gran altura. pág. 194

patrimonio cultural Tradiciones, creencias y costumbres del pasado que han sido transmitidas de generación en generación. pág. 408

península Extensión de tierra casi totalmente rodeada de agua. pág. 112

pertrechos Suministros militares y armas. pág. 380

petición Solicitud firmada para que se lleve a cabo una acción. pág. 475

petróleo Combustible no renovable que se extrae de la tierra. pág. 324

pionero Una de las primeras personas que se establecen en nuevas tierras. pág. 200

planeamiento a largo plazo Tomar decisiones que influirán en la vida futura. pág. 451

plaza Lugar al aire libre donde la gente puede reunirse. pág. 130

precipitación Agua que cae sobre la superficie de la Tierra en forma de lluvia, aguanieve, granizo o nieve. pág. 29

prejuicio Sentimiento injusto de odio o rechazo hacia los miembros de un grupo, o de una raza o religión. pág. 318

presidio Fuerte español. pág. 128

presupuesto Plan escrito que indica a qué se destinará el dinero. pág. 473

primer meridiano Línea imaginaria que divide la Tierra en el hemisferio occidental y el hemisferio oriental. págs. I17, 13

procesamiento de alimentos Cocción, envasado, secado, congelamiento y preparación de alimentos para el mercado. pág. 434

producto de importación Producto que se recibe de otro país para ser vendido. pág. 433

proyecto de ley Propuesta para una nueva ley. pág. 472

pueblo Comunidad agrícola en la California española. pág. 130

puerto natural Zona de agua donde los barcos pueden atracar con seguridad. pág. 20

punto cardinal Norte, sur, este u oeste. pág. I21

punto cardinal intermedio Punto que se encuentra entre los puntos cardinales: noreste, noroeste, sureste, suroeste. pág. I21

punto de vista Conjunto de creencias que han sido moldeadas por el origen y la condición o estado de cada persona: joven o vieja, hombre o mujer, rica o pobre. pág. I4

R

ranchería Tierras de California destinadas a los indios americanos. pág. 486

rancho Hacienda con ganado. pág. 158

rasgos de personalidad Características personales, tales como integridad, respeto, responsabilidad, compasión y patriotismo. pág. I5

ratificar Aprobar. pág. 249

rebelarse Luchar contra algo. pág. 136

rebelde Persona que lucha contra el gobierno. pág. 210

reciclar Volver a usar. pág. 381

recurso natural Algo que se encuentra en la naturaleza, como el agua, el suelo y los minerales y que las personas pueden usar para satisfacer sus necesidades. pág. 35

referéndum Elección en la cual los votantes deciden si conservan o no una ley existente. pág. 476

reformar Cambiar para mejorar. pág. 359

región Área de la Tierra que presenta al menos una característica física o humana que la diferencia de otros lugares. pág. I15

región natural Región formada por lugares que comparten el mismo tipo de características físicas o naturales, como llanuras, montañas, valles o desiertos. pág. 19

relieve Diferencias entre las alturas de terrenos que se muestran en los mapas. pág. 26

renovable Recurso que la naturaleza o los seres humanos pueden volver a generar. pág. 451

república Forma de gobierno en la que el pueblo elige a sus líderes. pág. 210

reserva Área de tierras que el gobierno destina a los indios americanos. pág. 319

resolver Solucionar. pág. 254

rosa de los vientos Indicador de direcciones en un mapa. pág. I21

rural Relativo al campo. pág. 36

S

sebo Grasa animal que se usaba para hacer jabón y velas. pág. 160

secularización Fin del dominio de la iglesia en las misiones. pág. 152

segregación Mantener a personas de una determinada raza o cultura separadas de las demás personas. pág. 401

sequía Largo período con poca o ninguna lluvia. pág. 32

servicio Actividad que alguien hace para otros a cambio de un pago. pág. 41

siglo Período de 100 años. pág. 132

sindicato laboral Organización de trabajadores cuyo objetivo es mejorar las condiciones de trabajo. pág. 402

sistema de cuadrícula de coordenadas Sistema de cuadrícula formado por las líneas de latitud y longitud que se cruzan y forman un patrón de cuadrados en un mapa. pág. 17

sistema de vientos Orientación general del viento. pág. 114

soberano Libre e independiente. pág. 486

sobornar Prometer dinero o algún regalo a alguien a cambio de que esa persona haga algo. pág. 359

sombra pluviométrica La ladera de una montaña que recibe la menor cantidad de lluvia. pág. 32

suburbio Ciudad pequeña o pueblo próximo a una gran ciudad. pág. 36

sufragio Derecho al voto. pág. 359

tecnología Uso de conocimientos o herramientas para fabricar algo o realizar una actividad. pág. 394

tecnología avanzada Tecnología relacionada con la invención, construcción o uso de computadoras y otras clases de equipos electrónicos. pág. 396

telégrafo Aparato que usa electricidad para enviar mensajes a través de cables. pág. 282

temporada de cultivo Período durante el cual el clima es lo suficientemente cálido como para sembrar y cosechar. pág. 43

título del mapa Palabras que indican el tema del mapa. pág. I20

torre de perforación Torre que se construye sobre un pozo de petróleo para sostener los equipos de perforación. pág. 324

trabajador migratorio Persona que viaja de un lugar a otro para trabajar en las cosechas. pág. 371

tratado Acuerdo escrito entre grupos o naciones. pág. 216

tribu Grupo de indios que tiene un líder y tierras propias. pág. 59

trópicos Las regiones más cálidas de la Tierra, ubicadas entre el trópico de Cáncer y el trópico de Capricornio. pág. 16

trueque Intercambio de un tipo de artículo por otro, generalmente sin uso de dinero. pág. 160

turismo Negocio de atender a los visitantes de un lugar. pág. 435

ubicación El lugar donde está algo. pág. I14

ubicación absoluta Ubicación exacta de un lugar en la Tierra, usando las líneas de latitud y longitud. pág. 16

ubicación relativa Ubicación de un lugar con relación a uno o más lugares de la Tierra. pág. 14

urbano Perteneciente o relacionado con una ciudad. pág. 36

uso de la tierra Manera en que se emplea la mayor parte de la tierra de un lugar. pág. 436

vaquero Trabajador ganadero. pág. 165

vegetación Flora. pág. 30

vetar Rechazar. pág. 473

viajar al trabajo Ir y volver entre la casa y el trabajo. pág. 395

vigilante Persona que toma la ley en sus propias manos. pág. 242

GLOSARIO

Índice

El índice te permite saber dónde encontrar información sobre las personas, los lugares y los eventos importantes que aparecen en este libro. Las entradas están ordenadas alfabéticamente. En cada entrada, los números de referencia indican la página donde puede encontrarse esa entrada en el texto. Las páginas que hacen referencia a ilustraciones aparecen en letra cursiva. Una *m* cursiva indica que se trata de un mapa. Las páginas de referencia en negrita indican las páginas donde se definen los términos de vocabulario. Las palabras que aparecen en la parte superior de cada página te ayudarán a encontrar más rápido las palabras que buscas.

ÍNDICE

E

I

J

K

ÍNDICE

ÍNDICE

ÍNDICE

For permission to translate/reprint copyrighted material, grateful acknowledgment is made to the following sources:

Boyds Mills Press, Inc.: From *The Wonderful Towers of Watts* by Patricia Zelver, illustrated by Frané Lessac. Text copyright by Patricia Zelver; illustrations copyright by Frané Lessac.

Caxton Printers of Caldwell, Idaho: From *Patty Reed's Doll: The Story of the Donner Party* by Rachel K. Laurgaard. Text copyright 1956 by Caxton Printers, Ltd., renewed 1984 by Rachel Kelley Laurgaard.

Clarion Books/Houghton Mifflin Company: From *So Far from the Sea* by Eve Bunting, illustrated by Chris K. Soentpiet. Text copyright © 1998 by Eve Bunting; illustrations copyright © 1998 by Chris K. Soentpiet.

Facts On File, Inc.: Untitled Maidu Indian poem from *The First Americans: California Indians* by C. L. Keyworth.

HarperCollins Publishers: From *Sierra* by Diane Siebert, illustrated by Wendell Minor. Text copyright © 1991 by Diane Siebert; illustrations copyright © 1991 by Wendell Minor.

Kessinger Publishing, LLC: From "How *Wit'-tab-bah* the Robin got his Red Breast" in *The Dawn of the World: Myths and Tales of the Miwok Indians of California,* collected and edited by C. Hart Merriam.

Lee & Low Books Inc., New York, NY 10016: From *Amelia's Road* by Linda Jacobs Altman, illustrated by Enrique O. Sanchez. Text copyright © 1993 by Linda Jacobs Altman; illustrations copyright © 1993 by Enrique O. Sanchez.

Lerner Publications Company, a division of Lerner Publishing Group: From "With Corporal Tapia" in *A Personal Tour of La Purísima* by Robert Young. Text copyright 1999 by Robert Young.

Deidre Robinson Powell: From *Open Hands, Open Heart: The Story of Biddy Mason* by Deidre Robinson. Text copyright © 1998 by Deidre Robinson.

Scholastic Inc.: From *Valley of the Moon: The Diary of María Rosalia de Milagros* by Sherry Garland. Text copyright © 2001 by Sherry Garland. From *Jimmy Spoon and the Pony Express* by Kristiana Gregory. Text copyright © 1994 by Kristiana Gregory.

Silver Moon Press: From *Fire in the Valley* by Tracey West. Published by Silver Moon Press, 1993.

Smithsonian Institution University Press: From "My Words are Tied in One," translated by A. L. Kroeber in *Bureau of American Ethnology Bulletin 78*. Text copyright 1925 by The Smithsonian Institution.

Yosemite Association: From *Two Bear Cubs: A Miwok Legend from California's Yosemite Valley,* retold by Robert D. San Souci, illustrated by Daniel San Souci. Text copyright © 1997 by Robert D. San Souci; illustrations copyright © 1997 by Daniel San Souci.

PHOTO CREDITS

PLACEMENT KEY: (t) top; (b) bottom; (l) left; (r) right; (c) center; (bg) background; (fg) foreground; (i) inset.

COVER

Cover: Gibson Stock Photography (Juan Cabrillo statue); Bill Lies/California Stock Photo (Golden Gate Bridge); Allen Birnbach/Masterfile (Death Valley); Jim Schwabel/Index Stock(Blooming Plants on Coast).

Endsheet imagery: Jim Schwabel/Index Stock(Blooming Plants on Coast); Gibson Stock Photography (Juan Cabrillo statue); Allen Birnbach/Masterfile (Death Valley).

TITLE PAGE AND TABLE OF CONTENTS

iv The Field Museum #CSA1926; iv Cosmo Condina/Mira.com; iv Craig Aurness/Corbis; iv Galen Rowell/Corbis; iv Justin Pumfrey/Taxi/Getty Images; iv Courtesy of State Museum Resource Center/California State Parks; iv Marilyn "Angel" Wynn/Nativestock.com; iv Marilyn "Angel" Wynn/Nativestock.com; iv Mark Segal/Panoramic Images; iv Tony Freeman/PhotoEdit; iv StockImage/ImageState; vi The Granger Collection, New York; vi Courtesy of the Oakland Museum of California; vi Laurence Parent Photography; vi California Historical Society, Gift of Mr. and Mrs. Reginald Walker; FN-30659; vi Robert Fried Photography; vi Gary Conner/Index Stock Imagery; vi Seaver Center for Western History Research/Los Angeles County Museum of Natural History; vi Call number 1971.008-FR, Courtesy of The Bancroft Library University of California, Berkeley; vi Call number 1963.002:1389-B, Courtesy of The Bancroft Library University of California, Berkeley; vi Gunter Marx Photography/Corbis; viii Hulton Archive/Getty Images; viii The Society of California Pioneers, #20066; viii Smithsonian American Art Museum, Washington, DC/Art Resource, NY; viii Call number 1905.16242:042--CASE, Courtesy of The Bancroft Library University of California, Berkeley; viii Stock Montage; viii California Historical Society, FN-13679; viii Levi Strauss & Co.; x Brown Brothers; x California Historical Society, FN-10528; x Zefa/Index Stock Imagery; x Everett Collection; x Huntington Library/SuperStock; x Riverside Municipal Museum; x Bank of Stockton Photo Collection; x Union Pacific Railroad Museum; x Courtesy of State Museum Resource Center, California State Parks; xii Eric Saund, Ph.D.; xii Lambert/Archive Photos/Hulton Archive/Getty Images; xii Huntington Library/SuperStock; xii Arthur Schatz/Time Life Pictures/Getty Images; xii Library of Congress, Prints & Photographs Division, [reproduction number, LC-USZC4-2420]; xii Library of Congress, Prints & Photographs Division, [reproduction number, LC-USW361-128]; xii Harold Lloyd Trust/Getty Images; xii California Historical Society, FN-19319; xiv Kevin Winter/Getty Images Editorial; xiv Da Silva Peter/Corbis/Sygma; xiv Zefa/Index Stock Imagery; xiv Mark Jenkinson/Corbis; xiv Bettmann/Corbis; xiv Frank Capri/Hulton Archive/Getty Images; xiv Judy Baca and detail of the World Wall, Triumph of the Hearts, 1990/www.sparcmurals.org/Courtesy of Social and Public Art Resource Center/SPARC; xiv Bettmann/Corbis; xiv ML Sinibaldi/Corbis; xiv Sonja Jimenez/Tom Myers Photography; xiv Neil Lukas/Dorling Kindersley Ltd. Picture Library.

INTRODUCTION

I14 Joseph Sohm; ChromoSohm Inc./Corbis; I14 Tony Craddock/Stone/Getty Images; I15 Randy Wells/Stone/Getty Images; I15 Morton Beebe/Corbis; I15 Royalty-Free/Corbis; I4 Edward S. Curtis/National Geographic Image Collection; I4 Courtesy of State Museum Resource Center/California State Parks; I4 Richard Cummins/Corbis; I4 Spencer Grant/PhotoEdit; I6 Mark Leibowitz/Masterfile; I6 The Granger Collection, New York; I6 Huntington Library/SuperStock; I6 Comstock Images/Alamy Images; I6 Ted Streshinsky/Corbis; I6 Royalty-Free/Corbis.

UNIT 1

1 Haggin Collection, The Haggin Museum, Stockton, California; 4 (b) Richard Price/Taxi/Getty Images; 4 (c) Mark E. Gibson/Ambient Images; 4 (t) Jon Arnold/Danita Delimont Stock Photography; 5 Tony Craddock/Stone/Getty Images; 7 Gerald L. French/ThePhotoFile; 7 David A. Northcott/Corbis; 8 Craig Aurness/Corbis; 15 Craig Aurness/Corbis; 18 Warren Marr/Panoramic Images; 18 Greg Probst/Stone/Getty Images; 18 Robert Harding World Imagery/Alamy Images; 19 J. David Andrews/Masterfile; 19 Galen Rowell/Mountain Light Photography; 21 Galen Rowell/Corbis; 21 Mark E. Gibson/Ambient Images; 22 Tom Myers Photography; 24 Mitchell Funk/Image Bank/Getty Images; 25 (b) Corbis; 25 (t) The Granger Collection, New York; 28 Justin Pumfrey/Taxi/Getty Images; 30 Bruce Burkhardt/Corbis; 31 Mark E. Gibson/Ambient Images; 31 StockImage/ImageState; 33 Gary Crabbe/Ambient Images; 34 Bonhams, London, UK/Bridgeman Art Library; 34 Mark Segal/Panoramic Images; 36 Philip Condit II/Stone/Getty Images; 37 Galen Rowell/Mountain Light Photography; 38 Mark Richards/PhotoEdit; 38 Thomas Hallstein/Ambient Images; 40 Gibson Stock Photography; 40 Tony Freeman/PhotoEdit; 41 Cindy Charles/PhotoEdit; 41 Ian Vorster/Earthscape Imagery; 41 Cosmo Condina/Mira.com; 42 Joseph Sohm; ChromoSohm Inc./Corbis; 42 Lloyd Cluff/Corbis; 43 Sally Myers/Tom Myers Photography; 43 Tom Myers Photography; 43 Greig Cranna/Index Stock Imagery; 44 Robert Holmes/Corbis; 44 C. Moore/Corbis; 44 Gibson Stock Photography; 45 Gibson Stock Photography; 45 Gibson Stock Photography; 45 Roger Ressmeyer/Corbis; 46 (l) AP/Wide World Photos; 46 (r) Mark Richards/PhotoEdit; 47 (bl) Mark Downey/Ambient Images; 47 (br) Lou Dematteis/The Image Works, Inc.; 47 (t) Mark E. Gibson/Gibson Stock Photography; 50 David Muench/Corbis; 61 John Senser; 64 (b) Library of Congress, Prints & Photographs Division, Edward S. Curtis Collection,

[reproduction number, LC-USZ62-118588]; 64 (inset) Victor R. Boswell, Jr./National Geographic Image Collection; 65 Library of Congress, Prints & Photographs Division, Edward S. Curtis Collection, [reproduction number, LC-USZ62-83962]; 66 (l) Library of Congress, Prints & Photographs Division, Edward S. Curtis Collection, [reproduction number, LC-USZ62-98673]; 66 (r) Library of Congress, Prints & Photographs Division, Edward S. Curtis Collection, [reproduction number, LC-USZ62-102994]; 67 Marilyn "Angel" Wynn/Nativestock.com; 70 (l) Call number 1989.061, Courtesy of The Bancroft Library University of California, Berkeley; 70 (r) Marilyn "Angel" Wynn/ Nativestock.com; 71 Marilyn "Angel" Wynn/Nativestock.com; 72 (b) Library of Congress, Prints & Photographs Division, Edward S. Curtis Collection, [reproduction number, LC-USZ62-98666]; 73 Kayte Deioma Photography; 74 (b) Roberts Photograph Collection/Humbolt State University Library; 74 (inset) Courtesy of the Phoebe Apperson Hearst Museum of Anthropology and the Regents of the University of California, 15-18588 Pomo; 75 Santa Barbara Museum of Natural History; 79 (t) The Field Museum #CSA1926; 81 Call number 1978.008 W/22c/P3 no.9, Courtesy of The Bancroft Library University of California, Berkeley; 82 (b) Marilyn "Angel" Wynn/ Nativestock.com; 82 (t) Call number 1978.008 W/22t/P1:4--PIC, Courtesy of The Bancroft Library University of California, Berkeley; 83 (bl) Marilyn "Angel" Wynn/Nativestock.com; 83 (br) Courtesy of the Phoebe Apperson Hearst Museum of Anthropology and the Regents of the University of California, call numbers 1-13771 & 1-1730; 83 (tl) Bruce Farnsworth/PlaceStockPhoto.com; 83 (tr) Stephen Trimble Photography; 86 AP/Wide World Photos; 87 (b) Western History Collectiont, X32566/Denver Public Library; 88 Courtesy of the Phoebe Apperson Hearst Museum of Anthropology and the Regents of the University of California, mohave woman with olla; 92 Sally Myers/Tom Myers Photography; 92 (b) California State Department of Parks and Recreation, California State Indian Museum/Betty Sederquist; 92 (c) California State Department of Parks and Recreation, California State Indian Museum/Betty Sederquist; 92 (t) Sally Myers/Tom Myers Photography; 93 Sally Myers/Tom Myers Photography; 93 (bl) Tom Myers Photography; 93 (br) California State Department of Parks and Recreation, California State Indian Museum/Betty Sederquist; 93 (cr) California State Department of Parks and Recreation, California State Indian Museum/Betty Sederquist; 93 (tc) California State Department of Parks and Recreation, California State Indian Museum/Betty Sederquist; 93 (tr) California State Department of Parks and Recreation, California State Indian Museum/Betty Sederquist; 94 (t) J. David Andrews/ Masterfile; 96 Harcourt; 97 David David Gallery/SuperStock; 103 Remington, Frederic (1861-1909) / Private Collection,/ Bridgeman Art Library; 103 Rich Reid/ National Geographic Image Collection.

UNIT 2

Opener 104-105 Kirkendall / Spring Photographers; 110 The Granger Collection, New York; 110 Archivo Iconografico, S.A./ Corbis; 111 The New York Public Library/Art Resource, NY; 111 The Granger Collection, New York; 112 Artist Richard Schlecht/ National Park Service, Cabrillo National Monument; 113 The San Diego Historical Society Photograph Collection, www.sandiegohistory.org; 113 The San Diego Historical Society Photograph Collection, www.sandiegohistory.org; 113 The Granger Collection, New York; 113 Stock Montage; 116 The Granger Collection, New York; 118 Archivo Iconografico, S.A./Corbis; 119 Stapleton Collection/Corbis; 120 The Granger Collection, New York; 120 Laurence Parent Photography; 122 New Mexico State Museum, Santa Fe/Juan Bautista de Anza National Historic Trail; 123 (b) Santa Barbara Mission Archive Library; 123 (t) The Granger Collection, New York; 124 Hulton Archive/Getty Images; 124 Lowell Georgia/ Corbis; 125 Gibson Stock Photography; 125 Harcourt; 125 National Park Service, Juan Bautista de Anza National Historic Trail; 126 Call number 1963.002:1389-B, Courtesy of The Bancroft Library University of California, Berkeley; 130 Call number 1953.004--FR, Courtesy of The Bancroft Library University of California, Berkeley; 131 Courtesy of the Oakland Museum of California; 132 National Palace Mexico City / Dagli Orti/Art Archive; 132 Seaver Center for Western History Research/Los Angeles County Museum of Natural History; 132 PlaceStockPhoto.com; 133 Richard Cummins/Corbis; 133 New Mexico State Museum, Santa Fe/Juan Bautista de Anza National Historic Trail; 134 Gary Conner/Index Stock Imagery; 135 North Wind Picture Archives; 136 Courtesy of the Oakland Museum of California; 136 Michael Freeman/Corbis; 140 ART on FILE/Corbis; 141 (b) Richard Cummins/Corbis; 143 (tc) Artist Richard Schlecht/National Park Service, Cabrillo National Monument; 143 (tc) The Granger Collection, New York; 144 Bill Manns/Art Archive; 150 National History Museum Mexico City/Dagli Orti/Art Archive; 151 The Granger Collection, New York; 151 Corbis; 151 VintagePostcards.com; 152 California Historical Society, FN-08260; 153 Courtesy of the Mission Inn Foundation & Museum, From the Collection of the Historic Mission Inn Corporation; 154 The Granger Collection, New York; 155 Robert Fried Photography; 157 California Historical Society, Gift of Mr. and Mrs. Reginald Walker; FN-30659; 158 Bonnie Kamin/ PhotoEdit; 159 Call number 19xx.039:33--FR, Courtesy of The Bancroft Library University of California, Berkeley; 161 Seaver Center for Western History Research/Los Angeles County Museum of Natural History; 161 Call number Vallejo, Mariano G.--POR 64, Courtesy of The Bancroft Library University of California, Berkeley; 162 Call number Land Case Map D-972, Courtesy of The Bancroft Library University of California, Berkeley; 164 Call number 1971.008-FR, Courtesy of The Bancroft Library University of California, Berkeley; 165 Call number 1963.002:1350--FR, Courtesy of The Bancroft Library University of California, Berkeley; 168 Seaver Center for Western History Research/Los Angeles County Museum of Natural History; 169 (t) Palo Alto Historical Association; 171 (tc) Call number Land Case Map D-972, Courtesy of The Bancroft Library University of California, Berkeley; 172 (b) Foster Travel Publishing; 172 (t) Call number 1978.023-4, Courtesy of The Bancroft Library University of California, Berkeley; 173 Robert Holmes/Corbis; 173 (tc) Lowell Georgia/Corbis; 173 (tl) Robert Harding World Imagery/Alamy Images; 173 (tr) Dave Bartruff/Corbis; 174 (b) Museum of the American West; 174 (t) Courtesy of the Oakland Museum of California; 176 Harcourt; 177 Call number 1963.002:1522--FR, Courtesy of The Bancroft Library University of California, Berkeley; 178 National Portrait Gallery/Smithsonian Institution; 183 So Hing-Keung/Corbis; 183 New-York Historical Society, New York, USA/Bridgeman Art Library; 184 SuperStock.

UNIT 3

Opener 190-191 Walters Art Museum/ Bridgeman Art Library; 192 Courtesy Don Prechtel @ prechtelfineart.com/Holt-Atherton Special Collections/University of the Pacific Libraries; 194 Joslyn Art Museum, Omaha, Nebraska; 195 (b) Nevada Historical Society; 195 (t) Gibson Stock Photography; 196 Private Collection/ Bridgeman Art Library; 197 Joslyn Art Museum, Omaha, Nebraska; 198 The Huntington Library, Art Collections, and Botanical Gardens, San Marino, California/SuperStock; 199 Oakland Museum of California, Oakland Museum Kahn Collection; 201 David J. & Janice L. Frent Collection/Corbis; 203 James L. Amos/Corbis; 205 Call number Donner, Eliza--POR 1, Courtesy of The Bancroft Library, University of California, Berkeley; 206 The New York Public Library/Art Resource, NY; 207 Corbis; 209 Anaheim Public Library; 209 Hulton Archive/Getty Images; 209 Call number Vallejo, Mariano G.--POR 5, Courtesy of The Bancroft Library University of California, Berkeley; 210 The Society of California Pioneers, #20066; 210 Joseph Sohm; ChromoSohm Inc/Corbis; 210 Stock Montage; 216 Call number Pico, Pio--POR 3, Courtesy of The Bancroft Library University of California, Berkeley; 221 (tc) Stock Montage; 222 Betty Sederquist/Ambient Images; 226 Call number Marshall, James--POR 4, Courtesy of The Bancroft Library University of California, Berkeley; 226 Courtesy of the Oakland Museum of California; 226 Smithsonian Institution, National Museum of American History; 227 Call number 1963.002:0197--A, Courtesy of The Bancroft Library University of California, Berkeley; 228 The Granger Collection, New York; 228 The Granger Collection, New York; 230 California Historical Society, FN-13679; 230 Hulton Archive/Getty Images; 231 Smithsonian American Art Museum, Washington, DC/Art Resource, NY; 232 Call number 1963.002.1501--FR, Courtesy of The Bancroft Library University of California, Berkeley; 234 (bl) Levi Strauss & Co.; 234 (c) Jules Frazier/PhotoDisc; 234 (tr) The Society of California Pioneers, #C002881 trans.20025; 235 (b) Courtesy of the Oakland Museum of California;

235 (t) Courtesy of the Oakland Museum of California, Collection of Norm Wilson; 236 Call number 1963.002:1356--FR, Courtesy of The Bancroft Library University of California, Berkeley; 237 Fine Arts Museums of San Francisco, Museum Purchase, the M.H. de Young Endowment Fund, 39.3; 238 (bl) Call number 1905.16242:042--CASE, Courtesy of The Bancroft Library University of California, Berkeley; 238 (br) The Society of California Pioneers, #C002926 trans.20022; 239 Advertising Archive; 239 British Columbia Archives, Call Number B-01601/British Columbia Archives; 240 (t) Levi Strauss & Co.; 242 Collection of The New-York Historical Society, negative #77212d; 242 Mary Evans Picture Library; 243 Call number 1905.17500 v.29:32--ALB, Courtesy of The Bancroft Library University of California, Berkeley; 243 Courtesy of the Oakland Museum of California, Gift of anonymous donor; 247 Dave G. Houser/Corbis; 249 San Francisco History Center, San Francisco Public Library; 249 Call number 1905.16242:037--CASE Courtesy of The Bancroft Library University of California, Berkeley; 250 The Granger Collection, New York; 250 The Granger Collection, New York; 250 Call number Gwin, William--POR 3, Courtesy of The Bancroft Library University of California, Berkeley; 251 California Historical Society, FN-24053; 251 Call number 1963.002:1462--C Courtesy of The Bancroft Library University of California, Berkeley; 252 Call number Pico, Pio--POR 1, Courtesy of The Bancroft Library University of California, Berkeley; 253 (l) Ruth Wallach/ University of Southern California Library; 254 North Wind Picture Archives; 256 (br) Harcourt; 256 (l) Heidi Zeiger Photography; 257 (b) Paul A. Souders/Corbis; 257 (bl) Betty Sederquist/Ambient Images; 257 (c) Ian Vorster/Earthscape Imagery; 257 (tc) ART on FILE/Corbis; 257 (tl) California State Library/California State Capitol Museum; 257 (tr) California State Library/California State Capitol Museum; 259 (tl) Hulton Archive/Getty Images; 259 (tr) Call number 1963.002:1462--C Courtesy of The Bancroft Library University of California, Berkeley; 260 Betty Sederquist/Ambient Images; 260 (bl) David Sanger Photography; 260 (br) Tom Myers Photography; 261 California Department of Parks and Recreation Photographic Archives/California State Parks; 261 Gary Moon; 261 Betty Sederquist; 261 (bl) Tom Myers Photography; 261 (tc) Nik Wheeler; 262 (b) Joseph Sohm; ChromoSohm Inc/Corbis; 264 Harcourt; 265 Call number 1963.002:1363--FR, Courtesy of The Bancroft Library University of California, Berkeley; 267 Courtesy of the Oakland Museum of California, Oakland Museum Kahn Collection; 268 (b) The Granger Collection, New York; 268 (c) Anaheim Public Library; 268 (t) Bettmann/Corbis; 269 Museum of the City of New York/Corbis; 271 Bob Rowan; Progressive Image/Corbis; 271 Darryl Torckler/Taxi/Getty Images.

UNIT 4

Opener 272-273 David Stoecklein/Corbis; 280 Western History Collection, Z8926/Denver Public Library; 281 Bettmann/Corbis; 282 Bettmann/Corbis; 282 The Granger Collection, New York; 284 Information Technology and Society Division, National Museum of American History/Smithsonian Institution; 284 Stock Montage; 285 Library of Congress, The Papers of Samuel Finley Breese Morse Manuscript Division; 286 Bettmann/ Corbis; 288 (cl) California Historical Society, FN-10528; 288 (cr) Corbis; 288 (l) Southern Pacific Bulletin/California State Railroad Museum; 288 (r) The Granger Collection, New York; 292 The Granger Collection, New York; 293 D'Agostini Photography; 294 (b) Union Pacific Railroad Museum; 294 (t) California State Railroad Museum; 296 Call number 1963.002:0211--C, Courtesy of The Bancroft Library University of California, Berkeley; 296 Fine Arts Museums of San Francisco, Museum Purchase, Gift of the M. H. de Young Endowment Fund, 54936; 297 Call number xfF850 W18 v.9:520-521, Courtesy of The Bancroft Library University of California, Berkeley; 298 California State Railroad Museum; 298 MODIS/NASA Media Resource Center; 299 (t) California Historical Society, FS-26852; 300 PhotoDisc; 300 Frank S Balthis Photography; 300 Meriam Library, Special Collections, CSU, Chico, Bidwell Mansion State Historic Park, catalog #sc16940; 302 Library of Congress, Prints & Photographs Division, Panoramic Photographs Collection, [reproduction number, LC-USZ62-127860]; 302 (b) Riverside Municipal Museum; 302 (inset) Huntington Library/SuperStock; 303 David Fraizer/The Image Works, Inc.; 307 (b) Bank of Stockton Photo Collection; 307 (c) Call number 1905.02724--PIC, Courtesy of The Bancroft Library University of California, Berkeley; 309 (tl) The Granger Collection, New York; 310 California Historical Society, FS-26852; 314 Courtesy of State Museum Resource Center, California State Parks; 316 Brown Brothers; 317 Mark Downey/Ambient Images; 318 Permission granted by Jack Kim/Berkeley Architectural Heritage Association; 319 Ted Streshinsky/Corbis; 320 Courtesy of the Autry National Center/ Southwest Museum, Los Angeles. Photo #N.24776; 321 (l) Courtesy of California State Parks/California State Parks; 321 (r) California Historical Society, FN-32157; 322 Call number 1964.056:15--PIC, Courtesy of The Bancroft Library University of California, Berkeley; 322 (l) Anaheim Public Library; 324 Brown Brothers; 325 (inset) Everett Collection; 325 (t) Corbis; 326 Brown Brothers; 327 Bettmann/Corbis; 328 [LIPP Box 78, no.304], Joseph Barlow Lippincott Papers, Water Resources Center Archives, University of California, Berkeley; 329 (b) Stock Montage; 329 (c) Laws Railroad Museum & Historical Site; 329 (t) Bettmann/Corbis; 330 Library of Congress, Prints & Photographs Division, Panoramic Photographs Collection, [reproduction number, LC-USZ62-123116]; 331 (inset) Underwood & Underwood/Corbis; 332 Call number 1958.021 v.4:22--fALB, Courtesy of The Bancroft Library University of California, Berkeley; 332 (b) San Francisco History Center, San Francisco Public Library; 333 Japanese American Archival Collection. Department of Special Collections and University Archives. The Library. California State University, Sacramento; 334 San Francisco Public Utilities Commission Photographic Archive; 337 J. A. Kraulis/ Masterfile; 339 (tc) Library of Congress, Prints & Photographs Division, Panoramic Photographs Collection, [reproduction number, LC-USZ62-123116]; 339 (tr) Corbis; 340 (b) Gibson Stock Photography; 340 (inset) Heidi Zeiger Photography; 340 (inset) Heidi Zeiger Photography; 340 (t) Cable Car Museum; 341 San Francisco Department of Public Transportation; 341 Hulton Archive/Getty Images; 341 (br) Heidi Zeiger Photography; 341 (cl) Heidi Zeiger Photography; 341 (tl) Hulton Archive/Getty Images; 342 (b) The Granger Collection, New York; 342 (t) Huntington Library/SuperStock; 344 (b) Harcourt.

UNIT 5

Opener 345-345 Mark Gibson/Ambient Images; 348 (b) Arthur Schatz/Time Life Pictures/Getty Images; 348 (t) Lawrence Migdale Photography; 349 (b) Roger Ressmeyer/Corbis; 349 (t) Royalty-Free/ Corbis; 351 Bettmann/Corbis; 351 Bettmann/ Corbis; 358 Call number Johnson, Hiram-- POR 28, Courtesy of The Bancroft Library University of California, Berkeley; 359 (t) California Historical Society, FN-19319; 360 Corbis; 360 Underwood & Underwood/Corbis; 360 Corbis; 361 (c) Corbis; 361 (l) Burns Archive; 361 (r) Burns Archive; 362 (c) Dagli Orti (A)/Art Archive; 362 (l) Topical Press Agency/Hulton Archive/Getty Images; 362 (r) Photofest; 363 Science Museum, London / Topham-HIP/The Image Works, Inc.; 363 (c) Harold Lloyd Trust/Getty Images; 363 (l) Photofest; 364 Underwood Photo Archives/ SuperStock; 365 (b) Bettmann/Corbis; 365 (t) ZUMA Movie Stills Library/Zuma Press; 366 (bl) Everett Collection; 366 (tr) Bettmann/ Corbis; 367 Burke/Triolo Productions/ Brand X Pictures/Robertstock.com; 367 (bl) Bettmann/Corbis; 367 (br) Hot Ideas/Index Stock Imagery; 367 (cl) Hot Ideas/Index Stock Imagery; 368 American Stock/Archive Photos/Hulton Archive/Getty Images; 370 (b) Retrofile.com; 370 (t) Corbis; 371 Leo Hart Collection/Jerry Stanley; 374 Loomis Dean/ Time Life Pictures/Getty Images; 375 (b) The Granger Collection, New York; 375 (t) Corbis; 376 Corbis; 376 Dorothea Lange/Resettlement Administration/Time Life Pictures/Getty Images; 376 (inset) Corbis; 378 Mort Künstler; 378 (r) Bettmann/Corbis; 379 (b) Shades of L.A. Archives/Los Angeles Public Library; 379 (t) San Francisco History Center, San Francisco Public Library; 380 Library of Congress, Prints & Photographs Division, [reproduction number, LC-USW361-128]; 380 (inset) Corbis; 381 Bettmann/Corbis; 381 (c) Mary Evans Picture Library; 381 (l) Corbis; 381 (r) Bettmann/Corbis; 382 Call number 1967.014 v.19 CB-8--PIC, Courtesy of The Bancroft Library University of California, Berkeley; 382 Call number 1967.014 v19 8 CA-926--PIC Courtesy of The Bancroft Library University of California, Berkeley; 383 Bettmann/Corbis; 384 Corbis; 385 Joe Raedle/ Getty Images; 385 (br) Corbis; 385 (l) Getty Images Editorial; 385 (tr) Time Life Pictures/ Getty Images Editorial; 387 (tc) California Historical Society, FN-19319; 387 (tc) Burns Archive; 388 Nik Wheeler; 392 Huntington Library/SuperStock; 393 Allan Grant/Time Life Pictures/Getty Images; 394 Bettmann/ Corbis; 395 (inset) Time Life Pictures/Getty Images; 395 (t) Lambert/Archive Photos/ Hulton Archive/Getty Images; 396 (c) Bettmann/Corbis; 396 (l) Everett Collection; 396 (r) Intel Corporation; 397 (c) AP/Wide World Photos; 397 (l) Photo by Charles M. Duke Jr./NASA/Zuma Press; 397 (r) Corbis; 398 (b) Greg Probst Photography; 398 (inset) Harcourt; 400 SuperStock; 401 (t) Herald

Examiner Collection/Los Angeles Public Library; 402 (b) 1976 George Ballis/Take Stock; 402 (inset) Library of Congress, Prints & Photographs Division, [reproduction number, LC-USZC4-2420]; 403 Eric Saund, Ph.D.; 403 (c) Yvonne Braithwaite Burke; 403 (l) 1976 George Ballis/Take Stock; 404 Bettmann/Corbis; 405 (b) Arthur Schatz/Time Life Pictures/Getty Images; 405 (t) Arthur Schatz/Time Life Pictures/Getty Images; 406 Kayte M. Deioma/PhotoEdit; 407 Donna Day/ImageState; 408 (b) AP/Wide World Photos; 408 (t) Tony Freeman/PhotoEdit; 409 (c) Isaac Hernandez/Mercury Press International; 409 (t) Ted Streshinsky/Corbis; 411 (tl) Arthur Schatz/Time Life Pictures/Getty Images; 411 (tr) Intel Corporation; 412 David Peevers/Lonely Planet Images; 412 (inset) Petersen Automotive Museum; 413 (bl) Gibson Stock Photography; 413 (br) Petersen Automotive Museum; 413 (tr) David Peevers/Lonely Planet Images; 414 (b) Intel Corporation; 414 (t) California Historical Society, FN-19319; 416 Harcourt.

UNIT 6

Opener 417-418 Chris Daniels/Corbis; 419 White House Historical Association (White House Collection) (48); 420 (t) James Marshall/Corbis; 421 (b) Grant Heilman Photography; 421 (c) Mark Richards/PhotoEdit; 421 (t) Phil Schermeister/Corbis; 423 Ulf Wallin/Image Bank/Getty Images; 430 (inset) Tomi/PhotoLink/PhotoDisc; 431 Spencer Grant/PhotoEdit; 431 Lee Foster/Bruce Coleman Inc.; 434 (b) V.O. Press/PhotoEdit; 434 (bc) Spencer Grant/PhotoEdit; 434 (t) Rosalind Creasy/Peter Arnold, Inc.; 434 (tc) Grant Heilman Photography; 435 Mark Richards/PhotoEdit; 436 (c) Catherine Karnow/Corbis; 436 (l) Ed Kashi/ IPN/Kashi Photo Archive; 436 (r) Renee Lynn/Photo Researchers, Inc.; 438 (b) Thomas Del Brase/Photographer's Choice; 438 (inset) Joseph D. Kulisics; 438 (t) Kevin Winter/Getty Images Editorial; 439 (t) Da Silva Peter/Corbis/Sygma; 440 David Hockney "Pacific Coast Highway and Santa Monica" 1990. Oil on canvas 91 1/4" x 137 1/4" © David Hockney; 440 Reproduced with the permission of The Noguchi Museum, New York, Smithsonian American Art Museum, Washington, DC, Art Resource, NY; 441 (b) Richard R. Hansen/Photo Researchers, Inc.; 441 (c) James Salzano; 441 (tc) Allan Grant/Time Life Pictures/Getty Images; 441 (tl) Frank Capri/Hulton Archive/Getty Images; 441 (tr) Judy Baca and detail of the World Wall, Triumph of the Hearts, 1990/www.sparcmurals.org/Courtesy of Social and Public Art Resource Center/SPARC; 442 (t) Sonja Jimenez/Tom Myers Photography; 443 (b) Bettmann/Corbis; 443 (t) Bettmann/Corbis; 444 Ansel Adams Publishing Rights Trust/Corbis; 444 National Museum of Photography, Film & Television/Science & Society Picture Library; 444 (bl) Ansel Adams Publishing Rights Trust/Corbis; 444 (tl) Call number Adams, Ansel--POR 4, Courtesy of The Bancroft Library University of California, Berkeley; 445 (bl) Ansel Adams Publishing Rights Trust/Corbis; 445 (r) Ansel Adams Publishing Rights Trust/Corbis; 445 (tl) Ansel Adams Publishing Rights Trust/Corbis; 446 (b) Eadweard Muybridge, Special Collections, F.W. Olin Library, Mills College; 446 (l) The Granger Collection, New York; 446 (r) California State Archives; 447 (bl) John Elk III Photography; 447 (br) Zefa/Index Stock Imagery; 447 (cl) Call number UARC PIC 15:270, Courtesy of The Bancroft Library University of California, Berkeley; 447 (cr) Frank S Balthis Photography; 448 Joseph Sohm/ ChromoSohm Inc/Corbis; 448 (t) Bilderberg/Voltz/Peter Arnold, Inc.; 449 AP/Wide World Photos; 450 Mark Jenkinson/Corbis; 451 Joseph Sohm; ChromoSohm Inc./Corbis; 452 Mick Roessler/Index Stock Imagery; 454 ML Sinibaldi/Corbis; 455 (b) Dynamic Graphics Group/Creatas/Alamy Images; 455 (t) L Lefkowitz/Taxi/Getty Images; 458 Shubroto Chattopadhyay/Index Stock Imagery; 462 Robert Weinreb/Bruce Coleman Inc.; 462 The Granger Collection, New York; 463 (c) Burke/Triolo Productions/Brand X Pictures; 463 (t) Tony Freeman/PhotoEdit; 464 Warner J. Bertsch/Bruce Coleman Inc.; 464 Wendell Metzen/Index Stock Imagery; 465 Tony Freeman/PhotoEdit; 465 Craig Aurness/Corbis; 469 Phil Lauro/Index Stock Imagery; 472 (b) AP/Wide World Photos; 472 (c) Neil Lukas/Dorling Kindersley Ltd. Picture Library; 473 (l) Nick Ut/Pool/Corbis; 473 (r) California Office of the Governor; 474 (b) Siede Preis/PhotoDisc; 474 (t) AP/Wide World Photos; 475 Neema Frederic/Gamma Press, Inc.; 476 SuperStock; 477 (b) Bettmann/Corbis; 477 (t) Tom Myers Photography; 480 Tom Myers Photography; 482 Jonathan Nourok/PhotoEdit; 483 Robert Fried Photography; 483 Omni Photo Communications Inc./Index Stock Imagery; 484 Spencer Grant/PhotoEdit; 484 Joseph Sohm; ChromoSohm Inc./Corbis; 485 Joseph Sohm; ChromoSohm Inc./Corbis; 486 AP/Wide World Photos; 486 (t) AP/Wide World Photos; 488 (l) Bill Aron/PhotoEdit; 488 (r) Jonathan Nourok/PhotoEdit; 489 David Young-Wolff/PhotoEdit; 490 (b) David Young-Wolff/PhotoEdit; 490 (t) William Whitehurst/Corbis; 490 (tl) Steve Solum/Bruce Coleman Inc.; 491 (br) Mark Richards/PhotoEdit; 491 (c) Annie Griffiths Belt/Corbis; 491 (t) VictoryStore.com; 491 (tr) VictoryStore.com; 494 Royalty-Free/Corbis; 495 Jim Sugar/Corbis; 495 Gibson Stock Photography; 495 (bl) John Warden/Stone/Getty Images; 495 (cr) MaryAnn and Bryan Hemphill/Index Stock Imagery; 496 (b) Kevin Winter/Getty Images Editorial; 496 (t) Neil Lukas/Dorling Kindersley Ltd. Picture Library.

All other photos from Harcourt School Photo Library and Photographers: Ken Kinzie, April Riehm and Doug Dukane.

All maps created by MapQuest.com

Normas académicas y destrezas de análisis de Historia y Ciencias Sociales de California

NORMAS DE CALIFORNIA

Source for California Standards: California Department of Education

Normas académicas de Historia y Ciencias Sociales

California: Un estado cambiante

Los estudiantes aprenden la historia del estado en el que viven, único en la historia de Estados Unidos en términos de su vasta y variada geografía, sus diversas olas de inmigración que comenzaron con las sociedades precolombinas, su continua diversidad, su energía económica y su rápido crecimiento. Además del tratamiento específico de los lugares históricos de la historia de California, los estudiantes examinan el estado en el contexto del resto de la nación, haciendo énfasis en la Constitución de Estados Unidos y la relación entre el gobierno estatal y el gobierno federal.

4.1 Los estudiantes demuestran una comprensión de las características físicas y humanas que definen los lugares y las regiones de California.

4.1.1 Explicar y usar un sistema de cuadrícula de coordenadas de latitud y longitud para determinar la ubicación absoluta de lugares de California y del mundo.

4.1.2 Distinguir entre el Polo Norte y el Polo Sur, el ecuador y el primer meridiano, los trópicos y los hemisferios, usando coordenadas para trazar su ubicación.

4.1.3 Identificar la capital del estado y describir las diferentes regiones de California y cómo sus características y ambientes físicos (por ejemplo, agua, accidentes geográficos, vegetación, clima) afectan la actividad humana.

4.1.4 Identificar las ubicaciones del océano Pacífico, ríos, valles y pasajes montañosos, y explicar sus efectos en el crecimiento de las ciudades.

4.1.5 Usar mapas, tablas e ilustraciones para describir cómo las comunidades de California varían en el uso de la tierra, la vegetación, la vida silvestre, el clima, la densidad de población, la arquitectura, los servicios y el transporte.

(continúa)

4.2 Los estudiantes describen la vida social, política, cultural y económica y las interacciones entre los habitantes de California, desde las sociedades precolombinas hasta los períodos de las misiones españolas y los ranchos mexicanos.

4.2.1 Analizar las principales naciones de indios americanos de California, mencionando su distribución geográfica, sus actividades económicas, sus leyendas y creencias religiosas; y describir de qué modo dependían de su ambiente, se adaptaban a él y lo modificaban con el cultivo de la tierra y el uso de los recursos marítimos.

4.2.2 Identificar las antiguas rutas terrestres y marítimas y los asentamientos europeos en California, concentrándose en la exploración del norte del océano Pacífico (por el Capitán James Cook, Vitus Bering, Juan Cabrillo, por ejemplo), prestando especial atención a la importancia de las montañas, los desiertos, las corrientes oceánicas y la dirección de los vientos.

4.2.3 Describir la exploración y colonización española de California, teniendo en cuenta las relaciones entre los soldados, los misioneros y los indios americanos (por ejemplo, Juan Crespí, Junípero Serra, Gaspar de Portolá).

4.2.4 Ubicar en el mapa las misiones españolas. Describir las razones geográficas y los factores económicos que determinaron su emplazamiento y su función, y comprender cómo el sistema de misiones extendió la influencia de España y el catolicismo en la Nueva España y América Latina.

4.2.5 Describir la vida cotidiana de los habitantes, nativos y no nativos, que vivían en los presidios, las misiones, los ranchos y los pueblos.

4.2.6 Analizar el rol de los franciscanos en el cambio de la economía de California de una economía de cazadores y recolectores a una economía agrícola.

4.2.7 Describir los efectos de la guerra con México en Alta California, destacando los efectos de esta guerra sobre las fronteras en América del Norte.

4.2.8 Analizar el período de gobierno mexicano en California y sus características, mencionando las cesiones de tierra, la secularización de las misiones y el crecimiento de la economía de los ranchos.

(continúa)

4.3 Los estudiantes explican la vida económica, social y política en California desde el establecimiento de la República de la Bandera del Oso hasta la guerra entre México y Estados Unidos, la fiebre del oro y el otorgamiento de rango de estado.

4.3.1 Identificar la ubicación de los asentamientos mexicanos en California y también otros asentamientos, incluyendo el Fuerte Ross y el Fuerte Sutter.

4.3.2 Comparar cómo y por qué la gente viajaba hacia California y las rutas que empleaban (por ejemplo, James Beckwourth, John Bidwell, John C. Fremont, Pio Pico).

4.3.3 Analizar los efectos de la fiebre del oro en los asentamientos, en la vida cotidiana, en la política y en el ambiente (por ejemplo, a partir de las biografías de John Sutter, Mariano Guadalupe Vallejo, Louise Clappe).

4.3.4 Estudiar la vida de las mujeres que ayudaron a construir la antigua California (por ejemplo, Biddy Mason).

4.3.5 Analizar cómo California se convirtió en un estado y cómo su nuevo gobierno se diferenció de los períodos de gobierno español y mexicano.

(continúa)

4.4 Los estudiantes explican cómo California se convirtió en una potencia agrícola e industrial, siguiendo la transformación de la economía de California y su desarrollo político y económico desde la década de 1850.

4.4.1 Comprender la historia y la influencia duradera del Pony Express, de la Overland Mail Service, de la Western Union, de la construcción del ferrocarril transcontinental y de la participación de los trabajadores chinos.

4.4.2 Explicar cómo la fiebre del oro transformó la economía de California debido a su influencia en el tipo de productos que se producían y consumían, en los cambios en los pueblos (por ejemplo, Sacramento y San Francisco) y en los conflictos económicos entre diversos grupos de habitantes.

4.4.3 Analizar la inmigración y la migración a California entre 1850 y 1900, teniendo en cuenta la diversidad de los inmigrantes, sus países de origen y sus ubicaciones relativas, y los conflictos y acuerdos entre los diversos grupos (por ejemplo, la Ley de Exclusión de los Chinos de 1882).

4.4.4 Describir la rápida inmigración en Estados Unidos, la migración interna, el asentamiento y el crecimiento de pueblos y ciudades (por ejemplo, Los Angeles).

4.4.5 Analizar los efectos en California de la Gran Depresión, el Dust Bowl y la Segunda Guerra Mundial.

4.4.6 Describir el desarrollo y la ubicación de nuevas industrias a partir del nuevo siglo, como la industria aeroespacial, la industria electrónica, la agricultura comercial y los proyectos de irrigación a gran escala, las industrias del petróleo y del automóvil, las industrias de defensa y comunicación, y las importantes conexiones de comercio a través de la cuenca del Pacífico.

4.4.7 Observar la evolución del sistema de aguas de California hasta la actual red de diques, acueductos y embalses.

4.4.8 Describir la historia y el desarrollo de la educación pública de California, incluyendo las universidades y las escuelas de la comunidad.

4.4.9 Analizar el impacto que tuvieron los californianos del siglo veinte en el desarrollo artístico y cultural de la nación, incluyendo el surgimiento de la industria del entretenimiento (por ejemplo, Louis B. Meyer, Walt Disney, John Steinbeck, Ansel Adams, Dorothea Lange, John Wayne).

(continúa)

4.5 Los estudiantes comprenden las estructuras, funciones y poderes del gobierno local, estatal y federal, y describen la Constitución de Estados Unidos.

4.5.1 Analizar qué es la Constitución de Estados Unidos y por qué es importante (es un documento escrito que define la estructura y el propósito del gobierno de Estados Unidos y detalla los poderes que comparten el gobierno local, federal y estatal).

4.5.2 Comprender el propósito de la Constitución de California, sus principios clave y su relación con la Constitución de Estados Unidos.

4.5.3 Describir las semejanzas (por ejemplo, documentos escritos, imperio de la ley, consentimiento de los gobernados, tres poderes separados) y las diferencias (por ejemplo, jurisdicción, límites de los poderes del gobierno, uso de la fuerza militar) del gobierno local, estatal y federal.

4.5.4 Explicar las estructuras y funciones de los gobiernos estatales, incluyendo los roles y responsabilidades de los cargos electivos.

4.5.5 Describir los componentes de la estructura de gobierno de California (por ejemplo, ciudades y pueblos, rancherías y reservas indias, condados, distritos escolares).

Kindergarten hasta quinto grado

Normas académicas de Historia y Ciencias Sociales

Destrezas de análisis de Historia y Ciencias Sociales

Las destrezas intelectuales mencionadas más adelante están destinadas a ser aprendidas y aplicadas a las normas académicas de kindergarten hasta quinto grado. Deben ser evaluadas *solo con relación a* las normas académicas de kindergarten hasta quinto grado.

Además de las normas académicas de kindergarten hasta quinto grado, los estudiantes demuestran las siguientes destrezas intelectuales, de razonamiento, reflexión e investigación:

Pensamiento cronológico y espacial

1. Los estudiantes ubican eventos clave y personajes históricos del período que están estudiando en una secuencia cronológica y en un contexto espacial; interpretan líneas cronológicas.
2. Los estudiantes emplean correctamente términos vinculados con el tiempo, como *pasado, presente, futuro, década, siglo* y *generación*.
3. Los estudiantes explican cómo se relacionan el presente y el pasado, identificando sus semejanzas y diferencias, y de qué manera ciertos elementos cambian con el tiempo y otros permanecen igual.
4. Los estudiantes usan destrezas con mapas y globos terráqueos para determinar la ubicación de lugares e interpretar la información disponible a través de las leyendas, la escala y las representaciones simbólicas del mapa o el globo terráqueo.
5. Los estudiantes evalúan la importancia de la ubicación relativa de un lugar (por ejemplo, la proximidad a un puerto, a rutas comerciales) y analizan cómo las ventajas y desventajas relativas cambian con el paso del tiempo.

(continúa)

Investigación, evidencia y punto de vista

1. Los estudiantes diferencian las fuentes primarias y las secundarias.
2. Los estudiantes plantean preguntas importantes sobre los hechos que encuentran en documentos históricos, testimonios, relatos orales, cartas, diarios personales, objetos del pasado, fotografías, mapas, obras de arte y arquitectura.
3. Los estudiantes distinguen entre la ficción y los hechos comparando fuentes documentales de figuras históricas y eventos reales con personajes y eventos de ficción.

Interpretación histórica

1. Los estudiantes resumen los eventos clave del período histórico que están estudiando y explican los contextos históricos de esos eventos.
2. Los estudiantes identifican las características humanas y físicas de los lugares que están estudiando y explican cómo esos rasgos conforman las características particulares de esos lugares.
3. Los estudiantes identifican e interpretan causas y efectos múltiples de los eventos históricos.
4. Los estudiantes realizan análisis de costo-beneficio de eventos históricos y contemporáneos.

Parque Nacional Death Valley, en California